Richard Emil Volkmann

Die Rhetorik der Griechen und Römer

Richard Emil Volkmann

Die Rhetorik der Griechen und Römer

ISBN/EAN: 9783742808028

Hergestellt in Europa, USA, Kanada, Australien, Japan

Cover: Foto ©Thomas Meinert / pixelio.de

Manufactured and distributed by brebook publishing software (www.brebook.com)

Richard Emil Volkmann

Die Rhetorik der Griechen und Römer

DIE RHETORIK

DER

GRIECHEN UND RÖMER

IN

SYSTEMATISCHER ÜBERSICHT

DARGESTELLT

VON

Dr. RICHARD VOLKMANN,
GYMNASIAL-DIRECTOR IN JAUER.

ZWEITE DURCH BERICHTIGUNGEN UND ZUSÄTZE VERMEHRTE
AUSGABE.

LEIPZIG.
VERLAG VON B. G. TEUBNER.
1874.

Vorwort.

Die vielfache Anerkennung, welche meinem 1865 unter dem Titel „Hermagoras oder Elemente der Rhetorik" veröffentlichten Versuche zu Theil geworden ist, die rhetorischen Lehren der Alten für philologische Anfänger nach den Quellen in einer geordneten Uebersicht darzustellen, ist mir ein Sporn gewesen, meine diesem etwas vernachlässigten Gebiete der Alterthumswissenschaft zugewendeten Studien fortzusetzen und zu vertiefen, und ermuthigt mich gegenwärtig, mit einer „Rhetorik der Griechen und Römer" vor das Forum der philologischen Welt zu treten, in welcher derselbe Versuch, aber wie ich glaube, mit neuen, reicheren Mitteln des Verständnisses auf meiner Seite, sowie in einer gründlicheren selbständigeren Art und Weise und, wie ich hoffe, mit besserer zweckmässigerer Methode der Forschung gemacht ist.

Diese neue Bearbeitung hat mit der früheren die äussere Anordnung des Stoffes gemein, aber schon in der Abgrenzung und Aufeinanderfolge der Paragraphen weicht sie nicht unerheblich von derselben ab. In der Darstellung selbst sind manche Partien des früheren Werkes zwar wörtlich beibehalten worden, meist Definitionen, Citate und Belege, oder Uebersetzungen und Auszüge aus den Quellen enthaltend, aber auch Stellen, wo mir das vorhandene Quellenmaterial schon erschöpfend verarbeitet schien und bei denen ich eine Wiederholung meiner früheren Worte weder vermeiden konnte, noch wollte. Aber es ist auch nicht ein einziger Paragraph ohne die mannichfaltigsten Erweiterungen, Berichtigungen, Zusätze, auch wohl Kürzungen, wo sie geboten schienen, in die neue Bearbeitung unverändert herübergenommen. Manche Abschnitte sind völlig neu dazugekommen, andre so einschneidend

verändert, dass sie mit den entsprechenden früheren fast gar nichts
mehr gemein haben. Beispielshalber verweise ich gleich auf die
Einleitung, im weiteren auf die Behandlung der Status-Lehre, des
ἀσύστατον, des αἴτιον, συνέχον und κρινόμενον, der Topik, der
Lehre von der Widerlegung, von der Anwendung und Behandlung
der Beweismittel, von den Affecten (ἦθος und πάθος), von den
Tropen und Figuren, der Composition der Rede, den Stilarten.
Ueberall wird man das Bestreben erkennen, durch eine eingehen-
dere Benutzung und Ausbeutung der Quellen der Darstellung zu
möglichster Deutlichkeit, Schärfe und Praecision, dem Inhalte zu
grösserer Zuverlässigkeit der gemachten Angaben zu verhelfen.

Aber auch in vorliegender Gestalt macht sich mein Buch eine
übersichtliche Darlegung des rhetorischen Systems der
Alten, wie es sich allmälich entwickelt hat und in Ciceros Zeit
in der Hauptsache bereits fertig vorlag, zu seiner Hauptaufgabe.
Es will dem Leser die Summe und gleichsam den urkundlichen
Bestand dessen vorführen, was die alten Techniker, soweit wir
davon unterrichtet sind, an rhetorischen Definitionen, Beobachtungen und Regeln gegeben haben, mit erläuternden, ihr Verständniss erleichternden Bemerkungen und Beispielen, aber nicht ato-
mistisch aneinander gereiht, sondern gesichtet und zu einer zusammenhängenden, möglichst lesbaren Darstellung verarbeitet. Auf
Feststellung der rhetorischen Terminologie und ihrer Schwankungen
ist besondere Sorgfalt verwandt. Ich habe für meine Zwecke die
sämmtlichen rhetorischen Schriften des Alterthums aufs neue aufmerksam durchgelesen, auch Scholiasten, Grammatiker und manche
sonstigen Autoren, wie unter den Lateinern namentlich Fronto,
unter den Griechen Philostratus und Lucian, benutzt und in den
Kreis der Betrachtung mit hineingezogen, soweit sie mir irgend
eine Ausbeute zu versprechen schienen. Cornificius, Cicero und
selbst Quintilian sind von mir verhältnissmässig nicht mehr berücksichtigt als etwa Anaximenes und Aristoteles aus früherer, Dionys,
Hermogenes und Apsines aus späterer Zeit. Ohne vorzugsweise
oder gar ausschliesslich der Führung eines Schriftstellers zu folgen,
habe ich jede Quelle benutzt, wo sie nach meiner Meinung zu benutzen
war, und der Leser wird keine Mühe haben, wörtliche Anführungen
und längere Auszüge aus den Quellen von meinen eigenen Zuthaten zu unterscheiden. Anfangs beabsichtigte ich in einem besonderen Anhange eine historische Uebersicht über die Entwicklung
der Rhetorik im Alterthum zu geben, zugleich mit einer Beurthei-

lung der erhaltenen Schriften und ihres Verhältnisses zu einander, soweit ein solches zu ermitteln wäre. Allein das hierher gehörige Material erwies sich gar bald so umfangreich, die zu seiner Sichtung erforderlichen Untersuchungen so weitschichtig und schwierig, endlich war mir der fast gänzliche Mangel an geeigneten Vorarbeiten auf diesem Gebiete so hinderlich, dass ich mich gezwungen sah, für jetzt von meinem Vorhaben Abstand zu nehmen, und mir die Geschichte der rhetorischen Technik, oder wenigstens Beiträge zu einer solchen, für ein besonderes Quellenwerk vorzubehalten.

Zur Erläuterung des von mir in vorliegender Schrift aus den Quellen gesammelten und verarbeiteten Materials habe ich, wo es irgend thunlich war, zahlreiche Beispiele aus den Rednern, namentlich aus Demosthenes, Aeschines, Isokrates, Lysias und Cicero gegeben, in der Lehre von der elocutio, besonders in dem Abschnitt über die Tropen und Figuren, nach dem Vorgang der Alten, auch die Dichter, bisweilen die Philosophen und Historiker herangezogen. Selbstverständlich habe ich aber die Redner nicht so durchgearbeitet, wie es bei monographischen Studien über einzelne Punkte der Rhetorik hätte der Fall sein müssen. Auch wird wohl Niemand von meinem Buche specielle Auskunft etwa über die Compositionsgesetze des Demosthenes und Cicero, oder über die Anwendung der τόποι κοινοί und ἴδιοι in den Beweisführungen ihrer Reden verlangen, sowenig als man in einer Grammatik der Griechischen oder Lateinischen Sprache die Specialgrammatik einzelner Autoren zu suchen pflegt. Jeder wird aber eine hinreichende Anzahl von Beispielen finden, aus denen sich ergiebt, dass die technischen Regeln der Alten nicht einer luftigen, nebelhaften Theorie ihren Ursprung verdanken, sondern in der Blüthezeit der Technik mit feiner Beobachtung von den vorhandenen Mustern der Beredsamkeit entnommen sind, und dass die Redner selbst der rhetorischen Technik, soweit sie zu ihrer Zeit bereits ausgebildet war, die grösste Aufmerksamkeit schenkten und sich bei aller Freiheit ihres künstlerischen Schaffens doch streng nach ihr richteten, eine Bemerkung, die von den Meistern der Attischen Beredsamkeit nicht minder als von Cicero gilt, dessen rednerische Genialität übrigens meines Erachtens nach gegenwärtig viel zu wenig erkannt, und eben deshalb nicht nach Gebühr gewürdigt wird.

Die Arbeiten neuerer Philologen über den von mir behandelten Gegenstand, sowohl nach seiner technischen als historischen Seite, habe ich eingehend benutzt. Ich nenne die lehrreichen Abhandlungen und Schriften von L. Spengel, seine συναγωγή τεχνῶν, die gehaltreichen Commentare zu Anaximenes und Aristoteles Rhetorik, Webers vortrefliche Ausgabe von Demosthenes Aristocratea, L. Kaysers sorgfältigen Commentar zu Cornificius, einzelne gute Bemerkungen von Spalding zu Quintilian, sowie von Halm und Frohberger in ihren Schulausgaben von Ciceros und Lysias ausgewählten Reden, von Piderit zu Ciceros rhetorischen Schriften, andrerseits die tüchtigen Arbeiten von Fr. Blass. Diesem Gelehrten habe ich für die Freundlichkeit, mit welcher er mir brieflich über einzelne Punkte meines Hermagoras Berichtigungen und Zusätze ertheilt hat, noch besonders zu danken. Ueberhaupt haben die letzten Jahre eine nicht unerhebliche Zahl von Dissertationen, Programmen und Aufsätzen zu Tage gefördert, die sich in eingebender Weise mit verschiedenen Punkten der rhetorischen Technik beschäftigen, ein für mich erfreuliches Zeichen, dass dem Studium der Rhetorik jetzt grössere Aufmerksamkeit gewidmet wird, als dies früher der Fall war. Meine in der Vorrede zum Hermagoras p. VI gefällten Urtheile über G. J. Vossius Commentarii rhetorici und die technologischen Lexica von J. Chr. Th. Ernesti, von denen mir bei gegenwärtiger Arbeit beide zur Hand waren, halte ich auch jetzt noch in ihrem ganzen Umfange aufrecht[*].

Möchte es mir gelungen sein, mit meinem Buche einen nützlichen und bequemen Wegweiser auf dem weitschichtigen Gebiete der alten Rhetorik gegeben zu haben, und möchte seine Benutzung nicht bloss den technischen Schriften der Rhetoren, die des vortrefflichen gar viel enthalten und noch sehr im argen liegen, sondern vornehmlich auch der Interpretation der alten Redner zu gute kommen, zunächst aber der richtigen Ueberzeugung mehr und mehr Bahn brechen, dass ohne eine vollständige Beherrschung der rhetorischen Technik ein wirkliches Verständniss der antiken Beredsamkeit, nach Seiten ihrer künstlerischen Vollendung, für den modernen Interpreten unmöglich ist.

---

[*] Ich bemerke, dass die Griechischen Rhetoren, welche in Spengels Sammlung enthalten sind, nach dieser, die übrigen nach Walz citirt sind.

Jauer, d. 3. März 1872.

Der Verfasser.

Inhaltsübersicht.

Einleitung.

§. 1: Definition der Rhetorik S. 1. — §. 2: Eintheilung der Beredsamkeit und der Rhetorik S. 9.

Erster Theil.
Die Lehre von der Erfindung.

Erster Abschnitt.
Die gerichtliche Beredsamkeit.

§. 3: Allgemeines zur Einleitung. Intellectio. Quaestio, causa S. 20 — §. 4: Constitutio causae: στάσις S. 23. — §. 5: Das genus rationale. Status coniecturalis S. 33. — §. 6: Status definitivus S. 41. — §. 7: Status qualitatis oder iuridicialis S. 47. — §. 8: Translatio. genus legale S. 56. — §. 9: Das Asystaton und seine Arten S. 63. — §. 10: Genera und figurae causarum. Die Lehre vom ductus und sermo figuratus S. 74. — §. 11: Die Theile der Gerichtsrede S. 85. — §. 12: Die Einleitung S. 89. — §. 13: Die Erzählung S. 109. — §. 14: Die Egression. παρέκβασις S. 124. — §. 15: Die propositio und partitio S. 127. — §. 16: Der Beweis S. 135. — §. 17: Der unkünstliche Beweis S. 137. — §. 18: Fortsetzung. Die Zeugenaussagen S. 146. — §. 19: Der künstliche Beweis. Die Indicien S. 150. — §. 20: Die Topik der Enthymeme S. 158. — §. 21: Die hypothetischen oder concreten Topen. loci ante rem S. 165. — §. 22: Die theilschen und abstracten Topen. loci in re, circa rem, post rem S. 175. — §. 23: Die Beispiele S. 185. — §. 24: Die Widerlegung S. 191. — §. 25: Fortsetzung S. 201. — §. 26: Anwendung und Ausführung der Beweismittel S. 207. — §. 27: Der Schluss der Rede S. 213. — §. 28: Fortsetzung. Die Affecte. Ἦθος und πάθος S. 221. — §. 29: Fortsetzung. Ueber Lachen und Witz S. 234.

Zweiter Abschnitt.
Die berathende Beredsamkeit.

§. 30: Wesen und Umfang der berathenden Beredsamkeit. Die Theile der Demegorie S. 243. — §. 31: Eintheilung und Topik der Demegorie; die τελικὰ κεφάλαια S. 249. — §. 32: Fortsetzung. Anwendung der τελικὰ κεφάλαια. Die Prosopopoeie S. 255.

Dritter Abschnitt.
Die epideiktische Beredsamkeit.

§. 33: Wesen und Umfang der epideiktischen Beredsamkeit. Die Theile der epideiktischen Rede S. 262. — §. 34: Die Topik der epideiktischen Rede und ihrer einzelnen Arten S. 271. — §. 35: Epideiktische Gelegenheitsreden S. 284. — §. 36: Fortsetzung S. 292. — §. 37: Schluss. Reden auf Vorkommnisse des Familienlebens S. 300.

Zweiter Theil.
Die Lehre von der Anordnung.

§. 38: Allgemeines S. 310. — §. 39: διαίρεσις des Conjecturalstatus S. 316. — §. 40: διαίρεσις des Definitionsstatus S. 324. — §. 41: διαίρεσις des Qualitätsstatus S. 328.

Dritter Theil.
Die Lehre vom Ausdruck und von der Darstellung.

§. 42: Allgemeines. Eintheilung des ganzen Gebietes S. 332. — §. 43: Die Grunderfordernisse der rednerischen Darstellung S. 337. — §. 44: Der Schmuck der Rede S. 348. — §. 45: Fortsetzung. Die Tropen S. 353. — §. 46: Weitere Steigerung der Deutlichkeit und Angemessenheit des Ausdrucks. Amplification und Sentenzen S. 377. — §. 47: Die Figuren. Ihr Unterschied von den Tropen und ihre Eintheilung S. 389. — §. 48: Die Wortfiguren S. 396. — §. 49: Die Sinnfiguren S. 416. — §. 50: Composition und Rhythmus der Rede S. 430. — §. 51: Fortsetzung S. 442. — §. 52: Ueber die Stilarten S. 454. — §. 53: Von den Ideen oder Grundformen des rednerischen Stils nach Hermogenes S. 468. — §. 54: Fortsetzung S. 474.

Vierter und fünfter Theil.
Die Lehre vom Gedächtniss und dem Vortrag.

§. 55: Das Gedächtniss S. 480. — §. 56: Der Vortrag S. 485.

Einleitung.

§. 1.
Definition der Rhetorik.

Die Alten haben verschiedene Definitionen der Rhetorik aufgestellt, die jedoch fast alle darin übereinkommen, dass in ihnen der Begriff der Ueberredung als ein der Rhetorik wesentlicher erscheint. Auch da, wo dieser Begriff in die Definition selbst nicht aufgenommen ist, tritt er doch wenigstens daneben, sobald die eigentliche Aufgabe ($τέλος$, *officium*) der Rhetorik bezeichnet wird. Darüber aber, was die Rhetorik eigentlich sei, ob eine blose Fertigkeit, eine Kunst, oder endlich eine Wissenschaft gingen die Ansichten bei der Definition auseinander, und es wurde von den Philosophen verschiedener Systeme, die sich seit Aristoteles bis auf die Zeit des Posidonius herab auch mit Rhetorik beschäftigten, gerade über diesen Punkt ein ebenso erbitterter, als unfruchtbarer Streit geführt. Wollten doch die Epikureer nach ihres Meisters Vorgang die Rhetorik überhaupt nur als $κακοτεχνία$ gelten lassen.

Die älteste der uns erhaltenen Definitionen ist die des Korax und Tisias. Sie bestimmten die von ihnen gelehrte und als solche betrachtete Kunst als $πειθοῦς\ δημιουργός$, d. h. als Erzeugerin, Schöpferin der Ueberredung, und Gorgias wie Isokrates stimmten ihnen hierin bei, s. die Stellen bei L. Spengel Artium Scriptores p. 34. 155, u. Rhein. Mus. XVIII. S. 482. Weit vollständiger lautete des Gorgias Definition nach Plutarch — doch wohl dem Neu-Platoniker und nicht dem Chaeronenser — in seinem Commen-

tar zum Platonischen Gorgias bei Walz Rhet. Graeci T. VII. p. 33:
ῥητορική ἐστι τέχνη περὶ λόγων τὸ κῦρος ἔχουσα πειθοῦς δημιουργὸς ἐν πολιτικοῖς λόγοις περὶ παντὸς τοῦ προτεθέντος, πιστευτικῆς καὶ οὐ διδασκαλικῆς· εἶναι δὲ αὐτῆς τὴν πραγματείαν ἰδίαν μάλιστα περὶ δίκαια καὶ ἄδικα, ἀγαθά τε καὶ κακά, καλά τε καὶ αἰσχρά.
Allein diese Definition ist, wie L. Spengel über die Rhetorik des Aristoteles S. 4 richtig bemerkt, wohl nicht aus den Schriften des Gorgias genommen sondern nur aus der consequenten Entwicklung des Platonischen Dialogs zusammengestellt und dem Gorgias in den Mund gelegt. In diesem Dialog nämlich hatte Gorgias die Rhetorik für eine rein formale Kunst erklärt, die sich mit Reden beschäftige und zum Reden geschickt mache, dann aber für die Kunst, deren Thätigkeit sich auf die Erzeugung der Ueberredung beziehe, und zwar der Ueberredung in Versammlungen und Gerichtshöfen, die Recht oder Unrecht zum Gegenstand habe, aber auch in anderen Fällen zur Anwendung komme. Sie sei eine gewaltige Kunst, müsse aber wie jede andere Kunst auf gerechte Weise geübt werden, und wenn sie Jemand misbrauche, so könne daraus ihr selbst und dem, der sie lehre, kein Vorwurf erwachsen. Hiergegen bemerkt nun Plato, die Rhetorik oder Redekunst sei überhaupt gar keine Kunst, da es ihr an Einsicht in die wirkliche Beschaffenheit des von ihr gebotenen fehle, und sie dasselbe auf keine Gründe zurückzuführen vermöge; sie sei eine blose auf Erfahrung beruhende Fertigkeit, ein Schattenbild der Staatskunst. Auch müsse ein wahrhafter Redner immer ein gerechter und rechtskundiger Mann sein; die Redekunst selbst dürfe nur zum Gerechten angewendet werden.

Schon die Alten sahen richtig, und wie konnte es bei dieser Schlussbemerkung anders sein? — dass man in dieser Auseinandersetzung Plato's keine unbedingte Verwerfung der Rhetorik überhaupt, sondern nur der schlechten sophistischen Rhetorik seiner Zeit zu suchen habe, s. Quintil. II, 15, 27. Diejenige Kunst, welche den Menschen wirklich in den Besitz der höchsten Güter, der Wahrheit und Erkenntniss setzt, ist für Plato freilich die Philosophie. Aber einer auf philosophischer Einsicht in das wahre Wesen von Recht und Unrecht gegründeten Redekunst, die in Folge dessen selbst nur gerecht sein könnte, würde er seine Anerkennung nicht versagt haben. Dass eine derartige Begründung der Redekunst schlechthin unmöglich sei, hat Plato nicht behauptet, vielmehr erachtete er sie für erreichbar und nothwendig, wie dies seine Auseinandersetzung über die Rhetorik im Phaedrus beweist. Auch in dieser Schrift wird es ganz besonders betont, dass der Redner vor allem eine wahre Erkenntniss von dem Gegenstande seiner Rede haben müsse, dass er überall der Wahrheit und nicht dem Scheine zu folgen habe. So lange sie der Philosophie ermangele, sei die Rhetorik keine Kunst, sondern nur kunstlose Fertigkeit, die es auf Täuschung der Zuhörer abgesehen habe, den Redner selbst aber nicht schütze, auch seinerseits getäuscht zu werden. Alle wissenschaftliche Methode, im Gegensatz zur blos empirischen Technik, beruhe auf Dialektik, welche aus der Idee des zu behandelnden Gegenstandes heraus die demselben innewohnende Theilung und Gliederung entwickele. Da nun der Redner auf die Seele zu wirken suche, um in dieser Ueberzeugung hervorzubringen, so müsse er vor allem das Wesen der Seele philosophisch ergründet haben. Aus psychologischer Erkenntniss also müsse die Anwendung der verschiedenen Arten der Beredsamkeit auf die verschiedenen Seelenzustände hervorgehen, sowie die Anwendung der einzelnen Regeln und der verschiedenen Arten des Vortrags. Somit erscheint nach Platonischer Ansicht dasjenige, was das Wesen und den gesammten Inhalt der damaligen Rhetorik ausmachte, während sie sich auf eine Erörterung der allgemeinen zu Grunde liegenden theils ethischen, theils psychologischen Begriffe nicht einliess, diese vielmehr als bekannt voraussetzte, lediglich als Parergon der wahren Rhetorik und von zweifelhaftem Werthe. Plato ging hierin offenbar zu weit, immerhin aber bleibt es sein grosses Verdienst, die Rhetorik seiner Zeit auf die Nothwendigkeit einer grösseren sittlichen und somit wissenschaftlichen Vertiefung hingewiesen zu haben.

Eine praktische Durchführung der Platonischen Gedanken, zugleich aber auch eine weise Beschränkung derselben auf ihr richtiges Mass, gab Aristoteles in der auf uns gekommenen, kurz vor seinem Tode vollendeten Rhetorik, dem wissenschaftlichsten Werke, das überhaupt über diesen Gegenstand geschrieben worden ist, wie es denn mehr eine Philosophie der Rhetorik, als eine eigentliche Rhetorik enthält. In dieser Schrift gab er den unwiderleglichen Beweis, dass die wahre Rhetorik eine wirkliche Kunst, oder richtiger gesagt, Kunstlehre, τέχνη, sei oder wenigstens zum Range einer solchen erhoben werden könne, und stellte sie so in die ihr gebührende richtige Mitte zwischen die eigentliche ἐπιστήμη, die strenge Wissenschaft, die sich lediglich mit dem seienden, nicht aber mit dem hervorzubringenden befasst, und die blose ἐμπειρία, die nichts weiter als praktische Routine ist.*)

Trotzdem definirt nun aber Aristoteles Rhet. I, 2 die Rhetorik nicht selbst als τέχνη, sondern nur als blosse δύναμις, und zwar als δύναμις περὶ ἕκαστον τοῦ θεωρῆσαι τὸ ἐνδεχόμενον πιθανόν, also als Vermögen oder Fertigkeit, an jedem Dinge das, was Glauben erwecken kann, wahrzunehmen, und zwar an jedem beliebig gegebenen Gegenstande, so dass das Kunstgebiet der Rhetorik keine abgesonderte, eigenthümliche Klasse von Gegenständen umfasst. Der eigentlich wissenschaftliche Gegenstand der Rhetorik sind nach Aristoteles die Ueberzeugungsmittel. Ihr Geschäft oder ihre Aufgabe (ἔργον) ist nicht das Ueberreden, sondern zu erkennen, was in jeder Sache zur Gewinnung des Glaubens tauglich und vorhanden sei. Diese Definition des Aristoteles blieb nicht ohne Widerspruch. Man tadelte an ihr einmal das περὶ ἕκαστον als viel zu allgemein, ohne dass man dabei die wahre Meinung des Aristoteles recht verstand. Wichtiger war der Vorwurf, den wir bei Philod. 23, 19 und mit bestimmter Beziehung bei Quint. II, 15, 13 finden, sie umfasse lediglich die Invention, nicht aber den Ausdruck, und man sieht in der That nicht ein, wie Aristoteles von diesem Vorwurf befreit werden soll. Dass aber einige der späteren Rhetoren dazu gekommen sind, die Aristotelische Definition so zu citiren: ῥητορική ἐστι δύναμις τοῦ περὶ ἕκαστον ἐνδεχομένου πιθανοῦ λόγου, bald mit, bald ohne den Zusatz τέλος ἔχουσα τὸ εὖ λέγειν, s. Doxopater bei Walz II p. 102, VI p. 16, Troilus ib. p. 50, oder ihn nicht von δύναμις, sondern von δύναμις τεχνική, sprechen zu lassen, wie III p. 611, V p. 213, ist wohl nur so zu erklären, dass man spätere Modificationen der Aristotelischen Definition mit deren ursprünglicher Fassung identificirte. Denn warf man dieser Definition auch vor, sie sei zu weit, indem sie auch die Dialektik mit umfasse, was andere jedoch wieder dahin berichtigten, dass es die Dialektik nicht mit den πιθανοὶ λόγοι περὶ τὰ πολιτικά zu thun habe, so lehnten sich doch die späteren Definitionen fast alle an diese an, nur dass sie

*) Ueber den Unterschied von ἐπιστήμη und τέχνη s. Anon. Seguer. bei Spengel Rh. Gr. I p. 431, Sopater zu Hermog. bei Walz V. p. 4. Wenn Cic. de orat. I, 23, 107 ff. II, 8, 32 die Rhetorik nicht als ars, sondern nur als quasi ars gelten lassen will, so ist eben zu bedenken, dass der lateinische Begriff ars umfassender ist als der Griechische τέχνη. Auch ihm ist die Rhetorik Kunstlehre.

die praktischen Zwecke der Rhetorik, vornehmlich den Zweck der Ueberredung, wieder mit hervorhoben und ihr Gebiet mehr zu beschränken suchten.

Unter den Späteren ist vor allen Hermagoras aus Temnos zu nennen. Wenn er zunächst die Rhetorik als Artbegriff unter den Gattungsbegriff der λογικὴ ἐπιστήμη befasste, Rh. Gr. IV p. 63: ὁ μὲν γὰρ Ἑρμαγόρας οὕτω διαιρεῖ· ἔστι τι γένος λογικὴ ἐπιστήμη, εἶδος δ'αὐτῆς ἡ ῥητορική, so finden wir hierin einen Anschluss an die Stoiker, welche die λογικὴ ἐπιστήμη in Rhetorik und Dialektik theilten, vgl. Diog. Laert. VII, 41. Sext. Emp. adv. rhet. 6 p. 676. Sen. ep. 89, 17. Aber in der Definition haben wir die Aristotelische δύναμις, denn er definirte die Rhetorik als δύναμις τοῦ εὖ λέγειν τὰ πολιτικὰ ζητήματα, Rhet. Gr. V, 15 — seine Schüler oder Anhänger als δύναμις περὶ λόγου τέλος ἔχουσα τὸ πείθειν ὅσον ἐφ' ἑαυτῇ, ib. V, 213, VI, 32. Das τέλος eines vollendeten Redners war nach Hermagoras τὸ τεθὲν πολιτικὸν ζήτημα διατίθεσθαι κατὰ τὸ ἐνδεχόμενον πειστικῶς, Sext. Emp. p. 687, was in der Uebersetzung des Augustin c. 3 p. 138 lautet: *persuadere, quatenus rerum et personarum condicio patiatur, dumtaxat in civilibus quaestionibus.* Was aber unter πολιτικὸν ζήτημα, *civilis quaestio* zu verstehen sei, lehrt derselbe Augustin c. 4: *sunt autem civiles quaestiones, quarum perspectio in communem animi conceptionem potest cadere, quod Graeci κοινὴν ἔννοιαν vocant.* Das letztere ist wieder ein Terminus der Stoischen Philosophen, die unter κοιναὶ ἔννοιαι alles dasjenige verstanden, was den Inhalt des durchschnittlichen Bewusstseins der Gebildeten ausmacht, wie wir sagen würden. Die Stoiker liebten es bekanntlich auf die Uebereinstimmung ihrer als paradox verschrieenen Lehren mit diesen κοιναὶ ἔννοιαι hinzuweisen. So sind denn auch die πολιτικὰ ζητήματα bei Hermagoras solche Fragen, zu deren Verständniss und Beurtheilung der gewöhnliche gesunde Menschenverstand ausreicht, nicht aber specielle positive Kenntnisse erforderlich sind. Augustin sagt: *omnia quaecunque huiusmodi sunt, ut ea nescire pudori sit, et quae vel ignorantes, quasi sciamus tamen, cum simulatione prae nobis ferimus, quotienscunque in dubitationem vocantur, efficiunt civilem quaestionem* und zählt dann als derartige Fragen auf, ob etwas gerecht oder ungerecht, sittlich, löblich, nützlich, strafwürdig sei oder nicht. Πολιτικά heissen sie wohl, weil ihre Beantwortung in das Bewusstsein eines jeden Staatsbürgers fällt, doch wurde diese Bezeichnung späterhin missverstanden, wie wir daraus entnehmen können, dass man der Hermagoreischen Definition vorwarf, sie schliesse das γένος πανηγυρικόν aus.

An die Definitionen des Hermagoras und seiner Schüler schlossen sich nun die meisten Griechischen Rhetoren der Kaiserzeit an. Dionys von Halikarnas sagte: ῥητορική ἐστι δύναμις τεχνικὴ πιθανοῦ λόγου ἐν πράγματι πολιτικῷ τέλος ἔχουσα τὸ πιθανῶς εἰπεῖν κατὰ τὸ ἐνδεχόμενον nach Planudes Rh. Gr. V p. 213; oder τέλος ἔχουσα τὸ εὖ λέγειν nach SchoL Aphth. Rh. Gr. II p. 2. Ganz ebenso definirte Lollianus, Rh. Gr. V p. 17. Gleich mit Bezugnahme auf die Theile der Rhetorik lehrte Diodorus aus Alexandria, der Sohn des Valerius Pollio: ῥητ. ἐστι δύναμις εὑρετικὴ καὶ ἑρμηνευτικὴ μετὰ κόσμου τῶν ἐνδεχομένων πιθανῶν] ἐν παντὶ λόγῳ. Wenn diese Definition wieder an die Aristotelische sich anlehnt, so sehen wir die Hermagoreische noch späterhin bei Doxopater zur Geltung kommen: ῥητ. ἐστι τέχνη περὶ λόγου δύναμιν ἐν πράγματι πολιτικῷ τέλος ἔχουσα τὸ πιθανῶς εἰπεῖν κατὰ τὸ ἐνδεχόμενον, Rh. Gr. II p. 74. 93. 105. V p. 214. Maximus Planudes an der zuletzt angeführten Stelle empfiehlt sie als die beste von allen vorhandenen Definitionen. Von Hermogenes, der sonst als Stimmführer der späteren Techniker anzusehen ist, gab es keine eigentliche Definition, doch hatte man eine solche, wenngleich mit Unrecht, aus den Einleitungsworten seiner Rhetorik herausgelesen: ῥητ. ἐστι τέχνη τις λυσιτελοῦσα κἂν ταῖς βουλαῖς κἂν τοῖς δικαστηρίοις καὶ πανταχοῦ, Doxop. Rh. Gr. II p. 104.

Neben der Aristotelischen Definition und den aus ihr hervorgegangenen erhielt sich übrigens eine andere, einfachere, in welcher die Rhetorik nicht als δύναμις oder τέχνη, sondern geradezu als ἐπιστήμη bezeichnet wurde. Sie ging aus von Xenokrates, welcher die Rhetorik definirte als ἐπιστήμη τοῦ εὖ λέγειν, Sext. Empir. adv. rhet. 6 p. 675. Wenn nun derselbe Gewährsmann aber daneben berichtet, Xenokrates habe die Rhetorik trotz Plato und Aristoteles, auch als πειθοῦς δημιουργός bezeichnet, l. l. p. 687, so ist dies wohl so zu verstehen, dass eben nach Xenokrates das εὖ λέγειν in nichts anderem als dem Erzeugen der Ueberredung bestand. Als πειθοῦς ἐπιστήμη hatte übrigens auch schon Isokrates die Rhetorik definirt, wenigstens behauptet dies Sextus. Das ist denn natürlich nicht Wissenschaft im strengeren Sinne, sondern ein Wissen, das zugleich ein Können ist und etwas hervorbringen will, also Kunstlehre. Die Xenokrateische Definition wurde nun aber von den Stoikern adoptirt, nur dass bei diesen das Wort ἐπιστήμη natürlich eine tiefere und zwar nicht blos intellectuelle sondern auch ethische Bedeutung hatte, wie wir ausser aus Sextus auch aus Diogenes Laert. VII, 42*) ersehen, und durch diese gelangte sie zu den Römern. Zwar giebt Cornificius keine eigentliche Definition der Rhetorik. Er nennt sie nur eine sehr nützliche Wissenschaft, und stellt es I, 2, 2 als Aufgabe (*officium*) des Redners hin, *de iis rebus posse dicere, quae res ad usum civilem moribus ac legibus constitutae sunt, cum assensione auditorum, quoad eius fieri poterit.* Das soll offenbar eine Uebersetzung des Hermagoreischen τέλος sein: τὸ τεϑὲν πολιτικὸν ζήτημα διατίϑεσϑαι κατὰ τὸ ἐνδεχόμενον πειστικῶς, wobei freilich die Auffassung des πολιτικὸν ζήτημα schief und ungenau erscheint. Auch Cicero vermeidet es die Rhetorik bestimmt zu definiren, wahrscheinlich weil es ihm unbequem war zwischen δύναμις, τέχνη und ἐπιστήμη sich zu entscheiden; nach de inv. I, 6 ist sie *artificiosa eloquentia*, als solche ein Theil der *ratio civilis*. Ihre Aufgabe ist *dicere apposite ad persuasionem*, ihr Ziel *persuadere dictione*. Aber Quintilian II, 14, 5 entscheidet sich für *bene dicendi scientia*. Als Wissenschaft gut zu reden ist ihm die Rhetorik zugleich eine Kunst. Der Künstler, der diese Kunst erlernt hat, der also gut reden kann, ist der Redner. Das von ihm geschaffene Kunstwerk ist eine gute Rede. Gut zu reden ist das Ziel, der Zweck der Rhetorik. Auch bei dem durch und durch von den Stoikern abhängigen Fortunatian finden wir dieselbe Definition, desgleichen bei dem wenigstens theilweis den Stoikern folgenden Sulpitius Victor, wenngleich dieser die Definition als unvollständig tadelt und durch den der Hermagoreischen Technik entlehnten Zusatz *in quaestione civili* erweitert. Mit diesem Zusatz kam sie von Victor an Cassiodor und ist so in die weiteren rhetorischen Lehrbücher des Mittelalters übergegangen.

Von sonstigen Definitionen, die hier unmöglich alle aufgezählt werden können, wäre etwa noch die sich durch ihre Einfachheit empfehlende des Rufus aus unbestimmter Zeit zu erwähnen: ἡ ῥητορική ἐστιν ἐπιστήμη τοῦ καλῶς καὶ πειστικῶς πάντα τὸν

---

*) Nach Quint. II, 15, 35 definirte Chrysipp nach Cleanthes *scientia recte dicendi*, also ἐπιστήμη τοῦ ὀρθῶς λέγειν, denn es soll von *scientia bene dicendi* verschieden sein. Bei Plutarch freilich de rep. Stoic. c. 28 definirt Chrysipp die Rhetorik sehr befremdlicher Weise als τέχνη περὶ κόσμον καὶ εἰρημένον λόγου τάξιν.

προκείμενον διαϑέσϑαι λόγον, Spengel Rh. Gr. I p. 463. In der That kann man sich aber mit der Definition der Stoiker begnügen. Quintilian betont in derselben das Wort gut. Wenn Cicero im Brut. 6, 23 gesagt hatte: *dicere enim bene nemo potest, nisi qui prudenter intellegit,* so kann nach Quintilian gut reden nur ein sittlich guter Mensch. Damit sollen die Angriffe abgeschnitten werden, die man möglicherweise gegen die Rhetorik erheben könnte, als sei sie eine Kunst der Täuschung und des Betrugs, und eben keine wirkliche Kunst, sondern blos eine Afterkunst, wobei man sich verkehrter Weise auf Plato berief. Der Nutzen dieser Kunst, sagt Quintilian ferner, ist unbestreitbar, auch ist sie eine edle Kunst. Vor allen Geschöpfen hat allein der Mensch die Rede voraus; gerade sie muss er deshalb in Ehren halten und möglichst ausbilden, ein Gedanke, den schon Isokrates mehrfach ausgesprochen hatte, z. B. or. III, 5 f. IV, 48. XV, 253, und den auch Cicero ausspricht de inv. I, 4, 5: *ac mihi quidem videntur homines, cum multis humiliores et infirmiores sint, hac re maxime bestiis praestare, quod loqui possunt. Quare praeclarum mihi quiddam videtur adeptus is, qui, qua re homines bestiis praestent, ea in re hominibus ipsis antecellat. Hoc si forte non natura modo neque exercitatione conficitur, verum etiam artificio quodam comparatur, non alienum est videre, quae dicant ii, qui quaedam eius rei praecepta nobis reliquerunt.* Was man aber sonst noch alles vorgebracht hat, um zu zeigen, dass die Rhetorik keine Kunst sei, das, meint Quintilian, lässt sich leicht widerlegen. Und zwar ist sie eine praktische Kunst, wenngleich sie auch als eine theoretische Kunst getrieben werden kann, oder endlich als solche, die sich mit der Abfassung geschriebener Kunstwerke begnügt. — Als ihren Stoff betrachtet diese Kunst alle Gegenstände, über welche zu reden von ihr verlangt wird. Schon Gorgias hatte dies gelehrt, s. Cic. de inv. I, 5, 7. Daraus folgt aber nicht, dass der Redner in unbeschränkter Polyhistorie alle Dinge kennen müsse. Er wird nur über die sprechen, die er kennt. Ueber diese aber wird er besser sprechen als jeder Nicht-Redner, Cic. de orat. I, 12, 51. Die Rhetorik ist eben, wie dies auch Aristoteles den Sophisten eingeräumt oder vielmehr deutlicher als diese erkannt und ausgesprochen hat, analog der Logik eine rein formale Kunst, die auf alle Disciplinen anwendbar ist. Immerhin wird sich der wirkliche Redner auf die drei zuerst von Aristoteles aufgestellten Arten der Beredsamkeit beschränken.

§. 2.

Eintheilung der Beredsamkeit und der Rhetorik.

Die meisten technischen Lehrbücher der Griechen enthielten blos Anleitung zur Abfassung von Prozessreden, befassten sich also blos mit der gerichtlichen Beredsamkeit. Eine andere Art kannten oder berücksichtigten sie nicht. Isokrates adv. soph. or. XIII, 19 tadelt dies als Einseitigkeit: λοιποὶ δ᾽ ἡμῖν εἰσιν οἱ πρὸ ἡμῶν γενόμενοι καὶ τὰς καλουμένας τέχνας γράψαι τολμήσαντες, οὓς οὐκ ἀφετέον ἀνεπιτιμήτους· οἵτινες ὑπέσχοντο δικάζεσθαι διδάξειν, ἐκλεξάμενοι τὸ δυσχερέστατον τῶν ὀνομάτων, ὃ τῶν φθονούντων ἔργον ἦν λέγειν, ἀλλ᾽ οὐ τῶν προεστώτων τῆς τοιαύτης παιδεύσεως, καὶ ταῦτα τοῦ πράγματος, καθ᾽ ὅσον ἐστὶ διδακτόν, οὐδὲν μᾶλλον πρὸς τοὺς δικανικοὺς λόγους ἢ πρὸς τοὺς ἄλλους ἅπαντας ὠφελεῖν δυναμένου. Jedenfalls hat er selbst diese Einseitigkeit vermieden und auch die berathende Beredsamkeit neben der gerichtlichen in den Kreis der technischen Betrachtung gezogen. Und so kennt denn auch Anaximenes, für uns der einzige Vertreter der vor-Aristotelischen Rhetorik, blos zwei Arten der Beredsamkeit, die berathende und die gerichtliche, Lob und Tadel ist ihm über beide vertheilt. Diese beiden γένη umfassen ihm nämlich sieben εἴδη: τὸ προτρεπτικόν, ἀποτρεπτικόν, ἐγκωμιαστικόν, ψεκτικόν, κατηγορικόν, ἀπολογητικόν καὶ ἐξεταστικὸν ἢ αὐτὸ καθ᾽ αὑτὸ ἢ πρὸς ἄλλο.

Erst Aristoteles fügte zu den beiden vorhandenen Arten der Beredsamkeit eine dritte, das γένος ἐπιδεικτικόν hinzu. Cic. de inv. I, 5, 7: *Aristoteles autem, qui huic arti plurima adiumenta atque ornamenta subministravit, tribus in generibus versari rhetoris officium putavit, demonstrativo, deliberativo, iudiciali. Demonstrativum est, quod tribuitur in alicuius certae personae laudem aut vituperationem: deliberativum, quod positum in disceptatione civili habet in se sententiae dictionem: iudiciale, quod positum in iudicio habet in se accusationem et defensionem, aut petitionem et recusationem. Et quemadmodum nostra quidem fert opinio, oratoris ars et facultas in hac materia tripertita versari existimanda est.* Diese Aristotelische Eintheilung erhob sich zur herrschenden. Man theilte ziemlich allgemein dem Stoffe nach die Beredsamkeit in drei Arten oder *genera causarum*, in die gerichtliche, berathende und epideiktische Beredsamkeit. Cornif. I, 2, 2: *tria sunt genera* causarum, quae recipere debet orator: demonstrativum, deliberativum, iudiciale. Die Griechen sprechen von einem γένος δικανικόν, συμβουλευτικόν und ἐπιδεικτικόν, für welches letztere man auch πανηγυρικόν und ἐγκωμιαστικόν sagte. Auch bei lateinischen Rhetoren findet sich neben *demonstrativum* ab und zu der Ausdruck *laudativum genus*. Τριχῇ δὲ νενεμημένου τοῦ ῥητορικοῦ λόγου καὶ τρία περιειληφότος γένη, τό τε δικανικὸν καὶ τὸ συμβουλευτικὸν καὶ τὸ καλούμενον ἐπιδεικτικὸν ἢ πανηγυρικόν, ἐν ἅπασι μὲν τούτοις ἐστὶν ὁ ἀνὴρ λόγου ἄξιος — sagt Dionysios von Lysias, de Lys. iud. 16 p. 253. Die gerichtliche Beredsamkeit (sie galt, allerdings gegen Aristoteles' Meinung, der dies von der berathenden behauptete, für die wichtigste und schwierigste Art) will anklagen oder vertheidigen, die berathende will zu etwas antreiben oder von etwas abrathen, die epideiktische hat zu loben oder zu tadeln, Quint. III, 5.

Am bündigsten werden die Unterschiede der drei Arten der Beredsamkeit zusammengefasst in dem Fragmente aus Alexander bei Spengel Rh. Gr. T. III p. 1: τῶν πολιτικῶν λόγων τρεῖς εἰσιν ὑποθέσεις, ἐγκώμιον (dient öfter zur Bezeichnung des γένος ἐπιδεικτικόν, vgl. Nikolaus Progymn. p. 482 Sp.), συμβουλή, δίκη. διαφέρουσι δ'αὗται ἀλλήλων τοῖς χρόνοις, τοῖς πράγμασι, τοῖς τέλεσι, τοῖς ἀκροαταῖς, ἐφ' ὧν οἱ λόγοι γίγνονται. τοῖς μὲν δὴ χρόνοις διαφέρουσιν, ὅτι αἱ μέν εἰσιν αἱ δίκαι περὶ τῶν ἤδη γεγονότων, αἱ δὲ συμβουλαὶ περὶ τῶν μελλόντων, οἱ δὲ ἔπαινοι περὶ τῶν ὄντων καὶ τῶν ἐσομένων. ἐπαινοῦμεν γὰρ οὐ μόνον εἴ τίς ἐστιν ἀγαθός, ἀλλὰ καὶ προσδοκῶντες ἔσεσθαι. τῇ δὲ τῶν χρόνων διαφορᾷ ἕπεται καὶ ἡ τῶν πραγμάτων. τὰ μὲν γὰρ γέγονε πράγματα, τὰ δὲ μέλλει, τὰ δ'ἐνέστηκεν. ἔτι δ'ἔστι τοῦ μὲν ἐγκωμίου ἔπαινος καὶ ψόγος, τῆς δὲ δίκης ἀπολογία καὶ κατηγορία, τῆς δὲ συμβουλῆς προτροπὴ καὶ ἀποτροπή. τοῖς δὲ ἀκροαταῖς, ὅτι ἐν μὲν ταῖς συμβουλαῖς αὐθένται εἰσὶν οἱ ἀκροώμενοι· βουλεύονται γάρ, τί αὐτοῖς πρακτέον ἐκείνοις καὶ τί μὴ πρακτέον. ἐν ταῖς δίκαις δὲ οἱ κριταὶ ὡς περὶ ἰδίων σκεπτόμενοι, εἰ πέπρακται τὰ ὑπ' ἄλλων γενόμενα, κρίνουσιν, ἢ εἰ δικαίως ἢ οὔ· τὸ δὲ τῶν ἐγκωμίων εἶδος οὔτε αὐθέντας ἔχει οὔτε κριτάς, ἀλλὰ μόνον ἀκροατάς, ὅθεν καὶ ἐπιδεικτικὸν τὸ τοιοῦτο κέκληται. Noch fasslicher Sopater Proleg. Arist. p. 757, der sich blos auf die drei Hauptunterschiede beschränkt: ἀναγκαῖόν ἐστιν ἐν τοῖς τρισὶν εἴδεσι τῆς ῥητορικῆς καὶ τόπον ὡρίσθαι καὶ πρόσωπα καὶ σκοπόν. τόπον μέν, δικαστήριον, βουλευτήριον, θέατρον.

πρόσωπα δὲ κατήγορον, σύμβουλον, ἐπαινέτην· σκοπὸν δὲ τιμωρίαν, συμφέρον, καλόν. Was die berührten Unterschiede der Zeit anlangt, so dient in Betreff der berathenden Beredsamkeit eine Stelle aus Demosthenes de cor. 192 zur Ergänzung: ἀλλὰ μὴν τὸ μὲν παρεληλυθὸς ἀεὶ παρὰ πᾶσιν ἀφεῖται, καὶ οὐδεὶς περὶ τούτου προτίθησιν οὐδαμοῦ βουλήν· τὸ δὲ μέλλον ἢ τὸ παρὸν τὴν τοῦ συμβούλου τάξιν ἀπαιτεῖ.

Indessen blieb die Aristotelische Eintheilung in der Zwischenzeit zwischen ihm und Cornificius nicht ohne Widerspruch. Manche Rhetoren oder Techniker blieben der Isokrateischen Eintheilung treu, mit dem Bemerken, dass sich das, was man sonst sophistische Beredsamkeit nenne, keineswegs unter dieses ἐπιδεικτικόν befassen lasse. Vgl. Philodem. 33, 7 ff. Es ist ferner bezeichnend, wie die nach Stoischen Quellen gearbeiteten Lehrbücher des Fortunatian und Sulpitius Victor sich zu dieser Eintheilung verhalten. Letzterer übergeht sie ganz mit Stillschweigen, ersterer sagt zwar: *genera civilium quaestionum quot sunt? tria. quae? demonstrativum, deliberativum, iudiciale*, fügt aber hinzu: *haec aliis quae appellantur? genera dicendi* — und nimmt dann im weiteren Verlauf seiner Darstellung auf diese Eintheilung keine Rücksicht mehr. Der vielfach mit den Stoikern gehende Hermagoras nahm da, wo er in seinem System die materia artis besprach, auf diese Eintheilung auch keine Rücksicht. Sie besteht ihm im allgemeinen in den πολιτικὰ ζητήματα. Diese theilte er ein in θέσις und ὑπόθεσις, diese wieder nach den στάσεις. Erst bei deren weiterer Eintheilung brachte auch er die genera causarum, aber ohne diesen Namen an; er theilte nämlich die στάσις ποιότητος ein in συμβουλευτική, ἐπιδεικτική, δικανική und πραγματική (letztere kam bei ihm ausschliesslich den Thesen zu), s. Cic. de inv. I, 9, 12, III, 6, 56 ff. Er kennt also eine στάσις (ποιότης) δικανική u. s. w., aber kein δικανικὸν εἶδος ῥητορικῆς, kein δικανικὸν γένος ὑποθέσεων. Genaueres können wir leider über diesen Punkt nicht geben. Quintilian geht bei seiner Besprechung sehr oberflächlich zu Werke. Wir können aus seinem Berichte III, 4 nur entnehmen, dass man bereits in alter Zeit bei den Griechen, namentlich aber in seiner Zeit bei den Römern, über die Dreitheilung hinwegging, und noch andere genera causarum aufstellte. Er selbst hält mit der Mehrzahl der Techniker an der Aristotelischen Eintheilung fest. Das γένος ἐπιδεικτικόν will er *a parte meliore* lieber *laudativum* als *demonstrativum* nennen. Wenn er aber schreibt: *idcumque nomen ex graeco creditur fluxisse: nam ἐγκωμιαστικόν aut ἐπιδεικτικόν dicunt. sed mihi ἐπιδεικτικόν non tam demonstrationis vim habere quam ostentationis videtur et multum ab illo ἐγκωμιαστιϰῷ differe: nam ut continet laudativum in se genus, ita non intra hoc solum consistit. an quisquam negaverit panegyricos ἐπιδεικτικούς esse? atqui formam suadendi habent et plerumque de utilitatibus Graeciae loquitur: ut causarum quidem genera tria sint, sed ea tum in negotiis, tum in ostentatione posita* — so kann man sich nicht genug wundern, dass er dennoch an der Aristotelischen Eintheilung festhielt. Dieselbe mochte eben zu ihrer Zeit genügen, späterhin war sie unzureichend, und zwar von dem Augenblick an, als Suasorien und Controversien aufkamen, also seit Demetrius dem Phalereer. Von da ab gab es in der That zwei Arten der Beredsamkeit, ein γένος πραγματικόν, *in negotiis*, und ein γένος ἐπιδεικτικόν, *in ostentatione positum.* Beide Arten umfassen wieder vier Unterarten, das εἶδος δικανικόν, συμβουλευτικόν, ἐγκωμιαστικόν und ἐντευκτικόν, d. h. Gerichtsreden (wirkliche oder fingirte Controversien), berathende Reden (wirkliche im Senat oder in der Volksversammlung gehaltene und fingirte Suasorien), Lob- resp. Tadelreden (letztere die sogenannten invectivae), endlich Gelegenheitsreden, namentlich Begrüssungs- und Abschiedsreden.

Dass man in der That so eingetheilt hätte, lässt sich indes nicht nachweisen. Bis auf das ἐντευκτικόν εἶδος ist diese Eintheilung jedoch in den obigen Worten Quintilians wenigstens im Keime enthalten. Den λόγος ἐντευκτικός stellte, wie uns Philodem. 42, 10 berichtet, Demetrius (wohl nicht der Phalereer, sondern ein Stoischer Philosoph dieses Namens) dem ἐπιδεικτικὸν γένος mit Fug und Recht zur Seite. Er umfasste allerlei Gelegenheitsreden, wie auch Gesandschaftsreden an Fürsten. Mit diesem εἶδος wurde das eigentliche Gebiet der Rhetorik nicht verlassen. Dies geschah aber von denen, welche als vierte Art das γένος (oder εἶδος) ἱστορικόν aufstellten, wie der Anonymus bei Spengel artt. script. p 185 und Rufus p. 463 Sp., welcher das ἱστορικόν definirt, ἐν ᾧ διηγούμεθα πράξεις τινὰς μετὰ κόσμου γεγενημένας ἢ ὡς γεγενημένας, denn so ist bei ihm zu lesen. Das unlogische dieser Eintheilung springt in die Augen und es ist ein starker Irrthum eines andern Anonymus bei Spengel p. 225, wenn er behauptet, schon Aristoteles habe diese vierte Art, als eine aus den übrigen dreien gemischte aufgestellt, eine Behauptung, zu der er vielleicht durch Misverständniss einer Stelle in Aristot. Rhet. I, 4, 6 verführt wurde: ταῦτα δ'οὐ μόνον ἐκ τῆς περὶ τὰ ἴδια ἐμπειρίας ἐνδέχεται συνορᾶν, ἀλλ' ἀναγκαῖον καὶ τῶν παρὰ τοῖς ἄλλοις εὑρημένων ἱστορικὸν εἶναι πρὸς τὴν περὶ τούτων συμβουλήν*). Wie Spengel zu Philod. l. l. dazu kommt, die Identität des γένος ἱστορικόν mit dem λόγος ἐντευκτικός zu behaupten, ist mir unklar. Vielmehr verstand Rufus unter dem γένος ἱστορικόν doch wohl in der That nichts anderes als die rhetorisirende Geschichtschreibung, wie sie durch die Schule des Isokrates namentlich bei Theopompus herrschend geworden war, und die ja auch Cicero orat. II, 37. 66, 207, vgl. de orat. II, 9, 36, offenbar nach Griechischem Vorgange (vgl. Marcellin. v. Thucyd. 41) mit zur epideiktischen Gattung der Beredsamkeit rechnet, während er freilich orat. 20, 68 die Beredsamkeit der Geschichtschreiber von derjenigen der Redner ausdrücklich trennt. Es liegt demnach bei Rufus eine Verwechslung der Rhetorik als Theorie der Redekunst, d. h. der Kunst Reden zu verfertigen und zu halten, mit Rhetorik als Theorie der kunstmässigen prosaischen Darstellungsweise überhaupt vor. Mit demselben Rechte liesse sich dann aber auch ein εἶδος ἐπιστολικόν aufstellen, um noch anderer zu geschweigen. In der That zählten einige Rhetoren des Alterthums, auf diesem Wege weitergehend, an die dreissig Arten der Beredsamkeit auf. Hieran war im Grunde die Mehrdeutigkeit des Begriffs λόγος selbst Schuld, der ja zunächst alle und jede prosaische Darstellung bezeichnet, als welche sich mit dem begrifflich erkannten und begrifflich zu sagendem befasst, im Gegensatz zur Poesie, welche allerzeit den μῦθος zu ihrer Voraussetzung hat — und erst im weiteren auf die rednerische Darstellung beschränkt wurde. So fasst denn auch Isokrates seine Thätigkeit an mehreren Stellen als eine besondere Art der prosaischen Schriftstellerei auf, deren es so vielfache Arten gebe, als eben der poetischen, keineswegs als eine besondere Art rednerischer Schriftstellerei etwa im Gegensatz zur berathenden und gerichtlichen. Vgl or. XII, 1. XV, 45. Und warum sollte man am Ende nicht auch der Poetik als der Lehre von den Gesetzen und Formen der Dichtkunst nach ihren drei Hauptgattungen Epos, Lyrik, Drama, eine Rhetorik als die a potiori benannte Lehre von den Gesetzen und Formen der prosaischen Darstellung nach den drei Hauptgattungen der historischen, philosophischen

---

*) s. L. Kayser in Jahns Jahrb. 1866 S. 658.

und rednerischen Prosa*) an die Seite stellen können? Allein es ist dies im Alterthum, so viel wir wissen, nicht geschehen, man müsste denn die Schrift des Rhetor Aristides περὶ πολιτικοῦ καὶ ἀφελοῦς λόγου aus verhältnissmässig später Zeit etwa als einen schwachen, hierhergehörigen Versuch betrachten wollen. Wie fern eine derartige Gegenüberstellung wenigstens dem Cicero lag, zeigt deutlich der Anfang seiner Schrift de optimo genere oratorum.

Da übrigens die Versuche einer anderen erweiterten Eintheilung der Aristotelischen gegenüber zu keinem durchgreifenden Ansehn gelangten, so sind diese mehr für eine detaillirte Geschichte der Rhetorik als für diese selbst von Interesse. Als spielender Einfall Späterer mag noch die Ansicht erwähnt werden, wonach die drei Arten der Beredsamkeit den drei Seelenvermögen entsprechen sollten, und zwar das γένος συμβουλευτικόν dem λογικόν, das δικανικόν dem θυμικόν, das πανηγυρικόν dem ἐπιθυμητικόν. Vgl. Doxop. Rhet. Gr. T. II p. 80. 121. Ein würdiges Seitenstück ist es, wenn Aristides or. XIV c. 96 (T. II p. 128 ed. Dind.) in den Theilen der Rhetorik die vier Cardinaltugenden wiederfindet. Was aber die Aristotelische Ansicht von den verschiedenen τέλη der drei Arten der Beredsamkeit, d. h. der ihnen eigenthümlichen Art der Untersuchung anlangt, so stellte Cicero, mit dem blosen *utile* nicht zufrieden, de inv. II, 4, 12 für das genus deliberativum das *utile* und *honestum* auf. Gegen die ganze Unterscheidung bemerkt Quint. III, 4, 16: *ne his quidem accesserim, qui laudativam materiam honestorum, deliberativam utilium, iudicialem iustorum quaestione contineri putant, celeri magis ac rotunda usi distributione quam vera. Stant enim quodammodo mutuis auxiliis omnia. Nam et in laude iustitia utilitasque tractatur et in consiliis honestas, et raro iudicialem inveneris causam, in cuius non parte aliquid eorum, quae supra diximus, reperiatur.* Dass Quintilian, trotzdem er in eigner Person spricht, auch hier die gegen Aristoteles gerichteten Bemerkungen älterer Techniker wiederholt, braucht wohl kaum bemerkt zu werden.

Soviel von der materia artis. Innerhalb dieser drei Arten der Beredsamkeit nun kömmt die Rhetorik selbst in ihren fünf Theilen zur Anwendung, Quint. III, 3. Cic. de inv. I, 7, 9. Oder,

---

*) Dass den Alten auch der Begriff der poetischen Prosa nicht unbekannt war, und was sie darunter verstanden, zeigt Aristot. Poet. 1, 7. vergl. Hermann. z. d. St. p. 92. Cic. orat. 20, 67. Manche rechneten überhaupt die Geschichtschreibung als im weiteren Sinne zur Poesie gehörig, Marcell. v. Thuc. l. l.

wie Cornif. I, 2, 2 sich ausdrückt, es sind fünf Dinge, welche der
Redner haben muss *(res quas oratorem habere oportet)*, und zwar:
Erstens die Erfindung, *inventio*, εὕρεσις, seit Aristoteles (vgl.
Rhet. I, 1) als der bei weitem wichtigste Theil angesehen, daher
von manchen Rhetoren ausschliesslich behandelt. Zweitens die
Anordnung, *dispositio*, τάξις. Drittens der Ausdruck, *elocutio*,
λέξις. Viertens das Gedächtniss, *memoria*, μνήμη. Fünftens
der Vortrag, *pronuntiatio* oder *actio*, ὑπόκρισις. Mit der Betrachtung der materia artis und den fünf Theilen ihrer Behandlung
hat die Rhetorik als Theorie der Beredsamkeit ihre Aufgabe erschöpft. Und zwar muss diese Betrachtung immer überwiegend
auf das Praktische gerichtet sein, denn eine streng wissenschaftliche Behandlung lässt die Rhetorik, eben weil sie eine Kunst im
antiken Sinne dieses Begriffes, d. h. eine Kunstlehre ist, nicht zu.
Dies sah schon Aristoteles, dem doch vor allen das Lob einer
wissenschaftlichen Behandlung zu spenden ist, wenn er Rhet. I, 4
bemerkt: ὅσῳ δ' ἄν τις ἢ τὴν διαλεκτικὴν ἢ τὴν ῥητορικὴν μὴ
καθάπερ ἂν δυνάμεις ἀλλ' ἐπιστήμας πειρᾶται κατασκευάζειν,
λήσεται τὴν φύσιν αὐτῶν ἀφανίσας τῷ μεταβαίνειν ἐπισκευάζων
εἰς ἐπιστήμας ὑποκειμένων τινῶν πραγμάτων, ἀλλὰ μὴ μόνον
λόγων.

Zur obigen Fünfzahl von Theilen war man übrigens erst allmälich in der Rhetorik gekommen. Ursprünglich kannte man,
wie dies ja in der Natur der Sache begründet ist, wohl blos zwei
Theile. Es zerfällt ja jegliche Rede in Inhalt und Form. Quint.
III, 5, 1: *omnis oratio constat aut ex his, quae significantur, aut ex
his quae significant, id est rebus et verbis*. Der Inhalt ist dem
Redner mehr oder minder aus der allgemeinen Erfahrung oder
einem bestimmten Falle gegeben. Blos die Art und Weise, wie
sich dieser Inhalt in seiner Auffassung abspiegelt und von ihm
begrifflich wiedergegeben wird, ist sein Eigenthum. Hierauf macht
schon Isokrates aufmerksam, or. IV, 9: αἱ μὲν γὰρ πράξεις αἱ
προγεγενημέναι κοιναὶ πᾶσιν ἡμῖν κατελείφθησαν, τὸ δ' ἐν καιρῷ
ταύταις καταχρήσασθαι καὶ τὰ προσήκοντα περὶ ἑκάστης ἐνθυμηθῆναι καὶ τοῖς ὀνόμασιν εὖ διαθέσθαι τῶν εὖ φρονούντων ἴδιόν
ἐστιν. Hier werden also die πράξεις als der dem Redner gegebene
Stoff von dessen eignen ἐνθυμήματα unterschieden, denen es nun
im weiteren gilt zu ihrem entsprechenden Ausdruck, also der
nöthigen Form zu verhelfen. Durch die Schönheit des Ausdrucks,
dem es im wesentlichen um Wohlklang (εὐρυθμία) und Mannich-

faltigkeit (*ποικιλία*) zu thun ist, wird der Inhalt der Rede angenehmer und glaubwürdiger, or. V, 27. Der Gegensatz von *λέξις* und *πράξεις*, als Gegensatz von Form und Inhalt, kehrt wieder Ib. 94. Schon auf Grund dieser Stellen könnte man auch ohne bestimmtes Zeugniss wohl behaupten, dass nach Isokrates die Rhetorik eigentlich nur in zwei Theile zerfällt, von denen der eine es mit der Auffindung oder enthymematischen Umformung des Stoffes, der andere mit der Darstellung desselben zu thun hat. Und wenn es schwerlich ein Zufall ist, wenn Perikles bei Thucyd. II, 60 von sich sagt, er sei οὐδενὸς ἥσσων γνῶναί τε τὰ δέοντα καὶ ἑρμηνεῦσαι ταῦτα, und dass es VIII, 68 von Antiphon heisst, er sei κράτιστος ἐνθυμηθῆναι γενόμενος καὶ ἃ γνοίη εἰπεῖν, so können wir wohl die Zweitheilung der Rhetorik in *inventio* und *elocutio* in die allerälteste Zeit dieser Kunst zurückverlegen und als ihr ursprünglich eigen ansehn. Diese Zweitheilung finden wir auch noch bei Dionysius von Halikarnas, der sich ja überhaupt im technischen an die Isokrateer anschliesst. Bei seiner Beurtheilung der Schriftsteller unterscheidet er den πραγματικὸς χαρακτήρ oder τύπος vom λεκτικός und spricht von πραγματικαί und λεκτικαὶ ἀρεταί. Ihm zerfällt die ganze Rhetorik demnach in zwei Haupttheile, den πραγματικός und λεκτικὸς τόπος, und jeder dieser Haupttheile wieder in zwei Abschnitte, der πραγματικός nämlich in die παρασκευή (wofür die Alten εὕρεσις sagten) und die χρῆσις τῶν παρεσκευασμένων, die sogenannte οἰκονομία. Ebenso zerfällt der λεκτικὸς τόπος in die ἐκλογὴ τῶν ὀνομάτων und die σύνθεσις τῶν ἐκλεγέντων. Die zweiten Abschnitte sind in beiden Theilen die wichtigeren und eigentlich technischen, also die Lehre von der Anordnung und der Composition der Rede. s. de adm. vi in Dem. T. VI p. 298 f. Dazu kömmt dann als weiterer praktischer Theil, ohne dass sein Zusammenhang mit dem vorigen begründet würde, die ὑπόκρισις, die es mit den πάθη τῆς φωνῆς und den σχήματα τοῦ σώματος zu thun hat.

Wie weit nun schon diese Untertheile in der Rhetorik des Isokrates und seiner Schule bekannt waren, können wir bei dem mangelhaften unserer Ueberlieferung über diesen Punkt natürlich nicht wissen. Gar bald musste sich aber das Bedürfniss fühlbar machen, die Anordnung des Stoffes von der eigentlichen Auffindung desselben zu sondern, und sie entweder von derselben als Untertheil zu trennen, oder den beiden vorhandenen Theilen als selbständigen dritten Theil beizufügen. In der That finden wir bereits bei

Anaximenes drei Theile der Rhetorik, die freilich nicht als solche angegeben und auch nicht besonders benannt werden, εὕρεσις, λέξις, τάξις, und es ist dies auch die Reihenfolge, in welcher Aristoteles den Stoff der Rhetorik behandelt. Er kennt auch bereits die ὑπόκρισις als vierten Theil, bemerkt aber Rhet. III, 1 p. 121 ausdrücklich, dass sie zu seiner Zeit noch kein Gegenstand der rhetorischen Technik gewesen sei. Der erste, der sie behandelte, scheint Theophrast gewesen zu sein, von dem eine Schrift περὶ ὑποκρίσεως erwähnt wird.*) Dennoch durfte noch Philodem. 19, 19 schreiben: ἀλλὰ τὰ μὲν περὶ τῆς ὑποκρίσεως παραγγέλματα πρώην τισὶν ἐφλυαρήθη, und auch Cornif. III, 11, 19 erklärt, es habe noch Niemand sorgfältig darüber geschrieben, nam omnes vix posse putaraut de voce et vultu et gestu dilucide scribi, cum hae res ad sensus nostros pertinerent, vgl. Spengel artt. scriptt. p. 10. Auch in der Rhetorik der Stoiker haben wir nach Diog. Laert. VII, 43 die vier Theile εὕρεσις, φράσις, τάξις, ὑπόκρισις. Nahm man die ὑπόκρισις auf, so lag kein Grund vor, der Mnemonik die Aufnahme unter die Zahl der Theile zu verweigern. So giebt denn auch Fortunat. p. 81 sämmtliche fünf Theile an, die er aber nicht als Theile der Rhetorik, sondern als *partes oratoris officii*, als ἔργα τοῦ ῥήτορος bezeichnet. Aber nicht alle Stoiker theilten diese Ansicht. Wenn Sen. ep. 89, 17 sagt: *rhetorica verba curat et sensus et ordinem. dialectica in duas partes dividitur, in verba et significationes, id est, in res, quae dicuntur, et vocabula, quibus dicuntur* — so kann man wohl daraus auf λέξις, εὕρεσις, τάξις als drei Theile der Rhetorik schliessen. Andere dagegen bezeichneten νόησις (*intellectio*), εὕρεσις, διάθεσις als die drei ἔργα des Redners und diese Ansicht war einst weit verbreitet. Ihr folgt Sulp. Victor p. 315, vgl. Rhet. Gr. V, 217. VII, 15 und das weitere bei Spengel Rh. Mus. XVIII S. 503 ff. Die διάθεσις aber befasste τάξις, οἰκονομία, λέξις und ὑπόκρισις, Sulp. Vict. p. 320. Wenn aber Quintilian, da wo er die Theile der Rhetorik behandelt, III, 3 von Hermagoras berichtet: *iudicium, partitionem, ordinem quaeque elocutionis sunt, subicit oeconomiae*, so kann ich dies unter Berücksichtigung des Zusammenhangs seiner Worte mit dem Vorhergehenden nur dahin verstehen, dass Hermagoras das ganze Gebiet der Rhetorik in die zwei Haupttheile der εὕρεσις und οἰκονομία zerlegte. Letzterer befasste als Untertheile κρίσις, διαίρεσις, τάξις, λέξις. Ersterer zerfiel

---

*) s. M. Schmidt comment. de Theophrasto rhetore, Hal. 1839 p. 61 sq.

ihm wahrscheinlich in νόησις und παρασκευή, als eigentliche Invention.

Von Hermagoras also ist die späterhin fast ausschliesslich und zwar mit unveränderter Reihenfolge gültige Eintheilung der Rhetorik in die besagten fünf Theile nicht ausgegangen. Von wem sonst, vermögen wir nicht anzugeben. Cornificius fand sie, wie wir sahen, bereits vor, und auch Cicero hielt, abgesehen von mancherlei Schwankungen im einzelnen, wie er denn noch im orat. 54 die memoria als besonderen Theil der Rhetorik nicht gelten lassen will, an derselben fest. — Die Redefähigkeit aber, also die Herrschaft über die fünf Theile der Rhetorik, kömmt durch dreierlei zu Stande, durch natürliche Anlage, φύσις, durch Kunst oder theoretische Anleitung, τέχνη, und durch Uebung, ἄσκησις oder μελέτη. Diese drei Erfordernisse rhetorischer Propädeutik hatte zuerst, so viel wir wissen, Protagoras aufgestellt. Auch Plato und Isokrates hielten, obwohl von einem verschiedenen Standpunkte aus, an ihr fest, Plat. Phaedr. p. 269 D, Isocr. or. XIII, 14—17, XV, 187*). Von Späteren vgl. Dion. Hal. bei Syrian. Rh. Gr. IV. 41. Aristid. or. XLV, 114 (T. II. p. 154 ed. Dind.) Quint. III, 5, 1. Ausführlich handelt hierüber Cic. de or. I, 15 ff. II, 43 ff. Es ist daher auffallend, wenn Cornif. I, 2, 3 schreibt: *haec omnia tribus rebus assequi poterimus: arte, imitatione, exercitatione.* In geschickter Weise hat Cicero die drei Erfordernisse des Redners in den Einleitungsworten zur Rede pro Archia angebracht. Selbstverständlich ist natürliche Anlage und Uebung die Hauptsache, theoretische Unterweisung von blos secundärem Werthe, Isocr. or. XIII, 15: ἡ δὲ παίδευσις τοὺς μὲν τοιούτους (nämlich τοὺς εὐφυεῖς καὶ τοὺς περὶ τὰς ἐμπειρίας γεγυμνασμένους) τεχνικωτέρους καὶ πρὸς τὸ ζητεῖν εὐπορωτέρους ἐποίησεν. οἷς γὰρ νῦν ἐντυγχάνουσι πλανώμενοι, ταῦτ᾽ ἐξ ἑτοιμοτέρου λαμβάνειν αὐτοὺς ἐδίδαξεν· τοὺς δὲ καταδεεστέραν τὴν φύσιν ἔχοντας ἀγωνιστὰς μὲν ἀγαθοὺς ἢ λόγων ποιητὰς οὐκ ἂν ἀποτελέσειεν, αὐτοὺς δ᾽ ἂν αὐτῶν προαγάγοι καὶ πρὸς πολλὰ φρονιμωτέρως διακεῖσθαι ποιήσειεν. Noch ausführlicher an der zweiten Stelle. Dies war denn auch

---

*) Hieraus erklärt es sich eben auch, dass man bei der Definition der Rhetorik schwanken konnte, ob sie als δύναμις, oder τέχνη und ἐπιστήμη zu bezeichnen sei, je nachdem man sie mehr als das Ergebniss natürlicher Begabung oder als Product theoretischer Unterweisung betrachtete, ja dass es auch nicht an Spuren einer Definition der Rhetorik als ἄσκησις fehlt, s. Spengel, Rh. M. XVIII S. 488.

für Cicero Veranlassung in seinen grösseren rhetorischen Schriften auf das rein technische mit ziemlicher Geringschätzung herabzublicken.

Den Grad allgemeiner Bildung sowie den Umfang specieller Fachkenntniss anzugeben, welche für den Redner erforderlich sind, um sich mit Erfolg seiner Aufgabe zu widmen, ist natürlich nicht Sache der Rhetorik im engeren Sinne. Auf drei Punkte aber erstreckt sich die Aufgabe des Redners. Er soll belehren, ergreifen, ergetzen, Quint. L L.: *tria sunt, quae praestare debeat orator, ut doceat, moveat, delectet.* Daher sagt Cic. de opt. gen. 1, 3 sehr schön: *optimus est enim orator, qui dicendo animos audientium et docet et delectat et permovet: docere debitum est, delectare honorarium, permovere necessarium.* Aehnlich im Brut. 49, 185: *tria sunt enim, quae sint efficienda dicendo: ut doceatur is, apud quem dicetur, ut delectetur, ut moveatur vehementius* — und orat. 21, 69: *erit igitur eloquens is, qui in foro causisque civilibus ita dicet, ut probet, ut delectet, ut flectat: probare necessitatis est, delectare suavitatis, flectere victoriae; nam id unum ex omnibus ad obtinendas causas potest plurimum.* Vgl. orat. 29, 101. de orat. II. 27, 115. Die Quelle dieser Aussprüche ist unschwer in Aristoteles Rhet. 1, 2 zu suchen: τῶν δὲ διὰ τοῦ λόγου ποριζομένων πίστεων τρία εἴδη ἐστίν· αἱ μὲν γάρ εἰσιν ἐν τῷ ἤθει τοῦ λέγοντος, αἱ δὲ ἐν τῷ τὸν ἀκροατὴν διαθεῖναί πως, αἱ δὲ ἐν αὐτῷ τῷ λόγῳ διὰ τοῦ δεικνύναι ἢ φαίνεσθαι δεικνύναι, auf welche Stelle unsere Darstellung noch weiter unten zurückkommen wird. Die dem Redner nöthige Herrschaft über die besagten fünf Theile ist aber ausgesprochen in der Definition des Redners bei Cic. de orat. I, 15, 64: *is orator erit mea sententia hoc tam gravi dignus nomine, qui, quaecunque res inciderit, quae sit dictione explicanda, prudenter et composite et ornate et memoriter dicet cum quadam actionis etiam dignitate,* mit welcher wir diesen einleitenden Paragraphen beschliessen wollen.

Erster Theil.

Die Lehre von der Erfindung.

Erster Abschnitt.

Die gerichtliche Beredsamkeit.

§. 3.

Allgemeines zur Einleitung. Intellectio. Quaestio, causa.

Die Lehre von der Erfindung, richtiger von der Auffindung des Stoffes, gliedert sich mit ihren einzelnen Vorschriften nach den Theilen der Rede. Es werden ihr jedoch in den rhetorischen Lehrbüchern einige wichtige, allgemeinere Untersuchungen und Begriffsbestimmungen voraufgeschickt, welche für das ganze Gebäude der Rhetorik von grundlegender Bedeutung sind. Sie bildeten den Gegenstand der im vorigen Paragraphen erwähnten νόησις oder *intellectio* der Stoiker, deren Inhalt am vollständigsten von Sulp. Victor p. 315 angegeben wird. Er sagt: *causa proposita primum intellegere debemus, cuius modi causa sit*, und bald darauf: *intellegendum primo loco est, thesis sit an hypothesis. cum hypothesin esse intellexerimus, id est controversiam, intellegendum erit, an consistat, tum ex qua specie sit, deinde ex quo modo, deinde cuius status, postremo cuius figurae*. Weniger vollständig Rhet. Gr. V, p. 217: νόησις μὲν γνῶναι τὸ πρόβλημα, εἰ πολιτικόν ἐστιν, ἢ μή, καὶ εἰ συνίσταται, ἢ μή, καὶ ἐπὶ ποῖον εἶδος τῆς ῥητορικῆς ἢ στάσιν ἀνάγεται, vgl. VII, p. 15. Auch Hermagoras hatte sich, in Anschluss an die Stoiker, um mehrere der hierher gehörigen Punkte wesentlich verdient gemacht. Diejenigen Rhetoren, welche an der Fünfzahl der Theile festhielten, verschmolzen den Inhalt der νόησις grösstentheils mit der εὕρεσις, brachten aber anderes erst bei der τάξις und λέξις unter.

Jedem Redner liegt nun bei einer Rede ein bestimmtes Thema vor; eine besondere Frage muss den Ausgangs- und Mittelpunkt seiner ganzen Rede abgeben. Wir sahen bereits, dass Hermagoras mit den Stoikern diese Fragen als πολιτικὰ ζητήματα bezeichnete, und was es mit dieser Bezeichnung auf sich hatte. Diese Fragen also geben das materielle Substrat für den Redner ab. Hermagoras theilte sie nun weiter ein in θέσις und ὑπόθεσις, Cic. de inv. I, 6, 8. Quint. II, 21, 21. Dieser Unterschied wurde von allen Rhetoren der Folgezeit festgehalten. Blos Apollodor erklärte ihn für überflüssig und nichtig. Seine gegen Hermagoras vorgebrachten Einwürfe werden auf Grund älterer Schriften weitläufig von Augustin p. 140 widerlegt. Die Fragen nämlich sind entweder Fragen allgemeiner Art, *quaestiones infinitae*, oder Fragen, die sich auf bestimmte Fälle beziehen, *quaestiones finitae*, Quint. III, 5, 5. Bei den allgemeinen Fragen wird von bestimmten Personen, Zeiten, Oertlichkeiten u. dgl. abgesehen. Der Griechische Ausdruck für sie ist θέσις, Cic. orat. 14, 46: *quaestio a propriis personis et temporibus ad universi generis orationem traducta appellatur* θέσις Sonst nannte sie Cicero *propositum*, Top. 21, 79, oder *consultatio*, de orat. III, 28, 109, andre, wie Quintilian berichtet, *quaestiones universales* oder *quaestiones philosopho convenientes*. Sie zerfallen ihrem Inhalte nach in theoretische Thesen (quaestiones cognitionis) d. h. solche, die es mit wissenschaftlichen Fragen zu thun haben, z. B. ob die Welt von der Vorsehung regiert wird, ob sie kugelförmig ist, ob es viele Welten giebt, ob die Sonne ein Feuerkörper ist — und praktische (quaestiones actionis) d. h. solche, welche mehr allgemeine Gegenstände des öffentlichen Lebens behandeln, wie sie etwa vor Gericht oder in den Volksversammlungen vorkommen können, daher auch θέσις πολιτικαί genannt, z. B. ob man sich mit der Staatsverfassung zu befassen habe, ob man Handel und Schifffahrt treiben solle. Bei den theoretischen Thesen kommen drei Fragen in Betracht, ob etwas ist, was es ist, wie beschaffen es ist*), bei den praktischen Thesen zwei Fragen, wie wir etwas erlangen sollen, und wie wir etwas gebrauchen sollen. Manche waren der Ansicht, dass die allgemeinen Fragen, also die Thesen, für den Redner ganz unnütz seien. Cicero überweist sie den Philosophen. Jedenfalls waren sie als rhetorische Vorübungen von grossem Werth, daher denn auch Aristoteles und die Peripatetiker ihre Schüler vorzugsweise gerade in der Anfertigung von Thesen übten (Cic. or. 46. Diog. Laert. V, 3. Quint. XII, 2, 25,

---

*) mit anderen Worten, auch bei den theoretischen Thesen kommen die drei στάσεις der Conjectur, Definition und Qualität in Betracht.

Theo Progymn. II, 8). Specielle Anleitung zu ihrer Bearbeitung ertheilten die Rhetoren nicht, dies war vielmehr den Progymnasmatikern überlassen, bei denen man das weitere finden kann.

Bei den bestimmten, speciellen Fragen findet also ein Complex von Degebenheiten, Personen, Zeiten u. s. w. statt. Sie heissen Griechisch ὑποθέσεις, Lateinisch causae. Jede specielle Frage schliesst natürlich eine allgemeine Frage mit in sich, jede Hypothesis lässt sich auf eine Thesis zurückführen. Auch nach Hermagoras hatte sich der Redner nur insoweit mit den Thesen zu befassen, als sie eben den Hypothesen zu Grunde liegen. Es muss hierbei erwähnt werden, dass bei Hermogenes und den folgenden Rhetoren synonym mit ὑπόθεσις der Ausdruck πολιτικὸν ζήτημα gebraucht wird, der also bei den Späteren eine engere Bedeutung hat als in der Rhetorik der Stoiker und des Hermagoras, bei welchen er θέσις und ὑπόθεσις umfasst. Damit wurde zugleich der ursprüngliche Sinn des Ausdrucks modificirt. Hermogenes definirt im Anfange seiner Rhetorik, Rhet. Gr. II p. 133 das πολιτικὸν ζήτημα als ἀμφισβήτησις λογικὴ ἐπὶ μέρους ἐκ τῶν παρ' ἑκάστοις κειμένων νόμων ἢ ἐθῶν περὶ τοῦ νομισθέντος δικαίον ἢ τοῦ καλοῦ ἢ τοῦ συμφέροντος ἢ καὶ πάντων ἅμα ἤ τινων. Der Ausdruck ἐπὶ μέρους wird erläutert durch den Zusatz: τὸ γὰρ ὡς ἀληθῶς τε καὶ καθόλου καλὸν ἢ συμφέρον ἢ τὰ τοιαῦτα ζητεῖν οὐ ῥητορικῆς, das Ganze aber durch die Bemerkung: τὴν δὲ ἀμφισβήτησιν ταύτην ἀνάγκη περί τε πρόσωπα γενίσθαι καὶ πράγματα. Damit aber sind die Thesen bestimmt ausgeschlossen. Schon bei Cornificius bemerkten wir ja eine gewisse Modification im Begriff des ζήτημα πολιτικόν.

Thesis und Hypothesis also unterscheiden sich durch einen Complex bestimmter Degebenheiten, Personen, Zeiten u. s. w., welcher dort fehlt, hier vorhanden ist. Hermagoras nannte ihn περίστασις. August p. 141: *est igitur circumstantia rerum, quam περίστασιν Hermagoras vocat, sine qua ulla omnino controversia esse non potest*. Controversia ist hier gleichbedeutend mit ὑπόθεσις und causa (vgl. p. 139). Die περίστασις zerfiel ihm in sieben Theile, die aber nicht alle in einer Hypothese vorhanden zu sein brauchen. August. l. l.: *sunt igitur partes circumstantiae, id est peristaseos, septem, quas Hermagoras μόρια περιστάσεως vocat, Theodorus στοιχεῖα τοῦ πράγματος, id est elementa, quod ex eorum coniunctione quaestiones fiant perinde atque ex coniunctione litterarum nomina et verba fieri ridemus. sed sive μόρια sive στοιχεῖα rectius dicuntur, nos omissa controversia nominis, quae sint ipsa dicamus. sunt igitur haec: quis, quid, quando, ubi, cur, quemadmodum, quibus adminiculis, quas Graeci ἀφορμάς vocant. Horum autem omnium aut plurimorum rationalis congregatio conflat quaestionem.* Ob Hermagoras diese Siebenzahl bei älteren Technikern gefunden, oder selbst zuerst aufgestellt hat, vermögen wir nicht mehr zu entscheiden. Sie kehrt wieder bei den Progymnasmatikern als Elemente der Erzählung. Sonst herrschte bei den Rhetoren über diese Elemente, ihre Art und Zahl, ein grosser Streit. Einige beriefen sich nach Quint. III 6, 23 ff. auf die zehn Kategorien des Aristoteles, aus deren vier ersten sie die vier status herleiteten, während sie die übrigen zur Topik der Beweise verwandten. Da einer bestimmten Ueberlieferung zufolge zuerst Hermagoras einen vierten status in die Technik eingeführt hatte, so muss eine derartige Verwendung der Aristotelischen Kategorien von einem Rhetor herrühren, der jünger war als Hermagoras. Andre fügten zu den genannten Elementen noch καιρός und ἀριθμός hinzu und brachten sie in folgende Reihenfolge: πρόσωπον, χρόνος, τόπος, καιρός, πρᾶξις, ἀριθμός, αἴτιον, τρόπος, ἀφορμαὶ ἔργων. Wieder andre strichen ἀριθμός und ἀφορμαί und kehrten zur Siebenzahl zurück, die aber von der Hermagoreischen verschieden war. Acht Elemente der Erzählung, πρόσωπον, αἰτία, τόπος, χρόνος, ὄργανον, πρᾶξις, πάθος, τρόπος haben wir bei Ps. Plutarch de vit. et poes. Hom. c. 74. Noch anders Apollodor bei Quint. III, 5, 17.

Eine andere Art der Eintheilung der ζητήματα πολιτικά gewann Hermagoras aus dem Gegenstande, den sie behandeln, je nachdem es derselbe mit einer Sache zu thun hat, oder mit einem Gesetz, das bei der Sache in Anwendung kommt. Er unterschied demnach ein γένος λογικόν und γένος νομικόν, und dieser Unterschied wurde von den folgenden Rhetoren beibehalten. Quint. III, 5, 4: *illud iam omnes fatentur, esse quaestiones aut in scripto aut in non scripto. in scripto sunt de iure, in non scripto de re. illud rationale, hoc legale genus Hermagoras atque eum secuti vocant, i. e. νομικόν et λογικόν.* Vgl. Cic. de inv. 1, 12, 17. orat. 34, 121.

§. 4.
Constitutio causae: Στάσις.

Wenn der meditirende Redner erkannt hat, ob die ihm vorliegende Frage Thesis oder Hypothesis ist, ob sie zum genus rationale oder legale gehört, so muss er demnächst zusehen, ob sie in sich Bestand hat oder nicht, nur im ersteren Falle ist sie überhaupt zu einer rhetorischen Behandlung geeignet. Eine Frage selbst aber ist allemal bedingt durch verschiedene Urtheile oder Behauptungen, welche über ein und denselben Punkt vorgebracht werden. Einer bejahenden Behauptung steht eine verneinende gegenüber. Zwischen beiden muss entschieden werden. Demnach sind κατάφασις, *affirmatio*, Bejahung und ἀπόφασις, *negatio*, Verneinung die eigentlichen Elemente der Frage, welche deren Bestand, στάσις, *status* oder *constitutio* ausmachen. Da die Theorie der status ursprünglich blos auf das genus iudiciale berechnet und für dieses ausschliesslich von Wichtigkeit war, so treten an die Stelle von affirmatio und negatio die Ausdrücke *accusatoris intentio* oder *insimulatio*, und *defensoris depulsio* oder *deprecatio*. Aus dem Zusammenstoss beider ergiebt sich der status. Sagt also der Ankläger, du hast einen Menschen getödtet, der Beklagte dagegen, ich habe ihn nicht getödtet, so entsteht die Frage, ob er ihn getödtet hat, und die richtige Lösung dieser Frage ist nunmehr dasjenige, worauf alles andere ankommt. Die Herleitung des status aus dem Zusammenstoss von intentio und depulsio haben wir bei August. p. 143, desgleichen in der Definition bei Cornif. I, 11, 18: *constitutio est prima deprecatio defensoris cum accusatoris insimulatione coniuncta*. Vgl. Fortun. p. 101. Cic. de inv. 1, 8, 10. Top. 25, 93. Quint. III, 6. Der status ist also die Frage (d. h. das Thema) in der Art, wie sie sich aus dem ersten Zusammenstoss widerstreitender Behauptungen ergiebt. Schon der Name στάσις, status besagt *quod in eo causa consistat*. Alle anderen Ableitungen desselben sind verkehrt, dennoch gab es deren eine ganze Anzahl, wie man aus Sopater Rhet. Gr. V p. 77[*]) ersehen kann, und Hermogenes T. II p. 137 ging absichtlich der Untersuchung dieses Punktes aus dem Wege.

Die Lehre von den στάσεις ist nun für die gesammte Lehre von der Invention und Disposition von der allergrössten Wichtigkeit. In ihren Anfängen reicht sie bis in die ältesten Zeiten der Rhetorik hinauf. Ausführlich ausgebildet wurde sie von den Stoikern. Nach diesen brachte sie Hermagoras einigermassen zum Abschluss, doch blieb sie gleichzeitig und noch später manchen Schwankungen

---

[*]) Statt ἢ παρὰ τὸ στασιάζειν ἐν ἑαυτοῖς τοὺς στασιαζομένους — ist τοὺς ἀγωνιζομένους zu lesen.

im Einzelnen unterworfen. Mit grosser Sorgfalt wurde sie auf der von Hermagoras geschaffenen Grundlage im sophistischen Zeitalter von Hermogenes behandelt, von dem wir ja eine ausführliche Schrift über dieselbe besitzen, zu der dann wieder umfangreiche Commentare vorhanden sind. Leider hatten sich schon bei Hermagoras in die theoretische Behandlung derselben allerlei Irrthümer eingeschlichen, von denen selbst Hermogenes, geschweige denn die in der Mitte liegenden Cicero und Quintilian, sich nicht frei zu machen verstanden haben. Die Wichtigkeit des Gegenstandes verlangt es auf diesen Umstand ausführlicher einzugehen.

Zunächst ist es eine dankenswerthe Notiz, die uns Quintilian III, 6, 3 aufbewahrt hat, man habe den Ausdruck στάσις auf Naukrates, einen Schüler des Isokrates, oder auf Zopyrus aus Klazomenä, einen Rhetor des dritten Jahrhunderts vor Christus zurückgeführt. Aber die Sache muss noch älter sein. Bei eingehender Betrachtung ergiebt sich nämlich sofort, dass die ganze Lehre blos auf das genus iudiciale passt und nur durch Unachtsamkeit oder verkehrtes Streben nach Analogie auch auf die beiden anderen genera causarum übertragen ist. In der That, was soll man wohl auch bei einem Gegenstand der Berathung, oder einer Aufgabe für Lob und Tadel mit den drei Fragen an sit, quid sit, quale sit, auf denen die drei hauptsächlichen status beruhen, eigentlich anfangen? Fragen vom genus deliberativum und demonstrativum sind an sich klar und brauchen nicht erst constituirt zu werden. Wohl aber ist das bei Fragen vom genus iudiciale der Fall, weil sich der Angeklagte gegen die vom Ankläger erhobene Beschuldigung auf sehr verschiedene Weise vertheidigen kann, und die Anklagerede auf die gewählte Art der Vertheidigung natürlich Rücksicht nehmen muss. Die Nichtbeachtung dieses Umstandes aber, dass die Lehre von den status lediglich auf das genus iudiciale Anwendung findet und mit den beiden andern generibus nicht das mindeste zu thun hat, ist die eigentliche Quelle aller Irrthümer, die sich bei den Technikern über diesen Gegenstand finden. Wäre nun diese Lehre in der rhetorischen Theorie zuerst in einer Zeit aufgetreten, als man bereits zwei genera causarum kannte, also bei Isokrates oder seinen Schülern, so wäre die Möglichkeit eines derartigen Irrthums ganz unerklärlich. Der Erfinder würde von Anfang an bemerkt haben, dass sie auf das genus deliberativum keine Anwendung finde. Daraus folgt meines Erachtens, dass sie bereits vor Isokrates einen Theil der Technik bildete und aus der

Zeit stammt, wo sich dieselbe blos mit dem genus iudiciale befasste, eine abwehrende Bemerkung hinsichtlich der andern genera also unmöglich war. Damals konnte man allerdings lehren, jede Hypothesis hat ihren status. Wurde diese Lehre auch noch späterhin festgehalten, so war sie falsch und weiterer Confusion war Thür und Thor geöffnet.

Hermagoras nahm nun in jedem genus causarum vier status an und zwar im genus rationale: στοχασμός, ὅρος, ποιότης, μετάληψις, wofür die lateinischen Ausdrücke *coniectura, finis, qualitas, translatio* im Gebrauch sind: im genus legale: κατὰ ῥητὸν καὶ ὑπεξαίρεσιν, ἀντινομία, ἀμφιβολία, συλλογισμός, lateinisch: *scriptum et voluntas, leges contrariae, ambiguitas, collectio.* vgl. Quint. III, 6, 56 ff. Fortun. p. 89. 97, August. 142 f. Gegen die vier status vom genus legale erfolgte von keiner Seite Widerspruch. Wie Hermagoras so Hermogenes. Eine überflüssige Neuerung versuchte Cicero, wovon nachher. Um so grösser war der Streit in Betreff der status vom genus rationale. Viele Rhetoren wollten den status der Translation nicht anerkennen. Mit grösserem Recht erhob man gegen die Eintheilung des Qualitäts-status Widerspruch. Dieser zerfiel nämlich nach Hermagoras in vier Theile: *deliberativa, demonstrativa, iuridicialis, negotialis,* vgl. Cic. de inv. I, 9, 12. Quint. l. l.: *(qualitatem) ita dividit: de appetendis et fugiendis, quae est pars deliberativa: de persona, ea ostenditur laudativa: negotialem, quam* πραγματικὴν *vocat, in qua de rebus ipsis quaeritur, remoto personarum complexu, ut, sitne liber qui est in assertione? an divitiae superbiam pariant? an iustum quid, an bonum sit? iuridicialem, in qua fere eadem sed certis destinatisque personis quaeruntur, an ille iuste hoc fecerit, vel bene?* Wir sehen also, wie bereits oben angedeutet wurde, dass Hermagoras erst an dieser Stelle seines Systems an die Eintheilung in die gerichtliche, berathende und epideiktische Beredsamkeit dachte, welche nach Aristoteles das gesammte dem Redner vorliegende Material ausmachen. Da er nun von der grundfalschen Voraussetzung ausging, jedes ζήτημα πολιτικόν, gleichviel ob Thesis oder Hypothesis, habe seinen besonderen status, so blieb ihm natürlich weiter nichts übrig als die Thesis mitsammt der berathenden und epideiktischen Materie unter den Qualitätsstatus zu subsumiren, als welcher ja die Richtigkeit der vorgebrachten κατάφασις zugesteht. Und durch diesen Fehler hat er sich selbst und die folgenden Rhetoren in grosse Irrthümer verwickelt. Die späteren merkten zwar, dass hier etwas nicht in Ordnung sei kamen aber nicht hinter den eigentlichen Sitz des Irrthums, und vermochten ihn daher nicht völlig zu beseitigen.

Das sehen wir denn gleich an Cicero. Er macht de inv. 1, 9, 12 mit Recht gegen Hermagoras geltend, dass wenn der status intentionis depulsio sei, deliberatio und demonstratio weder status, noch Theile eines status sein können, da bei beiden von einer intentionis depulsio nicht die Rede sei. Er hätte nun freilich auch sagen müssen, dass sie überhaupt keinen status haben. Aber das sagt er nicht, vielmehr lesen wir unbegreiflicherweise bei ihm: *at deliberativa causa simul ex eadem parte eodem in genere et coniecturalem et generalem et definitivam et translativam solet habere constitutionem et unam aliquando et plures nonnumquam. ergo ipsa neque constitutio est nec pars constitutionis. idem in demonstratione solet usu venire.* Das ist aber alles grundverkehrt, ganz abgesehen davon, dass es den Hermagoras, der ja nicht in die drei genera causarum sondern in Thesis und Hypothesis eintheilte, nicht im mindesten trifft. Auch Cicero blieb dabei, dass jede quaestio civilis, d. h. jetzt jede causa ihren status habe. Somit begnügte er sich denn damit von den vier Hermagoreischen Theilen des Qualitätsstatus zwei einfach zu streichen, und behielt blos noch die constitutio iuridicialis und negotialis. Unter der negotialis versteht er nun aber nicht etwa wie Hermagoras den status der Thesen, sondern er unterscheidet sie von der iuridicialis, *in qua aequi et recti natura aut praemii aut poenae ratio quaeritur*, in einer ganz willkürlichen und unklaren Weise als constitutio, *in qua, quid iuris ex civili more et aequitate sit, consideratur, cui diligentiae praeesse apud nos iuris consulti existimantur*. Schon Quintilian nahm an dieser Verkehrtheit Anstoss und suchte dieselbe theils Cicero's Lehrer, theils einem, wie er meint, zu entschuldigenden Irrthum Cicero's aufzubürden. Man sollte nun meinen, die vier status vom genus legale müssten dem Cicero mit der constitutio negotialis zusammenfallen, aber nein, er betrachtet sie gar nicht als status, sondern als eine Art Anhang, als *genera controversiae scripti quae separata sunt a constitutionibus*, de inv. I, 13, 17, und sucht obenein ihre Zahl durch eine neue Art zu vermehren, welche dem Definitions-status im genus rationale entsprechen soll.

Wenn Quintilian zur Entschuldigung von Ciceros Versehen darauf hinweist, dass dieser es in seinen späteren rhetorischen Schriften vermieden habe, so will auch das nicht viel besagen. Dort begeht er einen neuen Fehler dadurch, dass er die status

vom genus legale unter den Qualitätsstatus befasst, und dass er
überhaupt nie zu einer richtigen Einsicht über die status gekommen ist, geht am besten daraus hervor, dass er noch in den Topicis 25, 93 seinen alten Irrthum, dass die status auch beim genus
demonstrativum und deliberativum vorkommen, noch besonders zu
begründen sucht, wobei er zufällige Incidenzpunkte in der
Behandlung derartiger Reden mit den status, die doch den eigentlichen Bestand der Frage bilden, verwechselt. Die status-Lehre
des Cornificius ist von der des Hermagoras sehr verschieden. Sie
ist ausschliesslich auf das genus iudiciale berechnet, ein Umstand,
der um so mehr zu beachten ist, als er nicht besonders hervorgehoben wird, aber im übrigen ist sie mit grossen Fehlern behaftet.
Cornificius' Lehrer nahmen blos drei status an, *coniecturalis, legitimus, iuridicialis*, also στοχασμός, γένος νομικόν, ποιότης. Man
braucht nur die Griechischen Namen in dieser Zusammenstellung
zu lesen, um das verkehrte der Eintheilung sofort zu bemerken.
Noch grösser wird aber der Fehler dadurch, dass die constitutio
legitima — *cum ex scripto aliquid controversiae nascitur*, also das
γένος νομικόν — sechs Arten befassen soll, nämlich ausser den
vier Hermagoreischen Arten auch noch *definitio* und *translatio*, die es
doch keineswegs immer mit einem scriptum zu thun haben. Dass
auch andere Rhetoren diese Eintheilung hatten, sieht man aus
Quint. III, 6, 45. Wieder andere, wie man eben daselbst sehen
kann, setzten neue Confusion an Stelle der alten. Von solcher ist
auch Quintilian nicht frei. Zwar ist das, was er gegen den Translationsstatus sagt § 68 ff. beachtenswerth und zum Theil wenigstens
richtig. So behält er blos drei status, Conjectur, Definition und
Qualität. Aber wenn er dann diese drei wieder in die genera
rationale et legale eintheilt, nichts desto weniger die vier Arten
des genus legale beibehält, so kommt auf diese Weise gar keine
ordentliche Eintheilung zu Stande, und man sieht aus §. 88 wie
er sich mit Redensarten über die Schwierigkeiten und seine Verlegenheit hinwegzuheben sucht. Abgesehen davon hält auch er
an dem πρῶτον ψεῦδος fest, denn er sagt § 81 von den drei
status ausdrücklich: *his infinitae quaestiones, his finitae continentur:
horum aliqua in demonstrativa, deliberativa, iudiciali materia utique
tractantur*. Ziemlich frei von Verwirrung ist Hermogenes, der die
ganze Lehre zum endlichen Abschluss brachte. Bei ihm sind die
Thesen von vorn herein ausgeschlossen. Seine πολιτικὰ ζητήματα
sind, wie wir bereits sahen, lediglich Hypothesen. Für sie nimmt

er die vier status des Hermagoras an. Den Qualitätsstatus theilt er ein in die ποιότης νομική, gleichfalls mit den vier Unterarten des Hermagoras und die ποιότης λογική. Auch das lässt sich hören. Denn mit Conjectur und Definition hat es das γένος νομικόν allerdings nicht zu thun, wohl aber lässt es sich einigermassen unter die Qualität subsumiren. Wenn er nun aber weiter die ποιότης λογική eintheilt in πραγματική und δικαιολογία, und zwar bei der ποιότης πραγματική die fragliche That zukünftig sein lässt, so dass, wie seine Beispiele zeigen (s. Rh. Gr. T. II p. 139), das genus deliberativum darunter befasst ist, wenn auch nicht ausschliesslich, so bricht auch bei ihm der alte Grundfehler, wenigstens an einer Stelle, wieder durch.

Doch kehren wir nochmals zu Hermagoras zurück. Wie seine Eintheilung des γένος νομικόν allgemeine Annahme fand, so auch seine weitere Eintheilung der ποιότης aus dem γένος λογικόν. Sie zerfiel ihm nämlich in ποιότης oder δικαιολογία (beide Ausdrücke waren ihm synonym) κατ' ἀντίληψιν und δικαιολογία κατ' ἀντίθεσιν, constitutio iuridicialis absoluta und constitutio iuridicialis assumptiva. Wenn Quintilian in Betreff der ersteren sagt: *partem hanc vocant Hermagorei κατ' ἀντίληψιν, ad intellectum id nomen referentes*, so ist das nicht recht klar. ἀντίληψις bezeichnet bei den Philosophen die Sinneswahrnehmung oder Vorstellung von einer Sache. Vielleicht soll also δικαιολογία κατ' ἀντίληψιν diejenige Art der Vertheidigung bezeichnen, welche ihren Stoff aus dem Eindruck hernimmt, den die Sache an sich betrachtet auf jeden Unbefangenen macht. Die δικαιολογία κατ' ἀντίθεσιν wurde weiter eingetheilt in συγγνώμη, ἀντίστασις, μετάστασις, ἀντέγκλημα. Die dafür üblichen lateinischen Ausdrücke sind *concessio* oder *deprecatio*, *comparatio* oder *compensatio*, *remotio criminis* und *relatio criminis*. Diese Eintheilung behielten, wie gesagt, alle anderen Rhetoren bei, nur änderten sie die Reihenfolge der στάσεις ἀντιθετικαί, wie sich aus folgender Tabelle ergiebt:

Hermagoras	Cornificius Cicero Cassiodorus	Julius Victor Fortunatianus Martianus Capella	Quintilian	Hermogenes Sulpicius Victor
1	1	4	4	2
2	3	3	2	4
3	4	2	3	3
4	2	1	1	1

Auf diesen Umstand werden wir übrigens in den Rhet. Gr. V p. 174 besonders aufmerksam gemacht. Es wird schliesslich zweckmässig sein, sich die ganze status-Lehre des Hermagoras noch an folgendem Schema zu vergegenwärtigen.

ζήτημα πολιτικόν

I. γένος λογικόν.	II. γένος νομικόν.
1. στοχασμός. 2. ὅρος. 3. ποιότης.	1. κατὰ ῥητὸν καὶ ἐξεξαίρεσιν.
4. μετάληψις.	2. ἀντινομία. 3. ἀμφιβολία.
	4. συλλογισμός.

a. συμβουλευτική. b. ἐπιδεικτική. c. δικαιολογία. d. πραγματική.

α. δικ. κατ' ἀντίληψιν. β. δικ. κατ' ἀντίθεσιν.

1. συγγνώμη. 2. ἀντίστασις. 3. μετάστασις. 4. ἀντέγκλημα.

Als Resultat der ganzen Untersuchung halten wir aber fest, dass von den status nur bei Hypothesen vom genus iudiciale die Rede sein kann. Man unterscheidet bei ihnen ein *genus rationale* und *genus legale*. Die vier status des ersteren heissen Conjectur, Definition, Qualität, Translation. Diese zerfallen in Untertheile, nach Hermagoras allerdings nur der Qualitäts-status. Die vier status vom genus legale heissen: *scriptum et voluntas, legis contrariae, ambiguitas, collectio*. Ehe wir nun zur Erläuterung dieser Kategorien im Einzelnen schreiten, wird es erlaubt sein, noch einen positiven Beweis für die Richtigkeit unserer Ansicht, sowie für das immerhin sehr hohe Alter dieses Punktes aus der rhetorischen Theorie beizubringen. Wir bemerkten schon oben, dass Anaximenes auf die zwei Arten der Beredsamkeit sieben εἴδη oder Unterarten vertheilt. Da wo er nun das εἶδος ἀπολογητικόν behandelt, c. 4 p. 23 ed. Sp., ganz ähnliches findet sich in c. 36 — schreibt er folgendes: τὸ δὲ ἀπολογητικὸν διὰ τριῶν μεθόδων συνίσταται. ἤ γὰρ ἀποδεικτέον τῷ ἀπολογουμένῳ ὡς οὐδὲν τῶν κατηγορουμένων ἔπραξεν· ἢ ἐὰν ἀναγκάζηται ὁμολογεῖν, πειρατέον δεικνύναι ἔννομον καὶ δίκαιον καὶ καλὸν καὶ συμφέρον τῇ πόλει τὸ πεπραγμένον· ἐὰν δὲ μὴ τοῦτο δύνηται ἀποδεῖξαι, εἰς ἁμάρτημα ἢ εἰς ἀτύχημα ἄγοντα τὰς πράξεις καὶ μικρὰς τὰς βλάβας ἀπ' αὐτῶν γενομένας ἀποφαίνοντα συγγνώμης τυχεῖν πειρατέον. Hierzu bemerkt Spengel p. 147: „ex his, quae res ipsa suggessit, nata est, quae posterioribus dicitur coniecturalis, si crimen commisisse negat reus, et iuridicialis, si iure fecisse confirmat, quae aut absoluta aut assumptiva est". Diese Stelle beweist unzweideutig, dass die status ursprünglich nur da in Betracht gezogen wurden, wo es sich um Vertheidigung handelte, also beim genus iudiciale. Es ist erfreulich, dass die Richtigkeit dieses Umstandes, trotz so vieler verkehrten Theorien, sich wenigstens bei einem späteren Rhetor Geltung verschafft hat. Es ist dies Sopater, der überhaupt in seinem Fache sich wohl bewandert zeigt. Er wirft in den Prolegomenen zu Aristides' Rede de quattuor viris p. 753 ed. Dind. die Frage auf: εἰ γὰρ ἀποδέδεικται οἱ δικανικοὶ εἴδους ὁ λόγος, οὐκοῦν πῶς στάσιν ἐπιδέξαιτο ἂν ἡ ὑπόθεσις; und widerlegt dann ausführlich die Ansichten derjenigen Rhetoren, die in dieser epideiktischen Rede von remotio criminis, oder von constitutio negotialis oder gar Definitions-status geträumt hatten.

Definitionsstatus finden wir nun bei Anaximenes zwar nicht, wohl aber bei Aristoteles, Rhet. I, 13 p. 1374 und an andern Stellen, die Spengel in seinem Commentar S. 180 mit der richtigen Bemerkung: „Aristotelis actate στάσεις nondum erant a praeceptoribus compositae et digestae, res ipsae vero dudum usitatae" angegeben hat. Nur hätten hier Naukrates und Zopyrus Erwähnung finden sollen. Unter solchen Umständen ist die Ansicht mancher Rhetoren, die nach Quint. III, 6, 3 bei Aeschines in Ctes. 206, wo er die Richter bittet, dem Demosthenes nicht zu erlauben, von der Sache abzuschweifen, sondern ihn zu zwingen bei der Sache zu bleiben, bereits eine Erwähnung des technischen Ausdrucks στάσις finden wollten, durchaus nicht unwahrscheinlich. Die betreffenden Worte selbst lauten: ὥσπερ οὖν ἐν τοῖς γυμνικοῖς ἀγῶσιν ὁρᾶτε τοὺς πύκτας περὶ τῆς στάσεως ἀλλήλοις διαγωνιζομένους, οὕτω καὶ ἡμεῖς ὅλην τὴν ἡμέραν ὑπὲρ τῆς πόλεως περὶ τῆς τάξεως αὐτῷ τοῦ λόγου μάχεσθε καὶ μὴ ἐᾶτε αὐτὸν ἔξω τοῦ παρανόμου περιίστασθαι, ἀλλ' ἐγκαθήμενοι καὶ ἐνεδρεύοντες ἐν τῇ ἀκροάσει εἰσελαύνετε αὐτὸν εἰς τοὺς τοῦ πράγματος λόγους καὶ τὰς ἐκτροπὰς αὐτοῦ τῶν λόγων ἐπιτηρεῖτε. Man braucht deshalb noch nicht mit Gesner anzunehmen, Quintilian müsse in seinem Exemplar der Ctesiphontea περὶ τῆς στάσεως αὐτῷ τοῦ λόγου μάχεσθε gelesen haben. Auch so kann man in Aeschines' Worten eine etymologische Anspielung auf die στάσις als den eigentlichen Bestand der Frage erblicken.*)

Dass aber die Attischen Redner auf die Status-Theorie Rücksicht genommen und bereits die Unterarten der constitutio iuri-

---
*) Dies meint auch Kayser zu Cornif. p. 227

dicialis gekannt haben, wird man nach einer aufmerksamen Betrachtung von Lysias or. XIII gegen Agoratos kaum noch bezweifeln können. In ihr werden nämlich die verschiedenen Arten des Qualitätsstatus, sowie die Translation, deren sich der Angeklagte zu seiner Vertheidigung etwa bedienen könnte, vom Redner alle im voraus beseitigt. Agoratos war auf Grund einer ἀπαγωγὴ ἐπ' αὐτοφώρῳ angeklagt, durch eine böswillige Denunciation gegen eine Anzahl freisinniger Bürger, welche in der Zeit der beginnenden Oligarchie sich vereinigt hatten, die Annahme des von Theramenes ausgewirkten Friedensschlusses zu verhindern, an deren später durch die Dreissig erfolgten Verurtheilung zum Tode Schuld gewesen zu sein. Die Thatsache der Denunciation stand unwiderleglich fest, desgleichen dass sie die eigentliche Veranlassung zum Tode der Betreffenden gewesen sei. So war also für Agoratos bei seiner Vertheidigung der Coniectural-status unmöglich. Darauf weist der Ankläger, bevor er die gegen Agoratos sprechenden unkünstlichen Beweismittel nochmals verlesen lässt, in §. 51 selbst hin. Da nun von einer streitigen Bezeichnung der Sache, also von Definition hier überhaupt keine Rede war, so blieb dem Agoratos der Qualitätsstatus übrig, und zwar zunächst die *qualitas absoluta* (δεῖ τοίνυν-πράττοντας). Sie ist aber unmöglich. Denn sie muss jetzt vom Standpunkt der Demokratie aus geführt werden, jene Leute sind aber von den Dreissig getödtet worden, welche alle die gegen das Interesse des Demos auftretenden belohnten und nur die für dieselben eintretenden bestraften. Bleibt *qualitas assumptiva* übrig. Und zwar zunächst *purgatio*. Der Angeklagte wird die Absichtlichkeit seiner That leugnen; §. 52. Dagegen spricht der Umstand, dass er sich der Verhaftung der Oligarchen nicht so lange es ihm frei stand, durch die Flucht entzog, ferner dass er später von den Dreissig als straflos entlassen wurde, §. 53—54. Er wird einen Theil der Schuld auf die Denunciation des Menestratos schieben, §. 55. Dies würde μετάστασις, *remotio criminis* sein. Die Wirksamkeit dieser Ausflucht sucht der Redner natürlich durch Amplification der nichtswürdigen That des Agoratos und zwar zumeist durch Amplification *ex comparatione, ex voluntate* und *vita ante acta* abzuschwächen, §. 55—69. Ferner wird Agoratos darauf hinweisen, dass er den Oligarchen Phrynichos getödtet und in Folge dessen das Athenische Bürgerrecht empfangen habe, dass er mit nach Phyle gegangen sei und sich am Festzuge der Demokraten betheiligt habe, §. 70—82. Dies würde unter die *deprecatio* gehören. Der Redner leugnet die Richtigkeit der von dem Verklagten zu seinem Gunsten anzuführenden Thatsachen durch Conjecturalbeweis, theils stellt er sie in ein anderes Licht, so dass sie gegen ihn sprechen müssen. Endlich aber wird ihm die Translation im voraus unmöglich gemacht, und zwar $παραγραφή$ $άγραφος$ sowohl als $έγγραφος$. Der Beklagte wird zu seinem Gunsten von Verjährung der Sache sprechen, § 83 — aber bei solchen Vergehen tritt keine Verjährung ein. Er wird die Bezeichnung der Klage als $άπαγωγή$ $έπ'$ $αύτοφώρῳ$ wegen des letzteren Zusatzes als ungerechtfertigt zurückweisen (und allerdings sieht man nicht ein, wie diese Bezeichnung auf den vorliegenden Fall passen soll), §. 85 ff. Aber es würde dies auf eine leere Wortklauberei hinauslaufen und die Frage nach Schuld oder Nichtschuld des Angeklagten nicht berühren. Endlich wird er sich auf die Amnestie berufen und dieselbe auch auf sich ausgedehnt wissen wollen, §. 88. Offenbar liess sich hierauf die Vertheidigung des Agoratos am erfolgreichsten gründen, und nicht ohne Absicht ist desshalb gerade dieser Punkt vom Redner wohl bis zuletzt aufgespart, und nicht ohne handgreifliche Sophistik als ganz unwesentlich und nicht zur Sache gehörig behandelt worden. Zunächst wird mittelst eines locus communis dagegen operirt. Durch solche Ausflüchte, sagt der Redner, gesteht der Angeklagte nur seine eigene Schuld zu. Eben weil er es für unmöglich hält, sie direct zum Gegenstand seiner Vertheidigung zu machen, will er unsere Aufmerksamkeit von der Sache selbst auf nebensächliches ablenken. Dann wird behauptet — und es ist dies etwas stark — das Amnestiedecret finde blos Anwendung auf Processe zwischen den beiden damals concurrirenden Parteien, den Leuten aus dem Piraeus und aus der Stadt, nicht aber auf Processe zwischen Leuten von derselben Partei, und im vorliegenden Falle habe ja Agoratos so gut wie der Sprecher damals zu den Leuten aus dem Piraeus gehört. — Soviel über das geschichtliche der Lehre von den $στάσεις$, woraus allein schon die Wichtigkeit derselben sich zur Genüge ergiebt.

§. 5.

Das genus rationale. Status conjecturalis.

Wenden wir uns jetzt der Betrachtung des einzelnen zu. Gegen eine erhobene Anschuldigung kann sich der Angeklagte auf vierfache Art vertheidigen. Er kann sie erstens leugnen. Er kann zweitens sagen, es sei nicht das geschehen, was behauptet wird. Drittens kann er sie vertheidigen, indem er sie womöglich als eine rechtmässige Handlung nachzuweisen sucht. Kann der Angeschuldigte die That weder leugnen, noch deren Bezeichnung durch den Kläger verwerfen, noch sie vertheidigen, so bleibt ihm viertens die Behauptung übrig, die Klage werde nicht auf die richtige Weise erhoben, er kann die Competenz des Klägers oder des Gerichtshofes angreifen, oder versuchen, aus sonst irgend welchem Grunde die Entscheidung über die Klage hinauszuschieben. So erhalten wir vier Status, den *status coniecturalis*, den *status defmitivus*, den *status qualitatis* und endlich die *translatio*.

Beim status coniecturalis (στοχασμός) wird gefragt nach dem *an sit* (περὶ οὐσίας) d. h. der Thatbestand steht nicht fest und ist aus dem vorhandenen Material erst durch Conjectur zu ermitteln. Es findet hier eine *controversia de facto* statt, Cic. de inv. I, 8, 10. Cornif. I, 11, 18. Quint. III, 6, 80. Bei Theodorus war περὶ τῆς οὐσίας geradezu Kunstausdruck für στοχασμός, August. p. 142, und es findet sich derselbe auch noch bei späteren Rhetoren. Bündig definirt Hermog. p. 138: ἔστι γὰρ στοχασμὸς ἀδήλου πράγματος ἔλεγχος οὐσιώδης ἀπό τινος φανεροῦ σημείου ἢ ἀπὸ τῆς περὶ τὸ πρόσωπον ὑποψίας, οἷον πεφώραταί τις θάπτων νεοσφαγὲς σῶμα ἐπ' ἐρημίας, καὶ φόνον φεύγει. ἀπὸ γὰρ τοῦ θάπτειν φανεροῦ ὄντος ἀφανές τι πρᾶγμα ζητοῦμεν οὐσιωδῶς τὸ τίς ὁ φονεύσας. Cornificius giebt folgendes Beispiel: Ajax stürzt sich, nachdem er zum Bewusstsein dessen gekommen, was er im Wahnsinn gethan, in einem Walde ins Schwerdt. Ulysses kommt dazu, erblickt den Getödteten, und zieht die blutige Waffe aus dem Leichnam heraus. Teucer kommt auch dazu, sieht den getödteten Bruder, zugleich seines Bruders Feind mit des Getödteten Waffe und klagt ihn des Mordes an. Hier wird durch Conjectur die Wahrheit ermittelt. Ein ganz ähnliches Beispiel giebt Cic. de inv. II, 4, 14.

Dem status coniecturalis gehören nun die meisten der aus dem Alterthum überlieferten Gerichtsreden an. So unter anderen Antiph. or. I. VI. Isae. or. III—IX. XII. Lys. or. III. Auch bei Cicero ist dies der Fall, pro Roscio, pro Sulla, pro Plancio, pro Cluentio, von den kleineren Reden pro rege Deiotaro und pro Archia poeta, zu welcher Rede der Scholiast bemerkt: *fit ergo status coniecturalis, an adscriptus sit in ordinem Heracliensium et an fecerit omnia, quae is facere debuerit, qui esset e numero foede-*

ratorum. Et deficitur quidem multis probationibus, testimonio tamen Heracliensium et vel maxime, quibus tota occupatur oratio, poeticae facultatis et doctrinae iucundissimae gratia nititur. Est etiam omissa coniectura disceptatio per ipsam qualitatem personae, ut civis Romanus debeat adoptari, etiamsi in praeteritum non sit ascitus. Gerade aus den Reden vom status coniecturalis kann man denn auch am besten die Kunst der antiken Beredsamkeit studieren, wobei diese allerdings nicht selten als dreiste Ueberredungskunst von zweifelhafter Ehrlichkeit und Sittlichkeit erscheint. Häufig wird in ihnen der Mangel an wirklichen Beweisen für die Schuld des Angeklagten durch die schlausten Advokatenkniffe verdeckt. Um dies zu erkennen mache man sich nur bei jeder Rede den status recht klar, sowie das eigentliche κρινόμενον, trenne die Einleitung und die meist captiös angelegte Erzählung von dem wirklichen Beweise, unterscheide bei diesem sorgfältig die unkünstlichen Beweismittel von den künstlichen, wirkliche Indicien von blos scheinbaren aber für vollgiltige Beweise ausgegebenen, achte ferner, ohne sich dadurch beirren zu lassen, auf das künstlich angewandte ἦθος und πάθος, und man wird in der That die sophistische Erfindungsgabe der alten Redner bewundern — nicht selten aber über ihre rabulistische Gewandtheit und Dreistigkeit erstaunen.

Man nehme nur eins der berühmtesten rhetorischen Meisterwerke des Alterthums, die Rede des Demosthenes gegen Aeschines de falsa legatione. Der in ihr gegebene Beweis, eine coniectura de facto, ist ganz künstlich, kaum auf wenige schwache Indicien gestützt. Die ihn ausmachenden Enthymeme sind nicht frei von starken Sophismen. Dass Demosthenes mit dieser Rede, wenn er dieselbe, wie wohl kaum zu bezweifeln ist, wirklich gehalten hat, die Verurtheilung des Aeschines nicht erreichte, darf uns daher nicht Wunder nehmen. Wenn aber andrerseits Aeschines, trotz seiner geschickten Gegenrede nur mit einer Majorität von dreissig Stimmen freigesprochen wurde, so zeigt uns dies hinlänglich, dass die Sache des Aeschines allerdings sehr zweifelhafter Art war und dass sein unbesonnenes Vorgehen im Macedonischen Interesse von der öffentlichen Meinung verurtheilt wurde. Auch soll Aeschines durch vorliegende Bemerkungen keineswegs entschuldigt werden. Freilich hat man zur richtigen Beurtheilung des fraglichen Punktes der Demosthenischen Rede nicht das ins Auge zu fassen, was in deren ganzem Verlaufe gegen Aeschines, gegen Philipp und die Macedonische Partei gesagt ist, überhaupt nicht die historischen

Partien, sondern was darin in der tractatio gegen Aeschines eigentlich zu sagen war. Wir haben es nämlich in der Rede mit einem status coniecturalis zu thun. Ἡ στάσις περὶ οὐσίας καὶ στοχαστικὴ, sagt Libanius und der Verfasser der zweiten Hypothesis, οὐ γὰρ συντρέχει τοῖς ἐγκαλουμένοις Αἰσχίνης, ἀλλ᾽ ἀρνεῖται παντάπασιν· τὸ δὲ εἶδος οἱ μὲν ἁπλοῦν νενομίκασιν, ὕλης πολλῆς ὡς ἐν ἀληθείᾳ συνδραμούσης, οἱ δὲ συγκατασκευαζόμενον δύο λαβόντες ἐγκλήματα, τὸ κατὰ Φωκέας καὶ Θρᾴκην. Die Rede zerfällt in die vorschriftsmässigen fünf Theile, Prooemium mit propositio, §. 1—8, narratio mit nochmaliger beschränkter propositio §. 9—101, argumentatio §. 102—177, refutatio, d. h. im voraus gegebene Widerlegung der etwa vom Gegner vorzubringenden Einwände und Entschuldigungen, §. 178—255 und von da ab Epilog. Nach einem kurzen Prooemium ἐκ διαβολῆς stellt Demosthenes in §. 8 seine propositio auf. Er will zeigen, „dass Aeschines über den Verlauf seiner Gesandschaft unwahres gemeldet, das Volk verhindert habe, von ihm dem Demosthenes die Wahrheit zu hören, in allem das Gegentheil von dem wirklich dem Volke nützenden gethan habe, dass er in seiner Gesandschaft nichts von dem gethan, was man ihm aufgetragen, dass er die Zeit vergeudet, während welcher für die Stadt die günstige Gelegenheit zu vielen und wichtigen Dingen verloren ging, und dass er für alles dieses Geschenke und Geld mit Philokrates von Philipp empfangen habe". Nach einer Darlegung des historischen Sachverhalts, in welcher zunächst gezeigt wird, Aeschines habe seine Gesinnung gegen Philipp gänzlich geändert, aus seinem Gegner sei er plötzlich sein ergebener Freund geworden, trotzdem alles das, was er in seinem Namen der Stadt versprochen, in das Gegentheil umgeschlagen sei, eben aus reiner Habgier, und demnächst die Schuld an dem Unglück der Phocier und der gegenwärtig gedrückten Stellung Athens ihm allein Schuld gegeben wird (§. 9—101), folgt die nähere Propositio*) aus welcher sich das ζήτημα und κρινόμενον ergiebt. Aeschines könne frei gesprochen werden, wenn sich zeigen lasse, dass er aus Unkenntniss oder Unwissenheit so gehandelt habe. ἂν μέντοι διὰ πονηρίαν ἀργύριον λαβὼν καὶ δῶρα, καὶ τοῦτ᾽ ἐξελεγχθῇ σαφῶς ὑπ᾽

---

*) Die zweimalige, das zweite Mal aber veränderte Propositio ist in diesem Falle ein rhetorisches Meisterstück. Dadurch gewinnt nämlich die breit angelegte narratio den Anschein, selbst tractatio zu sein, was sie indes keineswegs ist. Natürlich versäumt es Demosthenes nicht, sie bei der Recapitulation in §. 178 als solche zu behandeln.

αἰκῶν τῶν πεπραγμένων (wie schlau!), μάλιστα μέν, εἰ οἱόν τε, ἀποκτείνατε, εἰ δὲ μή, ζῶντα τοῖς λοιποῖς παράδειγμα ποιήσατε. Die folgenden Worte σκοπεῖτε δὴ τὸν ὑπὲρ τούτων ἔλεγχον, ὡς δίκαιος ἔσται, μεθ᾽ ὑμῶν bilden den Uebergang zur eigentlichen Beweisführung in §. 101. Dass der Beweis ein rein künstlicher sei, ist bereits gesagt. Wie ungenügend er in sachlicher Hinsicht geführt ist, wird seine nähere Betrachtung lehren. Er lässt sich in neun Punkte zerlegen. 1) Hätte Aeschines, nicht weil er bestochen war, sondern entweder durch directe Zusagen Philipps, oder durch dessen sonstige Liebenswürdigkeit getäuscht, seine unseligen Rathschläge ertheilt, so müsste er nun, seine Täuschung, die den Athenern Unheil, ihm selbst Schande einbringt, erkennend, in Folge dessen der erbittertste Feind Philipps geworden sein; aber ganz im Gegentheil, nie ist der geringste Vorwurf gegen Philipp über seine Lippen gekommen, §. 102—110. 2) Er müsste vor allem den Gesandten Philipps, welche nachher des Königs Aufnahme unter die Zahl der Amphiktyonen verlangten, entgegengetreten sein; er hat aber vielmehr für sie gesprochen und noch dabei eine sehr verdächtige Aeusserung fallen lassen, §. 111—113. 3) Philokrates ist offenbar und eingeständig von Philipp bestochen worden. Aeschines aber vertritt und vertheidigt ihn; würde er so unsinnig sein, dies zu thun, wenn er nicht gleichfalls bestochen wäre? 4) Auf eine von Demosthenes bei der Anklage des Hyperides gegen Philokrates an die übrigen Mitglieder der Gesandschaft an Philipp ergangene Aufforderung, ihre Nichtbetheiligung an der schlechten Handlungsweise des Philokrates und ihre Misbilligung derselben auszusprechen, trat keiner vor, und wenn alle andern deshalb irgendwie entschuldigt werden können, so keineswegs Aeschines. Hier sprechen die Thatsachen laut genug, auch wenn es an einem positiven Zeugniss mangelt, dass Aeschines von Philipp Geld bekommen*), §. 114—120. 5) Aeschines entzog sich unter dem Vorwande einer angeblichen Krankheit der Theilnahme an der dritten Gesandschaftsreise zu Philipp, um in Athen zu bleiben,

---

*) Man beachte, dass Demosthenes gezwungen ist, dies selbst zuzugeben. Und weil die von ihm vorgebrachten Thatsachen, lauter argumenta tantum non repugnantia, eigentlich nichts beweisen, so versichert uns Demosthenes, allerdings nach den Regeln der Rhetorik, wiederholt das Gegentheil. Deshalb hat er auch „die Thatsachen" gleich in die zweite Propositio mit aufgenommen. Ja im Epilog §. 329 befürchtet er, seinen Zuhörern lästig zu werden, wenn er noch länger bei dem Beweis der allgemein zugestandenen und bekannten Bestechung der Gesandten verweilen wollte.

und hier fortzufahren in Philipps Interesse zu wirken. Als aber nach wenigen Tagen die Phocier unterlegen waren, war seine Krankheit mit einemmale verschwunden, er reiste jetzt aus freiem Antriebe, ohne besonderen Auftrag der Athener zu Philipp; blos Hoffnung auf weiteren Gewinn und vorangegangene Bestechung konnten ihn zu einem so gesetzwidrigen und gewagten Unternehmen veranlassen, §. 121—127. 6) Während ganz Athen in Trauer und Betrübniss war über das den Phokern widerfahrene Ungemach, nahm er Theil am Siegesfeste Philipps und der Thebaner und betrug sich daselbst in einer höchst unwürdigen Weise, §. 128—133. Schon bei diesem Theile der tractatio entfernt sich Demosthenes von dem eigentlich zu beweisenden Gegenstande und lässt an seine Stelle weitere Anschuldigungen und Vorwürfe gegen Aeschines treten. Noch mehr ist dies im folgenden siebenten Theile von §. 134—149 der Fall, wo aus der Widerlegung etwaiger Entschuldigungen, die Aeschines für den traurigen Frieden bringen könnte, zugleich mit einer längeren Digression Stoff zu Verdächtigungen gegen ihn gewonnen wird. Genau genommen ist diese ganze Partie nicht hier am Platze, sie gehört in die refutatio adversarii, wie sie andrerseits in die narratio zurückgreift. Man sieht, es kam dem Demosthenes durchaus nur darauf an, seine Zuhörer zu überreden, daher verschmäht er es selbst in dem Theile der Rede, in welchem er mehr als in allen andern sich streng an die Sache zu halten hatte, nicht, die Aufmerksamkeit der Zuhörer von dem eigentlichen $\varkappa\varrho\iota\nu\acute{o}\mu\varepsilon\nu\sigma\nu$ abzulenken. Mit dem vorliegenden Gegenstande steht dieser ganze Theil nur in soweit in Verbindung, als in §. 145 die Behauptung aufgestellt wird, Aeschines habe auf Grund des Friedens im Lande der verloren gegangenen Bundesgenossen ein Grundstück erhalten mit einem jährlichen Ertrag von 30 Minen. Zur Erhärtung dessen, was er behauptet, lässt er Zeugen aus Olynth auftreten, wohlweislich hütet er sich aber, das, was diese gesagt, nochmals zu recapituliren; es versteht sich von selbst, dass diese über die Art, wie dieses Grundstück in den Besitz des Aeschines gekommen war, nichts ausgesagt haben. Der achte Theil von §. 150—165 giebt den Beweis, oder will ihn wenigstens geben, dass Aeschines die Gesandschaftsreise in Philipps Interesse absichtlich in die Länge gezogen habe. Der neunte endlich, zunächst von §. 166—170 stellt die uneigennützige Handlungsweise, die Demosthenes in Pella im Loskaufen Athenischer Gefangenen bewies, wie er denn auch die Geschenke, die Philipp den Gesandten anbot, angeblich zu diesem Zwecke verwandt wissen wollte, der eigennützigen Bestechlichkeit des Aeschines und der übrigen Gesandten gegenüber. Die Absicht aber, Gefangene, denen er dies versprochen, loszukaufen, stellt Demosthenes als Grund auf, weshalb er sich überhaupt an dieser Gesandschaft mit betheiligt habe und entkräftet so den etwaigen Vorwurf des Aeschines, warum er denn, wenn er gewusst, dass die übrigen Gesandten verrätherische Handlungen im Schilde führten, sich ihnen angeschlossen habe, §. 171—177. Der Bericht über die Vorgänge in Macedonien zwischen Aeschines und Philipp hat bekanntlich in der ursprünglichen Fassung der Rede anders gelautet, als wir ihn jetzt lesen, s. A. Schäfer Demosth. u. seine Zeit, Th. III, 2 S. 70, aber auch in dieser späteren Fassung giebt er über den fraglichen Punkt der Bestechung nur unerwiesene Behauptungen und Betheuerungen. Und so muss man gewiss sagen, des Demosthenes Beweis ist in juristischer Hinsicht sehr bedenklich, in manchen Partien sogar schwach und haltlos. Die rhetorische Meisterschaft, die uns in den übrigen Theilen der Rede in der verdächtigenden und gravirenden narratio, in der unermüdlichen refutatio, desgleichen im gewaltigen πάθος des lang ausgesponnenen Epilogs, besonders §. 257—282 entgegentritt, darf uns in dem Urtheil über die Sache selbst nicht irre machen. Uebrigens darf man nicht im mindesten glauben, als bediene sich blos Demosthenes solch auffallender Sophistik. Mit der Timarchea des Aeschines, doch auch einem gepriesenen Kunstwerk, steht es genau genommen ganz ebenso, ja noch viel schlimmer. Und sind nicht die sämmtlichen Enthymeme in der kleinen Rede des Isokrates gegen Euthynus (or. XXI), die zwar vom Redner als τεκμήρια bezeichnet werden, aber alles in der Welt, nur nicht dieses sind, die haltlosesten und luftigsten Sophismen?

Es unterscheiden nun die Rhetoren eine *coniectura perfecta* oder *plena* und *imperfecta, non plena*, einen στοχασμὸς τέλειος und ἀτελής, Hermog. p. 149. Sulp. Vict. p. 327. Jul. Vict. p. 376. Bei ersterem wird die Person und die That ermittelt (vgl. Quint. VII, 2, 15). Bei letzterem wird blos die That ermittelt, z. B. Jemand wird in einer Einöde betroffen, indem er einen frischgetödteten Leichnam begräbt, und des Mordes angeklagt. Hier ist nämlich die Person ein πρόσωπον ἀόριστον, und über sie nichts zu ermitteln, Sopat. bei Walz Rh. Gr. T. V p. 139, Planud. ibid. p. 288. Beide Arten sind nun entweder ἁπλοῖ oder διπλοῖ, je nachdem es sich um eine Person und Sache, oder um mehrere

Personen und Sachen handelt. Einen ἁπλοῦς στοχασμὸς ἐκ μόνων προσώπων kann es, wie Hermogenes gegen Minucianus behauptete (Planud. p. 243, 16), nicht geben. Noch giebt es aber drei besondere Arten von στοχασμοὶ διπλοῖ, welche συνεζευγμένοι heissen (controversiae complexivae Fortun. p. 101), nämlich den στοχασμὸς ἐμπίπτων, προκατασκευαζόμενος und συγκατασκευαζόμενος. Beim στοχασμὸς ἐμπίπτων (status oder vielmehr coniectura incidens, Fortun. p. 101) tritt in den Verlauf der Untersuchung noch ein Punkt ein, der erst selbst wieder durch Conjectur zu erledigen ist. Bemerkenswerth ist es, dass Menander den status in des Demosthenes bereits besprochener Rede de falsa legatione für einen στοχασμὸς ἐμπίπτων erklärte. Es fällt nämlich bei dieser Ansicht der durch Conjectur zu erweisende, und von Demosthenes auch wirklich, wie wir oben sahen, wenngleich ungenügend erwiesene Punkt, dass Aeschines zu seiner Verschuldung gegen den Staat in Folge seiner Bestechung durch Philipp gekommen sei, in die übrige Conjectur, dass er am traurigen Frieden und dem Verlust Thraciens Schuld sei, hinein. Natürlich hat man an die Durchführung des mittelst eines Conjectural-Beweises zu erledigenden Incidenzpunktes dieselben Anforderungen zu richten, wie an die Durchführung jeglicher Conjectur, so dass selbst die Richtigkeit von Menanders Behauptung zugestanden, das im obigen über des Demosthenes Beweis gefällte Urtheil nicht im mindesten modificirt zu werden braucht. Nur müsste dann der Beweis der eigentlichen Conjectur in der narratio gesucht werden, und dann würde das Urtheil über die von Demosthenes gegen Aeschines in Ermangelung wirklicher Beweise angewandte Sophisterei noch viel ungünstiger ausfallen. Beim στοχασμὸς προκατασκευαζόμενος ist ein Incidenzpunkt vorher zu erledigen, ehe die eigentliche Conjectur anfängt. Vgl. Sulp. Vict. p. 329. Beim συγκατασκευαζόμενος endlich werden die Indicien der That durch einander begründet und stützen sich gegenseitig. Vgl. Sulp. Vict. p. 331. Eine besondere Art ist auch der στοχασμὸς ἀπὸ γνώμης, bei welchem die Zurechnungsfähigkeit des Angeklagten im Augenblicke der That zu ermitteln ist, über That und Thäter aber weiter kein Zweifel herrscht. Vgl. Sulp. Vict. c. 37 p. 334. Andere Unterarten des Conjectural-Status weist Hermogenes als überflüssig von der Hand. Seine Commentatoren zählen noch mehrere auf, Sopat. p. 146, Planud. p. 298, doch verlohnt es sich nicht der Mühe, darauf hier näher einzugehen. Selbst die hier aufgezählten sind von geringer praktischer Wichtigkeit.

§. 6.
Status definitivus.

Beim status definitivus oder finitivus (ὅρος, ὁρισμός) wird gefragt nach dem *quid sit*, d. h. es wird vom Angeklagten nicht die Thatsache selbst, sondern nur die vom Kläger gewählte Bezeichnung derselben bestritten, es kommt also auf den Nachweis an, ob die Thatsache wirklich durch diese Bezeichnung zu bestimmen ist. Es findet hier eine *controversia nominis* statt. Theodorus nannte ihn περὶ τῆς ἰδιότητος, i. e. *de proprietate*, andre περὶ τοῦ αὐτοῦ καὶ θατέρου i. e. *de codem et altero*, August. p. 142. Hermog. l. l.: ἔστι γὰρ στάσις ὁρικὴ ὀνόματος ζήτησις περὶ πράγματος, οὗ τὸ μὲν πέπρακται, τὸ δὲ λείπει πρὸς αὐτοτέλειαν τοῦ ὀνόματος, οἷον ἐξ ἱεροῦ ἰδιωτικά τις ὑφείλετο χρήματα. νόμου κελεύοντος τὸν μὲν ἱερόσυλον τεθνάναι, τὸν δὲ κλέπτην διπλᾶ διδόναι, ὡς ἱερόσυλος ὑπάγεται, ὁ δὲ κλέπτης εἶναι λέγει. ἐὰν γὰρ προστεθῇ τὸ καὶ ἱερὰ εἶναι τὰ χρήματα, σαφής γε οὗτος ἱερόσυλος, καὶ οὐκέτι ἔχει τὸ πρᾶγμα ζήτησιν. Danach Sopater proleg. Arist. p. 756: ἐν τῷ ὅρῳ τὸ μὲν πέπρακται, τὸ δὲ λείπει, καὶ ὁμολογεῖται παρ᾽ ἑκατέρων τό τε λεῖπον καὶ τὸ πεπραγμένον. δεῖ γὰρ τὰ ἀπ᾽ ἀρχῆς ἄχρι τέλους τυγχάνειν ὁμολογούμενα οὕτως, ὡς προστεθέντος τοῦ λείποντος ἀσύστατον γίνεσθαι ἔτι τὴν ὑπόθεσιν. Cic. de inv. II, 17, 52 giebt folgendes Beispiel: Der durch seine Niederlage im zweiten Punischen Kriege bekannte Consul C. Flaminius, brachte als Volkstribun gegen den Willen des Senats und überhaupt aller Optimaten in einem Aufstande beim Volke ein Ackergesetz in Vorschlag. Als er eine Volksversammlung abhielt, führte ihn sein Vater aus dem Tempel weg. Er wird wegen Majestäts-Verletzung angeklagt. Behauptung: du hast die Majestät verletzt, weil du einen Volkstribun aus einem Tempel weggeführt hast. Antwort: ich habe die Majestät nicht verletzt. Frage: ob er die Majestät verletzt hat? Begründung: ich habe gegen meinen Sohn von der mir zustehenden väterlichen Gewalt Gebrauch gemacht. Entgegnung: wer auf Grund der väterlichen Gewalt, also einer Privat-Gewalt, die Tribunicische Gewalt, also eine Volks-Gewalt, angreift, der verletzt die Majestät. Gegenstand der Beurtheilung: ob derjenige die Majestät verletzt, der gegen die Tribunicische Gewalt von seiner väterlichen Gewalt Gebrauch macht? Ein ähnliches Beispiel aus dem Streite zwischen Q. Caepio und L. Saturninus giebt Cornif. I, 12, 21.

Definitionsstatus haben wir in Ciceros Rede pro. L. Cornelio Balbo. Dem Angeklagten wird von einem Landsmann aus Gades das ihm von Pompeius ertheilte Römische Bürgerrecht aberkannt, nicht als ob Pompeius nicht befugt gewesen sei es zu ertheilen, sondern weil er bei der Ertheilung gewisse rechtliche Nebenbestimmungen ignorirt habe, sei dieselbe als ungültig zu betrachten. Cicero versäumt nicht in §. 20 und §. 33 die fraglichen iuristischen Begriffe zu definiren und zu interpretiren, seine Definition als die richtige ausführlich zu begründen, und zu zeigen, dass der vorliegende Fall mit ihnen gar nichts zu thun habe, die Ertheilung des Bürgerrechts also als rechtskräftig zu betrachten sei. Desgleichen haben wir Definitionsstatus bei Lysias or. IV. X. In letzterer Rede belangt der Redner den Theomnestus ἀπορρήτων d. h. einer gesetzlich strafbaren Verbalinjurie. Theomnestus hatte nämlich bei Gelegenheit eines früheren Prozesses, in welchem der Redner als Belastungszeuge gegen ihn aufgetreten war, von diesem geäussert, er habe seinen Vater getödtet. Die incriminirte Aeusserung war hinreichend durch Zeugen constatirt und wurde von Theomnestus auch nicht geleugnet. Er behauptet aber, es sei dies keine gesetzlich strafbare Verbalinjurie. Denn das Gesetz verbiete Jemand ἀνδροφόνος zu nennen, nicht aber zu sagen, dass Jemand einen Menschen getödtet habe, des Ausdrucks ἀνδροφόνος habe er sich aber gar nicht bedient. Der Redner weist nun mit feiner Ironie nach, wie lächerlich diese Ausflucht sei und zu welch absurden Consequenzen eine derartig buchstäbelnde Gesetzinterpretation führen würde.

Eine Eintheilung des Definitionsstatus in Unterarten giebt Sulp. Victor p. 338, genauer Hermogenes p. 153. Entweder es handelt sich bei dem Rechtshandel um ein Vergehen, dann habe ich einen ὅρος κατὰ κρίσιν, oder um eine Forderung, dann habe ich einen ὅρος κατὰ αἴτησιν. Beide sind entweder ἁπλοῖ, oder διπλοῖ, wie beim στοχασμός. Die ἁπλοῖ lassen weiter keine Eintheilung zu*). Die διπλοῖ aber zerfallen in fünf Klassen, den ὅρος ἀντονομάζων, ὅρος κατὰ σύλληψιν, ὅρος κατὰ πρόσωπα διπλοῖς, ὅρος ἐμπίπτων und δύο ὅροι. Beim ὅρος ἀντονομάζων

---

*) Bei Max. Planud. T. V p. 311, 4 ist τὰ μὲν οὖν ἁπλᾶ statt ἄλλα zu lesen. Ebendaselbst p. 169, 15 lies κατὰ τὰ πρόσωπα statt καὶ τὰ πρ. Bei Sopater T. VIII p. 110, 18 muss die Ueberschrift ἐμπίπτων ορος statt ἐμπ. στοχασμός heissen.

wird eine That vom Kläger unter diesen, vom Verklagten unter jenen Begriff subsumirt, also ein ὄνομα dem andern entgegengesetzt. Beim ὅρος κατὰ σύλληψιν oder συμπλοκήν geschieht dies in der Art, dass beide Bezeichnungen zu einander sich verhalten wie Species zum Genus. Der Kläger adoptirt die Definition des Angeklagten, aber subsumirt sie unter einen höheren Begriff. Beim ὅρος κατὰ πρόσωπα διπλοῦς vindiciren sich zwei Personen eine That, oder streiten sich um ein und dieselbe Sache. Er heisst auch ὅρος διπλοῦς κατ' ἀμφισβήτησιν, Max. Planud. Rh. Gr. V p. 311. 312. Sopat. διαίρ. ζητ. p. 328 Rh. Gr. T. VIII p. 98. Beim ὅρος ἐμπίπτων fällt in die constitutio finitiva noch eine andere vollständige Frage dazwischen. z. B. ein nicht in die Mysterien Eingeweihter sieht die Mysterien im Traume, und fragt einen Eingeweihten, dem er das, was er gesehen hat, mittheilt, ob es sich mit ihnen so verhält. Der Gefragte bejaht es und wird als Verräther der Geheimnisse angeklagt. Hier fragt es sich, was heisst die Geheimnisse verrathen? Die coustitutio finitiva nimmt bis zum πρός τι ihren Verlauf, dann tritt aber die andere Frage ein, was ist ein Uneingeweihter? Bei der fünften Art, den δύο ὅροι, haben wir eine Verbindung von zwei ὅροι ἁπλοῖ, es wird bei einer Person nach zwei Definitionen gefragt; also, das Gesetz lautet τὸν καθαρὸν καὶ ἐκ καθαροῖ ἱερᾶσθαι; jemand wird auf Grund dieses Gesetzes von der Priesterwürde ausgeschlossen, weil er seinen ehebrecherischen Vater getödtet hat; es frägt sich, ob er noch als καθαρός und als Sohn eines καθαρός gelten kann. Hermog. p. 156 f. Oder das Gesetz sagt, wer auf ein fremdes Grab einen Weileguss trägt, soll gestraft werden; ein verstossener Sohn wird nach dem Tode seines Vaters weinend auf dessen Grabe gefunden, und auf Grund des Gesetzes angeklagt; es frägt sich erstens, sind die Thränen als Weibeguss, und zweitens, ist der verstossene Sohn als ein dem Grabe fremder zu betrachten, Sopat. διαίρ. ζητ. T. VIII p. 124 ff.

Einen ὅρος διπλοῦς κατὰ σύλληψιν haben wir in der Midiana des Demosthenes nach der Angabe des Libanius in seiner ὑπόθεσις, sowie des Verfassers der zweiten Hypothesis. Midias konnte seine That nicht ableugnen, ebensowenig konnte er behaupten, er habe mit seiner That recht gehandelt, oder es treffe ihn keine Schuld dabei. Er konnte eben nur gegen die Bezeichnung seiner That als ὕβρις und zwar ὕβρις δημοσία oder gar ἀσέβεια polemisiren, etwa dadurch dass er sie als ὕβρις ἰδιωτική bezeichnete, oder sie selbst nicht einmal dafür gelten liess. Dies gab eben eine constitutio definitiva, und als solcher wird auch der status von Hermogenes de inv. III, 2 p. 103 bezeichnet. Nun können wir natürlich nicht genau wissen, welche Bezeichnung Midias seiner That gegeben hat, sondern können es nur ungefähr aus des Demosthenes Rede zu constatiren suchen. Daher gehen denn auch die Ansichten der beiden genannten Rhetoren über diesen Punkt auseinander. Libanius meint, Midias habe seine That als ὕβρις bezeichnet — ἐπεὶ τετύπτηκεν ἄνδρα ἐλεύθερον — Demosthenes dagegen als ἀσέβεια, während der Verfasser der zweiten ὑπόθεσις wohl richtiger sagt, Midias habe das Vergehen als ein ἰδιωτικόν, Demosthenes dagegen als δημόσιον bezeichnet. Darin aber stimmen beide überein, dass in diesem Falle ein ὅρος διπλοῦς κατὰ σύλληψιν vorliege, ὅταν μὴ ἐκβάλλοντες τὸ ὑπὸ τῶν ἀντιδίκων εἰσαγόμενον ὄνομα, καὶ ἕτερον αὐτῷ προστιθῶμεν, ὥσπερ ἐνταῦθα ὁ Δημοσθένης, τοῦ Μειδίου λέγοντος ὑβρικέναι, οὐκ ἐκβάλλει μὲν οὐδὲ τὴν ὕβριν, προστίθησι δὲ αὐτῇ καὶ τὴν ἀσέβειαν (Vgl. Tzetz. in Cram. An. Oxon. T. IV. p. 67). Demnach ergab sich für Demosthenes die Aufgabe, in der Rede zu zeigen, dass die That des Midias ὕβρις und zwar ὕβρις der schlimmsten Art, nicht blos gegen eine Privatperson, sondern gegen den Staat und die Götter, also ἀσέβεια sei, die unter allen Umständen die härteste Strafe verdiene, was er denn auch mit nicht geringer Kraft gethan hat. K. Fr. Hermann's Polemik gegen des Libanius — und zugleich des Hermogenes Bemerkung, dass die vorliegende Rede der constitutio nach eine definitiva sei, in der comment. de probole p. 8 (s. A. Buttmann prolegg. in Dem. Mid. p. XX), ist eine durchaus irrige, und aus Unkenntniss der rhetorischen Lehren über die status hervorgegangen. Daraus nämlich, dass Demosthenes sich offenbar bemüht, im Verlauf der Rede die That des Midias ihrer Qualität nach in einem möglichst ungünstigen Lichte darzustellen, folgt nicht im mindesten, dass die constitutio causae eine constitutio qualitatis sei. Man kann wohl einen Augenblick darüber in Zweifel sein, ob wir es hier wirklich mit einem ὅρος διπλοῦς κατὰ σύλληψιν zu thun haben, ob also die Unterart richtig bestimmt sei, nicht aber darüber, ob hier ein ὅρος oder eine andere στάσις vorliege — vorausgesetzt, dass man überhaupt die Vierzahl der status vom genus rationale für ausreichend hält, und nicht etwa mit Theodorus und andern Rhetoren (Quint. III, 6, 51) noch eine besondere στάσις ποσότητος annimmt.

Einen ὅρος διπλοῦς κατ' ἀμφισβήτησιν haben wir in der ersten Rede des Isaeus, de Cleonymi hereditate. Nach dem Tode des Cleonymus treten die Söhne seiner Schwester dessen hinterlassene Erbschaft als nächste Verwandte an. Weitläufige Vettern machen ihnen jedoch die Erbschaft streitig auf Grund eines gerichtlich deponirten Testamentes, in welchem nicht die Tochtersöhne, sondern sie zu Erben eingesetzt waren. Erstere geben das Vorhandensein des Testaments und seine Richtigkeit zwar zu, behaupten aber, Cleonymus habe damals das Testament nur aus Zorn gegen ihren Vormund Dinias aufgesetzt, späterhin habe er es aufheben wollen, habe den Astynomen kommen lassen, sei aber inzwischen plötzlich verstorben, Polyarch aber, Cleonymus' Vater, habe befohlen im Falle von Cleonymus' Ableben solle das Vermögen seinen Enkeln eingehändigt werden. ἡ στάσις ὅρος διπλοῦς κατὰ ἀμφισβήτησιν, heisst es in der Hypothesis, οἱ μὲν γὰρ ἄλλοι ταῖς γενομέναις ἐξ ἀρχῆς διαθήκαις δισχυρίζονται, οἱ δέ, λέγοντες ὅτι μετεκαλέσατο τὸν ἄρχοντα, ἵνα λύσῃ αὐτάς, τοῖς τελευταίων παρὰ τοῦ Κλεωνύμου γενομένοις. Da Sopater und Planudes ausdrücklich angeben, der ὅρος κατὰ πρόσωπα διπλοῦς sei vom ὅρος διπλοῦς κατ' ἀμφισβήτησιν nicht verschieden, so wird man Schoemanns Anmerkung zu den angeführten Worten des alten Commentators in seiner Ausgabe des Isaeus p. 176 nicht für richtig halten können. Herr Schömann sagt: „statum causae in duplici finitione positum dicit propterea, quod, cum tabulas a Cleonymo relictas esse constet, has adversarii pro iusto ac vero testamento habendas atque observandas contendunt, petitores autem verum testamentum esse negant, quod ipse testator, quantum quidem in eo esset, resciderit; κατὰ ἀμφισβήτησιν autem addit, quoniam hoc ipsum ambigitur, utrum rescindere testamentum, an corrigere et confirmare voluerit. plura de hoc status genere vid. ap. Sopatrum διαίρ. ζητ. p. 328." Das Citat aus Sopater nimmt sich in der That etwas wunderlich aus. Ist ein Testament als gültig zu betrachten, welches der Erblasser nachweislich hat ändern wollen, aber formell nicht geändert hat, ist die Frage, um die es sich in diesem Falle handelt. So haben wir einen ὅρος, und zwar einen ὅρος κατ' αἴτησιν. Der ὅρος ist διπλοῦς, weil es sich dabei nicht um eine Sache und eine Person, sondern um eine Sache und mehrere Personen handelt, und weil sich diese Personen um den Besitz ein und derselben Sache, nämlich der Hinterlassenschaft des Cleonymos, streiten, so ist es ein ὅρος διπλοῦς κατ' ἀμφισβήτησιν. Der Commentator hätte eben so gut auch ὅρος διπλοῦς κατὰ πρόσωπα sagen können. Allerdings bestreiten die Kläger dass Cleonymus zum Archon geschickt habe, um das Testament aufzuheben, er habe es vielmehr zu ihren Gunsten nachträglich noch einmal bestätigen wollen. Keineswegs ist dies aber der streitige Punkt der constitutio, sondern das ist eine Antithese, μία τῶν ἀντιθετικῶν nach der Terminologie des Hermogenes*).

Einem Zweifel war der status in der Rede Lykurgs gegen Leokrates unterworfen. Leokrates hatte nach der Schlacht bei Chaeronea trotz eines Volksbeschlusses, welcher den Athenern verbot die Stadt zu verlassen, oder Weib und Kinder fortzuschicken, seine Vaterstadt verlassen, sich darauf Jahre lang in Rhodus und Megara aufgehalten, und war dann wohlgemuth nach Athen zurückgekehrt. Hier klagte ihn aber Lykurg auf Grund jenes Volksbeschlusses der Verrätherei an. Heisst das nun seine Vaterstadt verrathen, wenn man sie (allerdings in bedrängter Lage) verlässt? Uebrigens machte Leokrates geltend, er habe sie lediglich aus Rücksicht für sein kaufmännisches Geschäft verlassen. Nun heisst es in der Hypothesis: ἡ στάσις ὅρος ἀντονομάζων ὁμολογεῖ γὰρ καὶ Λεωκράτης ἀπολιπεῖν τὴν πόλιν, οὐ μέντοι προδιδόναι. ἄλλοι στοχασμὸν ἀπὸ γνώμης, ὡς τοῦ μὲν ἐξελθεῖν ὁμολογουμένου, ἀμφιβαλλομένης δὲ τῆς προαιρέσεως, ποίᾳ γνώμῃ ἐξῆλθεν, εἴτ' ἐπὶ προδοσίᾳ εἴτ' ἐπ' ἐμπορίᾳ. ἄλλοι δὲ ἀντίστασιν λέγει γὰρ οὐκ ἐπὶ προδοσίᾳ τῆς πόλεως ἐξελθεῖν, ἀλλ' ἐπὶ ἐμπορίᾳ. Es lautete allerdings die Eisangelie des Lykurgos auf Verrath (§. 29). Leokrates leugnete die Anschuldigung, demnach haben wir einen στοχασμός, bei dem es darauf ankommen wird, die gegen Leokrates sprechenden Indicien und Vorgänge aus einer bösen Absicht herzuleiten. Erwägt man aber, dass die Eisangelie auf der von Leokrates zugegebenen Thatsache beruht, dass er zur Zeit der Noth seine Vaterstadt verlassen, so wird man sich dafür entscheiden, dass wir es hier mit einer constitutio definitiva zu thun haben. Denn nicht die Form der Klage, sondern ihre thatsächliche Ver-

---

*) Die Bemerkung Kayser's in Jahn's Jahrb. 1860 S. 848 hat mich nicht überzeugt. Ich muss nach wie vor die Schömannsche Interpretation des Ausdrucks ὅρος διπλοῦς κατ' ἀμφισβήτησιν für irrig halten. Herr Kayser übersieht, dass ich mich bei meiner Polemik auf die Autorität von Sopater und Planudes stütze. Dass sich die Mehrheit der Personen bei einem Rechtsstreit um eine Erbschaft von selbst versteht, ist richtig. Aber sie versteht sich keineswegs von selbst beim Definitionsstatus. Wo sie vorkommt, bildet sie eben eine bestimmte Unterart desselben.

anlassung giebt das Material der constitutio an die Hand. Von einer ἀντίστασις aber kann hier nicht gut die Rede sein, wie die weitere Darlegung dies zeigen wird.

§. 7.
Status qualitatis oder iuridicialis.

Beim status qualitatis, der ποιότης — Hermagoras nannte ihn auch στάσις κατὰ συμβεβηκός, Quint. III, 6, 56. Aq. Rom. p. 26 — wird gefragt nach dem *quale sit*, d. h. es handelt sich um die Beschaffenheit der That, ob sie zulässig oder ungesetzlich, gerecht oder ungerecht, nützlich oder unnütz sei; die That selbst und ihre Bezeichnungen stehen fest. Statt *constitutio qualitatis* gebraucht Cic. de inv. I, 8, 10 den Ausdruck *constitutio generalis*, Cornificius nennt sie wie wir sahen *constitutio iuridicialis*. Hermog. p. 139: ἂν μέντοι φανερὸν ᾖ καὶ τέλειον τὸ κρινόμενον, ἡ ζήτησις περὶ τὴν ποιότητα τοῦ πράγματος ἵσταται, οἷον εἰ δίκαιον, εἰ συμφέρον, εἰ ἔννομον ἢ εἰ τῶν τούτοις ἐναντίων, καὶ ὄνομα μὲν γενικὸν τούτῳ ποιότης. Ein Beispiel einer einfachen constitutio qualitatis giebt Cic. de inv. II, 23, 69: Als die Thebaner die Lacedaemonier im Kriege überwunden hatten, so errichteten sie, nach der allgemeinen Griechischen Sitte, dass die Sieger nach einem gegenseitigen Kriege, irgend eine Trophäe auf ihrem Gebiete errichteten, nur um für den Augenblick den Sieg zu kennzeichnen, nicht aber, damit für alle Zeiten das Andenken an den Krieg bleiben sollte — eine eherne Trophäe. Sie werden deshalb vor dem Amphiktyonen-Gerichte verklagt. Behauptung: es durfte nicht geschehen. Antwort: es durfte geschehen. Frage: ob es geschehen durfte? Begründung: wir haben durch unsere Tapferkeit im Kriege einen solchen Ruhm gewonnen, dass wir ewige Abzeichen desselben unsern Nachkommen hinterlassen wollten. Entgegnung: Griechen dürfen über Griechen kein ewiges Denkmal ihrer Feindseligkeiten aufrichten. Gegenstand der Beurtheilung: Wenn Griechen über Griechen zur Feier ihrer ausserordentlichen Tapferkeit ein ewiges Denkmal ihrer Feindseligkeiten errichteten, ob sie darin recht oder unrecht handeln?

Die bereits oben erwähnte Zertheilung des Qualitätsstatus in seine Unterarten wird am deutlichsten durch Hermogenes p. 139 dargelegt. Sie lässt sich durch folgendes Schema veranschaulichen (vgl. Cassiod. p. 396):

```
                    ποιότης
  νομική         λογική
        πραγματική      δικαιολογία
            ἀντίληψις         ἀντίθεσις
              ἀντίστασις              .
                   ἀντέγκλημα
                        μετάστασις   συγγνώμη
```

Die Qualität nämlich fragt entweder auf Grund einer That, oder eines ῥητόν, einer gesetzlichen Urkunde. Fragt sie auf Grund eines ῥητόν, so haben wir die στάσις νομική, das *genus legale*. Fragt sie auf Grund einer That, so haben wir die στάσις λογική, das *genus rationale*. Diese That ist aber entweder zukünftig, oder bereits geschehen. Die zukünftige That (vgl. Sopater prolegg. Arist. p. 755, giebt die στάσις πραγματική, theils das genus deliberativum, theils beim genus iudiciale die *constitutio negotialis*. Das fehlerhafte in der bisherigen Darlegung des Hermogenes wurde bereits oben gerügt. Im weiteren ist alles klar und in schönster Ordnung. Die bereits geschehene That giebt die δικαιολογία, die *constitutio iuridicialis*, oder den eigentlichen Qualitätsstatus.

Nun giebt der Angeklagte seine That entweder als Vergehen zu, oder nicht. Giebt er sie nicht als Vergehen zu, sondern erklärt er sie für eine erlaubte Handlung, so haben wir die ἀντίληψις, die *constitutio iuridicialis absoluta*: ἔστι γὰρ ἀντίληψις ἀνευθύνου πράγματος εἶναι δοκοῦντος ὡς ὑπευθύνου κατηγορία. Die Gerechtigkeit der eingestandenen That wird also an sich behauptet. Der Angeklagte stellt die ihm vorgeworfene und von ihm nicht abgeleugnete Handlungsweise als eine ehrenwerthe und gerechte dar, sei es dass er ihre Gerechtigkeit aus dem was Moralität und Billigkeit verlangt, sei es aus Gesetz, Sitte, richterlicher Entscheidung, Vertrag herleitet. Vgl. Cornif. I, 14, 24. Cic. de inv. I, 11, 15. Quint. VII, 4, 4 ff. — Giebt der Angeklagte seine That als Vergehen zu, sucht er sie aber durch Herbeiziehung von Nebenumständen oder äusserer Hülfsmittel zu rechtfertigen, so haben wir die ἀντίθεσις, die *constitutio iuridicialis assumptiva*. Entweder der Verklagte nimmt nun die als ein Vergehen eingestandene That ganz auf sich, oder er überträgt sie selbst, somit die Schuld, auf etwas äusseres. Im ersteren Falle haben wir die ἀντίστασις, die *comparatio* oder *compensatio*, wie sie von Fortunat. p. 93 und Sulp.

Victor p. 345 genannt wird. Hermogenes sagt: γίνεται γὰρ ἀντίστασις, ὅταν ὁμολογῶν ὁ φεύγων πεποιηκέναι τι ὡς ἀδίκημα ἀνθιστᾷ ἕτερόν τι εὐεργέτημα μεῖζον δι' αὐτοῦ τοῦ ἀδικήματος πεπραγμένον. Wir zeigen also, dass das gesetzwidrige und straffällige unserer Handlung durch deren anderweitigen Nutzen überwogen wird. Wir vertheidigen in diesem Falle, sagt Quintilian, eine Sache wegen ihres Nutzens für den Staat, für viele Menschen, für den Gegner selbst, endlich auch für uns, nur muss es dann überhaupt erlaubt sein, dergleichen in unsrem Interesse zu thun. Es kann dies bei Familienstreitigkeiten von Nutzen sein, z. B. wenn ein Sohn sich gegen seinen Vater wegen Enterbung beschwert, eine Frau gegen ihren Mann wegen schlechter Behandlung. Freilich ist dabei die Sache desjenigen besser, der Nachtheile vermeidet, als dessen, der Vortheile sucht. Quintilian bezeichnet die ἀντίστασις auch als Vertheidigung einer That, weil im Falle ihrer Unterlassung sich etwas schlimmeres hätte zutragen können, denn bei Vergleichung zweier Uebel miteinander erscheint das kleinere fast wie ein Gut. Als Beispiel dient ihm der Consul Mancinus, der den Abschluss des Numantinischen Bündnisses damit vertheidigt, dass das Heer im Falle des nicht-Abschlusses würde zu Grunde gegangen sein. Aehnlich Cornificius. Bei der uns gestellten Wahl zwischen zwei Uebeln sei es besser gewesen, gerade die vorliegende That zu vollbringen, welche den Gegenstand der Anklage bildet. Als z. B. C. Popilius (vgl. Liv. epit. LXV) von den Galliern eingeschlossen war und auf keine Weise entfliehen konnte, kam er mit dem feindlichen Führer zu einer Unterredung und erlangte gegen Zurücklassung des Gepäcks den Abzug seines Heeres; da er es für besser hielt das Gepäck zu verlieren als das Heer, so zog er mit Zurücklassung des ersteren ab und wird nun maiestatis angeklagt.

Uebertrågt der Angeklagte, fährt Hermogenes fort, die als Vergehen eingestandene That auf etwas äusseres, so fehlt es in diesem Falle an einer gemeinsamen Bezeichnung. Entweder aber der Angeklagte überträgt das Vergehen auf den durch ihn Beeinträchtigten selbst, oder auf etwas anderes. Ersteres giebt das ἀντέγκλημα, die relatio criminis. γίνεται γὰρ ἀντέγκλημα, ὅταν ὁμολογῶν ὁ φεύγων πεποιηκέναι τι ὡς ἀδίκημα ἀντεγκαλῇ τῷ πεπονθότι ὡς ἀξίῳ παθεῖν, ἃ πέπονθεν. Die relatio criminis ist die stärkste Unterart der const. iurid. assumptiva. Wir erklären zu unserer That durch das Vergehen andrer gezwungen zu sein, wie etwa Orestes den Muttermord als durch die Unthat der

Mutter selbst veranlasst bezeichnet, Cornif. 1, 15 (vgl. Eurip. Orest. 560 ff. vorher compensatio, da Orestes sagt, seine That sei für ganz Hellas von Nutzen gewesen). Die Vertheidigung besteht also meistentheils in einer Anklage dessen, zu dessen Gunsten der Rechtshandel eingeleitet ist. — Ueberträgt der Angeklagte das Vergehen auf etwas anderes, also nicht auf den Beeinträchtigten, so fehlt es dafür wieder an einer gemeinsamen Bezeichnung*). Aber er überträgt es entweder auf eine Person oder Sache, die zur Verantwortung gezogen werden kann, oder auf eine solche die es nicht kann. Ersteres giebt die μετάστασις, die *remotio criminis*. Cornificius führt als Beispiel den Mörder des P. Sulpicius an (vgl. Vellej. II, 19), welcher erklärt, er habe seine That auf Befehl der Consuln gethan. Letzteres dagegen giebt die συγγνώμη. Wenn Hermogenes als Beispiel auf die angeklagten zehn Strategen verweist, welche durch den Sturm verhindert, die Leichen der Ertrunkenen nicht aufgesammelt haben, so entspricht dieser status der *purgatio* der Lateinischen Rhetoren. Denn die purgatio leugnet nach Cornificius, Cicero und Quintilian die Absichtlichkeit der That und lässt sie aus Zufall, Unwissenheit oder Nothwendigkeit geschehen sein. Davon unterscheiden die Genannten — doch wohl auch nach Griechischem Vorgang, noch die *deprecatio*, welche die Absichtlichkeit der That zugeben muss und sich nun schlechterdings aufs Bitten legt. In der Praxis des Gerichts, sagt Cornificius, kann diese Constitution nicht vorkommen, wohl aber kann sie im Senat angewandt werden. Aehnlich bemerkt Quintilian, es könne durch deprecatio die Freisprechung eines Angeklagten seitens der Richter nicht erfolgen, wohl aber sei sie als genus causae überall da anwendbar, wo Gnade für Recht ergehen kann, also im Senat, vor dem Princeps, auch werde sie als locus communis im Epilog einer Vertheidigungsrede oft zu benutzen sein. So sagt auch der Scholiast zu Arist. Panath. 175, 12 p. 289: κατηγορεῖταί τις, ὡς προδότης· εἰ οὖν καὶ ἑτέρους δείξει ἐς ταύτην τὴν κακίαν πεπτωκότας, οὐκ ἔστι τοῦτο ἀπολογία ὑπὲρ αὐτοῦ ὡς διὰ τοῦτο ἔξω μέμψεως εἶναι, ἀλλ' ἐντεῦθεν θηρᾶται παρὰ τῶν κατηγορούντων συγγνώμην καὶ ἔλεον, εἴπερ οὐ μόνος ἑάλω τούτῳ τῷ κακῷ, ἀλλὰ καὶ ἑτέρους ὁμολογοῦντας καὶ συμφωνοῦντας ἔχει διὰ

---

*) Als solche scheinen übrigens manche Rhetoren doch auch μετάστασις gebraucht zu haben. Schol. Arist. Panath. 175, 14 p. 289: μεταστατικῶς ἀπολογεῖται μεταφέρων τὴν αἰτίαν τοῦ ἀδικήματος ἐπὶ τὴν φύσιν τοῦ πράγματος.

τῆς αὐτῆς πράξεως. Man denke an Ciceros Rede pro Ligario. Wenn der Redner c. 10, 30 sagt: *causas, Caesar, egi multas equidem tecum, dum te in foro tenuit ratio honorum tuorum, certe nunquam hoc modo* — so ist dies nichts weniger als eine blose rhetorische Floskel. Wirkung wird die Abbitte nach Quintilian dann haben, wenn das frühere unbescholtene und verdienstvolle Leben des Angeklagten auch seine gute Führung für die Zukunft garantirt; ferner wenn er durch andere Nachtheile, durch seine gegenwärtige Gefahr (vgl. Cic. de inv. II, 34, 104) oder Reue hinlänglich bestraft erscheint, wenn ihn ausserdem sein Adel, seine Würde, seine Verwandten und Freunde empfehlen.

Sonst ist aus den Rhetoren zu der im obigen gegebenen Darstellung nichts wesentliches hinzuzufügen. Allenfalls wäre noch zu erwähnen, dass Quintilian VII, 4, 15 an die purgatio alle die Fälle anschliesst, in denen der Angeklagte seine Schuld zu verkleinern sucht. Es wurde hierbei von einigen von einem besonderen status quantitatis, einer στάσις ποσότητος oder πηλικότητος gesprochen, ein Ausdruck, welchen Hermogenes nicht kennt, den wir aber bei Fortunal. p. 107 wenigstens angedeutet finden, der von *quantitas numeri*, sowie von *quantitatum comparatio quae fit in rebus* und *q. e. q. f. in numeris* spricht. Erwägt man, dass der Verklagte bei jedem Qualitäts-status die Schuld möglichst zu verkleinern suchen wird, so wird man Quintilian Recht geben, der einen besonderen status quantitatis nicht anerkennen will.

Höchst interessant für die Lehre vom Qualitäts-status ist Ciceros Rede pro Milone. Asconius sagt in seiner Einleitung §. 30: *cum quibusdam placuisset ita defendi crimen, interfici Clodium pro re publica fuisse, quam formam M. Brutus secutus est in ea oratione, quam pro Milone composuit et edidit, quasi egisset**), *Ciceroni id non placuit, quod non, qui bono publico damnari, idem etiam occidi potuisset. Itaque cum insidias Milonem Clodio fecisse posuissent accusatores, quia falsum id erat, nam forte illa rixa commissa fuerat, Cicero apprehendit et contra Clodium Miloni fecisse insidias disputavit, eaque tota oratio eius spectavit.* Nun deutet Cicero die verschiedenen status, nach denen er die Sache behandeln konnte, in der Rede c. 2, 6**) selbst an. Er sagt nämlich: *quamquam*

---

*) s. Westermann Gesch. der Röm. Beredsamkeit S. 216. Der status seiner Rede war also ἀντίστασις.

**) vgl. Halm zu dieser Stelle.

4*

in hac causa, iudices, T. Annii tribunatu rebusque omnibus pro salute rei publicae gestis ad huius criminis defensionem non abutemur. Nisi oculis videritis insidias Miloni a Clodio esse factas, nec deprecaturi sumus, ut crimen hoc nobis propter multa praeclara in rem publicam merita condonetis, nec postulaturi, ut, si mors P. Clodii salus vestra fuerit, idcirco eam virtuti Milonis potius quam populi Romani felicitati assignetis. Sin illius insidiae clariores hac luce fuerint, tum denique obsecrabo obtestaborque vos, iudices, si cetera amisimus, hoc saltem nobis ut relinquatur, vitam ab inimicorum audacia telisque ut impune liceat defendere.* In diesen Worten weist Cicero die deprecatio und compensatio zurück und entscheidet sich für *relatio criminis*. Dass dies bei der constitutio generalis assumptiva die wirksamste Art der Vertheidigung sei, wusste Brutus so gut wie Cicero. Sicherlich würde er sie auch angewandt haben, wenn er sie für durchführbar gehalten hätte. Dass Cicero sie dennoch anwandte und so meisterhaft durchführen konnte, giebt uns einen Beleg für seine rednerische Genialität. Die compensatio benutzt er übrigens extra causam, §. 72—83. Daher sagt Sulp. Victor p. 318: *coniuncta causa est pro Milone. defenditur enim statibus duobus, relatione, quod merito Clodius dicatur occisus, cum fecisset insidias; compensatione, quod dicatur bono rei publicae occisus pessimus civis. facile est animadvertere, quid in eiusmodi causis debeat fieri, videntibus quid fecerit Cicero. Non enim compensatione, quam postea induxit, infirmavit priorem statum, sed confirmavit ac multo reddidit fortiorem. hoc enim ipso persuasit iudicibus insidiatorem peremptum fuisse, quoniam etiam gloriosa Miloni possit esse illa defensio, si propter rem publicam fecisse videatur.*

Zeigt uns die Miloniana, dass der Redner unter Umständen nicht blos zwischen den Unterarten des Qualitäts-status wählen, sondern auch mehrere Unterarten mit einander verbinden konnte, so zeigt uns das letztere auch die Sestiana, in welcher wir nach Angabe des alten argumentum zu dieser Rede eine qualitas speciei duplicis relativa et compensativa haben. Cicero setzt nämlich einmal auseinander, des Sestius Verdienst um den Staat, das er sich durch die Unterstützung von Ciceros Zurückberufung erworben, sei so gross, dass der Vorwurf, er habe sich dazu gewaltthätiger Mittel bedient, geradezu verstummen müsse, zweitens weist er nach, dass das gewaltthätige Vorgehen des Clodius und die wiederholten Anschläge desselben auf Sestius Leben diesen erst zur Nothwehr gezwungen habe. Sehr geschickt sind beide Theile aber so miteinander verbunden, dass Cicero einem genaueren Eingehen auf des Sestius Gewaltthätigkeiten vollkommen aus dem Wege gehen konnte.

Ein Beispiel für ἀντέγκλημα haben wir in Antiphons dritter Tetralogie. Ein Jüngling geräth mit einem bejahrten Mann in einen Wortwechsel, der zu Thätlichkeiten fortschreitet; an einem Schlage des Jünglings stirbt der Alte. Der Jüngling aber vertheidigt sich gegen die Anschuldigung der Tödtung damit, dass er sagt, der Alte habe zuerst mit ungerechten Thätlichkeiten angefangen. — Ein Beispiel zunächst für remotio criminis, dann aber auch für compensatio, giebt uns Lysias or. XXII gegen die Getreidehändler. Diese waren auf den Tod angeklagt, weil sie gegen das bestehende Gesetz mehr als 50 Lasten Getreide aufgekauft hatten. Sie gaben die That zu, sagten aber, sie hätten das Getreide auf Befehl der σιτοφύλακες aufgekauft, übertrugen also ihre Schuld auf diese (§. 8: ἐπειδὴ γὰρ οὗτοι τὴν αἰτίαν εἰς ἐκείνους ἀνέφερον. Vgl. Eur. Orest. 414: ἀναφορὰ τῆς ξυμφορᾶς). Allein diese Ausflucht ist nicht stichhaltig, denn erstens giebt es kein Gesetz, das die Getreidehändler verpflichtet, auf Befehl der Sitophylakes Getreide aufzukaufen (§. 6), zweitens ist die Angabe selbst falsch; denn zwei der Sitophylakes wollen von der Sache überhaupt nichts wissen, der dritte aber erklärt, den Getreidehändlern etwas ganz anderes angerathen zu haben, als diese behaupten (§. 7—9). Aber selbst, wenn ihre Aussage richtig wäre, so würde daraus für sie keine Vertheidigung sich ergeben, sondern nur eine Anklage der Beamten; sie sind deshalb nicht weniger schuldig, gegen das bestimmt formulirte Gesetz gehandelt zu haben. §. 10. — Der zweite Theil der Tractatio §. 11—16 giebt die Zurückweisung einer Entschuldigung, welche die Angeklagten für ihr Verhalten vorbringen werden, sie hätten nämlich aus guter Gesinnung gegen den Staat so gehandelt, um das Getreide an die Consumenten so wohlfeil als möglich verkaufen zu können. Das ist eben ἀντίστασις oder compensatio. §. 17—22 enthalten den Epilog, der mit der Amplification des vorliegenden Vergehens beginnt und für ἐλέου ἐκβολή durch Anwendung der τελικὰ κεφάλαια Sorge trägt.*)

Μετάστασις haben wir ferner bei Lysias or. XII gegen Eratosthenes, der sich zur Rechtfertigung seiner auch von ihm als ungerecht anerkannten Handlung auf den zwingenden Befehl der

---

*) Ich kann es nicht für richtig halten, wenn F. Blass in seiner Geschichte d. Att. Beredsamkeit S. 469 blos §. 22 als Epilog der Rede betrachtet.

Dreissig beruft, desgleichen in Antiphons zweiter Tetralogie, die eine unvorsätzliche Tödtung behandelt. Zwei Knaben werfen in der Ringschule mit dem Speere; während der eine das Geschoss abwirft, läuft der andre dem Wurf entgegen und wird getroffen Der Vater des Getödteten klagt den ersteren des Mordes an, dieser aber überträgt die Schuld auf den Getroffenen, der ihm in den Weg gelaufen sei. Da jedoch der Getroffene ἀνυπεύϑυνος ist, so könnte man hier wohl auch von συγγνώμη sprechen, d. h. von purgatio. Wenn es nun aber in der Hypothesis ausdrücklich heist, ἔστι δ' ἡ στάσις μετάστασις, οὐ συγγνώμη, ὥς τινες ἐνόμιζον, so findet dies seine Erklärung in Hermog. p. 163, wo es heisst: ἔτι τὴν συγγνώμην ἀπὸ τῆς μεταστάσεως οὐ τῷ ἀνευϑύνῳ καὶ ὑπευϑύνῳ ἐχώρισάν τινες, ἀλλ' ἁπλῶς τὰ μὲν εἰς τι τῶν ἔξωϑεν μεϑιστάντα τὸ ἀδίκημα πάντα μεταστατικὰ εἰρήκασιν εἶναι —, τὰ δὲ εἰς ἴδιόν τι πάϑος ψυχῆς μόνα συγγνώμης εἶναι ὡρίσαντο, οἷον ἔλεον ἢ οἶκτον ἤ τι τοιοῦτον, καὶ ἴσως ταῦτα οὐ κακῶς.

Eine constitutio qualitatis absoluta haben wir in Lysias erster Rede de caede Eratosthenis, desgleichen in Isaeus' zweiter Rede de Meneclis hereditate. Des Menekles hinterlassene Erbschaft beansprucht sein Bruders gegen des Erblassers Stiefsohn, indem er gegen das Erbschaftsrecht, das dieser auf seine Adoption gründet, einwendet, die Adoption sei nicht in der gesetzmässigen Weise vor sich gegangen, Menekles habe sie als schwacher und nicht recht zurechnungsfähiger Greis auf Eingeben seiner damaligen Frau, der Schwester des Adoptivsohns vorgenommen; dergleichen Adoptionen seien eben gesetzlich nicht gültig. Als Anwalt des von ihm aufgestellten, aber vom Bruder des Menekles angegriffenen Zeugen führt der Adoptivsohn seine eigene Vertheidigung. Ἡ στάσις, heisst es in der Hypothesis, ἀντίληψις κατὰ στοχασμόν. λέγει γὰρ ὅτι ἐξῆν αὐτῷ ποιεῖν ἑαυτῷ υἱόν εἶτα τὸ στοχαστικόν, ὅτι οὐ πεισϑεὶς γυναικὶ ἐποιήσατό με. Hierzu bemerkt Schömann ganz richtig S. 200: „ἀντίληψις κατὰ στοχασμόν. Nam adversario adoptionem rite factam esse neganti opponit actor se legitime adoptatum, cum neque desipuerit Menecles neque mulieris fraude ac blanditiis illectus sit; hoc ipsum autem coniectura (κατὰ στοχασμόν) probatur §. 19 sqq. Cf. Ernesti Lex. techn. rhet. Gr. p. 277. 318".

Ausser den genannten Unterarten des Qualitäts-status noch eine besondere *constitutio negotialis* auch im genus iudiciale anzunehmen erscheint überflüssig und da, wie wiederholt gesagt, beim genus deliberativum überhaupt von keinem status die Rede sein kann, so erscheint die ganze Kategorie einer στάσις πραγματική, welche noch von Hermogenes festgehalten wurde, als unnütz und störend. Man rechnete unter anderem alle γραφαὶ παρανόμων hierher, d. h. Klagen wegen verfassungs- oder gesetzwidriger Einbringung eines neuen Gesetzes oder Antrags. Hypoth. Dem. Timocr. p. 698: καθόλου πᾶσα γραφὴ ῥητοῦ πραγματικὴν ποιεῖ στάσιν. Man sprach demnach bei Demosthenes Rede gegen Timokrates, soweit sie gegen das Gesetz gerichtet ist, von στάσις πραγματική, soweit sie die Ursache untersucht, wegen deren das Gesetz gegeben ist, von στοχασμός. So wurden auch die Reden des Demosthenes vom Kranze, die Reden gegen Androtion und Leptines, Aeschines Rede gegen Ktesiphon der στάσις nach als πραγματικαὶ ἔγγραφοι bezeichnet. Richtiger wird man bei diesen Reden von constitutio iuridicialis absoluta mit Heranziehung einer Unterart der assumptiva oder eines der vier Fälle vom genus legale sprechen. Dies ist auch der Fall bei des Isaeus zehnter Rede gegen Xenaenetus wegen der Erbschaft des Aristarch. Es handelt sich dabei um die Frage, ob ein Testament als gültig betrachtet werden könne, in welchem Jemand über ein Vermögen disponirt, das auf unrechtmässige Weise in seinen Besitz gekommen. Aristarchus nämlich hatte von seiner Frau, der Tochter des Xenaenetus vier Kinder, zwei Söhne und zwei Töchter. Von diesen Söhnen trat noch bei Lebzeiten des Vaters der eine, Cyronides, durch Adoption in das Haus seines Grossvaters Xenaenetus über. So blieben ihm denn bei seinem Tode seine drei Kinder als Erben. Von diesen stirbt der zweite Sohn Demochares und die eine Tochter kinderlos. So kommt das ganze Vermögen von Rechtswegen der zweiten Tochter zu. Der Vormund aber, Aristomenes, Aristarchs Bruder, verheirathet seine eigene Tochter an Cyronides und verspricht, diesem die ganze Erbschaft seines Bruders zuzuwenden. Dies geschieht auch. Cyronides Sohn nämlich wird nach dem Grossvater Aristarch benannt, und angeblich nach einem Auftrage desselben durch Adoption in dessen Familie übergeführt und bekommt nun von Aristomenes die ganze Erbschaft des Grossvaters. Bei seinem frühen Tode setzte nun dieser jüngere Aristarch testamentarisch seinen Bruder Xenaenetus zum Erben ein, und so tritt dieser in den Besitz vom Vermögen des alten Aristarch. Aber gegen diese Besitzergreifung protestirt der Sohn von des Aristarch eigentlicher Erbtochter, welche der Vormund, ohne von dem ihm zustehenden Rechte sie selbst zur Frau zu nehmen oder sie seinem Sohne Apollodorus zur Frau zu geben, Gebrauch zu machen, mit einer unbedeutenden Mitgift inzwischen an einen dritten verheirathet hatte. Ihr Sohn also tritt jetzt vor Gericht gegen Xenaenetus auf und bestreitet die Gültigkeit des Testaments, kraft dessen dieser die Erbschaft des alten Aristarch angetreten hatte. Ἡ στάσις πραγματικὴ ἔγγραφος. ζητεῖ γὰρ εἰ δεῖ τὰς τοιαύτας συνεστάναι διαθήκας, καὶ τίς δικαιότερα λέγει. Die στάσις ist πραγματική, denn es wird hier über etwas zukünftiges, über die fernere Gültigkeit des Testaments berathen, und zwar πραγματικὴ ἔγγραφος als ἀπὸ ῥητοῦ τὸ ζήτημα ἔχουσα. Aber mit Recht bemerkt Kayser: „hier darf die Frage, ob Xenaenetus der jüngere von Aristarch ein Vermögen erben konnte, welches letzterem gar nicht gehörte, nicht in eine Berathung über die fernere Gültigkeit des Testamentes verwandelt werden (als στ. πραγματικῇ), vielmehr muss der Sohn der Erbtochter sich den Anspruch an die Erbschaft vindiciren, was gegen die Widerrede der Usurpatoren nur durch eine actio iuridicialis absoluta geschehen konnte"*. Auch Ciceros divinatio in Caecilium wird unnützerweise als qualitas negotialis comparativa de constituendo accusatore bezeichnet.

§. 8.
Translatio. genus legale.

Der letzte status vom genus rationale ist die translatio, μετάληψις oder παραγραφή. Wir bemerkten schon oben, dass wenn der Verklagte die ihm Schuld gegebene That weder leugnen, noch deren Bezeichnung durch den Kläger verwerfen, noch endlich sie vertheidigen kann, ihm noch viertens die Behauptung übrig bleibt, die Klage werde nicht auf die richtige Weise erhoben, d. h. er kann die Competenz des Klägers oder des Gerichtshofes angreifen, oder versuchen, aus sonst irgend welchem Grunde die Entscheidung über die Klage hinauszuschieben. Hier findet also eine ζήτησις statt, περὶ τοῦ εἰ δεῖ τὸν ἀγῶνα εἰσελθεῖν, Hermog. p. 142. Cornif. I, 12, 22: *ex translatione controversia nascitur, cum aut tempus differendum, aut accusatorem mutandum, aut iudices reus dicit*. Sie kam in der römischen Gerichtspraxis selten vor aus

---
*) Jahns Jahrb. 1866 S. 849.

Gründen, die Cic. de inv. II, 19, 57 auseinandersetzt*). Im Attischen Prozess dagegen war eine derartige Exception des Beklagten gegen eine eingereichte Klage nicht' selten**). Man unterschied nun in der Theorie eine παραγραφή ἔγγραφος ἀπὸ ῥητοῦ τινος λαμβάνουσα τὴν ἀρχήν und eine παραγραφὴ ἄγραφος Hermog. l. l., eine Unterscheidung, die bis auf Hermagoras zurückgeht. Es ist klar, dass alle Translationen für den Kläger mehr oder weniger auf einen Definitions- oder Qualitätsstatus hinauslaufen, oder dass er durch Conjectur die Nichtigkeit der vom Verklagten erhobenen Einreden darzulegen sucht. Dies letztere ist der Fall in Lysias' Rede gegen Pankleon, or. XXIII. Der Kläger hatte den Pankleon, in der Voraussetzung dass er Metöke sei, wegen irgend welcher Vergehen, die nicht weiter genannt werden, vor dem Polemarchen verklagen wollen und trotz Pankleons Einrede, dass er Platäer sei, die der Kläger alsbald als nichtig erkannte, auch wirklich vor dem Polemarchen verklagt. Auch hier wiederholt Pankleon seine Einrede, der Kläger aber hält die Rechtmässigkeit seiner Klage aufrecht und führt den unkünstlichen Conjecturalbeweis, dass Pankleon kein Platäer sei — denn er ist ein entlaufener Sclave — und dass er sich auch im Grunde für einen solchen gar nicht gehalten habe. Weitere Beispiele für παραγραφή oder μετάληψις geben Isokrates gegen Kallimachus, or. XVIII. Demosth. or. XXXII —XXXVIII. Da die blose παραγραφή leicht den Schein erwecken konnte, als getraue sich der Angeklagte nicht seine Sache durchzuführen — daher diese Vermuthung geradezu stehend zu einer Insinuation gegen den Versuch der Translation benutzt wurde s. Apsin. p. 345 — so wurde in den meisten Fällen damit zugleich eine förmliche Vertheidigung gegen die erhobene Anklage überhaupt verbunden. Der Redner spricht alsdann κατὰ τὴν εὐθείαν oder ὡς τῆς εὐθυδικίας τοῦ πράγματος εἰσηγμένης, wie dies öfters am Schluss der Hypothesen zu den betreffenden Demosthenischen Reden hervorgehoben wird, z. B. Hyp. or. XXXII, XXXIV (ὁ ἀγὼν ὀνόματι μέν ἐστι παραγραφικός, τῷ δὲ ἀληθεῖ τὴν εὐθεῖαν γίγνεται), XXXVI, XXXVII, er verbindet also mit der παραγραφή die εὐθδικία, ihr Gegentheil (Dem. or. XLV, 6)***).

---

*) Vgl. W. Rein das Privatrecht und der Civilprozess der Römer, Leipz. 1858 S. 912. 923.
**) Vgl. Meier u. Schömann der Attische Prozess, S. 644. 647. 697.
***) Vgl. Ernesti lex. techn. rhet. Gr. p. 214. Meier u. Schömann der Attische Prozess, S. 649.

Nach der uns erhaltenen Ueberlieferung wäre Hermagoras
als der Erfinder dieses status zu betrachten. Denn Cicero sagt
de inv. 1, 11, 16: *huius constitutionis Hermagoras inventor esse existimatur, non quo non usi sunt ea ceteres oratores saepe multi, sed quia non animadverterunt artis scriptores eam superiores nec rettulerunt in numerum constitutionum. post autem ab hoc inventam multi reprehenderunt: quos non tam imprudentia falli putamus — res enim perspicua est-quam invidia atque obtrectatione quadam impediri.* Und
Quint. III, 6, 60: *translationem Hermagoras primus omnium tradidit, quamquam semina eius quaedam citra nomen ipsum apud Aristotelem reperiuntur.* Da aber nach Augustin c. 10 p. 142 schon Hermagoras die Berichtigung dieses status gegen erhobene Einwendungen vertheidigt hat, so ist auch wohl hier anzunehmen, dass
er nichts neues erfand, soweit von einem erfinden hier überhaupt
die Rede sein kann, sondern dass er sich bemühte dieser bereits
früher von einigen aufgestellter Kategorie zur allgemeinen Anerkennung zu verhelfen. Die betreffende Stelle lautet: *de quarta magna contentio est, quam supra de inducendo iudicio diximus. plerique enim negant esse eam, quando id agatur, ne res possit venire in quaestionem. sed inter omnes Hermagorae praecellit auctoritas, qui et quaestionem putat et inprimis necessariam et agitari in foro multum et adhibendam etiam in ceteris statibus primo statim congressu, si causae condicio patiatur. nihil enim status tam interesse eorum, quibus iudicium intenditur, quam declinare iudicium. porro ipsam declinationem iudicii habere nonnullam iudicii speciem. nam si ita res ageretur, ut quotiens nollet aliquis causam induci, esset hoc in ipsius potestate, nulla erat quaestio: nunc cum semper existant, qui impediant, ipsa illa contentio, qua alter in iudicium vocat, alter recusat iudicium, facit quaestionem, quod controversiae genus Hermagoras* μετάληψιν *vocat.* Dass er
auch bereits den Namen παραγραφή *(praescriptio)* gebraucht
hat, behauptet wenigstens Mart. Capella c. 11 p. 458*). Auch
Quintilian gehört zu den Gegnern dieses status, wenigstens
zu der Zeit als er sein Lehrbuch schrieb, vgl. III, 6, 68 ff. Er

---

*) Es ist hier noch zu bemerken, dass Cornificius das ἀντέγκλημα nicht
wie Cicero und Quintilian *relatio criminis*, sondern *translatio criminis* nennt
Wo Quint. VII, 4, 13 von *translatio criminis* spricht, ist *remotio criminis*, μετάστασις gemeint, vgl. III, 6, 63. Ebendaselbst §. 76 hat er in Folge dieser
Homonymie μετάστασις und μετάληψις verwechselt.

hat nun zwar ganz Recht mit seiner Behauptung, dass es mit der Translation an und für sich nicht genug sei, dass noch ein anderer status, sei es Conjectur, Qualität, oder ein status vom genus legale dazu komme. Immerhin ist es doch aber ein grosser Unterschied, ob man von der Translation ausgeht, sie zum Hauptpunkte der Vertheidigung oder Widerlegung macht, und dann zur εὐθεία fortschreitet, oder letztere allein anwendet. Und wenn Quintilian weiter bemerkt: *deinde status ex quaestione oritur; translatio non habet quaestionem, de qua contendit orator sed propter quam contendit*, so ist dies höchst unklar und bleibt es auch trotz des folgenden. Denn die Translation entsteht keineswegs, wie Quintilian zu glauben scheint, aus dem Zusammenstoss der Behauptungen habeo ius actionis, non habes, sondern daraus, dass der Angeklagte gegen die Behauptung des Klägers, etwa occidisti hominem, mit der Behauptung non habes ius actionis, die er natürlich muss begründen können, einen Versuch macht, um die eigentliche Sache herumzukommen, einer positiven Antwort also auf die Beschuldigung aus dem Wege geht.

Neben dem genus rationale nahm nun, wie bereits gesagt, Hermagoras das genus legale an mit vier Unterarten. Merkwürdigerweise wurden die Unterarten von den späteren Rhetoren beibehalten, nicht aber die ursprüngliche Haupteintheilung. Denn Cicero rechnete wenigstens eine Zeit lang, wie auch später Hermogenes, das genus legale zum Qualitätsstatus, was sich insofern erklärt, als ja allerdings auch hier die That als solche zugegeben wird, um dann im weiteren ihre Gesetzmässigkeit, wie dort ihre Rechtmässigkeit, oder wenigstens ihre Berechtigung zuzugeben. Aber bei genauerer Betrachtung erscheint diese Subsumption doch als nicht zutreffend. Denn beim genus legale bildet ja eben die That als solche gar keinen Gegenstand der Controverse zwischen Kläger und Verklagten, sondern von vorn herein die gesetzliche Berechtigung zu einer That in der gerade vorliegenden Art und Weise und nichts weiter. Dies ist aber ein genereller, kein specieller Unterschied. Dasselbe lässt sich natürlich auch, nur in verstärkter Weise, gegen den Versuch einer Subsumption des genus legale unter den Definitions-status vorbringen. Das allerverkehrteste ist es freilich mit den Rhetoren, deren Vorgang Cornificius sich anschloss, Definition und Translation als Unterarten des genus legale zu betrachten.

Sehen wir von der Frage nach der Berechtigung des gesetzlichen Constitutions-genus als solchen gegenüber dem genus rationale ab, und wenden wir uns zu den angegebenen vier Arten gesetzlicher Constitution. Bei der στάσις κατὰ ῥητὸν καὶ ὑπεξαίρεσιν (ὑπεξαίρετον) oder ῥητὸν καὶ διάνοια, constitutio scripti et voluntatis stehen sich oder scheinen sich Buchstabe und beabsichtigter Sinn der schriftlichen Urkunde entgegenzustehen. Hermog. l. l.: γίνεται ῥητὸν καὶ διάνοια, ὅταν τοῦ ἑτέρου τὸ ῥητὸν προβαλλομένου καὶ ὡς ἐπὶ τὸ πλεῖστόν γε τοῦ διώκοντος, θάτερον μέρος χρῆται ταῖς διανοίαις, οἷον ξένος ἐπὶ τὸ τεῖχος εἰ ἀνέλθοι, τεθνάτω· πολιορκίας οὔσης ἀνελθών τις ἠρίστευσε, καὶ ὑπάγεται τῷ νόμῳ. Cornif. I, 11, 19 giebt folgendes Beispiel: es ist ein Gesetz, wonach diejenigen, die wegen eines Sturmes ein Schiff verlassen, alles darauf verlieren, so dass Schiff und Ladung, falls das Schiff gerettet wird, denjenigen gehörigen, die auf dem Schiffe geblieben sind. Durch die Grösse eines Sturmes erschreckt verlassen alle das Schiff und besteigen ein Boot bis auf einen Kranken, der wegen seiner Krankheit nicht mitkommen und fliehen kann. Zufällig läuft das Schiff in einen Hafen ein, der Kranke nimmt es in Besitz, der frühere Besitzer aber verlangt es zurück. Man vergleiche die Erweiterung desselben Falles als Beispiel für eine constitutio definitiva bei Cic. de inv. II, 51. Ein sehr berühmter Fall scripti et voluntatis war die causa Curiana v. J. 92, Cic. Brut. 52, 195. de inv. II, 42, 122. O. Jahn schreibt darüber zu ersterer Stelle folgendes: „Doeth. in Cic. Top. IV. p. 341: *causa Curiana fuit huius modi. quidam praegnantem uxorem relinquens scripsit heredem postumum eique alium substituit secundum, qui Curius vocabatur, ea condicione, ut, si postumus qui intra menses decem proximos nasceretur, ante moreretur quam in suam tutelam venisset, id est ante obiret diem, quam testamentum facere posset, secundus heres succederet.* Die Voraussetzung, dass die Frau schwanger sei, war irrig gewesen, und kein postumus geboren. M'. Curius nahm die Erbschaft für sich in Anspruch, als durch das Testament ihm zugesprochen. M. Coponius, dem Erblasser verwandt, behauptete, das Testament komme nicht in Betracht, da die darin festgestellte Bedingung nicht eingetreten sei, und verlangte den Nachlass als Intestaterbe. Cicero giebt de orat. II. 32, 141 die quaestio so an: *cum scriptum ita sit „si mihi filius genitur isque prius moritur" et cetera „tum mihi ille sit heres": si natus filius non sit, videaturne is, qui filio mortuo institutus heres sit, heres esse."* Auch anderweitig kömmt Cicero auf diese causa zu sprechen, wie z. B. pro Caec.

18, 53, welche Stelle wegen der fraglichen Constitution überhaupt im Zusammenhange nachgelesen zu werden verdient.

Beim συλλογισμός oder der constitutio ratiocinativa ergiebt sich aus einer positiven Bestimmung der schriftlichen Urkunde eine andere nicht ausdrücklich vermerkte als Consequenz. Hermog. p. 141: ἔστι συλλογισμὸς ἀγράφου πράγματος πρὸς ἔγγραφον παράθεσις εἰς ταὐτὸν συνάγοντός τινος τὸ ἄγραφον τῷ ἐγγράφῳ, οἷον τὸν ἐξ ἑταίρας μὴ λέγειν, ἐκ πόρνου τινὰ γεγονότα λέγειν κωλύει τις. Cornif. I, 13, 23: *ex ratiocinatione controversia constat, cum res sine propria lege venit in iudicium, quae tamen ab aliis legibus similitudine quadam occupatur.* Er giebt dazu folgendes Beispiel: Es liegen drei Gesetze vor. Erstens über einen Wahnsinnigen und sein Geld verfügen die Agnaten und Gentilen. Zweitens, ein pater familias hat das Recht über seine Familie und sein Geld testamentarisch zu verfügen. Drittens, wenn ein pater familias ohne Testament stirbt, so gehört seine Familie und sein Geld den Agnaten und Gentilen. Malleolus (s. Freinsheim. Suppl. Liv. LXVIII, 63) wird des Muttermordes angeklagt, und nach seiner Verurtheilung zur Hinrichtung ins Gefängniss geschafft. Seine Beschützer lassen ihn hier unter Beobachtung der gesetzlichen Formen ein Testament machen. Darauf wird er hingerichtet. Die Testaments-Erben treten die Erbschaft an. Der jüngere Bruder des Malleolus beansprucht aber die Erbschaft nach dem Gesetz der Agnation für sich. Hier ist nun zu ermitteln, ob er mit Recht ein Testament machen konnte oder nicht.

Bei der ἀμφιβολία oder ambiguitas enthält das Gesetz eine Zweideutigkeit. Hermog. l. l.: ἔστιν ἀμφιβολία ἀμφισβήτησις περὶ ῥητὸν ἐκ προσῳδίας ἢ διαστάσεως συλλαβῶν γινομένη, ἐκ μὲν προσῳδίας, οἷον ἑταίρα χρυσία εἰ φοροίτ, ΔΗΜΟΣΙΑ ἔστω. τεθεώραταί τις φοροῦσα, καὶ ἡ μὲν τὰ χρυσία φησὶν εἶναι δημόσια, προπαροξυτόνως ἀναγινώσκουσα τὸν νόμον, οἱ δὲ οὐ τὰ χρυσία, ἀλλ' αὐτὴν δημοσίαν εἶναι, παροξυτόνως ἀναγινώσκοντες. περὶ δὲ διάστασιν συλλαβῶν, οἷον δύο ἧσάν τῳ παῖδες Λέων καὶ Πανταλέων. τελευτῶν ὁ πατὴρ διέθετο οὕτως, ἐχέτω τὰ ἐμὰ ΠΑΝΤΑΛΕΩΝ, καὶ ἑκάτερος ἀντιποιεῖται πάντων, ὁ μὲν ὑφ' ἓν ἀναγινώσκων Πανταλέων, ὁ δὲ διστὰς πάντα, εἶτα Λέων. Cornif. I, 12, 20 giebt folgendes Beispiel: ein Vater setzt seinen Sohn zum Erben ein und vermacht im Testament das Silbergeschirr seiner Frau mit den Worten: mein Erbe soll meiner Frau dreissig Pfund Silbergeschirr geben, quae volet. Nach dem Tode des Mannes verlangt die Frau kostbares Geräth, das sie sich aussucht. Der Sohn sagt, er sei ihr dreissig Pfund schuldig, die er aussuchen werde. Zweideutig durch Homonymie war im Psephisma des Aristokrates zu Gunsten des Charidemus der Ausdruck ἀγώγιμος ἔστω. Es fragte sich nämlich ob ἐπὶ κρίσει oder ἐπὶ θανάτῳ. Auf diesen Umstand richtet sich der Hauptangriff des Demosthenes gegen dieses Psephisma*).

Bei der ἀντινομία, den leges contrariae, findet zwischen zwei oder mehreren Gesetzesstellen ein Widerspruch statt. Das eine Gesetz also befiehlt oder erlaubt etwas, während ein anderes es verbietet. Es findet hier im Grunde ein doppelter Status scripti et voluntatis statt. Hermog. l. l.: ἔστιν ἀντινομία δύο ἢ καὶ πλειόνων ῥητῶν ἢ καὶ ἑνὸς διαιρουμένου μὴ φύσει ἐναντίων κατὰ περίστασιν δὲ μάχη, καὶ ὅλως διπλῆ τίς ἐστι ζήτησις ῥητοῦ καὶ διανοίας. οἷον ὁ ἀποκήρυκτος μὴ μετεχέτω τῶν πατρῴων, καὶ ὁ ἐπιμείνας χειμαζομένῃ νηὶ δεσπότης ἔστω τῆς νεώς. ἀποκήρυκτος ἐπέμεινε χειμαζομένῃ νηὶ, καὶ εἴργεται αὐτῆς ὡς πατρῴας. τοῦ δὲ κατὰ διαίρεσιν ῥητοῦ ποιοῦντος ἀντινομίαν παράδειγμα τόδε. ἡ βιασθεῖσα ἢ γάμον ἢ θάνατον αἱρείσθω τοῦ βιασαμένου· δύο τις κατὰ ταὐτὸν ἐβιάσατο κόρας, καὶ ἡ μὲν θάνατον αὐτοῖ, ἡ δὲ γάμον αἱρεῖται. Cornif. I, 11, 20 giebt folgendes Beispiel: *lex vetat cum, qui de pecuniis repetundis damnatus sit, in contione orationem habere; altera lex iubet augurem, in demortui locum qui petat, in contione nominare. augur quidam damnatus de pecuniis repetundis in demortui locum nominavit: petitur ab eo multa.* Hierhin gehört ein Thema der sophistischen Zeit bei Philostr. v. s. 545, das freilich eben so gut als ἀσύστατον betrachtet werden könnte: ὁ ἄρξας στάσεως ἀποθνησκέτω καὶ ὁ παύσας στάσιν ἐχέτω δωρεάν· ὁ αὐτὸς καὶ ἄρξας καὶ παύσας αἰτεῖ τὴν δωρεάν. Indes wusste sich der Rhetor Secundus mit wenigen Worten aus der Klemme zu helfen: οὐκοῦν τί πρότερον; τὸ κινῆσαι στάσιν. τί δεύτερον; τὸ παῦσαι· δοὺς οὖν τὴν ἐφ᾽ οἷς ἠδίκεις τιμωρίαν, τὴν ἐφ᾽ οἷς εὖ πεποίηκας δωρεάν, εἰ δύνασαι, λάβε.

Von den erhaltenen Reden des Alterthums gehören nur wenige dem genus legale an. Ein Beispiel für scriptum et voluntas**) geben Ciceros Reden pro Caecina und pro M. Tullio. Als Inci-

---

*) Vgl. Weber z. d. R. S. 169 f.
**) Tacitus dial. de orat. c. 20 bezeichnet den status dieser Rede als *de exceptione et formula*.

denzpunkt findet es sich bei Aeschines or. in Ctesiph. 17 ff. Ebenso die ἀντινομία in Demosthenes' Rede gegen Androtion. Einen Versuch, an gewissen Kategorien von Vergehen und Anklagen, wie κατασοφισμοῦ, δήμου ἀπάτης, κακώσεως, κακοῦ βίου, κακοῦ ἔθους, ἀχαριστείας u. a. die möglicherweise zur Anwendung kommenden status im voraus zu bestimmen, macht die Schrift des Rhetor Cyrus — vermuthlich eines Zeitgenossen des Sopater — περὶ διαφορᾶς στάσεως in den Rhet. Gr. T. VIII, p. 387 ff.

§. 9.
Das Asystaton und seine Arten.

Es ist in §. 4 gezeigt worden, dass sich der status aus dem Zusammenstoss widerstreitender Behauptungen des Klägers und des Angeklagten ergiebt. Die Entgegnung des letzteren auf die Anklage giebt der Verhandlung die Richtung, welche sie inne zu halten hat. Von ihm geht also der status aus. Es zeigt daher von geringer Einsicht in das eigentliche Wesen dieses Begriffs, wenn unter den Römischen Rhetoren Cornelius Celsus dies in Abrede stellte, und den status vielmehr von demjenigen ausgehen liess, welcher den Beweis für seine Behauptung giebt. Man erwiderte ihm mit Recht, dass, wenn der Angeklagte nichts antworte, es überhaupt zu keinem status, weil zu keinem Streite komme, offenbar also der status von dem Angeklagten ausgehe. Und wenn Quintilian, der III, 6, 13 ff. uns dies selbst berichtet, trotzdem eine vermittelnde Ansicht aufstellt, und der Meinung ist, dass bald der Angeklagte, bald der Kläger den status bestimme, so zeigt uns dies, dass auch dieser gefeierte Rhetor es bei diesem Punkte der Theorie an der erforderlichen Klarheit und Schärfe des Denkens fehlen liess. Dies sahen wir bereits an seiner verkehrten Eintheilung der status, in noch auffälligerer Weise werden wir es alsbald sehen.

Es giebt nämlich Fälle, bei denen ein Zusammenstoss widerstreitender Behauptungen des Klägers und des Angeklagten vorliegt, ohne dass derselbe zu einem status führt, Fälle oder Fragen, welche an einem inneren Widerspruch oder einer Ungereimtheit leiden, die daher ihrer Natur nach zu keiner στάσις kommen können, weil sie bei jedem Versuch, eine solche zu gewinnen, einem gleichsam unter der Hand zerfliessen. Solche Fragen sind natürlich für eine weitere rhetorische Behandlung vollständig ungeeignet. Es sind ζητήματα ἀσύστατα, das Gegentheil der ζητήματα συνεστῶτα. Nun sagt Rufus Rhet. Gr. T. 1 p. 468: συνεστᾶσι δ'αἱ ὑποθέσεις ἐξ αἰτίου καὶ συνέχοντος καὶ κρινομένος. αἴτιον μὲν οὖν δι' ὃ ἡ κατηγορία, συνέχον δὲ δι' ὃ ἡ ἀπολογία, τὸ δὲ κρινόμενον τοῖς δικασταῖς καταλείπεται. Was es aber mit den hier erwähnten Begriffen von αἴτιον, συνέχον und κρινόμενον als den nothwendigen Bestandtheilen einer συνεστῶσα ὑπόθεσις auf sich habe, lernen wir am besten aus Fortunatian kennen.

Schon oben wurde bemerkt, dass es zu einer στάσις überhaupt nur kommen kann, wenn κατάφασις und ἀπόφασις vorhanden sind. Es genügt dies aber nicht allein. Die aufgestellten Behauptungen müssen natürlich auch begründet werden können. Eigentlich ist dies selbstverständlich, dennoch war es bei den wunderlichen, oft sehr captiösen Themen, mit denen man sich in den Rhetorenschulen befasste, keineswegs immer der Fall, und es war demnach sehr zweckmässig, dass die Theorie von vornherein auf diese Möglichkeit hinwies. Dasjenige nun, womit der Kläger seine κατάφασις begründet, heisst αἴτιον, oder lateinisch *causativum litis, propter quod res in indicium devocatur*, Fortunat. p. 82. Nach Augustin p. 144 ist das von ihm *causa* genannte αἴτιον die vorauſgegangene Thatsache, welche den Kläger überhaupt zu seiner Anklage veranlasst, ohne welche dieselbe gar nicht möglich wäre. Dasjenige, womit der Angeklagte seine ἀπόφασις begründet, heisst συνέχον, *quo continetur omnis defensio*, auch *firmamentum* genannt. Statt συνέχον sagte Hermagoras, wie wir aus Augustin erfahren, auch αἴτιον αἰτίου, nämlich dann, wenn der Verklagte zu seiner Vertheidigung die Veranlassung zu seiner That, die das αἴτιον des Klägers ausmacht, angiebt. Aus αἴτιον und συνέχον resultirt nun das κρινόμενον, die *indicatio*, der eigentliche Gegenstand richterlicher Entscheidung. Ist nun bei einem gegebenen Thema überhaupt keine wirkliche Hypothesis vorhanden — wir erinnern uns hier an die erforderliche περίστασις — oder ist die κατάφασις widersinnig, oder eine ἀπόφασις gar nicht vorhanden, fehlt es ferner an αἴτιον oder συνέχον, oder kann es trotz alledem zu keinem wirklichen κρινόμενον kommen, so ist das ζήτημα ein ἀσύστατον.

Demnach unterschied Hermagoras vier Arten von ἀσύστατα. Die erste Art ist die ὑπόθεσις ἐλλείπουσα, auch κατ᾽ ἐλλιπές, κατὰ μόριον, κατὰ ἀπερίστατον (so bei Hermogenes) genannt. Hier fehlt etwas von den nothwendigen Bestandtheilen der Hypothese. z. B. wenn ein Vater seinen Sohn ohne jeden Grund verstösst. Ebenso gut wie der Grund, kann aber auch die Person, der Ort, oder sonst ein μόριον περιστάσεως fehlen. — Die zweite Art ist die ὑπόθεσις ἰσάζουσα, auch ἰσομερής, κατ' ἰσότητα oder πρίων*) genannt. Hierbei machen Kläger und Verklagter dasselbe für sich geltend, αἴτιον und συνέχον sind identisch. Fortunatian, Hermogenes und Augustin geben hier dasselbe Beispiel. Zwei junge Leute, Nachbarn, haben beide schöne Frauen. Sie besuchen sich gegenseitig des Nachts, oder wie Hermogenes will, sie sehen sich beide des Nachts aus ihren beiderseitigen Wohnungen heraustreten, und klagen sich gegenseitig des Ehebruchs an. Was von der einen Partei gesagt wird, macht auch die andere für sich geltend. Augustin erläutert dies im Einzelnen: *„verisimile est te adulterium voluisse committere, quia adulescens es.' „te quoque verisimile est voluisse, quia adulescens es." „verisimile est, quia speciosam uxorem habeo' „te quoque verisimile est, quia et ego speciosam uxorem habeo." facultatem tibi vicinitas praebuit': „et tibi eadem vicinitas praebuit facultatem". „cur nocte in me?" „cur tu autem in me incidisti?" nihil est quo distinguatur, et idcirco utervis eorum sive accusat alterum, se criminatur, sive se purgat, defendit eum, quem criminari videtur.* — Die dritte Art ist die ὑπόθεσις μονομερής, auch ἑτερομερής oder καθ' ἑτερομερίαν genannt, bei welcher es an einem συνέχον fehlt, und somit keine Vertheidigung möglich ist. Das Beispiel bei Fortunatian lautet: *leno, qua parte venturos ad se adulescentes sciebat, nocte foveam fecit occultam; ea incensa perierunt: accusatur, quod causas mortis praestiterit.* In etwas anderer Fassung bei Hermogenes: πορνοβοσκὸς δέκα νέους κωμάζοντας ἐπὶ τὴν οἰκίαν αὑτοῦ, ὄρυγμα ποιήσας ὑποδεξάμενος ἀπέκτεινε καὶ φεύγει φόνου. Eine Vertheidigung des leno ist unmöglich. — Die vierte Art ist die ὑπόθεσις ἄπορος. Hier fehlt es an αἴτιον und συνέχον und in Folge dessen kann der Richter zu keinem κρινόμενον kommen. Das Beispiel des Fortunatian lautet: *tres simul iter agebant, duo soli reversi sunt: accusant se invicem caedis: hic enim index non invenit quid sequatur, cum*

---

*) So nannte Chrysipp und andere Stoiker nach Diogenes Laertius eine Art unlösbarer Syllogismen. Dass die ganze Lehre von den ἀσύστατα lediglich von den Stoikern ausgegangen ist, kann wohl ohne weiteres behauptet werden, und sie beweist uns mehr als alles andere die grosse Abhängigkeit des Hermagoras von diesen Philosophen, oder philosophischen Rhetoren.

uterque ab altero dicat occisum, et nihil ab utroque ad probationem possit afferri deficiente circumstantia. Hermogenes giebt ein Beispiel aus dem genus deliberativum, das auch von Lactanz, der ja selbst lange Zeit Rhetor gewesen war, da wo er gegen die Erkenntnisstheorie des Arcesilas polemisirt, inst. div. III, 6, 10 als Schulbeispiel des ἀσύστατον angeführt wird: Jemand träumt, er solle den Träumen keinen Glauben schenken; was soll er nun beim Erwachen thun? glaubt er dem Traume, dann folgt, dass er ihm nicht glaubt, glaubt er ihm nicht, dann folgt, dass er ihm glaubt*).

Augustin bemerkt, solche Hypothesen, die keinen status haben, seien eigentlich gar keine Hypothesen, man müsse sie πλέγματα ἄλογα nennen. Dafür giebt Fortunat. p. 84, allerdings in etwas engerer Bedeutung, den Ausdruck πλάσματα ἄλογα**). Uebrigens stellten andere Rhetoren neben den vier Hauptarten des Hermagoras noch andere Neben- und Unterarten auf. Fortunatian nennt als solche die ὑπόθεσις ἀντιστρέφουσα, ἄχρωμος, ἀδύνατος, ἀπίθανος, ἀπρεπής, ἀναίσχυντος, παρ' ἱστορίαν, ἄλογος, mit dem Bemerken dass eigentlich jedes ἀσύστατον ἄλογον sei. Bei Hermogenes finden wir κατὰ τὸ ἀντιστρέφον, ἀπίθανον, ἀδύνατον, ἄδοξον, ἑτερορρεπές, κακόπλασιον und προειλημμένον τῇ κρίσει. Vervollständigt wird diese Zahl von des Hermogenes' Commentatoren. Da die Namen an sich klar sind, so erscheint es überflüssig ihre speciellen Definitionen zu geben. Als Beispiel des ἀντιστρέφον giebt Gellius N. A. V, 10 die bekannte Geschichte zwischen dem Sophisten Protagoras und seinem Schüler Euathlus — die andre freilich von Tisias und Korax erzählen, und mit der Entstehung des Sprichworts *ἐκ κακοῦ κώρακος κακὸν ᾠόν* zusammenbringen (s. Rhet. Gr. V p. 6. 215. Sext. Emp. adv. math. II, 96 ff. Hermias ad Plat. Phaedr. p. 199 und in veränderter Fassung bei Spengel artt. scriptt. p. 26) — sowie eine berühmte Antwort des Bias auf die Frage ob er heirathen solle, oder nicht, mit der ihr entgegengesetzten Replik. Ein Beispiel des ἀπίθανον giebt Philostr. vit. soph. 596. Wenn es übrigens daselbst heisst: *κατηγοροῦσι δὲ τοῦ Πτολεμαίου τινὲς ὡς μὴ διορῶντος τὰς ὑποθέσεις μηδὲ ὕπῃ ξυν-*

---

*) Aehnliches, was hierher gehört, findet man bei Cresolli Theatr. Rhet. II, 6 (Gronov. Thes. Gr. Antiqq. T. X p. 74 ff.)

**) Danach erscheint es zweifelhaft, wie in den exc. rhet. p. 586 zu emendiren ist. Hier heisst es: *ἀσύστατα fiunt modis quattuor: uno, cum aliquid deest ex circumstantia, et vocatur pragma alogon.* Halm vermuthet *plasma*, den Schriftzügen liegt indes wohl *plegma* näher.

ἑστᾶσί τε καὶ μή, so sehen wir aus der Möglichkeit eines solchen Vorwurfs gegen einen immerhin namhaften Sophisten, dass eine derartige Unterscheidung in manchen Fällen gar nicht so leicht sein mochte.

Die Lehre von den ἀσύστατα hat, wie man sofort erkennt, wohl für das Treiben der Declamatorenschulen und die sophistische Thätigkeit ihren Werth, für die praktische Beredsamkeit ist sie dagegen völlig überflüssig. Man kann es daher nur billigen, dass die Römischen Rhetoren der klassischen Zeit, Cornificius, Cicero und Quintilian sie in ihren Lehrbüchern übergangen haben. Nicht minder liegt es jedoch auf der Hand, dass ein Eingehen auf die Begriffe des αἴτιον, συνέχον und κρινόμενον nur dann einen Sinn hat, wenn man theoretisch von den ζητήματα συνεστῶτα zu den ἀσύστατα gelangen wollte, und selbst dann war es entbehrlich, wie Hermogenes und unter den Lateinischen Rhetoren Sulpitius Victor zeigen. Dagegen die ἀσύστατα zu ignoriren und sich dennoch weitläufig auf die in Rede stehenden Begriffe einzulassen, ist ganz unnütz und geradezu widersinnig, denn das heisst den Zweck aufgeben und dennoch das Mittel zum Zwecke behalten. Merkwürdigerweise haben sich aber Cornificius, Cicero und Quintilian diese Widersinnigkeit zu Schulden kommen lassen. Man kann sich dann freilich nicht wundern, dass sie sich bei diesem Punkte vielfach widersprechen, in Unklarheiten verlieren, und Niemand aus ihnen entnehmen kann, was es mit diesen Begriffen eigentlich auf sich hat. Bei Cicero und Quintilian nimmt sich diese Confusion freilich um so sonderbarer aus, als sie sich dabei auf Hermagoras berufen, so dass man glauben könnte, sie hätten die Lehre dieses Rhetors ihrer eignen Auseinandersetzung zu Grunde gelegt, und doch überzeugt man sich leicht davon, dass beide die Rhetorik des Hermagoras nicht benutzt haben, ja es sogar verschmähten das Compendium irgend eines Stoikers für ihre Zwecke sorgfältig zu Rathe zu ziehen.

Diese Bemerkung wird manchen befremden, aber sie ist richtig*). Wenn der status gefunden ist, sagt Cornif. I, 16, 26, muss sofort die *ratio* gesucht werden. Das warum? bekömmt man nicht zu erfahren. Die *ratio* ist nun aber keineswegs wie das αἴτιον des Hermagoras und der Stoiker, dasjenige, worauf der Ankläger

---

*) Hat es doch Cicero mit der Rhetorik des Aristoteles nicht viel besser gemacht. Er hatte sie flüchtig durchblättert, sich einzelnes aus dem ersten Buche gemerkt, und dabei liess er es bewenden. Man sehe die nützliche Dissertation von H. Jentsch: Aristotelis ex arte rhetorica quaeritur quid habent Cicero, Berol. 1866.

bei seiner Behauptung fusst, unter Umständen die thatsächliche Veranlassung der Klage, die also natürlich auch beim status coniecturalis vorhanden ist, sondern *ratio est, quae causam facit et continet defensionem*, ohne ihr Vorhandensein würde der Angeklagte ohne weiteres verurtheilt werden. Wenn also Orestes die Tödtung seiner Mutter zwar zugiebt, aber zu seiner Vertheidigung sagt, *iure occidi, illa patrem meum occiderat*, so ist dies die *ratio* des Falles. Hier wird also αἴτιον mit συνέχον geradezu verwechselt. Das *firmamentum* soll nun dasjenige sein, *quod continet accusationem*, also der Einwurf, den der Kläger zur Aufrechterhaltung seiner Anklage gegen die ratio der Vertheidigung erhebt. In dem Beispiel von Orestes wird also das firmamentum darin bestehen, dass der Ankläger erwidert: *sed non abs te occidi neque indemnatam poenas pendere oportebat.* Aus der Verbindung von ratio und firmamentum ergiebt sich die *iudicatio*, das χρινόμενον, der Mittelpunkt der ganzen Rede, also hier: *cum dicat Orestes se patris ulciscendi causa matrem occidisse rectumne fuerit sine iudicio a filio Clytemnestram occidi.* Bei der Conjectur, wo die That in Abrede gestellt wird, fällt ratio und firmamentum weg. Hier ist das χρινόμενον mit dem status selbst identisch. — Man könnte nun die abweichenden Begriffsbestimmungen des Cornificius einfach registriren und auf sich beruhen lassen, wenn sich nicht gerade auf Grund des von ihm gewählten Beispiels von Orestes eine naheliegende Frage aufdrängte. Wer mit der Status-Theorie vertraut ist, wird sich nicht begnügen, in diesem Falle von Qualität zu sprechen, sondern er wird den status von vorn herein als relatio criminis bezeichnen. Das kann er aber nur auf Grund von Orestes' Acusserung: *iure occidi, illa enim patrem meum occiderat.* Zur Bezeichnung des status muss also die ratio — im Sinne des Cornificius — schon vorliegen. Warum werden dann aber die Begriffe ratio, firmamentum und iudicatio erst nach Absolvirung der Status-Theorie ins Auge gefasst? Auf diese Frage sieht man sich bei Cornificius vergebens nach einer Antwort um. Bei Hermagoras lautet sie ganz einfach, um von den ζητήματα συνεστῶτα zu den ἀσύστατα zu gelangen, sonst würden sie als selbstverständlich gar nicht erwähnt werden.

Noch schlimmer als bei Cornificius sind wir in diesem Stücke bei Cicero dran. Bei diesem bekommen wir zunächst noch einen vierten Begriff, den der *quaestio*. Denn er sagt de inv. I, 13, 18: *cognita constitutione — deinceps erit videndum, quae quaestio, quae ratio, quae iudicatio, quod firmamentum causae sit, quae omnia a constitutione proficiscantur oportet.* Das ist nun eben falsch. Ohne ζήτημα, d. h. ὑπόθεσις, αἴτιον, συνέχον und κρινόμενον kann man zu keiner στάσις kommen, und wenn an diesen vier Stücken etwas fehlerhaft ist, so kömmt man blos zu einem πλέγμα ἄλογον. Wenn aber Cicero fortfährt: *quaestio est ea quae ex conflictione causarum gignitur controversia, hoc modo: 'non iure fecisti', 'iure feci'. causarum autem haec est conflictio, in qua constitutio constat. ex ea igitur nascitur controversia, quam quaestionem dicimus: iurene fecerit?* — so ist dies im höchsten Grade unklar. Cicero selbst hat vorher die aus intentio und depulsio entstehende Frage *iurene fecerit*, als status bezeichnet. Wie in aller Welt soll denn nun die Frage *iurene fecerit* aus dem status entstehen, mit dem sie identisch ist? Oben, 8, 10 kam Cicero von der controversia, dem ζήτημα, zum status: hier entsteht aus dem status die controversia, und diese ist die quaestio. Der fragliche Begriff löst sich unter unsern Händen in nichts auf, wie Rauch. Demnächst wird die ratio in derselben Weise definirt und mit demselben Beispiel erläutert, wie bei Cornificius. Es heisst: *ratio est ea, quae continet causam, quae si sublata sit, nihil in causa controversiae relinquatur, hoc modo, ut docendi causa in facili et pervulgato exemplo consistamus: Orestes si accusatur matricidii, nisi hoc dicat: iure eci, illa fenim patrem meum occiderat, non habet defensionem: qua sublata omnis quoque controversia sublata sit. ergo eius causae ratio est, quod illa Agamemnonem occiderit.* Auch hier müssen wir unsern gegen die Ansicht des Cornificius vorgebrachten Einwurf wiederholen. Eine weitere Verkehrtheit liegt aber darin, dass ratio definirt wird als *ea quae contineat causam, quae si sublata sit, nihil in causa controversiae relinquatur*. Hinterher bemerkt aber Cicero ausdrücklich, dass es beim Coniectural- und Definitionsstatus keine ratio gebe. Dass nichtsdestoweniger sublata ratione die controversia in diesen Fällen bleibt, ficht ihn weiter nicht an.

Iudicatio wird definirt als *controversia, quae ex infirmatione et confirmatione rationis nascitur*. In dem Beispiel des Orestes folgt auf die ratio '*illa enim patrem meum occiderat*' der Einwurf des Klägers '*at non abs te filio matrem necari oportuit; potuit enim sine tuo scelere illius factum puniri*'. Diesen Einwurf versteht Cicero, wenn er von *infirmatio* oder *deductio rationis* spricht. Er fährt fort: *ex hac deductione rationis illa summa nascitur controversia, quam iudicationem appellamus: ea est huiusmodi: rectumne fuerit ab*

Oreste matrem occidi, cum illa Orestis patrem occidisset. Genauer hätte er auch hier sagen müssen: *ex illa ratione et hac deductione rationis rell.* Nun sahen wir oben, dass es beim Coniecturalstatus keine ratio giebt. Folglich müsste mit der deductio rationis hier auch die iudicatio wegfallen. Aber nein. Cicero sagt: *in coniecturali statu quia ratio non est — factum enim non conceditur — non potest ex deductione rationis nasci iudicatio, quare necesse est eandem esse quaestionem et iudicationem; factum est, non est factum, factumne sit.* Hier wird nun die Sache komisch. Quaestio und iudicatio gehen aus dem status hervor. Beim status coniecturalis aber, das heisst doch im Grunde so ziemlich der Hälfte aller wirklich vorkommenden Fälle, gehen sie nicht aus ihm hervor, sondern fallen mit ihm vollständig zusammen. Und damit noch nicht genug, soll firmamentum die *firmissima argumentatio defensoris et apositissima ad iudicationem* sein, *ut si velit Orestes dicere eiusmodi animum matris suae fuisse in patrem suum, in se ipsum ac sorores, in regnum, in famam generis et familiae, ut ab ea poenas liberi sui potissimum petere debuerint.* Danach wäre aber das firmamentum nichts anderes als die Amplification oder Specificirung der ratio. Warum soll diese aber *appositissima ad iudicationem* sein, und was heisst das? Will hier Cicero etwa eine Paraphrase des Griechischen Ausdrucks συνέχον geben?

In dem weiteren Verlauf der Bücher de inventione ist nun von diesen Begriffen nirgends mehr die Rede. Man begreift in der That nicht, was sie überhaupt sollen. Und wenn sich wenigstens Cicero in seinen übrigen rhetorischen Schriften in der Definition derselben gleichgeblieben wäre. Aber es ist dies, wie schon Quintilian III, 11, 18 bemerkt hat, keineswegs der Fall. In den Topicis c. 25, 95 werden nach den status auch κρινόμενον und συνέχον in Betracht gezogen. Für ersteres wird einfach gesagt *qua de re agitur,* es soll die Frage sein, die sich aus dem status ergiebt. Dann wäre κρινόμενον das, was er in seiner Rhetorik quaestio genannt hatte. Cicero sagt nun: *quibus autem hoc qua de re agitur continetur, ea continentia vocantur, quasi firmamenta defensionis, quibus sublatis defensio nulla sit. sed quoniam lege firmius in controversiis disceptandis esse nihil debet, danda est opera, ut legem adiutricem et testem adhibeamus* und wendet sich sofort zur Aufzählung der Constitutionen vom genus legale, die nach seiner Meinung keine eigentlichen Constitutionen sein sollen. Nach dieser Stelle giebt es nun offenbar in einer Hypothesis mehrere firmamenta, d. d. Gründe, deren sich der Angeklagte zu seiner Vertheidigung bedient*).

Wieder anders äussert sich Cicero in den part. orat. 29, 103 ff. In jeder Hypothese heisst es hier, giebt es drei Stufen des Widerstandes, von denen man wenigstens eine ergreifen muss, wenn es mit mehreren nicht geht. Nun könne aber der Vertheidiger sich nicht blos mit der Negation der gegnerischen Aufstellung begnügen, er müsse seine Negation auch begründen können. Diese Begründung ist die *ratio*. Gegen sie stellt der Ankläger das *firmamentum* auf, durch welches er zeigt, dass seine ursprüngliche Behauptung durch die Gegenrede des Angeklagten oder seines Vertheidigers nicht entkräftet sei. Hierbei sieht sich Cicero zu folgendem Geständniss genöthigt: *itaque ea quae sic referuntur* (er meint das firmamentum) *continentia causarum vocentur: quamquam non ea magis, quae contra rationem defensionis afferuntur, quam ipsae defensionis rationes continent causas. sed distinguendi gratia rationem appellamus eam, quae affertur ab reo ad recusandum depellendi criminis causa, quae nisi esset, quid defenderet non haberet; firmamentum autem, quod contra ad labefactandam rationem refertur, sine quo accusatio stare non potest*. Aus dem Zusammenstoss von ratio und firmamentum ergiebt sich nun eine neue Frage, die den Gegenstand der eigentlichen Verhandlung und richterlichen Entscheidung ausmacht, das *κρινόμενον*. Auch hier bleibt der Uebelstand unerledigt, dass bei der Coniectur das *κρινόμενον* sich von der ursprünglichen Status-Frage nicht unterscheidet. Bei der Definition und Qualität soll das *κρινόμενον* auf die schliesslich in der Hypothesis enthaltene allgemeine Thesis hinauslaufen, und in dieser Bemerkung könnte man allerdings eine Spur Hermagoreischer Doctrin entdecken**). Unerheblich ist endlich eine Bemerkung im orator c. 36, 126 über das *κρινόμενον*, de orat. II, 30, 132 aber findet er sich mit den in Rede stehenden Begriffen mittelst allgemeiner Redensarten ab, indem er schreibt: *ac primum naturam causae videat orator, quae nunquam latet, factumne sit quaeratur,*

---

*) In der Rede pro Mur. 28, 58 bezeichnet firmamentum den eigentlichen Kernpunkt der Anklage. Noch allgemeiner heisst es pro Flacco 37, 92: *in certe coegisses, si ullum firmamentum in illo teste posuisses*.

**) Theo progymn. T. I p. 243 ed. Spengel: διαφέρει δὲ ἡ θέσις τοῦ τόπου (es ist der κοινὸς τόπος gemeint), ὅτι ὁ μέν ἐστιν ὁμολογουμένου πράγματος αὔξησις, ἡ δὲ θέσις ἀμφισβητουμένου, διὸ καὶ Ἑρμαγόρας αὐτὴν κρινόμενον προσηγόρευκε.

an quale sit, an quod nomen habeat; quo perspecto statim occurrit naturali quadam prudentia, non his subductionibus, quas isti docent (die eigentlichen Rhetoren), quid faciat causam, id est, quo sublato controversia stare non possit; deinde quid veniat in iudicium, quod isti sic iubent quaerere: *interfecit Opimius Gracchum. quid fecit causam? quod rei publicae causa, cum ex senatus consulto ad arma vocasset: hoc tolle, causa non erit. at ipsum negat contra leges licuisse Decius. veniet igitur in iudicium: licueritne ex senatusconsulto servandae rei publicae causa?* Nun fürwahr, wenn dies alles so klar und einfach ist, dann muss man sich wundern, dass er selbst hierüber in verschiedenen Schriften so unklares und sich widersprechendes gelehrt hat, noch mehr freilich, dass die Rhetoren, ihn selbst mit eingerechnet, an so einfachen und wie es scheint schliesslich so gleichgültigen Dingen, Zeit und Mühe verschwendet haben, namentlich wie sie so thöricht sein konnten, sich mit denselben hinter der Status-Theorie abzuquälen, während sie doch bei dieser selbst schon als bekannt vorausgesetzt wurden, jedenfalls der Sache nach vorlagen. Was soll man aber zu Ciceros rhetorischen Studien sagen, ich meine zu der Art, wie er die zu seiner Zeit vorhandenen rhetorischen Lehrbücher benutzte, oder vielmehr ignorirte, selbst bei Punkten, bei denen er doch sehen musste, dass es ihm an der erforderlichen Einsicht fehlte?

An Worten und Redensarten lässt es nun freilich auch Quintilian bei den fraglichen Begriffen nicht fehlen, ohne dass damit in der Sache selbst etwas gefördert würde. Nach Auffindung des status, sagt er III, 11, 1 *intuendum deinceps Hermagorae videtur, quid sit quaestio, ratio, iudicatio, continens, vel ut alii vocant, firmamentum.* Die quaestio soll nun bei der materia iudicialis die Hauptfrage sein, um die sich die ganze Hypothese eigentlich dreht, die Frage, aus welcher der status entsteht. Wenn aber der status aus der quaestio entsteht, ja von dieser gar nicht verschieden ist, so war es eine merkwürdige Verkehrtheit des Hermagoras, wenn er nach Auffindung des status nachträglich noch darauf aufmerksam machte, dass er in einer Frage bestehe, und die quaestio als besondern rhetorischen Terminus einführte, und Quintilian hätte sich nicht zum Dollmetscher solcher Verkehrtheiten hergeben sollen. Ratio wird definirt als dasjenige wodurch die eingestandene That vertheidigt wird: *ratio est, qua id quod factum esse constat defenditur.* Zur Veranschaulichung dient wie bei Cornificius und Cicero das Beispiel des Orestes. Dass es der

Definition zufolge beim status conjecturalis keine ratio geben kann, wird weiter nicht in Betracht gezogen. Die iudicatio wird nicht definirt, ebensowenig wird angegeben, woraus sie entsteht. Hierbei bemerkt Quintilian, es herrsche hier eine so grosse Verschiedenheit in Betreff der Worte, dass während die einen mit αἰτία die Veranlassung der Klage (occisa Clytemnestra), mit αἴτιον die Veranlassung der That (occisus Agamemnon) bezeichnet hätten, andre die Bezeichnungen umkehrten, auch von αἴτιον αἰτίου redeten*) und der Ansicht seien, es gebe in einer Hypothese mehrere rationes und mehrere indicationes. Continens aber oder firmamentum sei nach einigen dasjenige, *post quod nihil quaeratur*, nach andern *id quod ad indicationem firmissimum afferatur*. Dann erwähnt und entschuldigt er Ciceros Inconsequenz in Betreff dieser Ausdrücke, behauptet dabei er sei in den Büchern de inventione dem Hermagoras gefolgt, und tritt schliesslich auf Seite derjenigen Rhetoren, welche nur von status, continens und iudicatio sprachen, unter continens das verstanden, *quo sublato lis esse non possit* — das ist doch aber im Grunde die ἀπόφασις, die intentionis depulsio — und iudicatio mit status zusammenfallen liessen. Man sieht deutlich, Quintilian weiss mit der ganzen Sache nichts anzufangen und das giebt er mit einem ungerechtfertigten Ausfall gegen Hermagoras schliesslich selbst zu, wenn er schreibt: *Verum haec affectata subtilitas circa nomina rerum ambitiose laborat, a nobis in hoc assumpta solum, ne parum diligenter inquisisse de opere, quod aggressi sumus, videremur; simplicius autem instituenti non est necesse per tam minutas vocum particulas rationem docendi concidere. Quo vitio multi quidem laborarunt, praecipue tamen Hermagoras, vir alioqui subtilis et in plurimis admirandus, tantum diligentiae nimium sollicitae, ut ipsa eius reprehensio laude aliqua non indigna sit*. Aber von der wirklichen Lehre des Hermagoras hat er keine Ahnung; dass in den Ausdrücken ὑπόθεσις, κατάφασις, ἀπόφασις, στάσις einerseits und ζήτημα, αἴτιον, συνέχον, κρινόμενον andrerseits zwei parallele Reihen gegeben sind, ja dass sich die einzelnen Ausdrücke bei Lichte besehen gegenseitig decken, ist ihm völlig verborgen geblieben. Und das alles, weil er so wenig als Cicero sich in den rhetorischen Quellenschriften gründlich umgesehen hatte.

---

*) III, 11, 6: *causa quoque ex causa id est* αἴτιον ἐξ αἰτίου, *nasci videtur*. Es ist wohl auch hier αἴτιον αἰτίου zu lesen, welchen Ausdruck wir oben aus Augustin beigebracht haben. Freilich war er bei Hermagoras synonym mit συνέχον.

§. 10.
Genera und figurae causarum. Die Lehre vom ductus und sermo figuratus.

Hinsichtlich der Begriffe der **genera** und **figurae causarum**, welche den nächsten Gegenstand der intellectio ausmachen, finden wir bei den Lateinischen Rhetoren, die hierfür fast allein in Betracht kommen, selbst bei denen, die nachweislich auf Stoischer oder Hermagoreischer Grundlage arbeiteten, eine sehr schwankende Terminologie.

Der Ausdruck **genus causae** wird in einem dreifachen Sinne gebraucht. Zunächst unterscheidet man die Hypothesen man möchte fast sagen nach der moralischen Beschaffenheit des in ihnen zur Behandlung kommenden Gegenstandes, und nahm gewöhnlich fünf Classen derselben an, welche bei Cornificius, Cicero und Quintilian *genera causarum* bei Fortunatian und Augustin *figurae* (σχήματα) *materiarum* oder *controversiarum*, bei Sulpitius Victor endlich *modi causarum* genannt werden. Entweder nämlich der Redner bekämpft oder vertheidigt einen Gegenstand, der allgemein der Bekämpfung oder Vertheidigung werth scheint, bei welchem der Zuhörer gleich von vorn herein für oder wider Partei nimmt. Dies ist das genus ἔνδοξον oder *honestum*. Sein Gegentheil ist das genus ἄδοξον oder *humile*. Die Personen, die wir anklagen oder vertheidigen, sind niedrige oder gemeine Leute. Sie selbst, wie der streitige Gegenstand erscheinen kaum der Beachtung werth. Der Gegenstand kann aber auch gemischter Art sein, anständige Person und unanständige Sache oder umgekehrt. Dies giebt das genus ἀμφίδοξον, *dubium* oder *anceps*. Der Gegenstand kann viertens der Art sein, dass man sich überhaupt wundert, wie Jemand es wagt ihn vertheidigen zu wollen. Dies giebt das genus παράδοξον oder *admirabile*. Endlich kann der Gegenstand sehr complicirter Art und deshalb schwer verständlich sein, etwa wenn es sich um viel Personen und Sachen handelt. Dies giebt das genus δυσπαρακολού-θητον oder *obscurum*. Einige, sagt Quintilian, stellten noch als besondere Art das *turpe* auf, was andre unter dem humile oder admirabile befassten. Cornificius kennt blos vier Arten, das honestum, turpe, dubium, humile und sagt von dem turpe: *turpe genus intellegitur, cum aut honesta res oppugnatur, aut defenditur turpis*. Diese genera causarum sind für die ganze Anlage des Prooemiums der Rede von Wichtigkeit, und werden wir daher in §. 12 auf sie zurückkommen. Vgl. Cornif. I, 3, 5. Cic. de inv. I, 15, 20. Quint. IV, 1, 40. Fortunat. p. 109. Sulp. Vict. p. 316. August. p. 147.

Zweitens spricht man von verschiedenen Arten von Hypothesen nach dem Umfang des in ihnen behandelten Gegenstandes. Auch hier sprechen Quintilian und Fortunatian von genera causarum oder controversiarum, Sulpitius Victor dagegen nennt sie figurae causarum. Sie sind von Wichtigkeit für die Auffindung der status, sowie für die specielle Invention und Disposition des Stoffes. Die Sache nämlich, die zwischen Kläger und Verklagtem oder in der Volksversammlung verhandelt wird, enthält eine Controverse über einen oder über mehrere Punkte. Sie ist entweder einfach, *simplex* (z. B. *Corinthiis bellum indicamus an non?*) oder zusammengesetzt *iuncta*, und in letzterem Falle entweder *iuncta ex pluribus quaestionibus* (z. B. *utrum Karthago diruatur an Karthaginiensibus reddatur an eo colonia deducatur?*) oder *ex aliqua comparatione*, das *comparativum*, z. B. *utrum exercitus in Macedoniam contra Philippum mittatur, qui sociis sit auxilio, an teneatur in Italia, ut quam maximae contra Hannibalem copiae sint?* Oder wenn unter anderem gefragt wird, wer von zweien eine Erbschaft mehr als der andere verdient. Ferner bei der Divination, wo es sich darum handelt, den Ankläger aufzustellen, oder bei Delatoren, wer von zweien eine betreffende Belohnung verdient hat. Zu diesem genus comparativum gehört auch die ἀντικατηγορία oder gegenseitige Anklage, sei es nun, dass sich die streitenden Parteien gegenseitig dasselbe, oder der eine dem anders dies, der andere jenes Vergehen vorwirft. Die letztere Art heisst bei Sulpitius Victor *figura concertativa*. Da es nun ferner einen Unterschied macht, ob die Hypothese zum genus legale oder rationale gehört, so stellt Fortunatian im Ganzen sieben Arten auf: *simplex rationale, simplex legale, coniunctum rationale, coniunctum legale, comparativum rationale, comparativum legale, mixtum*, und unterscheidet bei letzterem wieder das *simplex et comparativum*, sowie das *mixtum ex rationali et legali*. Für ersteres giebt er das Beispiel: *quidam proditionis accusabatur; ex filiis eius alter fortiter fecit, alter deseruit: petiit pater de viro forti ut abolitionem iudicii peteret: ille incolumitatem desertoris fratris optavit nec reo adfuit patri: absolutus pater abdicat filium. hic enim et simpliciter quaeritur, an contra voluntatem patris praemium ei licuerit petere, et per comparationem, quid magis debuerit optare.* Für letzteres: '*qui proditionis damnatus fuerit magistratui detur custodiendus et tricensima die torqueatur ut conscios dicat', et 'adulteros liceat occidere'. proditionis damnatus magistratui collegae suo datus est custodiendus, ille eum in adulterio deprehensum occidit: reus est conscientiae. hic enim et rationale est genus, in quo quaeritur, an hic conscius fuerit, an ille adulter, et legale, in quo quaeritur, an illi eum licuerit occidere, qui torqueri debuerat, ut conscios diceret.* Diese Art des genus causae ergiebt sich aus dem κρινόμενον. Bei der causa coniuncta kömmt natürlich auch ein doppelter status in Betracht. Sulpitius Victor verweist dieserhalb auf Ciceros Reden pro Milone (s. oben S. 62) und pro Cluentio. — Vgl. Cic. de inv. I, 12, 17. Quint. III, 10. Fortun. p. 86. Sulp. Vict. p. 317.

Drittens endlich spricht man von genera causarum in Bezug auf eine gewisse Beschaffenheit des Gegenstandes, die für die Art der Darstellung und des rednerischen Vortrags von Wichtigkeit ist. Danach unterscheidet Fortunatian p. 88 fünf genera causarum, die er *publica* oder *communia* nennt, weil jede der im vorigen Absatz genannten Arten irgend etwas von diesen an sich haben muss. Diese fünf Arten sind das *genus ethicum, patheticum, apodicticum, diaporeticum, mixtum*. Beim *genus ethicum* ist Person und Sache beklagenswerth. Der Redner hat sich in das ἦθος der von ihm vertretenen Person zu versetzen. Beim *genus patheticum* kommt das πάθος der Person, ihre Leidenschaft in Betracht, die sie zu einer gewaltsamen Handlung veranlasst hat. Beim *genus apodicticum* handelt es sich lediglich um den beizubringenden Beweis der fraglichen Sache. Beim *genus diaporeticum* ist die Sache an sich ungewiss und fraglich und muss daher mit grosser Behutsamkeit behandelt werden. Beim *genus mixtum* kommen mehrere der genannten Arten zugleich in Betracht. Sulpitius Victor p. 316 spricht hierbei nicht von genera, sondern von *species causae* und nimmt deren blos drei an: *ethica, pathetica* und *iuridicialis*. Halten wir den Ausdruck *species* fest, so muss hier noch eine Stelle aus Marcellin. Rh. Gr. IV p. 190 erwähnt werden, welcher angiebt, dass Dionys (doch wohl der Halicarnasier) die εἴδη oder τρόποι τῶν ζητημάτων — χαρακτῆρες genannt, und zwar folgende angenommen habe: τὰ πανηγυρικά, ἠθικά, παθητικά, συμβουλευτικά, μικτά. Sonst hat der Ausdruck χαρακτῆρες τοῦ λόγου bei Dionys eine andre Bedeutung, von der im dritten Theile die Rede sein wird.

Wichtiger als die hier aufgestellten Unterschiede der genera causarum, ist dasjenige, was als letzter Punkt der intellectio bei Fortunat. p. 84 und etwas kürzer, aber offenbar nach derselben

Stoischen Quelle, bei Martianus Capella p. 463 über den *ductus causae* gelehrt wird. Hierbei kommt auch recht eigentlich der Ausdruck *figurae causarum (sermo figuratus)* zur Anwendung. Unter *ductus* versteht man die ganze Art und Weise der Behandlung des Gegenstandes, welche der Redner in seiner Rede von Anfang bis Ende in Anwendung bringt, oder wie Martianus sich ausdrückt: *ductus est agendi per totam causam tenor sub aliqua figura servatus*. Solcher Arten giebt es fünf, *simplex, subtilis, figuratus, obliquus, mixtus*. Die vier letzteren wurden auch unter dem gemeinsamen Namen der *ductus figurati* befasst. Beim *ductus simplex* führt der Redner seine Sache einfach so, wie sie im Thema begründet ist. Seine Absicht ist von seinen Worten nicht verschieden. Beim *ductus subtilis* verfolgt der Redende eine andere Absicht, als zunächst in seinen Worten und im Thema liegt. Beim *ductus figuratus* wird der Redner durch irgend eine schamhafte Rücksicht verhindert, seine Meinung gerade heraus zu sagen, er giebt sie nur auf Umwegen und verhüllt zu erkennen. Beim *ductus obliquus* ist dasselbe der Fall, doch wird hier der Redner durch Furcht am offenen Sprechen verhindert. Der *ductus mixtus* endlich entsteht aus der Verbindung mehrerer Arten, meist des figuratus und obliquus. Der ductus ergiebt sich aus der Absicht des Redenden. Eine wahre Absicht giebt den ductus simplex, eine nicht wahre die ductus figurati. Die Absicht ergiebt sich aus der Zeit. Gehört das Thema der Rede der Vergangenheit an, so haben wir es mit der wahren Absicht des Redenden zu thun, gehört es dagegen der Gegenwart oder Zukunft an, so ist die in den Worten des Redners hervortretende Absicht nicht die wahre. Die Zeit endlich ergiebt sich aus dem causativum litis, dem αἴτιον.

Fortunatian erläutert seine Theorie an Beispielen. Jemand wird neben einem frisch getödteten Leichnam betroffen und des Mordes angeklagt. Das Betroffenwerden des Angeklagten ist das αἴτιον. Es gehört der Vergangenheit an, deshalb haben wir es mit einer wahren Absicht des Redenden zu thun, d. h. der Redner beabsichtigt wirklich und nichts weiter als die Vertheidigung des Angeklagten. Der ductus ist einfach. Im zweiten Beispiel dagegen, Jemand wird verstossen, weil er keine Freunde hat, gehört das αἴτιον, der dem Angeklagten vorgeworfene Mangel an Freunden, der Gegenwart an. Wir haben es daher hier mit dem ductus subtilis zu thun. Die wahre Absicht des Redenden ist nicht die Verstossung selbst, sondern er will den Angeklagten bewegen, sich

Freunde zu verschaffen. Beim dritten Beispiel für den ductus figuratus liegt das Gesetz vor, es ist erlaubt, Ehebrecher zu tödten. Jemand ist im Verdacht unerlaubten Umgangs mit seiner Schwiegertochter. Sein Sohn trifft einen Ehebrecher mit verhülltem Haupte an und tödtet ihn nicht. Er wird vom Vater gefragt, wer der Ehebrecher gewesen, den er verschont hat. Er nennt ihn nicht und wird verstossen. Das Schweigen des Sohnes ist das αἴτιον. Es gehört der Gegenwart an, deshalb haben wir es nicht mit der wahren Absicht des Sohnes zu thun. Er schämt sich dem Vater ins Gesicht zu sagen, dass er der Ehebrecher gewesen sei. Analog ist das vierte Beispiel für den ductus obliquus. Ein Tyrann hat seine Herrschaft niedergelegt unter der Bedingung ihrer Abschaffung. Er will sich um ein obrigkeitliches Amt bewerben. Jemand spricht dagegen. Die Bewerbung um das Amt, die der Gegenwart oder Zukunft angehört, ist das αἴτιον. Der Redner hält mit seiner wahren Absicht hinter dem Berge. Er befürchtet die Wiederherstellung der Tyrannis, aber Furcht verhindert ihn, dies direct zu erwähnen. Das Beispiel für den ductus mixtus braucht nicht angeführt zu werden.

Es ist klar, dass auch der ductus überwiegend für die Declamationen der Rhetorenschulen von Wichtigkeit ist. Doch war man, wie wir noch sehen werden, durch wirkliche Reden der klassischen Zeit auf diese Theorie gekommen, und dass sie in der Gerichtspraxis wie nicht minder auf dem forum, wenigstens der ductus obliquus, wirklich vorkommen konnten, setzt Quintilian IX, 2, 67 ff. zum Theil an selbsterlebten Fällen auseinander. Wird die figurirte Rede nicht in einer ganzen Hypothese durchgeführt, sondern nur in einem oder mehreren Theilen einer Rede angewandt, so spricht man in diesem Falle nicht von *ductus*, sondern wie Fortunatian will von *modus*, nach Cassiodor von *color* Die Griechischen Techniker bedienen sich des Ausdrucks σχῆμα und unterscheiden den λόγος ἐσχηματισμένος, wofür sie auch χρῶμα*) sagten, d. h. den color, vom πρόβλημα ἐσχηματισμένον

---

*) Der Ausdruck χρῶμα ist bei den Rhetoren ein vieldeutiger. Häufig bezeichnet er nichts weiter als das, was auch wir unter Farbe oder Colorit der Darstellung verstehen, vgl. Dionys. Halic. ep. II ad Amm. 2 p. 50, de Thuc. iud. 24 p. 95. Hermog. p. 331. Phot. bibl. c. 214. Ernesti Lex. techn. Gr. rhet. p. 384. Demnächst verstand man unter χρῶμα die Entschuldigungs- oder Vertheidigungsgründe, mit welchen der Angeklagte seine That beschönigt und ihr einen guten Anstrich zu geben versucht, umgekehrt aber auch die Gründe oder Beweise, auf welche gestützt der Kläger sein Verfahren gegen den Gegner

oder σχηματισμός, dem ductus. Cornificius und Cicero wissen von color und ductus nichts. Aber sicherlich waren diese Begriffe schon zu ihrer Zeit längst in der Rhetorik eingebürgert. Wichtig ist das achte und neunte Capitel der Rhetorik des Dionysius (de oratione figurata tractatus I. II), an deren Aechtheit zu zweifeln für mich kein Grund vorhanden ist*). Diese Capitel geben nämlich zwei offenbar von demselben Verfasser herrührende, in der Ausführung nicht allzu verschiedene, aber doch selbständige Bearbeitungen desselben Gegenstandes und stellen beide als nächsten Zweck des Verfassers seine Absicht hin, den Beweis zu liefern, dass es ganze figurirte Reden gebe und schon bei den Alten gegeben habe. Er beruft sich dieserhalb auf Homer, die Tragiker und Komiker, wie nicht minder Isokrates, Demosthenes, Plato und Xenophon. Es wurde dies eben von manchen in Abrede gestellt, ein Umstand, den auch Quintil. IX, 2, 69 beiläufig berührt. Man gab zu, dass es figurirte Theile von Reden gebe, aber durchgehend figurirte Reden könne es nicht geben. In einer ganzen Rede müsse man einfach sprechen, um verstanden zu werden, oder man müsse auf das Sprechen überhaupt verzichten. Auch sei das

---

überhaupt rechtfertigen kann. Diesen Sinn hat der Ausdruck *color* bei Seneca. Daher sprach man auch bei den *ἀσύστατα* von einer *στάσις ἀχρωμος(?)τὸ ἀχρώματον ἀναπολόγητον* bei Planud. Schol. Hermog. V p. 250), bei welcher der Angeklagte seine That mit gar nichts beschönigen kann, folglich auch keine streitige Verhandlung möglich ist, Fortunat. p. 89. χρῶμα nannten ferner die Hermogoreer bei der Behandlung des Conjectural-Status denjenigen locus, der sonst *μετάθεσις αἰτίας* hiess, Porphyr. Schol. Hermog. T. IV p. 397. coll. VII p. 808. Endlich aber wurde χρῶμα synonym mit σχῆμα am häufigsten in dem oben angegebenen Sinne etwa dem entsprechend gebraucht, was wir verblümte Redeweise nennen, s. *Goeller* zu Demetr. de eloc. S. 168, und auf diejenige Art des künstlichen Ausdrucks übertragen, bei dem der Redner nicht geradezu seine Meinung heraussagt, sondern sie mehr dem Zuhörer zu errathen giebt. Ueber σχῆμα in diesem Sinne s. Quint. IX, 2, 65. Interessant ist Petron. c. 44 p. 49 ed. Bucheler. Hier heisst es von einem gewissen Safinius — der ein ganzer Mann war —, *in curia autem quomodo singulos pilabat, nec schemas loquebatur* d. h. er nahm kein Blatt vor den Mund, sondern sprach frisch von der Leber weg. Ebendaselbst c. 126 p. 173 bedeutet σχῆμα eine artige, galante Wendung, die man an Jemand bei der Unterhaltung richtet.

*) Die Darstellung ist unverkennbar dieselbe, wie in den sonstigen ächten Schriften des Dionysius. Das Argument, welches F. *Blass* de Dion. Halic. script. rhet. Bonn 1863 S. 26 aus dem Inhalt der Abhandlungen gegen deren Aechtheit vorgebracht hat, ist hinfällig, sobald sich zeigen lässt, dass die Theorie höher hinaufreichen muss, als man dies gewöhnlich annimmt.

figurirte Reden unnütz. Denn entweder wird der Redner von seinen Zuhörern verstanden, dann erreicht er auf einem Umwege dasselbe, was er auf einfachem Wege hätte erreichen können. Oder er wird von den Zuhörern nicht verstanden, und dann ist seine Mühe vergeblich. Dagegen bemerkt Dionys, dass im Grunde jede Rede irgendwie figurirt, d. h. kunstmässig gestaltet sei, weil der Redner sich bei seinen Worten doch immer nach den besonderen Umständen richten muss, unter denen er spricht, wie er nicht minder unter dem Einfluss einer bestimmten Stimmung spricht, in der er sich befindet. Das Vorhandensein figurirter Hypothesen bei den Alten lasse sich übrigens nicht in Abrede stellen, und man könne aus ihnen drei Arten figurirter Reden entnehmen. Bei der ersten Art redet der Redner allerdings seiner Absicht gemäss, aber er spricht mit Zurückhaltung, sei es aus Rücksicht auf die Personen, an welche die Rede gerichtet ist, oder um seiner Sicherheit willen den Zuhörern gegenüber. Diese Art figurirter Rede wurde von den Rhetoren, gegen welche Dionys polemisirt, auch anerkannt und als $\chi\rho\tilde{\omega}\mu\alpha$ bezeichnet. Hierbei waren sie allerdings im Rechte, wenn sie das Vorhandensein des $\chi\rho\tilde{\omega}\mu\alpha$ nur in einzelnen Theilen der Rede zugeben wollten, denn mit durchgängiger Zurückhaltung kann natürlich keine Rede gesprochen werden. Bei der zweiten Art beabsichtigt der Redner etwas anderes, als er sagt, bei der dritten Art das Gegentheil von dem, was er sagt. Hierbei berührt sich Dionys, wie wir sehen, mit der Theorie des Fortunatian. Auch Hermogenes de inv. IV p. 258 fl. ed. Sp. behandelt die $\sigma\chi\eta\mu\alpha\tau\iota\sigma\mu oi$, und nimmt drei Arten an, das $\sigma\chi\tilde{\eta}\mu\alpha$ $\dot{\epsilon}\nu\alpha\nu\tau\acute{\iota}o\nu$, $\pi\lambda\acute{\alpha}\gamma\iota o\nu$ und das $\sigma\chi\tilde{\eta}\mu\alpha$ $\kappa\alpha\tau'$ $\ddot{\epsilon}\mu\varphi\alpha\sigma\iota\nu$. Die dritte Art ist schärfer begrenzt als die erste des Dionys. Dem Hermogenes folgt der Anonymus p. 118. Es entspricht der $\sigma\chi\eta\mu\alpha\tau\iota\sigma\mu\acute{o}\varsigma$ $\dot{\epsilon}\nu\alpha\nu\tau\acute{\iota}o\varsigma$ dem ductus subtilis, der $\sigma\chi\eta\mu\alpha\tau\iota\sigma\mu\acute{o}\varsigma$ $\pi\lambda\acute{\alpha}\gamma\iota o\varsigma$ dem ductus obliquus, der $\sigma\chi\eta\mu\alpha\tau\iota\sigma\mu\acute{o}\varsigma$ $\kappa\alpha\tau'$ $\ddot{\epsilon}\mu\varphi\alpha\sigma\iota\nu$ dem ductus figuratus.

Bei der ersten Art beabsichtigen wir in unserer Rede gerade das Gegentheil von dem, was wir sagen. Die Athener bitten die Lacedaemonier um Frieden, diese verlangen dafür die Auslieferung des Perikles. Bei der darüber sich entspinnenden Debatte befürwortet Perikles selbst seine Auslieferung; natürlich nur zum Schein, denn gerade mit dem, was er sagt, will er sie hintertreiben. Dionys p. 142 nennt dieses $\sigma\chi\tilde{\eta}\mu\alpha$, $\tau\grave{o}$ $o\tilde{l}\varsigma$ $\lambda\acute{\epsilon}\gamma\epsilon\iota$ $\tau\grave{\alpha}$ $\dot{\epsilon}\nu\alpha\nu\tau\acute{\iota}\alpha$ $\pi\rho\alpha\chi\vartheta\tilde{\eta}\nu\alpha\iota$ $\pi\rho\alpha\gamma\mu\alpha\tau\epsilon\upsilon\acute{o}\mu\epsilon\nu o\nu$. Durch Widersprüche, in welche sich der Redner absichtlich verwickelt, ohne dies jedoch allzu deutlich hervortreten zu lassen, lässt er seine wahre Absicht auf die Zuhörer einwirken. Er unterstützt das, was er wirklich sagt, mit schwachen, leicht zu widerlegenden Gründen, mit starken absichtlich die angebliche Meinung des Gegners, die in der That seine eigene ist, die er dann selbst nur schwach, oder gar nicht widerlegt. Oder aber er bringt absichtlich argumenta commutabilia vor, die auch der Gegner mit Erfolg für sich ausbeuten könnte. Dies belegt Dionys mit einem Homerischen Beispiel, nämlich mit der Rede des Agamemnon an die Griechen, in welcher er sie scheinbar zur Heimkehr auffordert, so jedoch, dass er für diese seine scheinbare Meinung lauter $εὐδιάλυτα$ und $ἀντίστροφα$ vorbringt, so dass ein vernünftiger Leser oder Zuhörer über seine wahre Meinung keinen Augenblick in Zweifel sein kann. Er macht hierüber S. 164 ff. 172 ff. allerlei geistreiche Bemerkungen im einzelnen, die von den neueren Interpreten Homers noch nicht in ihrem vollen Umfange gewürdigt sind*).

$Πλάγιον$ nennt man das $σχῆμα$, wenn der Redner ausser der Durchführung des Gegentheils von dem, was er sagt, in seiner Rede noch etwas anderes zu Stande bringt. Ein Reicher verspricht bei einer Hungersnoth die Stadt mit Getreide zu versehen, wenn ihm ein Armer zur Tödtung ausgeliefert wird. Das Volk liefert den Armen nicht aus, dieser aber klagt sich selbst an. Er will das Gegentheil von dem, was er sagt, er will nämlich nicht sterben, und führt nebenbei noch aus, dass der Reiche kein Getreide hat und dass, wenn er welches hat, man es ihm einfach nehmen solle. Des $σχῆμα$ $πλάγιον$ bedient man sich also z. B. wenn man die Annahme eines Antrages dadurch hintertreiben will, dass man den Antragsteller gleichsam überbietet, und die Durchführung des Antrags von einer Seite aus betreibt, bei welcher das Absurde und Schädliche desselben gleichsam von selbst in die Augen springt. Dionys nennt dieses $σχῆμα$, $πλαγίως$ $ἕτερα$ $μὲν$ $λέγον$, $ἕτερα$ $δὲ$ $ἐργαζόμενον$ $ἐν$ $λόγοις$ und macht es an Beispielen klar. So aus der Rede des Demosthenes de falsa legatione. Demosthenes erzählt, wie er es nach des Aeschines ganzem Verhalten unmöglich habe merken können, dass jener schon auf seiner ersten Gesandschaftsreise bestochen gewesen sei. Er stellt aber den Hergang der Sache so dar, dass jeder Zuhörer sich sagen

---

*) Doch sehe man jetzt den Aufsatz von L. Gerlach über die Einheit der Ilias im Philologus XXX, 1870 S. 1 ff.

muss, du hättest es an Demosthenes Stelle ebenso wenig gemerkt. Diesen Eindruck auf den Zuhörer zu machen, war aber des Demosthenes eigentliche Absicht, die er nicht auf geradem Wege, sondern höchst geschickt auf einem Umwege zu erreichen sucht. In dieser Weise ist die ganze Rede περὶ συμμοριῶν figurirt. Die Athener wollten gegen den Perserkönig sich in kriegerische Unternehmungen einlassen, gegen Philipp aber nicht. Demosthenes wollte das Volk gerade zum Gegentheil bewegen. Was thut er? Er sagt, man müsse gegen den Perserkönig kämpfen, geht also scheinbar auf die Absichten der Athener ein, aber man dürfe noch nicht gegen ihn kämpfen. Zuvor müsse man sich gehörig rüsten. Dies sagt er aber nur, weil er weiss, dass wenn das Unternehmen erst aufgeschoben wird, es zuletzt ganz und gar ins Stocken kömmt, ganz ähnlich wie König Archidamus bei Thucydides durch seine Ermahnung zu sorgfältiger Rüstung die Lacedaemonier ganz und gar vom Kriege gegen die Athener zurückhalten will. Im weiteren Verlaufe der Rede belehrt Demosthenes die Athener über die Zurüstung, durch welche sie zu einem Kriege gegen Philipp in den Stand gesetzt würden, und macht sie so mit diesem Gedanken vertraut. Es besteht also diese Art des σχῆμα eigentlich aus einer Verflechtung verschiedener Hypothesen. Dionys. p. 186: ἔστι γὰρ ἡ τέχνη τῶν ἐσχηματισμένων λόγων μάλιστα αὕτη, τὸ ἄλλοις κατασκευαῖς συμπλέκειν τὰ οἰκεῖα. So ist Platos Apologie des Sokrates dem Namen nach eine Vertheidigung des Sokrates, im Anschluss daran aber auch zugleich eine Anklage der Athener, dass sie einen solchen Mann vor Gericht gestellt, drittens ein Lob des Sokrates, viertens endlich die Darlegung, wie beschaffen ein wahrer Philosoph sein müsse. Aehnlich giebt Demosthenes in der Rede vom Kranze seine Vertheidigung, eine Anklage der Gegner, sein eigenes Lob und eine Darlegung, wie beschaffen ein Staatsmann und guter Berather seines Vaterlandes sein müsse. So hat auch Thucydides in der Leichenrede des Perikles zwei Hypothesen mit einander verflochten. Er lobt nicht sowohl die Todten, als er die Lebenden zum Kriege auffordert. Derartig verflochtene Hypothesen haben wir auch in den λόγοι Αἰγύπτιοι des Synesius, und es macht uns der Verfasser in der seinem Werke vorausgeschickten προθεωρία selbst auf diesen Umstand aufmerksam [*]).

---

[*]) Man vergleiche die hierher gehörigen Bemerkungen in meiner Schrift über Synesius (Berlin 1867) S. 70.

Die dritte Art ist das $\sigma\chi\tilde{\eta}\mu\alpha$ $\varkappa\alpha\tau'$ $\check{\varepsilon}\mu\varphi\alpha\sigma\iota\nu$. Es tritt ein, wenn wir aus irgend einem meist sittlichen Grunde verhindert sind, unsere Meinung gerade heraus zu sagen, sie aber im Verlauf unsrer Rede durch allerlei Zweideutigkeiten des Ausdruckes für den Zuhörer verständlich genug durchblicken lassen. Die von Hermogenes p. 260 hierfür gegebenen Beispiele, die er zum Theil selbst in besonderen $\mu\varepsilon\lambda\acute{\varepsilon}\tau\alpha\iota$ ausführlich behandelt hatte, stehen an Verschrobenheit hinter denen des Fortunatian und Cassiodor nicht zurück. Gewissermassen ist übrigens Ciceros vierte Catilinarische Rede in diesem Sinne als figurirt zu betrachten. Er plaidirt in ihr für den Antrag des D. Silanus, welcher die Todesstrafe für die in Haft genommenen Catilinarier verlangte, hütet sich aber wohl dies direct zu sagen, sondern scheinbar beabsichtigt er nichts anderes mit seiner Rede, als die Senatoren zu bewegen, sich bei ihrer schliesslichen Abstimmung durchaus nicht durch persönliche Rücksichten auf ihn und seine künftige Sicherheit beeinflussen zu lassen. Als Beispiel von kleinerem Umfang mag die Abschiedsrede des Ajax im gleichnamigen Stücke des Sophokles v. 646 ff. angesehen werden. Er ist nach wie vor entschlossen, sich das Leben zu nehmen, scheinbar hat er jedoch seinen Sinn geändert und will sich zur Vornahme eines Sühnaktes an den Strand des Meeres begeben, doch spricht er so, dass in zweideutigen Ausdrücken seine wahre Absicht fortwährend durchschimmert. Seine Rede ist eine fortgesetzte Allegorie.

Es ist zu bedauern, dass uns Dionys nicht die Namen der Rhetoren genannt hat, gegen welche er polemisirt. Man wird aber kaum bezweifeln können, dass die ganze Theorie des sermo figuratus in die Hermagoreische Zeit zurück reicht, und bereits den älteren Technikern der Stoischen Schule bekannt war. Wenn Cicero und Cornificius sie mit Stillschweigen übergingen, so geschah dies nicht aus Unkenntniss derselben, sondern weil sie dieselbe verwarfen. Auch würde man schon mit der Annahme irren, dass diese Theorie lediglich ein müssiges Product der späteren Schulrhetorik sei und der ihr zur Seite gebenden sophistischen Declamation. Vielmehr ist festzuhalten, dass schon die Denkmäler der klassischen Beredsamkeit die Theorie nothwendig auf diesen Punkt hinlenken mussten, und dass Dionysius mit vollem Rechte sich auf das Beispiel des Isokrates und Demosthenes berufen hat. Ja es scheint, als ob sogar die Theorie bereits in die klassische Zeit zurück zu verlegen sei. Denn dass der Begriff des sermo figuratus, zunächst als color — nicht dem Namen, aber doch der Sache nach — dem Isokrates vollkommen geläufig war, beweist unzweifelhaft die Kritik seines in der ersten Hälfte des Panathenaikus gegen die Spartaner ausgesprochenen Tadels, welche er am Schlusse dieser selben Rede in höchst geistvoller Weise einem seiner früheren Schüler, der in einem oligarischen Staate lebte und deshalb für die Spartaner gesinnt war, in den Mund legt. Man lese nur §. 239—240 und die weitere Begründung der daselbst ausgesprochenen Urtheile und beachte endlich, dass Isokrates, nachdem er mitgetheilt, welch stürmischen Beifall diese Kritik bei seinen übrigen Schülern gefunden, schliesslich in §. 265 hinzusetzt, dass auch er sein Talent und seine Sorgfalt gelobt habe — περὶ δὲ τῶν ἄλλων οὐδὲν ἐφθεγξάμην ὧν εἶπεν οὐδ' ὡς ἔτυχε ταῖς ὑπονοίαις τῆς ἐμῆς διανοίας, οὐδ' ὡς διήμαρτεν, ἀλλ' εἴων αὐτὸν οὕτως ἔχειν ὥσπερ αὐτὸς αὐτὸν διέθηκεν. Der Kritiker hatte aber gesagt, Isokrates habe die Spartaner im Grunde nicht tadeln, sondern loben wollen, das heisst eben, er habe sich des sermo figuratus bedient.

Den Gebrauch des sermo figuratus als ductus belegt Dionys aus Isokrates mit dem Panegyrikus, der Rede an Philipp, und der Rede περὶ τῆς ἀντιδόσεως. In allen drei Reden, sagt Dionys, giebt der Redner Enkomien, ein Lob der Athener, ein Lob Philipps, ein Lob seiner selbst. In den Lobreden auf die Athener und Philipp bildet jedoch ein Rath, den er ertheilt, zunächst das Thema, und das Lob wird scheinbar beiläufig in geschickter Weise mit eingeflochten. In der That ist ihm aber das Lob die Hauptsache, der Rath die Nebensache. Zu dem Lobe auf sich selbst nimmt er Veranlassung aus der Nothwendigkeit einer Vertheidigung gegen erhobene Anklagen. In der Rede περὶ ἀντιδόσεως nämlich beabsichtigt Isokrates eine lobende Darlegung seines ganzen Lebens und seiner litterarischen Bestrebungen. Er wählt aber, wie er selbst angiebt, aus gewissen Gründen dazu nicht die directe Form der Lobrede, sondern fingirt eine ihm vor Gericht aufgelegte Vertheidigung und ist sich vollkommen bewusst, dass er mit dieser einen Rede verschiedene Zwecke zu erreichen beabsichtige, wie er dies in der Einleitung §. 8—12 vollkommen klar und deutlich ausspricht, und so ist eben die ganze Rede durchweg figurirt gehalten. Gewissermaassen ist auch or. XVI. περὶ τοῦ ζεύγους als figurirte ὑπόθεσις zu betrachten. Dem Sprecher, dem jüngeren Alcibiades, ist es blos um das Lob seines Vaters zu thun, welches den angeblichen Inhalt der ganzen Rede bildet, während die Anklage selbst, die von vornherein als durch Zeugenbeweis erledigt betrachtet wird, nur den äusseren Rahmen für das Enkomium des Alcibiades abgiebt*). — Wenn bereits oben auf Ciceros vierte Catilinarische Rede hingewiesen wurde, so möge hier schliesslich noch die Bemerkung des Martianus über die erste Philippische einen Platz finden: *ductum servatum testatur prima Philippica, quae mira subtilitate dominatum Antonii latenter insimulat, ut omnia dicens nihil aspere dixisse videatur.*

§. 11.
Die Theile der Gerichts-Rede.

Mit der Lehre vom ductus wäre so ziemlich alles erschöpft, was den Inhalt der Stoischen intellectio ausmachte. Die Vorschriften der Rhetoren über die Erfindung gliedern sich nach den Theilen der Rede, und so wäre denn mit diesen selbst der Anfang unserer weiteren Auseinandersetzung zu machen.

Doxopater Rh. Gr. VI p. 13 (vgl. III p. 610) überliefert, dass Korax die Reden in drei Theile getheilt habe. Er sagt: εἰσελθών οὖν ἐν τῇ ἐκκλησίᾳ — ἤρξατο λόγοις θεραπευτικοῖς καὶ κολακευτικοῖς τὴν ἐκκλησίαν καὶ τὸ θορυβῶδες καταπραΰναι τοῦ δήμου ἅτινα προοίμια ἐκάλει, μετὰ δὲ τὸ καταπραΰναι καὶ κατασιγάσαι τὸν δῆμον ἤρξατο περὶ ὧν ἔδει συμβουλεύειν τῷ δήμῳ καὶ λέγειν

---

*) In einem viel umfassenderem Sinne, als er nach der obigen, sich streng an die alten Rhetoren haltenden Auseinandersetzung dem Begriff des sermo figuratus zukommt, werden die sämmtlichen Reden des Isokrates für λόγοι ἐσχηματισμένοι ausgegeben in der kürzlich erschienenen Schrift des Griechischen Gelehrten Arist. *Kyprianos τὰ ἀπόρρητα τοῦ Ἰσοκράτους· ἢ περὶ λόγων ἐσχηματισμένων*, Athen. 1871. Danach sind nämlich alle Reden des Isokrates mehr oder weniger λόγοι τεχνικοὶ καὶ διδασκαλικοὶ (Is. Panath. 361) und als solche λόγοι ἐσχηματισμένοι, d. h. sie sind lediglich auf die Belehrung seiner Schüler berechnet, verfolgen also in erster Linie rhetorisch-didaktische Zwecke und bieten daher sämmtlich eine künstliche Verflechtung der verschiedenartigsten, oft geradezu entgegengesetzter Hypothesen. Der Inhalt dieser Schrift hat mich jedoch nicht veranlasst zu meiner obigen Darstellung etwas hinzuzufügen. Der Begriff des sermo figuratus wird hier, wie gesagt, in einer Weise aufgefasst und auf die Isokrateischen Reden angewandt, welche den alten Technikern fremd ist, und der Verfasser geht in seiner Deduction, meiner Ansicht nach, zu weit. Immerhin ist die Schrift beachtenswerth und enthält für eine richtige Würdigung des Isokrates eine Menge neuer, anregender und fruchtbringender Gesichtspunkte.

ὡς ἐν διηγήσει, καὶ μετὰ ταῦτα ἀνακεφαλαιοῦσθαι καὶ ἀναμιμνήσκειν — καὶ τὰ μὲν πρῶτα ἐκάλει προοίμια, τὰ δὲ δεύτερα ἐκάλεσεν ἀγῶνας, τὰ δὲ τρίτα ἐκάλεσεν ἐπιλόγους. Doch dürfen wir in dieser Angabe wohl schwerlich eine bewährte historische Ueberlieferung suchen, um so weniger, als ihr eine andere gegenübersteht, Rhet. Gr. IV p. 12, wonach Korax seine vor dem Volk gehaltenen Reden in προοίμια, διηγήσεις, ἀγῶνες, παρεκβάσεις und ἐπίλογοι theilte, wobei freilich die Terminologie einer späteren Zeit schon auf die Anfänge der Kunst übertragen scheint, s. Spengel Rh. Mus. XVIII, S. 508.

Nach Aristoteles Rhet. III, 13 hat nun jede Rede zwei Theile, πρόθεσις Darlegung des Gegenstandes, und πίστις Beweis. Wer etwas beweist, hat einen Gegenstand, den er beweist, und wer etwas darlegt, legt es dar, um es zu beweisen. Dies sind die nothwendigen Theile. Man stellte indes, wie er selbst sagt, schon zu seiner Zeit gewöhnlich als Theile auf: προοίμιον, πρόθεσις, πίστις, ἐπίλογος. Wenn er dann im weiteren die Widerlegung des Gegners mit zur Beglaubigung oder zum Beweise rechnet — er sagt darüber III, 17 p. 158: τὰ δὲ πρὸς τὸν ἀντίδικον οὐχ ἕτερόν τι εἶδος, ἀλλὰ τῶν πίστεών ἐστι τὰ μὲν λῦσαι ἐνστάσει τὰ δὲ συλλογισμῷ. δεῖ δὲ καὶ ἐν συμβουλῇ καὶ ἐν δίκῃ ἀρχόμενον μὲν λέγειν τὰς ἑαυτοῦ πίστεις πρότερον, ὕστερον δὲ πρὸς τἀναντία ἀπαντᾶν λύοντα καὶ προδιασύροντα — und von der Erzählung sagt, sie gehöre nur der Gerichtsrede an, bei dem λόγος ἐπιδεικτικός und συμβουλευτικός könne sie ihrem eigentlichen Wesen nach so wenig vorkommen, als eine Widerlegung der Gegner, so sehen wir daraus, dass die der späteren Technik geläufige Eintheilung der Rede in fünf Theile bereits der Schule des Isokrates bekannt war, wie sich dies auch aus Anaximenes, sowie aus Dion. Halic. de Lys. iud. p. 193 ergiebt (vgl. Spengel artt. scriptt. p. 156 ff.), und begreifen zugleich, wie man dazu kommen konnte, auch die πρόθεσις, allerdings im engeren Sinne von Themastellung, als Theil der Rede zu betrachten, die späterhin jedoch richtiger mit der partitio und egressio oder dem excessus, von den Theilen getrennt wurde. Späterhin nämlich theilte man die Rede durchgehend in fünf Theile: prooemium προοίμιον, narratio διήγησις, probatio πίστις oder ἀπόδειξις auch κατασκευή, refutatio λύσις auch ἀνασκευή, peroratio ἐπίλογος. Doch fehlte es zu keiner Zeit an Rhetoren, welche probatio und refutatio als blos einen Theil betrachteten. Zu diesen Theilen kommen noch die genannten drei Bestandtheile, die allerdings von manchen fälschlich auch als Theile bezeichnet wurden. Davon schliessen sich zunächst *partitio* und *propositio* an die probatio an, und können eben deshalb nicht als selbständige Theile der Rede angesehen werden. Was aber die *egressio*, oder den *excessus* anbetrifft, so liegt er entweder *extra causam*, dann ist er kein Theil derselben, oder aber er liegt *in causa*, dann ist er ein Zusatz, eine Zuthat zu den Theilen, von denen er abschweift. Quint. III, 9.

Die Aufstellung weiterer Theile als der ursprünglichen fünf, oder vier, scheint von einzelnen Stoikern ausgegangen zu sein. Sie sprachen ausser von propositio, partitio, egressio auch noch von προέκθεσις, προπαρασκευή, ἀνανέωσις, ὑπεξαίρεσις. Unter προέκθεσις verstand man einen vor der Erzählung zur Aufhellung des Gegenstandes (docilitatis causa) angebrachten Excurs oder richtiger Einlage*), wie bei Cicero pro Rosc. 6, 13. Unter προπαρασκευή (auch προκατασκευή) die vorläufige Hinweisung der Richter auf einige dem Interesse des Redners förderliche oder zuwiderlaufende Punkte der Sache. Die ἀνανέωσις dient gleichfalls der Vorbereitung der Richter, ohne jedoch die Sache selbst zu berühren d. h. sich auf den eigentlichen Beweis einzulassen, und hat ihren Platz hinter der Erzählung. So bei Cic. pro Quintio 9, 33, pro Caecina 9, 23. Unter ὑπεξαίρεσις, die auch bei Philodemus c. 21, 18 neben προοίμιον, διήγησις, πίστις, ἐπίλογος an vierter Stelle als Theil der Rede genannt wird, verstand man nach Fortunatian das Verschweigen von etwas für den Redner an der Sache gefährlichem, ohne dass dies von dem Gegner, sei es weil es ihm unbekannt war, oder weil er es auch für sich für gefährlich hielt, vorgebracht wurde. Ausserdem trennte man die ἀνακεφαλαίωσις, wahrscheinlich weil sie auch noch an anderer Stelle der Rede vorkommen kann, als besonderen Theil vom Epilog, und theilte die argumentatio in die ausführliche Bearbeitung unserer Beweisgründe — die προηγούμενα, und den Tadel der gegnerischen Beweisgründe — die ἀναγκαία. Vgl. Fortunat. p. 108. 119 ff.

Eine kurze Uebersicht über den Zweck der Theile giebt

---

*) Die Terminologie ist äusserst schwankend. προέκθεσις ist vielfach gleichbedeutend mit πρόθεσις, πρόφασις, ὑπόσχεσις, προαναφώνημα, προκατασκευή, προκατάστασις und ähnlichen Ausdrücken, s. Ernesti Lex. techn. Gr. rhet. p. 288.

Cic. orat. 35, 122: *quid iam sequitur, quod quidem artis sit, nisi ordiri orationem, in quo aut concilietur auditor aut erigatur aut paret se ad discendum; rem breviter exponere et probabiliter et aperte, ut quid agatur intellegi possit; sua confirmare, adversaria evertere, eaque efficere non perturbate, sed singulis argumentationibus ita concludendis, ut efficiatur quod sit consequens eis, quae sumentur ad quamque rem confirmandam; post omnia perorationem inflammantem restinguentemve concludere?* Noch bündiger äusserte sich über den Zweck der Theile schon in alter Zeit Theodektes, dessen Worte uns Lollianus erhalten hat bei Walz Rhet. Gr. T. VII. p. 83: ἔργον ῥήτορος, ὥς φησι Θεοδέκτης, προοιμιάσασθαι πρὸς εὔνοιαν, διηγήσασθαι πρὸς πιθανότητα, πιστώσασθαι πρὸς πειθώ, ἐπιλογίσασθαι πρὸς ὀργὴν ἢ ἔλεον. Einer andern Quelle folgt Joh. Sicel. VI. p. 19, wenn er die beiden letzten Theile so bezeichnet: ἀγωνίσασθαι πρὸς ἀπόδειξιν, ἀνακεφαλαιώσασθαι πρὸς ἀνάμνησιν. Die Reihenfolge und der Zweck der Theile standen in alter Schul-Tradition fest. Cornif. I, 3, 4: *inventio in sex partes orationis consumitur: in exordium narrationem divisionem confirmationem confutationem conclusionem: exordium est principium orationis, per quod animus auditoris constituitur ad audiendum; narratio est rerum gestarum aut proinde ut gestarum expositio; divisio est, per quam aperimus, quid conveniat, quid in controversia sit, et per quam exponimus, quibus de rebus simus dicturi; confirmatio est nostrorum argumentorum expositio cum adseveratione; confutatio est contrariorum locorum dissolutio, conclusio est artificiosus terminus orationis.* Dieselben sechs Theile der Rede (nur *partitio* statt *divisio*) giebt auch Cic. de inv. I, 14, 19 an. In den partit. orat. 1, 3 dagegen, seiner letzten rhetorischen Schrift, werden blos vier Theile der Rede angegeben, und zwar mit der Bemerkung: *earum duae valent ad rem docendam, narratio et confirmatio, ad pellendos animos duae, principium et peroratio.* Vgl. 4, 27. 33. Hier nimmt demnach Cicero seine frühere Ansicht von der Zahl der Theile stillschweigend zurück. Der Redner will also nicht blos belehren, und beweisen, sondern auch überzeugen und für seine Ansicht gewinnen. Aehnlich bemerkt Apsin. Rhet. 12 p. 304: εἰς δύο εἴδη ὁ πᾶς λόγος διαιρεῖται (λέγω δὲ νῦν λόγον τὸν δικανικόν) τό τε πραγματικὸν καὶ τὸ παθητικόν· ὑποτάσσεται δὲ τῷ πραγματικῷ μὲν ἥ τε διήγησις καὶ ἡ ἀπόδειξις· τῷ δὲ παθητικῷ τὸ προοίμιον καὶ ὁ ἐπίλογος, in welchem letzteren freilich die ἀνακεφαλαίωσις wieder zum πραγματικὸν εἶδος gehört.

Quintilian III, 9, 6 macht am Schluss seiner Auseinandersetzung über die Theile der Rede darauf aufmerksam, dass mit der Reihenfolge, in welcher die Theile der Rede aufzuschreiben sind, die Reihenfolge der vorangehenden Meditation (also der intellectio) nichts zu thun habe. Ferner tadelt er es als etwas Natur-widriges bei der Ausarbeitung das prooemium zuletzt aufzuschreiben. Man könne überdies durch diese Angewohnheit leicht einmal in Verlegenheit kommen, wo es sich darum handle extempore zu sprechen. Andere arbeiteten Prooemien für kommende Fälle im Voraus, um sie jederzeit bereit zu haben. Dies that selbst Cicero[*]. Auch unter Demosthenes' Namen sind uns 56 Prooemien zu Volksreden erhalten, deren Echtheit aber angezweifelt wird[**]. Eine Sammlung fertiger Prooemien und Epiloge gab es ferner von Antiphon, desgleichen von Thrasymachus und Kritias[***].

Wir wenden uns nunmehr im folgenden zu den mehr oder minder ausführlichen Vorschriften der Rhetoren über die einzelnen Theile der Gerichtsrede. Dass das meiste von dem, was zunächst über das Prooemium gelehrt wurde, im wesentlichen auf Isokrates und dessen Schüler zurückgeht, ergiebt sich aus Dionys. Halic. de Lys. iud. 16 p. 253.

§. 12.
Die Einleitung.

Die Einleitung heisst Griechisch προοίμιον. Dieser Ausdruck ist entweder von οἴμη, Gesang herzuleiten, dann ist προοίμιον wie bei den Citharöden ein einleitendes Vorspiel, oder von οἶμος, also das was den Weg bahnt. vgl. Quint. IV, 1, 2, Arist. Rhet. III, 14: τὸ μὲν οὖν προοίμιόν ἐστιν ἀρχὴ λόγου, ὅπερ ἐν ποιήσει πρόλογος καὶ ἐν αὐλήσει προαύλιον. Anon. Seguer. p. 427: ἰστέον ὅτι κυρίως προοίμια ἔλεγον οἱ παλαιοὶ τὰ τῶν κιθαρῳδῶν· οἴμας γὰρ ἐκάλουν οὗτοι τὰς ᾠδάς. τὸ οὖν ἀνάκρουμα τὸ πρὸ τῆς ᾠδῆς τῆς κιθάρας προοίμιον ἐκάλουν, ἀπὸ τούτων καὶ ἐπὶ τὸν ῥητορικὸν μετενήνεκται λόγον τὸ ὄνομα. Der Griechische Ausdruck

---

[*] ad Att. XVI, 6. Spengel artt. scriptt. p. 110.
[**] Westermann Gesch. d. Gr. Bereds. S. 306. A. Schäfer Demosth. III, 2 S. 129.
[***] Blass Att. Bereds. S. 109.

ist, wie Quintilan sagt, bezeichnender als der Lateinische principium oder exordium, der nichts weiter als Anfang besagt. Prooemium ist alles das, was sich vor dem Richter sagen lässt, bevor er die Sache selbst kennen lernt. Denn nur durch einen Misbrauch bei den Declamationen hatte sich zu Quintilians Zeiten die Unsitte eingeschlichen, beim exordium die Sache selbst als bekannt vorauszusetzen. Vielmehr soll sie dem Richter gerade durch das Prooemium bekannt gemacht werden. Anaxim. 29 p. 214: ἔστι δὲ προοίμιον καθόλου μὲν εἰπεῖν ἀκροατῶν παρασκευή, καὶ τοῦ πράγματος ἐν κεφαλαίῳ μὴ εἰδόσι δήλωσις, ἵνα γιγνώσκωσι περὶ ὧν ὁ λόγος, παρακολουθῶσί τε τῇ ὑποθέσει, καὶ ἐπὶ τὸ προσέχειν παρακαλέσαι, καὶ καθ᾽ ὅσον τῷ λόγῳ δυνατόν, εὔνους ἡμῖν αὐτοὺς ποιῆσαι. Arist. Rhet. III, 14 p. 150: τὸ μὲν οὖν ἀναγκαιότατον ἔργον τοῦ προοιμίου καὶ ἴδιον τοῦτο, δηλῶσαι, τί ἐστι τὸ τέλος, οὗ ἕνεκα ὁ λόγος. — τὰ δὲ ἄλλα εἴδη, οἷς χρῶνται, ἰατρεύματα καὶ κοινά. vgl. Dionys. de Thucyd. iud. 19 p. 86.

Durch das Prooemium also wollen wir den Zuhörer vorbereiten, damit er uns bei den übrigen Theilen der Rede um so geneigter sei. Diese Vorbereitung geschieht durch dreierlei. Wir müssen ihn wohlwollend, aufmerksam, und gelehrig machen. Quintil. IV, 1, 5: *id fieri tribus maxime rebus inter auctores plurimos constat, si benirolum, attentum, docilem fecerimus.* vgl. Cornif. I, 4, 6. Cic. de inv. I, 15, 20. Top. 26, 97. ἔργον προοιμίων εὔνοια πρόσεξις εὐμάθεια, Anon. bei Spengel T. I. p. 321. An. Seguer. p. 428. Dionys. de Lys. iud. 17 p. 255. Man entnimmt das Prooemium von der Person, von der Sache, oder von beiden. Apsin. I p. 331: λαμβάνεται προοίμιον ἐκ προσώπου ἢ ἐκ πράγματος ἢ ἐξ ἀμφοῖν. Die Person ist nach Quintilian eine vierfache: Redner (actor causae, ihm entspricht im Attischen Prozess der συνήγορος), Kläger, Gegner, Richter. Meistentheils wird indes der Redner mit dem Kläger oder Verklagten zusammenfallen. Daher denn gewöhnlich die Person nur als eine dreifache bezeichnet wird. Arist. l. l. λέγεται δὲ ταῦτα (τὰ προοίμια) ἔκ τε τοῦ λέγοντος καὶ τοῦ ἀκροατοῦ καὶ τοῦ πράγματος καὶ τοῦ ἐναντίου. vgl. Cornif. I, 5, 8. III, 6, 11. Cic. de inv. I, 16, 22. Nicol. Progymn. p. 473.

Sich das Wohlwollen der Richter zu gewinnen, ist bei der Gerichtsrede, anders als bei der Suasoria, von der grössten Wichtigkeit. Gell. N. A. VI, 3, 19: *recte et utiliter in disciplinis rhetorum praecipitur, iudices de capite alieno deque causa ad sese non pertinenti cognituras, ex qua praeter officium iudicandi nihil ad nos vel periculi vel emolumenti redundaturum est, conciliandos esse ac propitiandos placabiliter et leniter existimationi salutique eius, qui apud eos accusatus est.* Um nun das Wohlwollen zu erlangen, spricht der Redner von sich wenig und mit Maass. Sieht er sich genöthigt, in ausführlicher Weise auf sich und seine Verdienste einzugehen, so hebt er hervor, dass diese Ausführlichkeit durch die Sache selbst oder das Interesse seines Clienten bedingt sei. So Cic. pro Sulla 1, 2. Es kömmt darauf an, sagt Quintilian, dass der Redner für einen *vir bonus* gehalten wird, damit er dadurch die Glaubwürdigkeit eines Zeugen gewinne, seine Parteilichkeit aber als Anwalt zurücktrete. Glaubwürdigkeit findet der Redner überhaupt, abgesehen von den Beweisen, die er für seine Sache vorbringt, durch dreierlei, durch Einsicht, Tugend und Wohlwollen, vgl. Arist. Rhet. II, 1. Er wird also sagen, dass er zum Auftreten vermocht sei durch die Pflicht der Verwandschaft, Quint. IV, 1, 7. Anon. Seguer. p. 428: ἂν δὲ ὑπὲρ ἑτέρου λέγῃς, καὶ τοῦτο ἐπισημαίνεσθαι δεῖ, ὥσπερ πεποίηκε Λυσίας λέγων· ἐπιτήδειος μοί ἐστιν Ἄρχιππος οὑτοσί, ὦ δικασταί, — oder der Freundschaft (Apsin. 2 p. 343), womöglich durch das Interesse des Staats, das er suchen muss, mit seinem eignen Interesse geschickt zu verbinden. (Aps. 2 p. 342 vgl. Dem. or. I, 1 ff.), oder durch den Vorgang eines grossen Beispiels. Dadurch werden zugleich etwaige Vorwürfe, welche der Zuhörer dem Redner machen könnte, im voraus abgewendet, Anax. 18 p. 204. Daher bespricht Apsines p. 376 die hierher gehörenden Fälle als προοίμια ἐξ ἀντιπιπτόντων. Der Redner gewinnt an Ansehn, wenn er von seinem Auftreten den Verdacht von schmutzigem Gewinn, Gehässigkeit oder Ehrgeiz fern zu halten weiss, vgl. Hermog. p. 179. Doch kann ihn auch gerechte Entrüstung über das begangene Unrecht zum Auftreten vermocht haben, Aps. 3 p. 347. Ja er kann auch persönliche Unbilden, die er früher von dem Gegner erfahren, als Motiv seines Auftretens geltend machen, hat dann aber zugleich denselben als einen Gegner des Gemeinwohls darzustellen. So Demosthenes in der Einleitung zu den Reden gegen Androtion und Timokrates. „Fast immer finden wir, dass die συνήγοροι sich bemühen, den Richtern ihr Auftreten gleichsam zu rechtfertigen, indem sie entweder ihre Freundschaft mit dem, für welchen sie sprechen, oder ihren Hass gegen den Gegner, oder irgend einen andern triftigen Beweggrund angeben, um dem Verdacht zu begegnen, als hätten sie sich für Geld dazu dingen lassen, welches nicht nur gehässig, sondern auch durch die Gesetze ausdrücklich verboten und verpönt war"*). Beispiele Lys. V, 1. XV, 2**). XXXI, 1, Dem. XXIII. Der Römische Redner hatte so kleinliche Rücksichten auf sein Publikum weniger zu nehmen. Deshalb sagt Cicero pro Rabirio, es sei sonst nicht seine Gewohnheit beim Beginn seiner Reden über die Gründe Rechenschaft zu geben, die ihn zur Vertheidigung des Angeklagten bewogen, diesmal aber wolle er davon eine Ausnahme machen, deshalb, weil der Grund, der ihn zu seiner Vertheidigung als der gerechteste erschienen sei, als solcher auch den Richtern zu seiner Freisprechung erscheinen müsse, und weiss darauf sehr geschickt seine persönlichen Beziehungen zu Rabirius mit dem Interesse des Staats in Verbindung zu bringen. Eine stillschweigende Empfehlung des Redners liegt darin, dass er sich als schwach, oder unvorbereitet, dem Talent des gegnerischen Redners nicht gewachsen erklärt, Quint. IV, 1, 8 vgl. Lys. XII, 3, XVII, 1. XIX, 2. Cic. pro Quinct. in. Auch behauptet er wohl mit der Praxis der gerichtlichen Rede nicht vertraut, Dem. XLI, 2, oder sonst irgendwie dem Gegner gegenüber im Nachtheil befindlich zu sein, Dem. de cor. 3. Ueberhaupt, sagt Quintilian, hat man nach dem Vorgange der Alten, seine Beredsamkeit sorgfältig zu verbergen. *Artis est artem tegere***) So hat man es auch zu vermeiden, gegen irgend wen beschimpfend, boshaft, stolz, verleumderisch zu erscheinen. Auch der Anwalt der Gegenpartei kann Stoff zum Prooemium geben, bisweilen mit ehrenvoller Erwähnung. Der Redner thut, als fürchtete er sich vor seiner Beredsamkeit, seinem persönlichen Einfluss, und macht ihn dadurch dem Richter verdächtig. Vgl. Cic. pro Quinct. 2, 8. Selten erwähnt man seiner *per contumeliam*, vgl. Dem. LI, 2. Quintilian erwähnt dafür ein Beispiel des Asinius Pollio.

Gewöhnlich aber fallen Kläger und Redner zusammen. Für diesen Fall giebt Cornif. I, 5, 8 die Regel: *ab nostra persona benivolentiam contrahimus, si nostrum officium sine arrogantia laudabimus atque in rem publicam quales fuerimus aut in amicos, aut in eos ipsos, qui audient, aliquid referemus, dum haec omnia ad eam ipsam rem, qua de agitur, sint accommodata. item, si nostra incom-*

---

*) Meier u. Schömann Att. Proz. S. 708.
**) a. daselbst Frohberger.
***) Ovid. Met. X, 225: *ars adeo latet arte sua*.

moda proferemus: inopiam, solitudinem, calamitatem; et si orabimus, ut nobis sint auxilio; et simul ostendemus, nos in aliis spem noluisse habere. Vgl. Cic. de inv. I, 16, 22. Man verweist also auf seine Würde und empfiehlt seine Schwäche und zählt seine Verdienste auf, aber mit Zurückhaltung. Freilich in den einleitenden Worten, die Mantitheos bei Lys. or. XVI seiner Vertheidigung vorauschickt, ist die Zurückhaltung nicht gerade allzugross. Ebensowenig in der durch und durch humoristisch gehaltenen Rede des Invaliden, or. XXIV. Von diesem Gesichtspunkte aus kann auch der actor causae die Person des Klägers berühren, Quint. IV, 1, 13. Er erwähnt sein Geschlecht, sein Alter, seine Lage, und sucht von vorn herein das Mitleid der Richter rege zu machen. Auch der Kläger muss darauf sehen, dass er von seinem Auftreten den Schein der Gehässigkeit entfernt. Er hebt deshalb hervor, dass er gezwungen ist sein Recht vor Gericht zu suchen, weil der Versuch es auf gütlichem Wege zu erlangen, mislungen ist. Dem. XXVII 1, XXX, 1. XLI, 2. XLVIII, 11. 2. Dass auch die contio eine captatio benivolentiae von der Person des Redners aus nicht verschmäht, zeigt Cic. de leg. agr. II, 1. — Die Person des Anklägers wird durch die Umkehr aller dieser Punkte angegriffen. Dies giebt das προοίμιον ἐκ διαβολῆς. Lys. or. III. XIV. XXIV. Dem. XXIV, 6 ff. Gegen den Mächtigen erregen wir Gehässigkeit, gegen den Niedrigen Verachtung, gegen den Gemeinen und Gefährlichen Hass, und entfremden durch dieses dreies die Gegner der Theilnahme des Richters. Corn. I, 5, 8: *ab adversariorum persona benivolentia captabitur, si eos in odium in invidiam in contemptionem adducemus. in odium rapiemus, si quod eorum spurce, superbe, perfidiose, crudeliter, confidenter, malitiose, flagitiose factum proferemus. in invidiam trahemus, si vim, si potentiam, factionem, divitias, eloquentiam, nobilitatem, clientelas, hospitium, sodalitatem, affinitates adversariorum proferemus, et his adiumentis magis quam veritate eos confidere aperiemus. in contemptionem adducemus, si inertiam, ignaviam, desidiam, luxuriam adversariorum proferemus.* Vgl. Cic. de inv. I, 16, 22. Alles natürlich, was der Redner zu seinen Gunsten und zu Ungunsten des Gegners vorbringt, darf er nicht blos einfach vorbringen — das kann jeder — sondern er muss es nach Umständen vergrössern oder verkleinern, Quint. IV, 1, 15. Man vergleiche den Anfang von Ciceros Rede pro Caecina, welcher von einer Klage des Redners über die grenzenlose Unverschämtheit des Klägers S. Aebutius ausgeht, ferner die längere Expectoration über die Härte und Grausamkeit des Labienus pro Rab. 4, 11 ff. In etwas milderer Weise wird die Person des Klägers angegriffen pro Flacc. 1, 2. Der Redner ist erstaunt, gerade den als Ankläger zu finden, von dem er es am wenigsten erwartet hätte. Von besonderer Wirkung ist es, wenn der Redner mit einer gewissen Ironie sich gleichsam beim Ankläger dafür bedankt, dass er ihm durch seine Anklage Gelegenheit giebt, seine Person in ein günstiges Licht zu stellen. So Isocr. or. XIX, 2.

Den Richter gewinnen wir für uns, nicht blos dadurch, dass wir ihn loben, was mit Mass geschehen muss, etwa wegen schon getroffner Entscheidungen, bei denen es uns schon gelungen ist, ihn zu überreden (Apsin. p. 331; vgl. Isocr. XIV, 1), oder bei bereits von ihm selbst getroffenen Handlungen und Entschlüssen, als deren einfache Consequenz wir den vorliegenden Fall hinstellen (Aps. p. 332 τὸ ἐξ ἀκολούθου θεώρημα), sondern wenn wir sein Lob mit dem Nutzen unserer Sache in Verbindung bringen. Wir appelliren also an seine Würde bei ehrenwerthen Männern, an seine Gerechtigkeit bei niedrigen, sein Mitleid bei unglücklichen, seine Strenge bei verletzten u. s. w., Quint. IV, 1, 16. Ferner an seine Wahrheitsliebe, oder seine Pflicht, unbekümmert um Nebenrücksichten, allein dem Rechte seinen Lauf zu lassen, vgl. Dem. LII, 1 f. Auch muss man es benutzen, wenn der Richter unser Feind, aber ein Freund des Gegners ist, oder umgekehrt. Denn bisweilen setzt der Richter einen verkehrten Ehrgeiz darein, gegen seine Freunde, oder zu Gunsten seiner Feinde einen ungerechten Spruch zu fällen, um nur den Schein der Parteilichkeit zu vermeiden. Ferner muss man etwaige vorgefasste Meinungen, die der Richter von zu Hause mitbringt, beseitigen, oder ihn in denselben bestärken. Auch muss man zuweilen Furcht beseitigen, wie Cicero in der Einleitung zur Miloniana darauf hinarbeitet, die Richter sollten nicht glauben, die bewaffneten Schaaren seien vom Pompejus gegen sie aufgestellt, sondern lediglich zu ihrem Schutze[*], wie man auch wohl umgekehrt Furcht erregen kann, wie dies Cicero in der ersten Verrinischen Rede gethan, indem er durch die Furcht vor der beschimpfenden öffentlichen Meinung, falls Verres freigesprochen würde, auf die Richter zu wirken sucht.

---

[*] Cic. pro Mil. 1, 8: *quamobrem illa arma, centuriones, cohortes non periculum nobis, sed praesidium denuntiant, neque solum ut quieto, sed etiam ut magno animo simus, hortantur, neque auxilium modo defensioni meae, verum etiam silentium pollicentur.*

Doch liegt die Anwendung dieses Mittels fern, so lange es sich blos darum handelt, sich das Wohlwollen der Richter zu erwerben. Drohungen gegen bestochne Richter sind nur in seltenen Fällen, und immer nur bei einer grösseren Anzahl von Richtern anzuwenden. Quint. IV, 1, 16—22. Im allgemeinen sagt Cic. de inv. I, 16, 22: *ab auditorum persona benivolentia captabitur, si res ab his fortiter, sapienter, mansuete gestae proferentur; ut ne qua assentatio nimia significetur, et si de his, quam honesta existimatio quantaque eorum iudicii et auctoritatis expectatio sit ostendetur.*

Schliesslich kann uns die Sache Stoff geben, den Richter für uns zu gewinnen. Hier giebt Cornif. I, 5, 8 die Regel: *ab rebus ipsis benivolum efficiemus auditorem, si nostram causam laudando ollemus, adversariorum per contemptionem deprimemus.* Vgl. Cic. de inv. I, 16, 22. Man muss aus der Sache, sagt Quintilian, zum exordium das günstigste herausnehmen: was daran verletzen könnte, hat man dagegen abzuweisen, oder doch zu vermindern. Das sind die προβλήματα, ἐν οἷς τι ἡμᾶς λυπεῖ, Aps. p. 336. Auch kann, wie bereits gesagt, schon im Prooemium das Mitleid rege gemacht werden. Man weist hin auf sein trauriges Loos, für den Fall, dass man unterliegt, Dem. LVII, 1; auf den Stolz des Gegners, für den Fall, dass er siegt: bei wiederholten Anklagen auf das Fehlschlagen seiner Hoffnung, nun endlich zur Ruhe zu kommen und der Grausamkeit seiner Gegner zu entgehen (τὸ ἐκ βαρύτητος θεώρημα Aps. p. 334). Natürlich giebt es auch von der Sache aus προοίμια ἀντιπίπτοντα, Aps. p. 337. Ausser von den Sachen und Personen lässt sich der Stoff der Prooemien aber auch von dem entnehmen, was mit den Sachen und Personen in Verbindung steht. An die Personen schliessen sich an Kinder, Verwandte, Freunde, ganze Gegenden und Staaten, und was sonst noch zugleich mit unseren Clienten in Gefahr kömmt. An die Sache schliesst sich an die Zeit (Dem. LVII, 2. Cic. pro Cael. 1, 1), der Ort (pro Deiot. 2, 3), die besondere Art des Gerichtsverfahrens (pro Mil. 1, 1. pro Rabir. 2, 6), die öffentliche Meinung, die Erwartung des Volks, u. dgl. Quint. IV, 1, 30. Es sind dies die προοίμια περιστατικά oder τοπικά, wie Harpokration sie nannte (Anon. Seguer. p. 428), welche auf die besonderen Umstände des betreffenden Falles Rücksicht nehmen. Theophrast fügte noch dazu ein prooemium von der Form der Rede, wie bei Demosthenes vom Kranze, es möge dem Redner erlaubt sein, lieber auf seine Weise zu sprechen, als auf die vom Ankläger durch seine Klage vorge-

pro me dicentem benigne, alterum ipse efficiam, ut contra illum cum dicam, attente audiatis: simul illud oro, si meam cum in omni vita tum in dicendo moderationem modestiamque cognostis, ne me hodie, cum isti, ut provocarit, respondero, oblitum esse putetis mei.

Einige behaupteten, sagt Quintilian, man dürfe den Richter nicht immer aufmerksam und gelehrig machen. Es liege im Interesse einer schlechten Sache, dass er ihre Beschaffenheit nicht merke. Gewiss; allein das geschieht nicht durch Nachlässigkeit von Seiten des Richters, d. h. durch Mangel an Aufmerksamkeit, sondern dadurch, dass er von uns über die wahre Beschaffenheit der Sache irre geführt wird. Immer muss der Richter auf das achten, was wir sagen. Allerdings müssen wir einiges verkleinern, es als gering und verächtlich darstellen, um die Aufmerksamkeit des Richters, die er dem Gegner geschenkt hat, zu schwächen. Dies thut Cicero in der Einleitung zur Ligariana mittelst der Ironie, Cäsar solle die Sache, als nicht mehr neu, weniger beachten, ebenso in der Rede pro Caelio, damit die Sache wider Erwarten kleiner erscheine, ferner pro Rabirio, um sich bei der Menge der gegen den Angeklagten erhobenen Beschuldigungen für den eigentlichen Gegenstand seiner Rede Platz zu schaffen.

Die Anwendung des gesagten richtet sich nun aber nach den genera causarum, von denen in §. 10 die Rede gewesen ist. Beim genus ἀμφίδοξον, sagt Quintilian, muss man den Richter hauptsächlich wohlwollend machen. Cornif. I, 4, 6: *si genus causae dubium habebimus, a benivolentia principium constituemus, ne quid illa turpitudinis pars nobis obesse possit.* Beim δυσπαρακολούθητον ist der Richter vor allem gelehrig, beim ἄδοξον aufmerksam zu machen. Das ἔνδοξον genügt schon an sich, den Richter zu gewinnen, daher bei ihm ein exordium oft gar nicht nöthig ist.

Dagegen muss man gegen das παράδοξον und turpe besondere Mittel anwenden. Deshalb theilten einige das exordium in zwei Arten, das eigentliche exordium, *principium*, und die *insinuatio* (ἔφοδος), über deren Unterschied Cornif. I, 7, 11, Cic. de inv. I, 15, 20, Fortun. p. 109 zu vergleichen sind. Beim principium verlangt man geradezu Wohlwollen und Aufmerksamkeit, was bei einer schlechten Sache nicht stattfinden kann. Die *insinuatio*, gleichsam ein sich einschleichen in den Geist des Zuhörers, sucht hier nun auf einem Umwege zum Ziele zu gelangen. Cornificius der, wie wir sahen, vom παράδοξον nichts weiss, sagt man müsse statt des principium die insinuatio in drei Fällen gebrauchen, wenn man eine schlechte Sache habe, die einem schon an sich das Gemüth des Zuhörers entfremde, oder wenn der Richter schon von denen, die vorher dagegen gesprochen haben, überzeugt zu sein scheine, oder wenn er durch das Anhören der bisherigen Reden ermüdet sei. *Si causa turpitudinem habebit, exordiri poterimus his rationibus: rem, non hominem spectari oportere; non placere nobis ipsis, quae facta dicantur ab adversariis, et esse indigna aut nefaria: deinde cum diu rem auxerimus, nihil simile a nobis factum ostendemus; aut aliquorum iudicium de simili causa aut de eadem proferemus, deinde ad nostram causam pedetemptim accedemus et similitudinem conferemus; aut negabimus nos de adversariis aliqua re dicturos, et tamen occulte dicemus interiectione verborum.* Aeschines in Timarch. 37 bittet die Richter noch besonders um Entschuldigung, dass er gezwungen sei, die schmutzigen Vergehen des Timarch mit den ihnen entsprechenden Worten zu bezeichnen. Ausführlich setzt Cic. de inv. 1, 17, 24 auseinander, wie beschaffen die insinuatio in den besagten drei Fällen sein müsse. Ueberhaupt gaben hier die Rhetoren eine unendliche Menge von Vorschriften, mit ängstlicher Spaltung der möglichen Fälle bis ins kleinste Detail, ohne doch dadurch die Zahl der wirklich vorkommenden Fälle zu erschöpfen, so dass der Redner doch schliesslich auf sich selbst angewiesen war. Quintilian giebt daher im allgemeinen die Vorschrift, von dem, was an der Sache verletze, solle man seine Zuflucht zu dem nehmen, was an derselben nütze. Wenn die Sache schlecht ist, soll ihr die Person zu Hülfe kommen und umgekehrt. Wenn wir für uns keine Hülfe haben, so suchen wir das hervor, was dem Gegner schadet. Denn wenn es zuvörderst am wünschenswerthesten ist, sich möglichst viel Gunst zu erwerben, so demnächst sich weniger Hass zuzuziehen. Bei dem, was sich nicht leugnen lässt, muss man darauf hinarbeiten, dass es kleiner erscheint, als gesagt ist, oder in anderer Absicht geschehen, oder dass es zur vorliegenden Frage in keiner Beziehung stehe, oder dass es durch Reue wieder gut gemacht werden könne, oder endlich, dass es bereits hinlänglich bestraft sei. Hierbei hat es der Anwalt leichter als der Kläger, denn er lobt ohne den Vorwurf der Anmassung fürchten zu brauchen, er kann auch manchmal mit Nutzen tadeln. Bisweilen wird er sich auch durch dasjenige, was seinem Clienten vorgeworfen wird, bewegt stellen, wie dies Cic. pro Rabirio 1, 2 gethan hat, bis er sich Gehör verschafft, und den Eindruck macht, dass er richtig urtheilt. Deshalb muss man zuerst darauf sehen, ob man die Person des Klägers oder des Anwalts gebrauchen will, so oft beides zulässig ist. So ist denn auch, wie Quintilian übereinstimmend mit Cornificius lehrt, die insinuatio nöthig, wenn die Darstellung des Gegners den Richter eingenommen hat, ferner wenn man vor bereits ermüdeten Richtern zu sprechen hat. Im ersten Falle werden wir sofort unsere Beweise in Aussicht stellen und auf die kommende Widerlegung des Gegners hinweisen. Im letzteren werden wir die Hoffnung auf Kürze erregen und alle die Mittel in Anwendung bringen, durch welche die Aufmerksamkeit erworben wird. *De eo, quod adversarii firmissimum sibi adiumentum putaverint, primum nos dicturos pollicebimur; ab adversarii dicto exordiemur, et ab eo maxime, quod ille nuperrime dixerit; dubitatione utemur, quid potissimum dicamus aut cui loco primum respondeamus, cum affirmatione*, Cornif. I, 6, 10. Man erklärt ferner, dass man anders sprechen werde, als man sich vorbereitet habe, oder als dies von andern geschehen sei, oder zu geschehen pflege. Auch ein Witz zur rechten Zeit ist oft von erfrischender Wirkung, und ein Amüsement des Richters beseitigt seinen Ueberdruss. Hierher gehört auch die von Cicero und namentlich von Demosthenes angewandte πρόληψις, durch die man das, was im Wege zu stehen scheint, also etwaige Einwürfe und Ausflüchte des Gegners, vorweg nimmt und im voraus entkräftet. Cic. div. in Caec. 1, 1: *Si quis vestrum, iudices, aut eorum, qui adsunt, forte miratur me, qui tot annos in causis iudiciisque publicis ita sim versatus, ut defenderim multos, laeserim neminem, subito nunc mutata voluntate ad accusandum descendere, is si mei consilii causam rationemque cognoverit, una et id quod facio, probabit et in hac causa profecto neminem praeponendum mihi esse actorem putabit* — eine Form, die von den Declamatoren zu Quintilians Zeit fast ausschliesslich angewandt wurde. Ueber die πρόληψις oder προκατάληψις vgl. man besonders Anaxim. c. 18 p. 204, sowie c. 29, wo er über den Stoff des Prooemiums spricht.

Zwar behaupteten die Anhänger des Apollodor, die drei Punkte, auf die es beim exordium ankomme, den Zuhörer wohlwollend, aufmerksam und gelehrig zu machen, reichten nicht aus, es gebe noch vielerlei andere Punkte, durch welche der Richter vorzubereiten sei, z. B. von dem Charakter des Richters, von den Vorstellungen aus, die äusserlich mit der Sache in Verbindung stehen, von den Vorstellungen aus über die Sache selbst. Quintilian giebt dies zwar zu, aber man könne sie alle unter jene drei Punkte subsumiren, d. h. sie lassen sich alle in die Topik von den drei Personen und der Sache einreihen, von denen aus zur Erreichung jener drei Hauptpunkte der Stoff für die Proömien entnommen zu werden pflegt. Noch späterhin erklärte Hermogenes, vielleicht im Anschluss an Apollodor, die Erfindung der Proömien ἐκ τῶν ὑπολήψεων τῶν τε προσώπων καὶ τῶν πραγμάτων für die erste und schönste Art, und Longin p. 327 stellt als allgemeine Regel auf: ὅτι δεῖ τὰ προοίμια ἐν τοῖς συμβουλευτικοῖς ἐκ τῶν κεφαλαίων, ἐν δὲ τοῖς δικανικοῖς ἐκ τῶν ὑπολήψεων, ἐν δὲ τοῖς πανηγυρικοῖς ἐκ τῆς ὅλης σχέσεως τοῦ λόγου λαμβάνειν.

Für die Praxis, fährt Quintilian fort, hat nun der Redner, bevor er anfängt, darauf zu sehen, was, bei wem, für wen, gegen wen, zu welcher Zeit, an welchem Ort, unter welchem Umstande, bei welcher öffentlichen Meinung und Stimmung er zu sprechen hat, welches die muthmassliche Meinung des Richters sei, was wir wünschen, um was wir bitten. Dann wird ihn die Natur der Sache selbst auf das führen, wovon er zuerst zu sprechen hat. Ueberhaupt bemerkt Cic. Brut. 57, 209 mit Recht: *omnium enim causarum unum est naturale principium, una peroratio: reliquae partes, quasi membra suo quoque loco locata, suam et vim et dignitatem tenent.* Diese richtige, sachgemässe Einleitung jedesmal zu treffen, ist nun freilich nicht leicht. Daher sagt Dionys. de Lys. iud. 17 p. 253: ἄρξασθαι μὲν καλῶς οὐ ῥᾴδιόν ἐστιν, εἴ γε τις τῇ προσηκούσῃ χρήσθαι βούλοιτο ἀρχῇ, καὶ μὴ τὸν ἐπιτυχόντα λόγον εἰπεῖν. οὐ γὰρ τὸ πρῶτον ῥηθέν, ἀλλ' ὃ τοῦ προτεθέντος λόγου μηδαμοῖ μᾶλλον, ἢ ἐπ' αὐτοῦ ὠφελήσειε, τοῦτο ἀρχή τε καὶ προοίμιον. Einen guten Eindruck macht ein Proömium, das seinen Stoff von der Darlegung der Gegenpartei entnimmt. Weil ein solches nicht zu Hause sich ausarbeiten lässt, sondern an Ort und Stelle gebildet werden muss, so vermehrt es durch seine Leichtigkeit den Ruf vom Talente des Redners, und verschafft durch den Anstrich der Einfachheit und Unmittelbarkeit der ganzen Rede Glaubwürdigkeit. Der Zuhörer fühlt sich ferner veranlasst, auch die ganze Rede für extemporirt, also für unstudirt und ungekünstelt zu halten, wenn es offenbar ist, dass der Eingang ohne Vorbereitung gesprochen wurde. Kein Wunder daher, dass die Redner bisweilen auch durch andre Mittel ihren Prooemien den Anstrich des unmittelbaren, extemporirten zu geben suchten, wie Dem. Aristocr. 19 durch die daselbst angebrachte Figur der *communi-*

catio"), und ähnlich in einem Specialprooemium der Midiana §. 130. Fast immer, sagt Quintilian, wird dem Prooemium eine gewisse Bescheidenheit in Inhalt, Composition und Stimme und Geberde des Redenden wohl anstehen, denn selbst bei einem unzweifelhaften Falle darf allzugrosses Selbstvertrauen nie hervortreten. Der Richter hasst die Sicherheit des Klägers, er denkt an das ihm zustehende Recht freier Entscheidung und verlangt im Stillen Achtung vor demselben. Sorgfältig müssen wir vermeiden, irgendwie verdächtig zu erscheinen. Daher darf gerade in den Prooemien die Sorgfalt des Redenden nicht hervortreten, aber dies zu vermeiden, erfordert eben die höchste Kunst, denn andrerseits wollen sich die Richter nicht langweilen und keine nachlässige Rede mit anhören. Wir müssen also den Schein erwecken, zwar sorgfältig, aber nicht listig zu sprechen. Cornif. I, 7, 11: *in exordienda causa servandum est, ut lenis sit sermo, ut usitata verborum consuetudo, ut non apparata oratio videatur esse*. Vgl. Cic. de inv. I, 18, 25. Die Form anlangend, darf im Exordium kein ungewöhnlicher Ausdruck, keine zu kühne Metapher (Schol. Aesch. Ctes. I p. 315: ὅτι οὐ δεῖ τοῖς μεταφορικοῖς ὀνόμασι κεχρῆσθαι ἐν τοῖς προοιμίοις. πῶς οὖν Αἰσχίνης ἐχρήσατο παράταξιν εἰπὼν καὶ παρασκευήν; — δοκεῖ δὲ τραγικώτερον κεχρῆσθαι εὐθὺς ἐν ἀρχῇ τῇ μεταφορᾷ**), nichts veraltetes, keine poetische Licenz vorkommen. Beim weiteren Verlaufe der Rede, wenn wir die Zuhörer bereits gewonnen haben, können wir uns das eher erlauben. Auch darf die Darstellung und der Ausdruck im Prooemium weder den Beweisen, noch den Gemeinplätzen, noch der Erzählung ähnlich sein, sondern möglichst schlicht und einfach. Steckenbleiben und im Ausdruck stolpern ist im Prooemium besonders schimpflich. Denn ein im Aeussern fehlerhaft gehaltenes Prooemium gleicht einem durch Narben entstelltem Gesichte, auch ist das der schlechteste Steuermann, der sein Schiff gleich beim Auslaufen aus dem Hafen auffahren lässt.

Der Umfang eines Prooemiums, sagt Quintilian weiter §. 62, muss sich immer nach der Sache richten. Einfache Hypothesen begnügen sich mit einem kürzeren, verwickelte, verdächtige oder schimpfliche verlangen ein längeres Prooemium. Lächerlich sei es jedoch, wenn man für alle Prooemien das Gesetz aufgestellt habe,

---

*. S. Weber z. d. St. S. 163.
**) Bei Fortunat. p. 110 ist statt ἀμεταφορητικόν — μεταφορικόν zu lesen.

sie sollten sich auf vier Sätze beschränken, *ut intra quattuor sensus terminarentur*. Jedenfalls sei eine allzugrosse Länge derselben als ermüdend zu vermeiden. Schon Isokrates spricht or. XII, 33 von einer συμμετρία συντεταγμένη τοῖς προοιμίοις. Die Regel von den vier Sätzen ist jedenfalls merkwürdig. Zwar bemerkt Spalding zu dieser Stelle, dass man bei diesen vier Sätzen nicht an Hermogenes zu denken habe, welcher p. 187 lehrt: σύγκειται πᾶν προοίμιον πρῶτον ἐκ προτάσεως, δεύτερον ἐκ κατασκευῆς, τρίτον ἐξ ἀποδόσεως, ἥτις ἐστὶν ἀξίωσις, τέταρτον ἐκ βάσεως, ἣ συνάγει τὴν πρότασιν καὶ τὴν ἀπόδοσιν, allein es scheint mir dies keineswegs so ausgemacht zu sein. Vielmehr glaube ich, dass diese Behauptung des Hermogenes irgend einem älteren Techniker entlehnt ist, und auch dem Quintilian vorgelegen hat, von diesem jedoch irrthümlich auf das ganze Prooemium bezogen ist, in welchem Falle sie sich allerdings höchst lächerlich ausnimmt. Es wurde nämlich unter προοίμιον von manchen Rhetoren nicht die ganze Einleitung verstanden, sondern ein besonderer einleitender Gesichtspunkt. Daher hat denn eine wirkliche Rede mehrere Prooemien, die eben zusammen das erreichen wollen, was im Obigen als Aufgabe der Einleitung entwickelt ist. In diesem Sinne spricht auch Hermogenes von Prooemium, und ihm zufolge soll nun allerdings jedes einleitende Prooemium nicht aus vier Sätzen, sondern aus vier Theilen oder Gliedern im Gedankengange bestehen. Seine Theorie wird klar an einem Beispiele. Den Scholien zum Aeschines zufolge, die wie Ulpian, Libanius, Marcellinus und die sonstigen Verfasser von Einleitungen zu den Attischen Rednern sich völlig auf dem Standpunkt der Hermogenianischen Technologie befinden, sind nämlich in den drei einleitenden Paragraphen der Timarchea nicht weniger als drei Prooemien enthalten. Das erste geht von οὐδένα πώποτε bis καὶ ἐμαυτῷ. Τὸ προοίμιον heisst es nun — κατ' ἐπιείκειαν ἀπολογίας ἐκ προτάσεως, ἐκ κατασκευῆς, ἐξ ἀποδόσεως, ἥτις ἐστὶν ἀξίωσις καὶ ἐκ βάσεως. Es enthalten nämlich die Worte οὐδένα πώποτε τῶν πολιτῶν, ὦ Ἀθηναῖοι, οὔτε γραφὴν γραψάμενος οὔτ' ἐν εὐθύναις λυπήσας den Vordersatz, den eigentlichen Gedanken, von welchem der Redner ausgeht. Die Worte ἀλλ' ὡς ἔγωγε νομίζω μέτριον ἐμαυτὸν πρὸς ἕκαστα τούτων παρεσχηκώς geben die Bestätigung und weitere Begründung dieses Vordersatzes. In den Worten ὁρῶν δὲ τὴν πόλιν μεγάλα βλαπτομένην ὑπὸ Τιμάρχου τουτουὶ δημηγοροῦντος παρὰ τοὺς νόμους καὶ αὐτὸς ἰδίᾳ συκοφαντούμενος, ὃν δὲ τρόπον ἐπιδείξω προϊών—

τος τοῦ λόγου — ist der Nachsatz enthalten, das eigentliche Motiv seiner Handlung, und dieses wird nun durch die Basis, nämlich die Worte: ἔν τι τῶν αἰσχίστων ἡγησάμην μὴ βοηθῆσαι τῇ τε πόλει πάσῃ καὶ τοῖς νόμοις καὶ ὑμῖν καὶ αὐτῷ mit dem Vordersatz in Verbindung gebracht. Nun hat der Redner in diesem Falle die vier Glieder seines Prooemiums zu einem periodologischen Ganzen vereinigt, er hätte sie aber auch als selbständige Sätze aufführen können, wie denn gleich das zweite Prooemium, in welchem blos πρότασις und κατασκευή zu einem Ganzen vereinigt sind, und zwar so, dass die κατασκευή voraufgenommen ist, wirklich drei Sätze enthält. Es lautet: εἰδὼς δ'αὐτὸν ἔνοχον ὄντα οἷς ὀλίγῳ πρότερον ἠκούσατε ἀναγινώσκοντος τοῦ γραμματέως, ἐπήγγειλα αὐτῷ τὴν δοκιμασίαν ταυτηνί. καὶ ὡς ἔοικεν, ὦ Ἀθηναῖοι, οἱ εἰωθότες λόγοι λέγεσθαι ἐπὶ τοῖς δημοσίοις ἀγῶσιν οὐκ εἰσὶ ψευδεῖς· αἱ γὰρ ἴδιαι ἔχθραι πολλὰ πάνυ τῶν κοινῶν ἐπανορθοῦσι. Das dritte Prooemium endlich τοῦ μὲν οὖν ὅλου ἀγῶνος bis ἐπιτίζω μοι προειρῆσθαι besteht in der That aus vier selbständigen Sätzen*).

Wenn es nützt, bemerkt Quintilian weiter, ist es auch erlaubt im Prooemium die ἀποστροφή anzuwenden, d. h. die Rede nicht an die Person des Richters, sondern an eine andere Person zu richten. Als Musterbeispiel der Apostrophe mag Ciceros Anrede an Tubero in der Einleitung zur Ligariana gelten. Es versteht sich, um dies gleich hier zu bemerken, dass die Apostrophe auch an anderen Stellen der Rede, namentlich im Beweis und im Epilog angebracht werden kann. Vgl. Aeschin. Ctes. 53. Dem. XXXV, 49 sowie die längere Apostrophe an Piso bei Cic. or. post red. 7, 16 ff. — Bei einer δευτερολογία, wenn man also nach einem Vorredner das Wort ergriff, pflegte man sich mit einem kürzeren Prooemium von mässigem Umfange zu begnügen, und berief sich dafür auf den Vorgang des Demosthenes in den Reden gegen Androtion und für Leptines, Schol. Aristid. p. 436. Ein auffallend kurzes Prooemium (ἔφοδος bei einem παράδοξον γένος ὑποθέσεως) giebt Dem. XXXIX, 1. Hier ist es dem Kläger lediglich darum zu thun, bald möglichst die Wichtigkeit der Sache für seine persönlichen Interessen darzulegen.

*) Danach erklären sich auch die Schlussworte in der Hypothesis zu Aesch. in Ctesiph. Unter συμπέρασμα scheint ἀπόλυσις und βάσις verstanden werden zu müssen. Auch die Progymnasmatiker sprechen ab und zu von doppelten Prooemien.

Fehler, die wie bei der ganzen Rede, so auch besonders beim Prooemium zu vermeiden sind, sind folgende: Es darf nicht *vulgare*[*]) sein, d. h. nicht zu mehreren Fällen passen, und doch haben selbst grosse Redner diesen Fehler nicht immer vermieden. Es darf nicht *commune* sein, d. h. der Gegner darf sich desselben nicht auch bedienen können. Es darf nicht *commutabile* sein, d. h. der Gegner darf es nicht zu seinem Nutzen ausbeuten können. Es darf nicht *separatum* sein, d. h. mit der Sache in keinem Zusammenhange stehen. Nicht *translatum*, von anderswo hergeholt, d. h. es darf nichts anderes zu Wege bringen, als was die Sache verlangt, es darf also den Zuhörer nicht gelehrig machen, während die Sache verlangt, sein Wohlwollen zu gewinnen, es darf kein principium sein, wenn die Sache eine insinuatio verlangt. Endlich darf es nicht lang sein, was gegen die Grundregeln über das Prooemium verstösst. Quint. §. 71. Cornif. I, 7, 11. Cic. de inv. I, 18, 26. de orat. II, 78, 315. Griechische Rhetoren sprechen meines Wissen über die beim Prooemium zu vermeidenden Fehler nicht. Doch gehört eine Stelle aus Apsines p. 344 hierher. Wird der Redner gezwungen, heisst es hier, seine Rede mit einem allgemeinen Gedanken zu eröffnen, so muss er wenigstens dafür sorgen, ihn in der κατασκευή, auf den vorliegenden Fall speciell anzuwenden**). Als Beispiel wird auf den Eingang der achten Rede des Isocrates, de pace, ver-

---

[*]) Dies ist nach Kaysers Bemerkung zu Cornif. S. 222 das εὐτελές, von welchem Philostratus spricht, vit. Soph. p. 253: κατηγοροῦσι δὲ τοῦ Ἀριστείδου τινὲς ὡς εὐτελὲς εἰπόντος προοίμιον ἐπὶ τῶν μισθοφόρων τῶν ἀπαιτουμένων τὴν γῆν, ἐρξασθαι γὰρ αὐτὸν τῆς ὑποθέσεως ταύτης ὧδε· „οἱ πατάσσονται οὗτοι οἱ ἄνθρωποι παρέχοντες ἡμῖν πράγματα;"

[**]) Die bezüglichen Worte des Apsines sind an dieser Stelle arg in Verwirrung gerathen. Es heisst: ἐὰν δέ ποτε ἀναγκασθῇς κοινὸν προοίμιον εἰπεῖν τὴν κατασκευὴν αὐτοῦ ἰδίαν πρόσαγε, οἷον περὶ μεγάλων ἥκομεν. καὶ ἡ κατασκευὴ ἰδία προσετέθη ὡς ἐν τῷ περὶ εἰρήνης Ἰσοκράτους, ὅπου γὰρ περὶ πολέμου καὶ εἰρήνης, μεγάλα. Das ist purer Unsinn. Zum Glück findet sich die ganze Stelle mit ihrer ursprünglichen Schreibung am Schlusse der Hypothesis zu der betreffenden Rede des Isokrates. Es ist mir unbegreiflich, dass L. Spengel in der Vorrede zum ersten Bande seiner Rhetores p. XXIV zwar diesen Umstand angegeben, ihn aber zur Emendation seines Autors nicht weiter benutzt hat. Es ist nämlich zu lesen: ἐὰν δέ ποτε ἀναγκασθῇς κοινὸν προοίμιον εἰπεῖν, τὴν κατασκευὴν αὐτῷ ἰδίαν πρόσαγε, ὡς ἐν τῷ (der Verfasser der Hypothesis hat, um sich den Schein zu geben, als ruhre die Bemerkung von ihm her, ἐν τῷδε τῷ geschrieben) περὶ εἰρήνης Ἰσοκράτους ἡ κατασκευὴ ἰδία προσετέθη, ὅπου φησί 'περὶ μεγάλων ἥκομεν περὶ γὰρ πολέμου καὶ εἰρήνης'. Der folgende Satz lautet in der Hypothesis ebenso wie bei Apsines.

wiesen. Isocrates beginnt nämlich seine Rede über den Frieden mit der allgemeinen Bemerkung, dass alle auftretenden Redner gewöhnlich den Gegenstand ihrer eigenen Rede von vorn herein als besonders wichtig und beachtenswerth bezeichnen. Nichts desto weniger wolle auch er so anfangen. Darauf fährt er fort: ἥκομεν γὰρ ἐκκλησιάσοντες περὶ πολέμου καὶ εἰρήνης, ἃ μεγίστην ἔχει δύναμιν ἐν τῷ βίῳ κτλ. und diese Worte sind es, welche Apsines als ἰδία κατασκευή bezeichnet. Ein ganz ähnliches Beispiel giebt Dem. Timocr. 4: εἰώθασι μὲν οὖν οἱ πολλοὶ τῶν πράττειν τι προαιρουμένων τῶν κοινῶν λέγειν, ὡς ταῦθ᾽ ὑμῖν σπουδαιότατ᾽ ἐστὶ καὶ μάλιστ᾽ ἄξιον προσέχειν τούτοις, ὑπὲρ ὧν ἂν αὐτοὶ τυγχάνωσι ποιούμενοι τοὺς λόγους. ἐγὼ δ᾽ εἴπερ τινὶ τοῦτο καὶ ἄλλῳ προσηκόντως εἴρηται, νομίζω κἀμοὶ νῦν ἁρμόττειν εἰπεῖν.

Mitunter ist das Prooemium entbehrlich, wenn der Richter Eile hat, die Zeit beschränkt ist, oder wenn die Sache keiner Vorbereitung bedarf. In diesen Fällen, oder wenn die grössere Wichtigkeit uns zwingt, mit der Sache selbst anzufangen, dann dürfen wir das Prooemium nicht anwenden, auch wenn wir möchten. Quint. l. l. 72. Cornif. I, 4, 6. Anon. Seg. p. 430: ἰστέον ὅτι πολλάκις δεῖ παραιτεῖσθαι τὰ προοίμια· οὐ γὰρ ἀεὶ προοιμιαστέον, ὅταν γὰρ μὴ πάθος ἔχῃ τὰ πράγματα, οὐ προοιμιαστέον. δεύτερον, ὅταν πάθος μὲν ἔχῃ, ὁ δὲ ἀκροατὴς μὴ προσίηται τὸν ἔξω τῶν πραγμάτων λόγον ἤτοι σπεύδων ἢ ὀργιζόμενος. τρίτον, ὅταν οἰκεῖοι ὦσιν οἱ ἀκούοντες· περιττὸν γὰρ τὸ πειρᾶσθαι εὔνους ἡμῖν ποιεῖν τοὺς ἀκούοντας οἰκείους ὄντας. τέταρτον, ὅταν ὀλίγον λαμβάνωμεν ὕδωρ*), πρὸς ὃ δεῖ λέγειν τὸν λόγον. ἐνταῦθα γὰρ ἡ τῶν ὠφελιμωτέρων διήγησις ἀναγκαιοτέρα. Auch bei der Deuterologie lässt sich ein Prooemium gewöhnlichen Stils oftmals nicht anbringen. Daher fehlt es, wie bereits bemerkt, in der Leptinea des Demosthenes. Ebenso ist es entbehrlich, wenn der Redner in derselben Sache zum zweitenmale auftritt, wie bei Dem. or. XXVIII. Rein sachlich gehalten, also mehr προκατάστασις als προοίμιον, sind fast alle Prooemien bei Isaeus. Es fehlt ganz in or. III. IX. Auf wenige Worte, welche bündig die Veranlassung des συνήγορος zum Auftreten angeben, beschränkt es sich in or. IV. Die elfte Rede dagegen de Hagniae hereditate ist wie ohne Schluss**), so auch ohne Anfang uns überliefert. Die Apollodoreer freilich lehrten, wie der Anonymus weiter berichtet, ein Prooemium dürfe nie fehlen,

---

*) Meier u. Schömann Att. Proz. S. 718 ff.
**) s. Scheibe praef. p. V.

aber ihre Vorschrift wurzelte zuletzt in einer pedantischen Ansicht von einer Unfehlbarkeit der rhetorischen Regeln, die ihnen in Wirklichkeit nicht zukam. Alexander, der Sohn des Numenius, hatte sie mit lesenswerthen Gründen widerlegt. — Umgekehrt aber, sagt Quintilian, lässt sich auch wohl bei andern Theilen der Rede das anbringen, was der eigentliche Zweck des Prooemiums ist. Auch bei der Erzählung und den Beweisen bitten wir manchmal um Aufmerksamkeit, oder suchen wir uns das Wohlwollen der Richter zu erwerben. Beispiel für das letztere Dem. Eubul. 55. Wenn die Sache verwickelt ist, so muss ohnehin jeder einzelne Theil seine Vorrede haben, und sollte sie auch nur in einer kurzen Uebergangsformel bestehen, wie „vernehmt jetzt das weitere", „ich gehe jetzt dazu über", Quint. I. l. 74. Dies ist die sogenannte *transitio*, von welcher noch in §. 14 die Rede sein wird. Daher kann denn auch ein kurzes Prooemium da, wo bei der Behandlung oder Beweisführung ein neuer Gesichtspunkt zur Anwendung kommt, geradezu als Mittel zur Amplification verwandt werden, worauf Schol. Aristid. p. 116 aufmerksam macht. Als Muster eines solchen Amplificationszwecken dienenden Specialprooemiums ist Aesch. Timarch. 116—118 zu vergleichen. Mitunter können derartige Specialprooemien zu einzelnen Theilen der Rede aber sehr umfangreich sein und gleichfalls die Gewinnung von Aufmerksamkeit, Wohlwollen und Gelehrigkeit sich zur Aufgabe machen. So bei Dem. de cor. 56 ff. Aesch. Ctesiph. 49 f.

Dasjenige muss den Schluss der Einleitung bilden, woraus sich ein ungezwungener Uebergang zum folgenden ergiebt. Quint. l. l. 76: *id debebit in principio postremum esse, cui commodissime iungi initium sequentium poterit.* Cic. de orat. II, 80, 325: *connexum autem ita sit principium orationi, ut non tamquam citharoedi prooemium adfictum aliquod, sed cohaerens cum omni corpore membrum esse videatur.* Vgl. pro Quinct. 3, 11. Isocr. XIX, 4: ὅθεν δ'οἶομαι τάχιστ' ἂν ὑμᾶς μαθεῖν περὶ ὧν ἀμφισβητοῦμεν, ἐντεῦθεν ἄρξομαι διηγεῖσθαι. Dasselbe nur mit διδάσκειν Isae. I, 8. Dem. XXVII, 3: ὅθεν οὖν ῥᾷστα μαθήσεσθε περὶ αὐτῶν, ἐντεῦθεν ὑμᾶς καὶ ἐγὼ πρῶτον πειράσομαι διδάσκειν. Ganz ähnlich Isae. X, 8. Dem. XXIX, 5: ἄρξομαι δ'ἐντεῦθεν, ὅθεν καὶ ὑμεῖς ῥᾷστ' ἂν μάθοιτε κἀγὼ τάχιστ' ἂν διδάξαιμι. Aehnlich XXX, 5. XLV, 2. LIV, 2. In etwas anderer Art XXXIV, 5: ἀναγκαῖον δ'ἐστὶ βραχέα τῶν ἐξ ἀρχῆς διηγήσασθαι ὑμῖν. XXIV, 10: ἐξ ἀρχῆς οὖν ἐν βραχέσι τὰ πραχθέντα δίειμι πρὸς ὑμᾶς, ἵνα μᾶλλον μάθητε καὶ παρακολουθήσητε τοῖς περὶ τὸν νόμον αὐτὸν ἀδικήμασιν. Vgl. Isae. VII, 4. Der Uebergang kann auch durch eine Sentenz gebildet werden. So erzählt Seneca Controv. I, 1, 25: *Hermagoras in hac controversia transiit a prooemio in narrationem eleganter, rarissimo quidem genere, ut in eadem re transitus esset, sententia esset, schema esset. ex altera parte transiit a prooemio in narrationem Gallio et ipse per sententiam.* Aber dies zum Gesetz zu erheben, wird von Quintilian mit Recht als frostige und kindische Affectation bezeichnet. Folgt aber auf das Prooemium eine etwas längere und verwickelte Auseinandersetzung, so kann der Richter noch besonders darauf vorbereitet werden, wie dies Cicero öfter thut, unter andern pro Cluent. 4, 11: *paullo longius exordium rei demonstrandae petam, quod quaeso, iudices, ne moleste patiamini. principiis enim cognitis multo facilius extrema intellegetis.* Solche Formeln sind natürlich besonders geeignet, den Zuhörer gelehrig zu machen und finden sich daher bei Griechischen Rednern sehr häufig.

Zur Veranschaulichung der im obigen über das Prooemium gegebenen technischen Regeln empfiehlt es sich, die rhetorische Analyse zu studieren, welche Dionys. de Lys. 24 p. 259 vom Prooemium zur Rede gegen Diogeiton gegeben hat. Wenn er sich in Betreff der Regeln auf die Alten beruft, so sind darunter die Techniker aus der Schule des Isokrates und dieser selbst zu verstehen, und wir können, wie bereits gesagt, daraus entnehmen, dass die im obigen mitgetheilten Sätze über Einrichtung der Prooemien in der Hauptsache sehr alt sind. Man vergleiche ferner die vortreffliche Analyse vom Prooemium der Aristocratea des Demosthenes, welche Weber in seinem Commentar zu dieser Rede, der überhaupt allen denjenigen, welchen es zum rhetorischen Verständnisse des Demosthenes um sachgemässe Belehrung, und nicht um schöngeistige Redensarten zu thun ist, nicht genug empfohlen werden kann, S. 123 ff. gegeben hat. Gerade wegen seines kurzen Umfangs musterhaft ist des Demosthenes Prooemium zur ersten Rede gegen Aphobus. — Zum Schluss möge noch die richtige Bemerkung des Lucian de conscr. hist. 53 über das Prooemium eines Geschichtswerkes hier Platz finden. Ein Prooemium sei keineswegs nöthig, aber wenn der Geschichtschreiber eins geben wolle, so habe er davon abzusehen, sich das Wohlwollen seiner Leser noch besonders zu erwerben: ὁπόταν δὲ καὶ προοιμιάζηται, ἀπὸ δυοῖν μόνον ἄρξεται, οὐχ ὥσπερ οἱ ῥήτορες ἀπὸ τριῶν, ἀλλὰ τὸ τῆς εὐνοίας παρεὶς προσοχὴν καὶ εὐμάθειαν εὐπορήσει τοῖς ἀκούουσιν. προσέξουσι μὲν γὰρ αὐτῷ, ἢν δείξῃ ὡς περὶ μεγάλων ἢ ἀναγκαίων ἢ οἰκείων ἢ χρησίμων ἐρεῖ· εὐμαθῆ δὲ καὶ σαφῆ τὰ ὕστερον ποιήσει, τὰς αἰτίας προεκτιθέμενος καὶ περιορίζων τὰ κεφάλαια τῶν γεγενημένων.

§. 13.
Die Erzählung.

Ist der Richter durch das Obige hinlänglich vorbereitet, so muss ihm die Sache im Zusammenhange mitgetheilt werden, über die er sein Urtheil fällen soll. Dies geschieht durch die Erzählung, *narratio*, διήγησις. Cic. part. orat. 9, 31: *narratio est rerum explicatio et quaedam quasi sedes ac fundamentum constituendae fidei.* Es braucht nicht immer erzählt zu werden. So lehrten Alexander und Neokles gegen die Anhänger des Apollodor, Anon. Seg. p. 441, vgl. Quint. IV, 2, 4. Denn manche Sachen sind so kurz, dass in ihnen nur eine *propositio*, keine *narratio* statt finden kann. Auch fällt die *narratio* weg, wo es sich um keine Begebenheit, sondern lediglich um eine Rechtsfrage handelt, also bei der *constitutio qualitatis* vom *genus legale*, wie in der Timarchea des Aeschines. Ferner, wenn bereits alles dem Richter bekannt, oder schon in einer früheren Rede richtig auseinandergesetzt ist, also bei der Deuterologie, wie in der Leptinea des Demosthenes, oder bei Lys. or. XIV. In diesem Falle tritt wohl statt der Erzählung die κατάστασις ein, d. h. eine ψιλὴ ἔκθεσις πραγμάτων. Anon. Seg. p. 441: διαφέρει δὲ διήγησις καταστάσεως, ὅτι ἐν μὲν τῇ καταστάσει περὶ ὧν ἴσασιν οἱ δικασταὶ καθιστάμεθα, ἐν δὲ τῇ διηγήσει ἃ ἀγνοοῦσι διηγούμεθα. So heisst es in den Scholien zu Aesch. Tim. 8: ἐντεῦθεν ἡ κατάστασις ἀναμεμιγμένη, τοῖς ἀγῶσιν mit der sehr richtigen Bemerkung: ἔστι δὲ ἡ κατάστασις ἀναμεμιγμένη τοῖς ἀγῶσι δι' αἰτίαν τοιαύτην· ἠπόρει γὰρ μαρτύρων ἐνταῦθα καὶ ὅπως λάθοι τοὺς δικαστάς. So sollte denn auch in der Midiana des Demosthenes die Auseinandersetzung in c. 6 p. 518 D: ἐπειδὴ γὰρ οὐ καθεσηκότος χορηγοῦ κτλ. keine διήγησις, sondern eine κατάστασις sein, vgl. Ulpian z. d. St. Andre gaben auch das nicht zu, sondern erblickten in dieser Partie blos eine προβολὴ τοῦ ἀδικήματος διηγηματικῶς εἰσηγμένη und beriefen sich deshalb auf Demosthenes eigne Worte p. 521 C: τὰ μὲν εἰς ἐμὲ καὶ τοὺς φυλέτας ἠσελγημένα ἐφ' οἷς αὐτὸν προὐβαλόμην, ταῖτ' ἔστιν. In der Ctesiphontea des Aeschines bezeichnete man die Partie § 9 ff. von den Worten ἐν γὰρ τοῖς ἔμπροσθεν χρόνοις an als κατάστασις. Apsines p. 353 bezeichnet den Unterschied von Katastasis und Erzählung: ὅτι ἡ μὲν ἀφήγησίς ἐστιν αὐτῶν τῶν γεγονότων ἔκθεσις, ἡ δὲ κατάστασις ἐξ ἰδίας ἐννοίας τοῦ λέγοντος καὶ τὰ ἀντιπίπτοντα προαναιρεῖ ἐκ τῆς τῶν ἀκουόντων ἐννοίας· καὶ ἡ μὲν διδάσκει τὸ πρᾶγμα, ἡ δὲ προκαθίστησι τοὺς ἀκροατὰς πῶς δεῖ ἀκούειν τῶν πραγμάτων. Danach wäre κατάστασις dasjenige, was sonst προδιήγησις oder προκατάστασις genannt wurde. Uebrigens war der Ausdruck κατάστασις in der Rhetorik sehr alt, denn nach Syrian Rh. Gr. IV, 575 soll schon Korax sich desselben bedient und damit überhaupt das Prooemium bezeichnet haben. Auch Anaximenes thut dies am Schlusse von c. 29, in welchem er über das Prooemium handelt. Bei den Attischen Rednern tritt die Erzählung am meisten bei Antiphon zurück. Seine Erzählungen müssten im Sinne der späteren Technik fast sämmtlich als καταστάσεις bezeichnet werden. Quintilian macht ferner darauf aufmerksam, dass sich der Kläger mit Uebergehung der Erzählung oft absichtlich mit der propositio begnügen wird, wenn Verlauf und Veranlassung der Begebenheit mehr für den Gegner ist. Umgekehrt wird sich der Angeklagte häufig mit der reinen Rechtsfrage begnügen, wenn sich die ihm vorgeworfene Thatsache weder leugnen, noch entschuldigen lässt. Da nämlich in diesem Falle ein spezielleres Eingehen auf dieselbe ein schlechtes Licht auf den Angeklagten werfen würde, so giebt er sie einfach zu, bestreitet dagegen die Zulässigkeit der auf Grund derselben von dem Gegner erhobenen Anklage. Das wird also meistentheils beim Definitions-status der Fall sein.

Man definirte die Erzählung (in specie die Erzählung der Gerichtsrede) verschieden. Neokles nannte sie δικανικὴ ἔκθεσις πραγμάτων εἴς τινα προκειμένην ζήτησιν ἀνηκόντων, oder περιστάσεως ἔκθεσιν εἴς τινα ζήτησιν ἀνηκούσης (für gegenwärtiges gebe es ein ἔνδειξις, für zukünftiges eine πρόρρησις.) Zeno definirte: τῶν ἐν τῇ ὑποθέσει πραγμάτων ἔκθεσις εἰς τὸ ὑπὲρ τοῦ λέγοντος πρόσωπον ῥέουσα. Theodorus: πράγματος αὐτοτελοῦς κατὰ ψιλὴν ἀπόδοσιν ἔκθεσις περὶ τῶν ἤδη γεγονότων. Apollodor zu allgemein und weit περιστάσεως ἔκθεσις. Alexander ἔκθεσις καὶ παράδοσις τῷ ἀκροατῇ τοῦ πράγματος οὗ κοινούμεθα αὐτῷ, Anon. Seg. p. 434. Die Progymnasmatiker definirten die Art der

Erzählung, die sie im Auge hatten*) als ἔκθεσις πράγματος γεγονότος ἢ ὡς γεγονότος und machten auf ihre sechs περιστατικά aufmerksam, von denen bereits oben S. 23 die Rede war. Uebereinstimmend mit den Progymnasmatikern lehrt Cic. de inv. I, 19, 27: *narratio est gestarum rerum, aut ut gestarum expositio*. Aehnlich Quint. §. 31: *narratio est rei factae aut ut factae utilis ad persuadendum expositio, vel (ut Apollodorus finit) oratio docens auditorem, quid in controversia sit*. Das ist allerdings eine ziemlich freie Uebersetzung des Griechischen περιστάσεως ἔκθεσις.

Auch wurden verschiedene Arten (τρόποι) der Erzählung aufgestellt. Schon Theodorus von Byzanz unterschied nach Arist. Rhet. III, 13 p. 148 zwischen προδιήγησις, διήγησις und ἐπιδιήγησις, ohne dass wir durch Aristoteles über die Bedeutung dieser Unterscheidung belehrt würden. Nach Mart. Cap. p. 486 nahm er sogar fünf Arten der Erzählung an und zwar ausser der eigentlichen διήγησις, nämlich προδιήγησις, ὑποδιήγησις, παραδιήγησις, ἀντιδιήγησις und καταδιήγησις. Da hier die ἐπιδιήγησις weggelassen ist, so wird man diese Angabe wohl kaum als glaubwürdig betrachten dürfen. Ueber diese Arten vergleiche man Cic. de inv. I, 19, 27. Anon. Seg. p. 435. Ruf. p. 466. Fortun. p. 112. Die προδιήγησις ist die Erzählung von etwas, was der Darlegung des eigentlichen Sachverhalts vorauf liegt. So in der Timocratea des Demosthenes §. 6 ἐγὼ γάρ, ὦ ἄνδρες Ἀθηναῖοι, προσέκρουσα ἀνθρώπῳ πονηρῷ κτλ. In der späteren Rhetorik wurde sie auch προκατάστασις oder προκαταστατικόν genannt und als ein μερικὸν προοίμιον zur eigentlichen Erzählung betrachtet, Schol. Aristid. p. 15. Hermogenes hielt sie überhaupt für unerlässlich, denn er sagt p. 189: πάσης διηγήσεως ἐν παντὶ προβλήματι ζητητέον τὰ πρεσβύτερα μέν, χρήσιμα δὲ τῇ ὑποκειμένῃ ἀξιώσει ἢ κρίσει, κἀκεῖθεν λαμβάνειν ἄξιον, καὶ προκαταστήσαντας, ὡς προσήκει, τὴν προδιήγησιν οὕτως εἰς αὐτὴν χωρῆσαι τὴν ἐμφαινομένην ἐν αὐτῷ τῷ προβλήματι διήγησιν· ἄτεχνον γὰρ καὶ ἰδιωτικὸν τὸ τῆς διηγήσεως αὐτόθεν ἄρχεσθαι, ὅθεν καὶ τὸ πρόβλημα λέγει. Sie ist ihm also die kunstmässige Einleitung in die Erzählung, die auf die Vergangenheit zurückgreift, s. Weber zu Dem. Aristocr. p. 126. Etwas

---

*) nämlich das διήγημα. Die Erzählung der Gerichtsrede ist dagegen eine διήγησις. Beide sind von einander verschieden wie ποίημα von ποίησις. Die ganze Ilias ist ποίησις, die Bereitung der Waffen in Il. Σ ist ποίημα. So Aphthonius. Sein anonymer Scholiast sagt p. 128: διαφέρει δὲ διηγήσεως, τῷ ταύτην μὲν εἶναι καθολικωτέραν, ἐκεῖνο δὲ μερικώτερον.

anders wird sie von Apsin. 4 p. 348 ff. behandelt, der sie als ἔφοδος πρὸς τὰς ἐπιδείξεις ἢ κατασκευὴ τῶν ἀποδείξεων definirt und sie zwischen Exordium und Erzählung einschiebt. Sie geht aus von einer ἐξέτασις διανοίας und kann, je nachdem man die eigne διάνοια, oder die der Zuhörer, also in specie der Richter, oder die der Gegner zu Grunde legt, eine dreifache sein. Ueber die verschiedenen Einleitungen, mit denen in einzelnen Fällen zur eigentlichen Erzählung überzugehen ist, handelt derselbe ausführlich p. 354 ff., doch verlohnt es sich nicht, auf das daselbst gesagte hier näher einzugehen. Als Beispiel einer vortrefflichen προκατάστασις mag Lysias or. XIII, 4 gelten. Wie sie einerseits dem Zwecke des Prooemiums dient, die Zuhörer aufmerksam und gelehrig zu machen, so mildert sie auch im voraus die grosse Länge der Erzählung*). — Die ὑποδιήγησις ist diejenige Art der Erzählung, welche mit den Thatsachen zugleich auch die Absichten, Pläne und Veranlassungen der Thäter angiebt. Nicht ganz deutlich sagt Fortunatian: *est hypodiegesis, quando quaestionem narrativo modo adprobamus*. — Die παραδιήγησις steht eigentlich mit der Sache selbst in keiner directen Verbindung, sie liegt extra causam, aber trägt dazu bei den Richter für unsre Darstellung des Sachverhalts zu gewinnen. So in der Midiana des Demosthenes §. 161: ἐγένοντο εἰς Εὔβοιαν ἐπιδόσεις κτλ. Es sind dies die *pertinentes ad causam, sed non ipsius causae narrationes*, von denen Quint. IV, 2, 17 ff. spricht. Sie können aus verschiedenen Gründen angebracht werden. Theils dienen sie Amplificationszwecken, theils wollen sie die Richter erregen (Erzählung von Chrysogonus, Cic. pro Rosc. c. 22) oder sie durch irgend eine witzige Wendung heiter stimmen (Erzählung von den fratres Cepasii pro Cluent. c. 20, 21), theils endlich beabsichtigen sie blos eine angenehme Digression (Cic. in Verr. IV, 48 über die Proserpina). Daher hielten auch manche die παραδιήγησις für identisch mit der παρέκβασις, während andre dieselbe doch immer als mit dem thatsächlichen des jedesmaligen Falles noch irgend wie als in Verbindung stehend betrachteten, Anon. Seg. p. 436. Eine παραδιήγησις in diesem Sinne giebt Dem. de falsa 192 ff., in der Erzählung vom Verhalten des Satyros bei einem Gastmahl König

---

*) Eigenthümlich wird der Ausdruck προδιήγησις bei Aesch. Tim. 117 gebraucht: ἔστι δ' ὁ μὲν πρῶτός μοι λόγος προδιήγησις τῆς ἀπολογίας ἧς ἀκούειν μέλλειν γίγνεσθαι.

Philipps, welchem das unwürdige Verhalten des Aeschines in gleicher Lage gegenüber gestellt wird, um durch diese zum Nachtheil des Angeklagten ausfallende Parallele eine Berufung desselben auf sein vergangenes Leben im voraus wirkungslos zu machen. Reine Egression haben wir dagegen §. 315 ff. in der Schilderung von Philipps hinterlistiger Politik. Unter Umständen lässt sich auch die διήγησις mit der παραδιήγησις, also die Erzählung des vorliegenden Falles selbst mit der Auseinandersetzung von Dingen, die mit dem vorliegenden Falle zusammenhängen, verbinden, wie bei Dem. or. XLIII. — Die ἀντιδιήγησις ist diejenige Art der Erzählung, welche gegen die Erzählung der Gegner im ganzen, oder im einzelnen gerichtet ist. — Bei der καταδιήγησις dient die Erzählung zugleich mit als Beweis. Fortun. p. 112: *catadiegesis est, cum sola narratione materia continetur, quae in his controversiis collocatur, in quibus tota oratio narrativa est.* Beispiele aus Lysias werden unten angegeben werden. — Die ἐπιδιήγησις endlich, eine *repetita narratio*, findet nach dem Beweis, oder auch nach dem Epilog ihren Platz. Eine solche haben wir im Aeginetikus des Isokrates. Quintilian §. 128 sagt, sie sei mehr für Declamationen als für die praktische Beredsamkeit anwendbar und dazu erfunden, um, weil die Erzählung kurz sein muss, die Sache nochmals des Affectes halber, d. h. um Gehässigkeit oder Mitleid zu erregen, weitläufiger und geschmückter darzustellen. Aber sie dürfe nur selten angebracht werden, nie so, dass dabei der ganze Verlauf wiederholt wird. Wer sie anwenden will, der muss bei der Erzählung selbst die Sache möglichst knapp zusammenfassen, sich mit Andeutungen begnügen über das, was geschehen sei, und die Erklärung hinzufügen, wie es geschehen sei, vollständiger zu seiner Zeit auseinandersetzen zu wollen.

Im Anschluss an Isokrates verlangen nun die meisten Schriftsteller von der Erzählung drei Eigenschaften, sie soll deutlich (σαφής, lucida, perspicua, manifesta, aperta) kurz (σύντομος; brevis) und wahrscheinlich (πιθανή, verisimilis, probabilis, credibilis) sein. Dion. Halic. de Dem. 34: καὶ τῆς σαφηνείας καὶ τῆς συντομίας καὶ τοῦ πιθανοῦ χωρίον ἀποφαίνουσιν οἱ τεχνογράφοι τὴν διήγησιν. Cornif. I, 9, 14. Cic. de inv. I, 20, 28. Quint §. 31. Kayser zu Cornif. S. 222 ff. Die Vorschrift der Kürze misfiel dem Aristoteles. Er bezeichnet nämlich Rhet. III, 16 p. 154 das Verlangen, die Erzählung solle „schnell" d. h. kurz sein (s. Spalding zu Quint. IV, 2, 107) als lächerlich. Das Gute beruhe nicht auf der Schnelligkeit oder Kürze, sondern auf dem mittleren Maasse, d. h. man müsse gerade so viel sagen, als zur Aufhellung der Sache oder zur Erreichung der bestimmten Absicht des Redenden diene. Anon. Seg. p. 439: περὶ μέντοι συντομίας Ἀριστοτέλης ἐφίστησιν. εἰ γάρ ἐστι, φησίν, ἡ συντομία συμμετρία τις μήτε παραλιπούσης {τι τῶν ἀναγκαίων, μήτε πλεοναζούσης, ἀρετὴ γενήσεται· εἰ δέ ἐστιν ὥσπερ ἔνδεια τῆς ὑπερβαινούσης τι τῶν χρησίμων, ἐν ταῖς κακίαις μᾶλλον ταχθήσεται. Die Theodoreer liessen nur die dritte Eigenschaft der Erzählung bestehen; es sei nicht immer nützlich, kurz oder deutlich auseinanderzusetzen; auch sei diese nur der Erzählung eigenthümlich, während sie die beiden anderen mit jeglicher Rede theile, Anon. Seg. p. 440. Das letztere ist, wie Quint. §. 35 bemerkt, nicht ganz richtig. Die drei Eigenschaften sind für die Rede in ihrem ganzen Verlaufe erforderlich, sie darf nie undeutlich, weitschweifig, unwahrscheinlich sein, aber vornämlich sind diese drei Eigenschaften doch in dem Theile zu beachten, der zuerst den Richter belehrt, denn wenn er uns hierbei nicht versteht, sich nicht erinnert, nicht glaubt, so ist unsre weitere Mühe vergeblich.

Deutlich wird eine Erzählung entweder durch ihren Inhalt, oder ihre Form. Hinsichtlich des Inhaltes ist vor allem auf die oben erwähnten περιστατικά zu achten. Durch die sorgfältige Beachtung derselben wird die Erzählung προκατάσκευος, d. h. sie bereitet dadurch am besten den eigentlichen Beweis vor, Fortun. p. 113. Auch ist die natürliche Reihenfolge der Begebenheiten und Zeiten zu beachten. Dies lehrte bereits Isokrates fr. 12: διηγητέον τὸ πρῶτον καὶ τὸ δεύτερον καὶ τὰ λοιπὰ ἑπομένως. Ferner darf nichts wichtiges weggelassen werden. Cornif. I, 9, 15. Cic. de inv. I, 20, 26. Anaxim. 30. p. 219. Wenn der Gegenstand dem Kreise der gewöhnlichen Bildung fern liegt, z. B. von Dialektik und Geometrie handelt, wenn die Ordnung der Ereignisse untereinander gewirrt wird, wenn man ein und dasselbe oft erwähnt, wenn man etwas auslässt, wenn man nicht zur Sache gehöriges heranzieht, so wird die Erzählung undeutlich, Anon. Seg. p. 438. Die Form anlangend, muss die Erzählung, um deutlich zu werden, in geeigneten und bezeichnenden, weder schmutzigen, noch gesuchten und ungewöhnlichen Ausdrücken, selbstverständlich auch in directer Rede (ὀρθόπτωσις) abgefasst sein. Fremde, tropische, zweideutige und glossematische Ausdrücke, eine unnatürliche Composition, Hyperbata, Länge der Perioden, versteckte Allegorie machen die Erzählung undeutlich, Anon. l. l. Quint. §. 27 ff. Ueber die ὀρθότυπωσις Sulp. Victor p. 323. Der Vortrag endlich muss so eingerichtet sein, dass der Richter das, was gesagt wird, möglichst leicht versteht. Alles Schreien, unnütze Gesticulation, aller Prunk ist zu vermeiden, Quint. §. 37.

Kurz wird die Erzählung, wenn wir anfangen die Sache von dem Punkte an auseinanderzusetzen, von dem an sie für den Richter von Belang ist, wenn wir nichts sagen, was nicht zur Sache gehört, wenn wir alles wegschneiden, was unbeschadet des Verständnisses und unsres Nutzens fortbleiben kann. Corn. I, 9, 14: *rem breviter narrare poterimus, si inde incipiemus narrare, unde necesse erit, et si non ab ultimo initio repetere volemus, et si summatim, non particulatim narrabimus (nam saepe satis est, quid factum sit, dicere non, ut enarres, quem ad modum sit factum —* fügt Cicero hinzu —) *et si non ad extremum, sed usque eo, quo opus erit, persequemur, et si transitionibus nullis utemur, et si non deerrabimus ab eo, quod coeperimus exponere, et si exitus rerum ita ponemus, ut ante quoque, quae facta sunt, sciri possint, tametsi nos reticuerimus — et omnino non modo id, quod obest, sed etiam id, quod neque obest neque adiuvat, satius est praeterire, et ne bis aut saepius idem dicamus.* Oft genug wird es vom Redner ausdrücklich angedeutet, dass er sich der Kürze befleissigt und deshalb Nebensächliches weglässt, z. B. Dem. XLV, 5: ἵνα δέ, ὦ ἄνδρες Ἀθηναῖοι, συντέμω ταῦτα, XLVIII, 7. XXIV, 14 und ähnlich oft. Durch Kürze wird die Deutlichkeit unterstützt — *quo brevior, eo dilucidior et cognitu facilior narratio fiet*, vgl. Cic. de inv. I, 20, 28. Anaxim. l. l. Man kann aber oft im einzelnen kurz, aber doch in der Summe lang sein: z. B. „da ich Kinder wünschte, heirathete ich, es wurde mir ein Sohn geboren, ich zog ihn auf, ich führte ihn ins Jünglingsalter." Dafür kurz: „ich habe einen erwachsenen Sohn." Es darf eben nicht mehr gesagt werden, als nöthig ist. Quint. §. 42. Cicero sagt daher: *ac multos imitatio brevitatis decipit, ut, cum se breves putent esse, longissimi sint, cum dent operam, ut res multas brevi dicant, non ut omnino paucas res dicant et non plures, quam necesse sit. nam plerisque breviter videtur dicere, qui ita dicit: accessi ad aedes, puerum evocavi, respondit, quaesivi dominum, domi negavit esse. hic, tametsi tot res brevius non potuit dicere, tamen, quia satis fuit dixisse ‚domi negavit esse', fit rerum multitudine longus.* Aehnliche Beispiele giebt Jul. Victor p. 424. Nach ihm sind Tautologie und Perissologie die grössten Fehler der Erzählung. Quintilian übergeht dieselben, weil sie nicht blos der Kürze halber zu vermeiden sind, §. 43. Die Kürze des Ausdrucks wird erreicht, wenn man keine Synonyma braucht, von den Synonymen, die man anwenden könnte, die kurzsilbigen auswählt, wenn man die Epitheta weglässt, keine ἀναδιπλώσεις verstattet, die Umschreibungen vermeidet, tropische Ausdrücke bisweilen als eigentliche gebraucht (ἀνεχαίτισε bei Dem. Olynth. II, 9 p. 20), ferner durch Anwendung der Ellipse, der Figur des ἐπεζευγμένον, des Asyndeton, der Emphasis. Anon. Seg. p. 436. Ueber diese Begriffe im einzelnen giebt der dritte Theil Auskunft. — Umgekehrt ist aber auch Dunkelheit als Folge allzugrosser Kürze zu vermeiden, ein Fehler, von welchem Tacitus nicht immer frei zu sprechen ist. Es ist immer besser die Erzählung hat etwas zu viel, als zu wenig. Nie darf dem Streben nach Kürze etwas nothwendiges geopfert werden. Für Leser mag die Kürze eines Sallust ihr angenehmes haben, für Hörer passt sie nicht (Quint. IV, 2, 45). Auch darf die Kürze nicht steril und schmucklos sein, und nie darf ihr etwas geopfert werden, wodurch die Erzählung wahrscheinlicher wird.

Erfordert aber der betreffende Fall eine lange Erzählung, so hat man, wie bereits gesagt, im Prooemium, meist am Schlusse desselben, den Richter zur Aufmerksamkeit vorzubereiten, Quint. §. 47. Man vergleiche Dem. L, 2. Demnächst muss auf künstliche Weise die Länge der Erzählung gemildert werden. Wir verschieben das, was sich verschieben lässt, sagt Quintilian, jedoch nicht ohne zu erwähnen, dass wir es thun. vgl. Dem. Eubul. 16. Hierher gehören bereits die erwähnten Wendungen wie ἵνα συντέμω und ähnliche. Einiges wird in derselben Weise, d. h. mit der ausdrücklichen Erwähnung, dass es geschieht, aus der Aufeinanderfolge der Ereignisse weggelassen. vgl. Cic. pro Caec. 4, 11. pro Quinct. 3, 13. Eine Eintheilung macht die Sache angenehmer: „ich werde das sagen, was vor der Sache, was bei der Sache, was nach der Sache geschehen ist." So sieht es aus, als hätte man statt einer langen drei Erzählungen von verschiedenem Umfange. Auch eine kleine Zwischenrede „ihr habt gehört, was vorher geschehen ist, vernehmt jetzt, was darauf folgt" ist von Nutzen. So in der Rede pro Quinct. 6, 22, oder wenn Dem. XXIV, 17 ff. einen Theil der Erzählung als Excurs behandelt. Auf diese Weise erhält die Erzählung künstliche Ruhepunkte und wird in Folge dessen weniger ermüdend, denn sehr richtig sagt Dionys. ep. ad Pomp.

p. 37, da wo er von den Aufgaben historischer Darstellung spricht: πᾶσα μῆκος ἔχουσα ἀπὸ λόγου διήγησις, ἂν μὲν ἀναπαύσεις τινὰς λαμβάνῃ, τὰς ψυχὰς τῶν ἀκροωμένων ἡδέως διατίθησιν. ἐὰν δ᾽ ἐπὶ τῶν αὐτῶν μένῃ πραγμάτων, κἂν τὰ μάλιστα ἐπιτυγχάνηται, λυπεῖ τὴν ἀκοὴν τῷ κόρῳ. Bleibt die Erzählung trotz alledem lang, so fügt man am Schlusse eine Art Resumé (commonitio) an, was Cicero in der Ligariana 2, 4 selbst bei einer kurzen Erzählung gethan hat: *adhuc, Caesar, Q. Ligarius culpa vacat; domo est egressus non modo nullum ad bellum, sed ne ad minimam quidem belli suspitionem rell.* Quint. §. 51. So kann man auch bei einem geeigneten Punkte der Erzählung Halt machen, die Länge derselben ausdrücklich entschuldigen und um fernere Aufmerksamkeit bitten, zugleich auf die Wichtigkeit der Sache nochmals hinweisen. So Aesch. de falsa 44. Schon vorher §. 24 hat er sich für die ihm bisher geschenkte Aufmerksamkeit bereits bedankt.

Ueber die Wahrscheinlichkeit der Erzählung sagt Cornif. I, 9, 16 kurz: *verisimilis narratio erit, si, ut mos, ut opinio, ut natura postulat, dicemus.* Anon. Seg. p. 438: πιθανὴ δὲ διήγησις γίνεται, εἰ πάντα, ὅσα λέγει τις, ἐξομοιοῦν πειρῷτο τοῖς ἀληθέσιν. Dazu gehört denn, dass man keinen von den Theilen (μόρια, gemeint sind die περιστατικά) der Erzählung weglässt, Person, Sache, Ort, Zeit, Ursache, dass die Erzählung innerlich zusammenstimmt und frei von Widersprüchen ist. Aehnlich Jul. Vict. p. 424. Ausführlicher Cic. de Inv. I, 21, 29. Quint. §. 52 ff. Wahrscheinlich wird also die Erzählung vor allem, wenn wir uns in Acht nehmen, etwas zu sagen, was gegen die Natur der Sache verstösst. In dieser Hinsicht ist gleich Livius XXII, 17 in der bekannten Erzählung von der List, welche Hannibal gegen Fabius anwandte, zu tadeln. Unwahrscheinlich ist hier einmal der Umstand, dass die Ochsen sich den Berg hinantreiben liessen, statt sich voller Wuth umzukehren und sich auf ihre Peiniger zu stürzen, noch mehr aber, dass sie nicht brüllten. Letzteren Umstand fühlte bereits Sil. Ital. VII, 366, half ihm aber sehr schlecht ab. Ferner muss man die hauptsächlichen Ereignisse aus ihren Gründen hervorgehen lassen, also pragmatisch erzählen. Man muss die Personen übereinstimmend mit den Thaten, die geglaubt werden sollen, darstellen, einen Dieb als habsüchtig, einen Ehebrecher als wollüstig, einen Mörder als verwegen, oder umgekehrt bei der Vertheidigung. Ebenso müssen Ort und Zeit zu der erzählten Begebenheit stimmen, sowie der natürliche Zusammenhang der Ereignisse unter sich. Auch sind kurze Andeutungen zu geben, die gleichsam den Beweis vorbereiten, doch müssen alle solche Vorbereitungen versteckt angebracht sein. Mit wunderbarer Kunst hat dies Cicero in der Miloniana gethan, wo er, um im voraus zu zeigen, dass Clodius dem Milo, aber nicht umgekehrt Milo dem Clodius Nachstellungen bereitet habe, den Milo ganz einfach und unverfänglich aus dem Senate nach Hause gehen und sich zur Abreise umkleiden lässt (Cic. pro Mil. 10, 28). Dass in der Erzählung keine Widersprüche vorkommen dürfen, versteht sich ganz von selbst.

Ausser den besagten drei Eigenschaften einer guten Erzählung führten andre noch auf $\mu\varepsilon\gamma\alpha\lambda o\pi\varrho\acute{\varepsilon}\pi\varepsilon\iota\alpha$, $\alpha\ddot{\upsilon}\xi\eta\sigma\iota\varsigma$, $\dot{\eta}\delta o\nu\dot{\eta}$, $\pi\varrho o\sigma\acute{\eta}\nu\varepsilon\iota\alpha$ oder $\dot{\varepsilon}\pi\iota\varepsilon\acute{\iota}\varkappa\varepsilon\iota\alpha$, Anon. Seguer. p. 439. Diese andren waren die Stoiker. Schon Zeno hatte überhaupt fünf gute Eigenschaften ($\dot{\alpha}\varrho\varepsilon\tau\alpha\acute{\iota}$) der Rede aufgestellt: '$E\lambda\lambda\eta\nu\iota\sigma\mu\acute{o}\varsigma$, $\sigma\alpha\varphi\acute{\eta}\nu\varepsilon\iota\alpha$, $\sigma\upsilon\nu\tau o\mu\acute{\iota}\alpha$, $\pi\varrho\acute{\varepsilon}\pi o\nu$, $\varkappa\alpha\tau\alpha\sigma\varkappa\varepsilon\upsilon\acute{\eta}$, vgl. Diog. Laert. VII, 40. Einige dieser Eigenschaften berührt auch Quint. §. 61 ff. Die $\mu\varepsilon\gamma\alpha\lambda o\pi\varrho\acute{\varepsilon}\pi\varepsilon\iota\alpha$, *magnificentia*, als vierte Eigenschaft aufzustellen, sei verkehrt, da sich die Form der Rede immer nach dem vorliegenden Falle zu richten habe. Dasselbe gelte von dem Angenehmen, was Theodektes als besondere Eigenschaft der Erzählung aufgestellt hatte. Sie wird von der ganzen Rede gleichmässig verlangt. Andre fügten die $\dot{\varepsilon}\nu\acute{\alpha}\varrho\gamma\varepsilon\iota\alpha$, *evidentia* hinzu. Richtig erscheint sie beim Anon. Seg. als der $\pi\iota\vartheta\alpha\nu\acute{o}\tau\eta\varsigma$ untergeordnet. So verlangt auch Cic. Top. 26, 97 die Erzählung solle zunächst jenen drei Eigenschaften noch *evidens, morata, cum dignitate* sein. Das *moratum* fällt aber *cum dignitate* zusammen, und von der *dignitas* gilt dasselbe wie von der *magnificentia*. Die Progymnasmatiker stellten, ihrem besonderen Standpunkte gemäss, als vierte Eigenschaft den $\dot{\varepsilon}\lambda\lambda\eta\nu\iota\sigma\mu\acute{o}\varsigma$ $\tau\tilde{\omega}\nu$ $\dot{o}\nu o\mu\acute{\alpha}\tau\omega\nu$ auf. Der Scholiast zu Aphthonius bei Walz Rh. Gr. T. II p. 14 bemerkt dazu: $\tau\iota\nu\grave{\varepsilon}\varsigma$ $\dot{\alpha}\nu\tau\grave{\iota}$ $\tau o\tilde{\upsilon}$ $\dot{\varepsilon}\lambda\lambda\eta\nu\iota\sigma\mu o\tilde{\upsilon}$ $\dot{\eta}\delta o\nu\grave{\eta}\nu$ $\varkappa\alpha\grave{\iota}$ $\mu\varepsilon\gamma\alpha\lambda o\pi\varrho\acute{\varepsilon}\pi\varepsilon\iota\alpha\nu$ $\ddot{\varepsilon}\vartheta\eta\varkappa\alpha\nu$. $\ddot{\varepsilon}\tau\varepsilon\varrho o\iota$ $\delta\grave{\varepsilon}$ $\dot{\alpha}\varrho\varepsilon\tau\grave{\eta}\nu$ $\delta\iota\eta\gamma\acute{\eta}\mu\alpha\tau o\varsigma$ $\mu\acute{o}\nu\eta\nu$ $\varepsilon\tilde{\iota}\pi o\nu$ $\tau\grave{\eta}\nu$ $\pi\iota\vartheta\alpha\nu\acute{o}\tau\eta\tau\alpha$· $\tau\grave{\alpha}\varsigma$ $\gamma\grave{\alpha}\varrho$ $\ddot{\alpha}\lambda\lambda\alpha\varsigma$ $\tau\acute{\varepsilon}\sigma\sigma\alpha\varrho\alpha\varsigma$ $\varkappa o\iota\nu\grave{\alpha}\varsigma$ $\pi\alpha\nu\tau\grave{o}\varsigma$ $\lambda\acute{o}\gamma o\upsilon$ $\varepsilon\tilde{\iota}\nu\alpha\iota$ $\dot{\varepsilon}\nu\acute{o}\mu\iota\sigma\alpha\nu$.

Es kann nun aber die Erzählung der Sache nach entweder ganz für uns, oder ganz für den Gegner, oder aus beidem gemischt sein. Ist sie ganz für uns, so können wir uns mit ihren besagten drei Eigenschaften begnügen, durch welche wir erreichen, dass der Richter einsieht, sich erinnert, glaubt. Quint. §. 33. Dabei darf nicht übersehen werden, dass manches wahr und deshalb doch nicht wahrscheinlich ist, wie auch, dass das falsche häufig wahrscheinlich ist (vgl. Plat. Phaedr. p. 273 B). Es ist eben darauf zu sehen, und zwar durch Anwendung der betreffenden Kunstmittel, dass der Richter ebenso gut das glaubt, was wir der Wahrheit gemäss sagen, als was wir erdichten. Im zweiten Falle, wenn die Sache gegen uns ist, wollten einige die Erzählung ganz weglassen, was allerdings das leichteste ist. Allein in Wirklichkeit lässt sich das nicht immer ohne weiteres ohne grosse Nachtheile durchführen. Man muss nur das verschweigen, was zu verschweigen nützt, und was verschwiegen werden kann. Es kommt also auf das genus causae an. Bei Fällen, in denen es sich nicht um die Schuld, sondern um die Art der Handlung handelt, beim status definitivus, kann man die That eingestehen, aber gleich mit der nöthigen Beschränkung. Die gehässige Darstellung, welche der Gegner der Sache giebt, ist zu mildern. Frägt es sich, ob die That, oder wie sie geschehen ist, also beim status conjecturalis und qualitatis, so kann man die Erzählung auf keinen Fall umgehen, denn dann muss der Richter glauben, dass wir die gewiss gehässige und übertriebene Darstellung des Klägers als wahr einräumen. Wir werden also dasselbe auseinandersetzen, wie der Kläger, aber in andrer Weise, wir werden andre Ursachen, andre Absichten, einen andern Zusammenhang angeben. Einiges kann lediglich durch den Ausdruck gemildert werden, Verschwendung wird als Freigebigkeit, Geiz als Sparsamkeit, Nachlässigkeit als Einfalt bezeichnet (vgl. Longin. frgm. 8 T. I, p. 326). Durch unsere Miene, Stimme, Haltung können wir Gunst und Mitleid erwecken. Ja das blose Geständniss kann bisweilen bis zu Thränen rühren. Auch muss man bei der Erzählung auf den eigentlichen Beweis verweisen, durch welchen das einzelne erst in sein rechtes Licht treten werde. vgl. Lys. or. I, 22. Bei der causa conjecturalis hat man oft nicht die Sache selbst auseinanderzusetzen, sondern die Umstände, aus denen man die Sache folgert. Der Ankläger macht sie verdächtig, der Vertheidiger muss diesen Verdacht zu beseitigen suchen.

Es kommen in diesem Falle auch erdichtete Auseinandersetzungen vor. Die eine Art wird durch äussere Beweismittel unterstützt. So behauptete Clodius, i. J. 61 de incesto angeklagt, weil er sich in weiblicher Kleidung beim Fest der Bona Dea in das Haus des C. Julius Caesar eingeschlichen hatte, er sei in dieser Nacht zu Interamna gewesen und stützte sich dafür auf das Zeugniss seines Genossen C. Cassinius Schola aus dieser Stadt, bei welchem er sich aufgehalten haben wollte. Bekanntlich entkräftete aber Cicero dies Zeugniss durch seine Aussage, dass Clodius an diesem Tage noch in seinem Hause gewesen sei, eine Aussage, die ihm des Clodius tödliche Feindschaft zuzog. Die andre Art stützt sich lediglich auf das Talent des Redners. Sie gicht entweder eine verschönernde Darstellung des Sachverhalts, oder bringt wirklich Thatsachen vor, durch welche die ganze Sache eine andre Wendung erhält. Immer muss das, was wir erdichten, möglich, ferner nach Person, Ort, Zeit, Veranlassung und Verlauf glaublich sein, womöglich mit etwas wirklichem zusammenhängen, oder sich auf einen Beweis stützen. Gerade bei einer erdichteten Erzählung muss man mit der grössten Sorgfalt auf ihre Wahrscheinlichkeit sehen, Cornif. I, 9, 16. Vor allen Dingen dürfen keine Widersprüche in ihr vorkommen, auch darf sie dem, was als wahr feststeht, nicht widersprechen. Und was man einmal erdichtet hat, muss dann im ganzen Verlauf der Rede streng aufrecht erhalten werden, man darf es nicht wieder vergessen. Auch dürfen wir nur das erdichten, was sich der Zeugenschaft entzieht. Also von unsrer Absicht aus, deren wir allein uns bewusst sind, von Verstorbenen aus, denn dass kann keiner in Abrede stellen, von dem aus, dem dasselbe nützt, denn er wird es nicht in Abrede stellen, auch vom Gegner aus, denn er wird, wenn er es leugnet, keinen Glauben finden. Colores von Träumen und abergläubischen Vorstellungen aus, werden von Quintilian als bereits zu abgenutzt bezeichnet.

Beim dritten Fall endlich, wenn ein Theil der Auseinandersetzung für uns, ein Theil gegen uns ist, müssen wir je nach der Beschaffenheit desselben überlegen, ob wir beides untereinandermischen, oder die Theile trennen sollen. Denn wenn mehr vorhanden ist, was schadet, so wird das, was nützt, erdrückt. Dann muss man theilen; das, was unsre Sache unterstützt, erzählen und verstärken, gegen das andre aber die oben gesagten Mittel anwenden. Wenn dagegen mehr vorhanden ist, was nützt, so kann man es mit dem andern vermischen, und zwar so, dass das, was uns entgegensteht, mitten unter das gestellt, was uns unterstützt, an Kraft verliert. Aber wir dürfen beides nicht nackt hinstellen, sondern müssen das, was für uns spricht, durch irgend eine Argumentation verstärken, das entgegenstehende als minder glaublich bezeichnen. Quint. §. 101 ff.

Weitere Vorschriften für die Erzählung sind, es soll kein Excurs stattfinden, die Rede soll sich vom Richter nicht abwenden, man soll keiner fremden Person Sprache verleihen, also sich der Prosopopoeie nicht bedienen, sich nicht mit der Beweisführung beschäftigen (ausser in dem oben bezeichneten Falle andeutungsweise), keine Affecte anwenden. Von diesen Vorschriften sind Ausnahmen gestattet, aber nur in den seltensten Fällen. Ein Excurs darf höchstens ganz kurz und so gehalten sein, dass es scheint, als seien wir durch die Gewalt der Leidenschaft vom rechten Wege abgekommen, wie bei Cic. pro Cluent. 6, 15: *o mulieris scelus incredibile et praeter hanc unam in omni rita inauditum! o libidinem effrenatam et indomitam! o audaciam singularem! nonne timuisse, si minus vim deorum hominumque famam, at illam ipsam noctem facesque illas nuptiales? non limen cubiculi? non cubile filiae? non parietes denique ipsos, superiorum testes nuptiarum? perfregit ac prostravit omnia cupiditate ac furore: vicit pudorem libido, timorem audacia, rationem amentia.* — Eine vom Richter abgewandte Rede ist bisweilen der Kürze und Bündigkeit halber zuzulassen. In der Rede pro Cluentio c. 26 wird durch das Gespräch zwischen Staienus und Bulbus die Kürze und Glaubwürdigkeit sehr vermehrt, und dass dies keine Regellosigkeit ist, beweist eine Stelle in den part. orat. 9, 32, wo es heisst: *suaris autem narratio est, quae habet admirationes, expectationes, exitus inopinatos, interpositos motus animorum, colloquia personarum, dolores, iracundias, metus, laetitias, cupiditates.* So führt auch Lysias or. XXVIII, 6 angebliche compromittirende Aeusserungen des Verklagten mit dessen eigenen Worten an. Eine Apostrophe an die Person des Verklagten haben wir or. XXX, 5, bei welcher Rede es freilich fast unmöglich ist, das Prooemium von der Erzählung zu scheiden. Prosopopoeie in der Erzählung haben wir ferner bei Dem. LV, 5. LVI, 15. — Wir dürfen uns in der Erzählung nicht mit der Beweisführung *(argumentatio)* beschäftigen, doch kann mitunter ein Beweisgrund *(argumentum)* angewandt werden[*]), wie es Cic. pro Ligar. 2, 4 gethan: *in provincia pacatissima ita se gessit, ut ei parcem esse expediret,* was eben bei Leuten, die sich durch Verbrechen befleckt haben, nicht der Fall ist, Quint. §. 108. vgl. Cic. pro Quinct. 6, 26. Isae. I, 13. Und

---

[*]) Auch schon im Prooemium können Beweisgründe in der Form von Enthymemen angebracht werden. Man vergleiche das Prooemium in Aeschines Rede de falsa legatione.

so hebt es Dionys. de Is. 14, 15 als etwas besonders künstliches hervor, dass Isaeus die Erzählung unterbrochen und gleich bei jedem einzelnen Punkte derselben die Beweise angebracht habe. Dasselbe that Andocides*). Dass sich Demosthenes in der ersten Rede gegen Aphobos in dieser Hinsicht nach Isaeus gerichtet hat, ist unschwer zu erkennen. Unterbrechung der Erzählung durch Zeugenbeweis haben wir ferner bei Dem. or. XXXIV, bei Lys. or. III, 14. 20 — durch Zeugen, Mittheilung sonstiger Beweismittel und von dem Angeklagten zu beantwortende Fragen or. XIII. Es ist dies natürlich mit Absicht geschehen. Denn der eigentliche Beweis ist als ein unkünstlicher ganz kurz (§. 49. 50), deshalb wird die Erzählung selbst mit zum Beweise gemacht. Ebenso or. XVII. XXIII. Auch hier hat der ganze Beweis die Form der Erzählung, oder richtiger auch hier ist die Erzählung als κατα‑ δήγησις, in welcher gebürenden Orts die unkünstlichen Beweis‑ mittel, Zeugenaussagen und Urkunden, gleich mit eingeschoben werden, selbst mit Beweis. Ohne weitere vermittelnde Enthymeme geht eben aus der blossen Darlegung des Sachverhalts das Recht des Sprechers ohne weiteres hervor. Eine derartige Behandlung der Erzählung mit zahlreichen Enthymemen, sowie Unterbrechungen durch Beweismittel ist natürlich auch da geboten, wo der Redner zwar einen besondern Beweis beibringt, aber weil dieser als ein blos künstlicher ihm nicht zu genügen scheint, darauf Bedacht nehmen muss, denselben anderweitig zu stützen. Dann legt er es absicht‑ lich darauf ab, schon der Erzählung den Schein des Beweises zu geben. Mit meisterhafter Virtuosität hat dies Demosthenes mit der Erzählung in der Rede de falsa legatione gethan, und es ist ihm damit gelungen, selbst einige der alten Rhetoren zu täuschen, denn nur hieraus erklärt es sich, dass einige den status dieser Rede als στοχασμὸς ἐμπίπτων bezeichnen konnten. — Es kann also in der Erzählung unter Umständen eine kurze Vertheidigung und Begründung der Thatsachen eingeschoben werden, Quint. I. I. Eine solche Erzählung heisst ἐγκατάσκευος, Jul. Vict. p. 425. Hermog. p. 199 mit Hinweis auf die Erzählung in der Aristocratea des Demosthenes**). Die Affecte von der Erzählung unbedingt

---

*) Blass Att. Berede. S. 298.
**) Dagegen heisst sie ἐνδιάσκευος, wenn sie sich in anschaulicher Schilderung ergeht. Eine gute Erzählung muss nach Hermogenes das ἁπλοῦν d. h. die schlichte Relation mit dem ἐγκατάσκευον und ἐνδιάσκευον abwechselnd zu verbinden wissen.

auszuschliessen, lehrt Quintilian ferner §. 111 ff., ist verkehrt. Man soll sie nur nicht lange und in der Art und dem Umfange wie im Epilog anwenden, sonst sind sie von grossem Nutzen und grosser Wirkung. Die Erzählung muss mehr als jeder andere Theil der Rede anmuthig geschmückt sein. Natürlich kömmt es darauf an, welcher Art die Sache ist, die wir auseinandersetzen wollen. Apsin. p. 358 stellt demgemäss verschiedene Arten der Erzählung auf: τῶν διηγήσεων αἱ μὲν εἰσι παθητικαί, αἱ δὲ ἠθικαί, αἱ δὲ σφοδραί, αἱ δὲ πᾶν ἐν βαρύτητι, αἱ δὲ ἐγκωμιαστικαί, αἱ δὲ μέσαι. τῶν δὲ μέσων αἱ μὲν δημόσιαι, αἱ δὲ ἰδιωτικαί, ohne dass diese Eintheilung von grossem praktischen Belang wäre. Bei gewöhnlichen Privatsachen ist eine gedrängte Darstellung am Platze mit sehr sorgfältiger Wahl der Worte, damit alles klar und deutlich sei, alles gleichförmige, monotone aber vermieden werde. Bei grösseren Sachen muss das Furchtbare gehässig, das Traurige mitleidig gesagt werden, auch müssen die Affecte angebahnt und von vorn herein angedeutet werden. Von grosser Wichtigkeit ist die Schilderung, *credibilis rerum imago, quae velut in rem praesentem producere audientes videtur*, διατύπωσις oder ὑποτύπωσις, von welcher noch im dritten Theile die Rede sein wird. Quint. §. 116—124. Gerade durch die lebendige Anschaulichkeit der Schilderung, durch die lebensgetreue Darstellung der dabei auftretenden Personen ist die Erzählung des Lysias so meisterhaft, oft geradezu von vollendeter Schönheit. Man nehme gleich die Erzählung der ersten Rede, die mit köstlichem Humor gewürzt ist, oder das herrliche Bruchstück, welches Rutil. Lupus I, 21 als Muster seiner Charakterzeichnung*) aufbewahrt hat. — Weitere Vorschriften über die Darstellung und den Vortrag der Erzählung geben Anon. Seg. p. 444. Hermog. p. 197. Apsin. p. 358 ff. Die Glaubwürdigkeit der Erzählung wird ganz besonders erhöht durch die Autorität des Erzählers. Diese müssen wir verdienen vor allem durch unseren Lebenswandel, dann aber auch durch den Ernst und die Lauterkeit der Rede selbst. Daher muss alles subjective, alles berechnet auffällige vermieden werden, Quint. §. 125—127.

---

*) Als ἠθολογία, denn so ist bei ihm zu lesen. Die Ethologie (synonym mit χαρακτηρισμός) ist das, was wir Charakteristik, Charakterbild nennen, s. Posidonius bei Seneca ep. 95, 65, und darf mit der Ethopoeie nicht verwechselt werden.

Der **Anfang** der Erzählung endlich sollte, wie Quintilian weiter berichtet, nach der Ansicht einiger Rhetoren durchaus von der Person genommen werden, und zwar in der Absicht, die Person des Clienten gleich herauszustreichen, die des Gegners herabzuziehen. Dies ist allerdings das gewöhnlichste. Man vergleiche die gehässige Charakteristik des Aebutius in der Erzählung von Ciceros Rede pro Caec. 5, 14. Wenn es von Nutzen ist, lassen sich bei der Person gleich die Nebenumstände mit anbringen, wie dies Cicero gethan pro Cluent. 5, 11: *A. Cluentius Avitus fuit, pater huiusce, iudices, homo non solum municipii Larinatis, ex quo erat, sed etiam regionis illius et vicinitatis virtute, existimatione, nobilitate facile princeps.* Man kann indes auch von der Sache ausgehen, wie Demosth. pro cor. τοῦ γὰρ Φωκικοῦ συστάντος πολέμου. Die Erzählung soll bis zu dem Punkte geführt werden, bei welchem die eigentliche quaestio beginnt, Fortun. p. 113. Cic. pro Caec. 8, 23: *his rebus ita gestis J. Dolabella praetor interdicit, ut est consuetudo de vi hominibus armatis sine ulla exceptione, tantum ut unde deiecisset restitueret. restituisse se dixit. sponsio facta est. hac de sponsione vobis iudicandum est.* Vgl. pro Quinct. 9, 32. Dem. or. LVI, 19 ff. Dies kann der Kläger wenigstens immer thun, nicht aber immer der Vertheidiger. Quint. §. 129 ff.

§. 14.
Die Egression. παρέκβασις.

An die Erzählung schliesst sich die *confirmatio* an. Was wir zu dem Zwecke auseinandergesetzt haben, muss nun bewiesen werden. Indes pflegten, wie Quintilian sich ausdrückt, die meisten Redner zuvor noch einen angenehmen Excurs zu machen. Ein solcher Excurs ist aber nur dann statthaft, wenn er gleichsam das Ende der Erzählung, oder der Anfang des Beweises ist, also sich gleichsam von selbst ergiebt. Wenn also die Erzählung gegen den Schluss hin heftig wird, so können wir nun unsern Unwillen ausbrechen lassen, natürlich nur, wenn die Sache unzweifelhaft ist. Ebenso kann man, wenn man allerlei Verdienste angegeben, die man sich um den Gegner erworben hatte, nun gegen ihn als einen Undankbaren losfahren; oder wenn man in der Erzählung eine Mannichfaltigkeit von Verbrechen aufgezählt hat, dann nachweisen, eine wie grosse Gefahr in Folge dessen uns droht. Aber dies alles darf nur kurz geschehen. Denn der Richter ist auf den Beweis gespannt und will möglichst bald mit seinem Urtheil ins Reine kommen. Auch muss man sich in Acht nehmen, gerade durch eine Ablenkung der Gemüther auf etwas andres den Eindruck der Erzählung zu verwischen. Wie nun ein solcher Excurs nach der Erzählung nicht immer nothwendig ist, so ist er häufig als Vorbereitung vor der Untersuchung oder Beweisführung von Nutzen, gleichsam um den Richter noch besonders für unsre folgende Auseinandersetzung zu gewinnen. Dabei muss man jedoch die Natur des Richters kennen, ob er mehr auf das stricte Recht, oder auf Billigkeit giebt. Vgl. Quint. IV, 3.

Dies ist also die παρέκβασις, auch ἐκδρομή genannt (Schol. Arist. p. 8), lateinisch egressio oder excessus. Man kann sie jedoch, wie schon Cicero lehrte, nicht als besonderen Theil der Rede aufstellen, da sie sich in der ganzen Rede überall anbringen lässt. Denn sie ist die ausser der Reihe gelegene abschweifende Behandlung einer Sache, die für den vorliegenden Fall von Nutzen ist, *alicuius rei sed ad utilitatem causae pertinentis extra ordinem excurrens tractatio*. παρέκβασις δέ ἐστι λόγος ἐξαγώνιος μέν, συναγωνιζόμενος δὲ πρὸς τὸν ἀγῶνα, Ulpian. ad Dem. Mid. 77. Hierhin gehört also das Lob von Menschen und Orten, die Beschreibung von Gegenden, die Erzählung einiger Ereignisse, Mittheilung interessanter Fabeln u. dgl.*) wie das Lob Siciliens, oder die Erzählung vom Raube der Proserpina in den Verrinen. Es giebt aber auch Egressionen ernster Art, wie bei Lysias or. XII, 62 ff. die berühmte Darstellung der gewissenlosen Politik des Theramenes, oder bei Aeschines Tim. 180 ff. das Lob der Lacedaemonier wegen ihrer Strenge gegen unsittliche Redner. In derselben Rede § 137 ff. der Excurs über die sittliche Liebe und ihre Darstellung bei Homer; in Ctes. 107 ff. die berühmte Egression über das Kirräische Feld. Aus Cicero lässt sich anführen die Darstellung der Stoischen Ethik pro Mur. 29, 61 ff., vor allem aber der ganze zweite Theil der Rede pro Archia, über den Werth der Dichtkunst,

---

*) Man wird hier an das Urtheil des Granius Licinianus über Sallust erinnert: *nam Sallustium non ut historici sunt, sed ut oratorem legendum: nam et tempora reprehendit sua et delicta carpit, et convitia ingerit, et dat in censuram montes flumina et hoc genus amovenda, et culpat et comparat disserendo.* Ueberhaupt fallen die sogenannten Episoden der Historiker, die παρενθῆκαι (Marcellin. v. Thuc. 48) mit unter den Begriff der παρέκβασις. Auch bei den Rednern sprach man von παρενθῆκαι und παρεμβολαί.

der wieder mit verschiedenen andern loci communes, wie über das Streben nach Nachruhm verflochten ist, und nur ganz lose mit der Person des Angeklagten und der eigentlichen Streitfrage in Verbindung steht. — Bereitet man vor der Untersuchung etwas vor, sagt Quintilian, oder fügt man nach beendigtem Beweis gleichsam eine Art Empfehlung hinzu, so kann man etwas mehr in die Breite gehen. Wer aber mitten in der Rede einen Abstecher macht, muss rasch wieder zur Sache zurückkehren. Vgl. Isocr. or. VIII, 71—73, und seine darauf bezügliche theoretische Bemerkung or. XII, 74: ὁρῶ δὲ τὰς πράξεις τὰς ἔξω λεγομένας τῶν ὑποθέσεων οὐκ ἐπαινουμένας ἀλλὰ ταραχώδεις εἶναι δοκούσας, καὶ πολλοῖς μὲν ὄντας τοῖς κακῶς χρωμένους αὐταῖς, πολὺ δὲ πλείους τοὺς ἐπιτιμῶντας. Eine bestimmte Formel, durch welche der Redner wieder zu seinem Gegenstande zurückkehrt, z. B. *longius evectus sum, sed redeo ad propositum* (ähnliche giebt Vossius Comm. rhet. V p. 341), heisst nach Quint. IX, 3, 87 ἔφοδος, wofür aber wohl ἄνοδος zu lesen ist*).

Alexander, der Sohn des Numenius, verwarf überhaupt den Begriff der παρέκβασις als unstatthaft. εἰ μὲν γὰρ ἐξ αὐτοῦ τοῦ πράγματός ἐστι τὸ λεγόμενον, πῶς ἐστι παρέκβασις; εἰ δὲ ἔξωθεν, πῶς ἐροῦμεν τὰ ἔξωθεν τῆς ὑποθέσεως; Anon. Seg. p. 436. s. oben S. 87. Hermagoras setzte die digressio vor den Schluss (allgemein Cic. de orat. II, 19, 80: *alii iubent antequam peroratur, ornandi aut augendi causa degredi*), und war der Ansicht: *in digressione oportere quandam inferri orationem a causa atque a iudicatione ipsa remotam, quae aut sui laudem aut adversarii vituperationem contineat, aut in aliam causam deducat, ex qua conficiat aliquid confirmationis aut reprehensionis, non argumentando, sed augendo per quandam amplificationem*. Cic. de inv. I, 51, 97. Danach war ihm die παρέκβασις ein amplificirender locus communis. Auf einen sachlichen locus communis soll wohl auch die etwas befremdliche Definition in den Prolegomenen zu Hermogenes Rh. Gr. IV. p. 12 hinauslaufen: παρέκβασις δέ ἐστιν, ἡνίκα τις πρὸς ἐπικουρίαν τῶν λεγομένων παρ' αὑτοῦ πειρώμενος δεῖξαι ὅτι ἀληθείει, καὶ τὸ τοῦ πράγματος διηγεῖται. Es ist hier von den angeblichen fünf Theilen des Korax die Rede, als dessen vierter die παρέκβασις genannt wurde. — Eine Egression vor dem Schlusse haben wir

---

*) Halm vermuthet ἐπάνοδος, aber das ist der Kunstausdruck für eine Figur.

bei Lysias or. III, 44 ff. Der Redner bedauert, dass es ihm nicht erlaubt ist, auf die sonstigen schlechten Streiche des Anklägers einzugehen. Er beschränkt sich auf einen eclatanten Fall und übergeht das weitere, ἐπεὶ παρ' ὑμῖν (vor dem Areopag) οἱ νόμιμόν ἐστιν ἔξω τοῦ πράγματος λέγειν. Ebenso finden wir in der Midiana §. 77 ff. eine längere Egression über die Feindschaft des Demosthenes und Midias zwischen Beweis und Epilog eingeschoben. Eine umfangreiche Egression, nämlich eine heftige Invective gegen Clodius, haben wir gleich nach dem prooemium in Ciceros Rede de domo, deren Aechtheit vorausgesetzt. Sie vertritt hier gleichsam die Stelle der Erzählung. Mit einer Entschuldigung ihrer Länge und dem Versprechen sich im weiteren Verlaufe um so kürzer zu fassen, geht der Redner in §. 32 zur eigentlichen propositio über.

§. 15.

Die Propositio and Partitio.

Die Propositio, πρόθεσις, giebt das ζήτημα (s. oben S. 22), also das eigentliche Thema der Rede. Sie schliesst sich an die Erzählung an, doch kann sie ihr auch vorhergehen, Hermog. p. 203, vgl. Dem. de falsa leg. c. 4, 8 — ja sie kann unter Umständen mitten in sie hineingenommen werden, wie bei Lysias or. VII, 5. Sonst bildet sie gerade bei diesem Redner fast regelmässig den Uebergang (τὸ μεθόριον) zur Erzählung, Dionys. de Lys. iud. 17 p. 254. Propositio ist ja, wie Quintilian bemerkt, überhaupt Anfang oder Einleitungssatz jeglicher Beweisführung, vgl. Anon. Seg. p. 737, und kann nicht blos beim Nachweis der Hauptfrage, sondern auch bei einzelnen Beweisgründen, also bei einzelnen Theilen der Rede angebracht werden. Vgl. Cic. pro Mur. 26, 54. Die erstere Art der Propositio ist aber nach Quintilian IV, 4 nicht immer nöthig. Sie kann wegfallen, wo es schon an sich klar ist, um was es sich handelt, namentlich also da, wo die Erzählung gerade bis zu dem Punkte geführt ist, bei welchem die Untersuchung der eigentlichen Frage anfängt. Sehr nützlich ist sie dagegen beim status finitivus, damit der Richter einsieht, seine Aufgabe sei ganz allein zu untersuchen, welche Bezeichnung der That die richtige sei. Dass sie bei dunklen und verwickelten Fällen von Nutzen sei, leuchtet von selbst ein.

Propositionen können je nach der Natur der Anklage einfach, doppelt oder vielfach sein. Es können dem Angeklagten ein, zwei, oder mehrere Punkte zur Last gelegt werden. Auch kann der Redner einen Punkt in verschiedene Theile zerlegen, zum Zwecke der Anklage oder Vertheidigung verschiedene Punkte berücksichtigen. Man kann sie vorbringen im eigenen Namen „ich behaupte das" oder im Namen des Gegners „ich werde deswegen angeklagt" oder natürlich auch in beider Namen. Manchmal genügt es schon an die Erzählung einfach anzufügen „hierüber habt ihr zu entscheiden". Das ist dann keine eigentliche Propositio, aber vertritt doch die Stelle einer solchen, und der Richter kann daraus entnehmen, dass ein neuer Theil der Rede beginnt. Quint. l. l. Diesem Zwecke dient sonst bei den einzelnen Theilen die *transitio*, μετάβασις, die Quintilian und zwar an einer andern Stelle, (s. oben S. 107) nur im vorübergehen erwähnt, und die Cornif. IV, 26, 35 und Rutil. Lup. p. 12 unter den Redefiguren behandeln. Der Redner giebt kurz an, wovon er so eben gesprochen hat, und fügt daran nicht minder kurz die Angabe dessen, wozu er überzugehen gedenkt. In Ciceros Rede de imperio Cn. Pompei fehlt die transitio an keiner Stelle, wo sie füglich angebracht werden konnte*).

Die geordnete Aufzählung unsrer Propositionen, oder der des Gegners, oder beider, heisst *partitio*. Es ist dies die Eintheilung der Rede. Propositio und Partitio fasst Hermogenes unter dem gemeinschaftlichen Begriff der προκατασκευή zusammen, als deren Aufgabe er p. 202 angiebt: ἔργον δὲ αὐτῆς προεκθέσθαι τὰ κεφάλαια καὶ τὰ ζητήματα, οἷς περιπλακεὶς ὁ λόγος συμπληρώσει τὴν ὑπόθεσιν, und weiter heisst es von ihr ἐπὶ κεφαλαίου τὴν τομὴν σημαίνει τοῦ λόγου. Als Beispiel wird angeführt Demosth. Aristocr p. 126: δίκαιον δ'ἐστὶν ἴσως ἐμὲ τρία ὑμῖν ὑπεσχημένον, ἓν μὲν ὡς παρὰ τοὺς νόμους τὸ ψήφισμα εἴρηται, δεύτερον δὲ ὡς ἀσύμφορόν ἐστι τοῦτο τῇ πόλει, τρίτον δὲ ὡς ἀνάξιός ἐστι τούτων τυχεῖν, ἁπάντων ὑμῖν τούτων αἵρεσιν δοῦναι, τί πρῶτον ἢ τί δεύτερον ἢ τί τελευταῖον βουλομένοις ὑμῖν ἐστιν ἀκοῦσαι. Aesch. Ctesiph. §. 8: ἐὰν ἐξελέγξωμεν κτλ. Isokrates bezeichnet in or. V, 16 Proposition und Partition, die er giebt, als περιβολὴ παντὸς τοῦ λόγου, doch scheint dieser Ausdruck zu keiner technischen Gültigkeit gelangt zu sein. Sonst sagten die

---

*) Eine kurze Zusammenfassung des Bisherigen, um zu etwas anderem überzugehen, heisst auch παραγραφή, Schol. Hom. Il. II, 1. Ernesti Lex. techn. Gr. S. 242.

älteren Techniker statt προέκθεσις (προκατασκευή) auch ὑπόσχεσις, Hermog. p. 436, Gregor. Cor. Rh. Gr. VII, 2 p. 1220, doch scheint diese Angabe im Grunde nur auf einem von Demosthenes zufällig gebrauchten Ausdruck zu beruhen. Einige Rhetoren hielten die Partitio für unerlässlich, weil durch sie erstens die Sache klarer, dann aber der Richter aufmerksamer und gelehriger werde, wenn er weiss, worüber wir jetzt, worüber nachher sprechen werden. Andre dagegen hielten sie für gefährlich. Der Redner könne weiterhin vergessen was er versprochen habe, auch könne ihm etwas neues einfallen, woran er bei der Eintheilung nicht gedacht habe. Beide Einwürfe sind lächerlich. Grössere Beachtung verdienen die Gründe derer, welche sagten man dürfe nicht immer die Partitio anwenden, weil manches einen angenehmeren Eindruck mache, wenn es nicht von Hause mitgebracht, sondern erst während des Sprechens selbst entstanden erscheine, daher die gefälligen Figuren: „ich hätte beinah vergessen", „zur rechten Zeit erinnerst du mich". Sind nun die Beweisgründe schon angegeben, so verliert das Folgende jeglichen Reiz der Neuheit. Manchmal muss auch der Richter getäuscht, und in ihm der Glaube erweckt werden, es handle sich um etwas anderes, als worauf wir eigentlich hinauswollen. Mitunter ist eine Propositio hart. Sieht das nun der Richter in Folge der Ankündigung voraus, so wird er sich davor fürchten, wie Jemand, der das Messer des Arztes vor der Operation erblickt; überrascht ihn dagegen die Rede ohne vorangegangene Ankündigung, so wird sie auf diesem Wege das erreichen, was ihr auf dem andern nicht so gelungen wäre. Es giebt wohl auch Fälle, bei denen nicht blos die Unterscheidung der Fragen, sondern überhaupt die tractatio zu vermeiden ist, bei denen der Hörer lediglich durch Affecte in Bewegung gesetzt und mit fortgerissen werden muss. Was soll also dann eine minutiöse Eintheilung, wo es eben nicht darauf ankommt, auf das Urtheil des Richters zu wirken? Ferner kann auch das, was an sich schwach und unbedeutend ist, gerade durch die Menge wirken; dann muss es zusammengehäuft werden, man muss wie mit einem Ausfalle kämpfen. Alles dies aber sind doch nur Ausnahmefälle. Quint. IV, 5, 1—7. Manche waren pedantisch genug, jede Partitio auf blos drei Sätze oder Punkte zu beschränken, was in der That das Gewöhnliche war. Auch Cornif. I, 10, 17 sagt: *enumerationem plus quam trium partium numero esse non oportet.* Cic. de inv. I, 22, 32 verlangt keine bestimmte Zahl, wohl aber geringe Anzahl, wenn das von ihm gebrauchte Wort *paucitas* nicht vielmehr Bündigkeit, d. h. logische Richtigkeit, Homogeneität bedeutet, verbunden mit Kürze und Vollständigkeit. Hinsichtlich der Kürze dürfen nur die absolut nothwendigen Worte genommen werden. Hinsichtlich der Vollständigkeit dürfen wir keinen zur Sache gehörigen Theil auslassen. Nichts ist fehlerhafter als mit einem in der Partitio ausgelassenem Theile später nachgeschleppt zu kommen. Hinsichtlich der geringen Anzahl der Theile endlich dürfen neben den genera nicht auch die species als auf gleicher Linie mit ihnen stehend aufgezählt werden. Daher tadelt Cic. de inv. I, 23 die Eintheilung: *ostendam propter cupiditatem et audaciam et avaritiam adversariorum omnia incommoda ad rem publicam pervenisse*, weil daselbst nach Angabe des „genus" cupiditas noch die „species" oder „pars" avaritia hinzugefügt sei. Sehen wir uns in Betreff der Zahl der Theile nach Beispielen um, so haben wir eine dreifache Eintheilung in der Rede Ciceros pro Murena 6, 11: *intellego, iudices, tres totius accusationis partes fuisse, et earum unam in reprehensione vitae, alteram in contentione dignitatis, tertiam in criminibus ambitus esse versatam*. Desgleichen pro Cluent. 4, 9. de imp. Cn. Pomp. 2, 6. pro Quint. 10, 36. Bei Demosthenes findet sich eine zweifache Eintheilung Eubul. 17, eine dreifache Mid. 21. Aristocr. 18. or. LVI, 21, eine funffache dagegen de falsa leg. 4—8.

Bei jeder Eintheilung ist ausserdem immer ein Punkt der wichtigste; wenn der Richter diesen hört, so pflegt er die andern für überflüssig zu halten. Wenn wir also mehreres vorzuwerfen oder zu widerlegen haben, so ist eine Partitio nützlich und angenehm, damit das, was wir über jede Sache sagen werden, der Reihe nach erhellt, wenn wir aber ein Vergehen auf verschiedene Weise vertheidigen, so ist sie überflüssig. Wenn man also eintheilt: „Ich werde sagen, dass mein Client nicht der Mann sei, bei dem ein Mord glaublich scheinen könnte; ich werde sagen, dass er keine Veranlassung zum tödten gehabt hat; ich werde zeigen, dass er zu der Zeit, als der Mensch getödtet wurde, über See war" — so muss alles überflüssig erscheinen, was man vor dem letzten Punkte berührt, denn der Richter eilt ungeduldig zu dem hin, was die Hauptsache ist. Daher haben denn auch einige die Partitio in der Rede pro Cluent. 4, 9 getadelt: *ostendam primum neminem maioribus criminibus, gravioribus testibus in iudicium vocatum quam Oppianicum; deinde praeiudicia esse facta ab ipsis iudicibus, a quibus condemnatus sit; postremo, iudicium pecunia temptatum*

...on *pro Cluentio sed contra Cluentium**) — weil, wenn Cicero das beweisen könnte, was er als drittes hingestellt hat, es überflüssig sei, das vorhergehende zu sagen. Ein handgreifliches Beispiel einer schlechten Eintheilung giebt Cic. de inv. I, 23, 33: *ostendam adversarios, quod arguimus, et potuisse facere et voluisse et fecisse: nam fecisse satis est ostendere.*

Viele verwerfen überhaupt, sagt Quintilian, eine solche Art der Vertheidigung: „wenn ich getödtet habe, so habe ich recht gehandelt, aber ich habe nicht getödtet." Denn wozu das Erste, wenn das Zweite sicher ist? Allerdings, wenn das zweite unzweifelhaft sicher ist. Allein, wo das nicht so ganz fest steht, wird es gut sein, wenn der Redner beides benutzt, das eine als *pars absoluta*, das andre *extra causam* als *pars assumptiva*. Denn auf den einen Zuhörer macht dies, auf den andern jenes Eindruck. Wer an die That glaubt, kann sie für gerecht halten, auf wen die Darlegung ihrer Gerechtigkeit keinen Eindruck macht, der glaubt vielleicht an die That nicht. Eine sichere Hand kann sich mit einem Stosse begnügen, eine unsichere muss mehrere versetzen, um auch dem Glückszufall eine Stätte zu bereiten. Vortrefflich hat daher Cicero in seiner Miloniana gezeigt, dass Clodius dem Milo Nachstellungen bereitet hat, dann aber noch zum Ueberfluss hinzugefügt, auch wenn er dies nicht gethan, so gereiche es doch seinem Mörder zum Ruhme und sei ein Zeichen seiner Tapferkeit, einen solchen Bürger getödtet zu haben. Noch ist zu bemerken, dass, wenn wir vermuthen, der Richter erwarte einen andern Beweis, als den wir gerade geben, wir ihm versprechen müssen, ihn alsbald auch über jenen Punkt zufrieden zu stellen.

Eine zur rechten Zeit angewandte Partition wirkt für die Rede lichtvoll und angenehm. Cic. de inv. I, 22, 31: *recte habita in causa partitio illustrem et perspicuam totam efficit orationem.* Durch sie kann der Richter merken, wenn ein Theil zu Ende ist. Dies wirkt auf ihn, sagt Quintilian, wie die Inschrift auf den Meilenzeigern, wenn man eine lange Reise macht. Nichts erscheint zu lang, bei dem man gewiss weiss, was das letzte ist. Hortensius

---

*) So giebt Quintilian §. 11 die Partitio an. In der Rede selbst ist sie ausführlicher und schliesst mit den Worten: *faciamque, ut intellegatis in tota illa causa quid res ipsa tulerit, quid error adfinxerit, quid invidia conflarit.* Fasst man diesen Schluss ins Auge, so zerfällt der im obigen ausgesprochene Tadel von selbst.

liess die Partition niemals aus, und es wurde ihm wegen der Sorgfalt seiner Eintheilungen grosses Lob zu Theil, wenn auch Cicero bisweilen das allzu pedantische derselben verspottet. So wenn er div. in Caec. 14, 45 von ihm sagt: *quid? cum accusationis tuae membra dividere coeperit et in digitis suis singulas partes causae constituere.* vgl. pro Quinct. 10, 35. fragm. bei Nonius voc. *pressum.* Brut. 88, 302. Unstreitig kann ein zuviel auch hier lästig fallen und selbst wieder Dunkelheit veranlassen, die man doch gerade durch die Eintheilung vermeiden wollte. Eine eigentliche Partitio giebt Cicero nur in den Reden pro Quinctio, pro Roscio Amerino, in Verr. II, de imperio Cn. Pompei, pro Cluentio, pro Murena und in der siebenten Philippischen. „Im Ganzen weiss Cicero die Spuren des eigentlich Technischen geschickt in der Continuität der Darstellung zu verwischen*)." Es können übrigens, wie bereits bemerkt, auch einzelne Theile der Beweisführung, die wegen ihrer Länge leicht unübersichtlich werden könnten, wie mit einem besonderen Prooemium, so auch im Anschluss an dieses mit einer besonderen Partitio eingeleitet werden. Dies ist der Fall bei Aesch. in Ctesiph. 57. Ebenso kann bei einer längeren Rede, da wo ein neuer Theil der Beweisführung beginnt, die ganze Partitio zugleich mit einer Recapitulation der bereits absolvirten Theile widerholt werden. So bei Dem. Timocr. 108 ff.

Wenn übrigens, wie schon bemerkt wurde, Hermogenes propositio und partitio als προκατασκευή zusammenfasst, so steht er mit dieser Zusammenfassung unter den Rhetoren keineswegs allein da. Denn dasselbe thun Cornificius mit der *divisio*, Fortunatian und Cicero mit der *partitio.* Cicero und Cornificius berühren die *propositio* gar nicht. Fortun. p. 115 erwähnt sie zwar am Schlusse seiner Auseinandersetzung über die *partitio*, doch ohne zu sagen, was sie eigentlich sei, und in ziemlich überflüssiger, ja störender Weise, so dass es fast scheint, als habe er der Vollständigkeit halber in sein System etwas hineingetragen, was eigentlich nicht hineingehörte. Cornificius nun sagt I, 3, 4: *divisio est, per quam aperimus quid conveniat, quid in controversia sit, et per quam exponimus, quibus de rebus simus dicturi.* Er weisst ihr also eine doppelte Aufgabe zu. Ausführlicher heisst es I, 10, 17: *causarum divisio in duas partes distributa est. primum perorata narratione*

---

*) Westermann Gesch. der Röm. Beredts. S. 176.

debemus aperire, quid nobis conveniat cum adversariis, et si ea, quae
utilia nobis erunt convenient, quid in controversia nobis relinquatur
— dies wäre die propositio — deinde cum hoc fecerimus, distributione uti debemus: ea dividitur in duas partes, enumerationem et
expositionem. enumeratione utemur, cum dicemus numero quot de
rebus dicturi sumus. — expositio est, cum res, quibus de rebus dicturi
sumus, exponimus breviter et absolute. An die Erzählung also schliesst
sich, gleichsam als deren Resultat, die Themastellung an, ausgehend
von dem, worüber beide Parteien einig sind, und übergehend zu
dem, was das eigentliche κρινόμενον, also die streitige Frage bildet.
Darauf erklärt der Redner, was er in Betreff der streitigen Frage
vorbringen wird, entweder im allgemeinen, oder in Form einer
speciellen Aufzählung mit erstens, zweitens, drittens. Beides zusammen giebt die divisio der Rede. Cornificius' Vorschrift lässt
sich veranschaulichen an Demosthenes' Rede gegen Phormio, or.
XXXIV, 5: σκέψασθε δ᾽ ὦ ἄνδρες Ἀθηναῖοι, τί ὁμολογεῖται παρ᾽
αὐτοῖ τούτων καὶ τί ἀντιλέγεται οὕτω γὰρ ἂν ἄριστα ἐξετάσαιτε.
οὐκοῦν δανείσασθαι μὲν τὰ χρήματα ὁμολογοῦσι καὶ συνθήκας
ποιήσασθαι τοῦ δανείσματος, φασὶ δ᾽ ἀποδεδωκέναι τὸ χρυσίον
Λάμπαδι τῷ Δίωνος οἰκέτῃ ἐν Βοσπόρῳ. ἡμεῖς τοίνυν οἱ μόνον
τοῦτο δείξομεν, ὡς οὐκ ἀποδέδωκεν, ἀλλ᾽ ὡς οὐδ᾽ ἐξῆν αὐτῷ ἀπο-
δοῦναι. Mit Cornificius stimmt Cic. de inv. I, 22, 31. Auch ihm
enthält die partitio zwei Theile. Der eine zeigt quid cum adversariis conveniat et quid in controversia relinquatur; ex quo certum
quiddam destinatur auditori, in quo animum debeat habere occupatum.
Der zweite Theil enthält eine kurze expositio distributa der Punkte,
über die man sprechen will. Für den ersten Theil gilt auch die
Regel, dass das Uebereinstimmende so angegeben werden muss,
dass es zu Gunsten des Redners spricht. Auch Fortunatian kennt
zwei Theile, oder wie er sagt: genera partitionis: cum aut ostendit,
quid cum adversariis conveniat et quid in controversia relinquatur,
quod vocatur per seiunctionem; aut cum eas res, de quibus erimus
dicturi, breviter exponimus, ut eas animo habeat auditor, quod vocamus per enumerationem. Es ist merkwürdig, dass auch Quintilian,
obgleich er propositio und partitio in gesonderten Capiteln behandelt hat, doch am Schlusse seiner Auseinandersetzung, auch auf die
propositio und partitio als einen gemeinsamen, beide Theile um-
fassenden Begriff zurückkommt. Denn er giebt IV, 5, 26 nachträglich Regeln für die divisa et simplex propositio, d. h. für Proposition mit und ohne Partition, und sagt dann mit einem Male

in §. 28: *partitio prima est, quid sit, de quo conveniat; quid, de quo ambigatur. in eo quod convenit, quid adversarius fateatur, quid nos. in eo de quo ambigitur, quae nostrae propositiones, quae partis adversae.* Was unter einer *partitio prima*, als deren Gegensatz doch eine *partitio secunda*, d. h. *per enumerationem* anzusehen ist, zu verstehen sei, lässt sich aus Quintilians vorangegangener Darstellung auch nicht im mindesten entnehmen. Erst die Vergleichung der angezogenen Stellen der übrigen Rhetoren lässt uns erkennen, was gemeint ist. Offenbar begeht hier Quintilian denselben Fehler, der in Betreff der propositio bei Fortunatian zu rügen war: er giebt nachträglich etwas, was in sein eignes System nicht hineinpasst und was er wohl selbst nicht recht verstanden hat. Etwas ähnliches war ihm ja oben mit den vier Sätzen des Prooemiums und an mehreren Punkten der intellectio begegnet. Derartige Irrthümer im einzelnen können indes seinem Werth im ganzen keinen Abbruch thun.

Cicero und Quintilian schärfen schliesslich noch ein, dass die einmal gegebene Eintheilung in ihrer Anordnung streng durchgeführt werden müsse. *Pessimum*, sagt letzterer, *non eodem ordine exequi, quo quidque proposueris.* Als einfaches Beispiel einer gut durchgeführten Partition führt Cicero aus Terenz Andria die Worte des greisen Simo an Sosia an, v. 49:

eo pacto et gnati vitam et consilium meum
cognosces, et quid facere in hac re te velim.

Von v. 51 an kömmt nun der Partition entsprechend zuerst das Leben des Sohnes. In v. 157 theilt er seine Absicht mit. Von v. 168 an kömmt zum Schluss das, was Sosia thun soll.

Noch ist zu bemerken, dass Hermogenes auch eine andere Bedeutung des Wortes προκατασκευή kennt. Er sagt nämlich p. 204: *εὗρον καὶ ἄλλο προκατασκευῆς εἶδος παρευρεθὲν τοῖς ἀρχαίοις, ὃ κεφαλαίων μὲν ἐπαγγελίαν οὐκ ἔχει, ἀπόδειξιν δὲ παρίστησι τοῦ κατὰ τοὺς νόμους δοκεῖν εἰσέρχεσθαι τὴν κρίσιν, προκατασκευὴ δ᾽ ἂν καὶ τοῦτο καλοῖτο εἰκότως, ὅτι λόγος ἐστὶ πρὸ τῶν κεφαλαίων λεγόμενος εἰκόσι λογισμοῖς πᾶσαν τὴν κατασκευὴν προκαλούμενος.* Er meint darunter Partien, wie in der Midiana, wo Demosthenes nach dem Prooemium durch Anführung von Gesetzesstellen seine Berechtigung nachweist, gegen Leute wie Midias überhaupt die προβολή einzureichen, d. h. sich mit einer vorläufigen Beschwerde an die Volksversammlung zu wenden, nach deren Annahme oder Ablehnung man sich dann entschloss, die

Sache entweder weiter vor Gericht anhängig zu machen, oder auf sich beruhen zu lassen. Oder in der Rede des Aeschines gegen Timarch, wo der Redner zuerst den Nachweis führt, dass es gesetzlich erlaubt sei, gegen Leute, die ein ausschweifendes Leben führen, mit einer Anklage aufzutreten. Etwas ähnliches haben wir in der fünften Rede des Antiphon*). Man vergleiche übrigens Ulpian zu Dem. Mid. 8 p. 516 E (p. 18 ed. Meier). So wird auch bei Aesch. in Ctesiph. §. 9 ff., wo er sich anschickt, über die Gesetze hinsichtlich der Rechenschaftsablegung der Beamten zu sprechen, in den Scholien als προκατασκευή bezeichnet.

§. 16.
Der Beweis.

Auf die Erzählung folgt als dritter Theil der Rede der Beweis, argumentatio auch probatio, Griechisch gewöhnlich πίστεις, von den späteren Technikern ἀγῶνες, seltener ἀπόδειξις, von Hermogenes auch κατασκευή κεφαλαίων genannt. Es ist bereits gesagt worden, dass manche Rhetoren ihn mit der Widerlegung zusammenfassten, andere dagegen, denen auch wir uns anschliessen wollen, ihn von derselben trennten. Der Beweis ist der wichtigste Theil der Rede, der natürlich nie fehlen darf, mag man auch über Zweck und Aufgabe des Redners noch so verschieden denken, am allerwenigsten in der Gerichtsrede. Anaxim. 5 p. 191, 32: πίστεις, αἷς ἀνάγκη μὲν πρὸς πάντα τὰ μέρη τῶν λόγων χρῆσθαι, χρησιμώταται δέ εἰσιν ἐν ταῖς κατηγορίαις καὶ ταῖς ἀπολογίαις· ταῦτα γὰρ πλείστης ἀντιλογίας δέονται, wo unter μέρη nicht Theile, sondern Arten der Rede zu verstehen sind, vgl. Spengel z. d. St. p. 152. Erst durch den Beweis erlangt unsere Rede Kraft und Ansehn. Er entscheidet den Sieg. Daher sagt Cic. de inv. I, 24, 34: *confirmatio est, per quam argumentando nostrae causae fidem et auctoritatem et firmamentum adiungit oratio*, und Alexander definirte kurzweg πίστις ἐστι λόγος ἄγων εἰς συγκατάθεσιν, Anon. Seg. p. 445. Auf die Lehre vom Beweise fällt daher auch in der Rhetorik des Aristoteles das Hauptgewicht. Sie ist von ihm am ausführlichsten behandelt, und besonders diesen Theil seiner Untersuchungen liess die spätere Rhetorik nicht unbeachtet.

---
*) Blass Att. Bereds. S. 166.

So theilte man denn nach Aristoteles' Vorgange die Beweise allgemein in πίστεις ἄτεχνοι und πίστεις ἔντεχνοι, d. h. in Beweise, die der Redner ausserhalb seiner Sache vorfindet und blos rhetorisch gestaltet, und zweitens solche, die er selbst aus der Sache zieht und gleichsam hervorbringt. Bei Anaxim. 7 p. 192 ist dieser Unterschied noch nicht zur Klarheit gediehen, vgl. L. Spengel über die Rhet. des Arist. S. 27. Er sagt nämlich: εἰσὶ δὲ δύο τρόποι τῶν πίστεων· γίνονται γὰρ αἱ μὲν ἐξ αὐτῶν τῶν λόγων καὶ τῶν πράξεων καὶ τῶν ἀνθρώπων, αἱ δὲ ἐπίθετοι τοῖς λεγομένοις καὶ τοῖς πραττομένοις. τὰ μὲν γὰρ εἰκότα καὶ παραδείγματα καὶ τεκμήρια καὶ ἐνθυμήματα καὶ αἱ γνῶμαι καὶ τὰ σημεῖα καὶ οἱ ἔλεγχοι πίστεις ἐξ αὐτῶν τῶν λόγων καὶ τῶν πραγμάτων εἰσίν, ἐπίθετοι δὲ δόξα τοῦ λέγοντος, μαρτυρίαι, βάσανοι, ὅρκοι. Hier werden zwar Beweise aus Reden und Handlungen den äusseren gegenübergestellt, allein nicht blos der Name ἐπίθετοι für die letzteren, sondern noch mehr der Umstand, dass die δόξα τοῦ λέγοντος zu ihnen gerechnet wird, ist gegen den Geist der Aristotelischen Eintheilung. Aristoteles sagt nämlich Rhet. I, 2: τῶν δὲ πίστεων αἱ μὲν ἄτεχνοί εἰσιν αἱ δ' ἔντεχνοι· ἄτεχνα δὲ λέγω, ὅσα μὴ δι' ἡμῶν πεπόρισται, ἀλλὰ προϋπῆρχεν, οἷον μάρτυρες, βάσανοι, συγγραφαὶ καὶ ὅσα τοιαῦτα, ἔντεχνα δὲ ὅσα διὰ τῆς μεθόδου καὶ δι' ἡμῶν κατασκευασθῆναι δυνατόν· ὥστε δεῖ τούτων τοῖς μὲν χρήσασθαι, τὰ δὲ εὑρεῖν. Die ausserhalb der Kunst liegenden Beweise also werden nicht vom Redner herbeigeschafft, sondern liegen ihm vor, sie sind blos anzuwenden, die innerhalb der Kunst liegenden dagegen können durch Theorie und durch den Redner selbst geschaffen werden, er hat sie aufzufinden, vgl. Cic. de orat. II, 27, 116. Quint. V, 1. Fortun. p. 115. Minucian p. 417. Anon. Seg. p. 445. Wenn nun Minucian die πίστεις ἔντεχνοι eintheilt in ἠθικαί, παθητικαί und λογικαί oder πραγματικαί, eine Dreitheilung, die auch Dionys. de Lys. iud. c. 19 p. 256 und andre Rhetoren kennen*), so geht auch dies auf Aristoteles zurück, denn dieser sagt a. a. O.: τῶν δὲ διὰ τοῦ λόγου ποριζομένων πίστεων τρία εἴδη ἐστίν· αἱ μὲν γάρ εἰσιν ἐν τῷ ἤθει τοῦ λέγοντος, αἱ δὲ ἐν τῷ τὸν ἀκροατὴν διαθεῖναί πως, αἱ δὲ ἐν αὐτῷ τῷ λόγῳ διὰ τοῦ δεικνύναι ἢ φαίνεσθαι δεικνύναι. Um diese Dreitheilung zu verstehen, müssen wir bedenken, dass πίστις zunächst alles das ist, was unserer Rede Glauben verschafft.

---

*) s. Spengel a. a. O. S. 28.

Dies ist ersteus das eigne ἦθος, durch welches wir die Zuhörer gewinnen, s. oben S. 91, dann das πάθος, d. h. der Affect, durch welchen wir den Zuhörer fortreissen, dass er unwillkürlich uns bestimmt, drittens aber die wirkliche Belehrung über Wahrheit und Wahrscheinlichkeit. Im Grunde sind nur die letzteren πίστεις als wirkliche Beweise anzusehen. Mit den πίστεις λογικαί befasst sich ausschliesslich der uns gerade vorliegende Abschnitt der Rhetorik. Die πίστεις ἠθικαί haben ihren Sitz vornehmlich im Prooemium, die παθητικαί überwiegend im Epilog, die λογικαί ganz besonders in der argumentatio, bei welcher das docere die Absicht des Redenden ist. Doch sollen nach Aristoteles, wie fast das ganze zweite Buch seiner Rhetorik lehrt, die πίστεις ἠθικαί und παθητικαί ebenfalls die Argumentation durchdringen und überall, wo sie am Platze sind, angewandt werden. Ferner macht Dionys darauf aufmerksam, dass auch in diesem Theile Beweise aus dem ἦθος des Angeklagten entnommen werden, wie es sich aus seinem Leben, seinem Charakter, seinen frühern Handlungen und Bestrebungen ergiebt, so dass auch in diesem Sinne πίστεις ἠθικαί der Argumentation zukommen. Dass umgekehrt πίστεις λογικαί schon im Prooemium und in der Erzählung angebracht werden können, ist bereits auseinandergesetzt. — Als rhetorische Sätze betrachtet, heissen die πίστεις ἔντεχνοι auch ἐπιχειρήματα*), welchen Ausdruck die spätere Rhetorik aber fast nur von den πίστεις λογικαί oder πραγματικαί gebrauchte. Die ἐπιχειρήματα theilte man dann wieder in παραδείγματα und ἐνθυμήματα. Ueber eine etwas andere Eintheilung des Neokles vgl. Anon. Seg. p. 445. Genaueres über diese Ausdrücke folgt unten.

§. 17.
Der unkünstliche Beweis.

Aristoteles nennt Rhet. I, 15 fünf Arten von πίστεις ἄτεχνοι, Gesetze, Zeugen, Verträge, Foltergeständnisse, Eidschwüre. An die Gesetze schliessen sich natürlich Senats- und Volksbeschlüsse, richterliche Entscheidungen u. dgl. an. An die Zeugenaussagen, die sogenannten *trestimonia divina*; also Orakelsprüche, Vorzeichen,

---

*) Daraus erklärt sich Philostr. v. soph. 527: τὸ ἐπιχειρηματικὸν ἐν ἐπινοίᾳ τεχνικῇ κείμενον.

Omina. Die Verträge stehen auf gleicher Stufe mit andern schriftlichen Urkunden. Auch Gerüchte kann man als eine Art Zeugenaussagen betrachten. Unter den προκλήσεις, den sogenannten Provocationen, welche Minucian l. l. zu den fünf Aristotelischen Arten hinzugefügt, versteht man die Aufforderung der einen Partei an die andere, irgend eine Handlung zu leisten, oder geschehen zu lassen, um durch diese einen streitigen Punkt auch wohl den ganzen Rechtsstreit selbst zu erledigen, also das Verlangen einen sonstigen Umstand auf das Zeugniss eines Dritten ankommen zu lassen, die Aufforderung zu einem Compromiss, zur Herausgabe eines Documents, die Sclaven zur Tortur zu' stellen, einen Eid zu leisten (vgl. Isocr. or. XV, 100). Die Annahme oder Verweigerung einer solchen Provocation ward actenmässig festgestellt, und der Gegner versäumte natürlich nicht dies letztere als einen moralischen Beweis für die Schlechtigkeit der Sache auszubeuten*). Als Beispiel mag Isocr. or. XVII, 53 ff. dienen. Ferner die Weigerung von Demosthenes' Vormündern, ihm das Testament seines Vaters herauszugeben, or. XXVII, 14 f. vgl. XXX, 36. XI, 44. Man erinnere sich dabei, wie gravirend es für Milo war, dass er die beim Morde des Clodius zugegen gewesenen Sclaven unmittelbar nach der That freigelassen hatte, wodurch denn das an Pompejus von den Anklägern gestellte Ansinnen, die Dienerschaft des Milo und seiner Gemahlin Fausta zum peinlichen Verhör durch die Folter auszuliefern, vom Redner Q. Hortensius als gegen freie Leute unzulässig zurückgewiesen werden konnte, Ascon. in Cic. pro Mil. §. 10 sq. — Cicero rechnet de orat. II, 27, 116 zu den πίστεις ἄτεχνοι: tabulae, testimonia, pacta, conventa, quaestiones, leges, senatus consulta, res iudicatae, decreta, responsa — ohne für diese Aufzählung Vollständigkeit zu beanspruchen. Quint. V, 1, 2 und Fortunat. p. 116 heben praiudicia, rumores, tormenta, ius iurandum, testes hervor. Dazu fügt Jul. Victor p. 403 noch responsa, omina, vox aliqua emissa, die übrigens auch Quint. V, 7, 35 kurz berührt. Die Orakelsprüche nennt ausserdem noch Anon. Seg. I, 445. Uebrigens schlossen manche Techniker, wie wir aus Quintilian erfahren, die Behandlung der πίστεις ἄτεχνοι ganz und gar von der Rhetorik aus.

Von den Gesetzen handelt Arist. Rhet. I, 15. Wo das ge-

---

*) vgl. Meier u. Schoemann der Att. Proc. S. 375. 678 fl. Westermann in Pauly's Realenc. T. VI S. 155.

schriebene Gesetz, sagt er, der Sache des Redners entgegen ist, da muss er das allgemeine Gesetz und die Grundsätze der Billigkeit als gerechter in Anwendung bringen. Er muss sagen, dass schon die Worte in der Eidesformel der Richter „nach bestem Wissen und Gewissen" (τὸ γνώμῃ τῇ ἀρίστῃ) ausdrückten, nicht ohne Unterschied durchaus nur das geschriebene Recht zur Anwendung zu bringen. Man vgl. Dem. or. XXXIX, 40. Er muss ferner sagen, dass die Billigkeit und das allgemeine Gesetz, als in der Natur begründet, ewig bleibt und sich nie verändert, wohl aber das geschriebene Gesetz. Dass zwar das Gerechte wahr und nützlich sei, aber nicht das als solches geltende, also auch nicht das geschriebene Gesetz, da es nicht mit dem Gesetz als solchem zusammenfällt. Dass der Richter wie eine Art Münzwart sei, um das unechte Gerechte vom wahren zu unterscheiden. Dass es dem besseren Manne zieme, mehr die ungeschriebenen, als die geschriebenen Gesetze in Anwendung zu bringen und sich nach ihnen zu richten. Ferner hat der Redner zuzusehen, ob das Gesetz vielleicht mit einem andern gültigen Gesetze oder auch mit sich selbst im Widerspruch steht, ob es zweideutig ist und eine andere Wendung zu seinem Gunsten zulässt, ob endlich die Verhältnisse, unter denen das Gesetz gegeben wurde, weggefallen sind, und daher das Gesetz selbst wegfallen muss. Man vgl. Cic. Phil. V, 17, 47. Auf den Widerspruch zweier Gesetze konnte man sich bei der Vertheidigung von Ktesiphons Antrag berufen. Aeschines beseitigt diesen scheinbaren Widerspruch in seiner Rede sehr ausführlich im voraus, §. 35 ff. Das Vorhandensein zweier sich widersprechender und dabei doch gültiger Gesetze sei schon an sich undenkbar, da die Thesmotheten alljährlich darüber zu wachen hätten, dass sich widersprechende Bestimmungen in den Gesetzen, wo sich solche ja eingeschlichen, constatirt und auf gesetzlichem Wege getilgt würden. Wo also zwei sich widersprechende Gesetze vorzuliegen scheinen, könne dies nur auf einer Täuschung beruhen. Darauf zeigt er ausführlich, dass in der That das von den Gegnern zu ihrem Gunsten angezogene Gesetz mit dem vorliegenden Falle gar nichts zu thun habe, sondern sich auf ganz andere Verhältnisse beziehe. Einen ähnlichen Nachweis haben wir bei Lys. or. III, 41 ff. Cic. pro Tullo 20, 45. — Spricht dagegen das geschriebene Gesetz für den Redner, so muss derselbe nach Aristoteles sagen, der Ausdruck „nach bestem Wissen und Gewissen" besage nicht, dass der Richter gegen das Gesetz entscheiden solle, son-

dern sei nur dazu da, damit der Richter, falls er nicht wisse, was
das Gesetz besage, keinen Meineid begehe. Niemand erstrebe das
schlechthin Gute, sondern nur das für ihn Gute. Wenn man ein
Gesetz nicht anwende, so sei das ebensogut, als wenn das Gesetz
gar nicht vorhanden sei. So sei es, um ein Beispiel von einem
andern Gebiete zu entnehmen, auch verderblich, es besser wissen
zu wollen als der Arzt. Ein Fehlgriff des Arztes sei lange nicht
so schlimm als die daraus hervorgehende Gewöhnung, dem Oberen
nicht zu gehorchen, und klüger sein wollen als die Gesetze, das
werde gerade in den anerkannt guten Gesetzen verboten.

Von den Praeiudicien handelt Quint. V, 2. Es giebt deren
drei Arten. Erstens Urtheile, die aus gleichen Rechtsgründen
gefällt sind, *res quae aliquando ex paribus causis sunt iudicatae*.
Eigentlich sind dies nicht Praeiudicien, sondern Beispiele. Dahin
gehören Ungültigkeitserklärungen oder Bestätigungen von Testa-
menten, welche für Söhne nachtheilig waren. Zweitens schon
gefällte Urtheile, die auf die Sache selbst Bezug haben, woher
eben der Name, z. B. gegen Oppianicus (Cic. pro Cluent. 17), Prae-
judiz des Senats gegen Milo (Cic. pro Mil. 5). Hierher gehört auch
die geschickte Berufung des Aeschines auf eine bereits erfolgte
Misbilligung einer von Demosthenes in der Anklage vorgebrachten
Schmähung gegen ein angebliches sittliches Vergehen des Redners,
Aesch. de falsa 4. Drittens Urtheile, die bereits über die Sache
selbst gefällt sind, sei es in einer niedrigen Instanz, oder in einer
fremden Angelegenheit über dieselbe Frage und vor demselben
Gerichtshof, aber nicht vor denselben Richtern*). Als Beispiel
mag Dem. or. XXI, 2. LVII, 6 dienen. Bestätigt werden die Praeiudicien nach Quintilian durch die Autorität derer, welche gesprochen haben, und die Aehnlichkeit der Fälle, die in Frage
kommen. Widerlegt werden sie selten durch Verunglimpfung der
praejudicirenden Richter, ihre Schuld müsste denn offenbar sein,
vielmehr muss man in den beiden ersten Fällen zur Unähnlichkeit
seine Zuflucht nehmen. Es werden sich so leicht nicht zwei Fälle
finden, die einander vollkommen ähnlich wären. Geht dies aber
nicht, so muss man, wie im dritten Falle, gegen die Nachlässigkeit der
Verhandlungen sprechen, über die Schwäche der Personen klagen,
gegen welche geurtheilt, oder die Gunst, welche die Zeugen bestochen hat, über Missgunst und Unwissenheit, die dabei obge-

---

*) vgl. Kayser in Jahns Jahrb. 1866 S. 642.

waltet (vgl. Dem. or. XLIII, 10 f. XLV, 7), oder man muss ein
Moment auffinden, das nachträglich zur Sache hinzugekommen ist.
Geht das alles nicht, so lässt sich doch wenigstens sagen, dass
gar mancherlei Zufälle mitunter ungünstige Entscheidungen veranlassen, dass deshalb z. B. Rutilius unschuldig verurtheilt, Clodius dagegen und Catilina freigesprochen seien. Auch muss man
die Richter bitten mehr auf die Sache selbst zu sehen, als ihren
Spruch nach einem fremden zu richten. Gegen Senatsbeschlüsse,
Decrete der Kaiser oder Magistrate — desgleichen gegen den mos
maiorum Cic. Phil. IX, 1, 3 — lässt sich nur aufkommen, wenn
man irgend eine Verschiedenheit der Fälle nachweist, oder eine
spätere Bestimmung derselben, oder anderer ebenso mächtiger,
hochgestellter Leute, die der ersteren widerspricht.

Gerüchte bezeichnet die eine Partei als einen übereinstimmenden Ausdruck der öffentlichen Meinung, gleichsam als ein
öffentliches Zeugniss; die andere als grundloses Gerede, das Bosheit veranlasst, Leichtgläubigkeit vergrössert habe. Durch Hinterlist der Feinde, die Falsches in Umlauf setzen, könne ein solches
Gerücht auch den Unschuldigsten treffen. Beide Parteien werden
ihre Ansicht leicht mit Beispielen belegen können. Quint. V, 3.
Gegen Gerüchte sprechen Dem. or. LVII, 4. Cic. pro Planc. 23. 56.
Sehr geschickt hat Aeschines in Timarch. 44 die öffentliche Meinung über das unzüchtige Verhältniss des Misgolas und Timarch
zu einem glücklichen Enthymem benutzt: $\tilde{\eta}$ δὴ καὶ πάνυ χαίρω κτλ.
Ein ausführlicher locus communis zu Gunsten der Gerüchte,
namentlich ex auctoritate durchgeführt, folgt §. 125—131. Widerlegung von Demosthenes' Berufung auf die öffentliche Meinung,
dass Aeschines von Philipp bestochen sei, de falsa 144 f. mit einer
Unterscheidung zwischen φήμη und συκοφαντία.

Ein sehr gewöhnlicher locus communis war über Folter-Geständnisse. Schon Anaxim. 16 p. 202 giebt Gesichtspunkte
für und wider dieselben an die Hand. Liege es in unserem Interesse, ihnen Nachdruck zu verleihen, so müssen wir sagen, dass
Einzelne wie ganze Staaten aus Foltergeständnissen Beweise für
die grössten und wichtigsten Dinge entnehmen, und dass Foltergeständnisse zuverlässiger sind als Zeugen, denn den Zeugen nützt
es oftmals die Unwahrheit zu sagen, den gefolterten dagegen die
Wahrheit zu sagen, um so bald als möglich ihre Pein los zu
werden. Will man dagegen die Wirkung der Foltergeständnisse
abschwächen, so sagt man zuerst, dass die gefolterten denen, die

sie zur Folter auslieferten, feindlich gesinnt werden, und daher viel falsches gegen ihre Herren lügen. Dann, dass sie oft nach dem Willen derer, von denen sie gefoltert werden, ihre Aussagen richten, nicht nach der Wahrheit, um sobald als möglich loszukommen. Man zeigt, dass selbst Freie auf der Folter aus diesem Grunde vielfach gegen sich selbst falsche Aussagen gemacht haben, wie viel mehr müsse man sich dessen bei Sclaven gewärtigen. Unter den von Spengel S. 173 aus Rednern hierzu beigebrachten Belegen ist als locus gegen Foltergeständnisse besonders Antiph. V, 31 ff. hervorzuheben, wo es heisst: προσέχετε δὲ τὸν νοῦν αὐτῇ τῇ βασάνῳ οἷα γεγένηται. ὁ μὲν γὰρ δοῦλος, ᾧ ἴσως οὗτοι τοῦτο μὲν ἐλευθερίαν ὑπέσχοντο, τοῦτο δ' ἐπὶ τούτοις ἐν καίσασθαι κακούμενον αὐτόν, ἴσως ὑπ' ἀμφοῖν πεισθεὶς κατεψεύσατό μου, τὴν μὲν ἐλευθερίαν ἐλπίσας οἴσεσθαι, τῆς δὲ βασάνου εἰς τὸ παραχρῆμα βουλόμενος ἀπηλλάχθαι. οἶμαι δ' ὑμᾶς ἐπίστασθαι τοῦτο, ὅτι ἐφ' οἷς ἂν τὸ πλεῖστον μέρος τῆς βασάνου, πρὸς τούτων εἰσὶν οἱ βασανιζόμενοι λέγειν, ὅτι ἂν ἐκείνοις μέλλωσι χαριεῖσθαι· ἐν τούτοις γὰρ αὐτοῖς ἐστιν ἡ ὠφέλεια, ἄλλως τε κἂν μὴ παρόντες τυγχάνωσιν ὧν ἂν καταψεύδωνται. Auch Cicero berührt den locus communis contra quaestiones in der Rede pro Sulla c. 28, 78: *quaestiones nobis servorum accusator ac tormenta minitatur: in quibus quamquam nihil periculi suspicamur, tamen illa tormenta gubernat dolor, moderatur natura cuiusque cum animi tum corporis, regit quaesitor, flectit libido, corrumpit spes, infirmat metus, ut in tot rerum angustiis nihil veritati loci relinquatur. vita P. Sullae torqueatur; ex ea quaeratur, num quae occultetur libido, num quod lateat facinus, num quae crudelitas, num quae audacia.* Für Foltergeständnisse Isocr. or. XVII, 54. Dem. or. XXX, 37. Ueber die rhetorische Behandlung der Foltergeständnisse vgl. man noch Arist. Rhet. I, 15 p. 58. f.*) Anon. Seg. p. 451. Cornif. II, 7, 10. Cic. part. orat. 50, 117. Quint. V, 4. Soll zur Untersuchung durch die Folter geschritten werden, sagt Quintilian, so kömmt es sehr

---

*) In den Worten: *ἐάν τι ἐναντία ᾖ καὶ μετὰ τοῦ ἀμφισβητοῦντος, διαλίοι ἐν τις τἀληθῆ λέγων καθ' ὅλου τοῦ γένους τῶν βασάνων*, ist nach Kaysers Bemerkung a. a. O. *τἀληθῆ* nur Object von *διαλίοι* und nicht von *λέγων*. Man kann demnach nicht mit A. Stahr übersetzen „so kann er sie gar wohl entkräften, indem er über das ganze Folterwesen überhaupt die Wahrheit ausspricht", und hierin ein Verwerfungsurtheil des Folterwesens erblicken, als schönes Zeugniss für den edlen und aufgeklärten Sinn des grossen Philosophen.

darauf an, wer zur Untersuchung zieht oder darblotet und wen, gegen wen und weshalb; ist die Untersuchung schon vor sich gegangen, wer sie geleitet hat, wer und wie der betreffende gefoltert ist, ob er unglaubliches, oder in sich übereinstimmendes gesagt hat, ob er bei seinen anfänglichen Aussagen geblieben ist, oder sie im Verlauf der Untersuchung geändert hat. Vgl. Cic. pro Mil. 22, 59 ff.

Auch gegen Urkunden wird oft gesprochen, indem man die Richtigkeit ihres Inhaltes widerlegt, oder ihre Glaubwürdigkeit verdächtigt. Dabei kann absichtliche Fälschung oder Unwissenheit von Seiten der Aussteller vorkommen. Das letztere anzunehmen ist sicherer und leichter. Gründe dafür werden aus der Sache genommen; es ist unglaublich, dass das, was in der Urkunde steht, geschehen sei; oder was häufiger ist, der Inhalt der Urkunde wird durch andre gleichfalls unkünstliche Beweismittel widerlegt, wenn z. B. der, gegen den die Urkunde ausgestellt ist, oder einer von den Ausstellern als abwesend oder zuvor gestorben nachgewiesen wird, wenn die Zeiten nicht stimmen, wenn vorhergehendes oder nachfolgendes gegen die Urkunde streitet. Auch kann oft das blose Einsehen derselben die Fälschung darthun. Quint. V, 5. Cicero bestreitet in der Rede pro Archia c. 4, 8, da sein Client das in Heraclea erlangte Bürgerrecht nicht urkundlich nachweisen konnte, weil das Archiv dieser Stadt im Bundesgenossenkriege verbrannt war, die Wichtigkeit der Urkunden als Beweismittel durch Gegenüberstellung andrer unkünstlicher Beweise: *est ridiculum ad ea, quae habemus, nihil dicere, quaerere, quae habere non possumus, et de hominum memoria tacere, litterarum memoriam flagitare; et cum habeas amplissimi viri religionem, integerrimi municipii ius iurandum fidemque, ea, quae depravari nullo modo possunt, repudiare, tabulas, quas idem dicis solere corrumpi, desiderare.* Interessant ist der Beweis, den Cicero von der Fälschung einer Urkunde führt, in Verr. II, 2, 76 ff.

Ueber Verträge handelt Aristoteles gleichfalls am angeführten Orte. Sprechen sie für uns, so erhöht man ihre Wichtigkeit und stellt sie als glaubwürdig dar, zunächst von der Person des Mitunterzeichners oder der Bürgen aus; dann betrachtet man den Vertrag als ein specielles Gesetz, von gleicher Wichtigkeit und Bedeutung wie das Gesetz überhaupt und spricht zuletzt von der Nothwendigkeit Verträge aufrecht zu erhalten für das ganze praktische Leben und den menschlichen Verkehr, bei dem ja die meisten Geschäfte auf Verträgen beruhen. Als Beispiel diene Isocr. or. XVIII, 27 ff. Sprechen die Verträge aber gegen uns, so setzt man ihre Wichtigkeit herab und stellt sie als unglaubwürdig dar. Man polemisirt gegen sie wie gegen ein feindliches Gesetz. Glaube man einem schlechten, oder auf einem Irrthum beruhenden Gesetze den Gehorsam verweigern zu müssen, so sei es ungereimt, sich mit unbedingter Nothwendigkeit an Verträge für gebunden zu erachten. Auch käme es nicht sowohl darauf an, zu sehen, was Recht sei, sondern was mehr Recht sei. Wenn das Recht an und für sich nicht verfälscht werden könne, so doch Verträge, bei denen es möglich ist, dass die sie eingehenden Personen betrogen, oder dazu gezwungen werden. Ferner ist darauf zu sehen, ob der Vertrag mit irgend einem geschriebenen oder allgemeinen Gesetze in Widerspruch steht, desgleichen mit anderen früheren oder späteren Verträgen. Auch hat der Redner auf den Nutzen der Verträge zu sehen, ob sie etwa dem Nutzen der Richter zuwider laufen u. dgl. m.

Es folgen die Eidschwüre. Liegt es in unserem Interesse, sagt Anaxim. 17 p. 203, einem Eidschwur Gewicht beizulegen, so muss man sagen, Niemand wird leicht einen Meineid schwören aus Furcht vor der Strafe der Götter und der Schande bei den Menschen. Man kann wohl einen Meineid vor Menschen verbergen, nicht aber vor den Göttern. Nehmen die Gegner ihre Zuflucht zum Eide und wollen wir seine Bedeutung herabsetzen, so zeigen wir, dass Menschen, die schlechtes thun, sich auch aus einem Meineid nichts machen. Denn wer mit einer schlechten That vor den Menschen glaubt verborgen bleiben zu können, der glaubt auch nicht, im Falle er falsch schwört, von den Göttern bestraft zu werden. Für die Hervorhebung der Wichtigkeit eines Eidschwurs führt Spengel S. 174 als Beispiel an Lycurg. adv. Leocr. p. 79. Demosth. in Con. p. 1269 §. 40). Für das Gegentheil Demosth. pro Timoth. p. 1203 §. 65, wo es sich um eine gegenseitige πρόκλησις τοῦ ὅρκου handelt. Gerade diese letztere Stelle ist besonders lehrreich. Gegen Eidschwüre ist es auch von Nutzen sich auf Beispiele von geschehenen Meineiden zu berufen, Anon. Seg. p. 452. Nun bieten die Kläger entweder ihren Eid an, oder weisen einen vom Gegner angebotenen zurück, oder umgekehrt, sie verlangen einen Eid vom Gegner, oder weisen ihn zurück, wenn er von ihnen verlangt wird. Seinen Eid ohne irgend welche Bedingung, dass wenigstens auch der Gegner schwören solle, anbieten, gilt fast für gottlos. Wer es dennoch thut, wird sich mit einem Hinweis auf sein Leben stützen, es sei nicht glaublich, dass er falsch schwören werde, oder mit der religiösen Bedeutung der Handlung selbst, wobei er mehr Glauben erlangen wird, wenn es weder scheint, das er begierig zum Eide schreitet, noch auch, dass er ihn verweigert, oder auch mit der Art des Streites, dessentwegen er sich nicht selbst verfluchen würde, oder endlich er führt ausser andern Hülfsmitteln seiner Sache noch zum Ueberfluss das Vertrauen auf sein gutes Gewissen an. Wer einen angebotenen Eid zurückweist, wird auf die ungleiche Lage hinweisen, dass er selbst mit einem Aufwand von Beweismitteln so mühevoll seine Sache führt, während der Gegner so leichten Kaufs davon zu kommen gedenkt, und sagen, dass von vielen die Furcht vor einem Eide verachtet wird, zumal es auch Philosophen giebt, welche behaupten, die Götter kümmern sich gar nicht um die menschlichen Angelegenheiten. Derjenige, der ohne dass es ihm Jemand zumuthet, bereit sei zu schwören, der wolle selbst in seiner eigenen Sache einen Spruch fällen, und zeigen, für wie gleichgültig und geringfügig er das hält, was er anbietet. Wer den Eid der Gegenpartei überlässt, scheint sehr anständig zu handeln, wenn er den Gegner im Streite zum Richter macht, und zugleich den wirklichen Richter von der Last der Untersuchung befreit, der es doch gewiss lieber auf einen fremden Eid als auf seinen wird ankommen lassen. Um so schwieriger ist es, eine zugeschobene Eidesleistung zu verweigern, es müsste denn eine Sache sein, von der es glaublich ist, dass sie der betreffende nicht weiss. Fehlt diese Entschuldigung, so bleibt blos übrig zu sagen, der Gegner wolle uns Gehässigkeit bereiten, er wolle bei einer Sache, mit der er nicht durchkommen könne, sich beklagen können. Ein schlechter Mensch würde daher diese Bedingung annehmen, er aber wolle lieber beweisen, was er behaupte, als Jemand einen Zweifel darüber lassen, ob er falsch geschworen. So erscheint das Nichtschwören als Folge tugendhafter Gewissenhaftigkeit, und nicht als Folge der Furcht vor Meineid. Quint. V, 6. vgl. Arist. Rhet. I. L p. 59 ff.

Für die Praxis, bemerkt Quintilian, galt der Grundsatz, nie einem Eid zuzuschieben, eben so wenig, wie dem Gegner die Wahl des Richters zu überlassen, oder aus den Advocaten der Gegenpartei einen Richter zu wählen, *nam si dicere contraria turpe advocato videretur, certe turpius habendum, facere, quod noceat.*

§. 18.
Fortsetzung. Die Zeugenaussagen.

Das letzte wären die Zeugenaussagen. Eine Zeugenaussage, sagt Anaxim. 15 p. 201, ist das Geständniss eines Mitwissenden, zu dem er nicht gezwungen wird. Das Zeugniss ist entweder glaublich, oder unglaublich, oder von zweifelhafter Glaubwürdigkeit. Ebenso der Zeuge. Ist der Zeuge verdächtig, so muss man zeigen, dass er weder aus Gunst, noch aus Rache, noch um Gewinnes halber ein falsches Zeugniss ablegen würde, auch dass es ihm keinen Vortheil bringe, falsches Zeugniss abzulegen, wegen des grossen Schadens nicht blos an Geld*), sondern auch an Ehre und gutem Ruf, für den Fall, dass er des falschen Zeugnisses überführt wird. Wollen wir einem Zeugniss entgegensprechen, so müssen wir den Charakter des Zeugen, wenn er schlecht ist, angreifen, oder sein Zeugniss, wenn es nicht glaubwürdig ist, zu widerlegen suchen, oder ihnen beiden widersprechen, indem wir ihre schwächsten Seiten zusammennehmen, vgl. Dem. or. LIV, 31 ff. Cic. pro Flacco 15, 34 ff. Ferner hat man darauf zu sehen, ob der Zeuge ein Freund dessen ist, für den er Zeugniss ablegt, oder ob er bei der Sache irgendwie betheiligt ist, ob er ein Feind dessen ist, gegen den er als Zeuge auftritt; ob er arm ist; denn man besorgt, dass die einen aus Gunst, die andern aus Rache, die dritten aus Gewinnsucht falsches Zeugniss ablegen. Damit vgl. man Arist. Rhet. I, 15 p. 56. Anon. Seg. p. 451: τὰς δὲ μαρτυρίας αἰτιασόμεθα ἤτοι φίλους εἶναι λέγοντες τοῖς ἀντιδίκοις τοὺς μάρτυρας, ἢ ἡμῖν ἐχθρούς, ἢ δῶρα εἰληφότας, ἢ παρακεκλημένους, ἢ ἔργον τὸ καταψευδομαρτυρεῖν ποιουμένους. ἀντιτάξομεν δὲ τοῖς μάρτυσι καὶ τὰ εἰκότα, λέγοντες, ὅτι ταῦτα μὲν οὐδέποτε ψεύδεται, ἄνθρωποι δὲ πολλοὶ ψευδομάρτυρες ἑαλώκασι. Cornif. II, 9 und die weiteren Stellen bei Spengel zu Anaxim. S. 168. Gegen die Glaubwürdigkeit der

---

*) Wer durch Hülfe falscher Zeugnisse einen Process verloren zu haben glaubte, der konnte die falschen Zeugen durch eine δίκη ψευδομαρτυριῶν belangen. Siegte er in diesem Processe, so wurden unter anderem die falschen Zeugen zu einer Geldbusse verurtheilt, deren Grösse durch die gewöhnliche Schätzung des Klägers, Gegenschätzung des Beklagten und richterliches Ermessen ausgemacht wurde. Meier u. Schömann Att. Proz. S. 889.

Zeugenaussagen, weil die Zeugen mit ihnen nichts zu verlieren, wohl aber zu gewinnen haben, Lys. or. V, 4. Für den Fall, wenn ein Zeuge mit der Sprache nicht recht heraus will, Aesch. Timarch. 69—73. Mit besonderer Sorgfalt und grosser Ausführlichkeit hat Quint. V, 7 die Zeugenaussagen behandelt. Ihm lagen dabei zwei von seinem Lehrer Domitius Afer über diesen Gegenstand geschriebene Bücher vor. Um diese Ausführlichkeit zu begreifen, ist besonders der Umstand zu beachten, dass wie Anklage und Vertheidigung selbst, so auch die Untersuchung durch Zeugenstellung und Vernehmung von Zeugen lediglich den Parteien überlassen blieb, nicht aber dem Vorsitzenden des Gerichtshofs, oder den Richtern oblag, und dass es dabei üblich war, durch allerlei Kreuz- und Querfragen die gegnerischen Zeugen ad absurdum zu führen und in Widersprüche zu verwickeln. So ist denn auch das meiste von dem, was Quintilian sagt, mehr für die advocatorische Praxis als für die Rhetorik von Werth und Interesse. Welcher Missbrauch übrigens auch im Attischen Gerichtsverfahren mit Zeugenaussagen getrieben wurde, und wie sehr in Folge dessen eine sorgfältige Controlle derselben für den Redner nöthig war, kann man aus Dem. or. XLV entnehmen.

Es werden nun Zeugenaussagen entweder urkundlich zu den Acten gegeben, oder von den Zeugen persönlich vorgebracht. Gegen die urkundlichen Zeugenaussagen lässt sich nun nach Quintilian leichter ankämpfen. Im Beisein von wenigen Mitunterzeichnern wird sich der Zeuge weniger geschämt haben, eine falsche Aussage zu machen, als dies vor einem zahlreichen Gerichtshofe der Fall sein würde. Seine Abwesenheit kann als Mangel an Zutrauen zu sich selbst ausgelegt werden. Lässt die Person keinen Tadel zu, so kann man die Mitunterzeichner verunglimpfen. Ausserdem giebt man nur aus eigenem Antriebe ein schriftliches Zeugniss ab, somit gesteht man durch die Handlung selbst schon ein, dass man dem, gegen welchen man aussagt, nicht Freund sei. Allerdings ist dieser Umstand allein nicht ausreichend, das Zeugniss zu entkräften, denn immerhin kann auch ein Freund für einen Freund, selbst ein Feind für einen Feind, wenn er nur sonst glaubwürdig ist, die Wahrheit sagen.

Schwieriger ist die Sache gegen anwesende Zeugen. Man verfährt gegen sie oder für sie, auf zwiefache Weise, durch *actio* und *interrogatio*, d. h. entweder in zusammenhängender Rede (unter die sonstige Anklage und Vertheidigung gemischt), oder indem man ihnen

Fragen vorlegt, die sie zu beantworten haben, wobei der Redner es darauf ablegt, die Zeugen des Gegners irre zu führen und womöglich in Widersprüche zu verwickeln. Bei der *actio* kann zunächst allgemein für oder gegen die Zeugen gesprochen werden. Dies ist ein locus communis. Die eine Partei sagt, es gäbe keinen sicherern Beweis, als den, der auf das Wissen eines Menschen sich stütze. Die andere Partei leugnet das und zählt, um den Zeugen die Glaubwürdigkeit zu entziehen, alles auf, wodurch falsche Zeugnisse zu entstehen pflegen. Als Beispiel hierfür mag ausser den bereits angeführten noch Isaeus or. IV, 12 und Cic. pro Cael. 9, 21 dienen. Will der Redner von diesen allgemeinen Gesichtspunkten keinen Gebrauch machen, so kann er gleich auf besonderes eingehen, und für oder gegen gewisse Arten von Zeugnissen sprechen, zu denen auch die vorliegenden gehören. So werden von den Rednern oft die Zeugnisse ganzer Völker von vornherein verdächtigt. Dies thut z. B. Cic. pro Rabir. 12, 34 mit dem Zeugniss der Alexandriner, pro Fonteio c. 10 ff. mit dem der Gallier, pro Flacco 4, 9 ff. mit dem der Griechen und Asiaten Hierhin gehört es ferner, wenn Zeugnisse über das, was der Zeuge blos gehört haben will, verdächtigt werden[*]. Derartige Zeugen seien eben nicht selbst Zeugen, sondern brächten blos Aussprüche von Leuten, die nicht vereidigt seien. Oder wenn in einem Processe wegen Erpressungen alle diejenigen, welche schwören, dem Angeklagten Geld gezahlt zu haben, von dem Vertheidiger als Kläger und nicht als Zeugen betrachtet werden. Der Redner kann aber endlich, ohne sich mit dem allgemeinen und besonderen aufzuhalten, gleich die einzelnen Zeugen vornehmen und zu widerlegen suchen, indem er zeigt, dass sie falsches, widersprechendes, oder nicht zur Sache gehöriges vorbringen. Dies thut Cicero in der Rede pro Caecina c. 9, 24 ff., im Anschluss an die narratio, bevor er zum eigentlichen Beweis übergeht. Bei allen drei Formen der actio liegt dem Redner das Material der Zeugenaussagen bereits fertig vor. Bei der *interrogatio* dagegen wird es von dem Anwalt erst gewonnen. Dies kann er mehr oder weniger geschickt, desgleichen mit grösserer oder geringerer Ausführlichkeit thun. Immer aber verfährt er dabei als Anwalt und nicht als eigentlicher Redner. Daher gehören denn auch die einzelnen Rathschläge und Vorschriften, welche Quintilian über die Art der

---

[*] vgl. Plaut. Trucul. II, 6, 8. Sen. Quaestt. natur. IV, 3.

Fragestellung und die dabei zu beachtenden Gesichtspunkte giebt, ebenso wenig der eigentlichen Rhetorik an, als dasjenige was er VI, 4 über die altercatio sagt, schon deshalb nicht, weil es bei beiden lediglich auf Invention, nicht aber auf Disposition und Darstellung ankömmt.

Die altercatio nämlich ist eine dem Römischen Gerichtsverfahren eigenthümliche Art der Verhandlung, welche unter Umständen nach vollendetem Beweisverfahren vor dem eigentlichen Spruch des Urtheils erfolgte, bei welcher die streitenden Parteien, oder ihre Anwälte nicht in der Form der oratio perpetua, sondern unter kurzen Fragen und Gegenfragen, zum nochmaligen Hervorheben der Hauptpunkte, aufeinander eindrangen, also eine Art Wechselrede*). Im Attischen Gerichtsverfahren gab es keine eigentliche altercatio, doch war es auch hier dem Redner erlaubt, mit dem Gegner oder einem Zeugen ein kurzes Verhör anzustellen, und dies in Form der Frage und Antwort der eignen Rede einzuverleiben. So bei Lysias or. XII, 25, woselbst Frohberger zu vergleichen, und XXII, 5. In der Rede gegen Agoratos dagegen, or. XIII, 30. 32 erscheint die $\dot{\varepsilon}\varrho\dot{\omega}\tau\eta\sigma\iota\varsigma$ als Einlage, wie etwa Psephismen, Gesetze und sonstige Zeugenaussagen, ohne in ihrem Verlauf selbst mitgetheilt zu werden. Die Befragung eines Zeugen haben wir bei Andoc. I, 14, wo sie freilich in den Ausgaben wie eine fremde Zuthat behandelt ist. Die Antwort fehlt bei Isaeus or. XI, 5. Als rhetorisches Mittel wird ein fingirtes Gespräch angeführt bei Andoc. I, 101. Bei Dinarch dagegen or. I, 83 haben wir blose Hypophora oder das schema per suggestionem, etwa so wie in Platos Apologie p. 124 D. in dem fingirten Gespräch zwischen Sokrates und Meletos**).

Ciceros interrogatio in P. Vatinium, welche im Anschluss an die Rede pro Sestio vorgenommen wurde, und es auf eine vernichtende Kritik seines Tribunats abgesehen hatte, ist wahrscheinlich späterhin behufs der Herausgabe von ihm selbst überarbeitet worden, und hat somit als oratio perpetua die Form einer actio angenommen, wie sie denn auch von Quint. V, 7, 6 als solche bezeichnet wird.

---

*) s. Rein in Paulys Realenc. Th. I. S. 809 (2. Aufl.).

**) Kürzere Altercationen finden sich ab und zu in den stichomythischen Partien der Tragiker, wobei häufig die Worte des Einen von seinem Gegner parodirend auf ihn selbst zurückgeworfen werden, wie bei Soph. Oed. Rex 547 ff. vgl. Hermann zu Eurip. Androm. 576.

§. 19.
Der künstliche Beweis. Die Indicien.

Der künstliche Beweis beruht auf logischen Operationen, die mittelst des Gewissen oder Wahrscheinlichen dem Ungewissen eine nicht leicht zu bezweifelnde Glaubwürdigkeit zu verschaffen suchen. Der allgemeine Ausdruck für einen solchen Beweis ist πίστις. Wir finden ihn schon bei Isokrates or. III, 6: ταῖς γὰρ πίστεσιν αἷς τοὺς ἄλλους λέγοντες πείθομεν, ταῖς αὐταῖς ταύταις βουλευόμενοι χρώμεθα. Die Lateiner sagen dafür argumentum oder argumentatio und definiren dasselbe wie folgt. Cic. Top. II, 8: argumentum est oratio, quae rei dubiae faciat fidem. de inv. I, 29, 44: argumentatio videtur esse inventum aliquo ex genere rem aliquam aut probabiliter ostendens aut necessarie demonstrans. Quint. V, 10, 11: argumentum est ratio probationem praestans, qua colligitur aliud per aliud, et quae, quod est dubium, per id, quod dubium non est, confirmat. Der bei Fortun. p. 115 aufgestellte Unterschied: argumenta ea sunt, quibus causa approbatur, argumentatio vero est oratio, qua argumenta ipsa verbis explicantur, wird keineswegs durchgängig beachtet. Der Ausdruck ἀπόδειξις ist kein eigentlich rhetorischer terminus. Entweder er wird als allgemeiner Begriff nebenbei gebraucht, wie denn Aristot. Rhet. 1, 5 p. 21 sagt ἡ πίστις ἀπόδειξίς τις, oder er wird als ein methodisch strengerer Beweis, wie ihn die eigentliche Wissenschaft, in Sonderheit Philosophie und Mathematik verlangt, von dem minder strengen rhetorischen unterschieden. So beim Anon. Seg. p. 445: διαφέρει δὲ πίστις ἀποδείξεως, ὅτι ἡ μὲν ἀπόδειξις ἀληθῆ ἔχει τὰ λήμματα καὶ τὴν συναγωγὴν ὑγιῆ, ἡ δὲ πίστις οὔτε ἀεὶ ἀληθὴς οὔτε πιθανή, καὶ φαίνεται μὲν συνάγειν, οὐ συνάγει δέ, καὶ ἡ μὲν τοῖς φιλοσόφοις ἁρμόζουσα μᾶλλον, ἡ δὲ τοῖς ῥήτορσι. Damit vergleiche man Gellius XVII, 5, 5, wo ein Rhetor den Begriff ἀπόδειξις nur da für zutreffend hält, cum ea, quae dubia aut obscura sunt, per ea, quae ambigua non sunt, illustrantur. Dass einige spätere Rhetoren den Ausdruck ἀπόδειξις zur Bezeichnung des dritten Theils der Rede gebrauchten, ist bereits bemerkt worden.

Nun wird nach Aristoteles jeder Beweis, der subjective Ueberzeugung hervorbringt, entweder durch Induction oder durch Syllogismus, durch Beispiele oder durch Schlüsse zu Wege gebracht. So auch in der Rhetorik. Hier zerfallen die πίστεις in ἐνθυμήματα und παραδείγματα, und zwar ist ἐνθύμημα (den Ausdruck kennt schon Isocr. or. XIII, 16), der rhetorische Schluss, παράδειγμα die rhetorische Induction. Rhet. I, 2 p. 9: καλῶ δ' ἐνθύμημα μὲν ῥητορικὸν συλλογισμόν, παράδειγμα δὲ ῥητορικὴν ἐπαγωγήν. Vgl. Cic. de inv. I, 31, 51. Es kann aber der rhetorische Schluss vollständig, d. h. aus drei Sätzen bestehend, oder unvollständig sein. Das letztere ist das gewöhnliche, daher man wohl auch schlechthin das Enthymem als verkürzten Syllogismus definirte, Quint. V, 10, 3. Fortunat. p. 118, und ihm in der Nacharistotelischen Rhetorik das Epicheirem als vollständigen rhetorischen Syllogismus gegenüberstellte. Der Name Enthymem hat eine doppelte Bedeutung, wenigstens gab man eine doppelte Erklärung desselben. Entweder leitete man ihn davon ab, dass der Redner ihn erdenkt, erfindet, oder davon, dass der Zuhörer das, was bei ihm zu einem vollständigen, logischen Schlusse fehlt, dazuzudenken hat. Minuc. p. 419: τὰ δὲ ἐνθυμήματα ὠνόμασται ἢ ὅτι ὁ ῥήτωρ αὐτὸς αὐτὰ εὕρηκε καὶ ἐνθυμεῖται, ἢ ὅτι προσενθυμεῖσθαι τοῖς δικασταῖς, εἴ τι ἐλλείποι, καταλείπει. ἔχουσι δὲ ἐλλείματα οἱ ῥητορικοὶ συλλογισμοί, καὶ ταύτῃ διαφέρουσι τῶν ἐν φιλοσοφίᾳ συλλογισμῶν, ὅτι οἱ μὲν τὰ συμπεράσματα ἐπάγουσιν, οἱ δὲ τὸ συμπεραινόμενον ἐκ τῶν προτάσεων καὶ κατασκευῶν τῷ δικαστῇ προσενθυμηθῆναι καταλείπουσιν. Dieser doppelten Namensdeutung gemäss verstand man nun unter Enthymem theils das Beweismittel selbst, d. h. den Gedanken, der angewandt wird, um etwas anderes zu beweisen, daher ἐνθύμημα oft geradezu synonym mit ἐννόημα, vgl. Schol. Aristid. p. 173. Soph. Oed. Col. 292, auch bei Isokrates ist ἐνθύμημα wohl nichts andres, als der zum Beweis benutzte Gedanke — theils die Darstellung des Beweises, und letzteres war das gewönliche.

In diesem Sinne theilt Aristoteles Rhet. II, 22 die Enthymeme in zwei Classen, in δεικτικά und ἐλεγκτικά, d. h. in solche, die beweisen, dass etwas sei oder nicht sei, und in widerlegende. Sie verhalten sich zu einander, wie in der Dialektik der συλλογισμός zum ἔλεγχος. Das beweisende Enthymem ist Deduction aus zugegebenem, das widerlegende legt das nicht zugestandene durch Schlüsse dar. Die widerlegenden Enthymeme, sagt er c. 23 p. 114, machen mehr Glück als die beweisenden, weil bei ihnen die Gegensätze schärfer hervortreten und durch ihre Nebeneinanderstellung dem Zuhörer klarer werden. Vgl. III, 17 p. 158: τῶν δὲ ἐνθυμημάτων τὰ ἐλεγκτικὰ μᾶλλον εὐδοκιμεῖ τῶν δεικτικῶν, ὅτι ὅσα ἔλεγχον ποιεῖ, μᾶλλον δῆλον ὅτι συλλελόγισται· παράλληλα γὰρ μᾶλλον τἀναντία γνωρίζεται. So unterscheidet auch Quintilian das *enthymema ex consequentibus* und das *enthymema ex repugnantibus*. Bei ersterem giebt man einen Satz und schliesst daran sofort seine Begründung. Aus dem vollständigen Syllogismus: „die Tugend allein ist ein Gut, denn nur das ist ein Gut, was Niemand schlecht anwenden kann. Niemand kann die Tugend schlecht anwenden, folglich ist die Tugend ein Gut" — gewinnt man das enthymema ex consequentibus: „die Tugend ist ein Gut, da sie Niemand schlecht anwenden kann." Als Beispiel führt Quintilian Cic. pro Lig. 6, 19 an: *causa tum dubia, quod erat aliquid in utraque parte, quod probari posset: nunc melior ea iudicanda est, quam etiam dei adiuverunt.* Hier ist Vordersatz und Grund, ohne Schluss, also ein unvollständiger Syllogismus. Oder Cic. pro Mil. 6, 15: *mihi vero Cn. Pompeius non modo nihil gravius contra Milonem iudicasse, sed etiam statuisse videtur, quid vos in iudicando spectare oporteret. nam qui non poenam confessioni, sed defensionem dedit, is causam interitus quaerendam, non interitum putavit.* Einen viel stärkeren und wirksameren Beweis giebt die zweite Art, bei welcher sofort die Negation oder das Gegentheil der Affirmation ins Auge gefasst wird. Der Syllogismus: „das Geld ist kein Gut, denn was ein jeder schlecht anwenden kann, ist kein Gut; Geld kann man schlecht anwenden, folglich ist Geld kein Gut" giebt folgendes enthymema ex pugnantibus: „ist das Geld ein Gut, das jeder schlecht anwenden kann?" Cic. pro Mil. 29, 79: *eius igitur mortis sedetis ultores, cuius vitam, si putetis per:vos restitui posse, nolitis.* pro Balb. 6, 16: *cuius igitur audita virtus dubitationi locum non daret, huius experta atque perspecta obtrectatorum voce laedatur?* pro Flacc. 36, 90: *ergo is, qui si aram tenens iuraret, crederet nemo, per epistulam quod volet iniuratus probabit?* vgl. Lys. or. XVIII, 12. 15. XXX, 16. XXXI, 23. Diese Art des Beweises lässt sich natürlich vervielfältigen. So in derselben Miloniana c. 16, 41: *quem igitur cum omnium gratia noluit, hunc voluit cum aliquorum querella? quem iure, quem tempore, quem impune non est ausus, iniuria, iniquo loco, alieno tempore, cum periculo capitis non dubitavit occidere?* Für die beste Art des Enthymems gilt diejenige, bei welcher einem ähnlichen oder conträren Satze die Begründung hinzugefügt wird, wie bei Demosth. in Androt. c. 7 p. 595: οὐ γὰρ εἴ τι πώποτε μὴ κατὰ τοὺς νόμους ἐπράχθη, σὺ δὲ τοῦτ' ἐμιμήσω, διὰ τοῦτ' ἀποφύγοις ἂν δικαίως, ἀλλὰ πολλῷ μᾶλλον ἁλίσκοιο. ὥσπερ γάρ, εἴ τις ἐκείνων προήλω, σὺ τάδ' οὐκ ἂν ἔγραψας, οὕτως, ἂν σὺ νῦν δίκην δῷς, ἄλλος οὐ γράψει. contr. Stephan. I, 52 p. 1117: ἄτοπον πάντων τὰ ψευδῆ μαρτυρησάντων, τίς μάλιστα ἔβλαψεν ἀποφαίνειν, ἀλλ' οὐχ ὡς αὐτὸς ἕκαστος ἀληθῆ μεμαρτύρηκε δεικνύναι. οὐ γάρ, ἂν ἕτερον δείξῃ δεινότερα εἰργασμένον, ἀποφεύγειν αὐτῷ προσήκει, ἀλλ' ἂν αὐτὸς ὡς ἀληθῆ μεμαρτύρηκεν ἀποφήνῃ.

Das Enthymema ex pugnantibus wurde von einigen κατ' ἐξοχήν Enthymem genannt. Cic. Top. 13, 55. Quint. V, 10, 2: *plerosque invenies ea opinione, ut id demum, quod pugna constat, enthymema accipi velint, et ideo illud Cornificius contrarium appellat*. vgl. V, 14, 2. Cornif. IV, 18, 25 behandelt das contrarium unter den Figuren, und versteht darunter *quod ex rebus diversis duabus alteram breviter et facile confirmat* — mit dem Beispiele: *nam qui suis rationibus inimicus fuerit semper, eum quo modo alienis rebus amicum fore speres?* — und legt dieser Figur eine grosse Kraft der Ueberzeugung bei. Auch Quint. IX, 2, 106 erwähnt das contrarium unter den Figuren nach Rutilius Lupus: ἐναντιότητα, *unde sint enthymemata* κατ' αἰτίασιν, wofür Kayser zu Cornif. S. 291 (der übrigens eine reiche Anzahl von Beispielen derartiger Enthymeme nachweist) ἐνθ. κατ' ἐναντίωσιν vermuthet. Man beachte vor allem Anaxim. 10 p. 197: ἐνθυμήματα δέ ἐστιν οὐ μόνον τὰ τῷ λόγῳ καὶ τῇ πράξει ἐναντιούμενα, ἀλλὰ καὶ τοῖς ἄλλοις ἅπασι. Hierdurch erhalten die Worte des Cornificius das nöthige Licht. Spengel bemerkt dazu S. 162: „Aristoteli ἐνθύμημα genus probationis est, ῥητορικὸς συλλογισμός, quaevis sententia, cui ratio addita est, Rhet. I, 2. II, 21—2, Anaximeni, ut Isocrati aliisque oratoribus, species, sententia, cui qualiscunque ἐναντίωσις inest." Isokrates war jedoch auszunehmen.

Ist der rhetorische Schluss aber vollständig, aus Obersatz, Untersatz und Schlusssatz bestehend, so heisst er gewöhnlich Epicheirem, Quint. V, 10, 5. Ja es können auch noch eine Begründung des Obersatzes und ein Beweis des Untersatzes hinzukommen, das Epicheirem kann also unter Umständen aus fünf Sätzen bestehen, die dann im einzelnen noch mehr oder minder ausführlich zu behandeln sind. Ueber diese erweiterte Form handelt Cicero sehr ausführlich mit Beispielen de inv. I, 34 ff. Er nennt die fünf Sätze oder Theile *propositio, propositionis approbatio, assumptio, assumptionis approbatio, complexio*. Wenn er nun weiter bemerkt, da bisweilen der Vordersatz keiner Begründung, der Untersatz keines Beweises bedürfe, auch wohl kein Schluss nöthig sei, so könne die argumentatio auch vier, drei und zweitheilig sein — ein Beispiel einer *argumentatio bipertita* lautet: „si peperit, virgo non est, peperit autem", denn hier könne man den Schlusssatz als selbstverständlich fort lassen, es sei auch gerade ein sorgfältig zu vermeidender Fehler, etwas völlig klares in den Schlusssatz hineinzubringen — so müssen wir uns erinnern, dass *argumentatio* das genus ist, welches Epicheirem und Enthymem in sich befasst. Auch Cornif. II, 18, 28 kennt fünf Theile der vollkommenen argumentatio. Er nennt sie *propositio, ratio, rationis confirmatio, exornatio, complexio*, und veranschaulicht sie an einem sehr fein ausgearbeiteten Beispiel. Dass je nach Umständen einige Theile fortgelassen werden können, bemerkt er §. 38. Immerhin bleibt zwischen dem Epicheirem und dem eigentlichen Syllogismus noch ein Unterschied bestehen, welcher darauf beruht, dass beim Syllogismus die Reihenfolge der drei Sätze eine bestimmte, beim Epicheirem dagegen eine freie ist, dass ferner beim Syllogismus nur wahres aus wahrem, beim Epicheirem dagegen oft nur glaubliches gefolgert wird, dass endlich die verschiedenen Unterarten des Syllogismus beim Epicheirem wegfallen. Quint. V, 14, 14.

Uebrigens hatte der Ausdruck Epicheirem in der späteren Technik auch noch einen allgemeineren Sinn. Wenn bei Aristoteles die πίστεις in ἐνθυμήματα und παραδείγματα zerfallen, so ist dies dieselbe Eintheilung, in welche bei späteren Rhetoren die ἐπιχειρήματα zerfallen, vgl. Apsin. 10 p. 376. Minucian p. 418. Demnach erscheinen πίστεις und ἐπιχειρήματα als synonym, was denn auch die Definition des Minucianus bestätigt: ἐπιχειρήματά ἐστι τὰ πρὸς πίστιν τοῦ ὑποκειμένου ζητήματος λαμβανόμενα. Im Grunde ist ja ἐπιχείρημα das, was man in die Hand nimmt, also gleichsam die Handhabe, deren man sich bedient, um etwas zu beweisen. Dies ist aber offenbar ein zu Hülfe genommener Gedanke. Daher hatte Celsus ganz Recht, wenn er, wie uns Quint. V, 10, 4 berichtet, unter Epicheirem *non nostram administrationem, sed ipsam rem quam aggredimur, id est argumentum, quo aliquid probaturi sumus, etiamsi nondum verbis explanatum iam tamen mente conceptum* — verstand. Wann und durch wen der Ausdruck ἐπιχείρημα zuerst in die Rhetorik aufgenommen ist, lässt sich, wie es scheint, nicht mehr ermitteln. Corn. II, 2, 2 kennt ihn bereits in dem eben angeführten allgemeineren Sinne von πίστις, denn er übersetzt ἐπιχειρήματα durch *argumentationes (argumentationes, quas Graeci ἐπιχειρήματα appellant).* Fortunatian aber versteht p. 118 unter einem Epicheirem blos die weitere Ausführung eines Ober- oder Untersatzes, zu der auch loci communes, Beispiele und Prosopopoeien verwandt werden können. Dass das Enthymem unter Umständen zum Epicheirem erweitert wird, bemerkt auch Dionys. de Isocr. iud. c. 4.

Zu viel nackte Epicheireme und ein Anhäufen von Enthymemen müssen in einer Rede vermieden werden, um sie dadurch nicht steif, langweilig und unschön zu machen.. Grosse Redner haben sich vor diesem Fehler sorgfältig gehütet. Auch darf man nicht etwa grundsätzlich alle Epicheireme auf dieselbe Weise behandeln und ausführen wollen. vgl. Cic. de inv. I, 41, 76. Quint. V, 14, 27. Fortunat. p. 119. Was insbesondere die Anwendung der Epicheireme betrifft, so zeigt sich hierin bei den einzelnen Rednern insofern grosse Verschiedenheit, als manche sie gern und häufig anwenden, andre selten von ihnen Gebrauch machen, wieder andre sie fast ganz vermeiden. Schon Dionysius macht darauf aufmerksam, dass Lysias lediglich in Enthymemen, Isaeus dagegen und Hyperides auch in Epicheiremen zu beweisen pflegten, eine Bemerkung, die sich nach Blass Gesch. der Att. Bereds. S. 395 vollkommen bestätigt. Indes lässt sich bei Lysias or. XXV, 7—14 als ein weitläufig ausgeführtes Epicheirem betrachten. Weitere Beispiele für mehr oder minder ausfürliche Epicheireme finden sich bei Dem. or. XXIX, 22 ff.

Nach Aristot. Rhet. I, 2 p. 11 werden nun die Enthymeme aus dem Wahrscheinlichen und aus Merkmalen oder Indicien gebildet — ἐξ εἰκότων καὶ ἐκ σημείων. Vgl. Analyt. pr. II, 27: εἰκὸς δὲ καὶ σημεῖον οὐ ταὐτόν ἐστιν, ἀλλὰ τὸ μὲν εἰκός ἐστι πρότασις ἔνδοξος· ὃ γὰρ ὡς ἐπὶ τὸ πολὺ ἴσασιν οὕτω γινόμενον ἢ μὴ γινόμενον, ἢ ὂν ἢ μὴ ὄν, τοῦτ' ἐστιν εἰκός, οἷον τὸ μισεῖν τοὺς φθονοῦντας, ἢ τὸ φιλεῖν τοὺς ἐρωμένους. σημεῖον δὲ βούλεται εἶναι πρότασις ἀποδεικτικὴ ἀναγκαία ἢ ἔνδοξος· οὗ γὰρ ὄντος ἐστιν ἢ οὗ γενομένου πρότερον ἢ ὕστερον γέγονε τὸ πρᾶγμα, τοῦτο σημεῖόν ἐστι γεγονέναι ἢ εἶναι. Aus wahrscheinlichen Praemissen lässt sich blos wahrscheinliches schliessen. Aus Indicien dagegen theils wahrscheinliches, theils nothwendiges d. h. apodiktisch wahres, je nachdem diese selbst wahrscheinliche, oder apodiktisch wahre sind. Letztere nennt Aristoteles τεκμήρια, von τέκμαρ = πέρας, weil nach Vorbringung derartiger Beweisstücke der Streit aufhört, man also am Ende seiner Darlegung angelangt ist*). Es sind ἄλυτα σημεῖα, wofür der An. Seg. p. 446, der den Aristotelischen Unterschied zwischen εἰκός und σημεῖον nicht festhält, auch ἄλυτα εἰκότα sagt. Etwas populärer wird das εἰκός definirt bei Anaxim. 7 p. 192 als οὗ λεγομένου παραδείγματα ἐν ταῖς διανοίαις ἔχουσιν οἱ ἀκούοντες, λέγω δ᾿ οἷον εἴ τις φαίη τὴν πατρίδα βούλεσθαι μεγάλην εἶναι καὶ τοὺς οἰκείους εὖ πράττειν καὶ τοὺς ἐχθροὺς ἀτυχεῖν καὶ τὰ τούτοις ὅμοια, συλλήβδην εἰκότα δόξειεν ἄν. ἕκαστος γὰρ τῶν ἀκουόντων σύνοιδεν αὐτὸς αὐτῷ περὶ τούτων καὶ τῶν τούτοις ὁμοιοτρόπων ἔχοντι τοιαύτας ἐπιθυμίας. Auch die σημεῖα zerfallen ihm in zwei Klassen, in solche die ein meinen, und stärkere, die ein wissen zu Wege bringen, doch nennt er die letzteren nicht τεκμήρια, worunter er vielmehr lediglich solche Merkmale versteht, welche Widersprüche in Wort und That und somit die Unwahrheit einer Darstellung verrathen. Dass man übrigens an der Aristotelischen Unterscheidung zwischen εἰκός und σημεῖον keineswegs allgemein festhielt, beweist ausser der bereits angezogenen Stelle des Anonymus Seguerianus auch Cic. de inv. I, 30, 47, welcher das signum dem probabile unterordnet, und der überhaupt von der Aristotelischen Eintheilung nichts weiss.

Dies ist auch bei Quintilian der Fall, wenn er auch beiläufig einmal auf das zweite Buch der Aristotelischen Rhetorik verweist. Allerdings nähert er sich in sofern dem Aristoteles, dass auch er zwei Classen von signa annimmt, die ἄλυτα σημεῖα, signa necessaria und die σημεῖα schlechthin, *indicia* oder *vestigia*. Eigenthümlich ist die von ihm vertretene Ansicht, wonach die signa gleichsam den Uebergang von den natürlichen oder unkünstlichen Beweismitteln zu den künstlichen bilden und deshalb von den argumentis d. h. den Beweisen durch Enthymeme und den exemplis getrennt werden sollen. Erstens, sagt er, stehen die Indicien mehr auf der Stufe der natürlichen oder unkünstlichen Beweismittel, weil auch sie vom Redner nicht erfunden, sondern ihm zugleich mit der Sache selbst gegeben werden. Zweitens hört bei ganz unzweifelhaften Indicien überhaupt der Streit auf; eben deshalb aber kann man sie nicht zu den argumentis, den Beweisgründen im engeren Sinne rechnen, welche nur bei einer streitigen

---

*) Bei Isocr. or. XXI bezeichnet τεκμήριον nichts weiter als einen Wahrscheinlichkeitsschluss, der sich vom εἰκός nicht unterscheidet.

Sache vorkommen. Sind aber die Indicien zweifelhaft, so bedürfen sie erst selbst eines Beweises. Bei dieser Ansicht hätte nur Quintilian da, wo er von den Argumenten im allgemeinen handelt, nicht auch die *argumenta necessaria* von den *argumenta probabilia* oder *tantum non repugnantia* trennen sollen. Hier tritt ein Widerspruch, oder wenigstens eine Unklarheit in der Terminologie bei ihm zu Tage, denn wenn Argumente immer nur aus blos wahrscheinlichen, also noch zweifelhaften Praemissen gewonnen werden, so können sie selbst auch nur wahrscheinlich und nicht nothwendig, d. h. apodiktisch wahr sein.

Die nothwendigen, zwingenden Indicien erstrecken sich nach Quintilians weiterer Bemerkung V, 9, 4 über alle Zeiten, und beweisen entweder die Nothwendigkeit einer Sache oder ihre absolute Unmöglichkeit. Nothwendiges Indicium für Vergangenes: ein Weib, das geboren hat, muss nothwendig mit einem Manne Umgang gehabt haben. Für Gleichzeitiges: wenn ein grosser Sturm auf das Meer fällt, so müssen sich Fluthen erheben. Für Zukünftiges: wer ins Herz verwundet ist, muss sterben. Für Unmögliches: wo nicht gesät ist, kann nicht geerndtet werden; wer in Athen ist, kann unmöglich in Rom sein; wer keine Narbe hat, kann unmöglich mit einem Schwerdte verwundet sein. Von den Schlüssen, die auf nothwendigen Indicien beruhen, lassen sich einige umkehren: ein Mensch, der athmet, lebt — ein Mensch, der lebt, athmet. Andre nicht, weil z. B. Jemand, der geht, sich bewegt, braucht deshalb nicht jeder, der sich bewegt, zu gehen. Ein Weib kann mit einem Manne Umgang gehabt haben, auch wenn sie nicht gebiert; es braucht kein Sturm auf dem Meere zu sein, wenn die Fluth geht; es braucht nicht jeder, der stirbt, ins Herz verwundet zu sein; desgleichen kann gesät sein, auch wenn es keine Erndte giebt; wer nicht in Rom war, braucht nicht in Athen gewesen zu sein; wer eine Narbe hat, braucht nicht mit dem Schwerdte verwundet zu sein. — Die nicht nothwendigen, also blos wahrscheinlichen Indicien reichen allein nicht aus, einen Zweifel zu beseitigen, vermögen aber viel im Verein mit den übrigen. Auch ihnen muss der Redner durch seine Kunst den Schein von $\tau\varepsilon\varkappa\mu\dot\eta\varrho\iota\alpha$ zu verleihen wissen, Dionys. de Lys. jud. 19 p. 256. Blut, sagt Quintilian, kann von einem Opfer aufs Kleid gespritzt sein, man kann aus der Nase geblutet haben, es braucht also nicht jeder, der ein blutiges Kleid hat, auch einen Menschen getödtet zu haben. Aber wenn der betreffende mit dem getödteten verfeindet war, wenn er ihm gedroht hat, sich mit ihm an demselben Orte befand, so macht das neu hinzutretende Indicium des blutigen Kleides, dass das, was bisher verdächtig war, nunmehr als gewiss erscheint. Uebrigens lassen sich manche Indicien verschiedentlich deuten. So kann die bleiche Farbe und der geschwollene Körper von Gift herrühren, aber auch eine Folge schlechter Verdauung sein, eine Wunde auf der Brust kann von eigner, auch von fremder Hand beigebracht sein. Manche Techniker fassten übrigens den Begriff der Indicien zu weit. So Hermagoras, wenn er für eine Art derselben als Beispiel anführte: *non esse virginem Atalantam, quia cum iuvenibus per silvas vagetur.* Wenn es bei einer Frau als indicium des Ehebruchs gelten soll, dass sie sich mit Männern badet, so kann das Zusammenspeisen mit Jünglingen, überhaupt ein inniges Freundschaftsverhältniss mit Jemand ebenso gut dafür angesehen werden. Auf diese Weise lässt sich alles, was aus einer That abgeleitet wird, zu einem Indicium machen. Quint. V, 9, 8—16. Es lässt sich aber nicht leugnen, dass der Begriff des Indiciums ein sehr dehnbarer und schwer zu definirender ist.

§. 20.

Die Topik der Enthymeme.

Die einzelnen logischen Gesetze, welche bei der Bildung und Beurtheilung von Schlüssen in Betracht zu ziehen sind, setzt die Rhetorik als bekannt voraus und lässt sich auf eine weitere Besprechung derselben nicht ein. Es ist daher auch eigentlich überflüssig, wenn Quint. V, 8, 7 noch besonders darauf hinweist, dass bei allen Beweisen ein vierfaches logisches Verhältniss stattfindet. Man schliesst nämlich erstens, weil etwas ist, ist etwas anderes nicht — es ist Tag, folglich ist es nicht Nacht. Zweitens, weil etwas ist, ist auch etwas anderes — die Sonne steht über der Erde, es ist Tag. Drittens, weil etwas nicht ist, so ist etwas anderes — es ist nicht Nacht, folglich ist es Tag. Viertens, weil etwas nicht ist, so ist auch etwas anderes nicht — er ist nicht mit Vernunft begabt, und ist folglich kein Mensch.

Welche Schlüsse und Beweise aber aus einem gerade vorliegenden Stoffe zu einer Begründung oder Widerlegung zu entnehmen sind, muss dem Redner sein Nachdenken an die Hand geben. Ihre Auffindung ist mehr Sache natürlicher Begabung, als technischer Anleitung, welche letztere mehr auf die Verwendung des aufgefundenen gerichtet ist, Dionys. de Thucyd. iud. 34 p. 111. Die Rhetorik begnügt sich daher, die allgemeinen Kategorien oder Fundörter (τόποι, loci), anzugeben, von denen aus Beweise gewonnen werden. Sie giebt also eine Topik der Beweise, und ertheilt den Rath, sich dieses ganze Gebiet durch fortgesetzte Uebung, vollkommen zu eigen zu machen, um es in jedem einzelnen Falle sofort selbständig anwenden und erweitern zu können, da eine blos theoretische Kenntniss hier so gut wie gar nichts helfe. Quint. V, 10, 125. Cic. de orat. II, 10, 34.

Die vor-Aristotelische Rhetorik kannte keine allgemeine Topik. Sie begnügte sich mit speciellen Fingerzeigen für einzelne Fälle, ein Verfahren, das auch später nach Ausbildung der Status-lehre wieder aufgenommen wurde, indem man für die einzelnen Constitutionen eine Anzahl der gebräuchlichsten Topen zugleich mit ihrer natürlichen Reihenfolge als τόποι ἴδιοι τῶν στάσεων festsetzte. Das hierhergehörige Material wird nach dem Vorgange Quintilians in der Lehre von der Disposition behandelt werden. Die allgemeine Topik dagegen, welche zuerst von Aristoteles in die Behandlung der Rhetorik aufgenommen wurde, bei deren Bearbeitung aber die verschiedenen Philosophen und Rhetoren sehr von einander abwichen, wurde von manchen der letzteren gar nicht, oder nur sehr oberflächlich berührt, wie wir aus Quint. V, 8, 1 entnehmen. Auch Cornificius hat sie übergangen. Desgleichen von den Späteren Sulpicius Victor. In der That ist der Gegenstand äusserst trocken und gehört zu den am wenigsten anziehenden, auch am wenigsten fruchtbaren Partien der Rhetorik. Seine Darstellung wird noch besonders dadurch erschwert, dass wir über die geschichtlichen Wandlungen, die er in den verschiedenen Zeiträumen erfahren, fast gar keine positiven Nachrichten haben, und somit völlig ausser Stande sind, in die sich auffällig unterscheidenden Darstellungen der einzelnen Techniker Ordnung und Uebersicht hineinzubringen. Vielleicht dass die folgenden Notizen wenigstens einen Anhalt zur ungefähren Orientirung abgeben.

Es bleibt ein unbestreitbares Verdienst des Aristoteles den fraglichen Gegenstand zuerst in den Bereich der wissenschaftlichen Erörterung gezogen zu haben. Allein die Art, wie er es gethan hat, ist eine äusserst mangelhafte. Er stellt Rhet. II, 23 f. acht und zwanzig allgemeine Beweistopen auf. Die Reihenfolge derselben ist eine ganz zufällige und willkürliche. Zu irgend welcher Eintheilung oder Zusammenfassung des gleichartigen wird auch nicht der mindeste Versuch gemacht. Die Bezeichnung der Topen ist vielfach unklar und schwerfällig. Manche sind geradezu unverständlich. So der sechste ἐκ τῶν εἰρημένων καϑ' αὑτοὺς πρὸς τὸν εἰπόντα, oder der 25: εἰ ἐνεδέχετο βέλτιον ἄλλως ἢ ἐνδέχεται ὧν ἢ συμβουλεύει ἢ πράττει ἢ πέπραχε σκοπεῖν. Bei mehreren sieht man nicht ein, wie sie sich von einander unterscheiden sollen, und findet in ihnen nur eine unnütze Beschwerung der Kategorientafel. Gleich der 8. Topus ἐκ τοῦ ποσαχῶς, aus der vielfachen Bedeutung eines Wortes, kann sich neben dem siebenten ἐξ ὁρισμοῦ kaum als selbständiger Topus behaupten. Der 12. ἐκ τῶν μερῶν erscheint nach den Beispielen vom 9. ἐκ διαιρέσεως nicht verschieden. Ebenso fällt der 16. ἐκ τῶν ἀνάλογον ταῦτα συμβαίνειν mit dem 3. ἐκ τῶν πρὸς ἄλληλα mehr oder weniger zusammen. Nicht minder der 26. ὅταν τι ἐναντίον μέλλῃ πράττεσϑαι τοῖς πεπραγμένοις ἅμα σκοπεῖν mit dem 18. ἐκ τοῦ μὴ ταὐτὸ τοὺς αὐτοὺς ἀεὶ αἱρεῖσϑαι ὕστερον ἢ πρότερον, ἀλλ' ἀνάπαλιν. Noch auffälliger ist es aber, dass die Topen ganz allgemein für alle Arten der Beredsamkeit dienen sollen, und dennoch der 14. ὅταν περὶ δυοῖν καὶ ἀντικειμένοιν ἢ προστρέπειν καὶ ἀποτρέπειν δέῃ, sowie der 20. σκοπεῖν τὰ προτρέποντα καὶ τὰ ἀποτρέποντα offenbar für das genus demonstrativum nicht passen.

Weit besser, weil vollständiger, übersichtlicher und in der Terminologie einfacher, ist die Topik der Stoiker, die wir in den Lehrbüchern des Fortunatian und Julius Victor antreffen. Danach zerfallen sämmtliche Topen für künstliche Beweise in vier Hauptkategorien, in *loci ante rem, in re, circa rem, post rem*. Die erste Klasse umfasst 7 Topen: *a persona, a re, a causa, a tempore, a loco, a modo, a materia*. Es sind das die bereits bekannten 7 Peristasen. Die zweite Klasse umfasst 12 Topen, von denen Jul. Victor aber nur die ersten acht aufzählt: *a toto, a parte, a genere, a specie, a differentia per septem circumstantias (qui locus recipit in se etiam a maiore ad minus et a minore ad maius), a proprio, a definitione, a nomine, a multiplici appellatione, ab initio, a progressione vel profectu, a perfectione vel consummatione*. Die dritte Klasse soll 10 Topen umfassen, es werden aber 11 genannt: *a simili* (mit 5 Unterarten) *a dissimili, a pari, a contrario per positionem et negationem, ἀπὸ τοῦ πρός τι* i. e. *ad aliquid, ab inter se collidentibus per habitionem et amissionem* i. e. ἕξιν καὶ στέρησιν, *a maiore ad* *minus, a minore ad maius, a praecedenti, ab eo quod simul est vel a coniunctis, a consequentibus**). Jul. Victor lässt die Topen ἀπὸ τοῦ πρός τι und κατὰ ἕξιν καὶ στέρησιν aus. Der Text des Fortunatian scheint dadurch verderbt zu sein, dass aus der Kategorie des *contrarium* mit den beiden Unterarten des conträren und contradictorischen Gegensatzes zwei selbständige Kategorien geworden sind, und die letztere an falsche Stelle gerathen ist. Die vierte Klasse endlich umfasst zwei Topen: *ab eventu et a iudicato*, letzteren allerdings mit Unterarten. Nach dieser Aufzählung bemerkt Fortunatian, es gäbe auch noch andere loci argumentorum '*quos apud varios auctores artium invenimus*' und nennt dann noch den locus ἀπὸ τῆς συζυγίας, *a qualitate, a quantitate, a coniunctis* (die Griechische Bezeichnung ist leider bei ihm wie bei Martianus Capella verdorben), und ἀπὸ τῆς διαιρέσεως, *a partitione*. Von diesen Topen weiss Jul. Victor natürlich nichts.

Man sieht sofort, dass die vier Klassen oder Hauptkategorien der Topen wieder in zwei Gruppen zerfallen, nämlich die Topen *ante rem* einerseits, als hypothetische Topen, d. h. solche die sich mit den Peristasen befassen, dem complexus rerum personarumque, durch welche das ζήτημα πολιτικόν zur Hypothesis wird, und die Topen *in re, circa rem, post rem* andrerseits, als thetische Topen, die sich mit der nach Abzug der Peristasen in jeder Hypothesis enthaltenen Thesis befassen. Die Topen der ersten Gruppe sind in gewissem Sinne concrete (persönliche und sachliche), die der zweiten Gruppe dagegen abstract logische Topen. Auf diesen Unterschied von thetischen und hypothetischen Topen bezieht sich auch die Stelle des Quintilian V, 8, 6: *argumenta vero reperiuntur aut in quaestionibus, quae etiam separatae a complexu rerum personarumque spectari per se possint* — also in den Thesen — *aut in ipsa causa* — in der Hypothese — *cum invenitur aliquid in ea non ex communi ratione ductum, sed eius iudicii de quo cognoscitur, proprium.* Der Umstand, dass die Stoische Topik des Fortunatian sich bei Julius Victor vorfindet, der sonst keine Bekanntschaft mit den Stoikern verräth, aber der ja dem Titel seiner Schrift zu Folge von älteren Rhetoren ausser Cicero und

---

*) Im Halm'schen Text steht p. 116, 2: *vel a consequentibus*, aber *vel* muss fehlen, und es fehlt auch in der That bei Mart. Cap. p. 489, 16, wo die ganze Stelle des Fortunatian (und zwar aus einem eben so fehlerhaften Exemplar als das unsrige) einfach abgeschrieben ist. In Z. 12 ist hinter *a contrario* das Komma zu tilgen.

Quintilian, aus denen er das meiste entnommen hat, auch den Hermagoras benutzt haben will, legt die Vermuthung nahe, dass auch Hermagoras die Stoische Topik adoptirt hatte. Dass er die Topen in thetische und hypothetische eingetheilt haben würde, ist bei dem grossen Werth, den er in seiner Rhetorik auf diesen Unterschied legte, von vornherein wahrscheinlich. Es spricht aber auch noch ein anderer Umstand für diese Vermuthung.

Cicero nämlich folgt in seinen Büchern de inventione zwar nicht, wie man aus einer Aeusserung Quintilians entnehmen könnte, direct dem Hermagoras, den er vielmehr, wie schon oben S. 67 gezeigt wurde, bei dieser Arbeit gar nicht zur Hand gehabt hat, wohl aber einem Gewährsmann, der sich in der Hauptsache an Hermagoras angeschlossen hatte, in manchen Punkten jedoch von ihm erheblich abwich. In dieser Schrift werden nun I, 24 die Topen zunächst eingetheilt in Attribute der Personen und Attribute der Sachen *(negotia)*. Die letzteren zerfallen wieder in vier Classen: *negotiis autem quae sunt attributa partim sunt continentia cum ipso negotio, partim in gestione negotii considerantur, partim adiuncta negotio sunt, partim gestum negotium consequuntur.* Die *continentia cum ipso negotio* beziehen sich auf die Sache, ihren Begriff, ihre Veranlassung, ihren Verlauf. *In gestione negotii* werden betrachtet *locus, tempus, occasio, modus, facultates.* Somit haben wir in den Personentopen und den zwei ersten Classen der Sachtopen gleichfalls· die Peristasen berücksichtigt, also hypothetische Topen. In der dritten Classe finden wir so ziemlich dieselben Topen wie in der Stoischen Kategorie der loci circa rem nämlich *maius, minus, simile, aeque magnum, contrarium, disparatum* (das contradictorische Gegentheil), *genus, pars, eventus.* Der eventus entspricht dem Stoischen Topus *a consequente.* Und so bleibt für die vierte Classe die *consecutio*, darunter auch die Berücksichtigung der Auctorität, mithin der *locus a iudicato* übrig. Die dritte und vierte Classe geben also die thetischen Topen. Unverkennbar liegt uns bei Cicero eine Umbildung und vermeintliche Verbesserung der Stoischen Kategorientafel vor. Der Rhetor, dem er folgte, nahm daran Anstoss, dass die Kategorie der loci ante rem die sämmtlichen Peristasen umfassen sollte. Möglicherweise war ihm die Bezeichnung als solche unverständlich. So schied er also Person und Sache an sich aus, machte die anderen fünf Peristasen zu Topen in re, und behielt die beiden übrigen Kategorienreihen im wesentlichen unverändert bei. Da durch diese veränderte

Eintheilung der Gegensatz zwischen thetischen und hypothetischen Topen dem Unterschied der Personen- und Sachtopen untergeordnet und durch diese Unterordnung in seiner Bedeutung verdunkelt ist, so wird man dieselbe wohl schwerlich auf Hermagoras zurückführen können, sondern es für wahrscheinlicher halten müssen, dass dieser auch hier, wie an so vielen anderen Punkten seines rhetorischen Systems, ziemlich eng an die Stoiker sich anschloss*).

Merkwürdiger Weise stellt Cicero in seinen späteren rhetorischen Schriften de oratore (II, 39 ff.), den partitiones oratoriae und den diesem Gegenstand ausschliesslich gewidmeten Topica eine ganz andre Topik auf. Es ist hier blos von thetischen Topen die Rede. Die Peristasen werden gar nicht in Betracht gezogen, vielmehr werden die Topen gleich eingetheilt *in loci in re ipsa insiti* und *loci assumpti*. Die letzteren umfassen die Beweise ex auctoritate, sowie alle unkünstlichen Beweismittel. Die ersteren zerfallen in die vier Kategorien *definitio, partitio, vocabulum* und *quod rem attingit*, letztere mit 15 Unterarten, die in der Hauptsache den Stoischen Topen in re und circa rem entsprechen. Es ist zu bedauern, dass Cicero uns über die Quelle seiner Ansicht völlig im unklaren lässt. Offenbar nämlich ist die hier vorgetragene Topik im Geiste der vor-Aristotelischen Rhetorik angelegt, in welcher der Gegensatz zwischen dem unkünstlichen und künstlichen Beweise noch nicht zu völliger Klarheit gediehen war, s. oben S. 136. Wenn in der daselbst angeführten Stelle aus Anaximenes πίστεις ἐξ αὐτῶν τῶν λόγων καὶ τῶν πραγμάτων und πίστεις ἐπίθετοι als δόξα τοῦ λέγοντος, μαρτυρίαι, βάσανοι, ὅρκοι unterschieden werden, so stimmt dies mit Cic. de orat. II, 39, 163: *omne quod sumitur in oratione aut ad probandum aut ad refellendum aut ex sua sumitur vi atque natura aut adsumitur foris*. Sobald aber erst der Unterschied zwischen unkünstlichen und künstlichen Beweisen festgehalten war, von denen eben nur die letzteren von dem Redner aufgesucht und mittelst der Topik erfunden werden, war es eine auffällige Confusion, nun wieder die unkünstlichen Beweismittel mit

---

*) Dass die Topik bei Hermagoras nicht fehlte, ergiebt sich doch wohl aus Tac. dial. de orat. c. 19. *iam vero longa principiorum praeparatio et narrationis alte repetita series et multarum divisionum ostentatio et mille argumentorum gradus et quidquid aliud aridissimis Hermagorae et Apollodori libris praecipitur, in honore erat.*

in die Topik hineinzuziehen. Und dass die peristatischen Topen ganz bei Seite gelassen sind, ist völlig unbegreiflich.

Quintilian nahm denn auch mit richtiger Einsicht die alte Eintheilung aus den Büchern de inventione, richtiger gesagt ihre noch ältere Grundlage wieder auf. Er giebt V, 10, 23 zuerst die Personentopen, dann §. 32 ff. die Sachtopen, welche auf den Peristasen des quid, quare, ubi, quando, quomodo, per quae beruhen. Von §. 53 ab ist die Rede von *rebus, de quarum vi ac natura quaeritur, quasque etiam citra complexum personarum ceterorumque, ex quibus fit causa, per se intueri possumus.* Damit betreten wir also das Gebiet der Thesis. Eigentlich, meint Quintilian, müsste man nun dieses Gebiet eintheilen nach den drei Fragen, *an sit, quid sit, quale sit.* Aber weil es manche diesen drei Fragen gemeinsame Topen gebe, so seien sie als Grundlage weiterer Eintheilung ungeeignet, vielmehr müssten sie den einzelnen Topen, bei denen sie sich anwenden lassen, untergeordnet werden*). Wie das gemeint sei, kann man weniger aus dem, was bei Quintilian selbst nun weiter folgt, als aus der Behandlung der Topen bei Julius Victor entnehmen, der sehr eingehend bei jedem einzelnen Topus nachweist, wie er im Conjectural-, Definitions-, oder Qualitätsstatus zur Verwendung kommt. Dass aber die thetischen Topen sich nicht nach den drei Kategorien des an sit, quid sit, quale sit eintheilen lassen, auf welchen ja die Eintheilung der Status beruht, die, wie oben ausführlich gezeigt wurde, nur bei Hypothesen und zwar lediglich vom genus iudiciale in Betracht kommen, hätte sich Quintilian von vorn herein sagen können. Im einzelnen kommen seine thetischen Topen mit den Stoischen Topen in re und circa rem überein. Zum Schluss (§. 95) werden noch die Beweise von einem angenommenen Falle aus ins Auge gefasst, die *argumenta a fictione,* τὰ καθ' ὑπόθεσιν oder πλαστὰ ἐπιχειρήματα, wie sie bei Hermog. de inv. III, 11 p. 152 heissen. Sie waren auch dem Cicero bekannt, wie sich aus Top. 10, 45 ergiebt.

Was sich sonst noch bei den Griechischen Rhetoren über die Behandlung der Topen vorfindet, ist von allem bisherigen sehr abweichend und steht auch unter sich in keinem weiteren nachweislichen Zusammenhang. Apsines 10 p. 376 ff. giebt 13 Topen für Enthymeme, allesammt thetisch, die nur im allgemeinen an

---

*) §. 53: *sed quia sunt quidam loci argumentorum omnibus communes, dividi haec tria genera non possunt, ideoque locis potius, ut in quosque incurrent, subicienda sunt.*

die Stoischen Topen sich anlehnen. Der erste Topus ἀπὸ ἐλάττονος wird entnommen ἀπὸ προσώπου, ἀπὸ πράγματος, ἀπὸ καιροῦ, ἀπὸ τόπου, ἀπὸ τρόπου. Dies erinnert allerdings an Fortunatian, welcher p. 115 bei den Topen in re bemerkt: *a differentia per septem circumstantias (qui locus recipit in se etiam a maiore ad minus et a minore ad maius*. Der sonderbare Zustand, in welchem uns die Rhetorik des Apsines überliefert ist, macht sich übrigens auch in diesem Kapitel recht fühlbar. Die Reihenfolge, in welcher die Topen erläutert werden, entspricht keineswegs der Reihenfolge, in welcher sie zu Anfang des Kapitels aufgezählt sind. Der vierte Topus ἀπὸ μείζονος wird bei der Erläuterung ganz übergangen. Dafür treten drei neue auf ἀπὸ τοῦ παρελθόντος χρόνου, ἀπὸ διαφορᾶς und παραβολικῶς. — Minucian p. 419 f. giebt 33 Topen, thetische und hypothetische untereinander. Ein Princip der Aufstellung ist nicht ersichtlich. — Wichtig ist der Anonymus Segueri. Er giebt p. 448 angeblich nach Aristoteles und Eudemus zehn τόποι γενικώτατοι, nämlich ὅρος, διαίρεσις, παράθεσις, συστοιχία, περιοχή, ὅμοιον, παρεπόμενον, μάχη, δύναμις, κρίσις. Es folgen Unterabtheilungen. Der ὅρος wird eingetheilt in ὁλόκληρον τοῦ ὅρου, τὰ ἐν τῷ ὅρῳ, τὰ παρακείμενα τῷ ὅρῳ. In der Definition sind enthalten γένος, ἴδιον, διαφορά. Die παρακείμενα sind ἐτυμολογία, παρώνυμον, ἐπίθετον, ὑποκοριστικόν. Die διαίρεσις zerfällt in καταρίθμησις, μερισμός und εἰδικὴ διαίρεσις. Die παράθεσις in μᾶλλον, ἧττον und ἴσον. Die συστοιχία bezieht sich auf Dinge und Benennungen. Die περιοχή ist doppelt, ἃ μὲν γὰρ ὡς μέρη γίνεται, περιέχεται, ἃ δὲ ὡς κατὰ δύναμιν. Wie sich die περιοχή von der διαίρεσις unterscheiden soll, ist nicht klar. Der Topus ἐκ τῶν ὁμοίων zerfällt in das ὅμοιον κατὰ τὴν ποιότητα und das ὅμοιον κατὰ τὴν ἀναλογίαν. Das παρεπόμενον zerfällt in drei Abtheilungen, τὰ πρὸ τοῦ πράγματος, τὰ ἐν τῷ πράγματι, τὰ μετὰ τὸ πρᾶγμα. An den Topus der μάχη schliessen sich als παρακείμενα die ἐναντία und ἀντικείμενα an. Die δύναμις hat acht Unterarten, entsprechend der achtfachen Eintheilung des συμφέρον, die κρίσις endlich geht aus von den Göttern, Heroen, Geschichtschreibern, Philosophen und Dichtern. Es muss dahingestellt bleiben, mit welchem Rechte der Anonymus behaupten konnte, diese Topen seien übereinstimmend von Aristoteles und Eudemus aufgestellt[*]). Gegen die verworrene Topenreihe der Aristo-

---

[*]) p. 448 lesen wir: τῶν δὲ τόπων ἔνιοι μέν, ὡς ὁ Νεοκλῆς φησί, κοινῶς τινὰ κατὰ πασῶν τῶν στάσεων εἰρήκασιν· οἱ δὲ ἰδίως ἑκάστης στάσεως,

telischen Rhetorik gehalten macht sich in ihnen ein bemerkenswerther Fortschritt geltend. Auch ist unschwer zu erkennen, dass die Stoische Topenreihe, die aus den Abtheilungen des παρεπόμενον ihr Theilungsprincip entnommen hat, in der That auch im einzelnen an die vorliegende sich anschliesst. Demnach würde Eudemus als wichtiges Mittelglied zwischen den unvollkommenen Topen des Aristoteles und den systematisch gegliederten Topen der Stoiker zu betrachten sein, ein Umstand, der Spengel zu Arist. Rhet. p. 289 entgangen zu sein scheint.

Eine Verwendung der logischen Kategorien des Aristoteles zur Topik der Enthymeme finden wir in der Rhetorik des Longin p. 299 f. Ihr Anfang ist verstümmelt. Aber in dem ersten Abschnitt ist die Rede vom πρός τι. Dann folgt ποῖ, ποτέ, ἔχειν, κεῖσθαι, ποιεῖν, πάσχειν. Auch das ist alt. Wenigstens lesen wir bei Quint. III, 6, 24, wo von den Aristotelischen zehn Kategorien die Rede ist: *sed ex his omnibus prima quattuor ad status pertinere, cetera ad quasdam locos argumentorum videntur.* — Und so bleibt denn als letzter Zeuge für die Behandlung der Topen noch Maximus Planudes in seinem Commentar zu Hermogenes de inventione Rhet. Gr. T. V p. 404 ff., in wörtlicher Uebereinstimmung mit dem anonymen Scholiasten T. VII p. 762 ff., zu erwähnen übrig. Hier erhalten wir 21 Topen, die offenbar im engsten Anschluss an die Aristotelische Reihe der Rhetorik aufgestellt sind, auch meist wörtlich in der Terminologie mit dieser übereinstimmen, blos in der Reihenfolge und in untergeordneten Dingen von ihr abweichen. Der Gewährsmann des Planudes war Neokles, dessen Zeit sich jedoch nicht näher bestimmen lässt.

§. 21.
Die hypothetischen oder concreten Topen. loci ante rem.

Wenn Dionysius von Halikarnas, da wo er das bewundernswerthe Talent des Lysias in Auffindung der Enthymeme lobt, de

---

Ἀριστοτέλης δὲ καὶ κοινοὺς καὶ ἰδίους τοὺς μὲν πλείστους εὗρεν, περὶ δὲ τῶν ἰδίων διαλέγεται συμφώνως καὶ αὐτὸς Εὐδήμῳ τῷ ἀκαδημαϊκῷ. εἰσὶ δὲ οὗτοι οἱ τόποι οἵδε. ὅρος κτλ. Spengel vermuthet: κοινούς τινας — εὑρήκασι, τοὺς δὲ ἰδίους — εὗρεν. Es muss aber auch noch gelesen werden: περὶ δὲ τῶν κοινῶν διαλέγεται, denn die im folgenden aufgezählten Topen sind eben τόποι κοινοί.

Lys. iud. 17 p. 251, unter anderem sagt: οὐδὲν γὰρ ἁπλῶς Λυσίας παραλείπει τῶν στοιχείων, ἐξ ὧν ὁμολογεῖ, οὐ τὰ πρόσωπα, οὐ τὰ πράγματα, οὐδὲ αὐτὰς τὰς πράξεις, οὐ τρόπους καὶ αἰτίας αὐτῶν, οὐ καιρούς, οὐ χρόνους, οὐ τόπους, οὐ τὰς ἑκάστων τούτων διαφορὰς ἄχρι τῆς εἰς ἐλάχιστον τομῆς, so nennt er hier die concreten Topen und deutet zugleich eine weitere Eintheilung derselben an. In der That werden weniger von der Person selbst als ihren Attributen Enthymeme entlehnt, welche namentlich beim Conjectural- und Qualitätsstatus, weniger bei der Definition von Wichtigkeit sind. Denn von jenen gilt sicherlich das, was Cicero im allgemeinen pro Sull. 25, 69 sehr richtig bemerkt: *omnibus in rebus — quae graviores maioresque sunt, quid quisque — voluerit, cogitarit, admiserit non ex crimine, sed ex moribus eius, qui arguitur, est ponderandum. neque enim potest quisquam nostrum subito fingi neque cuiusquam repente vita mutari aut natura converti.* Derartige Attribute der Personen sind nun Name, Natur (Geschlecht, ob Mann oder Frau, Nation, Vaterland, Verwandschaft, Alter; natürliche Eigenschaften des Körpers und der Seele), Lebensweise (Erziehung, Unterricht, Lehrer, Freunde, Beruf, Verwaltung des Vermögens, häusliche Gewohnheit), Glück (Sclave oder Freier, reich oder arm, Privatmann oder in öffentlicher Stellung, glücklich oder unglücklich, berühmt oder unberühmt, was er für Kinder hat; bei einem Todten, welche Todesart er gehabt), habituelle Eigenschaften des Körpers und der Seele, geistige und körperliche Stimmung, Studien, Pläne oder Absichten, Thaten, Zufälle, Reden (letztere drei nach Vergangenheit, Gegenwart, Zukunft). Vgl. Cic. de inv. I, 24, 34. II, 9, 28. Jul. Vict. p. 395. Quintilian behandelt die Personen-Topen V, 10, 24. Er bemerkt hinsichtlich des Geschlechts dass man in der Regel seinen Eltern und Vorfahren für ähnlich gehalten wird, woraus manchmal Veranlassungen zu einem rechtschaffenen oder schimpflichen Leben fliessen. Vgl. Cic. in Verr. V, 12, 30: *huc mulieres, huc homines, digni istius amicitia, digni vita illa conviviisque venicbant. inter eius modi viros et mulieres adulta aetate filius versabatur, ut eum, etiamsi natura a parentis similitudine abriperet, consuetudo tamen ac disciplina patris similem esse cogeret.* ib. c. 52. pro Sest. 3, 6. pro Mur. 31, 66. Phil. II, 18. Hinsichtlich der Nation, dass, da Völker ihre verschiedene Individualität haben, nicht immer dasselbe bei Barbaren, Römern und Griechen wahrscheinlich ist, ebenso sei die Verschiedenheit der Gesetze, Einrichtungen und Meinungen in den einzelnen Staaten zu berücksichtigen, also auch das Vaterland, oder die engere Heimath als Beweis-Topus zu benutzen. Vgl. Cic. Verr. V, 64, 166, wo der Umstand, dass Verres den Gavius hatte ans Kreuz schlagen lassen, ohne auf seine Aeusserung, er sei Römischer Bürger, weiter Rücksicht zu nehmen, vom Redner zu einem schönen Enthymema ex pugnantibus benutzt wird: *si tu apud Persas, aut in extrema India deprehensus, Verres, ad supplicium ducerere, quid aliud clamitares, nisi te civem esse Romanum? et, si tibi ignoto apud ignotos, apud barbaros, apud homines in extremis atque ultimis gentibus positos nobile et illustre apud omnes nomen civitatis tuae profuisset: ille quisquis erat, quem tu in crucem rapiebas, qui tibi esset ignotus, cum civem se Romanum esse diceret, apud te praetorem, si non refugium, ne moram quidem mortis mentione atque usurpatione civitatis assequi potuit?* Ferner pro Arch. 3, 4. In dem Abschnitt von den Zeugen wurde darauf hingewiesen, dass oft das Zeugniss ganzer Völker verdächtigt werden könne. Einen Beleg giebt Ciceros Diatribe gegen die Unzuverlässigkeit der Griechen pro Flacc. 4, 9 ff., gegen die Asiaten ib. c. 27, gegen die Gallier pro Font. c. 9. 10 (13, 30 ff.). So beginnt Demosthenes or. XXXV. mit einem locus communis gegen die Unredlichkeit der Phaseliten in Geldsachen und gewinnt daraus ein praeiudicielles Enthymem gegen die Unredlichkeit des Lakritos, der gleichfalls aus Phaselis war. Das natürliche Geschlecht giebt Topen, wo es sich um die Glaubwürdigkeit eines Verbrechens handelt; ein Raubmord findet eher Glauben bei einem Manne, ein Giftmord bei einer Frau. Ferner das Alter; je nach den verschiedenen Altersstufen ist mehr dieses oder jenes wahrscheinlich. Erziehung und Unterricht; es kömmt darauf an wie und von wem Jemand unterrichtet ist. Körperbeschaffenheit; häufig wird das blose Aussehen Jemandes zum Beweis seines ausschweifenden Lebens, Körperstärke zum Beweis seines Uebermuthes benutzt, sowie der Mangel hieran zum Beweis des Gegentheils. Die Glücksstellung; dasselbe ist nicht glaublich bei einem Reichen und einem Armen, bei Jemand, der einen grossen Anhang von Verwandten, Freunden, Clienten hat, und einem andern, dem dies alles fehlt. Auch der Unterschied des Standes ist von Wichtigkeit: ob Jemand berühmt ist oder nicht, ob er ein Amt bekleidet oder ohne öffentliche Stellung ist, ob selbständig oder noch in väterlicher Gewalt befindlich, ob Bürger oder Fremder, Freier oder Sclave, verheirathet oder nicht, mit Kindern oder ohne solche, das alles ist ein grosser Unterschied. Weiter die geistige Beschaffenheit; ob Jemand geizig, jähzornig, mitleidig, grausam, streng u. dgl. ist, kann für die Glaubwürdigkeit einer Sache von grossem Belang sein. Nicht minder die Lebensweise einer Person, ihre Studien, Bestrebungen, Beschäftigung, Gewerbe und Beruf. Die Pläne einer Person nach den drei Zeiten gehören dagegen nach Quintilian mehr zu den sachlichen Topen. Vgl. V, 10, 25 ff. Der Name einer Person giebt nach ihm nur selten Stoff zu einem Enthymem, ausser etwa ein auf eine bestimmte Veranlassung hin ertheilter Beiname, wie Sapiens, Magnus, Pius (Frugi Cic. pro Fontejo 17, 39), oder wenn Jemand seinen Namen für eine Art von Bestimmung hält, und durch ihn gerade zu einer That veranlasst wird, wie Lentulus zur Theilnahme an der Catilinarischen Verschwörung, weil er den Namen Cornelius führte und in einem angeblichen Sibyllen-Orakel drei Corneliern die Herrschaft verheissen war. Quintilian hält es für frostig, wenn Eteokles bei Euripides aus dem Namen seines Bruders ein Argument für dessen Charakter entnimmt, giebt jedoch zu, dass dergleichen häufig zu einem Witz benutzt werde, wie Cicero mehrfach über den Namen Verres spottet. Vgl. Phil. XI, 6, 14: *lumen et decus illius exercitus paene praeterii* C. *Annium Cimbrum Lysidici filium Lysidicum ipsum Graeco verbo, quoniam omnia iura dissolvit.* XIII, 13, 27: *est etiam ibi Decius, ab illis, ut opinor, Muribus: itaque Caesaris munera rosit.* Es ist dies der τόπος ἀπὸ τοῦ ὀνόματος bei Arist. Rhet. II, 23 p. 114: ἄλλης τόπος ἀπὸ τοῦ ὀνόματος, οἷον ὡς ὁ Σοφοκλῆς ,σαφῶς Σιδηρὼ καὶ φοροῦσα τοὔνομα' καὶ ὡς ἐν τοῖς τῶν θεῶν ἐπαίνοις εἰώθασι λέγειν, καὶ ὡς Κόνων Θρασύβουλον θρασύβουλον ἐκάλει. καὶ Ἡρόδικος Θρασύμαχον ,ἀεὶ Θρασύμαχος εἶ' καὶ Πῶλον ,αἰεὶ σὺ πῶλος εἶ' καὶ Δράκοντα τὸν νομοθέτην, ὅτι οὐκ ἂν ἀνθρώπου οἱ νόμοι ἀλλὰ δράκοντος· χαλεποὶ γάρ. καὶ ὡς ἡ Εὐριπίδου 'Εκάβη (v. Eur. Troad. 952) εἰς τὴν Ἀφροδίτην 'καὶ τοὔνομ' ὀρθῶς ἀφροσύνης ἄρχει θεᾶς'. καὶ ὡς Χαιρήμων 'Πενθεὺς ἐσομένης συμφορᾶς ἐπώνυμος'. Weitere Stellen aus Dichtern, in denen aus der Bedeutung des Namens das Wesen oder Schicksal einer Person erläutert wird, geben Elmsley zu Eur. Bacch. 508. Intpp. Soph. Aiac. 422. Lobeck Aglaoph. p. 870. — Ganz einzig in seiner Art ist der von Dem. or. XXXIX. behandelte Fall, wo ein gewisser Mantitheos gegen seinen Halbbruder Boeotus auftritt, der sich gleichfalls mit aller Gewalt Mantitheos nennen wollte, und die Nachtheile auseinandersetzt, die dem Staat, wie nicht minder ihm selbst, aus dieser Namensgleichheit entstehen müssen.

Es würde zu weitläufig sein, für alle möglichen Personentopen aus den Rednern Beispiele zu suchen. Ein Enthymem aus der Armuth einer Person giebt Dem. Eubul. 25. Aus dem sophistischen Unterricht, den Lakritos bei Isokrates genossen hat, or. XXXV, 40 ff. Aus dem Verhältniss, in welchem Kinder zu ihren Eltern stehen, or. XL, 47 ff.

Mit der Sache verhält es sich ähnlich wie mit der Person. Sie selbst giebt weniger Stoff zu Enthymemen als ihre Attribute, das was irgendwie mit ihr zusammenhängt. *Negotiis quae sunt attributa*, sagt Cicero, *partim sunt continentia cum ipso negotio, partim in gestione negotii considerantur, partim adiuncta negotio sunt, partim gestum negotium consequuntur.* Zu den *continentia cum ipso negotio* gehören ihm eine kurze Bezeichnung der Sache selbst (z. B. *parentis occisio, patriae proditio*), dann die Veranlassung derselben; Zweck und Absicht, was der Ausführung vorherging, was bei der Ausführung selbst geschah, was daraus folgte. Zu der *gestio negotii* gehören Ort, Zeit, Gelegenheit, Art und Weise, die zu ihrer Ausführung vorhandenen Mittel und Werkzeuge *(facultates)*. Das *adiunctum negotio* und die *consecutio* gehen aber über den Bereich der hypothetischen Topen hinaus und sind thetischer Art. Auf diesen Unterschied legt aber Cicero, wie bereits gesagt, keinen Werth. Vgl. de inv. I, 26—28. II, 12, 38 ff. Richtiger sagt daher Quintilian, V, 10, 32 mit Uebergehung der Sache an sich, bei allem was geschieht, frägt man warum, wo, wann, wie, wodurch Demnach haben wir Sach-Topen der Ursache, des Ortes, der Zeit, der Art und Weise, der bedingenden Mittel und Werkzeuge.

Beweise werden also zunächst entnommen aus den Ursachen des geschehenen oder zukünftigen. Das hierbei zur Anwendung kommende Material*), sagt Quintilian, theilt man ein in zwei Arten von je vier Unterarten. Denn im allgemeinen dreht sich der Grund unseres Thuns um die Erlangung, Vermehrung, Erhaltung und den Gebrauch von Gütern, oder um die Vermeidung, Befreiung Verminderung und Ertragung von Uebeln, Gesichtspunkte, die auch bei der Ueberlegung einer That von grossem Belang sind. Dies sind die Ursachen des Guten. Das Böse dagegen kommt aus den falschen Meinungen. Es geht hervor aus dem, was man irriger

---

*) Die Worte *quam quidam ὕλην alii δύναμιν nominaverunt* hinter *quarum materiem*, halte ich nach der Bemerkung von Kayser in Jahn's Jahrb. 1866 p. 844 für Interpolation.

Weise für gut oder böse hält. Daraus entstehen Irrthümer und schlechte Leidenschaften, als Zorn, Hass, Begierde, Hoffnung, Ehrgeiz, Verwegenheit, Furcht und ähnliche mehr. Dazu kömmt bisweilen Zufälliges, wie Trunkenheit, Unwissenheit, was manchmal Verzeihung erwirkt, bisweilen aber auch zum Beweise eines Verbrechens dient, wie wenn Jemand, während er einem nachstellt, einen andern getödtet haben soll. Auch werden die Ursachen nicht blos zum Beweis der erhobenen Anklage, sondern auch zur Vertheidigung benutzt, wenn Jemand behauptet, er habe recht gehandelt, nämlich aus ehrenwerther Absicht, wovon in der Lehre von den στάσεις die Rede war. Auch Fragen des status finitivus hängen häufig von den Ursachen ab, z. B. „ob das ein Tyrannenmörder ist, der einen Tyrannen, von dem er beim Ehebruche ertappt war, tödtete"*), „ob das ein Tempelräuber sei, der um die Feinde aus der Stadt zu vertreiben, die im Tempel aufgehängten Waffen herunternahm?" Quint. §. 33—36. Zu dem Beweis aus der Ursache muss auch der Beweis aus der vorhandenen, oder nicht vorhandenen Veranlassung zu einer Handlung gerechnet werden, wie bei Lysias or. XXV, 7 ff. der Beweis des Redners, dass man ihn fälschlich oligarchischer Gesinnung beschuldige, da für ihn nicht die mindeste Veranlassung zu einer Sympathie mit den Oligarchen vorgelegen habe. Aehnlich Demosthenes or. XLV, 14.

Zweitens werden Beweise dem Orte entnommen. Quint V, 10, 37 ff. Cic. de inv. 1, 26, 38. Vgl. Longin Rhet. Gr. T. I p. 229, 11**). Denn es kömmt für die Glaubwürdigkeit eines Beweises darauf an, ob der Ort, an welchem die That geschehen ist, gebirgig oder eben, ob am Meere oder im Binnenlande gelegen, ob bebaut oder unbebaut, besucht oder öde, welches überhaupt seine nächste Umgebung war, ob er dem Aufenthaltsorte des Angeklagten nahe oder ferne, ob er seinen Plänen günstig oder ungünstig war. Mehrere dieser Gesichtspunkte macht Cic. pro. Mil. 20, 53 zu Gunsten seines Clienten mit grossem Nachdruck geltend. Ob der

---

*) Bekanntlich gehörten Themen über Tyrannenmord zu den beliebtesten in den Rhetorenschulen der Kaiserzeit, vgl. A. Schmidt Gesch. der Denk- und Glaubensfreiheit S. 485.

**) Wenn es daselbst heisst: οὐκ ἐχρῆν ἐνταῦθα ἀποκτεῖναι, καὶ ἑτέρωθι δεινὸν τὸ πραχθὲν καὶ ἐν τούτῳ τῷ χωρίῳ γενόμενον, οἷον ἐν ἐκκλησίᾳ, ἐν τῷ ἱερῷ, κατὰ τὴν ἐμὴν οἰκίαν. ἔστι δὲ ὅτε καὶ τὸ ἐν ἐρημίᾳ δεινότερον κτλ, so ist das unverständlich. Offenbar muss geschrieben werden: καὶ ἑτέρωθι δεινόν τι πραχθὲν καὶ δεινότερον ἐν τούτῳ τῷ χωρίῳ γενόμενον.

Ort der That ein privater oder öffentlicher war, ein heiliger oder profaner, ein uns gehöriger oder ein fremder, kann oft von Wichtigkeit bei der quaestio iuris sein, bei Competenzfragen, wo also ermittelt werden soll, ob der Prozess vor das gehörige Forum gebracht worden sei oder nicht. Quintilian belegt dies mit Beispielen wie folgende: „du hast privates Geld entwandt, weil aber aus einem Tempel, so ist es nicht Diebstahl, sondern Tempelraub;" „du hast einen Ehebrecher getödtet, was das Gesetz erlaubt, aber weil in einem Freudenhause, so ist es ein Mord". Demnach wird es sich hier im Grunde um einen Definitions-status handeln. Auch für die Qualität, fährt Quintilian fort, ist der Ort häufig von Wichtigkeit, denn dasselbe ist nicht überall erlaubt und anständig, ja es kömmt sogar darauf an, in welchem Staate nach etwas gefragt wird, denn sie sind nach Sitte und Gesetz verschieden. Aus dem Gesichtspunkte des Ortes lässt sich ferner eine Sache empfehlen, oder in ein gehässiges Licht setzen. Quintilian citirt hier die Anfangsworte aus der Rede des Ajax bei Ovid. Met. XIII, 5 ff. Vgl. Cic. de lege agr. I, 6, 18 ff. II, 34, 93. Dem Milo wurde es unter anderem vorgeworfen, dass Clodius von ihm auf der Appischen Strasse, also mitten unter den Denkmälern seiner Vorfahren ermordet sei, Cic. pro Mil. 7, 17 (vgl. Halm z. d. St.), ein Vorwurf, den Cicero meisterhaft durch die Bemerkung wirkungslos macht: *perinde quasi Appius ille Caecus viam muniverit, non qua populus uteretur, sed ubi impune sui posteri latrocinarentur.*

Auch der Zeit entnimmt man sehr häufig Beweise. Quint. §. 42 ff. Cic. l. l. §. 39. Longin. p. 299, 21. Spengel zu Arist. Rhet. S. 302. Und zwar nicht blos im allgemeinen aus Vergangenheit, Gegenwart, Zukunft, sondern auch im besondern aus den Zeitumständen, ob eine Sache im Sommer, im Winter, bei Tage oder bei Nacht, oder zufällig zur Zeit einer Pest, eines Krieges, eines Gastmahls vor sich ging. Gerade die besonderen Zeitumstände (Cicero theilt sie ein in öffentliche, die den ganzen Staat betreffen, wie Spiele, Feste, Krieg — in allgemeine, durch welche zu derselben Zeit alle betroffen werden, wie Erndte, Weinlese, Hitze, Kälte, und solche, die aus irgend einer Veranlassung Jemand privatim treffen, wie Hochzeit, Opfer, Leichenfeier, Gastmahl, Schlaf) sind wegen der mehr oder minder günstigen Gelegenheit, die sie zur Verrichtung einer That geben, von Wichtigkeit, namentlich für die Rechtsfrage, für den status qualitatis und coniecturalis. Die Zeit gerade kann mitunter unwiderlegliche Beweise liefern, wenn z. B. wie bereits oben erwähnt, ein Unterzeichner vor dem Tage, an welchem die Urkunde ausgestellt ist, schon gestorben war, oder wenn Jemand etwas begangen haben soll, als er noch ein Kind, oder wohl gar noch nicht geboren war. Cic. pro Quint. 29, 88: *postea sum usus adversarii testimonio, qui sibi cum nuper edidit socium, quem, quo modo nunc intendit, ne in vivorum quidem numero tum demonstrat fuisse.* In derselben Rede c. 12, 40 wird aus der langen Zeit, welche der Kläger hat verstreichen lassen, ohne seine vermeintlichen Geldansprüche an den Verklagten geltend zu machen, als Hauptbeweis dafür benutzt, dass diese Ansprüche überhaupt nichtig sind: *si debuisset, Sexte, petisses et petisses statim; si non statim, paullo quidem post; si non paullo, at aliquanto; sex quidem illis mensibus profecto; anno vertente sine controversia.* anno et sex mensibus vero, cum tibi cotidie potestas hominis fuisset admonendi, verbum nullum facis: biennio iam confecto fere appellas. satis est argumenti nihil esse debitum Naevio, quod tam diu nihil petivit. Vgl. Lys. III, 39. Dem. XVIII, 13 ff. XXXIII, 23 ff. Weitere Enthymeme aus der Zeit Dem. Eubul. 26 ff. XLIV, 54 Enthymem aus den Zeitumständen Dem. XXIV, 31. Bei der Eintheilung der Zeit nach Vergangenheit, Gegenwart, Zukunft und der Uebertragung dieser Eintheilung auf das, was vor der in Rede stehenden That geschehen ist, was mit ihr gleichzeitig war und im Zusammenhange stand, was nach ihr geschah und auf sie folgte, berühren sich natürlich die hypothetischen Topen vielfach mit den thetischen. Dabei macht Quintilian noch mit Recht auf einen Unterschied für die Beurtheilung vorkommender Fälle aufmerksam. Einiges geschieht nämlich, weil etwas andres drauf folgen wird, andres dagegen, weil etwas vorhergegangen ist. z. B. einem der Kuppelei Angeklagten wird vorgeworfen, dass er eine schöne wegen Ehebruch verurtheilte Frau sich erkauft hat; er ist kein Kuppler, weil er dies gethan, sondern er hat es gethan, weil er ein Kuppler war. Oder einem des Vatermordes angeklagten Verschwender, weil er zu seinem Vater gesagt hat, du sollst mich nicht länger schelten; er hat ihn nicht getödtet, weil er so gesprochen hat, sondern weil er ihn tödten wollte, hat er so gesprochen. Zu dem, was auf die That gefolgt ist, rechnet Quint. §. 48 auch den glücklichen Erfolg derselben. Denn nur auf diesen kann es doch in den von ihm gegebenen Beispielen ankommen „Scipio ist ein besserer Führer als Hannibal, denn er hat Hannibal besiegt. Er ist ein guter Steuermann, denn er hat nie Schiffbruch gelitten.

Er ist ein guter Landwirth, er hat treffliche Erndten erzielt." Umgekehrt: „er war ein Verschwender, er hat sein Erbtheil vergeudet. Er hat schimpflich gelebt, er ist allen verhasst." Wenn er aber diesen Topus als *casus* bezeichnet*), so scheint dieses Wort bei ihm verderbt zu sein. — Bei der Frage nach der Zeit wird es auch auf die Betrachtung der Zeitdauer ankommen. Denn oft, sagt Cic. de inv. I, 26, 39, muss man die Sache, die geschehen sein soll, mit der Zeit abmessen, und zusehen, ob eine That von solcher Grösse, oder eine derartige Menge von Dingen in dieser Zeit vor sich gehen konnte.

Viertens werden Beweise aus den Topen der Art und Weise (τρόπος) wie etwas geschehen ist, sowie den die Ausführung oder schon die blose Möglichkeit der That bedingenden Mitteln und Werkzeugen entnommen, also aus *modus, facultates, instrumenta.* Bei der Art und Weise frägt man auch, mit welcher Gesinnung etwas geschehen sei, d. h. ob mit Vorbedacht (heimlich, offen, mit Gewalt, mit Ueberredung) oder ohne Vorbedacht (aus Unwissenheit, Zufall, Nothwendigkeit, in leidenschaftlicher Stimmung), welches letztere zur Entschuldigung benutzt wird, Cic. de inv. I, 27, 41. Vgl. Dem. or. XXIV, 49. *Facultates sunt,* sagt Cic. l. l. *aut quibus facilius fit, aut sine quibus aliquid confici non potest.* Auf diese facultates sagt Quint. §. 49 kommt es besonders beim status coniecturalis an. Es ist glaublicher, dass eine geringere Anzahl von einer grösseren überwältigt wurde, schwächere von stärkeren, schlafende von wachenden, nichts ahnende von vorbereiteten und umgekehrt. Dies wird auch bei der berntheuden Beredsamkeit in Betracht gezogen, und bei der gerichtlichen pflegen wir immer auf zwei Punkte zurückzukommen, ob Jemand es gewollt hat, und ob er es gekonnt hat. Daher die Conjectur bei Cic. pro Mil. c. 10: „Clodius hat dem Milo nachgestellt, nicht umgekehrt, jener war mit starken Sclaven, dieser mit einem Gefolge von Frauen, jener zu Pferd, dieser in der Kutsche, jener leicht gekleidet, dieser im Reisemantel." Vgl. besonders c. 20, 54; *si haec non gesta audiretis, sed picta videretis, tamen appareret, uter esset insidiator, uter nihil cogitaret mali, cum alter veheretur in reda paenulatus, una sederet uxor — quid horum non impeditissimum? restitus, an vehiculum, an comes? quid minus promptum ad pugnam, cum paenula irretitus,*

---

*) *casus autem, qui et ipse praestat argumentis locum, sine dubio est ex insequentibus, sed quadam proprietate distinguitur, ut si dicam ,melior dux Scipio quam Hannibal, vicit Hannibal m' rell* reda impeditus, uxore paene constrictus esset? videte nunc illum, primum egredientem e villa subito: cur? vesperi: quid necesse est? tarde: qui convenit, praesertim id temporis? devertit in villam Pompei. Pompeium ut videret? sciebat in Alsiensi esse. villam ut perspiceret? miliens in ea fuerat. quid ergo erat? mora et tergiversatio: dum hic veniret, locum relinquere noluit. Man vgl. ferner pro Rosc. 33, 92, wo es ausdrücklich heisst: *video igitur causas esse permultas, quae istum impellerent: videamus nunc, ecquae facultas suscipiendi maleficii fuerit.* — Das zur That erforderliche Material und Werkzeug führt uns unter Umständen wieder auf das Gebiet der Indicien zurück, Quint. §. 51.

§. 22.
Die thetischen oder abstracten Topen. loci in re, circa rem, post rem.

Unter den thetischen oder abstracten Topen stehen obenan die loci in re, zunächst der Schluss von dem Ganzen auf die Theile und umgekehrt. Für ersteres giebt Jul. Victor p. 397 als Beispiel: *si totam rem publicam prodidit, quod ex multis rebus ostenditur, non est incredibile cum classem et equitatum prodidisse* und eine Stelle aus Cic. pro Font. fr. 4, 7: *si nulla pecunia numerata est, cuius pecuniae quinquagesima est?* Für letzteres die Enthymeme: *si unumquemque laesit, totum populum laesit. si congressus est, si secreto constitit, si mariti domum venit, adulter esse colligitur.*

Ferner werden Beweise aus der Definition entlehnt[*]. Von ihr handelten die Rhetoren nicht blos in der Topik, oder bei der speciellen Besprechung des Definitionsstatus, sondern auch in der Lehre von den Figuren, wie bei Cornif. IV, 25, 35. Rutil. Lup. p. 14. Herod. p. 98, was Quint. IX, 3, 91 jedoch mit Recht tadelt. *Definitio*, sagt Cic. Top. 5, 25, *est oratio, quae id, quod definitur, explicat quid sit*, oder de orat. 1, 42, 190: *est enim definitio rerum earum, quae sunt eius rei propriae, quam definire volumus, brevis et circumscripta quaedam explicatio*. Aehnlich Cornif. l. l. *definitio rei alicuius proprias amplectitur potestates breviter et absolute*. Es ist

---

[*] Wenn es bei Quint. V, 10, 54 heisst: *ducuntur ergo argumenta ex finitione seu fine nam utroque modo traditur*, so ist wohl *seu fine* blosse Dittographie, und das folgende ein dieselbe vervollständigendes Glossem.

dies die gewöhnliche Erklärung der Stoiker, wie des Chrysippus in den Scholien zu Dionys. Thrax Bekk. Anecd. II, 647: *ὅρος ἐστὶν ἡ τοῦ ἰδίου ἀπόδοσις*, womit zu vergleichen Suid. v. *ἀνάλυσις* und Diog. Laert. VII, 60*). Dei der Definition sind gewisse Fehler zu vermeiden. Eine schlechte Definition ist entweder zu gross, z. B. *seditiosus est is, qui malus atque inutilis est civis*, unter diese Definition könnte man auch den *ambitiosus, calumniator*, überhaupt jeden *homo improbus* befassen, oder sie ist falsch, z. B. *sapientia est pecuniae quaerendae intellegentia*, oder sie ist zu klein, z. B. *stultitia est immensa gloriae cupiditas*, dies gilt nur von einem Theile der stultitia, Cic. de inv. I, 49, 91. Dass übrigens die Definition auch in der Lehre von den Figuren behandelt werden konnte, erklärt sich daraus, dass sie in der That bisweilen lediglich zum Schmuck der Rede verwandt wurde. So bei Philostr. v. soph. 589: *ἀγασθεὶς δὲ αὐτὸν ὁ αὐτοκράτωρ ἐπὶ μέγα ἦγε δωρεαῖς τε καὶ δώροις. καλῶ δὲ δωρεὰς μὲν τάς τε σιτήσεις καὶ τὰς προεδρίας καὶ τὰς ἀτελείας καὶ τὸ ἱερᾶσθαι καὶ ὅσα ἄλλα λαμπρύνει ἄνδρας, δῶρα δὲ χρυσόν, ἄργυρον, ἵππους, ἀνδράποδα καὶ ὅσα ἑρμηνεύει πλοῦτον, ὧν αὐτόν τε ἀνέπλησε καὶ γένος τὸ ἐκείνου πάντας.*

Die Definition stellt entweder den Begriff eines Dinges im Allgemeinen fest, z. B. *rhetorica est bene dicendi scientia*, Quint. V, 10, 54, oder giebt gleich die Theile desselben mit an, also: *rhetorica est recte inveniendi et disponendi et eloquendi cum firma memoria et cum dignitate actionis scientia*, vgl. Dem. or. XVIII, 123. 189. Weitere Beispiele giebt Spengel zu Arist. Rhet. p. 308. Es ist aber die Definition entweder sachlicher Art, Begriffsbestimmung, oder blose Worterklärung. Diese wird meistentheils zum Beweis aus der Etymologie, *ex notatione* bei Cic. Top. 2, 9, *cum ex verbi vi aliquod argumentum elicitur*, vgl. 8, 35. Beispiel: *cum lex assiduo vindicem assiduum esse iubeat, locupletem iubet locupleti; locuples enim est assiduus, ut ait Aelius, appellatus ab asse dando*, s. Quint. V, 10, 55. Verwandt damit ist der Beweis *ex iugatis* oder *coniugatis*. Cic. Top. 3, 12: *coniugata dicuntur, quae sunt ex verbis generis eiusdem: eiusdem autem generis verba sunt, quae orta ab uno vario commutantur, ut sapiens, sapienter, sapientia. haec verborum coniugatio συζυγία dicitur, ex qua huius modi est argumentum: si*

---

*) Ueber die Schreibung der Stelle s. O. Heine in Jahn's Jahrb. 1869 S. 621.

compascuus ager est, ius est compascere, vgl. 9, 38. Dergleichen ist freilich so selbstverständlich, dass es, wie Quintilian bemerkt, eigentlich lächerlich ist, daraus einen besondern Topus zu machen. Aber Aristoteles kömmt mehrfach auf denselben zu sprechen, z. B. Top. II, 9. III, 5. IV, 3. Rhet. II, 23. Hier wird er als τόπος ἐκ τῶν ὁμοίων πτώσεων bezeichnet: τὸ δίκαιον οὐ πᾶν ἀγαθόν. καὶ γὰρ ἂν τὸ δικαίως. νῦν δ' οὐχ αἱρετὸν τὸ δικαίως ἀποθανεῖν. vgl. Cic. de orat. II, 40, 170. Top. 3, 20. Spengel zu Arist. p. 292.

Bei einer Definition, führt Quintilian fort, kömmt es auf *genus*, Gattungsbegriff, *species*, Artbegriff, *differens* oder *differentia*, Artunterschied, und endlich *proprium* an, d. h. dasjenige Merkmal, das dem zu definirenden Dinge wenigstens innerhalb seiner Art ausschliesslich eigen ist. So ist also lebendes Wesen das genus, sterbliches lebendes Wesen die species, auf dem Lande lebendes, oder zweifüssiges das differens. Denn das ist noch nichts eigenthümliches, unterscheidet aber bereits vom Wasserthier oder Vierfüssler. Definire ich den Menschen als *animal mortale rationale*, so gebe ich in *rationale* das bestimmt unterscheidende Merkmal innerhalb der Art an. Das differens dient mehr zur Vervollständigung der Definition, wird aber das proprium angegeben, so kann es fehlen. Es lassen sich nun alle zu einer Definition gehörigen Begriffe zu Beweisen benutzen. Einen Beweis *a genere* giebt Cic. Top. 3, 13: *quoniam argentum omne mulieri legatum est, non potest ea pecunia, quae numerata domi relicta est, non esse legata; forma* i. e. species*) *enim a genere, quoad suum nomen retinet, numquam seiungitur, numerata autem pecunia nomen argenti retinet: legata igitur videtur.* Einen Beweis *a specie* ebendaselbst §. 14: *si ita Fabiae pecunia legata est a viro, si ei viro uxor materfamilias esset, si ea in manum non convenerat, nihil debetur. genus enim est uxor; eius duae formae: una matrumfamilias, eae sunt, quae in manum convenerunt; altera earum, quae tantummodo uxores habentur. qua in parte cum fuerit Fabia, legatum ei non videtur.* Uebrigens hat Cicero die Beweise *a genere* und *a specie* von der Definition getrennt und sie zu der bei ihm umfassendsten Kategorie des *ad aliquid* genommen, d. h. zur Kategorie des Zusammenhangs mit dem fraglichen Punkte im weitesten Sinne des Wortes. Das *proprium*, sagt Quintilian, lässt sich zur Conjectur verwenden, z. B.

---

*) Cicero vermied diesen Ausdruck wegen der unangenehmen casus obliqui des Plural. ib. 7, 30.

weil es das eigenthümliche eines guten Menschen ist, recht zu
handeln, eines jähzornigen mit Worten oder Thätlichkeiten Unrecht
zu thun, so ist es glaublich, dass dies oder jenes von den betreffenden
Personen gethan ist, oder umgekehrt. Das genus, heisst
es bei ihm weiter, taugt nicht zum Beweise der species, wohl aber
zur Widerlegung. Was ein Baum ist, braucht kein Platane zu
sein, aber was kein Baum ist, ist natürlich auch kein Platane.
Umgekehrt liefert die Species einen starken Beweis, aber eine
schwache Widerlegung für das genus. Was Gerechtigkeit ist, ist
natürlich eine Tugend, aber was nicht Gerechtigkeit ist, kann deshalb
immer noch eine andere Tugend sein. Wenn ein eigenthümliches
Merkmal fehlt, so wird dadurch die Definition aufgehoben,
aber das Vorhandensein eines eigenthümlichen Merkmals braucht
sie nicht allemal zu bestätigen.

Die Zerlegung eines genus in seine species heisst Division.
Die einzelne Angabe der in einem Begriffe liegenden Merkmale
dagegen, namentlich da, wo Gattung und Art sich nicht gleich
erkennen lassen, heisst Partition. Hier wird das Ganze in seine
Theile zerlegt. Die Anzahl der Arten ist eine bestimmte, die der
Theile eine unbestimmte, daher es auch nicht fehlerhaft ist, bei
einer weitläufigen Partition einen oder den andern Theil wegzulassen;
hier genügt möglichste Vollständigkeit, bei der Division
ist absolute Vollständigkeit nothwendig. Dasselbe lehrt auch
Cic. Top. 6, 33: *partitione tum sic utendum est**), *nullam ut partem
relinquas; ut, si partiri velis tutelas, inscienter facias, si ullam praetermittas.
at si stipulationum aut iudiciorum formulas partiare, non
est vitiosum in re infinita praetermittere aliquid. quod idem in divisione
vitiosum est. formarum enim certus est numerus, quae cuique
generi subiciantur; partium distributio saepe est infinitior, tamquam
rivorum a fonte deductio. itaque in oratoriis artibus quaestionis
genere proposito, quot eius formae sint, subiungitur absolute. ut cum
de ornamentis verborum sententiarumve praecipitur, quae vocantur
σχήματα, non fit idem. res est enim infinitior.* Die Division lässt
sich zum Beweise oder zur Widerlegung benutzen. Die Partition
höchstens zum Beweise. Und zwar genügt es zum Beweise zu
zeigen, dass die betreffende Person, oder der betreffende Gegen-

---

*) So die besten Handschriften. Diese Lesart, sowie die Beispiele, beweisen
nach Kaysers Bemerkung in Jahns Jahrb. 1866 S. 844, dass die Stelle
lückenhaft überliefert, und ein zweites mit *tum sic est* beginnendes Glied der
Eintheilung ausgefallen ist.

stand mit zur einen Art zu zählen ist. Zur Widerlegung dagegen ist der Nachweis erforderlich, dass er zu keiner der vorhandenen Arten gehört. Um Bürger zu sein, muss man als solcher entweder geboren, oder dazu geworden sein. Um nun Jemandes Bürgerrecht zu erweisen, genügt es eins von beiden anzuwenden. Um ihm aber das Bürgerrecht abzuerkennen, muss ich beides widerlegen und zeigen, dass er als Bürger weder geboren, noch dazu geworden ist. Hierher gehört denn auch der Beweis *ex remotione*, bei welchem bald das Ganze als falsch, bald das übrig bleibende als wahr erwiesen wird. Z. B. „du willst Geld verliehen haben; dann hast du es entweder selbst gehabt, oder von Jemand empfangen, oder gefunden, oder gestohlen. Wenn du es aber weder zu Hause gehabt, noch von einem andern bekommen hast u. s. w., so hast du keins verliehen." Oder: „dieser Sclave, den du beanspruchst, ist entweder in deinem Hause geboren, oder gekauft, oder geschenkt, oder testamentarisch vermacht, oder dem Feinde abgenommen, oder fremd" — dann wird alles frühere beseitigt, und es bleibt blos übrig „fremd". Bei einer derartigen Argumentation muss man aber sehr vorsichtig sein, um ja kein Theilglied wegzulassen, weil sich sonst das Ganze auf lächerliche Weise auflöst. Quint. V, 10, 66. VII, 1, 31. Bei Arist. Rhet. II, 23 p. 108 heisst dieser Beweis τόπος ἐκ διαιρέσεως, οἷον εἰ πάντες τριῶν ἕνεκεν ἀδικοῦσιν· ἢ τοῦδε γὰρ ἕνεκα ἢ τοῦδε ἢ τοῦδε· καὶ διὰ μὲν τὰ δύο ἀδύνατον, διὰ δὲ τὸ τρίτον οὐδ' αὐτοί φασιν. Von Cornif. IV, 29, 40 wird er als *expeditio* unter den Figuren behandelt, s. Kaysers Commentar S. 297. Cic. de inv. I, 29, 45 nennt ihn *enumeratio*. Er sagt: *enumeratio est, in qua pluribus rebus expositis et caeteris infirmatis, una reliqua necessario confirmatur, hoc pacto: necesse est aut inimicitiarum causa ab hoc esse occisum aut metus aut spei aut alicuius amici gratia, aut, si horum nihil est, ab hoc non esse occisum; nam sine causa maleficium susceptum non potest esse: sed neque inimicitiae fuerunt, nec metus ullus nec spes ex morte illius alicuius commodi neque ad amicum huius aliquem mors illius pertinebit. relinquitur igitur, ut ab hoc non sit occisus.* Ein Beispiel einer fehlerhaften, weil unvollständigen enumeratio findet sich ebendaselbst I, 45, 84: *quoniam habes istum equum, aut emeris oportet, aut hereditate possideas aut munere acceperis, aut domi tibi natus sit, aut, si horum nihil est, surripueris necesse est: sed neque emisti neque hereditate venit neque donatus est, neque domi natus est; necesse est ergo surripueris. hoc commode reprehenditur, si dici possit ex hostibus equus esse captus, cuius praedae sectio non venierit; quo illato infirmetur enumeratio, quoniam id sit inductum, quod praeteritum sit in enumeratione.* vgl. Top. 2, 10. Beispiele des argumenti ex remotione aus vorhandenen Reden giebt Kayser a. a. O. Dreigliedrig Cic. pro Rab. 8, 24: *atqui videmus haec in rerum natura tria fuisse, ut (Rabirius) aut cum Saturnino esset, aut cum bonis, aut lateret. latere mortis erat instar turpissimae, cum Saturnino furoris et sceleris, virtus et honestas et pudor cum consulibus esse cogebat. hoc tu igitur in crimen vocas, quod cum iis fuerit C. Rabirius, quos amentissimus fuisset, si oppugnasset, turpissimus si reliquisset?*

Häufiger und sicherer ist die Anwendung dieses Beweises in Form eines Dilemma (διλήμματον σχῆμα Hermog. T. II p. 250. Apsin. p. 376, *complexio* bei Cic. de inv. I, 45, *divisio* bei Cornif. IV, 40, 52), indem der Redner entweder zwei sich entgegenstehende Behauptungen aufstellt, die beide zu einem Schlusse führen, welcher zu seinem Gunsten und zum Nachtheil des Angeklagten ausfällt, oder dem Gegner zwei Fragen vorlegt, deren Beantwortung für ihn gleich verhängnissvoll wird, oder endlich dem Geguer oder Zuhörer die Wahl lässt zwischen zweien, von denen das eine wahr ist, so dass es, mag er wählen was er will, zu seinem Nachtheil ausschlägt. In Frageform ist das Dilemma am wirksamsten. Dem. de cor. 217: καὶ ἔγωγε ἡδέως ἂν ἐροίμην Αἰσχίνην, ὅτε ταῦτ' ἐπράττετο καὶ ζήλου καὶ χαρᾶς καὶ ἐπαίνων ἡ πόλις ἦν μεστή, πότερον συνέθυε καὶ συνευφραίνετο τοῖς πολλοῖς, ἢ λυπούμενος καὶ στένων καὶ δυσμεναίνων τοῖς ἀγαθοῖς οἴκοι κοινοῖς καθῆτο. εἰ μὲν γὰρ παρῆν καὶ μετὰ τῶν ἄλλων ἐξητάζετο, πῶς οὐ δεινὰ ποιεῖ, μᾶλλον δ' οὐδ' ὅσια, εἰ ὧν ὡς ἀρίστων αὐτὸς τοὺς θεοὺς ἐποιήσατο μάρτυρας, ταῦθ' ὡς οὐκ ἄριστα νῦν ὑμᾶς ἀξιοῖ ψηφίσασθαι τοὺς ὁμωμοκότας τοὺς θεούς; εἰ δὲ μὴ παρῆν, πῶς οὐκ ἀπολωλέναι πολλάκις ἐστὶ δίκαιος, εἰ ἐφ' οἷς ἔχαιρον οἱ ἄλλοι, ταῦτα ἐλυπεῖτο ὁρῶν; Weitere Beispiele Dem. or. XVIII, 139. XXII, 62. XXIII, 43. XXIV, 122. LVI, 27. Lys. XII, 34. XIII, 76. Cic. pro Cluent. 23, 64. pro Quint. 26, 81. vgl. Weber zu Dem. Arist. p. 210. Kayser zu Cornif. S. 303.

Die *loci circa rem* laufen einerseits auf eine Vergleichung hinaus, Beweis aus ähnlichem, unähnlichem, aus gleichem und widersprechendem (der Identität und dem Gegentheile), aus grösserem und kleinerem, andrerseits gehören hierher Beweise aus dem was einer Sache vorhergeht, was mit ihr zugleich ist, was auf sie folgt, welche letzteren in die hypothetischen Topen von der Zeit zurückgreifen. — Beweis aus ähnlichem, die verkürzte Induction, z. B. wenn die Mässigkeit eine Tugend ist, dann auch die Enthaltsamkeit. Cic. Top. 3, 15: *si aedes eae corruerunt vitiumve fecerunt, quarum ususfructus legatus est, heres restituere non debet nec reficere, non magis quam servum restituere, si is cuius ususfructus legatus esset, deperisset.* vgl. 10, 43. — Aus unähnlichem, „wenn die Freude ein Gut ist, so ist es deshalb nicht die Lust." Die Beweise aus ähnlichem und unähnlichem sind meist Beweise aus Beispielen, über welche der folgende §. handeln wird. — Der Beweis aus gleichem ist von dem Beweis aus ähnlichem nicht sehr verschieden. Denn da es sich selten um völlige Identität zweier Begriffe oder Vorzüge handeln wird, so lässt sich meist die angebliche Identität auf eine blose Aehnlichkeit zurückführen. Doch sehe man Jul. Victor p. 400. — Beweis aus entgegengesetztem „die Mässigkeit ist ein Gut, denn die Verschwendung ist ein Uebel". Cic. Top. 3, 17. 11, 47. — Aus widersprechendem „wer weise ist, ist nicht thöricht". Cic. Top. 3, 21: *si paterfamilias uxori ancillarum usum fructum legavit a filio neque a secundo herede legavit, mortuo filio mulier usum fructum non amittit. quod enim semel testamento alicui datum est, id ab eo invito, cui datum est, auferri non potest. repugnat enim recte accipere et inritum reddere.* Allerlei Beispiele für Beweise aus ähnlichem und entgegengesetztem giebt Anaxim. 1 p. 176 ff. vgl. dazu Spengel S. 113. 116. derselbe zu Arist. Rhet. S. 290 ff.

Bei den eigentlichen Beweisen aus der Vergleichung beweist man kleineres aus grösserem, grösseres aus kleinerem, gleiches aus gleichem. „Wer einen Tempelraub begeht, der wird auch einen Diebstahl begehen." „Wer leicht und öffentlich lügt, der wird auch falsch schwören." „Wer sich zu einem Richterspruch erkaufen lässt, der wird auch zu einer falschen Zeugenaussage sich erkaufen lassen." Aristoteles fasst die beiden ersten Fälle zusammen als τόπος ἐκ τοῦ μᾶλλον καὶ ἧττον. „Wenn selbst die Götter nicht alles wissen, dann noch weniger die Menschen." „Wer sogar seinen Vater schlägt, schlägt auch seinen Nebenmenschen." Cic. Top. 2, 4. 3, 4. 4, 23. Hierbei wurden aber wieder Unterabtheilungen gemacht. Man unterschied den Beweis von mehreren auf eins, von einem auf mehreres, vom Theil auf das Ganze, von der species aufs genus, von dem, was umfasst, auf das, was umfasst wird, von dem Schwierigern aufs Leichtere, von dem Entferntern aufs Nähere und umgekehrt u. s. w. Quint. §. 90 ff., woselbst noch einige Beispiele aus Cicero angeführt werden. So als *argumentum ex maiore* Cic. pro Caec. 15, 43: *quod si vi pulsos dicimus exercitus esse eos, qui metu ac tenui saepe suspicione periculi fugerunt, et si non solum impulsu scutorum neque conflictu corporum neque ictu cominus neque coniectione telorum, sed saepe clamore ipso militum aut instructione adspectuque signorum magnas copias pulsas esse et vidimus et audivimus, quae vis in bello appellatur, ea in otio non appellabitur? et quod vehemens in re militari putatur, id leve in iure civili iudicabitur? et quod exercitus armatos movet, id advocationem togatorum non videbitur movisse? et vidnus corporis magis istam vim quam terror animi declarabit? et sauciatio quaeretur, cum fugam factam esse constabit?* Quintilian begnügt sich mit dem drittletzten Satze dieses Beispiels. Der letzte giebt zugleich ein *argumentum ex minore*, wie in derselben Rede c. 16, 45: *scire esse armatos satis est, ut vim factam probes: in manus eorum incidere non est satis? adspectus armatorum ad vim probandam valebit: incursus et impetus non valebit? qui abierit, facilius sibi vim factam probabit, quam qui effugerit?* Weitere Beispiele für diese Beweise Aesch. Ctes. 78: ὁ γὰρ μισότεκνος καὶ πατὴρ πονηρός κτλ., 241: ἧττον γὰρ δή κτλ. Isocr. IV, 109. VIII, 113. XVII, 34. Lys. I, 31. Dem. XXIII, 109: εἶτ' Ὀλύνθιοι μὲν ἴσασι τὸ μέλλον προορᾶν, ὑμεῖς δὲ ὄντες Ἀθηναῖοι ταὐτὸ τοῦτ' οὐχὶ ποιήσετε; XXXVIII, 22. Cic. Cat. I, 7, 17: *servi mehercule mei si me isto pacto metuerent, ut te metuunt omnes cives tui, domum meam relinquendam putarem: tu tibi urbem non arbitraris?* — *Argumentum ex difficiliore* pro Lig. 3, 8: *vide, quaeso, Tubero, ut qui de meo facto non dubitem, de Ligario non audeam confiteri.* c. 10, 31: *an sperandi Ligario causa non sit, cum mihi apud te locus sit etiam pro altero deprecandi?* Isocr. or. I, 19: αἰσχρὸν γὰρ τοὺς μὲν ἐμπόρους τηλικαῦτα πελάγη διαπερᾶν ἕνεκα τοῦ πλείω ποιῆσαι τὴν ὑπάρχουσαν οὐσίαν, τοὺς δὲ νεωτέρους μηδὲ τὰς κατὰ γῆν πορείας ὑπομένειν ἐπὶ τῷ βελτίω καταστῆσαι τὴν αὑτῶν διάνοιαν. Ein argumentum endlich *ex faciliore* giebt Quintilian §. 92 aus Ciceros Rede in Clod. et Curion.: *ac vide, an facile fieri tu potueris, cum is factus non sit, cui tu concessisti.* — Enthymeme aus Vergleichungen sind ganz besonders bei der Amplification und demgemäss bei der Lobrede am Platze, die ja mehr oder weniger auf Amplification hinausläuft. Aus der Menge der Beispiele möge Isocr. or. X, 16 hervorgehoben werden, wo es von Zeus heisst: τοσούτῳ μᾶλλον Ἕλλην Ἡρακλέους προϊτίμησεν, ὥστε τῷ μὲν ἰσχὺν ἔδωκεν, ἢ βίᾳ τῶν ἄλλων κρατεῖν δύναται, τῇ δὲ κάλλος ἀπένειμεν, ὃ καὶ τῆς ῥώμης αὐτῆς ἄρχειν πέφυκεν.

Die Beweise aus dem, was einer Sache vorhergeht, was mit ihr zugleich ist, was auf sie folgt, überhaupt also aus dem Verlauf der Dinge nach Anfang, Fortgang, Ende und Resultat *(initium, incrementum, summa)* sind gewöhnlich, wie gesagt, hypothetischer Art, sie können aber auch thetisch sein. In diesem Falle schliessen sie sich mehr oder weniger an die Definitions-Topen an. So die Beweise *ex praecurrentibus*, z. B. wenn zum Beweise, dass Sulla nicht aus Herrschsucht die Waffen ergriffen, die freiwillige Niederlegung seiner Dictatur angeführt wird, oder *ex sequentibus* (ἐκ τῶν παρεπομένων), *ex consequentibus* (ἐξ ἀκολούθων), „wenn die Treulosigkeit etwas böses ist, so darf man nicht betrügen"; „diejenigen, die er nicht wider ihren Willen in die Provinz mitnehmen konnte, konnte er auch nicht wider ihren Willen darin zurückhalten" — *ex consentaneis* „wer zugiebt, dass die Welt entstanden ist, der giebt damit auch zu, dass sie untergeht, weil alles, was entsteht, vergeht". Auf diesem Topus beruht die Beweisführung bei Dem Androt. 8—11. Hierher gehört auch der Beweis aus der Relation und den Wechselverhältnissen, die sich gegenseitig zur Bestätigung dienen, *ex rebus sub eandem rationem venientibus*, ἐκ τῶν πρὸς ἄλληλα, z. B. „was anständig zu lernen ist, das ist auch anständig zu lehren"; „ists für mich keine Schande, die Zölle zu verkaufen, so ist es für uns keine, sie zu kaufen". Doch bemerkt Aristoteles, dass hierbei leicht Trugschlüsse möglich sind, denn was für den einen Recht ist, ist es deshalb noch nicht für den andern, vgl. Spengel S. 293. Ferner die Beweise *a causis*, sowohl *rerum efficientium*, als *rerum effectarum*, Cic. Top. 14, 58, Quint. §. 80 ff, überhaupt also aus dem Verhältniss von Ursache und Wirkung, natürlich soweit sie nicht hypothetisch sind. Solche Beweise, sagt Quintilian, sind theils zwingend, theils nicht zwingend. Wenn ein Körper im Licht immer Schatten wirft, so muss nothwendiger Weise, wo Schatten ist, auch ein Körper sein. Anders dagegen verhält es sich, wenn ich sage: „eine Reise macht staubig, aber weder erregt jede Reise Staub, noch ist jeder, der staubig ist, in Folge einer Reise staubig".

Als loci post rem bleiben übrig die Beweise *ab eventu*, ἀπὸ τῆς ἐκβάσεως und *a iudicato*, Jul. Vict. p. 402. Für erstere führt er unter anderem an Cic. pro Tull. p. 102: *si indicareritis sine dolo malo posse familiam congregari, hominem occidi, omnibus facinorosis eandem licentiam permiseritis*, und aus einer unbekannten Rede: *quodsi ex eo, quod hi naves reliquerunt et ad pedestrem exercitum transierunt, victoriam paraverunt, desertores eos appellare non possumus.* Ueber die letzteren bemerkt er: *a iudicatu in coniectura uberrimus et late patens locus est. ex hoc fere omnia sunt, quaecumque ἔνδοξα Graeci vocant, nos autem probabilia dicimus. utimur autem iudicatu tum omnium, tum plurimorum, tum optimorum, praeterea eorum, qui in unaquaque arte peritissimi sunt. omnium iudicatu utitur Marcus Tullius cum dicit, nullum ordinem in civitate fuisse, quibus non libentibus ab exilio rediret: plurimorum autem iudicatu, cum ex senatus consulto sibi domum restitutam: optimorum iudicatu, cum Pompeium et ceteros auctores reditus sui nominat: scientium iudicatu, cum domum suam dicit a religione pontificum sententia liberatam.*

Schliesslich sind noch die Beweise von einem angenommenen Falle aus zu erwähnen, *argumenta a fictione*, τὰ καθ' ὑπόθεσιν oder πλαστὰ ἐπιχειρήματα (Ruf. T. I p. 468. Hermog. de invent. III, 11 p. 225), über welche zu vergl. Cic. Top. 10, 45. Quint. V, 10, 95 ff. Jul. Vict. p. 403, welcher letztere jedoch ein bloses Excerpt aus Quintilian giebt. Die Topik ist hier ganz dieselbe, wie bei den Beweisen von einem wirklichen Falle aus. Es wird hierbei etwas aufgestellt, was, falls es wahr wäre, den fraglichen Fall bestätigen oder widerlegen würde, dann dasjenige, was fraglich ist, jenem ähnlich gemacht. Cic. pro Mur. 39, 83: *si L. Catilina cum suo consilio nefariorum hominum, quos secum eduxit, hac de re posset indicare, condemnaret L. Murenam: si interficere posset, occideret. petunt enim rationes illius, ut orbetur auxilio res publica, ut minuatur contra suum furorem imperatorum copia, ut maior facultas tribunis plebis detur depulso adversario seditionis ac discordiae concitandae. idemne igitur delecti amplissimis ex ordinibus honestissimi atque sapientissimi viri iudicabunt, quod ille importunissimus gladiator hostis rei publicae iudicaret?* Cicero sagt: *in hoc genere oratoribus et philosophis concessum est, ut muta etiam loquantur, ut mortui ab inferis excitentur, ut aliquid, quod fieri nullo modo possit, augendae rei gratia dicatur aut minuendae quae ὑπερβολή dicitur, multa alia mirabilia.* Weitere Beispiele Lys. or. XIX, 34 ff. Dem. or. XXI, 48 ff. XXIII, 123. XXXV, 44 ff. XXXIX, 7 ff. — Hierher gehört auch der Beweis aus der Zeit, den Arist. Rhet. II, 23 mit einem Beispiele aus der verloren gegangenen Rede des Iphikrates πρὸς Ἁρμόδιον περὶ τῆς εἰκόνος belegt: „Hätte ich vor der Vollbringung der That eine Bildsäule verlangt, falls ich sie vollbringen würde, so würdet ihr sie mir gewährt haben. Jetzt, da ich sie vollbracht habe, wollt ihr sie nicht gewähren? Wollet nicht ein Versprechen geben in der Erwartung der That, und nach Empfang derselben es zurückziehen" — und einem Beispiele aus einer Rede an die Thebaner, dem König Philipp den Durchgang nach Attica zu gewähren: „wenn er dies verlangt hätte, bevor er ihnen gegen die Phoker zu Hülfe gezogen, so würden sie es versprochen haben. Nun sei es ungereimt, wenn sie ihn nicht durchlassen wollten, weil er dies unterlassen und ihnen vertraut habe." Hiermit lässt sich das Enthymem bei Dem. or. XX, 85 f. vergleichen. Ferner die Beweise aus dem, was aus einer Sache folgen würde, also aus ihren etwaigen Consequenzen, besonders bei Amplificationen, Dem. or. XX, 3.

§. 23.
Die Beispiele.

Ein Beispiel ist nach Quint. V, 11, 6 die Erwähnung eines wirklich geschehenen oder nur angenommenen Falles, nützlich um von dem, was man beabsichtigt, zu überzeugen, *exemplum est rei gestae aut ut gestae utilis ad persuadendum id, quod intenderis, commemoratio*. Aehnliche Definitionen geben die Griechischen Rhetoren, Anon. T. I p. 322: ἔστι παράδειγμα ὅμοιον ὁμοίου μέρος γνώριμον ἀγνοουμένου, Zeno bei Anon. Seg. p. 447: παράδειγμά ἐστι γενομένου πράγματος ἀπομνημόνευσις εἰς ὁμοίωσιν τοῦ νῦν ζητουμένου (danach Gregor. Corinth. bei Walz VII p. 1150), ausführlicher Neokles ebendaselbst: παράδειγμά ἐστιν ἐμφερὲς καὶ ὅμοιον καὶ εἰκὸς τῷ ζητουμένῳ πράγματι, ἀφ' οὗ ὡρμημένος ἄν τις ἀξιώσαι ὁμοίως τὰ ὅμοια φρονεῖν καὶ ἐπὶ τοῦ ζητουμένου. Abgesehen davon, dass Beispiele oft lediglich zum Schmuck der Rede verwandt werden, so dienen sie auch zum Beweise. Wie das Enthymem ein abgekürzter Syllogismus, so ist das Beispiel eine abgekürzte Induction. Aber während wirkliche Syllogismen in Reden vorkommen können, so lässt sich ein wirklicher Inductionsbeweis wegen seiner zu grossen Umständlichkeit und Schwerfälligkeit rednerisch nicht verwenden. Selbst solche Inductionen, wie Cicero eine de inv. I, 33, 55 gebildet hat, würden die Rede nur verunstalten.

Schon Anaximenes c. 8 p. 195 behandelt die Beispiele. *Παραδείγματα*, sagt er, *ἐστὶ πράξεις ὅμοιαι γεγενημέναι καὶ ἐναντίαι τοῖς νῦν ἐφ' ἡμῶν λεγομένοις*. Diese Worte befremden auf den ersten Anblick, aber sie sind richtig. Der Redner kann nämlich zum verkürzten Inductionsbeweise sich eines ähnlichen, oder unähnlichen, oder geradezu entgegengesetzten Beispiels bedienen, denn Beispiele sind keineswegs blos da anzuwenden, wo es gilt eine Sache oder die Richtigkeit eines Gedankens durch sie zu belegen, vgl. Quint. V, 11, 7: *simile est 'iure occisus est Saturninus sicut Gracchi'. dissimile 'Brutus occidit liberos proditionem molientes, Manlius virtutem filii morte multavit'. contrarium 'Marcellus ornamenta Syracusanis hostibus restituit, Verres eisdem sociis abstulit'*. Wie man also Enthymeme *ex sequentibus* und *ex pugnantibus* unterscheidet, so lassen sich *παραδείγματα ὅμοια* und *ἐναντία* unterscheiden. Man hat nach Anaximenes die Beispiele anzuwenden, um dem Gegenstand, falls er durch Beweisgründe noch nicht hinlänglich glaublich geworden ist, grössere Klarheit zu verschaffen. Genauer sagt Arist. Rhet. II, 20 man müsse die Beispiele da als Beweise anwenden, wo man keine Enthymeme habe, um Ueberzeugung zu bewirken, als Zeugnisse dagegen, wo man Enthymeme hat, denen sie zum Nachwort dienen können. Stellt man sie voran, so gleichen sie der Induction, die bis auf wenige Fälle für die rednerische Darstellung nicht geeignet sei, nachgestellt dagegen gleichen sie Zeugnissen, und ein Zeuge sei überall glaubwürdig. Daher müsse man auch, wenn man sie voranstellt, viele angeben, stelle man sie dagegen nach, so sei auch eins hinreichend, denn schon ein guter Zeuge sei nützlich. Anaximenes unterscheidet nun ferner zwei Arten (*τρόποι*) von Beispielen, *παραδείγματα κατὰ λόγον* und *παρὰ λόγον*, d. h. solche, welche den Anschauungen der Zuhörer entsprechen, und solche, bei denen dies nicht der Fall ist. Erstere sind geeignet einer Sache Glauben zu verschaffen, letztere eine glaubliche Sache um ihre Glaubwürdigkeit zu bringen, daher namentlich für die berathende Beredsamkeit von Wichtigkeit. Sagt also Jemand die Reichen seien gerechter als die Armen, und zählt er zum Belege einzelne gerechte Handlungen reicher Männer auf, so entspricht die Behauptung im allgemeinen den Anschauungen der Zuhörer und durch die Beispiele werden sie in denselben bestärkt. Führt man dagegen Beispiele für das Gegentheil an, dass manche Menschen bei allem ihren Reichthum viel Unrecht gethan haben, so widerspricht dies den Anschauungen der Zuhörer, und deshalb wird durch diese Beispiele ihr Glaube an die Richtigkeit ihrer Anschauungen erschüttert. Gegen die allgemein verbreitete Annahme, dass im Kriege die Massen den Ausschlag geben, lassen sich die Beispiele von den Athenischen Verbannten, die von Phyle aus mit nur fünfzig Mann die Befreiung Athens unternahmen und zum Ziele kamen, oder von den Thebanern die bei Leuctra die Uebermacht der Lacedaemonier brachen, von Dion der den Dionys besiegte, von den Korinthiern die mit blos neun Trieren die Karthager im Hafen von Syrakus überwältigten, mit Erfolg anwenden. Bringt nun der Redner παραδείγματα κατὰ λόγον vor, so hat er noch zu zeigen, dass derartige Handlungen gewöhnlich ihr Ziel erreichen. Bringt er παραδείγματα παρὰ λόγον vor, so hat er darzuthun, dass das, was gegen die gewöhnliche Anschauung war, doch begreiflicherweise einen guten Ausgang genommen hat. Bringt aber der Gegner παραδείγματα παρὰ λόγον vor, so hat der Redner zu deren Widerlegung zu zeigen, dass dies nur glückliche Zufälle gewesen, und dass dergleichen selten geschieht, dass dagegen das, was er selbst vorbringt, ganz gewöhnlich ist. Von dieser Unterscheidung der παραδείγματα κατὰ λόγον und παρὰ λόγον weiss übrigens Aristoteles nichts.

Dass sich Beispiele auch zu Enthymemen aus Vergleichung anführen lassen, um also von kleinerem auf grösseres, oder umgekehrt einen Schluss zu machen, ist bereits im vorigen §. erwähnt. Isocr. or. VIII, 76: ἡ μὲν τοίνυν πολιτεία τοσούτῳ βελτίων ἦν καὶ κρείττων ἡ τότε τῆς ὕστερον καταστάσης, ὅσῳ περ Ἀριστείδης καὶ Θεμιστοκλῆς καὶ Μιλτιάδης ἄνδρες ἀμείνονες ἦσαν Ὑπερβόλου καὶ Κλεοφῶντος καὶ τῶν νῦν δημηγορούντων. Vgl. Dem. Timocr. 133 ff. und für den sonstigen Gebrauch von Beispielen Lys. or. XIX, 45 ff. Dem. XXI, 58 ff. Cic. pro Balbo 5, 11 ff. — Von den Bemerkungen der Rhetoren wäre etwa noch hervorzuheben, dass nach Quint. V, 11, 10 ungleiche Beispiele namentlich zur Ermahnung zu gebrauchen sind. So ist Tapferkeit bei einer Frau lobenswerther als bei einem Manne. Soll also Jemand zur Tapferkeit entflammt werden, so werden nicht sowohl Horatius und Torquatus auf ihn Eindruck machen, als jenes Weib, durch deren Hand Pyrrhus fiel; zum Sterben wird ihn nicht sowohl Cato und Metellus Scipio (Flor. IV, 2, 68) als Lucretia bewegen. Ob man die Beispiele in extenso mitzutheilen, oder nur kurz anzudeuten hat, entscheidet sich je nach den Umständen. — Jedes Beispiel, sagt Apsin. 8 p. 372 ff. hat seinen Stoff aus geschehenem, und wird entweder aus einheimischen oder fremden genommen. Die einheimischen Beispiele sind wirksamer, namentlich wenn man hervorhebt, dass es einheimische sind. Die Attischen Redner pflegten deshalb historische Beispiele fast nur aus der vaterländischen Geschichte zu entlehnen, als οἰκεῖα παραδείγματα (Isocr. IX, 77. Dem. III, 23. XIII, 21. XIX, 269). „Sehen sie sich durch bessere Einrichtungen andrer Staaten veranlasst, diese als Muster hinzustellen, so ist es parlamentarischer Brauch, dies wenigstens nicht ohne Entschuldigung zu thun, vgl. Dem. XXIV, 139. Aesch. I, 180. Lyk. 128"*). Daher Demosthenes an der angeführten Stelle der dritten Olynthischen Rede seine Beispiele geradezu mit der Bemerkung einleitet: οὐ γὰρ ἀλλοτρίοις ὑμῖν χρωμένοις παραδείγμασιν, ἀλλ᾽ οἰκείοις, ὦ ἄνδρες Ἀθηναῖοι, εὐδαίμοσιν ἔξεστι γενέσθαι. Auch Cicero nimmt seine Beispiele ausschliesslich aus der Römischen Geschichte. Alle Beispiele, sagt Apsines ferner, müssen bekannt und deutlich sein, nicht allzu alt und fabelhaft, zu dem vorliegenden Falle stimmen, und nicht allzu weit ausgedehnt werden, ausser wenn es hervorragende Beispiele sind (Dem. Timocr. 139 ff. eine förmliche Digression). Man entnimmt die Beispiele entweder von etwas ähnlichem, oder entgegengesetztem, von etwas grösserem, oder kleinerem. Sie geben entweder von bestimmten Personen und Fällen aus, oder von unbestimmten. Nach Minuc. p. 418 müssen die Beispiele den Zuhörern bekannt sein und zur Sache gehören; wenn sie auch weit hergeholt werden, muss man sie an die Rede anpassen; auch dürfen sie nicht von unrühmlichem hergenommen werden, sondern es müssen die Personen, oder die Sachen, oder beides berühmt sein.

Wie man nun Beweise von einem wirklichen und solche von einem blos angenommenen Falle aus unterscheidet, so unterscheidet auch Aristoteles Rhet. II, 20 p. 97 zwei Arten von Beispielen, solche, bei denen man wirklich bereits geschehenes anführt, und solche, deren Stoff man erfindet. Zu letzteren rechnet er Gleichnisse und Aesopische Fabeln. Genauer musste er wirkliche und erfundene Beispiele unterscheiden und letztere wieder eintheilen in solche, die man selbst erfindet, und solche, die bereits von andern erfunden sind. Diesen Unterschied deutet Quintilian wenigstens an, wenn er das Beispiel definirt als *rei gestae aut ut gestae commemoratio*. In der That können auch Erzählungen aus der

---

*) Westermann zu Dem. Lept. 110.

Mythologie, sowie poetische Fabeln als Beispiele dienen, nur haben sie nach Quintilians Ansicht weniger überzeugende Kraft als wirkliche Beispiele. Er führt Cic. pro Mil. 3, 8 an: *itaque hoc, iudices, non sine causa etiam fictis fabulis doctissimi homines memoriae prodiderunt eum, qui patris ulciscendi causa matrem necavisset, variatis hominum sententiis non solum divina, sed etiam sapientissimae deae sententia liberatum*. Vgl. de har. resp. 18, 39. Hauptbeispiel Lykurg Leocr. 98 ff. Mythologische und historische Digressionen gehörten überhaupt zu den rednerischen Besonderheiten dieses Mannes (Hermog. T. II p. 416). Ferner Aesopische Fabeln, die namentlich auf Landleute und schlichte Personen zu wirken pflegten, und deshalb frühzeitig zu rhetorischen Zwecken benutzt wurden*). Denn der Nutzen der Fabel liegt nicht in ihr selbst, sondern in der aus ihr hervorgehenden παραίνεσις ἐξ ὁμοιώσεως, Matth. Camar. p. 122, 10. Sie ist, wie Sopater definirt bei Doxop. Homil. p. 156. 161 ein πλάσμα πιθανῶς πρὸς εἰκόνα τῶν τῇ ἀληθείᾳ συμβαινόντων πραγμάτων συγκείμενον, συμβουλήν τινα τοῖς ἀνθρώποις ἢ ὑπογραφήν τινα τῶν πραγμάτων ποιούμενον. Cornif. I, 6, 10 weist ihr beim Prooemium und zwar bei der Form der *insinuatio* (s. oben S. 98) eine Stelle an. Vgl. Quint. V, 11, 19. Gegenwärtig figuriren die Fabeln aber blos in der rhetorischen Theorie; angewendet finden sie sich, so viel ich weiss, in keiner der uns erhaltenen Reden. Merkwürdigerweise sagt Aristoteles, die Fabeln seien für Volksreden geeignet, und sie hätten das Gute, dass es schwer sei, ähnliche früher geschehene Thatsachen (also wirkliche Beispiele) aufzufinden, leicht dagegen Fabeln. In Betreff der Beispiele ist Anaximenes ganz andrer Meinung. — Einen ähnlichen Nutzen haben auch Gleichnisse, seien es nun schlichte Anführungen von allgemeinen Vorfällen des wirklichen Lebens, also Vergleiche, oder wirkliche παραβολαί, *collationes*, wie sie Cicero de inv. I, 30 nennt, nur müssen sie in der That ähnlich sein. In der Lehre vom Ausdruck wird unsre Darstellung auf dieselben zurückkommen. An die Fabeln und Gleich-

---

*) Die Fabel eröffnet die Reihe der Progymnasmen wegen ihrer grossen Einfachheit und weil sie sich zunächst an die Poesie anschliesst, mit deren Inhalt die Kinder, welche zu rhetorischen Uebungen überschreiten, einigermassen vertraut sind, Schol. Aphthon. bei Walz Rhet. Gr. T. II p. 8. Doxop. Homil. p. 188 f. Ein brauchbares Beispiel einer ausgeführten und dann ins Kurze zusammengezogenen Fabel vom Fuchs und Raben bei Apul. de deo Socr. prol. p. 109 ff.

nisse schliessen sich dann im weiteren auch noch Autoritäten an, also die Anführungen von Aussprüchen weiser Männer, berühmter Dichter, Sprichwörtern, aber auch der allgemein gültigen Volkssitte und Volksanschauung. *Ne haec quidem vulgo dicta et recepta persuasione populari sine usu fuerint. Testimonia sunt enim quodammodo vel potentiora etiam, quod non causis accommodata sed liberis odio et gratia mentibus ideo tantum dicta factaque, quia aut honestissima aut verissima videbantur* — sagt Quint. §. 37. Für Dichtercitate vgl. Aesch. Tim. 128 f. de falsa 158. in Ctes. 135. Demosthenes verschmäht ihren Gebrauch zum Beweis ex auctoritate. Er wendet sie überhaupt nur in der Rede de falsa leg. 243 ff. an, zum Theil in der Absicht das von Aeschines in der Timarchea angewandte Verfahren zu parodiren*). Dichterverse mit geringen Veränderungen in die eigne Darstellung verflochten Cic. pro Mur. 14, 30. 29, 60. Vgl. noch Hermog. T. II p. 450. Die Sprichwörter sind nach Aristoteles παλαιᾶς φιλοσοφίας ἐν ταῖς μεγίσταις ἀνθρώπων φθοραῖς ἀπολομένης ἐγκαταλείμματα περισωθέντα διὰ συντομίαν καὶ δεξιότητα, Synes. enc. calv. c. 22 p. 85 D. Eben ihres Alters wegen haben sie grosse Autorität; wie viele brauchen sie täglich und wie viele haben sie schon gebraucht: τὸ γὰρ ἀπαθανατίζον τὰς παροιμίας αὐτὸ τοῦτ᾽ ἔστιν ἡ συνέχεια τῶν χρωμένων, οὕς ἐφ᾽ ἑαυτῶν ὑπομιμνήσκει τὰ πράγματα· ὁρώμενα γὰρ ἐπὶ τῶν ἑκάστοτε συμβαινόντων μαρτύρονται καὶ μαρτυροῦσι τοῖς παραδείγμασιν. Für Anwendung der Sprichwörter vgl. Cic. pro Quinct. 17, 55. — Eine besondere Art von Autoritäten sind endlich die *divina testimonia*, Quint. §. 42, Orakel, Vorzeichen, auch geradezu getroffene Entscheidungen der Gottheit, die zu Argumenten werden, wie bei Cic. pro Lig. 6, 19: *causa nunc melior certe ea iudicanda est, quam etiam dei adiuverunt*, vgl. Dem or. XIX, 297. XLIII, 66 — daher sie denn vom Anon. Seg. p. 445 geradezu unter die unkünstlichen Beweismittel gerechnet werden (oben S. 137).

---

*) Es ist daher eine in ihrer Allgemeinheit unrichtige Bemerkung bei A. Schaefer Dem. I p. 210: „wenn Demosthenes Dichterstellen anführt, kommt uns der Gedanke nicht, dass er damit zeigen will, was er gelernt hat, sondern sie dienen seinem Zweck und verfehlen ihre Wirkung nie, Aeschines aber macht Staat damit."

§. 24.
Die Widerlegung.

Die Widerlegung gegnerischer Behauptungen und Beweise (ἀντιθέσεις, refutatio, λύσις — Cic. de inv. I, 42 ff. sagt *reprehensio* — mag sie nun einen besonderen vierten Theil der Rede ausmachen, oder gleich mit der *tractatio* verbunden sein, oder in den übrigen Theilen vorgebracht werden, macht immer den schwierigsten Theil der Rede aus. Denn gerade hierbei handelt es sich recht eigentlich um Vertheidigung. Vertheidigen aber ist schwieriger als anklagen, ebenso wie Wunden heilen schwieriger ist, als Wunden beibringen. Selbst mittelmässige Redner genügen zu einer Anklage, zu einer Vertheidigung aber ist die volle Kunst der Beredsamkeit nöthig, Quint. V, 13, 1—3.

Es ist nun ferner von vornherein klar, dass die Widerlegung als besonderer Theil der Rede eine ganz andere Rolle in der Rede des Anklägers als in der des Vertheidigers einnehmen muss. Letzterer findet wirkliche Behauptungen des Gegners vor und kann sie im einzelnen widerlegen. Bei ihm kann demnach unter Umständen die Widerlegung einen viel grösseren Platz einnehmen als der positive Beweis. So haben wir gleich in der ersten Rede des Isaeus einen sehr kurzen unkünstlichen Zeugenbeweis (§. 15—16), dagegen eine ausführliche Widerlegung der gegnerischen Behauptungen in neun gesonderten Abschnitten (§. 18—47). Ersterer dagegen findet solche Behauptungen nicht vor, es sei denn in der bei der vorläufigen Instruction des Processes vorgekommenen Vorverhandlung, er muss sie daher in den meisten Fällen erst künstlich schaffen. Er muss sich also klar machen, was der Gegner wohl zu seiner Vertheidigung alles wird vorbringen können und muss dieses im voraus zu entkräften suchen, und ist daher auf ὑποφορά und προκατάληψις im grossen Maasse angewiesen. Hierbei ist die Lehre von den στάσεις von der grössten Wichtigkeit. Der Kläger muss eben dem Verklagten die Möglichkeit entziehen, die Frage bei seiner Vertheidigung unter einen andern status zu bringen, als derjenige ist, der seiner eignen Intention entspricht. Es wurde bereits oben S. 32 das hierher gehörende Verfahren des Lysias in der Rede gegen Agoratos analysirt. Aehnlich wird in or. XIV, einer Deuterologie gegen Alcibiades, die von seinem συνἡγορος unter Hinweis auf den berühmten Namen seines Vaters bereits angewandte deprecatio beseitigt, §. 16 ff. Nicht blos wird dieses Ansinnen durch einen locus communis als unbillig abgewiesen, es folgt auch ein ausführlicher, stark amplificirter Beweis der Unwürdigkeit des jüngeren Alcibiades aus dem bisherigen Verlauf seines Lebens, sowie des schädlichen Einflusses, den der Vater auf den Gang der Athenischen Verhältnisse ausgeübt, so dass man um des Vaters willen am wenigsten Grund hat, dem Sohne sein Vorgehen zu Gute zu halten.

Die rhetorischen Vorschriften für die Widerlegung sind bei Anaximenes, Aristoteles, Cornificius, Cicero von der Lehre vom Beweise nicht getrennt. Es wird auch eigentlich im allgemeinen blos bemerkt, dass die Topik bei der Widerlegung ganz dieselbe ist wie bei der Beweisführung, nur dass sie immer zu umgekehrtem Zwecke verwandt wird. So auch Anon. Seg. p. 451. Erst bei Quintilian V, 13 haben wir eine gesonderte Behandlung der Widerlegung. Desgleichen bei Apsines c. 6 ff., während Hermogenes in der Lehre von den κεφάλαια und ἐπιχειρήματα (de inv. III p. 201 ff.) Beweis und Widerlegung wieder zusammenwirft. Noch besondere Erwähnung verdient die Schrift des Maximus περὶ τῶν ἀλύτων ἀντιθέσεων bei Walz Rh. Gr. V p. 577 ff.*).

Alles nun, was der Gegner, sei es wirklich uns gegenüber aufgestellt hat, oder doch aufstellen könnte, so dass wir genöthigt sind, darauf einzugehen, heisst ἀντίθεσις. Sie bedarf der λύσις, die entweder das materiale, oder das formale derselben, oder beides zugleich angreift. Ein lediglich auf das formale gerichteter Angriff wird meist seine Wirkung verfehlen. Wie die Beweise, so sind auch die Antithesen entweder ἄτεχνοι oder ἔντεχνοι oder παραδειγματικοί. Doch werden die letzteren von Aps. p. 360 gleich mit zu den ἄτεχνοι gerechnet. Was sich gegen die ἀντιθέσεις ἄτεχνοι, welche natürlich die stärkeren sind, im allgemeinen sagen lässt, ist bereits bei der Lehre vom unkünstlichen Beweis in §. 17 vorgebracht worden. Für die ἀντ. ἔντεχνοι gilt dieselbe Topik wie für den künstlichen Beweis. Die bei der Widerlegung zur Anwendung kommenden logischen Operationen sind aber doppelter Art. Man widerlegt entweder durch einen Gegenschluss (ἀντισυλ-

---

*) Nach Fabricius wieder abgedruckt bei Mullach Fragm. phil. Gr. II p. 388 ff. Der dortige Text ist aber trotz der behaupteten Recognition des Herausgebers viel schlechter als bei Walz.

λογισμός), oder durch Vorbringung von Instanzen (ἐνστάσεις) Arist. Rhet. II, 25. Widerlegungen durch Gegenschlüsse sind im ganzen selten. Ein Beispiel giebt Cic. pro Mil. 6, 15. Aus dem Umstande, dass Pompeius einen Antrag auf Untersuchung wegen des auf der via Appia geschehenen Mordes, bei welchem Clodius ums Leben gekommen sei, gestellt habe, schlossen die Ankläger, Pompeius habe damit ein verdammendes praeiudicium gegen Milo gegeben. Aus demselben Umstande zieht jedoch Cicero einen widerlegenden Gegenschluss. Pompeius, sagt er, stellte einen Antrag auf Untersuchung. Da aber That und Thäter bekannt und eingestanden waren, so kann er nur auf eine Untersuchung über schuldig oder nichtschuldig, auf eine *defensio iuris* angetragen haben, und daran schliesst er das Enthymem: *mihi vero Cn. Pompeius non modo nihil gravius contra Milonem iudicasse, sed etiam statuisse videtur, quid vos in iudicando spectare oporteret. nam qui non poenam confessioni, sed defensionem dedit, is causam interitus quaerendam, non interitum putavit.* Ein anderes Beispiel Dem. de falsa 221. Instanzen aber werden nach Aristoteles auf viererlei Weise erhoben, entweder aus der Sache selbst, oder aus einem Aehnlichen, oder aus dem Entgegengesetzten, oder aus einer vorhandenen Entscheidung. Sagt also Jemand, die Liebe sei etwas treffliches, so wendet man aus der Sache selbst dagegen ein, entweder, dass jedes Bedürfniss ein Uebel ist, oder dass man nicht auch von Kaunischer Liebe, d. h. unerlaubter und dabei unglücklicher Liebe wie zwischen Bruder und Schwester*) sprechen würde, wenn es nicht auch eine schlechte Liebe gäbe. Sagt man, dass der gute Mann allen Freunden gutes thue, so entgegnet man aus dem Entgegengesetzten, dass auch der schlechte Mann ihnen kein übles thue. Gegen das Enthymem, Leute, denen es schlecht gegangen ist, hassen immer, wendet man von etwas Aehnlichem ein, Leute, denen es gut gegangen ist, lieben nicht immer. Gegen das Enthymem, den Betrunkenen muss man verzeihen, denn sie fehlen, ohne es zu wissen, wendet man von einer vorhandenen Entscheidung aus ein, dann ist Pittacus nicht zu loben, denn er hat auf Vergehen im Trunke grössere Strafen gesetzt. Für die Widerlegung kömmt es aber sehr darauf an, ob das, was der Gegner gesagt hat, eine ἀντίθεσις ἀσθενής oder ἰσχυρά ist, genauer ob es

---

*) Parthen. c. 11 p. 319 Mein. Ovid. Metam. IX, 453 ff. Suid. Hesych. v. Καύνιος ἔρως, Diogenian. V, 71 p. 265.

ein εὔλυτον oder wohl gar ἰσάζον, commune (was so gut für uns wie gegen uns sich verwenden lässt), ein δύσλυτον oder ἄλυτον ist.

Die Widerlegung geschieht entweder direct, indem man die Behauptung des Gegners einfach in Abrede stellt (λύσις κατ' ἔνστασιν Hermog., κατ' ἀνατροπήν Aps.), oder indirect κατὰ μέθοδον. Die λύσις κατ' ἀνατροπήν läuft immer auf Conjectur oder Definition hinaus. Ein entschiedenes Ableugnen der offenbar falschen Behauptung des Gegners haben wir bei Cic. pro Cluent. 60, 166, wo der Eindruck der Ableugnung noch durch die Figur der *praeteritio* gesteigert wird: *alterum veneficii crimen Oppianico huic adulescenti — venenum Aviti consilio paratum: id cum daretur in mulso, Balbucium quendam eius familiarem intercepisse, bibisse statimque esse mortuum. hoc ego si sic agerem, tanquam mihi crimen esset diluendum, haec pluribus verbis dicerem, per quae nunc paucis percurrit oratio mea. Quid unquam Avitus in se admisit, ut hoc tantum ab eo facinus non abhorrere videatur? quid autem magnopere Oppianicum metuebat, cum ille verbum omnino in hac ipsa causa nullum facere potuerit, huic autem accusatores vivo matre deesse non possint? — an ut de causa eius periculi nihil decederet, ad causam novum crimen accederet? quod autem tempus veneni dandi illo die? in illa frequentia? per quem porro datum? unde sumptum? quae deinde interceptio poculi? cur non de integro aliquid datum? Multa sunt, quae dici possunt: sed non comittam, ut videar non dicendo voluisse dicere: res enim iam se ipsa defendit. Nego illum adulescentem, quem statim epoto poculo mortuum esse dixistis omnino illo die esse mortuum. magnum crimen et impudens mendacium.* Weitere Beispiele für Widerlegung durch Conjectur über die Unwahrheit des Thatbestandes Lys. or. I, 37 ff. Cic. pro Cael. 21 ff. pro Mur. 6, 13 (sehr geschickt). Die ἀνατροπή kann noch dadurch verstärkt werden, dass man zeigt, wie nicht blos die Behauptung des Gegners falsch, sondern vielmehr gerade ihr Gegentheil richtig ist. Dies ist die ἀνατροπὴ μεθ' ὑπερβολῆς oder das βίαιον εἶδος λύσεως, wie Hermogenes es nennt. Beispiel Dem. de falsa §. 78. 79.

Die indirecte Widerlegung dagegen läuft auf Qualität und Translation, auch wohl geradezu auf ein Sophisma hinaus. Die wirksamste Art ist die μέθοδος κατὰ περιτροπήν. Auch sie wird vom Hermogenes zum βίαιον gerechnet. Wir ziehen dasjenige, worauf der Gegner am meisten sich stützt, ihm gleichsam unter den Füssen weg, und kehren es gegen ihn selbst. Diese Art der

Widerlegung nennt Arist. Rhet. II, 23 den τόπος ἐκ τῶν εἰρημένων καθ' αὐτοὺς πρὸς τὸν εἰπόντα. Iphikrates fragte den Aristophon, ob er wohl die Flotte um Geld verrathen würde; als Aristophon es verneinte, sagte er, du ein Aristophon würdest sie nicht verrathen, und ich ein Iphikrates sollte es thun? Natürlich muss dabei auf der anderen Seite immer grössere Wahrscheinlichkeit zum Unrecht thun vorhanden sein. Es würde lächerlich sein, sich gegen die Anklage eines Aristides eines solchen Beweises zu bedienen. Sie lässt sich anwenden bei den ἀντιθέσεις ἰσάζουσαι. Das *commune* sagt Quint. V, 13, 29, muss man sich zu eigen machen, denn hierbei ist der Antwortende allemal im Vortheil. Wer etwas gemeinsames zuerst sagt, giebt zugleich das Gegentheil davon an die Hand, dessen sich der Gegner mit Erfolg bedienen kann. „Es ist nicht wahrscheinlich, dass M. Cotta ein so grosses Verbrechen ersonnen hat. Ist es etwa wahrscheinlich, dass Oppius ein so grosses Verbrechen versucht hat?" Beispiele für περιτροπή Aesch. de falsa §. 6 (s. dazu die Scholien). 33. in Ctes. 236 (Schol. περιτροπή τὸ σχῆμα). Isocr. XI, 30 ff. Dem. de falsa 134. Vgl. auch Androt. 17. — Zweitens die μέθοδος κατὰ σύγκρουσιν. Man stellt die gegnerischen Behauptungen, ohne sie einzeln zu widerlegen, zusammen und zeigt, dass sie sich widersprechen, wie Dem. Androt. 18. Eubul. 52. Cic. pro Sulla 10, 31. pro Lig. 3, 9. Tubero klagt den Ligarius an, dass er in Africa gewesen sei, beklagt sich aber, dass er selbst von ihm nicht nach Africa gelassen sei. Ein schönes Beispiel giebt Apul. apol. 25: *nonne vos pudituni est, haec crimina tali viro audiente tam asseverate obiectare, frivola et inter se repugnantia simul promere, et utraque tamen reprehendere? An non contraria accusatis peram et baculum ob auctoritatem, carmina et speculum ob hilaritatem, unum servum ut parci, tris libertos ut profusi, praeterea eloquentiam graecam, patriam barbaram?* ferner c. 26: *sin vero more vulgari rell.* Uebrigens gehört besondere Kunst dazu aus der Rede des Gegners das herauszufinden, was sich selbst widerspricht, oder sich zu widersprechen scheint (s. Arist. Rhet. II, 23 p. 112), Quint. V, 13, 30 f. — Drittens die μέθοδος oder λύσις κατὰ μείωσιν, bei der man die gegnerische Behauptung zu verkleinern sucht. Dem. Lept. 19. 21. Dies würde auf eine στάσις ποσότητος hinauslaufen. Der Redner kann daher manchmal etwas als unbedeutend und nicht zur Sache gehörig mit Erfolg verachten, so dass er es wie in einer beiläufigen Egression nur mit wenig Worten berührt. Dies hat Cicero oft gethan, wie z. B. pro Rosc. Am. c. 29: *vereor ne aut molestus sim vobis, iudices, aut ne ingeniis vestris videar diffidere, si de tam perspicuis rebus diutius dissseram. Erucii criminatio tota, ut arbitror, dissoluta est: nisi forte expectatis, ut illa diluam, |quae de peculatu ac de eiusmodi rebus commenticiis inaudita nobis ante hoc tempus ac nova obiecit: 'quae mihi iste visus est ex alia oratione declamare, quam in alium reum commentaretur; ita neque ad crimen parricidii, neque ad eum, qui causam dicit pertinebant: de quibus quoniam verbo arguit, verbo satis est negare.* Vgl. pro Mur. 5, 11: *intellego iudices, tres totius accusationis partes fuisse et carum unam in reprehensione vitae, alteram in contentione dignitatis, tertiam in criminibus ambitus esse versatam. Atque harum trium partium prima illa, quae gravissima esse debebat, ita fuit infirma et levis, ut illos lex magis quaedam accusatoria quam vera male dicendi facultas de vita L. Muraenae dicere aliquid coegerit.* Lys. or. XXIV, 21: ἀλλὰ γὰρ οὐκ οἶδ' ὅτι δεῖ λίαν με ἀκριβῶς ἀπολογούμενον πρὸς ἓν ἕκαστον ὑμῖν τῶν εἰρημένων ἐνοχλεῖν πλείω χρόνον. εἰ γὰρ ὑπὲρ τῶν μεγίστων εἴρηκα, τί δεῖ περὶ τῶν ὁμοίως τούτῳ φαύλων σπουδάζειν; mit welcher Wendung dann ohne weiteres der Epilog der Rede beginnt. Es lässt sich daher die μείωσις oder die damit verwandte λύσις ἐξ ἀναιρέσεως (Aps. p. 361, 5), bei der man eben gar nicht einmal mehr verkleinert, sondern einfach von der Hand weist, geradezu als Kunstgriff benutzen. Was man durch die Rede nicht widerlegen kann, wirft man gleichsam verächtlich bei Seite, *ut quae dicendo refutare non possumus quasi fastidiendo calcemus,* Quint. V, 13, 22 — und so ist es denn auch als Kunstgriff, um dadurch um den heikligsten Punkt der ganzen Vertheidigung herumzukommen, angewandt von Cic. pro Caec. 32, 94. Ist die gegnerische Antithese nicht eigentlich dem vorliegenden Falle selbst entnommen, sondern mehr von aussen herangezogen, so wird sich der Redner fast stets des vorliegenden locus bedienen. Er wird sagen, es gehöre nicht zur Sache, man dürfe sich dabei nicht aufhalten, es sei nicht so schlimm, als der Gegner behaupte, ja man wird es in diesem Falle wohl auch absichtlich mit Stillschweigen übergehen. Quint. l. l. §. 10. Lysias weist schon im Prooemium von or. XXV alles was die Gegner über die Schreckenszeit der Dreissig gesagt, als nicht zur Sache gehörig von der Hand und benutzt zugleich dieses Verfahren der Ankläger zu einem Prooemium ἐκ διαβολῆς. So warnt auch Aesch. Tim. 170 ff. am Schluss der Widerlegung die Richter im allgemeinen, die Vertheidigung ἔξω τοῦ πράγματος nicht anzunehmen und verweist sie dabei auf ihren Eid wie nicht minder auf ihr eigenes Interesse. Gleich im Prooemium zur Rede de falsa beschwert er sich darüber, dass Demotsheues soviel ungehöriges in seine Anklage mit hineingezogen habe und ihn für Dinge verantwortlich machen wolle, zu denen er in gar keiner Beziehung stehe. Er bittet daher um Entschuldigung, wenn er bei seiner Vertheidigung irgend einen Punkt nicht berühre, er könne eben unmöglich alles einzelne, was vorgebracht sei, im Kopfe behalten. Aehnlich warnt Demosthenes die Richter, nicht etwa dem Midias Gehör zu schenken, wenn er sich bemühen würde, sich lediglich als ein Opfer seiner persönlichen Machtstellung auszugeben. Umgekehrt lässt sich aber auch die Behauptung des Gegners, etwas vom Kläger vorgebrachtes gehöre nicht zur Sache, oder dürfe wenigstens im vorliegenden Falle, etwa vor diesem Gerichtshof, nicht vorgebracht werden (also der Versuch einer παραγραφή) lediglich als faule Ausflucht ἐκ περιτροπῆς widerlegen, vgl. Dem. Androt. 25 ff.

Hat überhaupt der Gegner die Sache in seinem Interesse als geringfügig dargestellt, so muss man sie vergrössern. Dies ist die λύσις κατ' αὔξησιν. Reichen nun aber die bisherigen Mittel zur Entkräftung und Beseitigung der gegnerischen Behauptung nicht aus, so stellt man ihr etwas andres entgegen. Dies giebt die λύσις κατ' ἀντιπαράστασιν*). Wenn also Leptines sagt, das Gesetz giebt uns viele Choregen, so zeigt Demosthenes erstens durch μείωσις, dass es nicht viele, sondern höchstens zehn sein können. Dann aber zeigt er, dass das Gesetz den Athenern zur Schande gereicht, dass es sie ihrer Wohlthäter verlustig macht. Dies ist eben die ἀντιπαράστασις. Man gewinnt sie aus einer Berücksichtigung der sogenannten τελικὰ κεφάλαια, von denen ausführlich in §. 31 die Rede sein wird. Man zeigt also, dass die gegnerische Antithese entweder an sich, oder in ihren Folgen unehrenhaft, unbillig, ungerecht, unmenschlich, grausam u. dgl. ist. Auf diese Weise weist Aesch. Tim. 119 ff. die Forderung des Demosthenes nach einem bestimmten, leicht zu beschaffenden Beweismittel für die wirkliche Schuld des Angeklagten, eine Forderung, die allerdings iuristisch wohl berechtigt war, als eine unehrenhafte und schimpfliche zurück, mit vielen leidenschaftlichen Wendungen in sehr geschickter Weise, ohne dass damit eigentlich die Sache selbst erledigt würde.

---

*) Bei Aps. p. 366, 26 muss hinter αὐξητικῶν interpungirt werden.

Man vgl. ferner Dem. Lept. 126. 134 ff. Ganz besonders giebt das ἐκθησόμενον, die etwaigen Folgen der Antithese, Stoff zur ἀντιπαράστασις. Am heftigsten, sagt Quint. V, 13, 21, muss man von der gegnerischen Deduction das angreifen, was allgemein gefährlich, oder, falls es durchginge, selbst den Richtern gefährlich werden könnte. Zur ἀντιπαράστασις gehört es natürlich auch, wenn man dem gegnerischen Vorschlag einen andern gegenüberstellt, der besser zum Ziele führt, seinen Beispielen und den Autoritäten, auf die er sich beruft, andre Arten von Beispielen und andre Autoritäten entgegensetzt. Als eine besonders wirksame Art der Widerlegung betrachtet Hermogenes p. 209 die Verbindung von ἔνστασις (ἀνατροπή) und ἀντιπαράστασις, die daher der Redner suchen müsse, so oft als möglich anzubringen, eine Regel übrigens, deren Befolgung für die Auffindung von Gedanken sehr ergiebig ist. Hierbei wird die gegnerische Behauptung zunächst geleugnet, dann aber, selbst ihre Richtigkeit zugegeben, als im Grunde gegen ihn sprechend nachgewiesen. Behauptet also der Gegner, es sei schwierig dies zu thun, so ist die ἔνστασις, es ist nicht schwierig, die ἀντιπαράστασις aber, gesetzt auch es wäre schwierig, so muss es doch gethan werden, etwa weil es die Sittlichkeit u. dgl. gebietet. Dabei ist es an sich gleichgültig, in welcher Reihenfolge man die beiden Punkte vorbringt, ob ἔνστασις oder ἀντιπαράστασις zuerst. In der Regel wird man das durchschlagendere und paradoxere an zweiter Stelle folgen lassen.

Berufung des Gegners auf Gesetze, Volksbeschlüsse, Urkunden, also eine ἀντίθεσις ἄτεχνος ἀπὸ ῥητοῦ wird gewöhnlich durch eine ἐξέτασις διανοίας widerlegt. Man zeigt, dass die eigentliche Absicht des Gesetzgebers eine andre war, als der Gegner meint, daher seine Anwendung des Gesetzes auf den vorliegenden Fall gar nicht passt. Davon war schon in der Lehre vom unkünstlichen Beweise die Rede. Man widerlegt ferner ἀπὸ τοῦ ἐναντίου καθ' ὑπόθεσιν*). Wir zeigen also, indem wir das Gegentheil von dem, was uns Schuld gegeben wird, annehmen, dass dasselbe unnütz oder unmöglich gewesen wäre. Dem. de cor. 195. Mid. 26. — Gegen ἀντιθέσεις παραδειγματικαί wendet man die λύσις ἐκ διαφορᾶς an. Man zeigt also, dass das angezogene Beispiel nicht herpasst, vgl. Quint. V, 13, 24. Wenn also die Tödtung des Gracchus durch Nasica mit dem Beispiel des Ahala vertheidigt wird, welcher den

---

*) Del Apa. p. 368, 24 steht noch bei Spengel fälschlich καθ' ὑπέρθεσιν im Text.

Sp. Maelius tödtete, so sagt man, Maelius habe nach der Königswürde getrachtet, Gracchus nur volksthümliche Gesetze beantragt, Ahala sei magister equitum gewesen, Nasica bloser Privatmann u. dgl. m. Wenn sich gar nichts findet, so lässt sich doch vielleicht nachweisen, dass nicht einmal das, was als Beispiel angeführt werde, recht gehandelt sei, also das Beispiel als solches bemängeln, Quint. §. 24, vgl. Arist. Rhet. II, 25 g. E. Sind die Beispiele des Gegners alt, so werden sie als unglaubwürdig oder gar fabelhaft bezeichnet. Umgekehrt lässt sich eine Antithese durch ein Beispiel, durch Berufung auf einen ähnlichen Fall widerlegen. Dies giebt die λύσις ἐξ ὁμοίου. Eine sehr wirksame Art der Widerlegung ist ferner die ἀπαγωγὴ εἰς ἄτοπον, die deductio ad absurdum. Dem. Lept. 3. Schliesslich lassen sich Widerlegungen anbringen ἐκ τοῦ ἐλλειποῖς, indem man Lücken in der gegnerischen Deduction nachweist, oder παραγραφικῶς κατὰ χρόνον ἢ τόπον, man weist nach, dass sie ungehörig ist an diesem Ort, oder zu dieser Zeit. Endlich μετα-στατικῶς, d. h. man bringt zur Entkräftung der gegnerischen Argumentation einen der Gesichtspunkte zur Anwendung, auf denen beim Qualitäts-status die Unterabtheilung der μετάστασις beruht*).

Von diesen sämmtlichen Arten der Widerlegung müssen nun alle diejenigen zur Anwendung gebracht werden, die sich eben anwenden lassen, also αἱ ἐμπίπτουσαι. Apsines erläutert zum Schlusse seine Theorie an einem bekannten, in den Rhetorenschulen unvermeidlichem Beispiel. Einige Leute haben geschworen nicht zu heirathen und werden deshalb vor Gericht gestellt. Sie behaupten, dass mancherlei Unannehmlichkeiten im Gefolge der Ehe sind, wie die Zügellosigkeit der Weiber, die Schlechtigkeit der Kinder. Gegen diese ἀντίθεσις kann man nicht direct κατ' ἀνα-τροπήν vorgehen, man kann nicht sagen, es sind keine Unannehmlichkeiten im Gefolge der Ehe, denn das wäre falsch, man muss sie indirect widerlegen. Zuerst κατὰ μείωσιν: diese Unannehmlichkeiten sind nicht im Gefolge aller Ehen**). Dann κατ' ἀντι-παράστασιν ἀγαθοῖ: man darf nicht blos die eventuellen Unannehmlichkeiten ins Auge fassen, man muss auch auf die damit verbundenen Vortheile sehen, die Kinder, die Erhaltung der Fa-

---

*) Aps. p. 370, 15 ist verdorben. Es ist ἢ hinter μεταστατικῶς zu streichen. Hinter ἐφρίσας ist eine Lücke. Dann ist συγγνωστῶς statt συγγνω-στός zu lesen.

**) p. 370, 30 ist hinter τὰ αὐτὰ ein Punkt zu setzen, dann εἶτα einzuschieben.

milie mit ihrem Besitz und ihren bürgerlichen Rechten durch Geschlechtsnachfolge, die Stütze für das Alter. Dann κατ' αὔξησιν: die Vortheile überwiegen die Nachtheile. Durch ἀντιπαράστασις τρόπον: man muss sich auf eine andre Art gegen die Unannehmlichkeiten zu schützen suchen, die Frauen zur Vernunft bringen, die Kinder gut erziehen. Ferner κατ' ἐνδόξου κρίσιν, also ἐξ ὁμοίου: dies ist die allgemeine Ansicht aller Bürger, die Ansicht der Gesetze, die von der Ehe handeln, dies gilt bei allen Menschen. Dann ἐξέτασις διανοίας: es war ihnen bei ihrem Schwure gar nicht um diese vermeintlichen Unannehmlichkeiten zu thun, er sollte ihnen nur zum Deckmantel ihrer Lüste und Lüderlichkeit dienen. ἀπὸ τοῦ ἐναντίου: wenn das heirathen einige Unannehmlichkeiten im Gefolge hat, um wie viel grössere das nichtheirathen, wenn man ohne Haus und Herd, ohne Kinder bleibt, sich selbst und der Stadt zur Last. ἀπαγωγὴ εἰς ἄτοπον: nach diesem Grunde müsste man viele Einrichtungen des menschlichen Lebens wegen der mit ihnen verbundenen Unannehmlichkeiten beseitigen. Ferner μεταστατικῶς: eine unglückliche Ehe kömmt auf Rechnung des Geschickes, aber das ledigbleiben beruht auf einer verwerflichen Gesinnung. Endlich ἐξ ἀποβάσεως, was auch eine Art ἀντιπαράστασις ist: was soll daraus werden, wenn andere dies schlechte Beispiel nachahmen wollten?

Wenn auch die Widerlegung von Beispielen schon in der obigen Auseinandersetzung mit enthalten war, so wird sie doch von Apsines p. 375 noch besonders behandelt. Zunächst wird auch hier das Beispiel direct κατ' ἀνατροπὴν widerlegt*). Dem. Androt. 6 (λύσ. κατ' ἐνστ. καὶ ἀντιπ.). Dann indirect ἐκ διαφορᾶς und zwar κατὰ γνώμην, κατὰ τόπον, κατὰ καιρόν, κατὰ ποιότητα προσώπων und ähnlichen Topen. Man weist also einen Unterschied zwischen dem angeführten Beispiel und dem vorliegenden Falle hinsichtlich der Beschaffenheit der Person, der Absicht, der That, der Zeit, des Ortes nach. Lys. or. XIV, 33 ff. Ferner ἐκ τοῦ παρεπομένου, man zeigt, dass es auch jenen nichts nützte, dies und das gethan zu haben. Dann κατὰ ἀντιπαράστασιν ἐνδόξου προσώπου, man stellt ein gewichtiges Gegenbeispiel, ein andres Gesetz entgegen. Dem. Androt. l. l., woselbst in §. 7 noch der letzte Topus, die λύσις ἐκ περιτροπῆς dazukommt, bei der man das Beispiel gegen den umkehrt, der es gebraucht hat. So auch Aesch. Tim. 126. 142. In dieser Rede ist überhaupt die ganze Partie von §. 132 an für

---

*) p. 375, 15 muss es statt πᾶν παράδειγμα — πρῶτον παράδειγμα heissen.

die Widerlegung der Beispiele wichtig und lehrreich. Man vgl. ferner Dem. Lept. 105 ff. de cor. 314 ff. Mid. 36 ff. Die Widerlegung einer ἀντίθεσις ἀπὸ τοῦ ἔθους d. h. der Berufung des wegen eines von ihm eingebrachten Antrags παρανόμου Angeklagten auf ähnliche Anträge, die man ungestraft habe durchgehen lassen, giebt Dem. Aristokr. 95 ff.

§. 25.
Fortsetzung.

Auch nach Abzug der im obigen besprochenen Fälle werden immer noch eine Anzahl ἀντιθέσεις ἄλυτοι übrig bleiben, gegen die sich genau genommen gar nichts zur Vertheidigung oder Widerlegung sagen lässt. Hier muss sich nun der Redner zu behelfen suchen, so gut es eben geht. List, Täuschung und Sophismen lassen sich dabei nicht vermeiden. Maximus bespricht sechzehn hierher gehörige Fälle, die er mit Beispielen aus Demosthenes belegt. 1) Unter dem Schein den Gegner zu widerlegen, klagt man ihn an. Dem. de falsa 147. Hier wird also die Aufmerksamkeit der Richter von der Sache ab auf einen andern dem Gegner ungünstigen Punkt hingelenkt. 2) Man schiebt die Widerlegung als vorläufig nicht zur Sache gehörig auf einen andern Punkt der Rede oder überhaupt hinaus. Dem. Androt. 21—24. 3) Man geht scheinbar auf die Behauptung des Gegners ein, kehrt sie jedoch zu einer Anklage desselben um, wenig verschieden von Nr. 1. Dem. de falsa 232. — 4) Man giebt die Richtigkeit der gegnerischen Behauptung zu, stellt ihr aber den Gesichtspunkt des Nutzens, des Staatsinteresses u. dgl. entgegen, Dem. de falsa 75. — 5) Man weist die gegnerische Behauptung als ungehörig ab und stellt ihr eine andere Behauptung entgegen, gegen die er seinerseits nicht aufkommen kann. Dem. Timocr. 187 ff. — 6) Man sucht die gegnerische Behauptung durch Nachweis eines anderen als des angeblichen Causalzusammenhangs zu entkräften. Dem. Phorm. 20 (die Schuld der Mutter). — 7) Man zerlegt die gegnerische Behauptung und sucht die so erhaltenen Theilbehauptungen zu entkräften. Darauf macht auch Quintilian aufmerksam V, 13, 13: *urgent universa: at si singula quaeque dissolveris, iam illa flamma, quae magna congerie convaluerat, diductis quibus alebatur concidet, ut si vel maxima flumina in rivos diducantur, qualibet transitum praebent.* In der Rede vom Kranze §. 12 ff.

erhebt Demosthenes gegen die von Aeschines ihm zur Last gelegten Punkte erst in ihrer Gesammtheit Einspruch, lässt aber darauf eine sorgfältige Widerlegung des einzelnen folgen. Umgekehrt greift der Redner mehrere Antithesen zugleich an, wenn sie entweder so schwach sind, dass sie in gleicher Weise über den Haufen geworfen werden können, oder so lästig, dass es unvortheilhaft ist, einzeln dagegen zu kämpfen. Wenn z. B. der Ankläger sagt, es hätten für den Angeklagten viele Veranlassungen zur That vorgelegen, so werden wir, ohne sie einzeln aufzuzählen, ein für allemal sagen, es käme gar nicht darauf an, denn wer eine Veranlassung habe, eine That zu thun, habe sie deshalb nicht auch schon gethan. Im Ganzen wird es öfter dem Ankläger vortheilhaft sein, die Beweisgründe zusammenzuhäufen, dem Angeklagten dagegen, sie einzeln aufzulösen. Quint. L l. Das alles lässt sich nun ohne Sophisterei anwenden. Sophistisch aber verführt Demosthenes in der von Maximus angeführten Stelle de falsa. Aeschines sagt den Athenern, durch den Frieden habt ihr den Chersonnes erhalten, ihr seid den Krieg los geworden und habt 300 Schiffe mit Zubehör und Geld. Da Demosthenes hiergegen nicht aufkommen und nicht alles zusammen in Abrede stellen kann, so zerlegt er die Antithese in drei Theile. Zuerst spricht er über den Chersonnes. Er kann es natürlich nicht leugnen, dass die Athener den Chersonnes erhalten haben, aber er sagt, dies sei kein Ersatz für die Phoker und die Thermopylen, was Aeschines gar nicht behauptet hatte. Gegen den zweiten Punkt, der auf ein Lob des Friedens und seiner Segnungen hinausläuft, macht Demosthenes geltend, dass die Athener durch diesen Frieden in neue Verwicklungen und Befürchtungen gerathen sind. Wenn aber das, was für andere Menschen eine Quelle des Segens ist, für euch zu einer Quelle von Verdriesslichkeiten geworden ist, so sind daran diejenigen Schuld, welche sich zu diesem Frieden haben bestechen lassen. Die directe Widerlegung wäre gewesen, der Friede ist nichts gutes, oder ihr habt keinen Frieden. Statt dessen sagt er, ihr seid durch diesen Frieden bestraft worden. Aehnlich verfährt er mit dem dritten Punkte. Dass die Athener 300 Schiffe mit Zubehör und Geld haben, kann er nicht leugnen, aber er sagt, Philipp hat durch den Frieden noch viel grössere Vortheile erlangt, er habe nicht durch Verrath zu leiden gehabt wie sie.

8) Man lässt sich auf die gegnerische Antithese direct gar nicht

ein, sondern geht ihr in der ganzen Rede aus dem Wege, oder um sie herum. So Dem. or. XLVIII gegen Olympiodor. Dieser sagt, das Vermögen des Konon ist mir durch richterliche Entscheidung zugesprochen, meine Ansprüche auf dasselbe sind also anerkannt; hättest du darauf Ansprüche gehabt, so hättest du sie vor der Entscheidung zur Geltung bringen müssen, das hast du aber nicht gethan Auf diese Antithese lässt sich nun Demosthenes in der ganzen Rede nirgends ausdrücklich ein. Ueberall aber spricht er von einem mit Olympiodor geschlossenen Vertrage, das Vermögen zu theilen und gemeinsam gegen andre Mitbewerber gerichtlich vorzugehen, und dass Olympiodor diesen Vertrag nicht gehalten habe, und bringt so seine beiden Hauptargumente zur Geltung, dass er im Vertrauen auf Olympiodors Zuverlässigkeit seine Ansprüche nicht geltend gemacht habe, und dass dieser in Folge seines verabredeten Schweigens vor Gericht mit seinen Ansprüchen durchgedrungen sei. — 9) Der Redner geht um die gegnerische Antithese dadurch herum, dass er dem Gegner freundlich zuredet, oder ihn ermahnt, von seiner Ansicht, seinen Ansprüchen u. s. w. abzugehen, und dabei den Schein zu erwecken sucht, dass es damit in der That nichts sei. So in der Rede gegen Boeotus. — 10) Man ändert die gegnerische Antithese, indem man etwas leicht zu widerlegendes in sie hineinlegt, dieses widerlegt, und sich dann den Schein giebt, als habe man die Antithese selbst widerlegt. So Demosthenes in der Leptinea. Die Antithese des Leptines lautet, viele Unwürdige sind im Besitz der Atelie. Demosthenes aber stellt sie so auf: weil viele Unwürdige im Besitz der Atelie sind, so verlangt Leptines, wir sollen unsern Wohlthätern die ihnen gemachten Geschenke zurücknehmen. Indem er nun im Grunde blos den von ihm gemachten Zusatz widerlegt, scheint er die ganze Antithese zu widerlegen. — 11) Man übergeht eine Antithese im weiteren Verlauf der Rede ganz mit Stillschweigen, wenn man hofft, dass die Richter dies nicht merken werden. Dies thut Demosthenes in der Rede de falsa mit der Antithese des Aeschines, dass Kersobleptes bereits vor seiner Abreise untergegangen sei. — 12) Man giebt die gegnerische Antithese zu, aber verdächtigt dabei die Gesinnung des Gegners und giebt sich den Schein, als würde damit die Sache selbst erledigt. Dem. Arist. 92 f. — 13) Ohne die Antithese direct auszusprechen, bringt man doch beiläufig ihre Widerlegung an und lässt somit die Sache als unbedeutend und gleichgültig erscheinen. So macht es Demosthenes de falsa hinsichtlich der ihm vorgeworfenen Bestechung der Olynthier und Phokenser zu einem Zeugniss gegen Aeschines. Die Sache wird beiläufig in erzählender Form erledigt, §. 80. 81. So in der ersten Olynthischen Rede mit der Antithese, die Olynthier werden gegen die Athener treulos sein, vgl. Aps. p. 362, 26 ff. — 14) Man bricht der gegnerischen Antithese durch Aenderung eines in ihr vorkommenden Ausdrucks die Spitze ab. Dies thut Demosthenes de corona. Die Antithese des Aeschines lautet ὅτι ὑπεύθυνον ὄντα αὐτὸν ὁ Κτησιφῶν ἀνηγόρευσεν. Dieses ἀναγορεύειν war direct im Gesetze verboten. Demosthenes ändert aber die Antithese in ὅτι-ἐπῄνεσε, und das ἐπαινεῖν war nicht verboten. Auf etwas ähnliches läuft es hinaus, wenn Demosthenes behauptet, Ktesiphon habe ihm eine öffentliche Auszeichnung zuwenden wollen, nicht wegen dessen, worüber er Rechenschaft abzulegen hatte, sondern wegen dessen, was er aus eignen Mitteln zugesetzt habe. Dafür aber sei man nicht ὑπεύθυνος. Hier kömmt es nun auf eine Definition des in Rede stehenden Begriffs an. Häufig ist die Anwendung dieses Topus rein formaler Art, ohne dass es sich um eine ἀντίθεσις ἄλυτος handelt. — 15) Um einem vom Gegner angeführten Gesetze aus dem Wege zu gehen, das seinem Wortlaute nach gegen uns spricht, giebt man sich den Schein, als könne man diesen Wortlaut leicht beseitigen, aber als wolle man es nicht, weil es wichtiger sei zur Widerlegung auf die eigentliche Absicht des Gesetzgebers einzugehen, so Dem. de cor. 120. Hier wird die ἐξέτασις διανοίας in sophistischer Absicht angewandt. — 16) Halten endlich die gegnerischen Antithesen unsren eigenen Behauptungen das Gleichgewicht, so muss man die Person oder Sache des Gegners herabzudrücken, seine eigne hervorzuheben suchen. Dies thut Demosthenes in der Rede gegen Konon, indem er (der Redner) durch den Hinweis auf ihren beiderseitigen Lebenswandel zeigt, dass ein Schwur von ihm viel glaubwürdiger sein würde als von seinem Gegner.

Für die mehr auf das formale der Antithese gerichtete Widerlegung finden wir einige Bemerkungen und Vorschriften bei Quintilian. Man muss sich dabei hüten allzu kleinlich an den einzelnen Worten des Gegners herumzuklauben und sich damit von der Sache selbst zu entfernen. Im Gegentheil kann es oft nur im Interesse eines Anwaltes liegen, wenn der Redner der Gegenpartei als ein beredter Mann erscheint, damit dadurch der Schein entsteht, als komme das, was in seiner Rede seinem Clienten nützt, auf Rechnung seines Talentes, nicht seiner guten Sache, umgekehrt dasjenige, was ihn etwa blossstellt, auf Rechnung der Sache, nicht seines Talentes. Quint. §. 37. Darum aber ist es keineswegs unstatthaft, wo es im Interesse der Sache liegt, einen Einwurf des Gegners durch Definition zu beseitigen. Dies geschieht bei Dem. Androt. 21 ff. (Unterschied von αἰτία, λοιδορία und ἔλεγχος). Persönliche Invectiven gegen den gegnerischen Redner, überhaupt den Gegner, wie von Cicero gegen Rullus (II, 5), Piso, Antonius, sind nur dann von Nutzen, wenn man darauf ausgeht, Jemand verhasst zu machen, Quint. §. 38. Man kann im voraus die etwaigen Vertheidiger des Angeklagten verdächtigen, als ob persönliches Interesse bei ihnen mitunterlaufe. So Dem. Androt. 38 ff. Bisweilen hat man das, was mit besonderer Heftigkeit gesagt ist, durch einen Witz zu beseitigen. Namentlich ist dies gegen die Ankläger erlaubt, gegen die auch mitunter Schmähungen am Platze sind. Sich in seiner Rede zu beschweren, dass etwas vom Gegner listig zugespitzt, zu kurz berührt, verdunkelt, in ein schiefes Licht gestellt sei, ist durchaus erlaubt. Meist geschieht dies schon im Prooemium. Ebenso tadelt man den falschen Gebrauch der Prokatalepsis am Gegner, die permutatio defensionis. Quint. §. 41. 42. Spöttisch Cic. pro Cluent. 52, 143: *nam hoc persaepe dixisti, tibi sic renuntiari, me habere in animo causam hanc praesidio legis defendere. itane est? ab amicis imprudentes videlicet prodimur? et est nescio quis de iis, quos amicos nobis arbitramur, qui nostra consilia ad adversarium deferat? quisnam hoc tibi renuntiavit? quis tam improbus fuit? cui ego autem narrari? nemo, ut opinor, in culpa est, nimirum tibi istud lex ipsa renuntiavit.*

Auch Widersprüche in der Rede des Gegners können rein formaler Art sein, lediglich durch unüberlegte Redewendungen hervorgerufen, bei denen er mehr einen einzelnen Punkt, als die ganze Sache ins Auge fasst, vgl. Cic. pro Cluent. c. 48, auch wohl im Eifer der Behauptung übertreibt. Bei unklaren Antithesen, wenn z. B. etwas als ohne Zeugen oder Beweis, als im geheimen geschehen behauptet wird, eine Antithese die eben an sich schwach ist, genügt es darauf aufmerksam zu machen, dass der Gegner den Beweis dafür schuldig geblieben ist. Vgl. Isocr. or. XV, 89 ff. Meisterhaft ist in dieser Hinsicht das, was Cic. or. Philipp. II, 4, 9 auf die Vorlegung eines von ihm an Antonius geschriebenen Briefes erwidert. Da heisst es unter anderem: *sed quid opponas tandem, si negem me unquam ad te istas litteras misisse? quo me teste convincas? an chirographo? in quo habes scientiam quaestuosam. qui possis? sunt enim librarii manu. iam invideo magistro tuo, qui te tanta mercede, quantam iam proferam, nihil sapere doceat. quid est enim minus non dico oratoris, sed hominis, quam id obicere adversario, quod ille si verbo negarit, longius progredi non possit, qui obiecerit?* — Auch das Ungehörige wird einfach als ungehörig bei Seite gewiesen. Mitunter aber ist es Aufgabe des Redners, zu zeigen, dass etwas als widerspruchsvoll, oder nicht zur Sache gehörig, oder unglaublich, oder überflüssig, oder vielmehr für uns sprechend erscheint. Quint. §. 17 f.

Hat der Gegner etwas überflüssiges und thörichtes gesagt, so ist es leicht ihn zu widerlegen. Geringen Scharfsinn erfordert auch die Widerlegung gewisser anderer, mehr logischer Fehler. So wenn ein zweifelhafter Beweis statt eines nothwendigen, oder ein streitiger statt eines zugestandenen gebraucht wird, ἀμφισβητούμενον ἀντὶ ὁμολογουμένου, vgl. Gell. N. A. XVII, 5, 3. Desgleichen ein allgemeiner, der auch auf andere Fälle passt, statt dem vorliegenden Falle eigenthümlich zu sein, ein überflüssiger Beweis, ein Beweis aus einer späteren Gesetzesbestimmung, die auf den vorliegenden Fall keine Anwendung findet, endlich ein unglaublicher Beweis. Auch begehen Leute, die nicht recht Acht geben, den Fehler, die zu beweisende Anschuldigung zu vergrössern, über die That zu sprechen, während man nach dem Urheber fragt, sich an unmögliches zu machen, als erledigt Punkte zu verlassen, die kaum angefangen sind, lieber von der Person als von der Sache zu sprechen, die Vergehen einzelner Personen ihrer Stellung beizulegen, wie wenn man nicht den Appius Claudius, sondern im allgemeinen das Decemvirat angreift, gegen ganz offenbares Widerspruch zu erheben, Dinge zu sagen, die eine andre Auffassung zulassen, auf den Hauptpunkt des Streites nicht zu sehen, auf das vorliegende nicht zu antworten, Fehler, die allerdings mitunter absichtlich begangen werden, um eine schlechte Sache durch äusserlich herbeigeholte Mittel zu unterstützen. Quint. §. 35 verweist hier auf die fünfte Verrina, die ja, wenn Cicero den ganzen ihm vorliegenden Stoff auf eine einzige Rede hätte beschränken wollen, in dieser den vierten und fünften Theil ausmachen würde. Die Gegner suchten die gegen Verres vorgebrachten Anschuldigungen dadurch zu entkräften, dass sie seine angebliche militärische Tüchtigkeit, in ein ungebürliches Licht setzten. *Sed quaedam mihi magnifica et praeclara eius defensio ostenditur*, sagt Cicero zu Anfang dieser Rede, *cui quem ad modum resistam multo mihi ante est, iudices, providendum. Ita enim causa constituitur, provinciam Siciliam virtute istius et vigilantia singulari, dubiis formidolosisque temporibus, a fugitivis atque a belli periculis tutam esse servatam. quid agam, iudices? quo accusationis meae rationem conferam? quo me vertam? ad omnes enim meos impetus quasi murus quidam boni nomen imperatoris opponitur. novi locum, video ubi se iactaturus sit Hortensius. belli pericula, tempora rei publicae, imperatorum penuriam commemorabit: tum deprecabitur a vobis, tum etiam pro suo iure contendet, ne patiamini talem imperatorem populo Romano Siculorum testimonio eripi neve obteri laudem imperatoriam criminibus avaritiae velitis. — eadem nunc ab illis defensionis ratio viaque temptatur: idem quaeritur. sit fur, sit sacrilegus, sit flagitiorum omnium vitiorumque princeps: at est bonus imperator, at felix et ad dubia publicae tempora reservandus.* Noch lehrreicher ist in dieser Hinsicht Aesch. Ctes. 205 ff. wo er die Richter im voraus bittet dem Demosthenes gar nicht zu verstatten den Stand der Frage, sowie die durch die Anklage vorgezeichnete Ordnung zu verrücken und sich zunächst gegen etwas anderes als den Vorwurf der Gesetzwidrigkeit von Ktesiphons Antrag zu vertheidigen, es ihm auch nicht zu erlauben, wenn er etwa darum bitten sollte, in der Ordnung der Vertheidigung seinen eignen Weg gehen zu dürfen, denn das sei eben ein bloser Advocatenkniff: μηδ' ἀγνοεῖϑ' ὅτι πάλαισμα τοῦτ' ἐστὶ δικαστηρίου. οὐ γὰρ εἰσαῦϑίς ποτε βούλεται πρὸς τὸ παράνομον ἀπολογεῖσϑαι, ἀλλ' οὐδὲν ἔχων δίκαιον εἰπεῖν ἑτέρων παρεμβολῇ πραγμάτων εἰς λήϑην ὑμᾶς βούλεται τῆς κατηγορίας ἐμβαλεῖν. ὥσπερ οὖν κτλ. Offenbar ist diese Partie erst bei der Herausgabe der Rede mit Berücksichtigung der Demosthenischen Gegenrede niedergeschrieben.

§. 26.
Anwendung und Ausführung der Beweismittel.

Alles was nach den bisher angedeuteten Gesichtspunkten zum Beweis oder zur Widerlegung vorgebracht wird, muss durch die Kraft der Rede unterstützt und ausgeschmückt werden. *Quamlibet enim sint ad dicendum, quod volumus, accommodata: ieiuna tamen erunt et infirma, nisi maiore quodam oratoris spiritu implentur.* Quint. V, 13, 56. Darauf macht auch Cicero aufmerksam de orat. II, 27, 120: *illa quae tota ab oratore pariuntur, excogitationem non habent difficilem, explicationem magis illustrem perpolitamque desiderant, itaque cum haec duo nobis quaerenda sint in causis, primum quid, deinde quomodo dicamus: alterum, quod totum arte tinctum videtur, tametsi artem requirit, tamen prudentiae est paene mediocris, quid dicendum sit videre: alterum est, in quo oratoris vis illa divina virtusque cernitur, ea, quae dicenda sunt, ornate, copiose varieque dicere.* Vgl. Orat. c. 35.

Was nun zum Beweise von etwas zweifelhaftem dienen soll, muss selbst unzweifelhaft sein, da zweifelhaftes nicht wieder zweifelhaftes beweisen kann. Oft wird es aber nöthig sein, etwas, das zum Beweise von etwas andrem dienen soll, um es unzweifelhaft zu machen, selbst wieder zu beweisen und zwar sind gerade diejenigen Beweismittel die stärksten, die aus zweifelhaften zu gewissen erhoben sind. Sagt Jemand „von dir ist ein Mord begangen, denn du hast ein blutbeflecktes Kleid gehabt", so ist dies ein schwaches Beweismittel, wenn der Angeklagte den Umstand zugiebt. Denn sein Kleid konnte aus vielen Ursachen mit Blut befleckt sein. Es gewinnt aber an Kraft, wenn der Angeklagte den Umstand leugnet, und wir hinterher die Richtigkeit unsrer Angabe beweisen. Denn er würde beim Leugnen nicht gelogen haben, wenn er nicht geglaubt hätte, im Falle eines Zugeständnisses liesse sich der Umstand gar nicht vertheidigen. Nun gilt die Regel, starke Beweismittel muss man einzeln vorführen und bei ihnen verweilen, schwächere dagegen muss man zusammenhäufen, damit sie sich gegenseitig stützen und durch ihre Menge ins Gewicht fallen. Quint. V, 12, 4. Manche Beweismittel müssen aber an sich noch durch die Ausführung unterstützt werden. Wenn ich sage, der Zorn war die Ursache dieses Verbrechens, so muss zugleich gesagt werden, was diese Leidenschaft alles beim Menschen zu Wege bringt. Das längere Verweilen oder öftere Zurückkommen auf einen Punkt der Beweisführung giebt die Figur der *commoratio* oder ἐπιμονή, Cornif. IV, 44, 58 — auch τὸ κατὰ τοῦ αὐτοῦ σχῆμα genannt, Jul. Vict. p. 433, 33. Vgl. Aesch. Tim. 79 ff. Beispiele aus Demosthenes giebt Kayser zu Corn. 306. Demnächst kommt hierbei die *expolitio* oder ἐξεργασία, die eigentliche Ausführung eines Gedankens in Betracht, Cornif. IV, 42, 54 ff. Wenn es daselbst heisst: *de eadem re cum dicemus, pluribus utemur commutationibus; nam cum rem simpliciter pronuntiaverimus, rationem poterimus subicere; deinde dupliciter vel sine rationibus vel cum rationibus pronuntiare; deinde afferre contrarium, deinde simile et exemplum,* deinde conclusionem, so erkennt man in dieser Vorschrift diejenigen Gesichtspunkte wieder, welche von Hermogenes an bei den Progymnasmatikern regelmässig zur Bearbeitung der Chrien in Anwendung kamen, eine Art der Ausführung und Erweiterung eines Gedankens, welche in ihren Grundzügen schon der vor-Aristotelischen Rhetorik bekannt war, s. Spengel zu Anax. S. 111. In der That könnte das Beispiel, mit welchem Cornificius seine Vorschrift belegt, abgesehen von der fehlenden laudatio auctoris, auch als Beispiel einer nach dem Schema des Hermogenes oder Aphthonius bearbeiteten Chrie dienen. Ein anderes Beispiel für die Ausführung eines Enthymems, die mehr oder weniger an die besagte tractatio der Chrie erinnert, giebt Lys. or. XIV, 12 ff.

Von der logischen Erweiterung der Epicheireme durch Beweis des Ober- und Untersatzes war schon oben die Rede, und es braucht hier nicht wiederholt zu werden. Sehr beachtenswerth und nützlich ist aber dasjenige, was Hermog. de inv. p. 219 ff. lehrt. Nach ihm entnimmt man den Stoff zur Ausführung eines Beweis- oder Widerlegungspunktes, gleichviel ob bei der gerichtlichen oder berathenden Beredsamkeit, und der hierbei erforderlichen Epicheireme aus den Peristasen. Wer also etwas durchsetzen will, der wird sagen, es müsse geschehen, weil es schön sei, und zwar wegen des Ortes, der Zeit, der Art und Weise, wegen der Person, der Ursache, der Sache selbst. Ebenso umgekehrt, wenn man nachweisen will, dass etwas nicht geschehen dürfe, weil es schlecht sei; schlecht wegen des Ortes u. s. w. Wiederum kann die Person, oder der Ort u. s. w. der hier in Betracht zu ziehen ist, ein mehrfacher sein. Jedes dieser einzelnen Epicheireme lässt nun eine weitere Ausführung ($\dot{\epsilon}\rho\gamma\alpha\sigma\iota\alpha$) zu, die man durch ein Gleichniss, ein Beispiel, oder von dem kleineren, grösseren, gleichen oder dem Gegentheil aus gewinnt. Sagt der Gegner, man hat sich vor Neuerungen zu hüten, so wird man dagegen sagen, Neuerungen sind erlaubt, wenn sie nützen. Dies ist das $\kappa\epsilon\varphi\acute{\alpha}\lambda\alpha\iota o\nu$. Ein Epicheirem wird zunächst von der Person aus genommen — „namentlich uns Athenern". Fährt nun der Redner fort: „denn auch unsre Vorfahren haben die und die neue Einrichtung getroffen," so führt er sein Epicheirem durch ein oder mehrere Beispiele aus. Wenn Dem. Olynth. II, 23 sagt: $o\dot{\nu}\delta\dot{\epsilon}\ \vartheta\alpha\nu\mu\alpha\sigma\tau\acute{o}\nu\ \dot{\epsilon}\sigma\tau\iota\nu,\ \epsilon\dot{\iota}\ \sigma\tau\rho\alpha\tau\epsilon\nu o\mu\acute{\epsilon}\nu o\varsigma$ $\kappa\alpha\dot{\iota}\ \pi o\nu\tilde{\omega}\nu\ \dot{\epsilon}\kappa\epsilon\tilde{\iota}\nu o\varsigma\ \alpha\dot{\nu}\tau\grave{o}\varsigma\ \kappa\alpha\dot{\iota}\ \pi\alpha\rho\grave{\omega}\nu\ \dot{\epsilon}\varphi'\ \ddot{\alpha}\pi\alpha\sigma\iota\ \kappa\alpha\dot{\iota}\ \mu\eta\delta\acute{\epsilon}\nu\alpha\ \kappa\alpha\iota\rho\grave{o}\nu$ $\mu\eta\delta'\ \ddot{\omega}\rho\alpha\nu,\ \pi\alpha\rho\alpha\lambda\epsilon\acute{\iota}\pi\omega\nu\ \dot{\eta}\mu\tilde{\omega}\nu\ \mu\epsilon\lambda\lambda\acute{o}\nu\tau\omega\nu\ \kappa\alpha\dot{\iota}\ \psi\eta\varphi\iota\zeta o\mu\acute{\epsilon}\nu\omega\nu\ \kappa\alpha\dot{\iota}$ $\pi\upsilon\nu\vartheta\alpha\nu o\mu\acute{\epsilon}\nu\omega\nu\ \pi\epsilon\rho\iota\gamma\acute{\iota}\gamma\nu\epsilon\tau\alpha\iota$, so ist dies ein $\dot{\epsilon}\pi\iota\chi\epsilon\acute{\iota}\rho\eta\mu\alpha\ \dot{\alpha}\pi\grave{o}\ \tau o\tilde{\upsilon}$

πράγματος. Wenn er nun fortführt: οὐδὲ θαυμάζω τοῦτ᾽ ἐγώ. τοὐναντίον γὰρ ἦν θαυμαστόν, εἰ μηδὲν ποιοῦντες ἡμεῖς ὧν τοῖς πολεμοῦσι προσήκει, τοῦ πάντα ποιοῦντος ἃ δεῖ περιῆμεν, so giebt er die Ausführung seines Epicheirems ἀπὸ τοῦ ἐναντίου. Sagt man „es ist schön, die Eltern zu ehren", so ist dies ein ἐπιχείρημα ἀπὸ τοῦ πράγματος. Der weitere Satz, „denn auch die Thiere thun dies" giebt die Ausführung ἐκ παραβολῆς. Sagt man „eine Stadt kann bei sich thun, was sie will, denn auch in den Häusern kann jeder Herr thun, was er will" so ist dies eine Ausführung ἀπὸ τοῦ μικροτέρου. Zum Schlusse der Ausführung muss nun noch ein Enthymem gebracht werden, das dann auch wohl noch durch Epenthymeme verstärkt werden kann. Hermogenes giebt folgendes Beispiel: κεφάλαιον es ist schwer den Chersonnes zu durchstechen. λύσις ἀπὸ τῆς ἐνστάσεως: es ist nicht schwer, ihn zu durchstechen. ἐπιχείρημα ἀπὸ τοῦ πράγματος: denn wir werden Erde graben, graben aber ist ein bloses Spiel. ἐργασία ἐκ παραδείγματος: auch der Perserkönig hat einst den Athos durchstochen. Enthymem: jener durchstach einen Berg, wir werden blos Erde durchstechen. Epenthymem: jener that es um einen Vortheil zu erlangen, wir thun es, um nicht benachtheiligt zu werden. Die Enthymeme beruhen alle auf einer Vergleichung: braucht man nun mehrere Enthymeme, so findet man auch sie wieder durch Berücksichtigung der Peristasen Ort, Zeit, Art und Weise, Person, Ursache, Sache selbst.

Die ἐργασία des Hermogenes ist im Grunde von der expolitio der früheren Rhetoren nicht verschieden. Eigenthümlich ist blos ihre Verbindung mit den Peristasen. Aber nicht blos aus ihnen kann man Stoff zu Epicheiremen nehmen, man gewinnt ihn nach Hermogenes auch durch Zertheilung (ὑποδιαίρεσις) der einzelnen Wörter und Begriffe, die bei der Sache selbst in ihrem ganzen Verlaufe (τὰ ἀπ᾽ ἀρχῆς ἄχρι τέλους) vorkommen. Also Jemand hat seine drei Söhne ohne Urtheil und Recht getödtet und verlangt nun Unterhalt auf Staatskosten, auf Grund eines Gesetzes, welches Kinderlosen diese Vergünstigung zuspricht. Das Eingehen auf die Sache in ihrem Verlauf bildet, wie wir noch sehen werden, einen stehenden τόπος ἴδιος bei der Behandlung gewisser Status. Kommt nun dieser Punkt der Oekonomie an die Reihe, so theilt man: er hat getödtet; wenn er sie doch verstossen hätte: er hat drei Söhne getödtet; wenn es einer gewesen wäre: er hat seine Söhne getödtet; wenn es fremde Kinder gewesen wären u. s. w.

Auf diese Weise gewinnt man Stoff zu Epicheiremen, die nun wieder unter Anwendung derselben Topen wie bei den aus den Peristasen gewonnenen die mannichfaltigste Ausführung zulassen. Alle durch ὑποδιαίρεσις τῶν ἀπ' ἀρχῆς ἄχρι τέλους gewonnene Epicheireme sind mehr oder weniger πλαστὰ ἐπιχειρήματα. Man pflegt aber zum Schluss einer derartigen Ausführungsreihe, wie nicht minder bei der Ausführung eines Peristasen-Epicheirems durch Beispiele noch ein besonderes πλαστὸν ἐπιχείρημα folgen zu lassen. Beispielshalber das Epicheirem: man darf einem Feinde, der uns etwas befiehlt, nicht Folge leisten. Ausführung durch ein Beispiel: auch unsre Väter folgten dem Xerxes nicht, als er Erde und Wasser verlangte, sondern zogen gegen ihn zu Felde und verrichteten viele herrliche Thaten. πλαστὸν ἐπιχείρημα: hätte damals einer gerathen, Erde und Wasser zu geben, wäre er nicht gesteinigt worden? Derartige πλαστὰ ἐπιχειρήματα lassen sich auch vom Gegentheil aus gewinnen. Als Beispiel dafür citirt Hermogenes Dem. Lept. 79: μίαν μὲν πόλιν εἰ ἀπώλεσεν κτλ.

Bei der Widerlegung einer gegnerischen Antithese unterscheidet Hermogenes p. 207 vier Punkte, gleichsam vier Sätze (man erinnere sich der vier Sätze des Prooemiums, oben S. 103), die er πρότασις, ὑποφορά, ἀντιπρότασις, λύσις oder ἀνθυποφορά nennt. Die πρότασις ist die Ankündigung des gegnerischen Arguments, ὑποφορά das gegnerische Argument selbst, was der Redner vorbringt, ἀντιπρότασις die Ankündigung unserer Widerlegung, dann kömmt als ἀνθυποφορά unsre Widerlegung selbst, die nun der weiteren Ausführung bedarf. Also: 1) τάχα τοίνυν καὶ τοιοῦτος ἥξει λόγος παρὰ τῶν ἀντιδίκων, 2) ὡς χαλεπὸν διορύξαι Χερρόνησον. 3) ἔστι δὲ τοῦτον αὐτὸν οὐ χαλεπὸν διαλῦσαι τὸν λόγον. 4) τὸ γὰρ διορύσσειν πρᾶγμα ῥᾴδιον. Dies ist nun eben nachzuweisen. Die πρότασις kann natürlich fehlen, sie dient ja häufig blos zum Schmuck der Rede, ebenso die ἀντιπρότασις. Für letzteres citirt Hermogenes aus dem Prooemium der Leptinea: ἔστι δ' οὐκ ἄδηλον κτλ. Vollständig ist dagegen das widerlegende κεφάλαιον in or. VII. (περὶ Ἅλον.), 2—3ª).

*) Es muss übrigens schon hier darauf aufmerksam gemacht werden, dass die Begriffe ὑποφορά und ἀνθυποφορά nicht von allen Rhetoren in dem Sinne gebraucht werden, wie hier von Hermogenes. Bei Rufus z. D. p. 469 ist ὑποφορά ein Einwurf, den man sich selbst macht, um ihn dann zu beseitigen; sie wird in der berathenden Rede angewandt. ἀνθυποφορά dagegen ist die Wiedergabe einer gegnerischen Behauptung; sie wird in der gerichtlichen Rede angewandt.

Bei der Anführung der gegnerischen Antithese kömmt es nun aber sehr darauf an, wie sie vom Gegner selbst gesagt und aufgestellt ist. Hat er über einen Punkt wenig beweisend gesprochen, so dass man ihn mit Leichtigkeit glaubt widerlegen zu können, so führt man bei der Widerlegung seine eignen Worte an. Quint. §. 25. Lassen wir uns dabei zugleich auf die Begründung ein, welche der Gegner seiner Antithese gegeben hat, um sie Punkt für Punkt zu widerlegen, so giebt dies unsrer Auseinandersetzung grosse Glaubwürdigkeit. Allein dies darf der Redner nur dann thun, wenn er des Erfolgs seiner Widerlegung ganz sicher ist. Sonst würde er durch Wiedergabe der gegnerischen Begründung sein Interesse wesentlich schädigen. Vgl. Quint. §. 27. Hat er viele Epicheireme zur Widerlegung, so kann er auch an verschiedenen Stellen der Rede auf dieselbe Antithese zurückkommen. Dies wird er auch dann thun, wenn die Antithese gewichtig scheint und eben deshalb einer gründlichen Widerlegung bedarf. Aps. p. 363*) Antithesen, gegen welche wir dieselbe Lösung haben, oder die an sich wenig von einander verschieden sind, können gleich mit einander verbunden werden. Dies wird auch dann geschehen, wenn sich schon aus der blosen Zusammenstellung ergiebt, dass in der gegnerischen Deduction irgend etwas mangelhaft, verkehrt, oder unglaublich ist. Quint. §. 26. Hat sich der Gegner bei seiner Antithese einer scharfen und heftigen Ausdrucksweise bedient, so nennen wir die Sache mit unseren milderen Ausdrücken und lassen gleich in der Protasis beschönigende Wendungen mit einfliessen. Wer für einen Verschwender zu sprechen hat, der wird sagen „es ist meinem Clienten ein etwas zu freigebiges Leben vorgeworfen worden". Meisterhaft thut dies Cicero in der Rede pro Caelio c. 11. 17 ff.

Bei der Anwendung der Beweismittel hat aber der Redner vor allen Dingen darauf zu sehen, dass er den Richter oder Zuhörer nicht mit allen möglichen Beweismitteln überschüttet, die er überhaupt auftreiben kann. Sonst wird er sie überdrüssig und sie verlieren an Beweiskraft. Der Redner muss vielmehr in Bezug auf das, was er sagen will, Kritik anwenden, und da er nicht alles sagen darf, was er gefunden hat, so muss er sich mit einer Auswahl des wichtigsten und hauptsächlichsten begnügen. Dionys. de Lys. iud. 15 p. 252. Wie soll der Richter glauben, dass das, was wir sagen, von hinlänglichem Gewicht ist, wenn wir selbst es

---

*) p. 364, 6 muss es heissen τὴν αὐτὴν ἀντίθεσιν. l. 26: ἔτι statt τί.

nicht für ausreichend halten, sondern immer neues hinzufügen? Auch darf man das, was an sich klar ist, nicht erst noch beweisen vollen. Quint. V, 12, 8. Ebenso wie beim Beweis muss der Redner natürlich auch bei der Widerlegung das erforderliche Maass zu halten wissen. Quint. V, 13, 37. 51. Hierauf beruht denn auch die Wirksamkeit der Figur der παράλειψις, oder wenn der Redner ausdrücklich erklärt, dass er nicht alles gegen seinen Gegner vorbringe, was er wohl vorbringen könnte, dass er grossmüthig manches übergehe. Aesch. Tim. 39. Cic. Phil. 11, 17, 43: *iam enim, quoniam criminibus eius satis respondi, de ipso emendatore et correctore nostro quaedam dicenda sunt. nec enim omnia effundam, ut, si saepius decertandum sit, ut erit, semper novus veniam quam facultatem mihi multitudo istius vitiorum peccatorumque largitur.* Derartige Wendungen lassen sich auch im Epilog nach voraufgegangener Amplification und δείνωσις als Schlussformel anwenden und können hier bisweilen durch ihr ἦθος von grosser Wirkung sein. So bei Lysias or. XXXI, 34: ἱκανά μοι νομίζω εἰρῆσθαι καίτοι πολλά γε παραλιπών· ἀλλὰ πιστεύω ὑμᾶς καὶ ἄνευ τούτων αὐτοὺς τὰ συμφέροντα τῇ πόλει γνώσεσθαι κτλ.

§. 27.
Der Schluss der Rede.

Der fünfte Theil der Rede, durch welche sie ihrem Ende zugeführt wird, heisst ἐπίλογος, lateinisch *peroratio*, wofür einige, wie selbst Cicero, indes auch *cumulus* oder *conclusio* sagten*). Nach Arist. Rhet. III, 19 hat der Epilog vier Bestandtheile: ὁ δ' ἐπίλογος σύγκειται ἐκ τευσάρων· ἔκ τε τοῦ πρὸς ἑαυτὸν κατασκευάσαι εὖ τὸν ἀκροατὴν καὶ τὸν ἐναντίον φαύλως, καὶ ἐκ τοῦ αὐξῆσαι καὶ ταπεινῶσαι, καὶ ἐκ τοῦ εἰς τὰ πάθη τὸν ἀκροατὴν καταστῆσαι καὶ ἐξ ἀναμνήσεως. Abweichend lehrte er in der Techne des Theodektes, wenn anders das aus dieser Schrift erhaltene durchaus als sein Eigenthum zu betrachten ist. Anon. Seg. p. 453: Ἀριστοτέλης δὲ ἐν ταῖς Θεοδεκτικαῖς τέχναις φησίν, ὅτι ὁ ἐπίλογος τὸ μὲν κεφάλαιον ἔχει προτρέψασθαι τοῖς ἀκούοντας. προτρέψομεν δὲ τριχῶς, εἰς τὰ πάθη ἀνάγοντες τὰ ἑκάστῳ προτρεπτικά. ἐν μὲν οὖν ἔργον ἐπιλόγου τὸ τὰ πάθη διεγεῖραι, δεύ-

---

*) *peroratio*, ἐπίλογος heisst aber auch die gesammte Rede dessen, der bei einer Sache, bei der mehrere sprechen, als der letzte Redner auftritt. Solche Epiloge sind Lysias or. XXVII—XXIX.

τερον το επαινεῖν ἢ ψέγειν. τούτων γὰρ ἐν ἐπιλόγοις ἡ χώρα τρίτον δὲ τὸ ἀναμιμνήσκειν τὰ εἰρημένα, οὔτε δὲ τὰ εὐμνημόνευτα οὔτε τὰ ἀπαθῆ κινητέον. Einer Dreitheilung des Epilogs begegnen wir noch mehrfach in der nach-Aristotelischen Rhetorik. So bei Cornif. II, 30, 47: *conclusio constat ex enumeratione, amplificatione et commiseratione.* Cic. de in. I, 52, 98: *conclusio est exitus et determinatio totius orationis. haec habet partes tres, enumerationem indignationem, conquestionem.* Apsin. 12 p. 384: ὁ ἐπίλογος τόπος τριμερής ἐστιν. ἔχει γὰρ καὶ ἀνάμνησιν τῶν εἰρημένων καὶ ἔλεον καὶ δείνωσιν, ἡ δὲ δείνωσις κατὰ τὴν αὔξησιν θεωρεῖται. Es lag indes nahe, die *amplificatio* und *commiseratio* als blos einen Theil zusammenzuziehen. Dies thut denn auch Cic. part. orat. 15, 52: *peroratio est divisa in duas partes, amplificationem et enumerationem.* Vgl. Top. 26, 98: *peroratio autem et alia quaedam habet et maxime amplificationem, cuius effectus hic debet esse, ut aut perturbentur animi aut tranquillentur, et si ita iam adfecti ante sint ut augeat eorum motus aut sedet oratio.* Zieht man aber *amplificatio* und *commiseratio* zu einem Theile zusammen, so wird sich als Hauptaufgabe desselben die Erregung oder Beschwichtigung der Affecte herausstellen und es wird logisch richtiger sein, ihn auch danach, nicht aber nach der blos accidentellen *amplificatio* zu benennen. Daher sagt Quint. VI, 1, 1 von der peroratio: *eius duplex ratio est posita aut in rebus aut in affectibus,* und Neokles bei Anon. Seg. p. 453: ἐπίλογός ἐστι λόγος ἐπὶ προειρημένοις ἀποδείξεσιν ἐπιλεγόμενος, πραγμάτων ἀθροισμὸν καὶ ἠθῶν καὶ παθῶν περιέχων, endlich der Anonymus selbst: διαιρεῖται δὲ ὁ ἐπίλογος εἰς εἴδη δύο, εἴς τε τὸ πρακτικὸν καὶ τὸ παθητικόν· καὶ τοῦ μὲν πρακτικοῦ ἐστιν ἡ ἀνακεφαλαίωσις, τοῦ δὲ παθητικοῦ τὸ τὰ πάθη κατασκευάζειν καὶ ῥωννύειν τὸν λόγον. Vgl. Kayser zu Cornif. S. 265.

Eine besondere Schlussformel, in welcher der Redner erklärt, dass er fertig sei und alles wichtige gesagt zu haben glaube, wird von den Technikern nicht in Betracht gezogen. In der Praxis kam sie häufig vor. Mit den Worten οὐκ οἶδα ὅτι δεῖ πλείω λέγειν· οἴομαι γὰρ ὑμᾶς οὐδὲν ἀγνοεῖν τῶν εἰρημένων schliesst Isaeus or. VII. VIII. Dem. XX. XXXVI. XXXVIII. LIV und zwar in or. XXXVI mit dem Zusatz ἔξερα τὸ ὕδωρ, nachdem zuvor eine Gesetzesstelle und Zeugenaussagen verlesen sind. Ebenso hinter der ἐλέου ἐκβολή or. XXXVIII. Aus den Worten εἴρηταί μοι τὰ δίκαια, ὅσα ἐδυνάμην. ἡμεῖς οὖν κατὰ τοὺς νόμοις γιγνώσκετε τὰ δίκαια besteht der ganze Epilog in Dem. or. XXXIII. Mit Hinweis auf seine eigene Deuterologie or. I.VI: ἐγὼ μὲν οὖν ὥσπερ οἷος τ' ἦν εἴρηκα· ἀξιῶ δὲ καὶ τῶν φίλων μοί τινα συνειπεῖν. δεῦρο Δημόσθενες. Als Schlussformel einer Demegorie möge Olynth. III. hier stehen: σχεδὸν εἴρηκα ἃ νομίζω συμφέρειν ὑμεῖς δ' ἕλοισθε, ὅτι καὶ τῇ πόλει καὶ ἅπασι συνοίσειν ὑμῖν μέλλει. Ueber die etwas andere Schlussformel bei Lys. or. XXXI ist bereits gesprochen.

Von der ἀνακεφαλαίωσις, auch wohl ἐπάνοδος genannt, *rerum repetitio, enumeratio*, sagt Cornificius: *enumeratio est, per quam colligimus et commonemus, quibus de rebus verba fecerimus, breviter, ut renovetur, non redintegretur oratio; et ordine, id quidquid erit dictum, referimus, ut auditor, si memoriae mandaverit ad id, quod ipse meminerit, reducatur*. Diese Aufzählung lässt aber das Exordium und die Narratio unberührt, sondern fängt von der Eintheilung an, und giebt dann der Reihe nach in der Kürze an, was beim Beweis und der Widerlegung ausführlich behandelt ist. Sie hilft also dem Gedächtniss des Richters (daher auch ἀνάμνησις genannt), bringt ihm die ganze Sache vor Augen und fällt durch ihren gedrängten Inhalt ins Gewicht. Alles, was wir in ihr wiederholen, muss ganz kurz gesagt und darf nur nach seinen Hauptpunkten berührt werden. Was man aber aufzählt, muss man mit Nachdruck sagen, dabei durch passende Sentenzen in eine anregende Form bringen und mit Figuren ausschmücken, denn eine blose, nackte Wiederholung ist unangenehm, gleichsam als traute man dem Gedächtniss des Redners nichts zu. Quint. VI, 1, 2. Daher die mannichfaltigen Einkleidungen und Verhüllungen der ἀνάμνησις, welche Apsin. p. 386 ff. bespricht. Vgl. auch Anon. Seg. p. 454. Eine sehr genaue und ziemlich ausführliche ἀνακεφαλαίωσις giebt Cic. pro Quinct. 28, 86 ff, eine vortreffliche Aesch. Ctes. 203 f. Da übrigens die ἀνακ. nur eine Aufzählung τῶν καιρίων πραγμάτων ist, so kann es auch vorkommen, dass der Redner von der ganzen Beweisführung nur den Haupttheil recapitulirt, worin gerade die Stärke derselben liegt, die andern Theile dagegen unberührt lässt. Dies thut Demosthenes im Epilog der Aristokratea, einer γραφὴ παρανόμων, bei welcher er das νόμιμον mit unwiderleglicher Schärfe behandelt hatte, daher er ausschliesslich auf die einzelnen Punkte dieses Theils bei der ἀνακ. zurückkommt, dasjenige dagegen, was er hinsichtlich des συμφέρον und δίκαιον gesagt hatte, auslässt. Auf diesen Umstand macht auch Max. Planudes Schol. ad Hermog.

στάσεις Rh. Gr. V, 286 aufmerksam, vgl. Weber z. Arist. p. 542. Uebrigens können auch bei anderen Theilen der Rede, wenn die Sache verwickelt ist und die Vertheidigung auf mehrere Beweispunkte sich stützt, mit Nutzen Recapitulationen angebracht werden. Quint. VI, 1, 8. Man vergleiche das, was Anaxim. 20 p. 207 über die παλιλλογία sagt, desgleichen c. 22 p. 209, 13. Longin p. 301, 29. Aps. 12 p. 385. Solche Recapitulationen wurden μερικαὶ ἀνακεφαλαιώσεις genannt. Recapituliert sie das eben dagewesene, so heisst sie auch συλλογή. Ulpian ad Dem. Arist. p. 468: ἡ μὲν ἀνακεφαλαίωσις πάντων τῶν ἐπικαίρων ἔχει τὴν ὑπόμνησιν, ἡ δὲ συλλογὴ τῶν ἀρτίως λεχθέντων μόνον*). Auch die Figur der frequentatio, von welcher Cornif. IV, 40, 52 handelt, vgl. Kayser S. 303, ist nichts anderes als eine Recapitulation von allem, was zur Argumentation bereits aufgeboten ist. Eine gewisse ἀνακ. ist auch in jeder transitio (s. oben S. 128) enthalten. Dagegen giebt es auch manche Sachen, bei denen wegen ihrer Kürze und Einfachheit eine Recapitulation keineswegs nöthig ist. Quint. §. 9. In der Rede des Demosthenes de falsa findet sich eine ἀνακ. in der Mitte. Aehnlich im Panathenaikus des Aristides p. 126 (T. I p. 205), vgl. die Scholien z. d. St. p. 137. Ferner Aesch. Tim. 116 am Schluss der eigentlichen Beweisführung. Sehr richtig bemerkt Apsines: ταύτῃ δὲ διαφέρουσιν ἀλλήλων αἱ ἀναμνήσεις, ὅτι ἡ μὲν ἐπὶ τέλει ἔκθεσιν ἔχει κεφαλαιώδη τῶν ζητημάτων ἁπάντων καὶ ἀνάμνησιν τῶν προηγουμένων ἀποδείξεων κεφαλαιωδῶς καὶ τῶν ἀναγκαίων, ἡ δὲ μεταξὺ γιγνομένη ἀνάμνησιν περιέχει τῶν ἀναγκαίων πίστεων, ἡ δὲ ἐπὶ κεφαλαίῳ ἑνὶ ἀποδειχθέντι γινομένη οὐκ ἔτι κεφαλαίων ἀνάμνησις, ἀλλὰ τῶν λημμάτων, δι' ὧν ἀπεδείχθη, τὸ προκείμενον κεφάλαιον.

Die Amplification regt die Zuhörer auf mittelst eines Gemeinplatzes, κοινὸς τόπος, locus communis. Eigentlich kommen also schon hier die Affecte in Betracht. Man vergrössert die That, indem man alles dasjenige anbringt, was sich überhaupt gegen dieselbe, so oft sie vorkömmt, sagen lässt. Nach Theophrast bei Longin fr. 11 p. 326 kommt die Amplification von sechs Punkten aus zu Stande: τὰ μὲν γὰρ ἐκ τῶν πραγμάτων λέγει ἔχειν τὴν αὔξησιν, τὰ δὲ ἐκ τῶν ἀποβαινόντων, τὰ δὲ ἐξ ἀντιπαραβολῆς καὶ

---

*) Vielleicht ist auch bei Quint. IX, 2, 103: consummationem, quam Graecus συλλογὴν für das verdorbene διαπατην oder διαμαρην (Halm διαλλαγήν) zu lesen.

κρίσεως (l. συγκρίσεως), τὰ δὲ ἐκ τῶν καιρῶν καὶ τοῦ πάθους φαίνεται μεγάλα. Später fügte man die Amplification ἐκ τῆς αἰτίας hinzu. Nach den Progymnasmatikern besteht der amplificirende Gemeinplatz aus sechs Theilen. Zunächst kommt die Aufstellung des Gegentheils, ἐκ τοῦ ἐναντίου, ἡ τοῦ ἐναντίου σύστασις (εἰ τόδε τι ἐποίει ἀντὶ τούτου Matth. Camar. p. 124), von einigen auch als Lob des beeinträchtigten Gegenstandes bezeichnet. Ist also der Gemeinplatz gegen einen Tyrannen gerichtet, so lobe man zunächst die Freiheit, soll ein Verräther angeklagt werden, so verherrliche man die Treue gegen das Vaterland. An die Aufstellung des Gegentheils schliesst sich die Mittheilung der Thatsache, ἔκθεσις, aber μετὰ δεινώσεως καὶ αὐξήσεως, Schol. Aphthon. p. 35, um den Zuhörer aufzuregen, indem man ihm zeigt, dass der vorliegende Fall einer der schlimmsten und ausserordentlichsten sei. Von der Mittheilung der Thatsache geht man, will man nicht erst, wie Nikolaus lehrt, die περιοχή einschieben, welche zeigt, wie viel andre Vergehen in dem einen mit enthalten seien, zur Vergleichung, σύγκρισις über, die den Zweck hat, den Gegenstand über den man handelt, durch einen Contrast in hellere Beleuchtung treten zu lassen. Matth. Camar. p. 124: ἡ σύγκρισις ἐκ παραθέσεως συνάγουσα τῷ κατηγορουμένῳ τὸ μεῖζον, ἢ τῷ ἐπαιτουμένῳ, οἷον εἰ ὁ μοιχὸς κολάσεως ἄξιος, πολλῷ μᾶλλον ὁ προδότης, ὅσῳπερ ὁ μὲν ἕνα τινὰ τυχόν, ὁ δὲ κοινῇ πᾶσαν ἀδικεῖ τὴν πόλιν. μείζων δὲ ἡ εἰς πάντας ἀδικία τῆς εἰς ἕνα τινά*). Der folgende Theil, γνώμη, genannt, verdächtigt die Gesinnung und Handlungsweise des betreffenden Uebelthäters, wie die hieran sich anschliessende παρέκβασις auf Grund seines gegenwärtigen Lebens vermuthungsweise sein voraufgegangenes. Der nächste Theil, die ἐλέου ἐκβολή, beseitigt das Mitleid durch Anwendung eines oder mehrerer der sogenannten τελικὰ κεφάλαια, als des Gesetzlichen, Gerechten, Nützlichen, Möglichen, Rühmlichen, Nothwendigen, Leichten und des etwaigen Erfolgs. Auch durch die ὑποτύπωσις oder διατύπωσις wird das Mitleid beseitigt, d. h. durch eine lebendige anschauliche Schilderung der Begebenheiten (Theon p. 226. Nicol. p. 476, 12. Anon. Ald. T. I p. 457 Sp. Alex. περὶ σχημ. T. III p. 25), die man jedoch vermeiden muss, wenn

---

*) Dabei ist aber zu beachten, was Dion. Halic. Thuc. 19 (T. VI p. 86) sagt: οὐ γὰρ εἴ τι τῶν μικρῶν μεῖζόν ἐστι, διὰ τοῦτό ἐστιν ἤδη μέγα· ἀλλ' εἴ τι τῶν μεγάλων ὑπερέχει.

der Gemeinplatz ein Vergehen gegen Anstand und Sittlichkeit behandelt, da hier eine eingehende Schilderung mehr gegen uns, als gegen den Angeklagten sprechen würde. Cornif. IV, 55, 68 gebraucht für διατύπωσις den Ausdruck *demonstratio*, und sagt: *demonstratio est, cum ita verbis res exprimitur, ut geri negotium et res ante oculos esse videatur. id fieri poterit, si quae ante et post et in ipsa re facta erunt, comprehendimus, aut a rebus consequentibus aut circumstantibus non recedimus.* Vgl. Quint. IX, 2, 40. Cornificius selbst giebt ein sehr schönes Beispiel vom Tode des Tiberius Gracchus: *quod simul atque Gracchus adspexit, fluctuare populum vereutem, ne ipse auctoritate commotus sententia desisteret, iubet advocari contionem. iste interea scelere et malis cogitationibus redundans evolat e templo Iovis, stans oculis ardentibus, erecto capillo, contorta toga cum pluribus aliis ire celerius coepit. illi praeco faciebat audientiam; hic subsellium, quod erat in foro, calce premens dextra pedem defringit et hoc alios iubet idem facere. cum Gracchus deos inciperet precari, cursim isti impetum faciunt et ex aliis aliae partibus commeant atque e populo unus fusus fuge' inquit ,Tiberi non vides? respice inquam'. deinde raga multitudo subito timore perterrita fugere coepit; at iste spumans ex ore scelus, anhelans ex intimo pectore crudelitatem, contorquet bracchium et dubitanti Gracho, quid esset, neque tamen locum, in quo constiterat, relinquenti, percutit tempus: ille nulla voce delibans insitam virtutem concidit tacitus; iste viri fortissimi miserando sanguine aspersus, quasi facinus praeclarissimum fecisset, circuminspectans et hilare sceleratam gratulantibus manum porrigens in templum Iovis contulit sese.*

Verwandt hiermit, aber noch ausführlicher, ist die Behandlung des locus communis zur Amplification eines Verbrechens bei Cornificius und Cicero. Ersterer lässt sie II, 30, 48 von zehn Gesichtspunkten aus vornehmen. 1) *ab auctoritate*, wir erwähnen, wie sehr die Sache den Göttern, oder unsern Vorfahren, Königen, Staaten, Völkern, den weisesten Männern, dem Senate am Herzen gelegen hat, besonders was die Gesetze darüber bestimmen. 2) Wir betrachten, auf wen sich das, wogegen wir Vorwürfe erheben, erstreckt, ob auf alle, auf höherstehende, auf gleich oder niedrigerstehende. 3) Wir fragen was geschehen würde, wenn allen dasselbe erlaubt wäre, und zeigen die Gefahren und Nachtheile, wenn es mit vorliegendem Falle nicht streng genommen wird. 4) Wenn der Verbrecher straflos ausgeht, so würden die, welche noch die Erwartung des Ausganges zurückhält, viel verwegner zum Bösen werden.

5) Im Falle einer Freisprechung lasse sich das dadurch geschehene Unrecht gar nicht wieder gut machen; Vergleich mit anderen Fällen. 6) Wir zeigen, dass die That absichtlich geschehen, also auch gar keine Entschuldigung derselben aufzubringen sei. 7) Sittliche Schlechtigkeit der That. 8) Absonderliche Art des Vergehens, das so leicht nicht vorkommt. 9) Vergleich mit anderen Vergehen, bei denen doch noch immer ein mildernder Umstand vorliegt. 10) Zuletzt kommt auch hier die ἐκτύπωσις, *omnia, quae in negotio gerendo acta sunt, quaeque rem consequi solent, exputamus acriter et criminose et diligenter, ut agi res et geri negotium videatur rerum consequentium enumeratione*. Zu diesen zehn Gesichtspunkten fügt Cic. de inv. I, 52, 98 ff. noch fünf andere hinzu, die sich aber zum Theil unter dieselben subsumiren lassen, zum Theil von minderem Belange sind. Nämlich: *undecimus locus est, per quem ostendimus ab eo factum, a quo minime oportuerit et a quo, si alius faceret, prohiberi conveniret. duodecimus locus est, per quem indignamur, quod nobis hoc primis acciderit neque alicui umquam usu venerit. tertius decimus locus est, si cum iniuria contumelia iuncta demonstratur, per quem locum in superbiam et arrogantiam odium concitatur. quartus decimus locus est, per quem petimus ab his, qui audiunt, ut ad suas res nostras iniurias referant; si ad pueros pertinebit, de liberis suis cogitent, si ad mulieres, de uxoribus, si ad senes, de patribus aut parentibus. quintus decimus locus est, per quem dicimus, inimicis quoque et hostibus ea, quae nobis acciderint, indigna videri solere*. Von diesen Punkten fällt aber der zwölfte und fünfzehnte im Grunde mit dem achten, der dreizehnte mit dem siebenten zusammen, Kayser zu Cornif. S. 267.

Es werden natürlich bei der Amplification und dem locus communis nicht alle, sondern nur diejenigen der angegebenen Topen verwandt, die dem Redner gerade zur Hand sind. Auch braucht sich Amplification und locus communis nicht immer nur mit Vergehen zu befassen. Ferner sind sie keineswegs auf den Epilog der Rede allein beschränkt, sondern auch in andern Theilen, namentlich im exordium und der tractatio, zulässig. So ist gleich der ganze erste Theil der Timarchea des Aeschines, wie schon die alten Rhetoren angemerkt haben, — man sehe die erste ὑπόθεσις — mehr oder weniger locus communis. Der Redner geht davon aus, dass in einer Demokratie die Aufrechthaltung der bestehenden Gesetze und die Bestrafung ihrer Uebertreter von der grössten Wichtigkeit sei. Hauptsächlich aber haben Athens Gesetzgeber einen sittlichen Lebenswandel der Bürger von Jugend auf ins Auge gefasst, wie aus ihren darauf bezüglichen Gesetzen ersichtlich ist, die nun des breiteren ausführlich besprochen werden. Erst von §. 36 ab schickt der Redner sich an zu zeigen, wie wenig Timarch seinem ganzen sittlichen Verhalten nach diesen Gesetzen entspricht. Seine Absicht bei diesem Theile war offenbar, die Wichtigkeit des einen Gesetzes, auf Grund dessen er gegen Timarch vorgeht, durch den Nachweis seines innigen Zusammenhangs mit dem ganzen sittlichen Geist der Solonischen Gesetzgebung zu amplificiren.

Beispiele von Amplificationen nach den meisten oder doch mehreren der angegebenen Topen sind in den Rednern unschwer zu finden. Nehmen wir gleich die Amplification im Epilog der Timarchea des Aeschines. Sie beginnt, nachdem eine Egression über die Strenge der Lacedaemonier hinsichtlich der Zulassung der Redner in ihren Versammlungen beendigt ist, mit der σύστασις ἐκ τοῦ ἐναντίου, der Sittenstrenge der alten Athener in Bezug auf unzüchtigen Lebenswandel, §. 182—184. Es folgt die ἔκθεσις μετὰ δεινώσεως καὶ αὐξήσεως, §. 185—187. Dann kommt eine doppelte σύγκρισις §. 188. 189. περιοχή §. 190. 191. Endlich §. 192—195 die ἰλίου ἐκβολή mit Anwendung der τελικὰ κεφάλαια des συμφέρον und ἐκβησόμενον, nebst συνηγόρων ἐκβολή*), einer Verdächtigung der etwaigen Vertheidiger des Angeklagten, gegen welche die Verachtung der Richter rege gemacht wird. §. 196 giebt ἀνακεφαλαίωσις nebst Schlussparaenese. — Amplification mit glänzender διατύπωσις Aesch. Ctes. 153 ff. Nur aus Amplification besteht Isocr. or. XX gegen Lochites, die ein bloser Epilog ist. In ihr finden sich die meisten der oben angegebenen Topen angewandt, und man kann sie geradezu als Muster eines locus communis gegen ὕβρις oder αἰκία ansehen. Meisterhaft in jeder Hinsicht sind die Amplificationen und loci communes im Epilog der Timocratea des Demosthenes. Immer wird die Vergleichung und der Contrast in der Amplification eine Hauptrolle spielen. In einer Reihe allgemein gehaltener Sentenzen finden wir sie angewandt im Epilog der Rede pro Quinct. 31, 85, die sich überhaupt durch mancherlei künstliche Figuren auszeichnet: *miserum est*

---

*) Der Theorie zufolge hatte die συνηγόρων ἐκβολή im Epilog ihren eigentlichen Platz. Eine μερικὴ ἐκβολή konnte aber überall angebracht werden. So oben gegen Hegesandros in §. 69, woselbst die Scholien zu vergleichen sind.

exturbari fortunis omnibus, miserius iniuria. acerbum est ab aliquo circumveniri, acerbius a propinquo. calamitosum est bonis everti, calamitosius cum dedecore. funestum est a forti atque honesto viro iugulari, funestius ab eo, cuius vox in praeconis quaestu prostitit. indignum est a pari vinci aut superiore, indignius ab inferiore atque humiliore. luctuosum est tradi alteri cum bonis, luctuosius inimico. horribile est causam capitis dicere, horribilius priore loco dicere.

Sonstige Beispiele für loci communes: gegen die Ehebrecher Lys. or. 1, 32 ff. gegen die Verräther Dem. de cor. Charakteristik des ἀνὴρ δημοτικός Aesch. Ctes. 168 ff. über öffentliche Ehrenauszeichnungen ib. 177 ff. Lob der Vorfahren Dem. Aristocr. 196 ff. (s. Weber p. 501 ff). über die Dankbarkeit Cic. Planc. 33, 80. über den Werth des ius civile pro Caec. c. 26. über die ungünstigere Stellung des Angeklagten seinem Ankläger gegenüber in dem Prooemium von Lys. or. XIX und Andoc. or I*), desgleichen bei Isocr. or. XV, 17 ff. von der ungünstigen Lage des Geldverleihers gegenüber dem Darlehnsempfänger im Prooemium von Dem. or. LVI. Häufig sind bei Demosthenes loci communes, welche zum Lobe eines von ihm angezogenen Gesetzes verwandt werden, z. B. or. XXIV, 24 ff. 34 ff. gegen die Redner ib. 12 f. über die Wichtigkeit der Trieren für Athen in Androt. 123 ff. über den eigentlichen Sinn des Wortes *popularis* Cic. de leg. agr. II, 3, 7 ff. gegen den vermeintlichen hohen Werth der Rechtswissenschaft Cic. pro Mur. 10, 23 ff. über den Glauben an die Vorsehung de har. resp. 9, 18. Vgl. noch Kayser zu Cornif. S. 266 f.

§. 28.

Verletzung. Die Affecte. ᾽Ηϑος **und** πάϑος**.**

Recapitulation der dagewesenen Beweispunkte und Amplification des vorliegenden Vergehens oder der streitigen Sache können im Epilog fehlen, aber ein Epilog einer Gerichtsrede, in welchem nicht die Affecte der Zuhörer, sei es für oder gegen den Ankläger erregt würden, ist nach der Ansicht der alten Rhetoren eigentlich undenkbar. Und in der That steht es ziemlich vereinzelt da, wenn Demosthenes in or. XXX einen Epilog giebt, der sich blos

---

*) Beide wohl mit Benutzung ein und derselben Vorlage. s. Blass Att. Bereds. S. 232.

auf Recapitulation beschränkt, oder wenn er in or. XXXIII, einer παραγραφή, den Epilog blos aus einem Satze, einer einfachen Schlussformel, bestehen lässt. Auch ist es etwas durchaus abnormes, und von Seiten der Theorie gar nicht zu rechtfertigen, wenn Lysias or. XVI den Mantitheos eine Vertheidigungsrede vor dem Senat halten lässt, die ohne Epilog ganz schroff abschliesst. Zwar ist Blass in seiner Gesch. der Att. Bereds. S. 518 der Ansicht, dass man hier an das ursprüngliche Vorhandensein eines Epilogs nicht mit Recht denken würde, für den von vorn herein mit souveräner Zuversicht und völliger Siegesgewissheit auftretenden Mantitheos gäbe es eben in einem Epilog nichts mehr zu sagen. Aber ich glaube doch, dass der Epilog verloren gegangen ist. Die Rede würde sonst in zu unangenehmer Weise im Sande verlaufen, und das völlige Schweigen der Technik über die Möglichkeit eines solchen Falles fällt sicher schwer ins Gewicht.

In der Regel handelt es sich im Epilog um ἐλέου εἰσβολή oder ἐκβολή, also darum, das Mitleid für den Angeklagten zu erregen (commiseratio) oder zu beseitigen. Dazu muss er aber die Zuhörer in Affect zu versetzen wissen, ihre mehr prüfende und objective Haltung in eine aufgeregte, leidenschaftliche verwandeln. Gerade in der commiseratio war Cicero, der mehr vertheidigte als anklagte, unübertrefflich. Auch war er sich dieses Vorzugs seiner Beredsamkeit wohl bewusst, wie man aus orat. 37, 130 ersieht. Daher verschmähte er es selbst in einem so klaren Falle, wie bei der Vertheidigung des C. Balbus, wo das Unberechtigte der Anklage überreichlich erwiesen war, nicht, sich auch noch an das Mitleid der Richter zu wenden (c. 28, 64). Auch vergleiche man pro Planc. 34, 83. Gerade in dieser Rede ist die commiseratio besonders gelungen.

So sind denn die Affecte für den Redner von der grössten Wichtigkeit. Durch sie macht er eigentlich erst einen Eindruck auf den Richter und versetzt ihn in die von ihm beabsichtigte Stimmung. Hierbei zeigt sich aber recht eigentlich erst die Kraft der Beredsamkeit, Quint. VI, 2, 3 ff. Man vergleiche die geistreiche Auslassung bei Cic. or. c. 37 f. *est faciundum*, sagt er daselbst, *ut irascatur iudex, mitigetur, invideat, faveat, contemnat, admiretur, oderit, diligat, cupiat, satietate afficiatur, speret, metuat, laetetur, doleat.* Aehnlich Brut. 50, 188. Man muss den Richter mit fortreissen, man muss so zu sprechen wissen, „dass er gleichsam persönlich bei der vorliegenden Sache betheiligt und berührt wird". Durch die Beweise erreichen wir, 'dass die Richter unsre Sache für die bessere halten, durch die Erregung ihrer Affecte, dass sie unsre Sache auch als die bessere anerkennen wollen, und das, was sie wollen, glauben sie natürlich auch. Wie Liebende über die Schönheit des geliebten Gegenstandes nicht urtheilen können, weil der Wille dem Eindruck der Augen zuvorkömmt, so verliert auch der von Leidenschaften ergriffene Richter alle vernünftige Ueberlegung bei Erforschung der Wahrheit. Er lässt sich von der Aufwallung hinreissen und gehorcht gleichsam einem reissenden Strome. Quint. l. 1. §. 6.

Ueber der Wichtigkeit der Affecte für den Redner, hat übrigens Quintilian, vielleicht von Cicero dazu verführt, eine nicht minder ergiebige Quelle der Wirksamkeit für ihn, nämlich das $\ddot{\eta}\vartheta o\varsigma$, zwar nicht ganz übersehen, aber doch nicht völlig zu seinem Rechte kommen lassen*). Das Griechische $\pi\acute{a}\vartheta o\varsigma$ — August. de civ. dei VIII, 147 bemerkt mit Recht: *verbum de verbo πάθος passio diceretur, motus animi contra rationem* — wurde allgemein Lateinisch durch *affectus* wiedergegeben. Für $\ddot{\eta}\vartheta o\varsigma$ aber gab es keinen entsprechenden lateinischen Ausdruck. Die Techniker halfen sich hier so gut es ging mit Umschreibung und Erklärung der Sache. Sie erklärten, wie Quint. VI, 2, 9 angiebt die $\pi\acute{a}\vartheta\eta$ für *affectus concitati*, das $\ddot{\eta}\vartheta o\varsigma$ für *affectus mites atque compositi*, und Quintilian nimmt diese Erklärung selbst auf. Die Bemerkung einiger, dass das $\pi\acute{a}\vartheta o\varsigma$ etwas momentanes, nicht lange anhaltendes sei, wusste er in ihrer Richtigkeit nicht zu schätzen. Und so ist ihm der Unterschied zwischen $\pi\acute{a}\vartheta o\varsigma$ und $\ddot{\eta}\vartheta o\varsigma$ ein blos gradueller, und wenn er selbst sagt §. 12: *quin illud adhuc adicio πάθος atque $\ddot{\eta}\vartheta o\varsigma$ esse interim ex eadem natura, ita ut illud maius sit, hoc minus, ut amor πάθος, caritas $\ddot{\eta}\vartheta o\varsigma$, interdum diversa inter se, sicut in epilogis: nam quae πάθος concitavit, $\ddot{\eta}\vartheta o\varsigma$ solet mitigare*, so zeigt diese Aeusserung, trotzdem er das $\ddot{\eta}\vartheta o\varsigma$ gleich darauf ganz richtig charakterisirt, doch eine bedenkliche Unklarheit in der Auffassung der Begriffe. $\Pi\acute{a}\vartheta o\varsigma$ und $\ddot{\eta}\vartheta o\varsigma$ sind niemals, wie es nach Quintilian scheinen könnte, blos graduell, sondern stets generell verschieden. Wo das $\pi\acute{a}\vartheta o\varsigma$ eintritt, hört das $\ddot{\eta}\vartheta o\varsigma$ allemal auf, keineswegs aber fängt umgekehrt das $\ddot{\eta}\vartheta o\varsigma$ da an, wo das $\pi\acute{a}\vartheta o\varsigma$ aufhört, denn es giebt lange Partien der Rede, die wegen ihrer

---

*) Für das folgende vgl. C. L. Roth was ist das $\ddot{\eta}\vartheta o\varsigma$ in der alten Rhetorik? in Jahns Jahrb. 1866. S. 655 ff.

rein pragmatischen Beschaffenheit nicht blos frei sind von jedem πάϑος, sondern in denen auch das ἦϑος des Redenden keine Gelegenheit hat, sich zu äussern. Das Ethos ist nämlich eine durch bestimmte Eigenschaften des Charakters bedingte, sich gleichbleibende ruhige Haltung des Gemüths, die in der Persönlichkeit und Ausdrucksweise des Redners hervortretende edle Gesinnung, welche im allgemeinen dem Sinne seiner Zuhörer entspricht und bei ihnen den Eindruck hervorruft, dass sie es mit einem menschenfreundlichen, anspruchslosen und wohlwollendem Manne zu thun haben. Ein ἠϑικῶς λέγειν bewirkt niemals πάϑος bei den Zuhörern, sondern ein ruhiges aufmerken und auffassen, dann ein williges glauben und vertrauen. Vgl. Arist. Rhet. I, 2 p. 8. I, 8. II, 1. 12—14. Und so kann man wohl mit Plutarch v. Phoc. 5 behaupten, dass das blose Wort und der Blick eines rechtschaffnen edlen Menschen es mit zahllosen Enthymemen und Perioden in Bezug auf Glaubwürdigkeit aufnimmt, daher Menander treffend sagte: τρόπος ἐσϑ' ὁ πείϑων τοῦ λέγοντος, οὐ λόγος. Vgl. Spengel zu Arist. p. 45. Demnach ist das ἠϑικῶς λέγειν ein Hauptmittel des Redners, um sich Glaubwürdigkeit zu verschaffen, und Ueberzeugung zu wirken, darum auch von den Technikern für das prooemium der Rede so besonders empfohlen. S. oben S. 91*).

*) Roth am a. O. bemerkt: „im einzelnen wird des Redners ἦϑος dadurch wirksam werden, dass es den ἤϑη seiner Zuhörer entspricht und zusagt (Arist. Rhet. 1, 8). jede Staatsgesellschaft hat ihre eigenthümlichen und gemeinsamen Richtungen, Neigungen, Abneigungen und Ansichten, die sich in ihren Bräuchen und Lebensgewohnheiten kundgeben. Deswegen muss der Redner so zu sprechen wissen, dass er nicht nur nicht gegen die mores civitatis verstösst, sondern dass seine Zuhörer auch die Conformität seines ἦϑος mit dem ihrigen erkennen. Innerhalb der grossen Kreise aber, welche die ganzen Staatsgesellschaften umschliessen, bilden die zwar nicht abgeschlossenen, aber doch je in ihrer Art eigenthümlich beschaffenen Menschenclassen wieder besondere ἤϑη an sich aus: die Altersstufen, der Stand, die Beschäftigung, der Besitz modificiren die gemeinsamen ἤϑη jeder Staatsgesellschaft wieder in eigenthümlicher Weise. Und so muss denn der Redner, um durch sein ἦϑος auf die Zuhörer zu wirken, sowohl das gemeinsame als das besondere in ihren ἤϑη zu würdigen und für seinen Zweck zu verwenden wissen: ὥστ' ἐπεὶ ἀποδέχονταί πάντες τοὺς τῷ σφετέρῳ ἤϑει λεγομένους λόγους καὶ τοὺς ὁμοίους, οὐκ ἄδηλον, πῶς χρώμενοι τοῖς λόγοις τοιοῦτοι φανοῦνται καὶ αὐτοὶ καὶ οἱ λόγοι (Arist. Rhet. II, 13)". Von geschichtlichen Berichten über den Erfolg des ἦϑος hebt Roth die Erzählung von der Rede des älteren Scipio Africanus bei Liv. XXXVIII, 51, des L. Aemilius Paullus bei Liv. XLV, 41 hervor, und ver-

Ganz verschieden vom ἦθος ist das πάθος, der Affect, eine vorübergehende aufgeregte Stimmung, eine momentane Störung der Seele, oder wenigstens des vernünftigen intellectuellen Theiles derselben durch das sich hervordrängen des Willens oder des Begehrungsvermögens, wie die Alten sagten, den Zorn mit eingerechnet. Diese Störung unsres vernünftigen Urtheils hebt Aristoteles hervor, wenn er Rhet. II, 1 p. 61 die Affecte definirt: ἔστι δὲ τὰ πάθη, δί' ὅσα μεταβάλλοντες διαφέρουσι πρὸς τὰς κρίσεις, οἷς ἕπεται λύπη καὶ ἡδονή, οἷον ὀργὴ ἔλεος φόβος καὶ ὅσα ἄλλα τοιαῦτα καὶ τὰ τούτοις ἐναντία, d. h. Affect ist alles das, wodurch die Menschen einen Umschwung in Bezug auf ihr Urtheil erleiden mit welchem Lust und Unlust verbunden ist, als Zorn, Mitleid, Furcht und was sonst dergleichen ist, nebt ihrem Gegentheil. Da die Affecte mit der Sinnlichkeit des Menschen zusammenhängen und meistentheils im physischen ihren Ursprung haben, so können sie auch künstlich erregt werden. Sehr richtig sagt Arist. Rhet. III, 7: συνομοιοπαθεῖ ἀεὶ ὁ ἀκούων τῷ παθητικῶς λέγοντι, vgl. Hor. A. P. 101. Das ἦθος dagegen wird eigentlich nicht erregt, es ist bereits vorhanden, wenn auch vielleicht in latentem Zustande, und wird durch die ganze Art des Redners blos sympathisch oder antipathisch berührt und angeregt, wenngleich diese Ausdrücke, als von den Affecten hergenommen, eigentlich auch nicht richtig sind. Es ist daher eine treffende Bemerkung, wenn der Anon. Seg. p. 427 schreibt: ἔστι δὲ πάθος πρόσκαιρος κατάστασις ψυχῆς, σφοδροτέραν ὁρμὴν ἢ ἀφορμὴν κινοῦσα, οἷον ἔλεον, ὀργήν, φόβον, μῖσος, ἐπιθυμίαν· διαφέρει δὲ τοῦ ἤθους, ὅτι τὸ μὲν δυσκίνητον, τὸ δὲ εὐκίνητον. ἦθος γάρ ἐστι ψυχῆς διάθεσις ἐνεσπιρρωμένη, καὶ δυσεξάλειπτοε, οἷον τῶν πατέρων πρὸς τοὺς παῖδας. Schon frühzeitig hatte sich aus diesem Grunde die rhetorische Theorie mit den Affecten und ihrer Erregung befasst — πρὸς ὃ καὶ μόνον πειρᾶσθαί φαμεν πραγματεύεσθαι τοὺς νῦν τεχνολογοῦντας sagt Aristot. Rhet. I, 2 p. 8 — während sie das ἦθος höchstens beiläufig berührte. Kein Wunder daher, dass wir es in dieser Hinsicht bei Quintilian nicht viel 'anders finden. Selbst Cicero, der doch, wie seine Schrift de oratore beweist, die Wirksamkeit des ἦθος recht wohl kannte, und seiner glücklichen

---

weist zuletzt auf die Vertheidigung des C. Norbanus durch M. Antonius, worüber dieser bei Cic. de orat. II. 49 berichtet.

Anwendung nicht zum wenigsten den durchschlagenden Erfolg seiner Beredsamkeit verdankte, nennt doch das ἦθος oder vielmehr das ἠθικόν ausdrücklich nur an einer Stelle or. 37, 128. Er setzt es daselbst dem παθητικόν entgegen, *quo deturbantur animi et concitantur, in quo uno regnat oratio.*

Um nun die eigentlichen πάθη im Zuhörer zu erregen, ist vor allen Dingen nöthig, selbst von ihnen ergriffen zu werden. Quint. VI, 2, 26. Cic. de or. II, 45, 189. Dies geschieht durch Belebung und Erregung unsrer eignen Phantasie beim Vortrage. Aus dieser Quelle wird dann auch die ἐνάργεια (*illustratio, evidentia*) dessen, was wir sagen, hervorgehen, aus der sich im weiteren die Affecte wie von selbst ergeben. Wo es darauf ankömmt, Mitleid zu erregen, müssen wir glauben und unsrem Geiste die Ueberzeugung beibringen, dass uns das selbst betroffen hat, worüber wir uns beklagen wollen. Wir müssen so sprechen, wie wir sprechen würden, wenn uns ein ähnlicher Fall selbst betroffen hätte. Eine Rede, die affectvoll wirken soll, darf aber nicht gekünstelt sein, daher sagt Apsin. p. 405: τὴν δὲ λέξιν δεῖ εἶναι ἄπλαστον καὶ ἀκαλλώπιστον· τὸ γὰρ καλλωπίζειν οὐ τοῦ θερνοῦντος· τὴν δὲ σύνθεσιν μᾶλλον ἄνετον, τὰ δὲ σχήματα γοργότερα καὶ ἀκμαιότερα, und p. 406: ἐν τοῖς πάθεσιν οὐ πολὺν δεῖ εἶναι τὸν κόσμον, οὐδ' ἐπεμβάλλεσθαι τὰς ἐννοίας, ἀλλὰ κομματικὰ τὰ πλείω. Dem jedesmal im Redenden herrschenden Affecte muss die Sprache entsprechen. Wo Mishandlung vorliegt, rede man die Sprache des Zorns, wo Gottlosigkeit und Laster, die der Entrüstung, bei der man gleichsam Anstand nimmt, überhaupt zu sprechen, wo lobenswerthes, die der Bewunderung, wo mitleidswerthes, spreche man niedrig, Arist. Rhet. III, 7.,

Es versteht sich übrigens von selbst, dass wenn auch der Hauptsitz der ἤθη und πάθη im Epilog zu suchen ist, so doch die übrigen Theile der Rede es gleichfalls mit den Affecten zu thun haben. Am meisten wohl das Exordium, wie sich aus dem in §. 8 gesagten ergiebt. Anon. Seg. p. 427: προοίμιόν ἐστι λόγος κινητικὸς ἢ θεραπευτικὸς τῶν τοῦ ἀκροατοῦ παθῶν. παρασκευάσαι γὰρ ἀκροατὴν ἀδύνατον, μὴ κινήσαντα ἢ θεραπεύσαντα τὰ ἐν αὐτῷ πάθη. Man vergleiche nur das sehr sorgfältig ausgearbeitete procemium zu Lys. or. XIX, dem es weder an ἦθος noch πάθος fehlt. Mit gewaltigem ἦθος, einer feierlichen Anrufung der Götter, beginnt Demosthenes seine Rede vom Kranze. Auch Lykurg beginnt die Leokratea mit einer feierlichen Anrufung an die Götter*). Wenn es der Zweck des Exordiums war, die Zuhörer zu gewinnen *(conciliare)*, so ist es der Zweck des Epilogs sie aufzuregen *(concitare)*; jenes geschieht durch *lenitas*, d. h. durch ἦθος, dieses durch *vis orationis*, d. h. durch πάθος, Cic. de or. II, 29, 129. Daher erklärt sich der Unterschied in der Form zwischen Prooemium und Epilog, den der Anon. Seg. p. 430 angiebt: διαφέρει δὲ τοῦ ἐπιλόγου τὸ προοίμιον, ὅτι ἐν τῷ προοιμίῳ τὸ σχῆμα καὶ τὴν ἑρμηνείαν μέτριον εἶναι δεῖ καὶ τιθασσὸν ὡς ἂν εἴποι τις, ἐν δ' ἐπιλόγοις τὸ σχῆμα συγκεκινημένον καὶ πολλὰς μὲν ἐκβοήσεις ἔχον, πολλοὺς δὲ σχετλιασμοὺς, τήν τε ἑρμηνείαν συγκειμένην ἐκ τροπικῆς μᾶλλον καὶ σημειώδους λέξεως, δυναμένης μέντοι πεσεῖν εἰς πολιτικοὺς λόγους.

Im Ganzen wenden Ankläger und Vertheidiger dieselben Affecte an, doch muss der Vertheidiger manche Affecte häufiger und in stärkerem Maasse anwenden als der Ankläger, da er jedesmal die Richter erregen will, jener dagegen sich oft damit begnügt, auf sie mit seinen Worten blos einen nachhaltigen Eindruck zu machen. — Was dem Ankläger die Gunst des Richters verschafft, ist bereits bei den Regeln über das Prooemium angegeben. Aber manches, was es dort genügte anzudeuten, muss im Epilog mehr ausgeführt werden, Quint. VI, 1, 12. Longin. p. 304, — so wenn man gegen einen übermächtigen, verhassten, gefährlichen Gegner die Sache übernommen hat, wenn den Richtern selbst die Verurtheilung des Angeklagten zum Ruhme, oder seine Freisprechung zur Schmach gereichen wird. So sagt Cic. in Verr. I, 15 durch die Verurtheilung des Angeklagten könne der schlechte Ruf der Gerichte wieder hergestellt werden. Denselben locus wird natürlich auch der Vertheidiger anwenden. So werden die Richter pro Balbo 28, 65 auf die weitreichende Wichtigkeit ihrer Entscheidung im vorliegenden Falle hingewiesen: *accedat etiam illud, ut statualis hoc iudicio, utrum posthac amicitias clarorum virorum calamitati hominibus an ornamento esse malitis.* Vgl. pro Rabir. 6, 15 sqq. Aesch. Tim. 177. 192. Auch wenn zur Erreichung desselben Zweckes Furcht anzuwenden ist, so ist sie hier in stärkerem Masse am Platze als in der Einleitung. Hier kann man in freierer Weise Neid, Hass, Zorn erregen — Neid aus der Gunst und dem

---

*) Man vergleiche die Anfänge von Cic. pro Murena und Plin. Panegyricus. Bei den alten Römischen Rednern war dies stehende Sitte, wie dies ausser Plinius auch Serv. ad Verg. Aen. XI, 301 ausdrücklich angiebt. Vgl. Diesen zu Dem. de cor. p. 138.

persönlichen Einfluss des Angeklagten, Hass aus seiner Schlechtigkeit, Zorn aus dem, was an ihm anstössig ist, wenn er sich trotzig, anmassend, sorglos zeigt, was man nicht nur aus seinen Worten und Thaten, sondern auch aus Miene, Haltung und Anblick herleiten kann. Quintilian erwähnt hierbei eine treffliche Wendung eines griechischen Anklägers, welcher den Cossutianus Capito im Namen der Cilicier unter Nero repetundarum belangte (Tac. Ann. XIII, 33. Juven. 8, 92), die er lateinisch wiedergiebt *erubescis Caesarem timere*. In der Hauptsache, fährt Quintilian fort, kömmt es für den Ankläger darauf an, den Gegenstand seiner Anklage so verrucht, oder, wenn es angeht, so bejammernswerth als möglich erscheinen zu lassen, d. h. sich der Amplification zu bedienen. Die Verruchtheit wächst je nach dem was, von wem, gegen wen, in welcher Absicht, zu welcher Zeit, an welchem Orte, auf welche Art etwas geschehen ist. Also auch hier sind die Peristasen die hauptsächlichsten Topen der Amplification. Am meisten wirkt die Art und Weise. Ob auf schwere beschimpfende Weise, wie Demosthenes dem Midias aus dem Theile des geschlagenen Leibes, aus der Miene und Haltung des Schlagenden Gehässigkeit zu erregen sucht. Ob Jemand durch das Schwert, durch Feuer oder Gift getödtet ist, ob durch eine oder mehrere Wunden, ob plötzlich oder nach langsamer Qual, ist hierbei sehr wichtig. Häufig wendet auch der Kläger das Mitleid an, wenn er über das Unglück dessen, für den er auftritt, über die Unruhe seiner Kinder und Verwandten klagt. Auch durch ein Bild der Zukunft macht er Eindruck auf die Richter, was denen, die sich über Gewalt und Unrecht beklagt haben, bevorsteht, wenn sie nicht gerächt werden. Hierhin gehört also die *descriptio*, von welcher Cornif. IV, 39, 51 spricht: *quae rerum consequentium continet perspicuam et dilucidam cum gravitate expositionem, hoc modo: quod si istum, iudices, vestris sententiis liberaveritis, statim, sicut e cavea leo emissus aut aliqua teterrima belua soluta ex catenis, volitabit et vagabitur in foro, acuens dentes, insultans in cuiusque fortunas, in omnis amicos atque inimicos, notos atque ignotos incursans; aliorum famam depeculans, aliorum caput oppugnans, aliorum domum atque omnem familiam perfringens, funditus labefactans.* Es ist dies die *consequentium frequentatio*, Cic. part. or. 16, 55, oder der *locus ex effectis*, Top. 18, 67: *ut enim causa quid sit effectum indicat, sic quod effectum est, quae fuerit causa, demonstrat. hic locus suppeditare solet oratoribus et poetis, saepe etiam philosophis, sed iis, qui ornate* et copiose eloqui possunt, mirabilem copiam dicendi, cum denuntiant, quid ex quaque re sit futurum. Als Beispiele führt Kayser S. 303 an Cic. Cat. IV, 11. Isae. IX, 36. Aesch. in Ctesiph. 157. Demosth. Timocr. 39 ff. — Häufiger jedoch ist es Sache des Klägers, den Richter vom Mitleid abzulenken, das der Angeklagte erregen wird, und ihn zum standhaften Urtheilsspruch zu ermahnen. Dies ist ἐλέου ἐκβολή. Man vergleiche Lys. or. XIV, 16—45 (allerdings nicht im eigentlichen Epilog*), ferner or. XXX, 23 ff. Hierher gehört es nun ganz besonders, durch die πρόληψις oder προκατάληψις, anteoccupatio (s. Ernesti lex. techn. Gr. p. 291. 2. Weber zu Dem. Aristocr. p. 313. oben S. 42) dasjenige vorweg zu nehmen, wovon man glaubt, dass es der Gegner sagen oder thun wird, was einerseits die Richter auf ihre Pflicht aufmerksam macht, andrerseits das, was vorhergesagt ist, bei seinem wirklichen eintreten matt und wirkungslos erscheinen lässt. Quint. VI, 2, 20. Mit besonderer Meisterschaft bedient sich Demosthenes dieses Mittels**). Dabei erklärt der Redner, er wisse es entweder, dass der Gegner dies oder das sagen werde, oder er vermuthe es, oder er habe es gehört, so dass Hermog. de meth. c. 23 p. 444 eine πρότασις — bei ihm synonym mit πρόληψις — κατ' ἐπιστήμην, κατὰ δόξαν und κατ' ἀκοήν unterscheidet. Diese Figur kann natürlich auch im Prooemium und in der tractatio angewandt werden, ja aus ihr wird in der Rede des Anklägers, überhaupt dessen, der zuerst spricht, der ganze vierte Theil der Rede bestehen, wie dies schon bei der Widerlegung bemerkt und mit Beispielen belegt ist. Es können im Epilog durch πρόληψις auch die bevorstehenden Thraenen des Gegners im voraus wirkungslos gemacht werden, Dem. XXXVIII, 27 f. Doch ist dies auch in anderen Theilen der Rede zulässig, Dem. XXI, 99. 186 ff. Beispiel für das Gegentheil die vorhergehende Vereitlung des gegnerischen Versuchs, die ganze Sache ins Lächerliche zu ziehen und sie als unbedeutend erscheinen

---

*) Diese Rede ist noch dadurch merkwürdig, dass der Eindruck des Epilogs zum Schlusse durch nochmalige Verlesung der einschlägigen Gesetze und Actenstücke verstärkt wird. Auch bei Dem. or. XLVII. L. LV. werden Zeugenaussagen zum Schlusse verlesen. Ferner bei Isaeus or. III, in welcher Rede der Epilog eigenthümlicherweise in der nochmaligen Aufzählung aller der Beweispunkte besteht, welche der Gegner vorbringen müsste, wenn er mit seiner Darstellung des Sachverhalts Glauben finden wollte. Desgleichen or. VIII.

**) S. A. S. Bekker de Demosth. oratore p. 196.

zu lassen, Dem. LIV, 13 ff. Verdächtigung der etwaigen Vertheidiger des Angeklagten, Aesch. Tim. 193 ff.

Den Angeklagten dagegen empfiehlt seine Würde, seine tapfern Bestrebungen, im Krieg empfangene Wunden, sein Adel, die Verdienste seiner Vorfahren, Quint. VI, 1, 21, auch seine eigenen Verdienste um den Staat und das Vaterland, vgl. Isocr. or. XVIII, 58 ff. Es empfiehlt ihn auch die Veranlassung seiner gegenwärtigen Gefahr, wenn er wegen irgend einer ehrenwerthen That sich scheint Feindschaften zugezogen zu haben, namentlich seine Güte, Menschlichkeit, Barmherzigkeit, denn mit grösserem Rechte scheint das ein jeder für sich zu erbitten, was er andern selbst erwiesen hat. Auch hier lassen sich die Topen anwenden vom Nutzen für den Staat (Lys. or. I, 47. Dem. XXVIII, 24. Cic. pro Mur. 89. pro Font. 18, 41 ff.), vom Ruhm der Richter, vom Beispiel und dem Andenken der Nachwelt. Quint. §. 22. Am meisten wirkt das Mitleid, welches den Richter nicht allein nöthigt, sich bewegen zu lassen, sondern auch die Bewegung seines Innern durch Thränen einzugestehen. Stoff dazu nimmt man aus dem unglücklichen Schicksal des Angeklagten, aus dem, was er gelitten hat, aus dem, was er noch leidet, aus dem, was ihn nach seiner Verurtheilung erwartet, wenn wir auf den jähen Wechsel seines Glückes hinweisen, in wie günstiger Lage er sich befunden hat, in wie ungünstiger Lage er sich jetzt befindet. Dies sind die *τόποι παρὰ τὴν ἀξίαν* und *παρὰ τὴν ἐλπίδα ἐκ τῶν συμβεβηκότων ἢ συμβησομένων*, Apsin. p. 392 ff. Zu vergleichen Lys. or. XVIII, 23. XXII, 25. Cic. pro Mur. 40, 86. pro Sull. 32, 89. Ferner was aus seinem Unfalle den Eltern, Kindern, Verwandten des Angeklagten für Nachtheile entstehen werden, Dem. XXVIII, 20 ff., oder bereits entstanden sind, Dem. L. 60 ff., dass mehr der Gedanke an sie als an sein eigenes Leiden den Angeklagten traurig macht, Cic. pro Font. 21, 48. Der Angeklagte kann aber auch Mitleid erregen dadurch, dass er sich für standhaft genug erklärt, sich in sein Schicksal fügen zu wollen. Quint. §. 21 ff. Cornif. II, 31, 50. Sechzehn besondere Topen für die commiseratio stellt Cic. de inv. I, 55, 106 ff. auf. Noch ausführlicher Apsin. p. 391 fl. Es kann auch der Anwalt selbst die Rolle des Angeklagten übernehmen, wie Cic. pro Mil. 37: *o me miserum, o infelicem! revocare me tu in patriam, Milo, potuisti per hos, ego te in patria per eosdem retinere non potero?* Oder seine eigene Person mit einflechten, wie Cic. pro Planc. 42, 101: *o excubias tuas Cn. Planci miseras! o noctes acerbas! o custodiam* etiam meui capitis infelicem! siquidem ego tibi vivus non prosum, qui fortasse mortuus profuissem. Von besonderem Nutzen ist hierbei die Prosopopoeie, die erdichtete Rede einer abwesenden Person, oder eines als Person behandelten leblosen Gegenstandes. Apsin. 12 p. 386: ἔστι μὲν οὖν προσωποποιία παραγόμενον πρόσωπον, τὸ οὐκ εἰς τὸ δικαστήριον παρόν, ἀποδημῶν ἢ τεθνεώς, ἢ πατρίς, ἢ στρατηγία, ἢ νομοθεσία, ἢ ἕτερον τῶν τούτοις παρεοικότων. Desgleichen die Ethopoeie, λόγος περιτιθέμενος προσώποις ὑποίοσιν. οἷον τίνα νῦν ἐροῦσιν οἱ θεασόμενοί με ἀγόμενον εἰς τὸ οἴκημα. Apsines p. 387 citirt ein Beispiel aus der Rede des Hyperides für Lykurg: τίνα φήσουσιν οἱ παριόντες αὐτοῦ τὸν τάφον; οὗτος ἐβίω μὲν σωφρόνως, ταχθεὶς δὲ ἐπὶ τῇ διοικήσει τῶν χρημάτων εὗρε πόρους, ᾠκοδόμησε δὲ τὸ θέατρον, τὸ ᾠδεῖον, τὰ νεώρια, τριήρεις ἐποιήσατο, λιμένας. τοῦτον ἡ πόλις ἡμῶν ἠτίμωσε, καὶ τοὺς παῖδας ἔδησεν αὐτοῦ. Ueber Prosopopoeie und Ethopoeie handeln ausführlich die Progymnasmatiker. Natürlich lässt sich die Prosopopoeie auch an anderen Stellen der Rede als blos im Epilog anbringen, wie dies Demosthenes gleich im Anfange seiner ersten Olynthischen Rede gethan hat, wo der παριὼν καιρός in Person spricht. Desgleichen Cicero mit der Rede der sapientia or. Phil. XIII, 3, 6. Bekannt ist die Personification des Vaterlandes in seiner ersten Catilinarischen Rede. Zur Prosopopoeie gehören aber auch Stellen, wie bei Lys. or. XII, 99, wo der Redner die Richter auffordert, durch ihre Verurtheilung des Eratosthenes den von den Dreissig ungerecht getödteten Gerechtigkeit widerfahren zu lassen — ὑπὲρ τῶν τεθνεώτων, οἷς ὑμεῖς, ἐπειδὴ ζῶσιν ἐπαμῦναι οὐκ ἠδύνασθε, ἀποθανοῦσι βοηθήσατε. οἶμαι δ' αὐτοὺς ὑμῶν τε ἀκροᾶσθαι καὶ ὑμᾶς εἴσεσθαι τὴν ψῆφον φέροντας, ἡγουμένους κτλ. oder wenn Demosthenes am Schlusse von or. XXVII darauf hinweist, wie wohl sein Vater jammern würde, wenn er die bedrängte Lage des Sohnes vernähme. *Nudae tantum res movent* — sagt Quint. VI, 1, 28 —: *at cum ipsos loqui fingimus, ex personis quoque trahitur affectus. non enim audire iudex videtur aliena mala deflentis sed sensum ac vocem auribus accipere miserorum, quorum etiam mutus aspectus lacrimas movet; quantoque essent miserabiliora, si ea dicerent ipsi, tanto sunt quadam portione ad efficiendum potentiora, cum velut ipsorum ore dicuntur, ut scenicis actoribus eadem vox eademque pronuntiatio plus ad movendos affectus sub persona valet. itaque idem Ciceró, quamquam preces non dat Miloni eumque potius animi praestantia commendat,*

accommodavit tamen ei verba, convenientes etiam forti viro conquestiones: frustra inquit mei suscepti labores, 'o spes fallaces, o cogitationes inanes meas!"
Aber alle Erregung des Mitleids darf nicht lang sein, und es ist ein wahres Wort, jener oft erwähnte Ausspruch des Rhetor Apollonius (Cic. de inv. I, 55, 109. 6. Kayser zu Cornif. S. 267), dass nichts leichter und schneller versiegt als Thränen. So warnt auch Apsin. p. 406: δεῖ δὲ τὸ πάθος ἐν τῷ πολιτικῷ μέτρῳ ἔχειν, ἵνα μὴ εἰς τραγῳδίαν ἐμπέσῃ, πλὴν εἰ μὴ ἡ ὑπόθεσις τραγικὴ ᾖ. Der Zuhörer darf durch Thränen nicht ermüdet werden und darf nicht Zeit gewinnen, von dem Anstoss, den er empfangen hat, zur ruhigen Ueberlegung zurückzukehren. Daher muss denn auch gerade bei diesem Theile die Rede sich steigern, aber nicht nachlassen.

Allein nicht blos durch Worte, sondern auch durch gewisse Handlungen können wir Thränen erregen. Daher ist es Sitte, die Angeklagten in schmutzigem Trauergewand mit ihren Kindern und Angehörigen vorzuführen (man nannte dies παραγωγή oder παράκλησις; über ersteres s. Ernesti lex. techn. Gr. p. 242*), ferner dass der Ankläger ein blutiges Schwert zeigt, aus den Wunden herausgelesene Knochen, blutige Kleider, dass Wunden aufgedeckt, geschlagene Leiber entblösst werden. Solche Dinge sind manchmal von grosser Wirksamkeit, wie ja die beim Leichenbegängnisse Caesars vor ihm hergetragene blutige Praetexta das Volk zur Wuth entflammte. Auch Cicero verschmähte es nicht, in der peroratio durch solche äusseren Mittel seiner Rede grösseren Nachdruck zu verleihen, wie er denn orat. 38, 131 von sich selbst sagt: *miseratione nos ita dolenter usi sumus, ut puerum infantem in manibus perorantes tenuerimus, ut alia in causa excitato reo nobili sublato etiam filio parvo plangore et lamentatione complerimus forum*. Man vergleiche pro Font. c. 21. Vom Redner Antonius erzählt er de or. II, 28, 124: *qui in causa peroranda non dubitavit excitare reum consularem et eius diloricare tunicam et iudicibus cicatrices adversas senis imperatoris ostendere*. Es geschah dies im Process gegen M'. Aquillius i. J. 99. in Verr. V, 1, 3. Doch kann man in solchen Aeusserlichkeiten zu weit gehen. So hatte es Quintilian einmal mit angesehen, dass das Bild des Angeklagten

---

*) Vgl. die Sammlungen bei Frohberger Einleitung zu Lys. or. XIV, XV S. 10.

öffentlich ausgestellt wurde, um durch sein schreckliches Aussehen auf die Richter einen Eindruck zu machen. Dergleichen grenzt ans Kindische. Ueberhaupt müssen solche äusseren Mittel immer im Verhältniss zur Person, dem vorangegangenen Leben und dem Stand des Angeklagten stehen. In sehr geschickter und würdiger Weise benutzt Aeschines die Anwesenheit seiner greisen Eltern, seiner Brüder und Kinder, de falsa 147 ff. Kürzer in der ἐλέου εἰσβολή des Epilogs §. 179. Vgl. ferner Dem. XLIII, 81 ff. Ferner muss man sehr darauf achten, wie weit man in Erregung des Mitleids bei seinen Zuhörern gehen darf, ob dasjenige, was man sagt, überhaupt auf sie Eindruck macht, oder sie kalt und gleichgültig lässt. Bei einer gleichgültigen Stimmung der Richter kann ein zu grosser Affect, den der Redner aufträgt, leicht lächerlich werden und selbst den Eindruck der vorhergehenden Rede vernichten. Quint. §. 44—49.

Einen Epilog mit starken Affecten haben wir bei Aesch. Ctes. 230 ff. Seine Betrachtung kann in mehrfacher Hinsicht zur Veranschaulichung der obigen theoretischen Vorschriften dienen. Nach den Scholien besteht dieser Epilog aus zehn Topen: 1) §. 230—232: ἔστιν ὁ πρῶτος τόπος μικρός καὶ σύντομος, ὑπόμνησις τῶν περὶ τὸ πρᾶγμα συνεκτικῶν καὶ τῶν περὶ τὸ πρόσωπον παροξύνουσα τοὺς δικαστὰς ἐν ἀναμνήσει τῶν πάλαι κηρυγμάτων. 2) §. 233—235: ὁ δεύτερος τόπος τῶν ἐπιλόγων εἴργασται αὐτῷ ἐκφοβῶν (Laur. ἐκφοβοῦντα l. ἐκφοβοῦντι) τοὺς δικαστὰς ἀσυμφόρῳ δετιῷ. 3) 236—240: τρίτος τόπος τῶν ἐπιλόγων. εἴρηται δὲ κατὰ ἀπαίτησιν εὐλόγου αἰτίας, δι' ἣν στεφανωθήσεται Δημοσθένης. δύο δὲ θεὶς αἰτίας ἔλυσε κατὰ περιτροπήν, ἐπὶ τίσι τιμητέον τοὺς πολιτευομένους, τὴν δὲ δευτέραν κατὰ ἀναίρεσιν ἐν ἀπαιτήσει τῶν ἔργων, ὑπὲρ ποίων Δημοσθένης ἐπαινοῖτο. 4) §. 241—242 Unverschämtheit des Ktesiphon, wenn er sich den Demosthenes zum συνήγορος nimmt, und diesem Gelegenheit zum Selbstlob giebt, um so mehr als Ktesiphon selbst der Rede mächtig ist. 5) §. 243—245 τὴν δὲ μνήμην ἐπιλείπουσαν: πέμπτος τόπος τῶν ἐπιλόγων παράθεσιν ἔχων τῶν εὐλόγως ποτὲ τιμηθέντων ὑπὸ τοῦ δήμου. δείκνυσι δὲ τὴν ἀτοπίαν τῆς τιμῆς τῇ ὑπομνήσει τῶν δι' αὐτῶν εὖ πεπονθότων. 6) §. 245 τὸ δὲ μέγιστον — §. 246 τῷ βίῳ καὶ βδελυρός: ἕκτος τόπος, ἐν ᾧ φοβεῖ τοὺς δικαστὰς ὑπὲρ τῆς τῶν θεῶν τιμῆς. 7) §. 246 ὁ δέ γε νεώτερος — §. 254: ἕβδομος τόπος φοβῶν τοὺς δικαστὰς περὶ τῆς δημοκρατίας καὶ καταφορὰν ἔχων τῶν συντεταγμένων μετὰ Δημοσθένους. Dies letztere passt hier nicht, und da die weiteren Abschnitte und Topen in den Scholien nicht bezeichnet sind, so ist dies ein Beweis, dass in unserer Sammlung derselben eine ältere rhetorische Vorlage unverständig gekürzt ist. Die weiteren Abschnitte sind 8) §. 254—256: Verdächtigung von Demosthenes Gesinnung. 9) §. 257—259: καταφορὰ τῶν συντεταγμένων μετὰ Δημοσθένους und im Gegensatz dazu Eidolopoeie der Wohlthäter Athens. 10) §. 260: der eigentliche Schluss μετὰ δεινώσεως.

Es ist selbstverständlich, dass es auch eine mildere Art des Epilogs giebt, in welchem der Redner mehr durch ἦθος als durch πάθος zu wirken sucht. In einem derartigen Epilog werden wir z. B. dem Gegner, wenn seine Person der Art ist, dass wir ihr Ehrfurcht schulden, Genugthuung erweisen, ihn freundlich auf etwas aufmerksam machen, oder zur Eintracht ermahnen. Quint. §. 50. Auch die Sache selbst kann häufig der Art sein, dass es dem Redner weit mehr nützt durch Ethos auf die Zuhörer zu wirken, als ihre Leidenschaft zu erregen. Mit grossem Ethos schliesst die erste Rede des Lysias: ἐγὼ γὰρ νῦν καὶ περὶ τοῦ σώματος καὶ περὶ τῶν χρημάτων καὶ περὶ τῶν ἄλλων ἁπάντων κινδυνεύω, ὅτι τοῖς τῆς πόλεως νόμοις ἐπειθόμην.

Schliesslich sind hier noch die μερικοὶ ἐπίλογοι zu erwähnen, von denen Quint. §. 54 redet: *ubi vero coniunctam ex pluribus causum agimus: etiam necesse erit, uti pluribus quasi epilogis: ut in Verrem Cicero fecit. Nam et Philodamo nauarchis et cruci suis Romani et aliis plurimis suas lacrimas dedit. Sunt qui hos μερικοὺς ἐπιλόγους vocent, quo partitam perorationem significant. mihi non tam partes eius quam species videntur.* Vgl. das in §. 23 über die μεταξὺ γινομένη ἀνάμνησις gesagte.

§. 29.

Fortsetzung. Ueber Lachen und Witz.

Es ist aber nicht blos die Aufgabe des Epilogs, Mitleid zu erregen (ἐλέου εἰσβολή, oder αἴτησις), sondern auch zu beseitigen (ἐλέου ἐκβολή), theils durch zusammenhängende Rede, welche die von Thränen bewegten Richter zur Gerechtigkeit zurückführt, unter Anwendung der im vorigen Paragraphen mit behandelten Topen und Gesichtspunkte, theils durch allerlei witzige Wendungen, durch welche namentlich jene äusseren in Scene gesetzten

Mittel zu entkräften sind. Schon Gorgias sagte, man müsse den Ernst der Gegner durch Lachen, ihr Lachen durch Ernst zerstören, eine Bemerkung, welcher Arist. Rhet. III, 18 g. F. beipflichtet. Und wie jeder Redner die Fähigkeit haben muss, auf die Affecte der Richter zu wirken, ihr Mitleid, ja selbst ihre Thränen zu erregen, so müsste er eigentlich auch die entgegengesetzte Fähigkeit besitzen, welche das Lachen des Richters erregt, jene traurigen Affecte aufhebt, seinen Geist von der scharfen Betrachtung der Dinge abzieht, ihn auch erquickt und erfrischt. Allein diese Fähigkeit, also die Gabe des Witzes, ist nicht Jedermanns Sache. Bei Demosthenes finden wir so gut wie keine Spur davon, und doch gerade so viel Spur, um zu sehen, dass er ihn nicht absichtlich vermied, sondern dass er ihm nicht zu Gebote stand, Quint. VI, 3, 2. Dion. Halic. de adm. vi dic. in Dem. c. 54 (T. VI p. 244): πάσας ἔχουσα τὰς ἀρετὰς ἡ Δημοσθένους λέξις, οὐδὲν γὰρ ὧν ἑτέροις τισὶν ἔδωκεν ἀγαθῶν ὁ δαίμων ἐκείνῳ ἐφθόνησεν, λείπεται εὐτραπελίας, ἣν οἱ πολλοὶ καλοῦσι χάριν· πλεῖστον γὰρ αὐτῆς μετέχει μέρος· οὐ γάρ πως ἅμα πάντα θεοὶ δόσαν ἀνθρώποισιν. ὡς καὶ τοὺς ἀστεϊσμοὺς τοῖς Δημοσθένους λόγοις*). Longin, oder wer sonst der Verfasser der Schrift de sublimitate ist, stellt c. 34 in dieser Hinsicht den Demosthenes weit unter Hyperides: ὁ μέν γε Ὑπερίδης πρὸς τῷ πάντα ἔξω γε τῆς συνθέσεως μιμεῖσθαι τὰ Δημοσθένεια κατορθώματα καὶ τὰς Λυσιακὰς ἐκ περιττοῦ περιείληφεν ἀρετάς τε καὶ χάριτας. καὶ γὰρ λαλεύματα ἀφελείας ἔνθα χρή, καὶ οὐ πάντα ἑξῆς μονοτόνως**), ὡς ὁ Δημοσθένης λέγει. τὸ δὲ ἡδικὸν ἔχει μετὰ γλυκύτητος ἡδὺ λιτῶς ἐφηδυνόμενον. ἀφατοί τε περὶ αὐτόν εἰσιν ἀστεϊσμοί, μυκτὴρ πολιτικώτατος, εὐγένεια, τὸ κατὰ τὰς εἰρωνείας εὐπάλαιστρον, σκώμματα οὐκ ἄμουσα, οὐδ' ἀνάγωγα, κατὰ τοὺς Ἀττικοὺς ἐκείνους, ἀλλ' ἐπικείμενα***), διασυρμός τε ἐπιδέξιος, καὶ πολὺ τὸ κωμικὸν καὶ μετὰ παιδιᾶς εὐστόχου κέντρον, ἀμίμητον δὲ εἰπεῖν τὸ ἐν πᾶσι τούτοις ἐπαφρόδιτον. — ὁ δὲ Δημο-

---

*) Ich gebe diese Stelle nach L. Kaysers Verbesserungen in Jahns Jahrb. 1866 S. 646.
**) So Kayser a. a. O. die Ausgaben haben καὶ μονοτόνως.
***) Auch diese Stelle ist wie so vieles in dieser Schrift schwer verdorben. Kayser in den Heidelberger Jahrb. 1853 S. 642. und Jahns Jahrb. a. a. O. vermuthet: σκώμματα οὐκ ἄμουσα οὐδ' ἀνάγωγα κατὰ τοὺς Ἀττικοὺς πάμους, ἀλλ' εὐσχήμονα, M. Haupt dagegen im Berliner Lectionscatalog Winter 1870—71: κατὰ τοὺς ἀστικοὺς ἐκείνους, ἀλλ' ἐπιεικῆ.

σθένης ἀνηθοποίητος, ἀδιάχυτος, ἥκιστα ὑγρὸς ἢ ἐπιδεικτικός, ἁπάντων ἑξῆς τῶν προειρημένων κατὰ τὸ πλέον ἄμοιρος. Ἔνθα μέντοι γελοῖος εἶναι βιάζεται καὶ ἀστεῖος, οὐ γέλωτα κινεῖ μᾶλλον ἢ καταγελᾶται, ὅταν δὲ ἐγχίζειν θέλῃ τῷ ἐπίχαρις εἶναι, τότε πλέον ἀφίσταται.

Günstiger urtheilt Cicero in dieser Hinsicht von Demosthenes, wenn er orat. 26, 90 von ihm sagt: *quo quidem mihi nihil videtur urbanius, sed non tam dicax fuit quam facetus. est autem illud acrioris ingenii, hoc maioris artis.* In der That aber klingt es fast wie ein unfreiwilliges Eingeständniss seiner eignen Schwäche, wenn Demosthenes or. XXIII, 206 seinen Zuhörern den Vorwurf macht: ὑμεῖς δ' ὦ ἄνδρες Ἀθηναῖοι, τοὺς τὰ μέγιστ' ἀδικοῦντας καὶ φανερῶς ἐξελεγχομένους, ἂν ἕν ἢ δύο ἀστεῖα εἴπωσι καὶ παρὰ τῶν φυλετῶν τινες ἠρμένοι σύνδικοι δεηθῶσιν, ἀφίετε. Cicero selbst war voll von Witz. Sein sarkastisches Wesen wurde ihm wiederholt zum Vorwurf gemacht, und da er mit seinen beissenden Bemerkungen Niemand so leicht verschonte, mochte er Spass verstehen oder nicht, so zog er sich gerade hierdurch oft bittere Feindschaft zu[*]. Ebenso musste er sich gefallen lassen, dass alle möglichen in der Stadt cursirenden Witze ohne weiteres auf seine Rechnung gesetzt wurden[**]. In der That bekunden seine Reden sein Talent zum Witz aufs glänzendste. Aus der Fülle von Beispielen mögen nur einige hier Platz finden. Mit Bezug auf den Aufzug des Antonius an den Lupercalien heisst es or. Phil. II, 43, 111: *disertissimum cognovi avum tuum: at te etiam apertiorem in dicendo. ille nunquam nudus est concionatus: tuum hominis simplicis pectus cidimus.* Wo es sich darum handelt die Glaubwürdigkeit der Zeugen im Process gegen L. Flaccus zu verdächtigen, heisst es c. 20, 46 von einem Griechischen Rhetor: *habebat enim rhetor iste discipulos adulescentes quosdam locupletes, quos dimidio redderet stultiores, quam accepisset: neminem tamen adeo infatuare potuit, ut ei nummum ullum crederet.* In derselben Rede 21, 51: *venio nunc ad Lysaniam eiusdem civitatis peculiarem tuum Deciane testem: quem tu, cum ephebum Temni cognosses, quia tunc te nudus delectarerat, semper malum esse voluisti.* Vor schlüpfrigen Zweideutigkeiten, die er allerdings in virtuoser Weise mit einer gewissen eleganten Decenz zu behandeln wusste, scheute er nicht

---

[*] Plut. v. Cic. c. 27. vgl. Drumann Röm. Gesch. Th. 6. S. 523. 593 ff.
[**] Cic. pro Planc. 14, 35.

leicht zurück, am wenigsten wo es galt durch beissende Replik einen geschehenen Angriff zu pariren. Clodius hatte ihm nachgesagt, er pflege sich für Juppiter auszugeben und Minerva seine Schwester zu nennen. Darauf erwidert Cicero de domo 34, 92: *non tam insolens sum, quod Iovem esse me dico, quam inerruditus, quod Minervam sororem Iovis esse existimo. sed tamen ego mihi sororem virginem ascisco: tu sororem tuam virginem esse non sisti. sed vide ne tu te debeas Iovem dicere, quod tu iure eandem sororem et uxorem appellare possis.*

Aber nicht blos dass der Witz eine besondere Begabung voraussetzt, es lässt sich auch von Seiten der Theorie nur wenig nachhelfen, denn die eigenthümlichen Gründe des Lächerlichen waren unbekannt, die Frage, wodurch entsteht das Lachen, war im Alterthum trotz vieler Versuche eine ungelöste. Quint. §. 7 gesteht dies offen ein. Es blieb ihm unerklärlich, dass und weshalb das Lachen auf so verschiedene Weise erregt wird. Denn man lacht nicht blos über witzige und schöne, sondern auch über thörichte oder furchtsame Reden und Handlungen, und das Lachen hängt mit dem Spott und der Verhöhnung eng zusammen. Es ist zu bedauern, dass Quintilian die Schriftsteller nicht namhaft macht, die über das Lachen und Lächerliche gehandelt hatten. In der uns erhaltenen rhetorischen Litteratur finden wir äusserst wenig. Aristoteles verweist in der bereits angezogenen Stelle der Rhetorik auf seine Poetik, in welcher er über die Arten des Lächerlichen gehandelt habe, wobei er bemerkt, dass nicht jede Art des Lächerlichen für einen gebildeten Mann sich schicke, dass ferner die Ironie edler sei als die $\beta\omega\mu o\lambda o\chi i\alpha$, das rein possenhafte Spassmachen, denn der Ironische bringe das Lächerliche vor um seiner selbst willen, der Spassmacher um eines andern willen. In unsrer Poetik aber finden wir gegenwärtig in c. 5 blos eine Definition des Lächerlichen: τὸ γὰρ γελοῖόν ἐστιν ἁμάρτημά τι καὶ αἶσχος ἀνώδυνον καὶ οὐ φθαρτικόν· οἷον εὐθὺς τὸ γελοῖον πρόσωπον αἰσχρόν τι καὶ διεστραμμένον ἄνευ ὀδύνης d. h. das Lächerliche ist ein gewisser Fehler und eine Hässlichkeit, die kein schmerzliches Gefühl andeutet noch verursacht, wie gleich die komische Maske etwas hässliches und carrikirtes ist, aber ohne Schmerz — eine Definition, mit der man nicht besonders viel anfangen kann. Gerade über die Arten des Lächerlichen wird darin nicht gehandelt, doch muss dies daselbst gestanden haben, und es scheint allerdings auf das umfangreichere Original der Schrift, aus der uns nur ein Auszug, oder Bruchstücke erhalten sind, dasjenige zurückzugeben, was Cramer Anecd. Paris. I p. 403 aus einer alten Handschrift des zehnten Jahrhunderts veröffentlicht hat*). Eine Definition des Lächerlichen wird auch hier nicht gegeben, wohl aber werden die Quellen desselben und somit seine Arten namhaft gemacht. Danach entsteht das Lächerliche entweder aus der Rede, d. h. lediglich aus der Form derselben, ἀπὸ τῆς λέξεως, oder dem Inhalt der Rede und den sie begleitenden Handlungen, ἀπὸ τῶν πραγμάτων. So wäre denn der allbekannte Unterschied zwischen Wortwitz und Sachwitz schliesslich auf Aristoteles zurückzuführen. Für die erstere Quelle des Lächerlichen werden sieben Topen oder Kategorien aufgezählt: 1) κατὰ ὁμωνυμίαν, das auf der Zweideutigkeit eines Ausdrucks beruhende Wortspiel. Als Beispiel wird der Ausdruck διαφορούμενα angeführt, welcher das feindliche und zugleich das vortheilhafte bezeichnet. 2) κατὰ συνωνυμίαν wie ἥκω τε καὶ κατέρχομαι, vgl. Arist. Run. 1153 ff. 3) κατ' ἀδολεσχίαν, wenn dasselbe Wort wiederholt gebraucht wird. 4) κατὰ παρωνυμίαν — ὡς ὅταν τῷ κυρίῳ ἔξωθέν τι κατάθηται, ὡς τὸ μίμαξ καλοῦμαι Μίδας, dazu findet sich der Zusatz παρὰ (L κατὰ) πρόσθεσιν καὶ ἀφαίρεσιν, gemeint sind also die komischen Verstümmlungen und Verdrehungen eines Wortes. 5) καθ' ὑποκόρισμα, wie Σωκρατίδιον, Εὐριπίδιον. 6) κατ' ἐναλλαγήν; nach dem Beispiele ὦ Βδεῦ δέσποτα statt ὦ Ζεῦ, würden also lächerliche Provinzialismen oder Idiotismen der Aussprache, das parodiren dialektischer Eigenthümlichkeiten, gemeint sein. 7) κατὰ σχῆμα λέξεως; wenn dazu bemerkt wird τοῦτο δὲ ἡ φωνῇ γίνεται ἢ τοῖς ὁμογενέσι, so ist mir das unverständlich. Für das γελοῖον ἀπὸ τῶν πραγμάτων erhalten wir acht Kategorien. 1) ἐκ τῆς ὁμοιώσεως und zwar πρὸς τὸ χεῖρον und πρὸς τὸ βέλτιον, z. B. wenn Dionysos in den Fröschen des Aristophanes sein Herakleskostüm mit Xanthias vertauscht, damit dieser an seiner Statt die angenommene Rolle weiter spiele; dass ist eben für Xanthias die ὁμοίωσις πρὸς τὸ βέλτιον, nämlich πρὸς Ἡρακλῆ. 2) ἐκ τῆς ἀπάτης, wie wenn Strepsiades sich die ungereimten Lehren über die Seele als wahr aufbinden lässt, 3) ἐκ τοῦ ἀδυνάτου, 4) ἐκ τοῦ δυνατοῦ καὶ ἀνακολούθου, 5) ἐκ τοῦ παρὰ προσδοκίαν, 6) ἐκ τοῦ

---

*) Es findet sich auch in der Pariser Ausgabe der Aristophanes-Scholien; prolegg. p. XXVI, vgl. p. XVIII. Den Aufsatz von Spengel in Münchner Anz. 1840. N. 133 p. 27 ff. habe ich leider nicht nachsehen können.

χρῆσθαι φορτικῇ ὀρχήσει, 7) ὅταν τις τῶν ἐξουσίαν ἐχόντων παρεὶς τὰ μέγιστα φαυλότητα λαμβάνῃ, 8) ὅταν ἀσυνάρτητος ὁ λόγος ᾖ καὶ μηδεμίαν ἀνακολουθίαν (l. ἀκολουθίαν) ἔχῃ. Man sieht, dass diese Kategorien ganz äusserlich von ein paar Komödien abstrahirt sind. Ihre Aufzählung ist willkürlich und zufällig, für die Rhetorik werthlos. Das γελοῖον παρὰ προσδοκίαν hätte zum Ausgangspunkt der ganzen Reihe gemacht werden sollen, denn in der That entsteht das Lachen aus nichts anderem, als aus der plötzlich wahrgenommenen Incongruenz zwischen einem Begriff und den vielen Objecten, die durch ihn in irgend einer Beziehung gedacht worden waren, und ist selbst eben nur der Ausdruck jener Incongruenz.

Unter den Rhetoren haben im weiteren blos Cicero und Quintilian über das Lächerliche und den Witz gehandelt. Ersterer legt de orat. II, 58—71 einen ausführlichen Excurs über Lachen und Witz dem Caesar in den Mund, dessen technische Vorschriften natürlich aus Griechischen Quellen geschöpft sind (c. 71, 288), über deren Werth sich übrigens Cicero vorher c. 54, 217 ziemlich geringschätzig geäussert hatte. Dass diese Quellen sich mehrfach an Aristoteles angeschlossen haben, ist unverkennbar. Wenn es §. 236 heisst: *locus autem et regio quasi ridiculi turpitudine et deformitate quadam continetur*: *haec enim ridentur vel sola vel maxime, quae notant et designant turpitudinem aliquam non turpiter*, so erinnert dies an die obige Definition aus der Poetik. Ferner ist die Eintheilung in Wortwitz und Sachwitz beibehalten, §. 239. 248, endlich finden wir mehrere der erwähnten Arten und Topen des Lächerlichen wieder. Es liegt demnach die Vermuthung nahe, dass die Peripatetiker, insonderheit Theophrast, die vom Aristoteles über diesen Punkt der rhetorischen Theorie gegebenen Andeutungen weiter ausgeführt haben. Aber zu einer klaren Einsicht in das Wesen des Lächerlichen und der Aufdeckung seiner eigentlichen Quelle brachten auch diese Männer es nicht, so wenig als Cicero selbst, der dies offen genug eingesteht, wenn er sagt: *atque illud primum, quid sit ipse risus, quo pacto concitetur, ubi sit, quo modo existat atque ita repente erumpat, ut eum cupientes tenere nequeamus, et quomodo simul latera, os, venas, oculos vultum occupet, viderit Democritus. neque enim ad hunc sermonem hoc pertinet, et si pertineret, nescire me tamen id non puderet, quod ne ipsi quidem illi scirent, qui pollicerentur*. Als die bekannteste und verbreitetste Art des Lächerlichen wird von ihm das ἀπροσδόκητον, quod est *praeter expectationem, cum aliud expectamus, aliud dicitur*, in §. 255 und 284 hingestellt, und wenn es an erster Stelle heisst: *hic nobismet ipsis noster error risum movet*, so wird mit dieser Bemerkung der richtige Weg zur Lösung der ganzen Frage schon betreten. Die von ihm gegebene Topik des Lächerlichen ist nach Seiten der Eintheilung und der Sonderung der verschiedenen Arten nicht gerade zu billigen, es ist mehr eine umfangreiche Exemplificirung verschiedener Arten von Witzen, und die Definitionen sind im einzelnen oft herzlich schwach. Wichtig ist die Bemerkung, die er gleich im Anfang seiner Auseinandersetzung §. 248 giebt: *sed hoc mementote, quoscunque locos attingam, unde ridicula ducantur, ex eisdem locis**) *fere etiam graves sententias posse duci. tantum interest, quod gravitas honestis in rebus et severis, iocus in turpiculis et quasi deformibus ponitur, velut eisdem verbis et laudare frugi servum possumus et, si est nequam, iocari. ridiculum est illud Neronianum vetus in furace servo 'solum esse, cui domi nihil sit nec obsignatum nec occlusum', quod idem in bono servo dici solet. sed hoc eisdem etiam verbis, ex eisdem autem locis nascuntur omnia.* Zuletzt werden in §. 289 die verschiedenen Arten des Sachwitzes unter gewisse Hauptkategorien zusammengebracht: *expectationibus enim decipiendis et naturis aliorum irridendis, ipsorum ridicule indicandis et similitudine tardioris et dissimulatione et subabsurda dicendo et stulta reprehendendo risus movetur.* Das wäre also das Unerwartete, die komische Charakteristik anderer, die witzige Selbstverspottung, die Karrikatur, die Ironie, die scheinbar einfältige Acusserung und die Geisselung der Thorheit **).

Quintilian, welcher das Lächerliche VI, 3 mit grosser Ausführlichkeit behandelt, schliesst sich in der Hauptsache und zum Theil auch im einzelnen oft wörtlich an Cicero an. Daneben stand ihm eine Schrift des Domitius Afer *de urbanitate* zu Gebote. Wie weit er ausserdem noch Griechische Rhetoren benutzt hat, lässt sich nicht angeben. Obgleich das Lachen, sagt er in §. 8 an sich so unbedeutend erscheint, wie oft wird es von Possenreissern und Narren erregt, so ist seine Gewalt doch alles beherrschend und

---

*) Hierzu bemerkt Piderlt: „da das Ernsthafte eigentlich nur die Kehrseite vom Scherzhaften ist, gerade wie im genus iudiciale das defendere mit dem accusare, im g. delib. das suadere mit dem dissuadere, beim g. demonstr. das laudare mit dem vituperare dieselben loci gemein hat."

**) S. Piderit a. d. St.

unwiderstehlich. Mitunter bricht es unfreiwillig aus, und erschüttert gewaltsam den ganzen Körper. Es vermag Zorn und Hass in einem Augenblicke zu beseitigen. Wenn es nun auch einige aus der Erfahrung abstrahirte Regeln über das Lachen giebt, so beruht es doch überwiegend auf natürlicher Anlage und der günstigen Gelegenheit des Augenblicks. Die natürliche Anlage aber zeigt sich hierbei nicht allein in dem Scharfsinn und dem Geschick der Auffindung (das könnte durch Theorie vergrössert werden), sondern auch in einer gewissen Anmuth in Haltung und Miene, so dass ein Witz, wenn er von einer bestimmten Person gemacht wird, weniger witzig erscheint als wenn von einer anderen. Und welche Rolle die günstige Gelegenheit des Augenblicks dabei spielt, zeigt sich daran, dass von ihr unterstützt auch ungebildete, ja rohe Menschen in ihren Entgegnungen sehr witzig sind, wie denn überhaupt die Hauptkraft des Witzes in der Replik zu finden ist.

Der Witz mit seinen verschiedenen Arten, die im Sprachgebrauch nicht scharf geschieden sind (man sprach von *urbanitas, venustum, salsum, facetum, iocus, dicacitas*, oder Griechisch ἀστεϊσμός, χαριεντισμός, διασυρμός, μυκτηρισμός, welche Ausdrücke in der Lehre von den Tropen noch ihre besondere Erläuterung finden werden), läuft also hinaus auf den Begriff des Lächerlichen. Er beruht entweder auf Dingen, oder auf Worten (Sachwitz, Wortwitz), und ist in seiner Anwendung dreifach. Entweder wir suchen Stoff zum Lachen an anderen, oder an uns, oder an den in der Mitte gelegenen Dingen *(ex rebus mediis — quae neutram personam contingunt)*, wobei man die Erwartung täuscht (vgl. Arist. Rhet. III, 11), überrascht, Worte absichtlich misversteht u. s. w. — Wir selbst können lächerliches thun, oder sagen. Bei lächerlichen Handlungen braucht man selbst nicht immer ernst zu bleiben. Bei lächerlichen Worten ist darauf zu sehen, dass unser Witz nicht verletzt. Selbst wenn man sich einen solchen Witz erlaubt, darf man nicht das angreifen, wofür die betreffende Person nichts kann, oder was schuldlos ist, oder was auf den Angreifer selbst zurückfallen kann. Dies erscheint inhuman. Der Redner muss vor allen Dingen darauf sehen, als welcher, in welcher Sache, vor wem, gegen wen und was er sagt. Verzerrung des Gesichts und der Geberde schickt sich für ihn nicht, ebenso wenig alles possenhafte, alles was an die komische Bühne erinnert. Nie darf er das Gebiet des Obscönen berühren. Auch darf es nie den Schein haben, als ob er nach Witzen hasche. Er darf nicht ohne weiteres jede Gelegenheit, die sich ihm zu einem Witz darbietet, benutzen, er muss lieber einen Witz unterdrücken, als seine Autorität durch einen solchen benachtheiligen. Niemand lässt sich einen Ankläger gefallen, der bei einer Sache von ausserordentlichem Ernst, oder einen Anwalt, der bei einer kläglichen Sache scherzt. Manche Richter sind auch zu ernst gestimmt, als dass sie sich überhaupt einen Witz gefallen liessen. Dabei darf das, was wir gegen unsre Gegner sagen, nicht auch auf den Richter Anwendung finden, oder auf uns selbst zurückfallen, obgleich manche Redner dies letztere nicht immer vermieden haben. Für ersteres Cic. de or. II, 60, 245: *pusillus testis processit. ‚licet, inquit ‚rogare?' Philippus. tum quaesitor properans ‚modo breviter'. hic ille ‚non accusabis. perpusillum rogabo'. ridicule. sed sedebat iudex L. Aurifex brevior ipse quam testis: omnis est risus in iudicem conversus, risum est totum scurrile ridiculum.* Auch darf der Witz nie frech, hochmüthig, unzeitgemäss, studirt und von Hause mitgebracht erscheinen. Man darf den Witz nicht gegen Personen von allgemein anerkannter Autorität und Ehrwürdigkeit richten, wodurch man sich selbst nur schaden würde. Angriffe allgemeiner Art auf ganze Nationen, Stände, Berufsarten und Studien sind schlecht. Endlich darf man bei einem Witze nie die Rücksicht aus den Augen setzen, die man seiner eignen Würde schuldig ist. Quint. §. 17—35. Damit ist zu vergleichen die bündige Warnung bei Cic. orat. 26, 88: *illud admonendum tamen ridiculo sic usurum oratorem, ut nec nimis frequenti, ne scurrile sit, nec subobsceno, ne mimicum, nec petulanti, ne improbum, nec in calamitatem, ne inhumanum, nec in facinus, ne odii locum risus occupet, neque aut sua persona aut iudicum aut tempore alienum: haec enim ad illud indecorum referuntur. vitabit etiam quaesita nec ex tempore ficta, sed domo allata, quae plerumque sunt frigida; parcet et amicitiis et dignitatibus, vitabit insanabiles contumelias, tantummodo adversarios figet, nec eos tamen semper nec omnes nec omni modo.*

Die Topen oder Fundstätten des Lächerlichen anzugeben, ist nach Quintilian sehr schwierig, und kann nie in irgendwie erschöpfender Weise geschehen. Dennoch handelt er ausführlich darüber §. 35—100. Im allgemeinen lässt sich danach sagen, dass das Gelächter entweder von dem Körper dessen ausgeht, gegen den wir sprechen, oder von seiner geistigen Beschaffenheit, wie sie sich in Thaten und Worten kund giebt, oder von äusseren

Dingen. Alles also, was uns Stoff zu einem Tadel giebt, kann uns auch Stoff zum Lächerlichen geben, als welches ja nur eine gelinde Art des Tadels ist. Dies Lächerliche wird nun entweder gezeigt, oder erzählt, oder mit einem Worte bezeichnet. Eine witzige Erzählung ist dem Redner besonders zu empfehlen. Witzworte müssen vor allen Dingen kurz und schlagend sein. Selten wird ein Witz gelingen, der rein auf Zweideutigkeit eines Ausdrucks, oder Verdrehung eines Namens hinausläuft (s. oben S. 169). Eleganter sind diejenigen, die aus einer zufälligen Aehnlichkeit der Dinge hergenommen sind. Stoff zum Witz geben ferner alle Topen, die bei der Auffindung von Beweismitteln in Anwendung kommen, sowie die Gesichtspunkte, von denen aus die Widerlegung vor sich geht.

Zweiter Abschnitt.
Die berathende Beredsamkeit.

§. 30.

Wesen und Umfang der berathenden Beredsamkeit. Die Theile der Demegorie.

Die berathende Beredsamkeit, das $\gamma\acute{\epsilon}\nu o\varsigma$ $\sigma v\mu\beta ov\lambda\epsilon v\tau\iota\varkappa\acute{o}\nu$, genus deliberativum, gehört, wie bereits in §. 2 auseinandergesetzt wurde, vor Senat und Volk; sie berathet über die Zukunft, untersucht auch die Vergangenheit; sie hat entweder zu überreden oder abzureden. Eine Rede vom genus deliberativum wird von den Griechen $\delta\eta\mu\eta\gamma o\varrho\acute{\iota}a$ genannt, im Gegensatz zur $\varkappa a\tau\eta\gamma o\varrho\acute{\iota}a$ und $\sigma v\nu\eta\gamma o\varrho\acute{\iota}a$, welche beide dem $\gamma\acute{\epsilon}\nu o\varsigma$ $\delta\iota\varkappa a\nu\iota\varkappa\acute{o}\nu$ angehören, aber als Bezeichnung geschriebener oder gesprochener Gerichtsreden nicht besonders übliche Ausdrücke waren. Cornificius übersetzt $\delta\eta\mu\eta\gamma o\varrho\acute{\iota}a$ durch *consultatio*, denn dies bezeichnet ihm die Rede vom genus deliberativum, während *deliberatio* bei Cic. de or. I, 6, 22. Quint. II, 21, 18 nicht sowohl die einzelne Rede als vielmehr die ganze Gattung der Beredsamkeit nach ihrem Inhalte bezeichnet. Quintilian nennt jede berathende Rede *suasoria*, ein Ausdruck, den wir zuerst beim Rhetor Seneca antreffen, und unter dem man gewöhnlich nur die zum genus deliberativum gehörigen Schulübungen der Declamatoren verstand*), die wirklich gehaltene theils *contio*, theils mit Cicero *sententia*.

Die δημηγορία hat nach Anaxim. 2 p. 179 einen siebenfachen Inhalt. Sie handelt von Religions-Angelegenheiten, von Gesetzen, von der inneren Staatseinrichtung, über Bündnisse und Verträge mit anderen Staaten, über Krieg, über Frieden, über Staatseinkünfte. Gesetze und innere Staatseinrichtungen gehören zusammen, ebenso wie Krieg und Frieden, im Grunde also ist der Inhalt ein fünffacher, s. Spengel S. 118. Als fünffacher wird er auch von Arist. Rhet. I, 4 angegeben, nämlich über Staatseinkünfte, über Krieg und Frieden, über Vertheidigung des Landes, über Ein- und Ausfuhr (Lebensbedürfnisse), über Gesetzgebung. Man vgl. noch Dion. Halic. de Thucyd. c. 49 T. VI p. 135.

Im Ganzen und Grossen hat nun die wirkliche Suasoria genau dieselbe Eintheilung in fünf Theile, wie die Gerichtsrede. Als Muster kann in dieser Hinsicht Ciceros Rede de imperio Cn. Pompei angesehen werden. Sie beginnt mit einem exordium von der Person des Redners aus genommen, welches mit der propositio: *dicendum est enim de Cn. Pompei singulari eximiaque virtute*, schliesst. Darauf folgt die kurz gehaltene narratio c. 2, 4. 5. Die Sachlage selbst war ja dem Volke hinlänglich bekannt. In §. 6 erhalten wir die partitio: *primum mihi videtur de genere belli, deinde de magnitudine, tum de imperatore deligendo esse dicendum*, und nun beginnt die argumentatio c. 2, 6—15, 49. Mit einer Recapitulation der ganzen Beweisführung geht der Redner in c. 17, 51 zur refutatio adversariorum über, die in §. 68 mit der Anführung von Autoritäten schliesst, welche den Antrag unterstützten. Der kurze Epilog in c. 24 enthält eine lobende Ansprache an C. Manilius, das Versprechen des Redners, den Antrag mit allen ihm zu Gebote stehenden Mitteln unterstützen zu wollen, und drittens die feierliche Versicherung desselben, bei seiner ganzen Rede keinerlei Privatrücksichten, sondern nur das Interesse des Staates ins Auge gefasst zu haben. Lässt sich also auch bei der Suasoria die Eintheilung der Gerichtsrede, wie wir an vorliegendem Beispiele sehen, beibehalten, so liegt es doch in der Natur der Sache, dass exordium und narratio sehr zurücktreten, oft wohl ganz wegfallen werden, und der Epilog nur selten Gelegenheit haben wird,

---

*) S. Westermann Gesch. d. Röm. Beredt. §. 267.

das Mitleid der Zuhörer zu erregen, ausser etwa, wenn nun dazu räth, Belagerten Hülfe zu bringen, oder den Untergang einer verbündeten Stadt bewcint, vgl. Quint. III, 8, 12 — noch mehr natürlich, wenn Abgesandte einer Stadt direct um Hülfe bitten, wie dies z. B. im Plataicus des Isokrates der Fall ist. In dieser Rede giebt denn auch der Epilog eine ausführliche ἐλέου εἰσβολή mit den nöthigen Amplificationen. Ist nun auch für die directe Erregung oder Beseitigung von Mitleid in einer Suasoria nur selten Platz, so verlangt sie dennoch, wie Quintilian an der angezogenen Stelle weiter bemerkt, Anwendung und Erregung der Affecte in hohem Grade. Häufig hat man Zorn zu erregen oder zu besänftigen, die Gemüther in Furcht, Begierde, Hass zu versetzen, oder sie versöhnlich zu stimmen. Ganz besonders aber kömmt es bei der Suasoria auf die *auctoritas* und das sittliche ἦθος des Redenden an: *nam et prudentissimus esse haberique et optimus debet, qui sententiae suae de utilibus atque honestis credere omnes velit: in iudiciis enim vulgo fas habetur indulgere aliquid studio suo: consilia nemo est qui neget secundum mores dari*, Quint. §. 13.

Die einzelnen Theile anlangend, so lehrte schon Arist. Rhet. III, 14 p. 151, das Prooemium der berathenden Rede werde so gemacht wie bei der Gerichtsrede, aber eigentlich bedürfe sie desselben nicht, wenigstens keines Prooemiums von der Sache aus, die ja den Zuhörern bekannt sei. Doch sei ein Prooemium von der Person aus unter Umständen erforderlich, sei es von der Person des Redners, oder der Gegner aus, wenn diese den Gegenstand der Berathung nicht für so gross halten, als es der Absicht des Redenden entspricht, sondern für grösser oder kleiner. In diesem Falle muss der Redner verdächtigen oder entkräften, vergrössern und vermindern. Deshalb also, fährt er fort, bedarf die Rede einer Einleitung, oder auch des Schmuckes halber, da sie leichtfertig angelegt (αὐτοκάβδαλος) erscheint, wenn sie keins hat*). Eine Einleitung von der Person des Redners aus giebt uns Isokrates im Archidamus, von der Person der Zuhörer aus im Areopagiticus und Plataicus, von beiden in der Rede vom Frieden.

---

*) τοιοῦτον γάρ, heisst es weiter, τὸ Γοργίου ἐγκώμιον εἰς Ἠλείους· οὐδὲν γὰρ προεξαγωνίσας οὐδὲ προανακινήσας εὐθὺς ἄρχεται Ἦλις πόλις εὐδαίμων. Das ist aber ein Beispiel aus der epideiktischen Beredsamkeit, demnach in dem Zusammenhang der Stelle ungehörig. Aber derartige Verstösse gegen die Regeln einer guten Darstellung sind in der Rhetorik des Aristoteles nichts seltenes.

Cornif. III, 4, 7 lehrt, die *consultatio* sei auf dieselbe Art mit einem *principium* oder einer *insinuatio* zu eröffnen, wie die Gerichtsrede. Aber Cic. part. orat. 27, 97 hebt ausdrücklich hervor, dass das Prooemium der berathenden Rede kurz sein, und sich blos auf den Anfangspunkt beschränken müsse. In der That finden wir ein ganz kurzes Prooemium in der Rede des Andocides de pace, ferner bei Demosthenes in der ersten Olynthischen, wo es blos darauf berechnet ist, die Zuhörer aufmerksam zu machen. Auch Quintilian lehrt III, 8, 6, dass die berathende Rede nicht überall einer Einleitung, wie sie die Gerichtsrede hat, bedürfe, weil jeder von vorn herein schon dem geneigt sei, den er um Rath frägt. Immerhin aber müsse sie mit irgend einer Art von Einleitung anfangen, denn da jede Sache von Natur etwas erstes hat, so könne man auch bei ihr nicht abgerissen und ganz beliebig beginnen. Im Senat und jedenfalls auch in den Volksversammlungen müsse man, wie vor den Richtern, meistentheils darauf ausgehen, sich das Wohlwollen derjenigen zu erwerben, vor denen man zu sprechen hat. Im Grunde können wir jedoch auch die captatio benevolentiae entbehren, denn da es sich bei der berathenden Rede bei allen Anwesenden um das allgemeine und ihr eigenes Interesse handelt, so ist es nach Gellius VI, 3, 20 überflüssig, erst noch in einer Einleitung die Zuhörer sich wohlgesinnt zu machen. — Auch die Erzählung, die sich an die Einleitung anzuschliessen hätte, wird bei der berathenden Rede meistentheils in Wegfall kommen. Arist. Rhet. III, 16: ἐν δὲ δημηγορίᾳ ἥκιστα διήγησίς ἐστιν, ὅτι περὶ τῶν μελλόντων οὐδεὶς διηγεῖται· ἀλλ' ἐάν περ διήγησις ᾖ, τῶν γενομένων ἔσται, ἵν' ἀναμνησθέντες ἐκείνων βέλτιον βουλεύσωνται περὶ τῶν ὕστερον· ἢ διαβάλλοντες, ἢ ἐπαινοῦντες· ἀλλὰ τότε οὐ τὸ τοῦ συμβούλου ποιεῖ ἔργον. Dion. Halic. Rhet. 10, 14: ὅλη μὲν ἰδέα συμβουλευτικὴ διηγήσεως οὐ δεῖται· ἴσασι γὰρ οἱ βουλευόμενοι περὶ ὧν σκοποῦνται, καὶ δέονται μαθεῖν, ὅ πρακτέον ἐστὶν, οὐχ ὅπερ βουλευτέον. Ebenso Quint. III, 8, 10, nur dass er zwischen der *privata deliberatio* und der *contio* unterscheidet: *narrationem nunquam exigit privata deliberatio, cius dumtaxat rei, de qua dicenda sententia est, quia nemo ignorat id de quo consulit. extrinsecus possunt pertinentia ad deliberationem multa narrari. in contionibus saepe est etiam illa, quae ordinem rei docet, necessaria.* Beispiele für eine solche Erzählung, die im Grunde nur äusserlich zum Gegenstande der Berathung in Beziehung steht, giebt Isocr. or. V, 17 ff. XIV, 7 ff. — Auf die Erzählung folgt nun die Eintheilung der Rede, dann *confirmatio* und *confutatio* ganz wie bei der Gerichtsrede, vgl. Arist. Rhet. III, 17 p. 158. Ueber die Gesichtspunkte aber, welche für die Division und somit für die eigentliche Oekonomie der berathenden Rede massgebend sind, muss noch besonders gehandelt werden. — Der Schluss endlich ist auch ähnlich wie bei der causa iudicialis, nur mit der bereits angegebenen Einschränkung für ἐλέου εἰσβολή und ἐκβολή, und dass der Redner in ihm möglichst viele Beispiele dagewesener Fälle aufzuzählen hat, wie denn überhaupt die Beispiele in allen Theilen der Suasoria, namentlich auch im Beweise, eine viel grössere Rolle als in der Gerichtsrede spielen. Arist. Rhet. 1. 1. p. 156: ἔστι δὲ τὰ μὲν παραδείγματα δημηγορικώτατα, τὰ δ' ἐνθυμήματα δικανικώτερα· ἡ μὲν γὰρ περὶ τὸ μέλλον, ὥστ' ἐκ τῶν γενομένων ἀνάγκη παραδείγματα λέγειν, ἡ δὲ περὶ ὄντων ἢ μὴ ὄντων, οὗ μᾶλλον ἀπόδειξίς ἐστι καὶ ἀνάγκη· ἔχει γὰρ τὸ γεγονὸς ἀνάγκην. Quint. §. 66: *usum exemplorum nulli materiae magis convenire merito fere omnes consentiunt, cum plerumque videantur respondere futura praeteritis, habeaturque experimentum velut quoddam rationis testimonium.* So finden wir denn auch Beispiele in reichem Maasse bei Isocr. or. V, 58 ff., um daraus ein argumentum ex difficiliore zu gewinnen, ferner VI, 40 ff. 53. — Amplification und locus communis sind im Epilog der Demegorie entbehrlich und es kann sich derselbe mit einer blosen Recapitulation begnügen, wie bei Dem. or. XIV, 41. Aber auch diese kann fehlen, und der Redner hat nichts weiter zu thun, als nochmals den Gegenstand seiner Rede und seine Stellung zur Sache im allgemeinen anzugeben. So Dem. or. XVI, 32. Gewöhnlich endet er mit einer directen Aufforderung an die Anwesenden, im Sinne des Antragstellers ihre Stimme abzugeben, — mit einer sehr geschickten Wendung geschieht dies im Archidamus des Isokrates —, oder das von ihm gesagte wohl zu erwägen, im übrigen aber so zu stimmen, wie es nach ihrer Ueberzeugung dem wahren Nutzen des Staates, oder ihrem wohlverstandenen Interesse entspreche, vgl. den Schluss von Isocr. or. VII. Dem. III. IV.

Bereits in §. 4 ist mitgetheilt worden, dass die Rhetoren auch bei der Statuslehre auf die Suasorien Rücksicht nahmen. Man befasste sie unter die στάσις πραγματική, den *status negotialis*. Vgl. Fortun. p. 94. Sulp. Vict. p. 318. Hermog. p. 139. Daher heisst es in der ὑπόθεσις zu Isocr. or. V schlechthin: ἡ δὲ στάσις τοῦ λόγου πραγματική, συμβουλεύει γάρ. Ganz verfehlt ist es, wenn Quint. III, 8, 16 auch vom Conjecturalstatus bei der Suasoria redet, da nämlich, wo es sich ausschliesslich oder überwiegend um die Möglichkeit des zur Berathung stehenden Gegenstandes handelt. — Die Suasorien sind aber entweder einfach oder doppelt, *(duplices, coniunctae)* oder vergleichender Art *(comparativae, concertativae)* Fortun. l. l. Sulp. Vict. l. l. Quint. §. 18. Einfach, wenn eben eine Sache den Gegenstand der Berathung bildet, z. B. ob die Soldaten Sold bekommen sollen, ob die öffentlichen Ehrenstellen verkauft werden sollen. Doppelt, wenn zwei Gegenstände zur Berathung kommen, etwa zwei Gesetze, wenn also bei augenblicklicher Geldverlegenheit der Antrag gestellt wird, die Ehrenstellen zu verkaufen und neue Steuern auszuschreiben: oder aber wenn zu einem Gegenstand der Berathung noch gewisse besondere Gründe kommen, etwas zu thun, oder nicht zu thun. z. B. der Senat berathet „ob er die Fabier an die mit Krieg drohenden Gallier ausliefern solle?" Cäsar berathet „ob er darauf bestehen solle, nach Germanien zu gehen, da die Soldaten insgesammt ihr Testament machen". Im ersteren Beispiele ist der Umstand, dass die Gallier drohen, Veranlassung zur Berathung; es kann aber auch die Frage sein, ob auch abgesehen von dieser Drohung diejenigen ausgeliefert werden müssen, die gegen das Völkerrecht als Gesandte sich am Kampfe betheiligt und den König, an den sie Aufträge empfangen hatten, getödtet haben. Im zweiten Beispiel berathet Cäsar offenbar blos wegen dieser Bestürzung seiner Soldaten, es lässt sich aber auch fragen, ob er auch ohne diesen Fall nach Germanien vordringen müsse. Solche Suasorien werden bei Empor. p. 570 *suasoriae ex incurrenti* genannt. Vergleichend endlich sind die Suasorien, bei denen gefragt wird, welcher von zwei vorliegenden Anträgen der bessere sei, wenn also in dem einen der obigen Beispiele die eine Seite den Antrag stellt die Ehrenstellen zu verkaufen, die andre neue Steuern auszuschreiben. Als doppelte Suasorien müssen natürlich auch solche betrachtet werden, in denen der Redner bei einem Thema zu zweierlei ermahnt, so wenn Isokrates im Panegyricus verlangt, Athen und Sparta, als die Hauptstaaten Griechenlands, sollen sich mit einander aussöhnen, um dann vereint mit den übrigen gegen die Perser zu Felde zu ziehen.

§. 31.

Eintheilung und Topik der Demegorie; die τελικὰ κεφάλαια.

Wenn nun auch die Uebertragung der Statuslehre auf die berathende Beredsamkeit als überflüssig und ungehörig von der Hand zu weisen ist, so ist doch die eigentliche διαίρεσις der στάσις πραγματική von grosser Wichtigkeit. Sie giebt uns die feststehenden Topen an die Hand, nach welcher der Stoff für die berathende Rede gesucht werden muss, also die *partes suadendi*, und gehört demnach recht eigentlich in die Lehre von der Auffindung.

Kurz und bündig sagt bereits Anaximenes c. 1 p. 175: derjenige, der zu etwas räth, muss zeigen, dass das, wozu er aufmuntert, gerecht, gesetzlich, zuträglich, schön, angenehm, leicht ausführbar sei. Kann er das nicht, so muss er, wenn er zu etwas schwer ausführbarem auffordert, zeigen, dass es möglich und unumgänglich nothwendig sei. Der Abrathende aber muss durch das Entgegengesetzte zu hindern suchen; es sei nicht gerecht, nicht gesetzlich, nicht zuträglich, nicht schön, nicht angenehm, nicht möglich dies zu thun; und kann er das nicht beweisen, so muss er zeigen, dass es anstrengend, dass es nicht nothwendig sei. Danach wären die Topen der berathenden Beredsamkeit das δίκαιον, νόμιμον, συμφέρον, καλόν, ἡδύ, ῥᾴδιον, weiterhin das δυνατόν und ἀναγκαῖον. Dass diese Aufzählung keine rein empirische ist, sondern dass ihr ein gewisses Princip zu Grunde liegt, erkennen wir aus Aristoteles. Dieser stellt nämlich als den der berathenden Beredsamkeit eigenthümlichen Gesichtspunkt Rhet. I, 3 lediglich das συμφέρον καὶ βλαβερόν auf und lässt die andern Punkte, wie das δίκαιον, den Hauptgesichtspunkt der gerichtlichen und das καλόν, den Hauptgesichtspunkt der epideiktischen Beredsamkeit und deren Gegentheil nur als untergeordnete gelten. Während der berathende Redner es mit letzteren oft nicht besonders genau nehme, werde er doch niemals zugeben, dass er Nachtheiliges anrathe, oder von Nützlichem abrathe. Daraus folge, dass eben dieser Gesichtspunkt für ihn der hauptsächliche, das eigentliche τέλος dieser Art der Beredsamkeit sei. Allein des Aristoteles Ansicht drang nicht durch, wohl weil sie nicht verstanden wurde. Die späteren Rhetoren begnügten sich entweder mit einer einfachen Aufzählung, wie Anaximenes, oder man stellte neben das *utile* als gleichberechtigten Gesichtspunkt das *honestum*. So Cic. de inv. II, 51, 156 in bestimmtem Gegensatz zu Aristoteles, ferner de or. II, 82, 335. Die Stoiker natürlich wollten von einer Trennung des utile und honestum nichts wissen, vgl. Empor. p. 571. Möglich daher, dass es ihnen zu Liebe in den part. orat. 24, 83 wieder einfach heisst: *in deliberando finis utilitas*. Auch Cornif. III, 4, 8 sagt *in huiusmodi causis finis est utilitas*, theilt diese aber ein in die *ratio tuta* (dies ist das χρήσιμον und ἀναγκαῖον) und *honesta*. Wieder andere stellten neben das utile und honestum als weiteren Gattungsbegriff das *necessarium*. Quint. §. 22 bemerkt dagegen, dass sich über das Nothwendige eigentlich nicht berathen lasse. Solle aber unter dem Nothwendigen das verstanden werden, wozu man aus Furcht vor Schlimmerem gezwungen werde, so gehöre es mit unter das Nützliche. Besser sei es daher als dritten Theil das *possibile*, δυνατόν, aufzustellen. Hatte man aber einmal das *honestum* als gleichberechtigt neben das utile gestellt, so musste natürlich das *iustum* auch herangezogen werden, und zwar musste es die erste Stelle erhalten, weil die Rechtmässigkeit einer Sache, mag nun der Redner noch besonders auf ihren Nachweis eingehen oder nicht, doch immer die Vorraussetzung ihrer Zweckmässigkeit bildet, die er empfehlen will.

Hermogenes und die späteren nannten diese Gesichtspunkte τελικὰ κεφάλαια, wofür sich bei Priscian in der Uebersetzung von Hermogenes Progymnasmen der Ausdruck *capitula finalia* findet. Diese Bezeichnung geht offenbar auf das τέλος in der obigen Stelle des Aristoteles zurück. Es sind also diejenigen Gesichtspunkte, durch deren Anwendung der Redner seinen Zweck, zu überreden, erreicht. Die richtige Erklärung des Namens finden wir bei Planudes Rh. Gr. T. V p. 335. Verkehrte dagegen T. I p. 132. II p. 37. 399. V p. 713. Solcher τελικὰ κεφάλαια stellt Longin fr. 15 vier auf, τὸ δίκαιον, τὸ συμφέρον, τὸ δυνατόν, τὸ ἔνδοξον, Aphthonius T. I p. 109 auch vier, νόμιμον, δίκαιον, συμφέρον, δυνατόν, Hermogenes sechs: νόμιμον, δίκαιον, συμφέρον, δυνατόν, ἔνδοξον, ἐκβησόμενον. Ebenso Ios. Rhacend. T. III p. 481. Dazu kommen noch bei Hermogenes in den Progymnasmen T. I p. 34 τὸ πρέπον, bei Apsines T. IX p. 527 τὸ σαφές. Andre fügten noch mehr Unterarten dazu, wie wir aus Empor. p. 571 entnehmen, der sich selbst mit zwölf Topen, die er auch *elementa* nennt, begnügt, nämlich *legitimum, iustum, aequum, conveniens, honestum, utile, religiosum, pium, civile, facile, possibile, necessarium,* die er aber als Unterarten von *honestum* und *utile*, oder auch von *honestum*, *utile*, *aequum* und *facile* betrachtet. Die Stelle des Plaudes ist für die ganze Theorie dieser Topen sehr lehrreich. Genau genommen, sagt er, giebt es blos drei τελικὰ κεφάλαια nach den drei Arten der Beredsamkeit, also τὸ δίκαιον für die gerichtliche, τὸ συμφέρον für die berathende, τὸ καλόν für die panegyrische oder epideiktische. Davon wird das δίκαιον eingetheilt in νόμιμον, δίκαιον und τὸ ἔθος, das συμφέρον in χρήσιμον, ἀναγκαῖον, δυνατόν, ῥᾴδιον, ἐκβησόμενον, das καλόν endlich in πρέπον und ἔνδοξον. Wäre hier noch deutlich gesagt, dass das δίκαιον und καλόν nur Gesichtspunkte untergeordneter Art sind, und warum sie dies sind, weil nämlich eine berathende Materie, um die es sich hier zunächst handelt, nur unter Umständen sich mit einer Rechtsfrage berührt, und der Gesichtspunkt des Löblichen oft bei ihr gar nicht in Betracht kommen kann, so hätten wir hier eine zweckmässige Erweiterung der ursprünglich Aristotelischen Lehre. Befremdlich ist bei dieser Eintheilung die Subsumtion des δυνατόν unter das συμφέρον. Stellt man es, wie Quintilian will, als besonderen Hauptgesichtspunkt auf, so geht (wie bei Emporius) die ursprüngliche Trichotomie verloren. Vielleicht lässt es sich als die allerdings in jedem einzelnen Falle nachzuweisende Grundvoraussetzung des συμφέρον betrachten, und dies scheint in der That von Cornificius geschehen zu sein, da er auf das *possibile* gar nicht weiter eingeht.

Die angeführten Gesichtspunkte werden nun von den Rhetoren noch im einzelnen erläutert. So von Cornif. l. l. Cic. de inv. II, 52 ff. Quint. §. 22—35. Hermogenes T. II p. 164. Letzterem ist die πραγματική entweder ἔγγραφος, oder ἄγραφος, d. h. sie geht entweder von einer bestimmten gesetzlichen Vorlage aus, oder nicht. Im letzteren Falle tritt an die Stelle des νόμιμον, τὸ ἔθος, die Sitte, sowie die allgemeinen Vorschriften der Moralität. Das δυνατόν theilt er ein nach ἔνστασις und ἀντιπαράστασις in ῥᾴδιον (οὐ χαλεπόν) und ἀναγκαῖον. Ferner von Apsines T. I p. 380 ff., der sehr ins einzelne geht. Unter den Lateinischen Rhetoren ist beachtenswerth Fortunat. p. 106. Sulp. Vict. p. 318. 342.

Es ist nun nicht schwer, das von den Rhetoren angegebene Verfahren der Division mit zahlreichen Beispielen aus den Rednern zu belegen, vgl. Spengel zu Anax. S. 105 (wo auch auf die Reden des Thucydides Bezug genommen ist), und Kayser zu Cornif. S. 271. Zunächst war das νόμιμον, συμφέρον und δίκαιον stehende Topik bei den γραφαί παρανόμων*). Auch hier konnte unter Umständen, wie bei Demosthenes in der Timocratea, das δυνατόν als vierter Gesichtspunkt dazu kommen, s. d. Hypoth. p. 198. — Die eigentlichen Suasorien anlangend, so räth Isokrates im zweiten Theile der Rede über den Frieden (or. VIII, 66) den Athenern das Streben nach der Seeherrschaft aufzugeben und disponirt: οἶμαι πᾶσι φανερὸν ποιήσειν, ὡς οὔτε δικαίας ἀρχῆς ἐπιϑυμοῦμεν, οὔτε γενέσϑαι δυνατῆς, οὔτε συμφερούσης ἡμῖν. Man vergleiche aus dem ersten Theile derselben Rede §. 16, wo die Gesichtspunkte des δίκαιον und συμφέρον zur Anwendung gebracht werden. Wenn er aber im Areopagitikos, nachdem er in der Einleitung den traurigen Verfall der Athenischen Politik auseinandergesetzt, und seinen Grund in der schlechten demokratischen Verfassung nachgewiesen hat, fortführt: εὑρίσκω γὰρ ταύτην ἂν μόνην γενομένην καὶ τῶν μελλόντων κινδύνων ἀποτροπὴν καὶ τῶν παρόντων κακῶν ἀπαλλαγήν, ἢν ἐϑελήσωμεν ἐκείνην τὴν δημοκρατίαν ἀναλαβεῖν, ἢν Σόλων μὲν ὁ δημοτικώτατος γενόμενος ἐνομοϑέτησε, Κλεισϑένης δὲ ὁ τοὺς τυράννους ἐκβαλὼν καὶ τὸν δῆμον καταγαγὼν πάλιν ἐξ ἀρχῆς κατέστησεν, so haben wir blos das συμφέρον nach χρήσιμον und ἀναγκαῖον. Ebenso giebt das Nützliche allein den Gesichtspunkt ab in or. V. Hierbei sind συμφέρον und χρήσιμον synonym. §. 16: μέλλω γάρ σοι συμβουλεύειν προστῆναι τῆς τε τῶν Ἑλλήνων ὁμονοίας καὶ τῆς ἐπὶ τοὺς βαρβάρους στρατείας. ἔστι δὲ τὸ μὲν πείϑειν πρὸς τοὺς Ἕλληνας συμφέρον, τὸ δέ βιάζεσϑαι πρὸς τοὺς βαρβάρους χρήσιμον. ἡ μὲν οὖν περιβολὴ παντὸς τοῦ λόγου τοιαύτη τίς ἐστιν. Doch kommt im weitern Verlauf der Rede beim ersten Theile auch das ὅσιον und δυνατόν zur Anwendung, §. 32 ff. 39 ff. ferner das ῥάδιον §. 57 ff., das ἔνδοξον §. 68 ff., das letztere durch den Hinweis auf die Verleumdung seiner Absichten gegen Griechenland und die Nothwendigkeit dieselben Lügen zu strafen, also den τόπος ἐκ τοῦ ἐναντίου amplificirt.

Cicero disponirt in or. Phil. VII, 3, 9: *cur igitur pacem nolo? quia turpis est, quia periculosa, quia esse non potest.* Noch in der spätesten Zeit des Alterthums giebt Eumenius in seiner Rede *de restaurandis scholis Augustodunensibus* c. 3 die Eintheilung: *quam quidem ego duas in partes arbitror dividendam, ut prius disseram, quam sit ex usu et officio opus illud ad pristinam magnificentiam*

---

*) Weber Dem. Arist. proleg. III p. 128.

*reformari; deinde, qua ratione id possit sine sumptu publico
et largitione quidem principum maximorum, sed tamen cum aliquo
meo erga patriam studio et amore procedere.* Interessant und lehrreich sind auch die Divisionen der Römischen Declamatoren, welche uns Seneca in seinen Suasorien aufbewahrt hat. Bei der ersten Suasoria: *deliberat Alexander, an Oceanum navigct,* disponirte Cestius, auch wenn der Ocean befahren werden könne, dürfe er nicht von Alexander befahren werden; Gründe waren unter anderen, Alexander habe genug Ruhm erworben, er müsse die von ihm im Fluge eroberten Länder jetzt regieren und im Innern ordnen; er müsse für seine so oft durch Siege ermüdeten Soldaten Sorge tragen, er müsse an seine Mutter denken. Der Ocean könne aber gar nicht befahren werden. Fabianus behielt bei anderer Begründung den ersten Theil bei. Im zweiten Theile leugnet er zuerst, dass es im Ocean, oder jenseits des Ocean bewohnbare Länder gebe; wenn es auch welche gebe, so könne man doch nicht zu ihnen gelangen; könne man auch zu ihnen gelangen, so verlohne es sich doch nicht der Mühe. Bei der zweiten Suasoria: *trecenti Lacones contra Xerxen missi, cum treceni ex omni Graecia missi fugissent, deliberant an et ipsi fugiant,* wandte Arellius Fuscus die gewöhnliche Division an *(divisione usus est illa vulgari),* es sei nicht ehrenwerth zu fliehen, auch wenn es sicher sei; zweitens es sei eben so gefährlich zu fliehen als zu kämpfen, schliesslich es sei gefährlicher zu fliehen, die kämpfenden hätten sich vor den Feinden zu fürchten, die fliehenden vor den Feinden und ihren eigenen Leuten. Das Thema der dritten Suasoria lautet: *deliberat Agamemnon, an Ifigeniam immolet negante Calchante aliter navigari fas esse.* Seneca giebt uns wieder die Disposition des Fuscus: selbst wenn man sonst nicht abfahren könne, dürfe es nicht geschehen, es sei ein Mord, ja der Mord eines Kindes; was man preisgebe stehe in keinem Verhältniss zu dem, was man haben wolle; man wolle eine Buhlerin haben und gebe eine Iphigenie preis, man strafe einen Ehebruch und begehe den Mord eines Kindes. Zweitens sagte er, er werde auch ohne Opfer fahren, die Windstille sei ein natürliches durch Meer und Wind bedingtes Hemmniss der Fahrt, der Wille der Götter werde von den Menschen nicht erkannt. Für den letzteren Punkt gab Cestius eine sorgfältige Unterabtheilung. Die Götter, sagte er, mischen ihren Willen in die menschlichen Dinge nicht ein; selbst wenn sie es thäten, könne ihr Wille von dem Menschen nicht erkannt werden; selbst wenn er erkannt

würde, könne das Schicksal nicht rückgängig gemacht werden; gäbe es kein Schicksal, so könne man nichts von der Zukunft wissen, gäbe es eins, so sei es unabänderlich. Bei der fünften Suasoria: *deliberant Athenienses, an tropaea Persica tollant, Xerxe minante rediturum se nisi tollerentur* — begnügte sich Argentarius mit der Eintheilung, entweder wird Xerxes nicht kommen, oder wenn er kommt, ist er nicht zu fürchten. Fuscus disponirte, selbst wenn Xerxes, im Falle wir die Trophäen nicht wegnehmen, kommen wird, dürfen wir sie nicht wegnehmen; befohlenes zu thun ist ein Geständniss der Knechtschaft; wenn er kommt, werden wir ihn besiegen; wir werden den besiegen, den wir schon besiegt haben: aber er wird auch nicht kommen; wollte er wirklich kommen, so würde er es uns nicht ankündigen, er ist gebrochen an Kräften und Geist. Gallio rieth den Athenern, die Trophäen wegzunehmen; der Ruhm werde nicht darunter leiden; das Andenken an den Sieg werde ewig bleiben; die Trophäen selbst würden durch die Stürme der Zeit zerstört; man habe einen Krieg unternehmen müssen für die Freiheit, für Weib und Kind; für etwas überflüssiges dürfe man sich in keinen Krieg begeben. Xerxes, der in seinem Zorn sich selbst gegen die Götter vermässe, werde jedenfalls kommen; er habe grosse Streitkräfte; weder habe er alle Truppen nach Griechenland geführt, noch alle in Griechenland verloren; man müsse sich vor der Veränderlichkeit des Glückes fürchten; die Kräfte Griechenlands seien erschöpft und könnten keinen zweiten Krieg weiter ertragen, jenem stehe eine unermessliche Menge Menschen zu Gebote. In der sechsten Suasoria überlegt Cicero, ob er dem Antonius Abbitte thun solle. Die meisten Declamatoren riethen dem Cicero davon ab. Cestius theilte ein: es ist für dich nützlich, ehrenvoll, ja nothwendig zu sterben, um als freier Mann und ohne deiner Würde etwas zu vergeben, dein Leben zu beschliessen. Portius Latro: auch wenn du dein Leben von Antonius erlangen kannst, ist es nicht der Mühe werth, zu bitten, aber du kannst es nicht erlangen. Im ersten Theile setzte er auseinander, dass es für jeden Römer, geschweige denn für Cicero, schimpflich sei, um sein Leben zu bitten; er führte dabei die Beispiele aller derer an, die freiwillig den Tod ergriffen hatten. Ihm werde das Leben unnütz sein und mit Verlust der Freiheit schlimmer als der Tod; er beschrieb die ganze Bitterkeit der zukünftigen Sclaverei und fügte hinzu, wenn er das Leben erlange, so werde dies eine Wohlthat von zweifelhaftem Bestande sein*), Antonius werde sicherlich an etwas Anstoss nehmen, an einer That oder einer Aeusserung von ihm, an seinem Schweigen oder seiner Miene. Eigenthümlich behandelte Varius Geminus sein Thema. Wenn eins von beiden geschehen müsste, entweder sterben oder bitten, so würde ich dir rathen, lieber zu sterben als zu bitten. Aber es bleibt noch ein drittes übrig, und nun ermahnte er ihn zur Flucht. Er könne sich zu M. Brutus, zu C. Cassius, zu Sextus Pompeius begeben. „Weshalb verzagen? auch die Republik hat ihre Triumvirn." Dann gab er die Länder an, in welche Cicero sich begeben könnte, und entschied sich schliesslich für Asien und Macedonien, für das Lager des Brutus und Cassius. Mit Recht bemerkte Cassius Severus, die andern hätten blos declamirt, Varius allein dem Cicero einen wirklichen Rath gegeben. Derselbe Varius sprach aber auch für das Gegentheil und theilte ein, Cicero werde bitten ohne sich zu erniedrigen *(non turpiter)*, und nicht vergebens bitten. Seine Durchführung war auch hier scharfsinnig, doch möge man das weitere im Seneca selbst nachlesen.

§. 32.

Fortsetzung. Anwendung der τελικὰ κεφάλαια. Die Prosopopoeie.

Vergegenwärtigen wir uns den Gang einer Suasoria und die Anwendung der im vorigen §. bezeichneten Topen an einer Skizzirung von Isokrates Archidamus, or. VI. Nach der Schlacht bei Mantinea schicken die Spartaner Gesandte an die Thebaner mit der Bitte um Frieden. Die Thebaner machen die Wiederherstellung der Freiheit Messeniens zur Bedingung. Die Bundesgenossen der Spartaner rathen diesen, auf diese Bedingung den Frieden anzunehmen, aber der junge König Archidamus räth dagegen.

Das Prooemium geht von §. 1—15. Archidamus rechtfertigt zunächst sein Auftreten als jüngerer Mann. Aber keiner der Alten hat in einer der Stadt würdigen Weise gesprochen. Die einen rathen zur Annahme der feindlichen Forderungen, andre sprechen nur schwach dagegen, wieder andere schweigen ganz. Zweitens geziemt es sich wohl, dass wo es sich um Krieg oder

---

*) Ich lese mit Gronov: *deinde non futurum fidele vitae impetratae beneficium* statt *fidei impetratae*.

Frieden handelt, gerade diejenigen am meisten ihren Rath ertheilen, welche den grössten Theil der Gefahren zu bestehen haben, umsomehr als das Alter allein nicht schlechthin eine grössere Einsicht verbürgt, so dass diese der Jugend in jeder Hinsicht abzusprechen wäre. Man vertraut ihr die Führung von Heer und Flotten an, die doch sicherlich gereifte Einsicht verlangt, und wollte ihr verweigern, ihren Rath in gegenwärtigem Falle zu ertheilen, der, wenn er gut ist, allen zum Nutzen gereicht, wenn er schlecht ist und keinen Beifall findet, ihr selbst vielleicht zur Unehre gereicht, aber doch dem Staate keinen Schaden zufügt? Drittens ist die gegenwärtige Lage des Staates eine derartige, dass auch ein Rath von Seiten eines jüngeren Mannes nicht zu verschmähen sein dürfte. Seine Freiheit steht auf dem Spiele und da würde es für ihn, den Herakliden, den Königssohn und dereinstigen König eine Schande sein, wollte er es ruhig geschehen lassen, dass Spartanische Sclaven in den Besitz eines von den Vätern überkommenen Landes gelangen sollen. Bis jetzt haben die Spartaner im Felde Unglück gehabt. Die Leiber sind geschlagen durch die Schuld des Führers, aber die Seelen sind noch ungebeugt. Zeigen sie Furcht vor der Zukunft, so werden sie die Thebaner noch übermüthiger machen und zu ihrem Unglück noch Schande häufen.

Der zweite Theil des Prooemiums wendet sich gegen die Bundesgenossen, welche den Spartanern den schimpflichen Rath ertheilt haben. Sie verdienen noch grösseren Zorn als diejenigen, welche von den Spartanern von Anfang an abgefallen sind. Jene haben sich dadurch nur selbst Schaden gethan, diese aber wollen auch ihnen Schaden zufügen. Ihnen zufolge sollen die Spartaner ihren Ruhm, das 700jährige Erbe der Vorfahren, in kurzer Zeit aufgeben, das schimpflichste und furchtbarste Unglück, was Sparta betreffen könnte. Nur schnöder Eigennutz giebt ihnen diesen Rath ein, und wenn sie drohen mit den Gegnern einen Separatfrieden zu schliessen, so würde es Sparta nur um so mehr zum Ruhme gereichen. Allein, ohne fremde Hülfe mit den Feinden fertig zu werden, das entspricht der Spartanischen Tradition.

Der Redner will nun zunächst zeigen, dass die Spartaner ebenso rechtmässig im Besitz Messeniens, als im Besitz ihres eigenen Landes sind, §. 16. Der Beweis wird geliefert §. 17—33. Freilich sagen die Gegner, in gegenwärtiger bedrängter Lage gezieme es sich nicht das $\delta i\kappa\alpha\iota o\nu$, sondern das $\sigma \iota \mu \varphi \acute{\epsilon} \varrho o\nu$ ins Auge zu fassen. Es ist dies aber erstens ein unsittlicher Grundsatz, — die Tugend ist das höchste, was das menschliche Leben besitzt, und wer sich für sein Recht in Gefahr begeben will, braucht nicht muthlos zu sein, — zweitens ist es lächerlich, ein eingestandenes Gut gegen ein zweifelhaftes einzutauschen, denn es ist erst noch fraglich, ob die Annahme der Bedingungen auch wirklich einen dauernden Frieden verbürgt, §. 34—40.

Schon oft sind Menschen aus bedrängter Lage wieder herausgekommen und doch noch Sieger über ihre Feinde geworden, folglich können auch wir uns dieser Hoffnung hingeben, zumal wir eine gute Staatsverfassung und Kriegserfahrung haben, §. 40—48.

Was die Gegner von der Unsicherheit des Krieges sagen, ist nur unter Umständen richtig und lässt sich auch vom Frieden sagen. Es ist natürlich, in glücklicher Lage an Frieden zu denken, dagegen in bedrängter Lage seine Hoffnung auf den Krieg zu setzen. Wenn wir jetzt an Frieden denken, auf Bedingungen hin, die uns befohlen werden, und den Entschluss eines mannhaften Widerstandes aufgeben, so handeln wir leichtsinnig und in Widerspruch mit unsrer Vergangenheit, §. 49—57. Ja der Rath der Gegner ist für Sparta geradezu schimpflich. Dabei weisen sie auf die Schwäche unsrer Stadt und die Macht der Gegner hin, und fragen uns, im Vertrauen auf welche Hülfe wir zum Kriege rathen. Die beste Hülfe ist die Gerechtigkeit unsrer Sache, das consequente Festhalten an unsrer hergebrachten Politik, unser Muth und unsre ehrenhafte Gesinnung, Vorzüge, welche mehr wiegen als die blose Zahl der Streiter, und deren sich unsre Gegner nicht rühmen können. Wir können aber auch auf auswärtige Hülfe rechnen; auf die Athener, auf andre Städte, welche die Gemeinsamkeit ihrer Interessen mit uns verbinden wird, auf Dionys, den Aegypterkönig und andere. Ja selbst die Hauptmasse der Peloponnesischen Bevölkerung, die jetzt gegen uns ist, wird der Unsicherheit und des Schwankenden ihrer gegenwärtigen Verhältnisse bald müde, sich wieder nach unsrer Leitung zurücksehnen, §. 49—69.

Aber selbst wenn alle auswärtige Hülfe ausbliebe, würde ich doch zur Fortsetzung des Kriegs und gegen die Annahme der Friedensbedingungen rathen, die uns Schande bringt. Schlimmer als es uns bis jetzt gegangen ist, kann es uns überhaupt kaum gehen, und sollte dies dennoch der Fall sein, sollten wir nicht einmal unsre Stadt mehr behaupten können, dann können wir immer noch unsre Eltern, Weiber und Kinder aus der Stadt schaffen, sie in den Kolonien in Sicherheit bringen, und in kleiner Zahl von irgend einem festen Punkte aus, womöglich im Feindeslande, gegen dieselben einen verzweifelten Vernichtungskampf führen, dem sie auf die Länge der Zeit doch nicht werden gewachsen sein, und bei dem wir nichts zu verlieren, aber alles werden zu gewinnen haben; §. 70—80. Was unsre Vorfahren gross gemacht hat, die militärische Organisation ihrer Verfassung und ihr Gehorsam gegen die Herrscher, das wird, wenn wir daran festhalten und es nachahmen, uns mit Leichtigkeit wieder zum Sieg über unsere Feinde verhelfen. Wie jene mit geringer Heeresmacht sich zu Herren vieler und grosser Städte gemacht haben, so geziemt es auch uns, jetzt von vorn anzufangen und zu versuchen, die verlorene Machtstellung wiederzugewinnen. Es würde für uns schimpflich sein, wollten wir in einem Falle, wo es sich um unsre Rettung handelt, an Entschlossenheit hinter den Athenern und Phokäern zurückbleiben, von denen die ersteren für die Freiheit Griechenlands ihre Stadt verliessen, die letzteren durch freiwillige Auswanderung sich dem Despotismus des Perserkönigs entzogen. Und statt im Geiste sich das Traurige des Tages auszumalen, wo wir schlimmsten Falls uns von unsern nächsten Angehörigen trennen müssen, wollen wir lieber der Zeit gedenken, wo wir nach Besiegung der Feinde zurückkehren, unsre Stadt wiederherstellen und die Unsrigen zurückführen, §. 81—86.

Uebrigens würde ich nicht so entschlossen zum Kampf auffordern, wenn ich nicht sähe, dass der Friede, zu dem man uns räth, nicht blos schimpflich, sondern auch von geringem Bestand sein wird. Denn die Befreiung unsrer Heloten würde für uns ein steter Gegenstand der Furcht und Unruhe sein, §. 87. Um so schwerer fällt daher das schimpfliche des Friedens ins Gewicht. Es kann überhaupt für uns Spartaner gar kein schimpflicheres Anerbieten geben als das uns gegenwärtig gestellte, durch dessen Annahme wir uns in den Augen der Feinde nur verächtlich machen würden. Wir Spartaner müssen Angesichts unserer Vergangenheit entweder die ersten unter den Hellenen bleiben, oder ruhmvoll untergehen. Ein feiger Entschluss in unsrer Versammlung würde uns aber nicht minder zur Schande gereichen, als eine Feigheit auf dem Schlachtfelde. Wer aber den Tod nicht scheut, wo es sich um seinen eignen Ruhm handelt, der darf auch nicht andrer Ansicht sein, wo der Ruhm des Vaterlandes auf dem Spiele steht. Welch schimpfliche Rolle würden wir in Zukunft in Olympia und bei den übrigen Panegyren spielen, wo wir jetzt als die geachtetsten und bewundertsten dastehen. Wir würden es gar nicht mehr wagen können, sie zu besuchen, zumal wir uns gewärtigen müssen, zu sehen, wie unsere ehemaligen Sclaven den Göttern aus dem Lande, das uns unsre Väter hinterlassen haben, reichlichere Spenden darbringen als wir selbst, und uns dabei mit ihren Verwünschungen überhäufen. Aber geschehene Dinge lassen sich nicht ändern; jetzt dagegen liegt es noch in unsrer Hand dem vorzubeugen und uns vor Schimpf und Schande zu bewahren. §. 87—98.

Zum Schluss erinnert Archidamus an die Grossthaten der Spartaner bei Dipoea, bei Thyreae und den Thermopylen, und weist darauf hin, wie es Pflicht tapfrer Männer sei, gerade im Unglück sich als solche zu zeigen. Auch Athen und Theben haben sich nach kriegerischen Unfällen zu ihrer jetzigen Grösse erhoben. Welcher Ruhm wird daher den Spartanern zu Theil werden, wenn sie sich aus ihrer gegenwärtigen übeln Lage wieder zu ihrer früheren Grösse emporschwingen. Er erinnert seine Zuhörer nochmals an das, was jetzt eigentlich von ihnen verlangt wird, nämlich der Ehre vor der Schande den Vorzug zu geben, und weist sie hin als auf eine Pflicht gegen das Vaterland, die eignen Eltern und Kinder, ihnen ungeschmälert den Ruhm der Vorfahren zu erhalten. Noch nie ist es den Feinden gelungen, die Spartaner unter der Führung eines Königs aus des Redners Hause zu besiegen. Deshalb wird es vernünftig sein, wenn diese auch bei bevorstehenden Gefahren ganz besonders auf den Rath derjenigen hören, deren Leitung im Kampfe ihnen stets erspriesslich gewesen ist. §. 99—111.

Für die Art und Weise, wie sich aus der Benutzung der τελικὰ κεφάλαια der enthymematische Stoff zu einer Demegorie gewinnen lässt, ist die im obigen zergliederte Rede des Isokrates sicherlich sehr instructiv. Sie belegt uns ferner die Richtigkeit dessen, was Quint. III, 8, 34 sagt, wenn er behauptet, jede Suasoria sei überhaupt eine Vergleichung; man müsse zusehen, was man erreichen wolle und wodurch man es erreichen wolle, so dass sich abschätzen lässt, ob in dem, was man erstrebt, mehr Nutzen, oder in dem, wodurch man es erstrebt, mehr Nachtheil enthalten sei. Wenn er dann fortführt: *est utilitatis et in tempore quaestio, expedit sed non nunc. et in loco, non hic: et in persona, non nobis, non contra hos. et in genere agendi, non sic: et in modo, non in tantum* — so kömmt er damit auf die Anwendung und Erweiterung der berathenden Topen durch Zuhülfenahme der Peristasen, wovon bereits oben in §. 26 die Rede war. Berücksichtigung der Zeit beim Gesichtspunkt des Nützlichen haben wir bei Isocr. or. VIII, 74: ἔφασκον γὰρ ἐκεῖθεν κάλλιστ' ἂν ὑμᾶς καταμαθεῖν, ὡς οὐ συμφέρει λαβεῖν τὴν κατὰ θάλατταν ἀρχήν, εἰ σκέψαισθε τίνα τρόπον ἡ πόλις διέκειτο πρὶν τὴν δύναμιν ταύτην κτήσασθαι καὶ πῶς ἐπειδὴ κατέσχεν αὐτήν· ἢν γὰρ ταῦτα παρ' ἄλληλα τῇ διανοίᾳ θεωρήσητε, γνώσεσθ' ὅσων κακῶν αἰτία τῇ πόλει γέγονεν.

Aus dem, was wie bereits erwähnt, Cic. de inv. II, 62 ff. und zwar mit grosser Ausführlichkeit über das *utile* und *honestum* auseinandersetzt, ist noch hervorzuheben, dass der Redner nach seiner Ansicht am meisten Rücksicht auf *honestas* zu nehmen hat, demnächst auf *incolumitas*, auf persönliche Sicherheit; in dritter Reihe komme erst die Rücksicht auf *commoditas*, d. h. auf etwaigen Vortheil und Nachtheil. Für eintretende Collisionen, welcher Rücksicht in einem bestimmten Falle der Vorzug gebühre, lasse sich als allgemeine Regel aufstellen: *qua in re fieri poterit, ut cum incolumitati consuluerimus, quod sit in praesentia de honestate delibatum, virtute aliquando et industria recuperetur, incolumitatis ratio videbitur habenda: cum autem id non potuerit, honestatis. Ita in huiusmodi quoque re, cum incolumitati videbimur consulere, vere poterimus dicere nos honestatis rationem habere, quoniam sine incolumitate eam nullo tempore possumus adipisci. qua in re vel concedere alteri, vel ad conditionem alterius descendere, vel in praesentia quiescere atque aliud tempus expectare oportebit.* (58, 174.)]

Der Archidamus des Isokrates ist ein Product der Kunstberedsamkeit, eine Prosopopoeie, d. h. eine Rede, die nicht wirklich gehalten, sondern einer bestimmten Person in den Mund gelegt ist. Derartige Reden finden sich nun zahlreich bei den alten Historikern von Thucydides an, und sie sind, wie man bald sieht, nach denselben Kunstregeln gearbeitet, welche für die Anfertigung wirklicher Suasorien in Geltung waren. Solche Prosopopoeien wurden auch von bereits anerkannten Rednern vielfach zur Uebung angefertigt, und sie werden zu diesem Zweck von Quint. §. 50 ausdrücklich empfohlen. Auch unter den rhetorischen Progymnasmen nehmen sie daher eine wichtige Stelle ein. Hierbei ist besonders die Person dessen, der einen Rath ertheilt, so wie dessen, oder derer, denen ein Rath ertheilt wird, ins Auge zu fassen. Auch hierüber giebt Quintilian einige gute Bemerkungen. Jeder der eine Suasoria für andre aufsetzt, oder eine solche zur eignen

Uebung anfertigt, muss sorgfältig auf die Lage und das Leben dessen, der die Rede halten soll, Rücksicht nehmen. Das, was der Redner sagt, muss immer seiner Person angemessen sein. Zu ein und derselben Handlung wird anders ein Caesar, anders ein Cicero, wieder anders ein Cato überreden. Noch wichtiger aber ist die Rücksicht auf die zu berathende Person, sei dies blos eine, oder seien es mehrere. Bei mehreren, sagt Quintilian, ist es ein grosser Unterschied, ob der Senat, oder das Volk, ob Römer oder Fidenaten, Griechen oder Barbaren berathen. Bei nur einem, ob man einem Cato, oder einem Marius räth, sich um Ehrenstellen zu bewerben; ob der ältere Scipio, oder ein Fabius die Art der Kriegführung überlegt. Hierbei muss man also auf Geschlecht, Würde, Alter, vorzüglich auf den Charakter des Berathenden sehen. Rechtschaffene Charaktere zu etwas rechtschaffenem zu bereden ist leicht. Wollen wir aber bei schlechten Charakteren etwas gutes durchsetzen, so müssen wir uns sehr in Acht nehmen, dass es nicht den Anschein gewinnt, als wollten wir ihnen ihren verschiedenen Lebenswandel zum Vorwurf machen. Auch wird in ihren Augen weniger das honestum an sich, als das laudabile, dann das utile, ja wohl auch die Furcht, falls sie anders handeln würden, von Belang sein. Hat man einem guten Charakter Unehrenhaftes anzurathen, vorausgesetzt, dass sich der Redner überhaupt dazu entschliessen kann, dies zu thun, so muss man es wenigstens zu beschönigen wissen. Dies ist sogar einem schlechten Charakter gegenüber nothwendig. Denn Niemand ist so schlecht, dass er es sogar scheinen möchte. Daher spricht Catilina bei Sallust so, dass es den Anschein gewinnt, als sei nicht Bosheit, sondern der Unwille über die ihm und den in gleicher Lage mit ihm befindlichen Patriciern zu Theil gewordene Zurücksetzung das Motiv zu seinem verbrecherischen Unternehmen. Wenn man also dem Cicero den Rath ertheilt, dem Antonius Abbitte zu thun, oder seine Philippischen Reden zu verbrennen, unter welcher Bedingung ihm jener das Leben versprach (Sen. Suas. VII), so darf man nicht die Lust zum Leben betonen — wenn diese ihn überhaupt bestimmen könnte, so wird sie ihn auch bestimmen, wenn wir nichts davon sagen — sondern wir werden ihn ermahnen, sich der Republik zu erhalten. Wenn man dem Cäsar anräth, die Königswürde anzunehmen, so wird man ihm sagen, nur unter der Herrschaft eines einzigen könne überhaupt noch die Republik bestehen. Denn wer mit einer verbrecherischen Handlung umgeht (als solche ist aber die *affectatio regni* vom Römischen Standpunkte aus zu betrachten), der frägt blos danach, wie seine Handlungsweise den Schein des möglichst kleinsten Unrechts erlangen kann, Quint. §. 36—48. Vortrefflich ist daher die Rede des Mäcenas bei Cass. Dio LII, 14 ff. angelegt, worin er den Augustus zur Uebernahme der Alleinherrschaft zu bewegen sucht. Als Beispiel einer specielleren Berücksichtigung der zu berathenden Person mag schliesslich noch Isocr. or. V, 39 ff. dienen, wo der Redner den Einwurf gegen seinen Vorschlag, den er dem König Philipp macht, die vier Hauptstaaten Griechenlands auszusöhnen, er verlange unmögliches, zunächst mit dem Hinweis auf die gegenwärtige politische Ohnmacht dieser Staaten, dann aber mit dem Bemerken zurückweist, dass gerade für ihn, der schon so manches wider Erwarten zu Stande gebracht habe, auch diese Aufgabe nicht schwierig sei.

Dritter Abschnitt.
Die epideiktische Beredsamkeit.

§. 33.

Wesen und Umfang der epideiktischen Beredsamkeit. Die Theile der epideiktischen Rede.

Die epideiktische Beredsamkeit hat es mit Lob und Tadel zu thun, s. oben S. 10. Sie ist auf einen kleineren Kreis von Zuhörern berechnet, als die beiden andern Arten der Beredsamkeit, meistens nur auf gebildete Beurtheiler der Kunst, die ergetzt sein wollen, doch kann sie auch, wie bei grossen Festversammlungen, bei öffentlichen Leichenreden, vor einem grösseren Zuhörerkreis auftreten. So konnte sie einen öffentlichen, geschäftlichen Charakter annehmen, und zwar war dies, wie Quint. III, 7, 1 bemerkt, in Rom noch mehr der Fall als in Griechenland. Wenn er sagt, Aristoteles und ihm folgend Theophrast hätten die epideiktische Beredsamkeit, als rein auf Zuhörer berechnet, von der ῥητορικὴ πρακτική ausgeschlossen, so hat er dies vielleicht blos aus der Bezeichnung ἐπιδεικτικῆς gefolgert. Aristoteles spricht von ῥητο-

ρικὴ πρακτική überhaupt nicht, wenn auch der von ihm statuirte
Begriff der ἀγωνιστική auf dasselbe hinauskömmt. Allein bei den
Römern wurden Leichenreden oft durch ein öffentliches Amt bedingt und wurden nicht selten den Magistrats-Personen durch
einen Senatsbeschluss übertragen; vor Gericht wurden Zeugen gelobt oder getadelt, sogar dem Angeklagten durfte man Lobredner
stellen; Cicero's Reden gegen seine Mitbewerber, gegen L. Piso,
gegen Clodius und Piso (mehr oder weniger auch die Rede de
haruspicum responsis) waren reine Tadelreden, wurden jedoch im
Senat gehalten und vertraten die Stelle eines Antrags. Ferner
lesen wir bei ihm de leg. agr. II, 1: *est hoc in more positum, Quirites, institutoque maiorum, ut ei, qui beneficio vestro imagines familiae
suae consecuti sunt, eam primam habeant contionem, qua gratiam
beneficii vestri cum suorum laude coniungant.* Indessen kannten
auch die Römer so gut wie die Griechen reine Prunkreden. Für
einen zukünftigen Redner war es unter allen Umständen dringend
nöthig, sich auch mit der epideiktischen Beredsamkeit theoretisch
und praktisch vertraut zu machen, auch wenn er selbst vielleicht
späterhin wenig Gelegenheit haben mochte, mit ihr selbstständig
aufzutreten. Denn was er hierbei gelernt hatte, liess sich wenigstens indirect für die beiden andern Gattungen der Beredsamkeit
verwenden. Cornif. III, 8, 15: *nec hoc genus causae, eo quod rare
accidit in vita, neglegentius commendandum est, neque enim id, quod
potest accidere, ut faciendum sit aliquando, non oportet velle quam
commodissime posse facere; et si separatim haec causa minus saepe
tractatur, at in iudicialibus et in deliberativis causis saepe magnae
partes versantur laudis aut vituperationis, quare in hoc quoque genere
causae non nihil industriae consumendum putarimus.* So finden wir
denn auch in Gerichtsreden wie in Suasorien häufig genug gelegentliche Enkomien, theils in der Form einer besondern Digression,
theils als integrirenden Bestandtheil der Argumentation. So bei
Cicero in der Rede de imp. Cn. Pomp. die laudes Luculli, bei
Demosthenes in der Leptinea (§. 75 ff.) das Lob des Chabrias und
andrer Wohlthäter Athens. Schon Isokrates soll nach Quint. III, 4, 11
gelehrt haben, dass Lob und Tadel überall enthalten sei. In der
späteren Kaiserzeit freilich, in den drei Jahrhunderten der Sophistik, beschränkte sich die praktische Beredsamkeit, als Gelegenheitsrede im weitesten Sinne des Wortes, fast ausschliesslich auf
die epideiktische Gattung, und brachte hier eine erstaunliche Fülle
von Spielarten des Enkomium hervor, von denen manche freilich

sich unter die eigentliche Kategorie desselben kaum noch subsumiren liessen. Dies veranlasste denn auch spätere Rhetoren ausser den drei γενικώτατα εἴδη der Beredsamkeit noch andre μερικὰ εἴδη aufzustellen, wie eben den λόγος βασιλικός, ἐπιθαλάμιος, ἐπιτάφιος — καὶ ἄλλα πολλά, ὧν ἕκαστα τυγχάνει τῆς ἐγκωμιαστικῆς ἰδέας, Schol. Arist. p. 437. Eine derartige Abart war auch die ἀντίρρησις oder ἀντιγραφή*), wie die berühmte Rede des Aristides ὑπὲρ τῶν τεσσάρων, eine ἀνασκευή im grossen Massstabe, die schliesslich auf ein Lob des von andrer Seite beeinträchtigten Gegenstandes hinauslief. Schon Theon hatte sie, wie es an der angezogenen Stelle der Scholien weiter heisst, am Schlusse seiner Progymnasmen als μερικὸν εἶδος ῥητορικῆς hingestellt. Dass Demetrius neben dem ἐπιδεικτικὸν γένος den λόγος ἐντευκτικός aufstellte und dass darunter allerlei Gelegenheitsreden, wie auch Gesandschaftsreden an Fürsten zu verstehen seien, ist bereits S. 12 bemerkt worden. Auf so etwas wollte wohl auch der Verfasser des Platonischen Sophisten hinaus, wenn er p. 222 C. als die drei Theile der einen πιθανουργικὴ τέχνη die δικανική, δημηγορική und προσομιλητική aufstellte. Denn wenn Quint. III, 4, 10 mit Bezug auf diese Stelle sagt: *Plato in Sophista iudiciali et contionali tertiam adiecit προσομιλητικήν, quam sane permittamus nobis dicere sermocinatricem: quae a forensi ratione disiungitur et est accomodata privatis disputationibus, cuius vis eadem profecto est, quae dialecticae*, so irrt er, denn es heisst bei Plato ausdrücklich, von der πιθανουργικὴ τέχνη gebe es zwei Arten, τὸ μὲν ἕτερον ἰδίᾳ, τὸ δὲ δημοσίᾳ γενόμενον. Vielmehr haben wir hier unzweifelhaft eine Spur jener Eintheilung des ganzen Gebietes der Beredsamkeit, welche S. 12 als die richtige hingestellt wurde, auf welche jedoch die eigentlichen Rhetoren leider nicht eingegangen sind.

Begreiflicherweise kann es nun Lob- und Tadelreden auf die verschiedensten Gegenstände geben. Denn es lassen sich lebende Wesen loben, wie Götter, Helden, Menschen, Thiere und leblose, wie Pflanzen, Berge, Flüsse, Länder und Städte, demnächst auch Berufsarten und Künste, einzelne Tugenden, grössere oder kleinere Zeitabschnitte, und in der That hat man in den früheren wie späteren Zeiten des Alterthums, von Gorgias bis auf Synesius, ja noch in die Byzantinische Zeit hinein, alles mögliche wenigstens zu loben gewusst, namentlich Dinge, an denen im Grunde nichts

---

*) Einige Rhetoren unterschieden wieder zwischen beiden, l. l. p. 435.

zu loben war*). Daher übertrug man auch die oben S. 74 erwähnte Eintheilung der genera causarum auch auf die epideiktische Beredsamkeit. Menander T. III p. 346: *ἰστίον, ὅτι τῶν ἐγκωμίων τὰ μέν ἐστιν ἔνδοξα, τὰ δὲ ἄδοξα, τὰ δὲ ἀμφίδοξα, τὰ δὲ παράδοξα. ἔνδοξα μὲν τὰ περὶ ἀγαθῶν ὁμολογουμένων, οἷον θεοῦ ἢ ἄλλου τινὸς ἀγαθοῦ φανεροῦ. ἄδοξα δὲ τὰ περὶ δαιμόνων καὶ κακοῦ φανεροῦ· ἀμφίδοξα δὲ ὅσα πῆ μὲν ἔνδοξά ἐστιν, πῆ δὲ ἄδοξα, ἃ ἐν τοῖς Παναθηναϊκοῖς εὑρίσκεται καὶ Ἰσοκράτους καὶ Ἀριστείδου**). τὰ μὲν γάρ ἐστιν ἐπαινετά, τὰ δὲ ψεκτά, ὑπὲρ ὧν ἀπολογοῦνται. παράδοξα δὲ οἷον Ἀλκιδάμαντος τὸ τοῦ Θανάτου ἐγκώμιον, ἢ τὸ τῆς Πενίας Πρωτέως τοῦ κυνός***).* Alcidamas war ein Schüler des Gorgias. Ein andrer Schüler desselben Mannes, Polykrates, schrieb eine Lobrede auf die Mäuse, sowie auf Töpfe und Steinchen. Andre lobten Hummeln, Salz und ähnliches†) und dieser Richtung blieben auch die späteren Sophisten getreu. Synesius bezeichnet diese Thätigkeit der Adoxographen mit einem glücklichen Ausdruck im Dio p. 316, 12 als *σπουδάζειν περὶ τὰ παίγνια*. Selbst vom Dio Chrysostomus hatte man ein Lob der Mücke, des Papageien und des Haares. Letzteres gab dem Synesius die äussere Veranlassung zu seinem Lob der Kahlheit als Gegenstück dazu††). Lucians Lob der Fliege ist in seiner Art wirklich ein kleines Meisterstück. Auch seine Schrift *περὶ παρασίτου* ist nichts als ein Lob der Schmarotzerkunst in dialogischer Form. Der Sophist Heraclides schrieb ein *Πόνου ἐγκώμιον*, dessen Titel Ptolemäus aus Naukratis, wie Philostr. v. s. p. 616 berichtet, boshaft um den Anfangsbuchstaben verkürzte.

---

*) Fronto p. 213: *ut quisque se benignissimum praestabit, ita in plurimis laudabit, nec tantum eos, quos alii quoque laudibus ante decorarerint, rerum conquiret decus et humines a ceterorum laudibus relictissimus ibique signum benignitatis expromet, ut agricola agrum intactum si consorat, laboriosus est; sacerdos, si apud fanum desertum et aram sacrificet, religiosus est.*

**) Der Panathenaikos des Aristides ist eine Lobrede auf die Geschichte Athens; auch minder löbliche Partieen, wie das Verhalten der Athener gegen die Melier und Skione sind wie bei Isokrates im Paneg. 100 ff (vgl. XII, 63) darin erwähnt.

***) So ist zu lesen, d. h. ein Lob der Armuth vom Cyniker Peregrinus Proteus. Gewöhnlich ἢ τὸ τῆς Πενίας ἢ τοῦ Πρωτέως τοῦ κυνός. Aber ἢ τοῦ fehlt in der besten Pariser Handschrift.

†) Arist. Rhet. II, 24. Alexander T. III p. 8. Isocr. Hel. 12. Plat. Symp. p. 177 C. Vgl. Voss. Comm. rhet. I, 38 ff. p. 102 ff. Cresoll. Theatr. Rhet. III, 9 p. 103 ff. (Gronov. Thes. T. X.)

††) Vgl. meine Schrift über Synesius, Berlin 1869. S. 154 ff.

Wir erstaunen bei derartigen Productionen des Alterthums über den Reichthum der Invention bei so sterilen Stoffen, aber schon Isokrates, der die ganze Richtung in der Einleitung zum Lobe der Helena (or. X, 13) scharf tadelt, bemerkt mit Recht: καὶ περὶ μὲν τῶν δόξαν ἐχόντων σπάνιον εὑρεῖν ἃ μηδεὶς πρότερον εἴρηκε, περὶ δὲ τῶν φαύλων καὶ ταπεινῶν ὅτι ἂν τις τύχῃ φθεγξάμενος ἅπαν ἴδιόν ἐστιν. Vgl. or. XII, 36.

Einen Versuch, diese Art der Litteratur auch auf Römischem Boden einzubürgern, machte der Redner Fronto, welcher laudes fumi et pulveris, sowie laudes neglegentiae schrieb, und in der Einleitung zu ersterem Machwerk p. 211 ausdrücklich bemerkt, dass in Römischer Sprache noch keine nennenswerthe derartige Arbeit existire, ausser was die Dichter in den Komödien oder Atellanen gelegentlich berührt hätten. Dass uns seine Ausarbeitungen selbst bis auf unbedeutende Reste verloren gegangen sind, dürfen wir immerhin als ein Glück betrachten. Seine Einleitung ist aber wegen ihrer theoretischen Bemerkungen nicht ganz unwichtig. Denn er schreibt: *qui se in eiusmodi rebus scribendis exercebit, crebras sententias conquiret, easque dense collocabit, et subtiliter coniunget neque verba multa geminata (aut) supervacanea inferciet: tum omnem sententiam breviter et scite concludet. aliter in orationibus iudiciariis — sed contra istic laborandum, ut ne quid inconcinnum vel hiulcum relinquatur, quin omnia ut in tenui veste oris detexta et retinentis sint cincta. postremo, ut novissimos in epigrammatis versus habere oportet aliquid luminis, sententia clavi aliqua vel fibula terminanda est. in primis autem sectanda est suavitas. namque hoc genus orationis non capitis defendendi nec suadendae legis nec exercitus adhortandi nec inflammandae contionis scribitur, sed facetiarum et voluptatis. Ubique vero ut de re ampla et magnifica loquendum, parvaeque res magnis adsimulandae comparandaeque. summa denique in hoc genere orationis virtus est adseveratio. fabulae deum vel heroum tempestive inserendae, item versus congruentes et proverbia accomodata et non inficete conficta mendacia, dum id mendacium argumento aliquo lepido invetur. Cum primis autem difficile est argumenta ita disponere, ut sit ordo eorum rite conexus. quod ille Plato Lysiam culpat in Phaedro, sententiarum ordinem ab eo ita temere permixtum, ut sine ullo detrimento prima in novissimum locum transferantur et novissima in primum, eam culpam ita devitabimus, si divisa generatim argumenta nectemus, non sparsa nec sine discrimine aggerata, ut ea quae per saturam feruntur, sed ut praecedens sententia in sequentem laciniam aliquam porrigat et oram praetendat; ubi prior sit finita sententia, inde ut sequens ordiatur; ita enim transgredi potius videbimur quam transilire.* Darauf folgten noch specielle Angaben über die anzuwendende Stilart, von denen jedoch nichts zusammenhängendes erhalten ist. Bei alledem dürfen wir nicht vergessen, dass die Adoxographie immer nur einen Bruchtheil der Leistungen auf dem Gebiete der epideiktischen Beredsamkeit ausmachte. Ueberwigend war schon in alter Zeit das Lob von Göttern und Menschen — von Lamachus dem Myrinäer, einem Zeitgenossen des Demosthenes, gab es ein ἐγκώμιον Ἀλεξάνδρου καὶ Φιλίππου τῶν βασιλέων, Plut. Dem. 9, — demnächst von Ländern und Städten.

Was nun die Auffindung des Stoffes für Lobreden anlangt, so kömmt es hier darauf an, so viel als möglich Gesichtspunkte zu gewinnen, von denen aus man den betreffenden Gegenstand loben kann, am ausführlichsten aber gerade den Punkt zu behandeln, welcher der Natur der jedesmaligen Aufgabe nach der eigenthümlichste und wichtigste ist. So lehren auch die Progymnasmatiker in dem Abschnitt über ἐγκώμιον und ψόγος. Jede Lobrede ist mit einer Einleitung zu eröffnen. Denn das Verfahren des Gorgias, welcher nach Arist. Rhet. III, 14 eine Lobrede auf die Eleer unmittelbar mit den Worten Ἦλις πόλις εὐδαίμων anfing, stand ganz vereinzelt da. Diese Einleitung war anfänglich den Prooemien der Gerichtsreden und Suasorien entsprechend. Daher sagt Isocr. or. IV, 12: τοὺς μὲν γὰρ ἄλλους ἐν τοῖς προοιμίοις ὁρῶ καταπραΰνοντας τοὺς ἀκροατάς, καὶ προφασιζομένους ὑπὲρ τῶν μελλόντων ῥηθήσεσθαι· καὶ λέγοντας τοὺς μὲν ὡς ἐξ ὑπογυίου γέγονεν αὐτοῖς ἡ παρασκευή, τοὺς δ᾽ ὡς χαλεπόν ἐστιν ἴσους τοῖς λόγοις τῷ μεγέθει τῶν ἔργων ἐξευρεῖν — und er selbst hat derartige Prooemien in seinen λόγοι προτρεπτικοί nicht verschmäht. Aber bald bewegte man sich in ihnen freier. Daher sagt Arist. Rhet. III, 14 ausdrücklich, man könne ohne weiteres anbringen, was einem gerade in den Sinn komme, und es dann durch irgend eine Wendung mit dem eigentlichen Gegenstand in Verbindung bringen, und verweist deshalb auf das Exordium der Helena des Isokrates, welches von den eristischen Philosophen und Sophisten seinen Ausgang nimmt. So wird im Panegyrikus des Isokrates das exordium von einer Nebenfrage aus genommen, von der Klage, dass man den Vorzügen des Körpers mehr Ehre als denen des Geistes erweise, und die gewöhnliche Art der Prooemien mit Bewusstsein ausdrücklich verschmäht. Gorgias ging in seinem berühmten Olympicus von einem Lobe derjenigen aus, die zuerst solche Zusammenkünfte eingesetzt hatten, Quint. III, 8, 9 *(quos secutus videlicet C. Sallustius in bello Iugurthino et Catilinae nihil ad historiam pertinentibus principiis orsus est).* Ein specielles Prooemium zu einer Lobrede zu finden, d. h. ein solches, das nur auf das vorliegende, nicht auch auf andre Themen passt, ist nicht leicht. Darauf macht der Scholiast zu Aphthon. bei Walz Rh. T. II. S. 42 aufmerksam. Man könne indes auch specielle Prooemien auffinden, ὅταν ὥσπερ ἐπιταχθέντες πρὸς τὸν λόγον ἐρχόμενοι φαινώμεθα ἢ συγγενεῖ τιμῶντες, ἢ ἀμειβόμενοι φίλον, ἢ παρ' αὐτοῦ τοῦ καλοῦ προκαλούμενοι. Von einer narratio kann beim λόγος ἐπιδεικτικός selbstverständlich keine Rede sein, doch lässt sich in der Lobrede auf eine Person nach der Einleitung irgend eine That derselben ausführlich hervorheben, Cornif. III, 7, 13. Propositio und partitio, in der wir angeben, was wir loben oder tadeln wollen, lässt sich anwenden. Zu beachten ist Mamert. paneg. c. 2. Der Redner zählt in Frageform auf, wovon er alles sprechen könnte, vom Vaterland, Geschlecht, den Thaten. Aber um alles dies auszuführen, fehlt es an Zeit, der Redner wird sich daher auf folgenden Hauptpunkt beschränken. Aehnlich im Genethl. c. 5, wo die Figur der praeteritio mit der sehr geschickten Wendung beschlossen wird: *noram mihi proponoi dicendi legem, ut cum omnia videar silere, quae summa sunt, ostendam tamen inesse laudibus vestris alia maiora.* — Einen Beweis aber verlangt man beim Lobe, *quae negotiis adhibetur,* Quint. III, 7, 4. Auch das rein epideiktische Lob hat mitunter eine Art von Beweis, wenn die Handlungen, die wir angeben, unglaubhaft sind, oder wenn ein andrer Urheber der That ist, so dass man also diesem erst die Ehre nehmen muss, um sie dem Helden zu geben, Arist. Rhet. III, 17 p. 156. Quintilian führt als Beispiel an: *ut qui Romulum Martis filium educatumque a lupa dicat, in argumentum coelestis ortus utatur his, quod abiectus in profluentem non potuerit extingui, quod omnia sic egerit, ut genitum praeside bellorum deo incredibile non esssct, quod ipsum quoque coelo receptum temporis eius homines non dubitaverint.* Dies würde also eine κατασκευή sein. Vgl. Isokr. Busir. 30 ff. Mamert. paneg. c. 1. Eine Widerlegung kann nur insofern vorkommen, als man das ἄδοξον oder ἀμφίδοξον durch seine Beschönigung zum Lobe verwandelt, z. B. wenn ein Lobredner des Hercules seinen Dienst bei der Königin Omphale in Weiberkleidern und mit dem Spinnrocken zu entschuldigen sucht. Sopater Proleg. Arist. Panath. T. III p. 743 ed Dind.: ἐὰν μὲν οὖν ἔνδοξα θέλωμεν ποιῆσαι τὰ κατὰ φύσιν ἀμφίδοξα, τότε δεῖ τὰ μὲν ὁμολογούμενα ἀγαθὰ συναύξειν τῷ λόγῳ, τὰ δὲ μέσα δεικνύναι διὰ τῆς μεταχειρίσεως ἔνδοξα, τὰ δὲ διαβολῆς καὶ κατηγορίας ἐχόμενα εἰς ἔπαινον μετατιθέναι ταῖς λύσεσιν, ἵνα ὁ σκοπὸς πανταχόθεν ἡμῖν ἀνύηται, τὸ κατασκευάσαι δῆλον τὴν ὑπόθεσιν ἔνδοξον und p. 752: τὰ ἀμφίδοξα τῶν ἐγκωμίων, ἐὰν ἀκριβῶς ἔνδοξα κατασκευάσαι θέλωμεν, ἐξ ἀντιθέσεως λαβόντες τὰ δοκοῦντα διαβολῆς ἄξια εἰς ἐγκώμια μετατίθεμεν, ἵνα τελείως ὁ λόγος ἔνδοξος γένηται. Doch darf das Enkomiom nicht zur eigentlichen Vertheidigung werden, worauf Isocr. or. X, 14 aufmerksam macht. Er selbst widerlegt in dieser Rede §. 45 ff. die Tadler des Paris, vgl. ferner Bus. 36. Was endlich den Schluss anbelangt, so bemerkt derselbe Isokrates or. XII, 266, dass eine eigentliche ἀνακεφαλαίωσις für die epideiktischen Reden ungeeignet sei.

Für die tractatio der epideiktischen Rede wird es in der Hauptsache immer darauf ankommen, die Gegenstände zu amplificiren und auszuschmücken. Schon Isokrates or. XI, 4 hatte gesagt: δεῖ τοὺς μὲν εὖ λέγειν τινὰς βουλομένους πλείω τῶν ὑπαρχόντων αὐτοῖς ἀγαθῶν τὰ προσόντα ἀποφαίνειν, τοὺς δὲ κατηγοροῦντας τἀναντία τούτων ποιεῖν. In roherer Form drückten Tisias und Gorgias nach Plat. Phaedr. p. 267 Il. dies aus: τὰ σμικρὰ μεγάλα καὶ τὰ μεγάλα σμικρὰ φαίνεσθαι ποιεῖν. Doch sagt auch Isokrates selbst or. IV, 8 es sei durch die Redekunst möglich περὶ τῶν αὐτῶν πολλαχῶς ἐξηγήσασθαι καὶ τά τε μεγάλα ταπεινὰ ποιῆσαι καὶ τοῖς μικροῖς μέγεθος περιθεῖναι, καὶ τά τε παλαιὰ καινῶς διελθεῖν καὶ περὶ τῶν νεωστὶ γεγενημένων ἀρχαίως εἰπεῖν. Scharf und bestimmt Arist. Rhet. I, 9 p. 38: ὅλως δὲ τῶν κοινῶν εἰδῶν ἅπασι τοῖς λόγοις ἡ μὲν αὔξησις ἐπιτηδειοτάτη, τοῖς ἐπιδεικτικοῖς τὰς γὰρ πράξεις ὁμολογουμένας λαμβάνουσιν, ὥστε λοιπὸν μέγεθος περιθεῖναι καὶ κάλλος. Vgl. II, 18 g. E. Daraus ergiebt sich denn, dass mangelnde oder schlechte Eigenschaften des zu lobenden Gegenstandes nur ganz kurz zu berühren, womöglich ganz wegzulassen sind. Denn wer eine Lobrede eines Gegenstandes oder einer Person schreibt, will ihre Vorzüge in ein helles Licht setzen, keineswegs eine unparteiische Charakteristik derselben geben. Vgl. Dionys. ep. ad. Pomp. T. VI p. 25*). Schol.

---
*) Der Text des Dionys ist aber an dieser Stelle verdorben, und durch eine arge Lücke entstellt.

Arist. p. 174, 16 p. 286 und Sopater l. l. p. 743, der auf diesen Punkt sehr gründlich eingeht. Die Beschönigung schlechter Handlungen einer zu lobenden Person mit dem Nachweis, dass auch andre sich dieselbe haben zu Schulden kommen lassen, ist natürlich ungenügend, Isocr. XI, 45. Das Streben nach Amplification und Schönmalerei muss sich unter Umständen auch auf die Wahl der Ausdrücke erstrecken. Quint. III, 7, 25 citirt dafür Aristoteles. Da zwischen Tugenden und Lastern eine gewisse Nachbarschaft bestehe, so solle der Lobredner beschönigende, verwandte Ausdrücke gebrauchen, also den Verwegenen tapfer, den Verschwender freigebig, den Geizigen sparsam nennen und umgekehrt. Jedenfalls hatte Quintilian Rhet. I, 9 p. 36 vor Augen: ληπτέον δὲ καὶ τὰ σύνεγγυς τοῖς ὑπάρχουσιν ὡς ταὐτὰ ὄντα καὶ πρὸς ἔπαινον καὶ πρὸς ψόγον, οἷον τὸν εὐλαβῆ ψυχρὸν καὶ ἐπίβουλον καὶ τὸν ἠλίθιον χρηστὸν ἢ τὸν ἀνάλγητον πρᾶον. καὶ ἕκαστον δ᾽ ἐκ τῶν παρακολουθούντων ἀεὶ κατὰ τὸ βέλτιστον, οἷον τὸν ὀργίλον καὶ τὸν μανικὸν ἁπλοῦν καὶ τὸν αὐθάδη μεγαλοπρεπῆ καὶ σεμνόν. καὶ τοὺς ἐν ταῖς ὑπερβολαῖς ὡς ἐν ταῖς ἀρεταῖς ὄντας, οἷον τὸν θρασὺν ἀνδρεῖον καὶ τὸν ἄσωτον ἐλευθέριον δόξει τε γὰρ τοῖς πολλοῖς, καὶ ἅμα παραλογιστικὸν ἐκ τῆς αἰτίας. εἰ γὰρ οὐ μὴ ἀνάγκη κινδυνευτικός, πολλῷ μᾶλλον ἂν δόξειεν ὅπου καλόν, καὶ εἰ προεκτικὸς τοῖς τυχοῦσι, καὶ τοῖς φίλοις· ὑπερβολὴ γὰρ ἀρετῆς τὸ πάντας εὖ ποιεῖν*). Demnach sagt Aristoteles der epideiktische Redner müsse seinen Stoff nicht blos aus dem wirklich lobens- oder tadelnswerthen entnehmen, sondern auch aus dem, was dem wirklichen blos nahe kommt, es aber für wirkliches ausgeben, eine Vorschrift, die sich, wie die Beispiele zeigen, keineswegs blos auf den Ausdruck erstreckt. Quintilian knüpft an seine Mittheilung, die er wohl aus Cornelius Celsus geschöpft hatte, die Bemerkung: *quod quidem orator, id est vir bonus, numquam faciet, nisi forte communi utilitate ducetur.* Aber diese communis utilitas wird für ihn sehr oft massgebend sein: die rhetorische Praxis wird eines solchen Verfahrens nie entrathen können.

---

*) Ein auffallender Beleg dafür, dass es Quintilian nicht der Mühe für werth hielt, vorgefundene Citate durch Autopsie zu verificiren. So wenig wie Cicero, so wenig hat auch Quintilian die Rhetorik des Aristoteles sorgfältig gelesen und wirklich benutzt.

§. 34.

Die Topik der epideiktischen Rede und ihrer einzelnen Arten.

In der Amplification der Eigenschaften und Peristasen des zu lobenden oder zu tadelnden Gegenstandes besteht also die eigentliche Aufgabe der epideiktischen Rede. Da nun der Gegenstand mit seinen Eigenschaften und besonderen Beziehungen jedesmal ein gegebener ist, so braucht der Redner blos eine Einsicht in das, was an einer Sache lobenswerth ist, oder dafür gehalten wird, oder endlich dafür ausgegeben werden kann. Das ist aber ein ganz unermessliches Feld. Eine specielle Topik lässt sich daher für die epideiktische Beredsamkeit eigentlich nicht aufstellen. Das was die Rhetoren in dieser Hinsicht geben, ist mehr eine Beschreibung der Art, wie der epideiktische Redner verfährt, ohne Angabe der eigentlichen Gründe dieses Verfahrens, als eine Aufzählung bestimmter Kategorien. Daher kömmt es auch, dass die Rhetoren bei ihren Darstellungen die Regeln für die Auffindung des Stoffes mit denen für die Anordnung desselben meist verbinden. Ausgegangen wird dabei stets von der Lobrede. Die für sie aufgestellten Gesichtspunkte in ihrer Umkehrung geben den Stoff zur Tadelrede.

Anaximenes und Aristoteles behandeln blos die Lobrede auf Menschen. Desgleichen Cornificius und Cicero. Lobreden auf andere Gegenstände, die dem Aristoteles natürlich schon bekannt waren, aber von ihm weiter nicht berücksichtigt werden, ziehen erst die späteren in den Kreis der Betrachtung, Dionys von Halikarnas, Quintilian, am ausführlichsten Menander in der Schrift περὶ ἐπιδεικτικῶν, die aber nur in abgekürzter Gestalt auf uns gekommen ist. Einiges geben ausserdem die Progymnasmatiker in den Abschnitten über ἐγκώμιον und ψόγος, sowie Emporius de demonstrativa materia p. 567 ff. — Nach Anaximenes c. 3 p. 186 hat es die Lobrede zu thun mit den rühmlichen Bestrebungen, Reden und Thaten der betreffenden Menschen, und zwar so, dass sie die vorhandenen amplificirt, die nicht vorhandenen ihnen beizulegen sucht, die Tadelrede umgekehrt mit der Verminderung des rühmlichen, und Amplification des unrühmlichen: ἔστιν ἐγκωμιαστικὸν εἶδος προαιρέσεων καὶ πράξεων καὶ λόγων ἐνδόξων αὔξησις καὶ μὴ προσόντων συνοικείωσις, ψεκτικὸν δὲ τὸ ἐναντίον τούτῳ, τῶν μὲν ἐνδόξων ταπείνωσις, τῶν δὲ ἀδόξων αὔξησις. Was die συνοικείωσις τῶν μὴ προσόντων anbetrifft, so ist damit die bereits citirte Stelle aus Isocr. or. XI, 4, und die ähnliche im Panath. 123, sowie Plat. Menex p. 235 zu vergleichen. Rühmlich ist nach Anaximenes aber alles, was sich unter die τελικὰ κεφάλαια befassen lässt, denn er sagt: ἐπαινετὰ μὲν οὖν ἐστι πράγματα τὰ δίκαια καὶ τὰ νόμιμα καὶ τὰ συμφέροντα καὶ τὰ καλὰ καὶ τὰ ἡδέα καὶ τὰ ῥᾴδια πραχθῆναι. Nun müsse der Lobredner zeigen, dass derartiges rühmliche der betreffenden Person oder ihren Thaten zukomme; der Person, indem sie es entweder selbst gethan, oder veranlasst hat; den Thaten, indem das rühmliche entweder aus ihnen folgte, oder ihretwegen geschah, oder nicht ohne dieselben zu Stande kam*). Dabei hat er überall zu amplificiren. Das specielle Verfahren wird c. 35 berührt. Man solle die ausserhalb der Tugend gelegenen Güter von den auf der Tugend beruhenden trennen. Zu ersteren gehören edle Geburt, Stärke, Schönheit, Reichthum; die Tugend zerfällt in Weisheit, Gerechtigkeit, Tapferkeit und rühmliche Bestrebungen. Das Tugendhafte wird mit Recht gelobt, das erstere dagegen eigentlich nur gepriesen, doch lässt es sich unvermerkt auf gleiche Stufe mit dem wirklich lobenswerthen stellen. Demgemäss bringt man nach dem Prooemium zuvörderst die Genealogie des betreffenden an, d. h. das Lob seiner Vorfahren und Eltern mit kurzer Berührung seiner Erziehung und Jugend. Dann aber sein eigentliches Lob, bezüglich dessen, was er im Jünglingsalter, und dessen was er als Mann gethan hat. Demnach wird also die Lobrede nach der Zeitfolge der Begebenheiten zu ordnen, sein und in der That war dies gewöhnlich der Fall. Daher disponirt Plato, im Menexenus p. 237 A: τὴν εὐγένειαν οὖν πρῶτον αὐτῶν ἐγκωμιάζωμεν, δεύτερον δὲ τροφήν τε καὶ παιδείαν, ἐπὶ δὲ τούτοις τὴν τῶν ἔργων πρᾶξιν ἐπιδείξωμεν, ὡς καλὴν καὶ ἀξίαν τούτων ἀπεφήναντο. Ganz ebenso der Verfasser des Demosthenischen Epitaphius p. 152 C: ἐπειδὴ δὲ καὶ γεγενῆσθαι καλῶς καὶ πεπαιδεῦσθαι σωφρόνως καὶ βεβιωκέναι φιλοτίμως συμβέβηκεν αὐτοῖς, ἐξ ὧν εἰκότως ἦσαν σπουδαῖοι, αἰσχυνοίμην ἂν εἴ τι τούτων φανείην παραλιπών. Und endlich, um ein Beispiel aus ganz später Zeit anzuführen, Julian in Constant. p. 4 C.: τίς οὖν ἂν ἡμῖν ἀρχὴ καὶ τάξις τοῦ λόγου γένοιτο

---

*) Ich schliesse mich Spengels Auffassung und Interpretation dieser ganzen Stelle an. S. dessen Commentar S. 141.

καλλίστη; ἢ δῆλον ὡς ἡ τῶν προγόνων ἀρετή, δι' ἣν ὑπῆρξέ σοι καὶ τὸ τοιούτῳ γενέσθαι. τροφῆς δέ, οἶμαι, καὶ παιδείας ἑξῆς προσήκει μνησθῆναι, ἥπερ σοι τὸ πλεῖστον εἰς τὴν ὑπάρχουσαν ἀρετὴν συνεισηνέγκατο· ἐφ' ἅπασι δὲ τούτοις, ὥσπερ γνωρίσματα τῶν τῆς ψυχῆς ἀρετῶν τὰς πράξεις διελθεῖν. Wenn er dann fortfährt: καὶ τέλος ἐπιτιθέντα τῷ λόγῳ τὰς ἕξεις δηλῶσαι, ὅθεν ὁρμώμενος τὰ κάλλιστα τῶν ἔργων ἔδρασας καὶ ἐβουλεύσω. τοῦτον γὰρ οἶμαι καὶ τῶν ἄλλων πάντων διοίσειν τὸν λόγον. οἱ μὲν γὰρ ἐπὶ τῶν πράξεων ἵστανται, ἀποχρῆν οἰόμενοι πρὸς τὴν τελείαν εὐφημίαν τὸ τούτων μνησθῆναι. ἐγὼ δὲ οἶμαι δεῖν περὶ τῶν ἀρετῶν τὸν πλεῖστον λόγον ποιήσασθαι, ἀφ' ὧν ὁρμώμενος ἐπὶ τοσοῦτον τῶν κατορθωμάτων ἦλθες. τὰ μὲν γὰρ πλεῖστα τῶν ἔργων, σχεδὸν δὲ καὶ πάντα, τύχη καὶ δορυφόροι καὶ στρατιωτῶν φάλαγγες καὶ τάξεις ἱππέων καὶ πεζῶν συγκατορθοῦσι· τὰ δὲ τῆς ἀρετῆς ἔργα μόνου τέ ἐστι τοῦ δράσαντος καὶ ὁ ἐκ τούτων ἔπαινος ἀληθής καθεστώς, ἴδιός ἐστι τοῦ κεκτημένου· — so werden wir auch hierfür alsbald die theoretische Vorschrift finden.

Da nun aber die einzelnen Gesichtspunkte des Lobes sich nicht bei jedem Gegenstande gleichmässig anwenden lassen, so musste die Theorie auch auf diesen Umstand Rücksicht nehmen und Winke an die Hand geben, was man alsdann zu thun habe. Dies thut Anaximenes gleich in Betreff der Genealogie. Sind edle Vorfahren vorhanden, dann muss man sie alle der Reihe nach bis auf den zu lobenden herab aufzählen, und in der Kürze bei jedem das Rühmliche angeben. Sind aber blos die ersten edel, während die andern nichts nennenswerthes vollbracht haben, so zählt man in dieser Weise blos jene auf, übergeht dagegen diese, wofür man als Grund angiebt, bei der Menge der Vorfahren wolle man nicht weitläufig werden, auch sei es allgemein bekannt, dass die Nachkommen edler Vorfahren diesen auch ähnlich sind. Sind dagegen die früheren Vorfahren schlecht, aber die späteren edel, so werden diese blos namhaft gemacht, mit dem Bemerken, es würde zu weitläufig sein auch über jene zu sprechen, man wolle blos zeigen, dass die nächsten Verwandten gut seien, es sei ja klar, dass diese von edlen Vorfahren abstammen müssten. Kann man aber von Seite der Vorfahren überhaupt nichts rühmliches vorbringen, so sagt man, er selbst sei edel, indem man hinzufügt, dass jeder, der eine treffliche Anlage zur Tugend habe, eben damit auch edel geboren sei. Auch tadelt man die andern Redner, welche die Vorfahren ihrer Helden loben, denn schon oft seien die Nachkommen berühmter Vorfahren aus der Art geschlagen, oder man sagt, es sei jetzt die Aufgabe diesen und nicht seine Vorfahren zu loben. Dem Aristoteles liegt das τέλος der epideiktischen Beredsamkeit, wie bereits gesagt, im καλόν. Schön oder edel ist ihm aber alles, was als etwas an sich zu erstrebendes lobenswerth ist, oder was als gut eben deshalb auch angenehm ist. Vor allem also die Tugend mit ihren Arten, als Gerechtigkeit, Tapferkeit, Besonnenheit, Grossartigkeit des Lebens und Hochherzigkeit der Gesinnung, Freigebigkeit, Sanftmuth, Verständigkeit, Weisheit. Schön ist ferner alles dasjenige, was die Tugend hervorbringt, sowie das was aus der Tugend entsteht, also die Merkmale und Werke der Tugend. Ferner alles, dessen Lohn die Ehre ist, was mehr Ehre als Geld einbringt, überhaupt alle Thaten der Uneigennützigkeit, der selbstlosen Hingabe an fremde Interessen, der Aufopferung für andere. Alles Schöne aber, was an einer Person gelobt wird, muss als Ergebniss einer beabsichtigten Handlung und somit als Ausfluss einer edlen Gesinnung hingestellt werden. Dass nach Aristoteles der Lobredner auch das ins Auge zu fassen hat, was dem wirklichen blos nahe kommt, es aber für wirkliches ausgeben muss, ist schon erwähnt. Wenn er ferner sagt, die lobende und berathende Beredsamkeit hätten eine gemeinsame Art (κοινὸν εἶδος), was man nämlich beim Rathen als Lehre aufstellt, das werde in andrer Form ausgedrückt zum Lobe und umgekehrt — z. B. die Lehre, man darf nicht stolz sein auf das, was man dem Glücke verdankt, sondern auf das, was man durch sich selbst ist, wird mit geringer Veränderung der Form: er war nicht stolz u. s. w. zum Lobspruch: so würde dies auf die Verwandschaft des Nützlichen mit dem Schönen und im weiteren auf die Verwendbarkeit sämmtlicher τελικὰ κεφάλαια auch bei der epideiktischen Beredsamkeit hinauskommen. Schliesslich stellt Aristoteles noch einige Amplificationstopen auf, über die Eintheilung und Anordnung der einzelnen Punkte schweigt er dagegen.

Aus den späteren Rhetoren ist zu dem gesagten nicht viel hinzuzufügen. Wenn wir bei Emporius p. 567 lesen: *laudatur autem aliquis aut reprehenditur ex his quae sunt ante ipsum, quae in ipso, quaeque post ipsum. ante ipsum, ut genus et patria et parentes et propinqui: in ipso ut nomen, ut educatio, ut institutio, ut corporis species, ut ordo factorum: post eum, ut ipse exitus vitae, ut existimatio mortuum consecuta*, so liegt bei dieser Eintheilung eine Analogie zu den Stoischen Topen bei der gerichtlichen Beredsamkeit ante rem, in re, circa rem, post rem auf der Hand, daher man sie wohl auf Stoischen Vorgang wird zurückführen dürfen. Auch Quint. III, 7, 10 kennt diese Eintheilung nach der Zeit: *laus hominum primum dividitur in tempora, quodque ante eos fuit quoque ipsi vixerunt, in his autem, qui fato sunt functi, etiam quod est insecutum*. Zur Zeit ante hominem wird Vaterland, Eltern und Vorfahren gerechnet, aber auch Orakelsprüche oder Augurien, welche die dereinstige Berühmtheit des Helden anzeigen. Das Lob des Menschen selbst soll eingetheilt werden in das Lob seines Körpers, seines Geistes, und der äusseren Dinge. Es ist dies die Eintheilung der persönlichen Güter, welche Arist. Rhet. I, 5 p. 20 aufstellt. Sie findet sich auch bei Cornif. III, 6, 10. 7, 13. Cic. de inv. II, 59, 177. Die Güter der Seele sind die Tugenden. Sie sind die Quelle alles wahren Lobes. Das Lob des Körpers dagegen, seiner Gesundheit, Schönheit, Stärke, Grösse, Gewandheit, Anmuth — und der äusseren Dinge, als Adel der Herkunft, Freunde, Besitz, Macht und Ehre — ist das minder wichtige. Auch kömmt es weniger auf den Nachweis an, dass der zu lobende diese Güter besessen, als dass er von ihnen einen guten Gebrauch gemacht hat. Uebrigens lässt sich dieser Theil auch ohne diese Trichotomie lediglich nach der zeitlichen Reihenfolge der Begebenheiten abhandeln. Die Zeit nach dem Tode lässt sich natürlich nicht überall behandeln, sagt Quintilian, nicht blos weil wir oft noch lebende loben, sondern auch weil sich nicht immer Gelegenheit dazu findet, dass einem göttliche Ehren erwiesen werden könnten, oder ehrende Beschlüsse verfasst, öffentliche Bildsäulen errichtet werden. Hierhin gehören aber auch geistige Denkmäler, deren Ruhm auf die Nachwelt kömmt. Manche haben ja grössere Anerkennung bei der Nachwelt, als bei ihren Zeitgenossen gefunden, wie Menander. Kinder gereichen ihren Eltern zum Lobe, Städte ihren Erbauern, Künste ihren Erfindern, Einrichtungen ihren Urhebern.

Veranschaulichen wir uns die Anwendung dieser Topen für das Lob eines Menschen an der Rede des Isokrates auf Euagoras, den Beherrscher von Salamis auf Cypern. Isokrates giebt in der Einleitung (§. 8. 11) diese nach 374[*]) geschriebene Rede als den

---

[*]) Blass meint, der Euagoras sei um 360 verfasst, jedenfalls mehrere Jahre nach der Rede περὶ ἀντιδόσεως, indem damals (§. 40. 67) Nikokles schon längere Zeit todt war.

ersten Versuch an, die Tugenden eines verstorbenen Zeitgenossen durch eine Lobrede zu verherrlichen. Der Redner geht aus von der φύσις (Abstammung) des Euagoras, καὶ τίνων ἦν ἀπόγονος (§. 12 ff. Acacus und die Teukriden; Teukros Nachkommen herrschten in Salamis, bis ein Fremder unter Persischem Schutz sich des Thrones bemächtigte. Geburt des Euagoras §. 21; wunderbare Umstände dabei werden angedeutet. Als Knabe hatte er κάλλος, ῥώμη, σωφροσύνη. Diese wuchsen im Mannesalter und es kamen noch dazu ἀνδρία, σοφία, δικαιοσύνη, alles im Uebermaase. Euagoras eroberte den Thron seiner Ahnen wieder (§. 30—32), dies beweist schon an sich seine ἀρετή und die Grösse seiner Thaten (§. 33). Noch mehr geht diese hervor aus den besonderen dabei obwaltenden Umständen (§. 34—39). Und da es sich dabei um den Besitz der τυραννίς handelte, anerkanntermassen des grössten Gutes, so kann man ihn gar nicht genug loben. Aber auch nach dieser That zeichnete er sich aus durch φρόνησις bei seinen Handlungen, in der Beurtheilung äusserer Verhältnisse, in der Behandlung andrer, in seinem eignen sittlichen Verhalten (§. 41—45). In Folge jener Eigenschaften blühte Salamis auf und gewann an Macht und Ansehen bei den Hellenen (§. 47—50), daher auch viele Hellenen, unter ihnen der berühmte Konon, sich hinbegaben (§. 51—57). Auch der Krieg des Perserkönigs gegen Euagoras spricht in seinen Motiven und in seinem Erfolge für die Tüchtigkeit desselben, und stellt ihn über die berühmtesten Kriegshelden (§. 57—65). Recapitulation und Summa §. 66—72. Euagoras war einer der glücklichsten Menschen. Er hatte erlauchte Ahnen, zeichnete sich aus an Körper und Geist, kam auf schöne Weise in den Besitz der Herrschaft und erhielt sich darin, hinterliess unsterblichen Nachruhm, wurde alt, aber nicht altersschwach, hatte gute und viele Kinder; wenn man irgend wen unter den Menschen als Gott bezeichnen kann, so gewiss ihn.

Betrachten wir ferner sein Lob der Helena, welches theoretisch um so interessanter ist, als es ja einer nach Isokrates Urtheil verfehlten Lobrede eines Sophisten auf Helena, welche zu einer Apologie derselben geworden war, als richtige Lobrede gegenübergestellt ist, zugleich weil es uns zeigt, dass selbst unter der Hand eines Meisters, eben wegen der überall zu Tage tretenden Absichtlichkeit des Lobes, diese Art der Beredsamkeit den Fehler des Frostigen und Gesuchten kaum vermeiden kann. Isokrates beginnt das Lob der Helena in §. 16 mit dem Lobe ihrer Herkunft. Sie ist die einzige Halbgöttin, welche den Zeus zum Vater hat. Er hat sie noch mehr ausgezeichnet als den Herakles, da er diesem Stärke, ihr aber Schönheit verlieh, die ja sogar die Stärke überwindet und sich dienstbar macht. Da nicht Ruhe, sondern Krieg und Kampf zum Ruhme verhilft, so machte er ihre Schönheit zum Gegenstand des Kampfes. Theseus entführte sie schon in zarter Kindheit mit Gewalt trotz der mit diesem Wagniss verbundenen Gefahren. Dem Pirithous aber, der ihn dabei unterstützte, wusste er so grossen Dank, dass er ihn sogar zum Raub der Proserpina in die Unterwelt begleitete '(§. 16—20). Die Liebe des Theseus fällt aber um so mehr zu Helenas Gunsten ins Gewicht, als dieser ein in jeder Hinsicht vortrefflicher Mann war. Sein Lob, ausgehend von einer Vergleichung mit Herakles wird an dieser Stelle eingeschaltet, §. 21—38. Als Helena das jungfräuliche Alter erreicht hatte, versammelten sich aus ganz Griechenland die edelsten Fürsten als Bewerber um ihre Hand, indem sie sich zugleich verbündeten, den von ihr bevorzugten Freier im Besitz der gepriesenen Schönheit mit vereinter Macht zu schützen. Das Urtheil über Helenas Schönheit, welches ein jeder der Freier durch sein Erscheinen abgelegt hatte, wurde bald darauf dadurch bestätigt, dass Aphrodite, um vor Paris Richterstuhl den Preis der Schönheit zu erlangen, diesem die Vermählung mit Helena anbot. Ihrem Anerbieten gab Paris den Vorzug vor den der andern Göttinnen. Die Verwandschaft mit Zeus, ein bleibendes Gut für seine Nachkommen, und der Besitz eines Weibes, wie es nie wieder einem Sterblichen zu Theil werden konnte, erschien ihm mit Recht als etwas bei weitem werthvolleres als der Besitz von ganz Asien und kriegerischer Ruhm. Denn es ist thöricht, dem Paris wegen der späteren Folgen seines Urtheils, dieses selbst zum Vorwurf zu machen. Dass die Göttinnen ihren Streit durch ihn schlichten liessen, gereicht ihm selbst zur Ehre, und es wäre von ihm thöricht gewesen, hätte er einem anderen Gute den Vorzug geben wollen, als demjenigen, welchem in den Augen der Göttin ein so hoher Werth zukam (§. 39—48).

Der Raub der Helena veranlasste den Trojanischen Krieg. Die Ausdauer, mit welcher er auf beiden Seiten geführt wurde, bekundet den Werth, den Asien und Europa auf den Besitz dieses Weibes legten. Auch die Götter betheiligten sich an diesem Kriege. Nicht blos schickten sie ihre sterblichen Söhne in den Kampf, trotzdem sie vorher wussten, dass sie aus demselben nicht zurückkehren würden, sondern sie verpflanzten auch den Streit in ihre eigene Mitte (§. 49—53). Es ist ja auch die Schönheit das ehrwürdigste und göttlichste, was es giebt. Gar manches steht in Ehren, auch wenn es keinen Antheil an Tapferkeit, Weisheit und Gerechtigkeit hat, was aber ohne Schönheit ist, wird allgemein verachtet. Selbst die Tugend wird deshalb so sehr gepriesen, weil sie die schönste von allen Bestrebungen ist. Während alle anderen Gegenstände von uns blos zu unserem Bedürfniss begehrt werden, erweckt das Schöne unsre Liebe und willig begeben wir uns in seinen bleibenden Dienst. Selbst die Götter, den Allherrscher Zeus an der Spitze, sind der Liebe unterthan, auch Göttinnen verschmähen den Umgang mit Sterblichen nicht, von diesen aber sind mehrere wegen ihrer Schönheit unsterblich geworden, als wegen aller anderen Tugenden zusammengenommen (§. 54—60.) So ist auch Helena unsterblich geworden, ja sie hat auch ihren Brüdern und ihrem Gemahl zur Unsterblichkeit verholfen, der noch jetzt bei den Lacedämoniern als Gott verehrt wird. Ihre Macht hat sie an Stesichorus bewiesen. Auch Homer verdankte, wie einige Homeriden sagen, grösstentheils ihrer Huld den Liebreiz und den Ruhm seiner Dichtungen. Deshalb gebührt ihr selbst Verehrung und Lob (§. 61—65). In letzterer Hinsicht liesse sich noch viel mehr sagen. Denn der Trojanische Krieg ist abgesehen von vielem andern die erste Errungenschaft des vereinigten Griechenlands über die Barbaren gewesen. Während vorher barbarische Heerführer, die wegen eines Misgeschicks ihre Heimath verlassen hatten, sich der Herrschaft über Griechische Städte bemächtigten, trat seit jenem Kriege ein völliger Umschwung ein und die Macht der Griechen nahm derartig zu, dass sie den Barbaren grosse Städte und viel Land wegnahmen. Eine Ausführung dieses Gesichtspunktes wird jedem, dem es darum zu thun ist, reichen Stoff zu Helenas weiterem Lobe geben.

Es bleibt schliesslich für diese Art der Lobrede noch zu erwähnen, dass nach Aristoteles Rhet. III, 14 p. 151 das Lob der Zuhörer mit in die Rede verflochten werden muss, um sie günstig zu stimmen: ἐν δὲ τοῖς ἐπιδεικτικοῖς οἴεσθαι δεῖ ποιεῖν συνεπαινεῖσθαι τὸν ἀκροατήν, ἢ αὐτὸν ἢ γένος ἢ ἐπιτηδεύματ' αὐτοῦ ἢ ἄλλως γέπως· ὃ γὰρ λέγει Σωκράτης ἐν τῷ ἐπιταφίῳ, ἀληθές, ὅτι οὐ χαλεπὸν Ἀθηναίους ἐν Ἀθηναίοις ἐπαινεῖν ἀλλ' ἐν Λακεδαιμονίοις· — dass es ferner sehr darauf ankömmt, vor wem man lobt I, 9 p. 36: σκοπεῖν δὲ καὶ παρ' οἷς ὁ ἔπαινος· ὥσπερ γὰρ ὁ

Σωκράτης ἔλεγεν, οὐ χαλεπὸν Ἀθηναίοις ἐν Ἀθηναίοις ἐπαινεῖν. διὰ δὲ τὸ παρ' ἑκάστοις τίμιον ὂν λέγειν ὡς ὑπάρχει, οἷον ἐν Σκύθαις ἢ Λάκωσιν ἢ φιλοσόφοις. Beide Stellen hatte Quint. III, 7, 23 vor Augen: *interesse tamen Aristoteles putat, ubi quidque laudetur aut vituperetur. Nam plurimum refert, qui sint audientium mores, quae publice recepta persuasio, ut illa maxime quae probant esse in eo qui laudabitur credant, aut in eo, contra quem dicemus, ea quae oderunt. ita non dubium erit iudicium quod orationem praecesserit*). ipsorum etiam permiscenda laus semper, nam id benivolos facit: quotiens autem fieri poterit, cum materiae utilitate iungenda. minus Lacedaemone studia litterarum quam Athenis honores merebantur, plus patientia ac fortitudo. rapto vivere quibusdam honestum, aliis cura legum. frugalitas apud Sybaritas forsitan odio foret, veteribus Romanis summum luxuria crimen.*

Ueber die Lobrede auf Götter finden sich einige flüchtige Bemerkungen bei Quint. III, 7, 7. Der Redner soll zuerst im allgemeinen der Majestät ihrer Natur seine Huldigung darbringen — ob in Form einer Anrede, oder einer so zu sagen religionsphilosophischen Betrachtung ist nicht ersichtlich — dann im besonderen die Bedeutung, d. h. den Wirkungskreis des betreffenden Gottes, und seine den Menschen nützlichen Erfindungen hervorheben Wenn Quintilian fortfährt: *tum si qua ab his actu vetustas tradidit, commemoranda. addunt etiam diis honorem parentes — addit antiquitas — progenies quoque —. laudandum in quibusdam, quod geniti immortales, in quibusdam, quod immortalitatem virtute sint consecuti* — so ist damit natürlich nichts über die Reihenfolge der Topen gesagt. Denn auch bei derartigen Reden wird man wohl die Eintheilung *ante ipsum, in ipso, post ipsum*, zur Anwendung bringen, nur dass sich das *post ipsum* etwa auf die Folgen des *in ipso*, also auf seine Verehrung bei den Menschen, seine Tempel und Heiligthümer wird zu beziehen haben. — Etwas ausführlicher wird dieser Gegenstand behandelt in einem Fragment aus den ἐντορικαὶ ἀφορμαί des Alexander, Rh. Gr. T. III p. 4. Danach soll der Redner ausgehen von dem philosophischen Begriff der Gottheit als eines ewigen, unvergänglichen Wesens, dann aber mit Benutzung der Platonischen Ansicht von den θεοὶ γεννητοί sich den Weg zu der gewöhnlichen Vorstellung über die Götter bahnen. In den allgemeinen einleitenden Theil gehört auch die Erwähnung

---

*) Die κρίσις gehört mit zu der der eigentlichen εὕρεσις voraufgehenden νόησις.

der philosophischen Ansichten über das Wesen und die Bedeutung des betreffenden Gottes (der λόγος φυσικός bei Menander). Im speciellen Theile wird zunächst die Genealogie des Gottes berührt*), sein Alter, ob er zu den Göttern der früheren oder späteren Ordnung gehört, seine vermuthliche Identität mit andern Göttern, ob er von allen oder nur einigen Völkern verehrt wird. Im letzteren Falle sind diese Völker zu loben und der Redner hat zu zeigen, dass es gerade die berühmtesten, stärksten, ältesten, vornehmsten, gesittetsten Völker sind, die diesen Gott verehren, die Völker dagegen, die ihn nicht verehren, herabzusetzen. Demnächst wird die Macht des Gottes behandelt, die Sphäre seiner Wirksamkeit, seine Erfindungen, sein Verhältniss zu den übrigen Göttern, sein Verhältniss zu den Menschen, die ihm geweihten Thiere, Bäume, Stätten, die besonderen Vergünstigungen, die er den Leuten gewährt, die ihn aufgenommen, endlich die Gottheiten, die sein Gefolge bilden.

Noch specieller ist die Behandlung dieses Gegenstandes bei Menander in der διαίρεσις τῶν ἐπιδεικτικῶν T. III p. 333. Er geht aus von dem allgemeinen Begriff des Hymnus, als des Lobes einer Gottheit, gleichviel ob in Versen oder in Prosa. Solche Hymnen zerfallen in verschiedene Arten. Sie sind κλητικοί oder ἀποπεμπτικοί, φυσικοί oder μυθικοί, γενεαλογικοί oder πεπλασμένοι, εὐκτικοί und zwar προσευκτικοί oder ἀπευκτικοί, endlich gemischt aus mehreren dieser Arten. Die κλητικοί enthalten Aurufungen der Götter, genaue Herbeirufungen derselben von allen möglichen Oertlichkeiten, an denen sie sich aufhalten könnten (Hom. Il. A. 37 ff.). Der prosaische Darsteller kann sie nur in mässigem Umfange anwenden. Die ἀποπεμπτικοί beziehen sich auf die Abwesenheit oder Abreise eines Gottes von einer Cultusstätte zur andern. Sie kommen nur in der Poesie vor. Die φυσικοί geben die physikalische Erklärung vom Wesen eines Gottes, oder eines einzelnen Mythus, und sind bald kurz andeutend, bald ausführlicher begründend. Die μυθικοί geben rein eine mythologische Erzählung ohne alle Deutung derselben. Die prosaische Darstellung erträgt sie nur in Form ganz kurzer Erwähnung, nie ausführlicher Mittheilung der Mythen, doch muss die Kürze derselben durch παράλειψις, συγχώρησις und ähnliche Figuren besonders motivirt werden. Mit dem μυθικὸς ὕμνος wird gewöhnlich der γενεαλογικός verbunden, der sich auf Geburt und Abstammung des Gottes

---
*) p. 4, 32 Lt vor den Worten δεῖ λέγειν περὶ τοῦ γένους offenbar eine Lücke im Texte.

beziebt. Selbständig für sich kann er nur Gegenstand poetischer Darstellung sein. πεπλασμένοι ὕμνοι sind solche, die einen vom Schriftsteller selbst erfundenen Mythos behandeln. Solche Mythen lassen sich aber nur von untergeordneten Gottheiten und Daemonen ohne Anstoss aufstellen, wie die Platonischen Mythen vom Eros, von Poros und Penia. Sie dürfen nicht auf allzu entlegenen Voraussetzungen beruhen, müssen innerlich zusammenhängen und den sonstigen Vorstellungen von dem Wesen der Gottheit entsprechen, auch frei von Widersprüchen sein. Die προσευκτικοί und ἀπευκτικοί endlich, die meist in Verbindung mit den bereits genannten Arten auftreten, tragen der Gottheit entweder die Bitte um Erhörung eines Anliegens, oder um Abwendung irgend eines Uebels vor. Sie müssen einfach und kurz sein und einen würdigen Inhalt haben. Alle diese Arten von Hymnen sind nun gleichsam die Elemente, aus denen der epideiktische Redner seine Lobrede auf eine Gottheit zusammensetzt. In welcher Reihenfolge, wird von Menander nicht gesagt. Als Muster gelten ihm namentlich die λόγοι μαντευτοί des Aristides, die angeblich auf besonderes Geheiss einer Gottheit gehalten sind. Es sind dies diejenigen seiner Reden, welche unsre gegenwärtige Sammlung derselben eröffnen. Die ausführliche Skizze eines λόγος Σμινθιακός, einer Lobrede auf Apollo Smintheus, giebt Menander περὶ ἐπιδ. p. 473 ff. Sie gewährt uns hinreichenden Aufschluss über diese immerhin merkwürdige Art der sophistischen Beredsamkeit.

Derselbe Menander giebt uns p. 344 ff. einige Gesichtspunkte für das Lob eines Landes an die Hand. Es erstreckt sich entweder auf seine natürliche Beschaffenheit oder seine Lage. ἐπαίνης χώρας, ὡς ἀνωτάτω διελέσθαι, διττός, ἢ κατὰ φύσιν ἢ κατὰ θέσιν. ἢ γὰρ πῶς κεῖται ἐξετάσαντες ἀξίαν αὐτὴν ἐπαίνου ἀποφαίνομεν, ἢ ὅπως πέφυκε. Die Lage betrachten wir in Bezug auf Erde, Meer, Himmel: ob also das Land ein Binnenland oder Küstenland, eine Insel oder Halbinsel ist, ferner in welcher Himmelsgegend es liegt, ob es gesunde Luft hat[*]. Die natürliche Beschaffenheit fasst sechs Punkte ins Auge; das Land ist gebirgig oder eben, warm oder kalt, trocken und wasserlos, oder feucht und gut

---

[*] Es versteht sich, dass jeder gerade zutreffende Punkt zum Lobe benutzt werden muss. Schol. Arist. p. 31: δεῖ δὲ τὸν ῥήτορα πρὸς τὴν χρείαν ἁρμόττεσθαι, καὶ εἰ μὲν παραθαλάττιος ὑπάρχει ἡ πόλις, ἐπαινεῖν, καὶ λέγειν, ὅτι ἐπισπᾶται τὴν θάλατταν εἰ μεσόγειος, πάλιν ἐν τῷ ἐπαίνῳ λέγειν, ὅτι πέφευγεν αὐτὴν οὖσαν ταραχώδη.

bewässert, endlich fruchtbar oder unfruchtbar, ergiebig oder wenig ergiebig*). Danach entscheidet sich die Güte oder Schlechtigkeit eines Landes. Und zwar ist das Lob des Landes von diesen Punkten aus mit Rücksicht auf das Angenehme oder das Nützliche zu entnehmen. — Städte, lehrt derselbe Menander p. 346 ff. lobt man theils von den Gesichtspunkten aus, die beim Lobe eines Landes, theils von denen, die beim Lobe von Menschen in Betracht kommen. Man lobt nämlich Städte einmal von ihrer Lage und natürlichen Beschaffenheit aus, κατὰ θέσιν καὶ φύσιν, zweitens nach der Art ihrer Gründung und Einrichtung, dies ist der τόπος ἀπὸ γένους, drittens nach ihrer Verfassung, ihrem Betreiben von Kunst und Wissenschaft, der Lebensweise von Männern und Frauen, der Art, wie die Kinder erzogen werden — dies alles behandelt der τόπος ἀπὸ ἐπιτηδεύσεων, viertens nach den Thaten der Stadt in Krieg und Frieden, woran sich zuletzt die Erwähnung der Auszeichnungen und Ehren anschliesst, welche der Stadt von irgend einer Seite aus zu Theil geworden sind. Menander geht die einzelnen Topen hinsichtlich ihrer weiteren Theilung sehr ausführlich durch. An die Lage schliesst sich auch die lobende Erwähnung örtlicher Eigenthümlichkeiten, wie Häfen, Meeresbuchten, Akropolen. Der τόπος ἀπὸ γένους behandelt die Gründer der Stadt, ihre Einwohner und deren Herkunft und Abstammung, die Zeit der Gründung (bei jüngeren Städten hat man zu zeigen, dass sie an Würde den älteren nicht nachstehen), die Veränderungen, welche die Stadt von der Gründung an betroffen haben (ob sie als Kolonie angelegt, oder durch συνοικισμός entstanden ist, ob sie ihren ursprünglichen Platz mit einem andern vertauscht hat, ob sie durch Vergrösserung entstanden, also etwa aus einem Dorfe zur Stadt geworden, oder gleich als Stadt angelegt ist; unter Umständen kann auch eine Aenderung in der Benennung der Stadt, die einem Gott oder einem berühmten Manne zu Ehren erfolgt ist, Stoff zum Lobe geben), endlich die Ursachen, wegen deren sie gegründet worden. Die Thaten werden nach den vier Cardinaltugenden und deren Theilen geprüft und gelobt. Es kann aber das Lob der Stadt ein allgemeines oder ein solches sein, zu welchem in besonderen Zeitumständen eine specielle Veranlassung gegeben ist.

---

*) Menanders Text auf p. 345, 2 ist nicht in Ordnung. Ein Topos mindestens ist ausgefallen; wahrscheinlich standen die Worte ἢ θερμὴ ἢ ψυχρά an zweiter Stelle; zum Schluss ist zu lesen: ἢ εὔφορος, ἢ ἄφορος, ἢ πολύφορος, ἢ δύσφορος. Das viermalige ἢ steht in der Handschrift.

Derartige Zeitumstände als Feste, Panegyren, öffentliche Spiele, verlangen unter Umständen besondere Reden, die unter dem Gesichtspunkt der epideiktischen Gelegenheitsreden zu befassen sind. Menanders Theorie ist auf Kenner des Aristides berechnet und wird durch dessen Reden in allen Einzelheiten aufs vollständigste erläutert. Von ihm besitzen wir in or. XIV u. XV ausführliche Lobreden auf Rom und Smyrna, in or. XVII auf das Aegaeische Meer, in or. XVIII auf den heiligen Brunnen des Asklepios, in or. XIX auf Eleusis. Die Rede auf Rom ist in der Hauptsache eine Lobrede auf die Römische Weltherrschaft und das Römische Principat. Sie ist dadurch merkwürdig, dass sie trotz ihres grossen Umfangs nicht die geringste Notiz von der Römischen Geschichte nimmt, ja nicht einen einzigen Römischen Namen enthält. Mit nicht zu leugnender Kunst wird von dem τεχνικώτατος σοφιστών ein lobendes Enthymem an das andre gereiht, jedes streng zur Sache gehörig, aber nirgends der Boden allgemeiner Reflexion verlassen, nirgends das Gebiet positiver Thatsachen betreten. Derartige Leistungen der sophistischen Kunst sind für moderne Leser völlig ungeniessbar. Nur das genauste Eingehen auf die rhetorische Technik macht uns ihre Lectüre erträglich und zugleich begreiflich, dass sie überhaupt zu irgend einer Zeit gefallen konnten. Dass Menanders Topik übrigens im wesentlichen viel älter ist als die sophistische Zeit, beweisen die kurzen Worte, mit denen Quint. III, 7, 36 das Lob der Städte berührt, zur Genüge. Ein Lob der Stadt Athen κατὰ θέσιν giebt Isokrates im Panegyricus §. 21—132, allerdings figurirt, mit der Nebenabsicht zu zeigen, dass den Athenern von Rechts wegen die Hegemonie über die Griechen zukomme, und nicht den Lacedämoniern*). Für die Vergleichung mit anderen Städten ist Isocr. or. XII, 39 wichtig.

Als Gesichtspunkte für das Lob von Thieren führt Hermog. Progymn. p. 13 den Ort an, wo sie vorkommen und leben, die Gottheit, denen sie geweiht sind, ihre Nahrung, ihre körperlichen und seelischen Eigenschaften, was sie thun, wozu sie nützen, wie lange sie leben, Vergleiche mit anderen Thieren. Ganz ähnlich giebt bei Pflanzen der Ort, wo sie wachsen, die Gottheit, der sie geweiht sind, die Behandlung und Pflege, die sie beanspruchen,

---

*) Zu dem herrlichen Lobe Attikas in dem berühmten Chore des Sophokleischen Oedipus auf Kolonos bemerken die Scholien zu V. 712: περὶ τὰ τρία ταῦτα κεφάλαια μάλιστα διατρίβουσι τοῦ ἐγκωμίου, ὅτι εὔφορος καὶ ὅτι ἱππικοὶ Ἀθηναῖοι καὶ ὅτι ναυτικοί.

ihr Aussehn und sonstige Eigenschaften, ihr Nutzen u. s. w. Stoff zum loben. Man vergleiche, was Dion. Halic. Rhet. c. 6 T. V p. 112 über Eiche, Oelbaum und Lorbeer sagt. — Gewerbe endlich, Künste, Beschäftigungen, Berufsarten werden von ihren Erfindern aus gelobt und den Männern, die sich in ihnen hervorthaten. Ein Hauptgesichtspunkt ist der günstige Einfluss, den sie auf Leib und Seele derer ausüben, die sich ihnen widmen, wie z. D. die Jäger durch ihre Beschäftigung tapfer und muthig werden, einen gesunden Körper und geschärfte Sinne bekommen. Hermog. 1. 1.*).

§. 35.
Epideiktische Gelegenheitsreden.

Die Praxis der epideiktischen Beredsamkeit beschränkte sich aber nicht blos auf wirkliche Lob- oder Tadelreden. Letztere waren begreiflicherweise als selbständige Ausarbeitungen überhaupt nur von sehr bedingter Zulässigkeit. Vielmehr fiel ihr, wie bereits gesagt, im Sophistischen Zeitalter das ganze weite Gebiet der Gelegenheitsreden zu, als Lob- und Danksagungsreden an die Kaiser, Festreden, Einladungsreden, begrüssende Ansprachen, Antritts- und Abschiedsreden, Hochzeitsreden, Geburtstagsreden, Leichenreden, Trostreden und Beglückwünschungsreden aller Art**). Auch Ermahnungsreden gehören hierher, sogenannte λόγοι προτρεπτικοί, die an das γένος συμβουλευτικόν erinnern. In ihnen ermahnt der Redner seine Zuhörer und fordert sie zu etwas auf, dessen Vorzüge aber nicht erst zu ermitteln sind, sondern als zugestanden vorausgesetzt werden (vgl. Ulp. ad Demosth. Olynth. I, p. 8 bei Ernesti. Lex. techn. Gr. S. 298). So fordert Dio Chrysostomus seine Zuhörer in mehreren Reden zum Frieden und zur Eintracht auf, desgleichen Himerius or. XXXIV seine neugewonnenen Schüler, sich einer gewissen Mannichfaltigkeit in den rhetorischen Studien

---

*) Für das Lob der Gesetze heisst es in den Scholien zu Arist. p. 1, 20: ἐγκωμιάζεται δὲ νόμος ἀπὸ χρόνον, ἐκ τῶν χρωμένων καὶ εἰ ἐπίμετρε κρατῶν, vgl. Dem. or. XXIV, 24: οὗτοι πάντες οἱ νόμοι κεῖνται πολὺν ἤδη χρόνον, ὦ ἄνδρες δικασταί, καὶ πεῖραν αὐτῶν πολλάκις δεδώκασιν, ὅτι συμφέροντες ὑμῖν εἰσι, καὶ οὐδεὶς πώποτε ἀντεῖπε μὴ οὐ καλῶς ἔχειν αὐτούς.

**) Himer. or. IX, Glückwunschrede auf die wiederhergestellte Gesundheit eines Freundes.

zu befleissigen. Der Ausdruck λόγοι προτρεπτικοί gehört übrigens schon der alten Sophistik an. Isocr. or. I, 3: ὅσοι μὲν οὖν πρὸς τοῖς ἑαυτῶν φίλοις τοὺς προτρεπτικοὺς λόγους συγγράφουσι, καλόν μὲν ἔργον ἐπιχειροῦσιν, οὐ μὴν περί γε τὸ κράτιστον τῆς φιλοσοφίας διατρίβουσιν. Das κράτιστον τῆς φιλοσοφίας ist dem Isokrates die Tugend an sich, und weil von dieser seine Rede an Demonikos handelt, so stellt er diese seine παραίνεσις den παρακλήσεις der λόγοι προτρεπτικοί gegenüber*). Als λόγος προτρεπτικός ist des Isokrates dritte Rede zu betrachten, in welcher Nikokles seine Unterthanen ermahnt, ihren Unterthanenpflichten gegen ihn nachzukommen. Der eigentlichen Paränese an die Kyprier §. 48 ff. ist ein Lob der Monarchie als der besten Staatsverfassung §. 14—26, und ein Lob des Königs selbst voraufgeschickt, der auf rechtmässige Weise zur Herrschaft gekommen ist, §. 27—28, der um seiner selbst willen es verdient Herrscher zu sein, da er bei allen seinen Handlungen sich mit Bewusstsein die Tugend zur Richtschnur genommen hat, und zwar δικαιοσύνη und φρόνησις, §. 29—47. Ebenso der Panegyrikus, in dessen zweitem Theile die Griechen ermahnt werden, nach Beilegung ihrer innern Streitigkeiten sich unter Athens Führung mit gesammter Macht gegen die Perser zu wenden. Da die λόγοι προτρεπτικοί ihrem Stoffe nach mehr oder weniger zum γένος συμβουλευτικόν gehören, so kömmt auch die Topik der τελικὰ κεφάλαια bei ihnen zur Anwendung. So fasst Isokrates im Panegyrikus zunächst das δυνατόν ins Auge, §. 138 ff. Der Perserkönig ist nicht δυσπολέμητος. Weiter das ἀναγκαῖον §. 160 ff. Gerade die jetzige Zeit ist zu seiner Dekriegung geeignet. Das συμφέρον §. 167. Es ist billig gerade der jetzigen Generation, die durch die vorangegangenen Kriege so unendlich gelitten hat, die Vortheile eines Kriegs gegen die Barbaren zu Theil werden zu lassen. Diese Vortheile werden auseinandergesetzt. Das δίκαιον §. 183 ff. Zuletzt §. 187 das ἔνδοξον.

Die meisten Arten der epideiktischen Gelegenheitsreden hat Menander in seiner Schrift περὶ ἐπιδεικτικῶν Rh. Gr. T. III p. 368 ff.

*) §. 5: διόπερ ἡμεῖς οὐ παράκλησιν εὑρόντες ἀλλὰ παραίνεσιν γράψαντες μέλλομέν σοι συμβουλεύειν κτλ. Nach O. Schneider liegt die Schwerkraft des hier vorgetragenen Gegensatzes in εὑρόντες und γράψαντες das gesuchte, mühsam ausstudierte gegenüber dem kunstlos, rasch hingeworfenen. Schwerlich richtig. Ein Isokrates wirft nie etwas rasch hin. Bei den Sophisten ist vielmehr das Ethische ein Incidenzpunkt des von ihnen aufgesuchten Stoffes, bei ihm dagegen bildet es den ausschliesslichen Mittelpunkt der Darstellung, sein eigentliches Thema.

ziemlich ausführlich und nicht ohne Geist skizzirt. Einige Dionys von Halikarnas in den ersten sieben Capiteln seiner Rhetorik — womit nicht gesagt sein soll, dass gerade diese Capitel den Dionys zum Verfasser haben. Ihre Auseinandersetzungen müssen uns für die verloren gegangenen Theorien älterer Techniker entschädigen. Menander beginnt dieselbe mit dem λόγος βασιλικός, der Lobrede auf den Kaiser. In ihr handelt es sich eingestandenermassen um eine Amplification, seiner guten Eigenschaften, alles zweifelhafte und streitige bleibt selbstverständlich ausgeschlossen. Amplificirend ist gleich die Einleitung. Sie geht von der Schwierigkeit der Aufgabe aus, in gebürender Weise einem solchen Gegenstand gerecht zu werden. Die ὑπόθεσις ist δυσέφικτος. Aber wenn sie dem Redner gelingt, so bringt sie ihm auch grossen Ruhm ein. Es sei ungereimt, da man so grosse Güter von den Kaisern empfangen, ihnen nicht den gebürenden Dank abzustatten. Das wichtigste im menschlichen Leben ist die Frömmigkeit gegen die Götter und die Ehrfurcht vor dem Kaiser, beide hat man nach Kräften zu bewundern und zu preisen. Die Amplification kann auch durch das Heranziehen eines unermesslichen Gegenstandes gewonnen werden. Wie das Auge nicht vermag den schrankenlosen Ocean zu umfassen, so ist die Rede nicht im Stande das Lob des Kaisers in seinem ganzen Umfange zu erschöpfen eine Wendung übrigens, die zur Einleitung einer jeden epideiktischen Rede dienen kann, namentlich wenn sie kurz sein soll. Wie man sich nun die Huld der Götter durch Hymnen und Tugenden erwirbt, so durch Reden die des Kaisers. Ein zweites Prooemium geht davon aus, dass der Gegenstand eigentlich die Wohlredenheit eines Homer, eines Orpheus, oder der Musen selbst verlange, aber dass auch diese kaum im Stande sein würden, ihn in angemessener Weise zu behandeln; so wolle es denn auch der Redner nach besten Kräften versuchen. Zum Schluss der Einleitung erklärt er seine Verlegenheit, von welchem Punkte aus er seine Lobrede beginnen solle, und gewinnt mit dieser Wendung einen Uebergang zu seinem eigentlichen Gegenstande.

Förmlich wie nach diesem oder einem ähnlichen Recept gemacht erscheint das Prooemium zu Julians Rede auf Constantius: πάλαι με προθυμούμενον, ὦ μέγιστε βασιλεῦ, τὴν σὴν ἀρετὴν καὶ πράξεις ὑμνῆσαι — τὸ μέγεθος εἶρξε τῶν πράξεων, οὐ τὸ βραχὺ λειφθῆναι τῷ λόγῳ τῶν ἔργων δεινὸν κρίνοντα, ἀλλὰ τὸ παντελῶς τῆς ὑποθέσεως διαμαρτεῖν δόξαι. Julian ist weder Redner noch Dichter, denen es etwas leichtes ist, für das Lob eine gebürende Form zu finden. Dann fährt er fort: ἐπεὶ δὲ ὁ παρὼν ἀπαιτεῖ λόγος τῶν πραγμάτων ἀπλῆν διήγησιν οὐδενὸς ἐπεισάντων κόσμου δεομένην, ἔδοξε κἀμοὶ προσήκειν τοῦ ἀξίως διηγήσασθαι τῶν ἔργων ἀνεφίκτου καὶ τότε τοῖς προλαβοῦσιν ἤδη φανέντος. Darauf heisst es: τίς οὖν ἂν ἡμῖν ἀρχὴ καὶ τάξις τοῦ λόγου γένοιτο καλλίων; ἢ δῆλον ὡς ἡ τῶν προγόνων ἀρετή, und damit geht der Redner zur Partition seiner Rede über. — Nach der Einleitung, fährt Menander fort, behandelt der Redner die Vaterstadt des Kaisers, aber nur kurz, und wenn sich zu deren Lobe nichts sagen lässt, das Volk, dem der Kaiser entstammt. An das Lob der Stadt schliesst sich das Lob des kaiserlichen Geschlechts. Falls die bisherigen Topen keinen Stoff zum Lobe geben, also ἄδοξα sind, so kann der Redner auch ohne weiteres mit der Person des Kaisers selbst beginnen. Zunächst mit seiner Geburt und den etwaigen besonderen Umständen derselben als omina, prodigia, Himmelserscheinungen und ähnlichen. Dergleichen lässt sich auch wohl erdichten, und der Redner darf dies getrost thun. — δίδωσι γὰρ ἡ ὑπόθεσις διὰ τὸ τοὺς ἀκούοντας ἀνάγκην ἔχειν ἀβασανίστως δέχεσθαι τὰ ἐγκώμια. An die Geburt schliesst sich die Erziehung mit ihren besonderen Umständen, die Erwähnung der Anlagen und Talente, durch welche der Knabe oder Jüngling sich hervorthat, seiner Neigungen und Studien, der Eigenschaften seines Charakters.

Es folgt der eigentliche Haupttheil der Rede, welcher die Thaten des Kaisers behandelt. Dabei gilt als allgemeine Regel, dass jedes neue Kapitel besonders einzuleiten und anzukündigen ist, um dadurch den Zuhörer aufmerksam zu machen, und dafür zu sorgen, dass ihm die einzelnen Punkte der Behandlung nicht entgehen; auch müssen zur Amplification überall Vergleichungen und Beispiele herangezogen werden. Nun lassen sich die Thaten im allgemeinen eintheilen in Thaten des Kriegs und des Friedens. Hat sich der Kaiser durch Kriegsthaten ausgezeichnet, so sind diese voranzunehmen, weil sie der Beleg seiner Tapferkeit sind, Tapferkeit aber dem König vor allem zukommt. Doch sind die Kriegsthaten auch nach dem Gesichtspunkte der Klugheit zu loben und zu beurtheilen. Bei der Darstellung sind sie durch Beschreibung und Schilderung der Localitäten, an denen sie vor sich gingen, auszuschmücken, desgleichen durch Schilderung der Schlachten und kriegerischen Massnahmen. Feindliche Länder und Flüsse können in Prosopopoeien redend eingeführt werden. Besonders hervorzuheben ist bei allen kriegerischen Begebenheiten, wie weit sie das eigene Werk des Kaisers waren, wie weit sie also seine persönliche Tapferkeit und Umsicht bekunden, wie weit er ferner der Stimme der Menschenliebe und der Mässigung während des Krieges oder nach demselben Gehör schenkte. Die Thaten des Friedens sind nach den Tugenden der massvollen Besonnenheit, der Gerechtigkeit und Klugheit einzutheilen. Bei der Gerechtigkeit wird die Leutseligkeit des Kaisers gegen die Unterthanen, die Zugänglichkeit und Freundlichkeit gegen die Bittenden mit gelobt. Ferner wird hervorgehoben, dass er gerechte Beamte in die Provinzen und Städte sendet als Wächter der Gesetze und Vollstrecker seiner eigenen gerechten Absichten, nicht aber um Geld zu erpressen. Es wird über die Abgaben gesprochen, die er auferlegt, über die Sorge für den Unterhalt des Heeres und die möglichste Schonung der Unterthanen. Dann kömmt seine Fürsorge für die Gesetzgebung an die Reihe. Unter die Tugend der massvollen Besonnenheit fällt die Betrachtung der sittlichen Zustände in den Familien, bei öffentlichen Spielen und Festversammlungen. Das eigne Beispiel des Kaisers dient allen zum Vorbild. Hier wird auch von der Kaiserin gesprochen. Zuletzt wird die Klugheit des Kaisers behandelt. Für ihr Vorhandensein spricht schon die Menge der bereits erwähnten Thaten. Dann wird sein tiefblickender Scharfsinn, seine Voraussicht des kommenden, die Raschheit seiner Entschlüsse, seine Fähigkeit fremde Tüchtigkeit zu erkennen, seine richtige Beurtheilung aller Verhältnisse noch besonders hervorgehoben.

Damit ist der Haupttheil der Rede zu Ende. Der Redner wendet sich nunmehr zur Betrachtung des Glücks, welches dem Kaiser bei allen seinen Thaten und Reden zur Seite steht. Hier wird von seinen Kindern gesprochen, von seinen treuen Freunden, von seiner militärischen Umgebung, die für ihn vor keiner Gefahr zurückschreckt. Zuletzt kömmt eine Vergleichung seiner Regierung mit den früheren nicht um letztere herabzusetzen, sondern um auch sie zu bewundern, aber doch der gegenwärtigen den Preis zu ertheilen[*]. Danach

---

[*] Diese Regel gilt überhaupt für alle historischen Vergleiche und Parallelen, die in der epideiktischen Beredsamkeit angewandt werden. Sie sind stets mit mannichfachen für den Helden günstigen Enthymemen zu versetzen. Vgl. Mamert. Genethl. c. 10.

der Schluss, in welchem der Redner den glücklichen Zustand des Reiches unter der jetzigen Regierung beschreibt, die Blüthe und den Reichthum der Städte, die Sicherheit von Handel und Wandel, die zunehmende Religiosität u. dgl. sowie die dankbare Gesinnung und innige Verehrung mit welcher die Unterthanen in dem Kaiser ihren Wohlthäter erblicken, und sich mit Segenswünschen für des Kaisers ferneres Wohlergehen, für die lange Dauer seiner Regierung an die Gottheit wendet.

Mehr oder weniger finden wir Menanders Theorie bei Julian beachtet, bei seinem Lehrer Libanius im $λόγος βασιλικός$ auf Constantius und Constans, bei Themistius, sowie bei den Römischen Panegyrikern in den Lobreden des Eumenius. Das glänzendste Denkmal dieser Art epideiktischer Beredsamkeit aber, das aus dem Alterthum auf uns gekommen, ist der sogenannte Panegyricus des jüngern Plinius auf Trajan, ein mit bewundernswürdiger Sorgfalt ausgearbeitetes Kunstwerk. Es ist die Erweiterung und Ueberarbeitung einer wirklich im Senat gehaltenen gratiarum actio*) Welchen Fleiss der Verfasser auf dieses Werk verwandt hat, berichtet er uns selbst in seinen Briefen. Eine besondere Partition ist in der Rede nicht angegeben, aber ihre Gliederung lässt sich leicht übersehen. Wir unterscheiden die Einleitung c. 1—4 med., den eigentlichen Haupttheil, die *publica gratiarum actio*, c. 4 med. — c. 89, einen kleinen Nebentheil, die *privata gratiarum actio*, welche Plinius als Consul in seinem und seines Collegen Cornutus Tertullus Namen abstattet, c. 90—93 — endlich den Schluss, der zuerst ein Gebet an Jupiter Capitolinus für das Wohl des Kaisers, dann einen kurzen Dank an die Senatoren enthält, welche dem Redner überall die ehrenvollste Anerkennung haben zu Theil werden lassen, c. 94 u. 95. Der Haupttheil zerfällt wieder in fünf gesonderte Abschnitte: 1) Die Ereignisse aus der Zeit von Trajans Abreise zum Heere kurz vor seiner Adoption bis zu seinem Einzug in die Stadt, c. 5—24. 2) Die mildthätigen Massregeln des Kaisers beim Beginn seiner Regierung, c. 25—43. 3) Des Kaisers wohlthätiger Einfluss auf die Hebung der Sittlichkeit und Tugend der Bürger durch das treffliche Beispiel, das er in allem selbst giebt, c. 44—56. 4) Des Kaisers Consulatsverwaltung, sein rühmliches Verhalten gegen den Senat und die Römische Aristokratie,

---

*) Vgl. Dierauer Beiträge zu einer krit. Gesch. Trajans in Büdingers Untersuchungen zur Römischen Kaisergeschichte, Leipz. 1868. B. I.

namentlich bei Ertheilung von Ehrenstellen, sowie sein sorgfältiges
Eingehen auf alle Zweige der öffentlichen Geschäfte und der
Rechtspflege, c. 56—80. 5) Das Privatleben des Kaisers, c. 81—89.
Die einzelnen Theile der Rede sind von einander auch äusserlich
scharf geschieden. Entweder sie beginnen mit einem Specialprooemium, wie der erste zweite und vierte Abschnitt und der Nebentheil, oder einer prägnanten Sentenz, wie der dritte Abschnitt,
oder sie schliessen sich an den Specialepilog des vorhergehenden
Theiles an, wie der fünfte Abschnitt c. 81.

Die Einleitung, sowie das Specialprooemium zum ersten Theil,
das gewissermassen den leitenden Gedanken des ganzen Panegyricus ausspricht und somit die Stelle der propositio vertritt, sind
sehr geschickt angelegt. Der Redner eröffnet seine Rede in feierlicher altrömischer Weise mit einem Gebet an Juppiter. Er bittet
den Gott ihm eine würdige Rede zu verleihen, und weiss ihn sofort mit dem Kaiser selbst in specielle Verbindung zu bringen.
Zu Trajans Lobe, fährt er fort, darf nichts gesagt werden, was
anscheinend auch von einem andern hätte gesagt werden können,
ein Lob auf ihn muss der Ausdruck der allgemeinen Liebe und
Verehrung sein, die alle ihm entgegenbringen. Die einzige Schwierigkeit für den Redner besteht dabei darin, dass er auf die Persönlichkeit des Kaisers, auf seine Bescheidenheit und Mässigung
Rücksicht nehmen muss und ihn nicht so loben darf, wie er es
sonst verdient. Denn alle andern Schwierigkeiten, mit denen der
Redner zu kämpfen hat, wenn er einen Fürsten loben soll, der
kein Lob verdient, und nun fürchten muss, dass derselbe in allem,
was er zu seinem Lobe sagt, versteckte Anspielungen auf seine
Fehler und Laster findet, fallen hier weg. Selbst ein zu viel oder
zu wenig seiner Worte macht ihm keine Sorge, da der Kaiser,
wie die Götter bei ihren Verehren, lediglich auf die den Worten
zu Grunde liegende Gesinnung sieht. Doch der Redner spricht
im Auftrage des Senats, der hier um so nothwendiger war, da
der Kaiser keine privaten Dankbezeugungen duldet. Er würde
auch öffentliche nicht dulden, wenn er sich erlaubte dem Willen
des Senats zu widerstreben. Beides gereicht ihm zum Lobe; dass
er sich sonst nicht danken lässt, und dass er es hier bei dieser
Gelegenheit erlaubt, und sich somit die Nothwendigkeit gefallen
lässt, den Redner anzuhören. Das Ideal aber, das derselbe sich
sonst von einem Lenker des Römischen Weltreichs gebildet hat,
wird durch die Art, wie es in Trajan verwirklicht ist, übertroffen.

Denn in ihm vereinigen sich alle Tugenden und Vorzüge zu schönster Eintracht. Das konnte aber auch nicht anders sein bei einem Fürsten, den nicht Bürgerkrieg und Waffengewalt, sondern den Friede, Adoption und Entscheidung der Götter zu einem solchen gemacht haben. Damit geht nun Plinius am Faden der bereits mitgetheilten Disposition auf die lobende Erwähnung der einzelnen Vorgänge, Ereignisse und Thaten aus Trajans Regierung ein, die aber nie einfach mitgetheilt, auch nie weitläufig erzählt oder ausführlich geschildert werden — wie denn auch die historische Ausbeute, welche uns der Panegyricus gewährt, im Grunde gering ist, ein Umstand, der vom rhetorischen Standpunkt als ein Vorzug desselben zu betrachten ist — sondern immer nur das Substrat bilden, auf welchem durch Amplification der Peristasen, durch Vergleiche, Anwendung der τελικὰ κεφάλαια oder Heranziehung passender Sentenzen lobende Enthymeme errichtet werden. Dies im einzelnen weiter zu verfolgen verbietet mir jedoch der Plan meiner Schrift.

Lobreden auf die Kaiser können übrigens mancherlei besondere Veranlassungen haben. So finden wir in der Sammlung der lateinischen Panegyriker mehrere eigentliche *gratiarum actiones*, λόγοι χαριστήριοι und εὐχαριστήριοι, deren uns auch von Themistius (or. II. XVI) und Libanius erhalten sind. Hierher gehört auch der στεφανωτικὸς λόγος, eine kurze Ansprache an den Kaiser bei Ueberreichung eines Ehrenkranzes. ἔστω δέ σοι ὁ λόγος μὴ πλειόνων ἑκατὸν πεντήκοντα ἢ καὶ διακοσίων ἐτῶν (d. h. Zeilen), sagt Menand. p. 422. Verwandt damit ist der πρεσβευτικὸς λόγος, Menand. p. 423, eine Gesandschaftsrede an den Kaiser, mit der Bitte, einer bedrängten Stadt zu Hülfe zu kommen. Bei dem Lobe des Kaisers, welches auch hier wenigstens den ersten Haupttheil bildet, ist insbesondere seine Menschenfreundlichkeit, sein Mitleid und seine Herzensgüte hervorzuheben. Der zweite Theil, der sich an die Erwähnung der Friedens-Segnungen unter seiner Regierung anschliesst, handelt von der Stadt. Lebhafte Schilderung ihrer früheren Blüthe und ihres jetzigen elenden Zustandes. „Deshalb flehen wir zu Dir, und umfassen Deine Knie. Bedenke, dass die Stimme des Gesandten die Stimme der ganzen Stadt ist, bedenke, dass in ihr die Thränen der Kinder, Frauen, Männer und Greise vereint sind, dass sie Dich durch ihn um Mitleid anrufen." Den Beschluss macht die Bitte, das eigentliche Anliegen, um das es sich handelt, zu gewähren. — Noch andre Reden gehören mehr in die Klasse der λόγοι προτρεπτικοί, wie bei Themist. or. IX, vor allem der berühmte λόγος περὶ βασιλείας von Synesius*), eine Rede an Kaiser Arcadius bei Ueberreichung eines goldenen Kranzes Seitens der Stadt Cyrene, die in ihren Gedanken manches aus den gleichnamigen aber allgemein gehaltenen Reden des Dio Chrysostomus entlehnt hat.

§. 36.

Fortsetzung.

Im uneigentlichen Sinne bezeichnet der Name Panegyricus jede umfangreiche Lobrede. Wie die gratiarum actio des Plinius diesen Titel führt, so nennt auch Sopater die berühmte Rede des Aristides ὑπὲρ τεττάρων einem λόγος πανηγυρικός. Im eigentlichen Sinne dagegen ist der λόγος πανηγυρικός die an einer Panegyre, also an einem grossen nationalen Festspiele vor einer grossen, freudig gestimmten Festversammlung gehaltene Rede, welche die Bedeutung des Festes zu ihrem Gegenstande nimmt. Dionys. Halic. Rhet. c. 1. Nun stehen alle Panegyren im Zusammenhange mit dem Cultus irgend einer Gottheit, zu deren Ehre sie eingesetzt sind. So muss denn die Rede, um ihr gleichsam ein προσωπεῖον τηλαυγές zu verleihen, mit dem Lobe dieses Gottes eröffnet werden. Man lobt ihn ἀπὸ τῶν προσόντων αὐτῷ, d. h. von der Sphäre seiner Wirksamkeit, von seinen Erfindungen oder dem aus, was er den Menschen nützliches oder segensreiches verliehen hat (s. oben S. 279), den Zeus als König der Götter, als Bildner des Weltalls, den Apollo als Erfinder der Musik, als Sonnengott, als Urquell alles Guten. Es muss aber das Lob des Gottes, das ja nur zur Einleitung dienen soll, ὡς μὴ τοῦ ἐπιόντος ὁ λόγος ὁ προάγων μείζων γίγνοιτο, nur kurz sein. An das Lob des Gottes schliesst sich das Lob der Stadt an, in oder bei welcher die Panegyre gefeiert wird (vgl. Menand. p. 366). Ihre Gründung und Entstehung; ob ein Gott oder Heros ihr Gründer war, und was man von ihm zu sagen hat; die Thaten der Stadt in Krieg und Frieden**), ihre Grösse, Schönheit, Macht, ihre Kunstschätze, öffentlichen und Privat-Gebäude, ihre Lage an einem Fluss, auch etwaige

---

*) Vgl. meine Schrift über Synesius S. 26. ff.

**) Wir bemerkten schon oben, dass der Panathenaicus des Aristides eine rein geschichtliche Lobrede auf Athen ist.

Mythen von der Stadt. Dann geht man auf das Festspiel selbst über, seine Entstehung und Einsetzung und deren Veranlassung. Vergleich mit anderen Festspielen. Jahreszeit in die es fällt. Die Art des Spiels, ob gymnastisch und musisch zugleich, oder blos eins von beiden. Der Kranz, der dem Sieger winkt. Die Eiche wird gelobt, weil sie dem Zeus geheiligt ist, weil sie die erste und älteste Nahrung den Menschen gewährte, weil sie ein Baum der Weissagung ist (ὅτι οὐκ ἄφωνος). So lässt sich auch der Oelbaum, der Lorbeer, der Aehrenkranz und die Fichte loben, Endlich ist der vorliegende Kranz mit andern zu vergleichen. Den Gipfel der Rede macht das Lob des Kaisers, oder seines Stellvertreters, die als Agonotheten zu preisen sind, als Erhalter des Friedens, in dem allein die Festspiele gefeiert werden können. Der Ausdruck sagt Dionys, muss Abwechslung haben, er muss einfach sein in den blos erzählenden und mythischen Partieen, schwungvoll dagegen, wo man von Göttern oder Fürsten spricht. Blos eine besondere Art der Festrede ist die Ermahnungsrede an die Athleten (c. 7), die mit zur Klasse der λόγοι προτρεπτικοί gehört.

Der κλητικὸς λόγος, Menand. p. 424 ff., ist die Einladungsrede an einen Archon oder kaiserlichen Beamten, eine Panegyre mit seiner Gegenwart zu beehren. Mit dem Lobe der Festlichkeit wird das Lob des Einzuladenden verbunden, doch bleibt ersteres immer die Hauptsache. „Der ganzen Menge der zum Feste zusammengeströmten Fremden würde ohne Deine Anwesenheit der rechte Genuss der Feier fehlen. Deshalb komm. Auch bist Du es dem Gotte schuldig, dem zu Ehren das Fest gefeiert wird. Wenn Du Dich überreden lässt, so gewinne ich der Redner an Ruhm, es gewinnt das Fest an Ruhm, der Stadt wird eine Ehre erwiesen, der Gott wird sich freuen. Ertheilst Du dagegen eine abschlägige Antwort, so betrübst Du den Redner aufs höchste, die Festfreude der ganzen Stadt wird in Trauer verkehrt, eine Möglichkeit, die blos auszusprechen unwürdig ist. Darum eile zum Fest unter günstigen Auspicien, und folge der Einladung der Stadt, welche durch meine Worte an Dich ergeht."

Es können aber auch Einladungsreden an kaiserliche Beamte gehalten werden, ohne dass gerade eine besondere Festlichkeit dazu Veranlassung giebt. Dann hat man dies gleich in der Einleitung hervorzuheben. Man hat von einer gewissen Zuneigung des Archon für die Stadt gehört, und seinem Entschlusse, sie zu besuchen. Es ergeht nun an ihn die Bitte, diesen Entschluss zur Ausführung zu bringen. Wenn der Redende in seiner Vaterstadt eine hervorragende Stellung einnimmt, so kann er in einem zweiten Prooemium darauf hinweisen, dass er gerade vor andern mit diesem ehrenvollen Auftrage betraut worden. Folgt das Lob der Stadt, wobei aber mehr ihre Thaten und ihre Würde hervorzuheben sind, als ihre natürliche Lage, und dann das Lob des Archon. Will er nun zum erstenmale die Stadt besuchen, so lässt man eine kurze Beschreibung des Landes und der Stadt folgen, mit der Aufforderung, sich ihre Herrlichkeit anzusehen, und führt ihm zum Schluss die Reise vor, die er zu machen hat, um an den Ort zu gelangen, an welchem zu seiner Aufnahme alles vorbereitet ist. Hat er die Stadt dagegen schon früher besucht, so erinnert man ihn an dasjenige, was ihm von ihr bekannt ist, und schildert ihm die Sehnsucht derselben, ihn wieder in ihrer Mitte zu begrüssen, begründet durch die wohlbekannten trefflichen Eigenschaften des Angeredeten.

Kaiserliche Beamte wurden bei ihrer Ankunft in einer Stadt dem Herkommen gemäss mit einer feierlichen Ansprache begrüsst, um sich ihres ferneren Wohlwollens zu versichern. Eine solche Ansprache hiess *προσφώνησις*, *λόγος προσφωνητικός* oder *προσφωνηματικός*, *oratio compellatoria*. Derartige Reden sind bei Himerius or. III. X. XI. XIII. XIV. Nach Dionys c. 5. geht in ihr der Redner zunächst von seiner eigenen Person aus, dass und weshalb er vor allen zum Sprechen beauftragt ist. Die bekannte Leutseligkeit des Angeredeten, deren Gerücht durch seinen persönlichen Anblick bestätigt wird, hat ihn ermuthigt, sich dieser Aufgabe zu unterziehen. Kurzes Lob des Kaisers; zu einem erschöpfenden Lobe fehle es an Zeit; einer seiner Vorzüge besteht darin, dass er gerade einen solchen Mann, dessen Sinnesart mit der seinigen übereinstimmt, auserwählt und hierher gesandt hat. Nun beginnt das Lob dieses Mannes, nach Geschlecht, natürlicher Beschaffenheit, Erziehung, Kenntnissen, bisherigen Thaten und Leistungen. Bitte um geneigte Gesinnung gegen die Stadt, die ihm mit Vertrauen und Hoffnung entgegenkömmt. Lob der Stadt; man spricht von ihrem Ursprunge, ihren Einkünften und ihrer Macht, von der Bildung ihrer Bewohner, ihrer Grösse, Schönheit, Lage, von den besonderen Auszeichnungen, die ihr durch die Kaiser zu Theil geworden, ihren bisherigen Thaten. Eine solche Stadt verdiene das Wohlwollen der Obrigkeit. Zum Schlusse

Gebetswünsche für den Kaiser, seinen Abgesandten, für die Stadt selbst; sie werde es sich zur Aufgabe setzen, ihrem alten Rufe treu zu bleiben, ja ihn noch zu verbessern.

Ganz ähnlich Menand. p. 414 ff. Er definirt: ὁ προσφωνητικὸς λόγος ἐστὶν εὔφημος εἰς ἄρχοντας λεγόμενος ὑπό τινος, τῇ δὲ ἐργασίᾳ ἐγκώμιον, οὐ μὴν τέλειον· οὐ γὰρ ἔχει πάντα τὰ τοῦ ἐγκωμίου, ἀλλὰ κυρίως ὁ προσφωνητικὸς γίνεται, ὅταν ἐξ αὐτῶν τῶν πραττομένων ὑπ' αὐτοῦ πράξεων ὁ λόγος τὴν αὔξησιν λαμβάνῃ. Nach dem Prooemium kommt zunächst ein kurzes Lob des Kaisers, nach seinen Thaten im Krieg und Frieden. Besonders zu bewundern ist er in der Wahl seiner Beamten, wie er uns auch jetzt zu unsrer aller Heil einen trefflichen Vorsteher gesandt hat, auf dessen Lob die Rede nunmehr übergeht. Geschlecht und das übrige ist Nebensache. Die Hauptsache ist das Lob seiner Thaten. Einzutheilen nach den vier Cardinaltugenden. Bei der Klugheit lobt man seine Gesetzeskunde, seine gelehrte Bildung, seine Vorsorge für die Zukunft, seine Fähigkeit sich über die Gegenwart gut zu berathen, sein Geschick in der Correspondenz mit dem Kaiser, der ihm Beifall und Bewunderung zollt, seine Ueberlegenheit über die Rhetoren[*]), seine Fähigkeit, sich gleich beim Anhören des Prooemiums den ganzen Zusammenhang der Streitfrage zu vergegenwärtigen. Man vergleicht ihn hierbei mit einem Demosthenes, Nestor und den besten Gesetzgebern. Bei der Gerechtigkeit spricht man von seiner Freundlichkeit gegen Untergebene, von seiner Leutseligkeit und Unbestechlichkeit bei der Rechtspflege, dass er nicht nach persönlicher Zu- oder Abneigung entscheidet, die Reichen den Armen nicht vorzieht, dass er die Städte unterstützt. Man vergleicht ihn mit Aristides, Phocion, oder durch ihre Gerechtigkeit berühmten Römern. Dabei bemerkt Menand. p. 416, 12: οὐχ ἁπλῶς ἐρεῖς τὰς ἀρετάς, ὅτι δίκαιος, ἀλλὰ καὶ ἐκ τοῦ ἐναντίου ἐπιχειρήσεις πάλιν ὅτι οὐκ ἄδικος, οὐκ ὀργίλος, οὐ διασπρόσωπος, οὐ χάριτι κρίνων, οὐ δωροδέκτης· πέφυκε γὰρ ὁ λόγος αὔξησιν λαμβάνειν, ὅταν καὶ τὰς κακίας ἐξαίρῃς καὶ τὰς ἀρετὰς αὔξειν ἐθέλῃς. Bei der σωφροσύνη lobt man seine Enthaltsamkeit im sinnlichen Genuss, seine ernste würdige Haltung, τὴν περὶ γέλωτα ἐγκράτειαν. Hier ist Diomedes am Platze, der die Aphrodite verwundete, da er allein von allen der Leidenschaft der Liebe unzugänglich war, oder Hippolytos. Bei der Tapferkeit

---

[*]) p. 415, 31 muss nach θαυμάζειν interpungirt werden.

bewundert man seine Freimüthigkeit dem Kaiser gegenüber, seine Bereitwilligkeit gegen die seinen Untergebenen drohenden Unbilden einzutreten, dass er der Furcht nicht nachgiebt; man erwähnt die Aianten, den Perikles und Alcibiades. Nach der Aufzählung der Tugenden kommt die Gesammt-Vergleichung. Auch viele andre Archonten in Asien und Europa waren trefflich und lobenswerth, aber keiner war besser als der in Rede stehende. Daran schliesst sich der Epilog, dem der Redner noch ein Lob der Stadt vorausschicken kann, in deren Namen er spricht. Die Stadt mag sich freuen, dass ihr ein solcher Archon zu Theil geworden, eine herrliche Zeit bricht jetzt für sie an.

Auch der ἐπιβατήριος λόγος wird als Ansprache an den Archon der Stadt bezeichnet, Menand. p. 378 ff. und ist als solche von dem προσφωνηματικός λόγος nicht wesentlich verschieden. Der Redner eröffnet das Prooemium mit der Bezeichnung seiner Freude. Er freut sich entweder mit der Stadt, dass sie einen trefflichen gepriesenen Herrscher empfangen, oder mit dem Archon, dass ihn ein gütiges Geschick herbeigeführt, oder über sich selbst, dass er einen Archon sieht, den er schon längst zu sehen Verlangen trug. Von der Einleitung geht der Redner auf sein Thema über. Hat man unter der vorigen Verwaltung zu leiden gehabt, so werden die Uebelstände jener Verwaltung amplificirend mitgetheilt, ohne natürlich Schmähungen gegen den früheren Beamten einfliessen zu lassen. Jetzt bei der Ankunft des neuen Archon athmet alles wieder auf, als wäre eine Unglückswolke vorübergezogen. War dagegen die vorige Verwaltung gut, so äussert man seine Freude, dass man so getrost der weiteren Zukunft entgegensehen kann. Auch hier flicht man ein, dass man dem Kaiser ausser anderem auch besonders dafür zu grossem Danke verpflichtet sei, dass er der Stadt einen solchen Stellvertreter geschickt. Darauf folgt das Lob des Angeredeten. Hat man von ihm Thaten zu preisen, so nimmt man diese vorweg. Wo nicht, so spricht man von seinem Vaterlande, seiner Nationalität, seiner Geburtsstadt, den Thaten seines Geschlechts. Diese Thaten berechtigen zu den besten Hoffnungen für das, was der betreffende selbst thun wird. Der glückliche Zustand, den seine Verwaltung im Voraus verspricht, wird ausgemalt. Der Epilog berührt die freudige Stimmung, mit der jeder Bürger der Stadt die Ankunft des Archon begrüsst, und weist auf die Dankesbezeugungen und Festlichkeiten hin, die seine treffliche Verwaltung alsbald veranlassen wird.

Aber der *ἐπιβατήριος λόγος* ist auch eine Ansprache an die Vaterstadt bei einer Rückkehr nach längerer Abwesenheit, oder die Begrüssung einer Stadt in der man angelangt ist, wie wir deren mehrere von Dio Chrysostomus besitzen. Die Einleitung legt auch hier die Freude des Redners an den Tag, eine Stadt wiederzusehen oder zu erblicken, nach der er sich fortwährend gesehnt hat, weil sie seine Vaterstadt ist, oder weil sie solche Vorzüge hat. Diese sind kurz anzugeben, ebenso kurzes Lob ihres Gründers. Dann kommt der erste Punkt der eigentlichen Rede, αἴξησις ἐναντίου. „Ich war natürlich in der letzten Zeit betrübt und unglücklich, mich des Anblicks solcher Herrlichkeiten und einer Stadt beraubt zu sehen, welche die schönste von allen ist, die die Sonne bescheint. Als ich sie sah, hat meine Traurigkeit ein Ende genommen', ist meine Bekümmerniss von mir gewichen; ich sehe alles, nach dessen Anblick ich mich sehne, nicht wie Traumgebilde oder Schattenbilder im Spiegel, sondern in Wirklichkeit, ihre Heiligthümer, die Burg, ihre Tempel, Häfen und Hallen." Der zweite Punkt ist das Lob des Gründers, jedoch auch hier nicht ausführlich. Drittens *ὁ περὶ τῆς φύσεως λόγος*, die Beschreibung ihrer natürlichen Lage, der Schönheiten und Vortheile derselben, der Produkte und Erzeugnisse des Landes. Vergleich mit anderen Städten und Ländern in dieser Beziehung. Von dem allgemeinen der Landschaft wird auf das der Stadt eigenthümliche übergegangen. Viertens κεφάλαιον τῶν ἐπιτηδευμάτων, — ἐπιτηδεύματά ἐστιν ἔνδειξις τοῦ ἔθους καὶ τῆς προαιρέσεως τῶν ἀνδρῶν ἄνευ πράξεων ἀγωνιστικῶν (p. 384, 20), also die Sitten und Lebensweise der Einwohner, ihre Freundlichkeit gegen Fremde, ihre Rechtlichkeit im Handel und Wandel, ihre Eintracht unter einander und im Verkehr mit Auswärtigen. „Das war es, was mich anzog, wonach ich mich sehnte, deshalb hatte ich weder Tag noch Nacht Ruhe. Aber nicht blos dies, sondern noch grösseres und bewundernswertheres" — und nun folgen die weiteren Gegenstände des Lobes. Nämlich die Thaten nach den vier Cardinaltugenden, die Gerechtigkeit in der Verwaltung und Rechtspflege, die σωφροσύνη in der Mässigkeit, in der Erziehung der Jugend, in der Pflege von Kunst und Wissenschaft, u. s. w. Bei jeder Tugend ein Vergleich mit einer andern Stadt, zuletzt eine Gesammt-Vergleichung. καὶ ἐν οἷς μὲν ἂν τούτων εὕρῃς σωζομένην τὴν ἰσότητα ἢ καὶ πλεονεξίαν παρὰ τῇ πόλει ἣν ἐπαινεῖς, ταῦτα ἀντεξετάσεις ἐν τῇ συγκρίσει, ἐν οἷς δ' ἂν εὑρίσκῃς αὐτὴν ἐλαττουμένην, ταῦτα παραδραμεῖς· καὶ γὰρ Ἰσοκράτης συγκρίνων Θησέα Ἡρακλεῖ, ἐν οἷς μὲν εὗρεν αὐτὸν πλεονεκτοῦντα, ἀντεξήτασεν, ἐν οἷς δὲ τὸν Ἡρακλέα, ταῦτα ἐσίγησε (p. 386, 15). Zuletzt der Epilog, der eine lebhafte Schilderung der Stadt und ihrer Vorzüge enthält. Als Muster für die Ausführung im einzelnen empfiehlt Menander die Reden des Kallinikos, Aristides, Polemo, Hadrianus. Ganz nach diesem Schema ist auch der einfache λόγος πάτριος, die Lobrede auf die Vaterstadt einzurichten, nur muss dann das προοίμιον ἐκ περιχαρείας und der Ausdruck der Sehnsucht, die man empfunden, natürlich wegbleiben.

Der λόγος προπεμπτικός oder προπεμπτήριος (προπεμπτικὴ λαλιά) ist die lobende Ansprache an Jemand, der uns verlässt. Menand. p. 395 ff. Sie lässt sich verschiedentlich behandeln. Denn entweder verabschiedet ein an Würde und ἦθος höher stehender einen niedrigeren, z. D. ein Lehrer seinen abreisenden Schüler: dann nimmt die Rede einen berathenden Charakter an, enthält Ermahnungen und gute Rathschläge; oder der Redner und Angeredete stehen sich gleich, z. B. Freund und Freund; hier fällt das berathende Element ganz weg; der Ausdruck persönlicher Zuneigung und Theilnahme wird die Hauptsache; oder endlich ein niedriger stehender redet einen höher stehenden an, dann wird die Rede mehr oder weniger zur reinen Lobrede. Menander skizzirt den zweiten Fall, wo ein Freund seinem scheidenden Freunde Lebewohl sagt. Das Prooemium wird ἐκ σχετλιασμοῦ genommen. Der Redende beklagt sich gegen das Schicksal oder die Liebesgötter, dass sie den Freundschaftsbund nicht fest sein lassen, dass sie in der Seele des Freundes die Sehnsucht nach Vaterland und Eltern wieder erweckt haben, so dass er seine Verpflichtungen gegen den Freund, dem er unauflösliche Freundschaft versprochen hat, darüber vergisst. Oder er wendet sich an die Zuhörer, gleichsam wie an Richter, die er zur Entscheidung aufruft gegen den Freund, der ihn treulos verlassen will. Er erwähnt die gemeinschaftlichen Uebungen und Studien. Er schildert seine bevorstehende Einsamkeit. „Soll ich wieder Freundschaften schliessen, um meinen Schmerz durch eine erneuerte Trennung erneuert zu sehen?" Der Redner hat versucht den Freund von seinem Vorhaben abzubringen, aber leider vergebens. Da er nun einmal fest entschlossen ist zu scheiden, nun so wollen wir ihn im Geiste mit unsrer Theilnahme begleiten. Hiermit ist der Uebergang zum Encomium des Freundes gewonnen. Glücklich sind die Eltern, die Dich geboren haben, Du wirst sie durch Deine Tugenden erfreuen, glücklich ist Deine Vaterstadt (oder die Stadt, in welche sich der Angeredete sonst zu begeben gedenkt), durch den Nutzen, den Du ihr gewähren wirst. Der Redner und mit ihm die Anwesenden kennen die trefflichen Eigenschaften des Scheidenden, die er vielleicht schon durch Thaten bethätigt hat, oder die doch zu guten Hoffnungen auf dereinstige Thaten berechtigen. Charakteristik des Scheidenden. Aufforderung an ihn, auch in der Ferne, wo vielleicht eine glänzende Wirksamkeit seiner wartet, der zurückbleibenden Freunde gedenken zu wollen. Zum Schluss wünscht man den Segen der Götter auf ihn herab für seine Reise, wobei man die Gegenden, durch welche sie geht, kurz beschreiben kann, und sein ferneres Wohlergehen.

Im λόγος συντακτικὸς oder συντακτήριος verabschiedet sich der Redende von seinem bisherigen Aufenthalt, seinen Freunden und Gefährten*). Ὁ συντατόμενος sagt Menand. p. 430, δῆλός ἐστιν ἀνιώμενος ἐπὶ τῷ χωρισμῷ, καὶ εἰ μὴ ὄντως ἀνιῷτο, προσποιήσεται πεπονθέναι πρὸς ἐκείνους, οἷς συντάττεται. Ein Vorbild glaubte man in den Abschiedsworten zu finden, die Odysseus an die Königin der Phäaken, und dann an Alkinoos und die Phäaken selbst richtet. Man sagt also zunächst der Stadt, von der man scheidet, seinen Dank und lobt sie, ihre Lage, ihr schönes Aussehen, ihre Feste, ihre Männer, das ganze Leben in ihr und lässt überall einfliessen, wie schwer es einem werde, sich davon zu trennen. Im zweiten Theile handelt man von dem Orte, an den man sich zu begeben gedenkt. Kennt man ihn nicht, so spricht man seine Besorgnisse aus, wie es einem daselbst ergehen werde. Ist es die Vaterstadt, so hebt man die natürliche Sehnsucht hervor, die ein jeder hat, seine Vaterstadt wiederzusehen. Man wünscht von der Stadt, die man verlässt, in Zukunft immer nur das beste zu hören, man wird sie nie vergessen und allenthalben ihren Ruhm verbreiten. Zum Schlusse wünscht man sich Glück auf die Reise, spricht seine Hoffnung auf dereinstige Rückkunft aus, oder dass es einem wenigstens vergönnt sein möge, dereinst seine Kinder in diese Stadt zurückzuschicken. Scheidet man von seiner Vaterstadt, so spricht man zunächst seinen Schmerz und seine Trauer über die bevorstehende Trennung aus, lobt dann den Ort, an den man sich zu begeben gedenkt, und verweilt ausführlicher bei der Ver-

---

*) S. Ernesti Lex. techn. Gr. S. 382. Wernsdorf zu Himer. p. 194.

anlassung, die einen zu dieser Trennung bestimmt. Der Nothwendigkeit muss, wie das gesammte Weltall, so auch der Einzelne gehorchen. Man schliesst mit Segenswünschen für die Stadt, die man verlässt, wünscht sich selbst, an dem neuen Aufenthaltsorte das zu finden, was man daselbst zu finden erwartet, und spricht die Hoffnung dereinstiger Wiederkehr aus. Nie darf man die Stadt, in die man sich zu begeben gedenkt, auf Kosten derjenigen loben, die man zu verlassen im Begriff ist.

§. 37.
Schluss. Reden auf Vorkommnisse des Familienlebens.

Eine andere Klasse epideiktischer Reden beschäftigt sich mit Vorkommnissen des Familienlebens, bei denen jedoch eine gewisse Oeffentlichkeit keineswegs ausgeschlossen ist, also Hochzeiten, Geburtstagen, Todesfällen. Leichenreden pflegen sogar überwiegend den Charakter öffentlicher Reden anzunehmen.

Die Hochzeitsrede wird theils vor der Hochzeit als $\gamma\alpha\mu\iota\varkappa\grave{o}\varsigma$ $\lambda\acute{o}\gamma o\varsigma$, theils nach derselben als $\grave{\epsilon}\pi\iota\vartheta\alpha\lambda\acute{\alpha}\mu\iota o\varsigma$ gesprochen. Beide laufen in der Hauptsache auf ein Lob der Ehe hinaus. Dion. Halic. Rhet. c. 2. 4. Auch hier ist, wie beim Panegyrikos, von den Göttern auszugehen. Sie haben die Ehe erfunden und sind in ihr mit einem Beispiele den Menschen vorangegangen. Daran schliesst sich die natürliche Betrachtung der Ehe*). Das Streben nach geschlechtlicher Vereinigung behufs der Zeugung geht durch die ganze Natur. Bei den Menschen ist diese Vereinigung keine zufällige, vorübergehende, sondern eine auf sittlicher Grundlage ruhende und bleibende. Das wilde, unstete Leben hört in der Ehe auf, es wird durch sie sanft und geregelt, das sterbliche Menschengeschlecht wird durch den in der Ehe erzielten Nachwuchs einer jüngeren Generation unsterblich; so erscheint die Ehe als das schönste Geschenk der Natur. Eigentliche Vortheile der Ehe für diejenigen, welche sie eingehen. Sie werden durch sie sittlich veredelt, indem sie sich gleich von Anfang der Ehe an, der schönsten Tugend, der $\sigma\omega\varphi\varrho o\sigma\acute{v}\nu\eta$, befleissigen. In Folge dessen erscheinen sie überhaupt ehrenwerther, treuer, dem Staate nützlicher, dem sie ihre eigenen Kinder gleichsam als Unterpfänder

---
*) Man vergleiche die These $\varepsilon\mathit{l}\ \gamma\alpha\mu\eta\tau\acute{\epsilon}o\nu$ bei Aphthonius p. 50.

ihrer Gesinnung überlassen. Die Ehe erleichtert die Trauer und den Schmerz des Lebens; es liegt ein Trost darin, ihn mit der Gefährtin des Lebens zu theilen, umgekehrt gewinnen die Annehmlichkeiten und Freuden des Lebens an Werth durch die Mitfreude der Frau und der übrigen Familienglieder. Die Familie als Grundlage des bürgerlichen und staatlichen Verbandes. Beispiele berühmter Ehen der Vergangenheit, Menelaus und Helena, Peleus und Thetis, Admetos und Alcestis. Daran schliessen sich Segenswünsche für die neugestiftete Ehe, Abwehr alles Bösen, ferner vorgreifende Schilderung des schönen Lebens im Kreise der Kinder, des Wiederauflebens der Eltern in den Kindern. Beispiele von Eltern, die durch ihre Kinder glücklich wurden oder Abwehr von Uebeln empfingen, Anchises und Aeneas. Schliesslich könmmt das Lob der betreffenden Personen, denen zu Ehren die Rede gehalten wird. Sind es berühmte Personen, so kann man auch davon ausgehen. Topen des Lobes sind hier Vaterland, Geschlecht, natürliche Eigenschaften und Anlagen, Erziehung und Lebensweise, frühere Beziehungen, in denen die Neuvermählten zu einander standen, oder ihre Familien. — Ganz ähnlich ist der $λόγος$ $ἐπι$-$θαλάμιος$. Auch er geht aus von der Nothwendigkeit der Ehe für das Menschengeschlecht und den Vortheilen, die sie gewährt. Daran knüpft sich das Lob der Neuvermählten. Ihre Herkunft, Erziehung, Schönheit, Alter, Glücksgüter, ihre gegenseitige Zuneigung und Wunsch nach ehelicher Vereinigung. Theilnahme der Verwandten, der Fernerstehenden, ja der ganzen Stadt an dieser Feier, die zu einer allgemeinen Festfeier geworden ist. Ermahnung an die Neuvermählten zur gegenseitigen Liebe und Einigkeit, Schilderung ihrer segensreichen Folgen wie überhaupt, so besonders in der Ehe. Kein grösseres Gut, sagt Homer Od. $ζ$ 183,

$ἦ$ $ὅθ'$ $ὁμοφρονέοντε$ $νοήμασιν$ $οἶκον$ $ἔχητον$
$ἀνὴρ$ $ἠδὲ$ $γυνή$.

Der Redner schliesst mit einem Gebet, $ὅπως$ $ὡς$ $τάχιστα$ $παῖ$-$δες$ $γένοιντο$, $ὡς$ $καὶ$ $τούτων$ $ἐπιδεῖν$ $γάμους$, $καὶ$ $ᾆσαι$ $τὸν$ $Ὑμέ$-$ναιον$, $καὶ$ $ὑπόθεσιν$ $ἔχειν$ $αὖθις$ $τοιούτων$ $λόγων$. Damit vergleiche man die Disposition eines $λόγος$ $ἐπιθαλάμιος$, welche Himerius in seiner ersten Rede p. 324 ed. Wernsd. giebt: $τετραμεροῖς$ $δὲ$ $ὄν$-$τος$ $αὐτοῦ$, $τὸ$ $μὲν$ $πρῶτον$ $μέρος$ $τὸν$ $πρῶτον$ $ἔχει$ $λόγον$, $διὰ$ $γλαφυρῶν$ $ἐπιχειρημάτων$ $τὴν$ $γνώμην$ $ἐμφανίζον$, $ἀφ'$ $ἧς$ $τὴν$ $ἐπί$-$δειξιν$ $ὁ$ $λέγων$ $ἔρηται$· $τὸ$ $δὲ$ $δεύτερον$ $τὴν$ $ἐπὶ$ $τῷ$ $γάμῳ$ $θέσιν$, $ἵν'$ $κοινωνοῦσαν$ $τῇ$ $φύσει$ $τῇ$ $καινότητι$ $τῶν$ $ἐπιχειρημάτων$ $καὶ$

τῇ μεθόδῳ τῶν νοημάτων ἰδείαν ἀπειργασάμεθα, καί τι καὶ φι-
λομαθὲς (l. φιλομαθείας) ἡδὺ προσμίξαντες ὃ τοῖς ταῦτα δεινοῖς
οὐ παρελεύσεται. τὸ δὲ τρίτον ἐγκώμιον τῶν γαμούντων ἔχει, ὃ
κατὰ τὴν ἐξέτασιν τῶν ἐπαινουμένων προσχθὲν εἰς τάχος ἁρμόττει
τῇ χρείᾳ. ἐτελεύτησε δὲ ὁ λόγος εἰς ἔκφρασιν τῆς νύμφης, ἔνθα
καὶ ποιητικὴν ὥραν ὁ λόγος παρίστησιν, ἐκ τῆς ὑποθέσεως τὸν
λόγον (?) λαμβάνων.

Hören wir auch Menand. p. 399 ff. über denselben Gegenstand,
der einen Unterschied zwischen einer vor und nach der Hochzeit
zu haltenden Rede nicht kennt. Ihm ist der λόγος ἐπιθαλάμιος
oder γαμήλιος ein λόγος ὑμνῶν θαλάμους τε καὶ παστάδας καὶ
νυμφίους καὶ γένος καὶ πρό γε πάντων αὐτὸν τὸν θεὸν τῶν
γάμων. Solche Reden werden in kunstvollerer und lockerer Fassung gegeben. Im Prooemium giebt der Redner den Grund an,
der ihn gerade zum Sprechen veranlasst. Er spricht als Verwandter,
oder er ist zu der Rede aufgefordert, er will gleichfalls etwas zur
Festlichkeit beitragen; bei der allgemeinen Theilnahme, welche das
Fest findet, durfte er allein nicht schweigen, u. dgl. Oder man
geht von einer berühmten Hochzeit der Vorzeit aus. Bei der
Hochzeit des Peleus und der Thetis waren alle Götter anwesend,
es waren die Musen zugegen, und keiner der Anwesenden versäumte
es, eine für ihn passende Gabe zum Feste darzubringen; der eine
brachte Geschenke, der andre spielte die Lyra, die einen bliesen
die Flöte, die andern sangen, Hermes stimmte das Hochzeitslied
an. Aehnliches sehe ich auch jetzt bei euch. Die einen tanzen,
die anderen jauchzen, ich aber singe und sage von der Hochzeit.
Oder als Megakles die Agariste heirathete, und die besten der
Hellenen zusammengekommen waren, da blieb kein Künstler in ge-
bundener und ungebundener Rede zurück, sondern der Redner
sprach, der Geschichtschreiber las sein Buch vor, alle priesen die
Hochzeit. Jener Sicyonierin steht die anwesende Braut nicht nach,
daher sich auch an ihrer Hochzeit dasselbe wiederholen muss.
Uebrigens ist Menander verständig genug, p. 400, 29 zu sagen:
δώσει ἡμῖν ἡ ὑπόθεσις πρὸς τὰ τότε παρόντα πρόσφορα ἀλ, θε-
στέρας ἐννοίας καὶ μᾶλλον ἴσως οἰκείας. Nach dem Prooemium
kömmt ein λόγος ὑπερθετικὸς καθόλου περὶ τοῦ θεοῦ τοῦ γάμου
τὴν ἐξέτασιν περιέχων, ὅτι καλὸς ὁ γάμος. Gleich nach der Auflösung des Chaos wurde der Γάμος und Ἔρως von der Natur hervorgebracht (ἐδημιοργήθη). Dieser Gott verband unter Beihülfe
des Eros den Himmel mit der Erde, den Kronos mit der Rhea.

Durch ihn kam nun die Ordnung des Weltalls zu Stande, indem er an die Stelle des wüsten Kampfes der Elemente Frieden und Eintracht treten liess. Dieser Gott brachte also im weiteren Verlaufe den Zeus zum Dasein, die übrigen Götter, die Halbgötter. Durch ihn gelangt in der Nachfolge der Geschlechter auch das Menschengeschlecht zur Unsterblichkeit, er hat sich daher um uns mehr verdient gemacht als selbst Prometheus. Ihm verdankt das menschliche Leben alle seine Annehmlichkeiten, Handel, Ackerbau, Philosophie und Kenntniss des Himmlischen, Gesetze und Staatsverfassungen. Seine Macht erstreckt sich aber auch über die ganze Natur, auf Quellen und Ströme, auf alles Lebendige im Wasser, auf dem Lande und in der Luft. Hierbei giebt die Mythologie reichlichen Stoff zur Ausschmückung. An das Lob des Gottes schliesst sich das Lob des Brautpaares oder der Neuvermählten. Man kann nun bei dem Lobe entweder Punkt für Punkt Braut und Bräutigam einander gegenüberstellen, doch kann man dabei leicht in eine gewisse Undeutlichkeit und Trockenheit der Behandlung verfallen, oder man lobt erst im Zusammenhange den Bräutigam, dann die Braut. Das Lob des Geschlechts, der Eltern und Angehörigen muss gegen das Lob der Personen selbst natürlich zurücktreten. Von der Schönheit der Braut muss der Redner, wenn er nicht gerade ein Verwandter ist, mit Zurückhaltung sprechen. Demnächst berührt er die Anstalten zur Festfeier und die Gottheiten, die sich dabei thätig erweisen: συνελήλυθε μὲν οὖν ἡ πόλις, συνεορτάζει δὲ ἅπας, πεπήγασι δὲ παστάδες οἷαι οὐχ ἑτέρῳ που, θάλαμος δὲ πεποίκιλται ἄνθεσι καὶ γραφαῖς παντοίαις πολλὴν δὲ τὴν Ἀφροδίτην ἔχει πείθομαι δὲ καὶ ἔρωτας παρεῖναι τόξα ἐντεινομένους, βέλη δὲ ἐφαρμόττοντας, φαρμάκοις πόθων τὰς ἀκίδας χρίσαντας, δι᾽ ὧν τὰς ψυχὰς συγκιρνάουσιν ἀναπνεῖν ἀλλήλαις, ὑμέναιος δὲ ἀνάψει λαμπάδας ἡμῖν καὶ δᾷδας καὶ γαμήλιον πῦρ (p. 404, 17). Man erwähnt die Aphrodite und die Charitinnen, auch die Ἄρτεμις λοχεία, die sich bald thätig und hülfreich erzeigen wird. Mit Gebet und Glückwünschen schliesst die Rede.

Eine besondere Art von Hochzeitsrede ist der κατευναστικὸς λόγος, Menand. p. 405, d. h. eine προτροπὴ πρὸς συμπλοκήν, in der Art der λαλιά zu behandeln, bei welcher man sich aber vor allem unzarten, derben zu hüten hat. Menander skizzirt den Gang einer solchen Rede zwar ganz im Ton der spätern Sophistik, aber doch höchst geistvoll und anmuthig. Gerade in diesem Theile seines Werkes ist er seiner Versicherung zufolge selbständig und originell, allein seine Auseinandersetzung ist zu einem Auszuge ungeeignet.

Beim λόγος γενεθλιακός, der *oratio natalitia*, oder der Geburtstagsrede lobt der Redner nach Dionys. c. 3 zunächst den Tag selbst, wenn er etwa vor andern Tagen etwas voraus hat (vgl. Cl. Mamert. Paneg. c. 1), und setzt die symbolische Bedeutung seiner Zahl auseinander. Dann die Jahreszeit, in welche der Tag fällt (vgl. Eumen. paneg. c. 2, p. 274 ed. Dip.), oder wenn es eine besondere Festzeit ist. Demnächst geht man auf den Ort über, an dem der Betreffende geboren ist, auf Nationalität, Vaterland, Vaterstadt, Vaterhaus, stets mit einem kurzen Lobe des betreffenden Punktes; das Vaterhaus berührt die Familie und Herkunft. Darauf kommt erst das eigentliche Lob der Person; natürliche Beschaffenheit, geistige Eigenschaften, wie sich der Charakter im Leben und im Umgang mit andern Menschen bewährt, sein Beruf, seine Studien, zu welchen Hoffnungen das bisherige und gegenwärtige Leben für die Zukunft berechtigt. Zum Beschluss ein Gebet an die θεοί γενέθλιοι um ein langes und glückliches Leben. Menander p. 412 stimmt bei dieser Rede hinsichtlich ihres Ganges vollständig mit Dionys überein. Ist die Geburtstagsrede an ein Kind gerichtet, von dessen Thaten sich nicht reden lässt, so hat man aus dem bisherigen Leben, aus Herkunft, Erziehung, sein künftiges zu prophezeien. Genau nach der Vorschrift des Dionys ist Himer. or. VIII ausgearbeitet. Man vgl. auch den Γενεθλιακός Ἀπελλᾶ, Aristid. or. X.

Der λόγος ἐπιτάφιος, *oratio funebris*, die Trauerrede auf einen oder mehrere Verstorbene, war in der sophistischen Zeit nichts weiter als eine vollständige Lobrede, die nur durch den traurigen Eingang und gewisse pathetische Wendungen bei einzelnen Theilen an ihre Eigenthümlichkeit erinnerte. Es waren Nachahmungen der λόγοι ἐπιτάφιοι der klassischen Zeit, wie man sie von Gorgias, von Thucydides, von Plato im Menexenus, und angeblich von Lysias und Demosthenes hatte, denen die Form der Leichenrede nur eine Hülle für ein Lob Athens und ihres Vaterlandes war, worüber Schol. Arist. Panath. p. 6, 27 nicht ganz unrichtig bemerkt: Θουκυδίδης μὲν γὰρ καὶ Δημοσθένης καὶ ἕτεροί τινες οὐ προφανῶς εἰς τὸ τῆς πόλεως καὶ χώρας ἐγκώμιον ἐχώρησαν, ἀλλ᾽ ἐπιταφίοις ἢ ἄλλο τι λέγειν ὡρμηκότες λεληθότως εἰς ἐγκώμιον κατέστησαν ταύτης ἄριστα βουλευσάμενοι, ἵν᾽ ἐὰν κάτω τῆς ἀξίας γένωνται, μι, εἴη αὐτοῖς μέμψις, ὡς τοῖς ὑπὲρ αὐτοῖς ἐπεχείρησαν*). Die Todten, denen solche Reden gehalten wurden, waren oft schon vor Jahrhunderten der Erde entrückt. Menand. p. 418: λέγεται μὲν παρ' Ἀθηναίοις ἐπιτάφιος ὁ καθ' ἕκαστον ἐνιαυτὸν ἐπὶ τοῖς πεπτωκόσιν ἐν τοῖς πολέμοις λεγόμενος λόγος, εἴληφε δὲ τὴν προσηγορίαν οὐδαμόθεν ἄλλοθεν ἢ ἀπὸ τοῦ λέγεσθαι ἐπ' αὐτῷ τῷ σήματι, οἷοί εἰσιν οἱ τρεῖς Ἀριστείδου λόγοι· οἵους γὰρ εἶπεν ὁ πολέμαρχος, ἐπειδὴ καὶ τούτῳ τὸ τῆς τιμῆς ταύτης ἀποδέδοται παρ' Ἀθηναίοις, τοιούτους ὁ σοφιστὴς συνέταξεν**) So wird denn consequenter Weise auch der Euagoras des Isokrates als λόγος ἐπιτάφιος bezeichnet. Da das Lob der Gestorbenen der Zweck der Rede ist, so wendet man nach Dionys c. 6 auch hier zunächst die gewöhnlichen Topen des Lobes an, Vaterland, Geschlecht, natürliche Anlage, Erziehung, Thaten. Dann kommt der λόγος προτρεπτικός, in welchem man die Hinterbliebenen ermahnt, die Thaten des Verstorbenen nachzuahmen. In einer Leichenrede auf Kinder muss dieser Theil natürlich wegbleiben. Noch wichtiger ist der λόγος παραμυθητικός, die Trostrede an die Hinterbliebenen Hierbei darf man über den Verstorbenen nicht klagen und jammern, dies würde ja die Trauer der Hinterbliebenen nur vergrössern. Allerdings giebt man zunächst zu, dass der Verlust ein schmerzlicher sei. Dann aber lassen sich Trostgründe im einzelnen finden. Wenn Jemand plötzlich und schmerzlos verschied, dass ihm eben

---

*) Neuerdings hat E. Hübner im Hermes B. I S. 436 ff. die Vermuthung ausgesprochen, dass der Agricola des Tacitus eine in buchmässiger Form publicirte Ueberarbeitung einer wirklichen laudatio funebris sei, eine Ansicht, die sich auf den ersten Anblick sehr empfiehlt, der jedoch einige nicht unwichtige Bedenken entgegenstehen. S. L. Urlichs commentatio de vita et honoribus Agricolae, Wirceb. 1868. E. Hoffmann, der Agricola des Tacitus, Wien 1870. Von Sepulcralreden und laudationes funebres sind aus dem Römischen Alterthum überhaupt drei auf uns gekommen. Die des Lucretius Vespillo auf Turia, und des Kaisers Hadrian auf die ältere Matidia (s. Mommsen in den Abhandl. d. Berl. Akad. 1863 S. 455 ff.), dann die laudatio der Murdia, als deren Sprecher ihr einziger Sohn aus erster Ehe zu denken ist, aus der Zeit Frontos (s. Rudorff Abhandl. der Berl. Akad. 1869).

**) Die drei ἐπιτάφιοι des Aristides sind bis auf ein Fragment verloren gegangen, s. Westermann Quaest. Demosthen. II, p. 85. Zur Gattung der παραμυθητικοί gehört aber unter den erhaltenen Reden or. XI εἰς Ἐτεωνέα ἐπικήδειος und or. XII ἐπιτάφιος auf Alexander Cotyaeus. Einen λόγος πολεμαρχικός haben wir in or. II des Himerius. Ueber die Benennung und das litterarische s. Wernsdorf p. 362, der im weiteren auf Cresoll. Theatr. Rhet. III, 8 p. 101 verweist.

dadurch ein glückseliges Ende bereitet wurde. Wenn nach langem, schmerzlichen Krankenlager, dass er standhaft in seiner Krankheit ausgehalten hat. Wenn im Kriege, dass ihm der Tod fürs Vaterland zu Ruhm und Ehre gereiche. Wenn auf einer Gesandschaft, dass er im Dienste des Vaterlandes gestorben. Wenn auf einer Reise, dass es sich gleich bleibt, wo der Mensch stirbt, ein und derselbe Weg führt nach einem Ausspruche des Aeschylus in die Unterwelt hinab. Wenn im Vaterlande, dass er an dem Orte starb, der ihm der liebste war, der ihn geboren hatte, im Kreise seiner Angehörigen und Verwandten. Starb der Betreffende in der Jugend, so ist dies ein besonderes Zeichen göttlicher Huld, die ihn früh von den Leiden und Schmerzen dieser Welt befreit hat. Starb er im blühenden Alter, so ist es ein Trost, dass er kräftig im Leben dagestanden, dass er bereits Beweise seiner Tüchtigkeit gegeben hat, dass er allgemein betrauert und vermisst wird. Starb er als Greis, dass er alle Güter des Lebens reichlich genossen, die dann im einzelnen aufzuzählen sind. Zuletzt geht man auf die Unsterblichkeit der Seele über; dem Verstorbenen ist es wohl in der Nähe der Götter. Natürlich können auch besondere Umstände aus dem Leben des Verstorbenen noch Stoff zum Lobe, oder zum Troste geben.

Mit dieser Auseinandersetzung des Dionys stimmt auch Menander überein, nur bemerkt er mit Recht, dass bei der Rede auf einen vor längerer Zeit Verstorbenen der λόγος παραμυθητικός wegfallen müsse. Ihm räumt er aber p. 413 ff. eine selbständige Stellung ein als Trostrede an die Eltern oder Hinterbliebenen. Der Betreffende starb zu einer Zeit, wo es Niemand erwartete, und hat sein Geschlecht, seine Eltern und ihr Vaterland ihrer Hoffnung beraubt. Denn man hatte bei ihm Grund zur Hoffnung. Folgt sein kurzes Lob. Deshalb mache ich denen, die ihn betrauern und vermissen, keinen Vorwurf. Aber wir wollen auch der Worte des Euripides (fragm. Cresph.) gedenken:

χρὴ
τὸν φύντα θρηνεῖν εἰς ὅσ' ἔρχεται κακά·
τὸν δ' αὖ θανόντα καὶ πόνων πεπαυμένον
χαίροντας, εὐφημοῦντας, ἐκπέμπειν δόμων.

Auch die Erzählung des Herodot von Kleobis und Biton lässt sich hier anführen, überhaupt eine philosophische Betrachtung über die menschliche Natur anstellen, dass die Gottheit den Menschen den Tod beschieden hat, dass er das Ende des Lebens für alle

Menschen ist, dem auch die Heroen und die Söhne der Götter nicht entronnen sind. Auch Städte gehen zu Grunde, ja ganze Völker sterben aus. Vielleicht ist das Scheiden aus diesem Leben ein Gewinn, da es uns von Ungerechtigkeiten, Beeinträchtigungen und einem unbilligen Schicksal befreit. Grösstentheils ist das menschliche Leben mit Krankheit und Sorge verbunden. Hier geht die Rede auf die Lebensschicksale des Verstorbenen über. Wenn das Leben ein Gewinn ist, so hat es der Verstorbene hinlänglich genossen. Ist es ein Unglück, so war es für ihn ein Glück, von den Plagen des Lebens befreit zu werden. Er bewohnt jetzt die Gefilde der Seligen, ja er weilt wohl in der Nähe der Götter und schaut von der Höhe des Aethers auf diese Welt herab und macht vielleicht denen Vorwürfe, die ihn beklagen. Denn die Seele ist mit dem Göttlichen verwandt, sie ist von dort herabgekommen und strebt wieder zurück zu dem ihr Verwandten; so sagt man auch, dass Helena, die Dioskuren und Herakles in der Gesellschaft der Götter wandeln. Wir wollen also den Verstorbenen wie einen Heros feiern, vielmehr wie einen Gott glücklich preisen, von ihm Bilder errichten, ihn wie einen Dämon versöhnen. Eine solche Trostrede darf nicht allzulang sein. Den Ausdruck anlangend vgl. Longin. fr. 21 p. 327*)

Auch die μονῳδία endlich ist eine Klag- und Trauerrede, wie von Aristides or. XX auf das von einem Erdbeben zerstörte Smyrna, von Libanius (T. II p. 185) auf den vom Feuer zerstörten Tempel des Apollo Daphnaeus, von Himerius or. XXIII auf den Tod seines Sohnes Rufinus. Nur die mit einem Encomium verbundene Monodie auf den Tod eines früh Verstorbenen berücksichtigt Menand. p. 434. Man eröffnet sie mit einer Klage über das ungerechte Schicksal, schildert dann die traurige Gegenwart, lobt die Vergangenheit des Todten, seine Tugenden und Vorzüge, schildert die Hoffnungen, zu denen er für die Zukunft berechtigte, und kehrt dann nochmals zur Gegenwart zurück, zu seiner Leichenfeier, zu der allgemeinen Theilnahme der Stadt. Man schildert zum Schluss die äussere Erscheinung des Verstorbenen, seine Kraft und Schönheit, die nun für immer dahin sei.

---

*) Trostreden in Abhandlungsform waren bekanntlich auch ein beliebtes Thema für philosophische Schriftsteller. Der dem Plutarch zugeschriebene λόγος παραμυθητικὸς πρὸς Ἀπολλώνιον ist aber nichts als das rhetorische Exercitium eines philosophischen Laien. S. meine Schrift über Plutarch, T. I S. 130 ff.

Wir vervollständigen diesen Einblick in die Werkstätte der Sophistik durch eine Bemerkung über die λαλιά. Es war dies eine in der sophistischen Zeit ganz besonders beliebte Form der Rede, eine freie Ansprache, die theils zum γένος συμβουλευτικόν theils zum ἐπιδεικτικόν gehörte. Man konnte sie zum Lobe von Herrschern verwenden, man konnte in ihr Herrschern, einer ganzen Stadt, oder seinen Zuhörern Rathschläge ertheilen, sie zur Eintracht, zum Studium ermahnen, man konnte in dieser Form sogar zürnen, schelten, spotten. Die λαλιά will ganz besonders ergetzen, sie liebt daher anmuthige Erzählungen und Schilderungen, geschickte Einkleidungen, geistreiche Wendungen, Sentenzen, Sprichwörter, Chrien, Dichtercitate. Die Form will frei und ungezwungen erscheinen, der Redner bindet sich daher an keine bestimmte, schulmässige Reihenfolge der Gesichtspunkte. ἁπλῶς δὲ χρὴ γινώσκειν, sagt Menand. p. 391, 19, ὅτι λαλιά τάξιν μὲν οὐδεμίαν θέλει σώζειν καθάπερ οἱ λοιποὶ τῶν λόγων, ἀλλὰ ἄτακτον ἐπιδέχεται τὴν ἐργασίαν τῶν λεγομένων· ἃ γὰρ βούλει, τάξεις πρῶτα καὶ δεύτερα, καὶ ἔστιν ἀρίστη τάξις τῆς λαλιᾶς τὸ μὴ κατὰ τῶν αὐτῶν βαδίζειν συνεχῶς, ἀλλ' ἀτακτεῖν ἀεί. und p. 392, 9: ἁπλῶς δὲ χρὴ γινώσκειν περὶ λαλιᾶς, ὅτι πάντα ὅσα βουληθῶμεν ἐμφανίσαι διὰ ταύτης, ταῦτα ἔξεσται ἡμῖν λέγειν τάξιν μηδεμίαν ἐκ τέχνης φυλάττουσιν, ἀλλ' ὡς ἂν προσπίπτῃ, στοχάζεσθαι μέντοι δεῖ ἑκάστου καιροῦ τῶν λεγομένων καὶ συνιέναι, ποίαν χρήσιμον εἰπεῖν πρῶτον, ποίαν δὲ δεύτερον, eine Freiheit, welche sich die Sophisten gewöhnlichen Schlages leider nur zu sehr zu Nutze machten, vgl. Luc. rhet. praec. c. 18. Im Ganzen dürfen aber die λαλιαί nicht zu lang sein. Durch beides unterscheiden sie sich von den eigentlichen, ausführlich und kunstmässig geregelten ἐπιδείξεις*). Von den auf uns gekommenen Producten der Sophistik sind viele von den Reden des Dio Chrysostomus unstreitige Meisterstücke in der Form der λαλιά. Eine λαλιά zur Eröffnung einer Reihe von Vorträgen oder extemporirten Redeübungen gesprochen, hiess προλαλιά. Dergleichen haben wir im Dionysos und Herakles des Lucian, ferner in der kleinen Abhandlung περὶ τοῦ ἠλέκτρου. Als eine solche ist wohl auch sein Traum zu betrachten. Der lateinische Ausdruck dafür scheint praefatio gewesen zu sein, Plin.

---

*) Was bei Ernesti lex. techn. Gr. S. 193 über den Unterschied von λαλιά und λόγος gesagt ist, bedarf der Berichtigung.

ep. I, 13. II, 3. IV, 11. Gell. IX, 15*). Da auf das gesammte Treiben der Sophisten hier nicht weiter eingegangen werden kann, so sei zum Schlusse blos noch das bemerkt, dass, alle nicht extemporirten, sondern kunstgerecht ausgearbeiteten und für die Veröffentlichung bestimmten Reden über fingirte Themen vom $\gamma\acute{\epsilon}\nu o \varsigma$ $\delta\iota\varkappa\alpha\nu\iota\varkappa\acute{o}\nu$ und $\sigma\nu\mu\beta o\nu\lambda\epsilon\nu\tau\iota\varkappa\acute{o}\nu$, von denen die $\lambda\acute{o}\gamma o\iota$ $\pi\varrho o\tau\varrho\epsilon\pi\tau\iota\varkappa o\acute{\iota}$, wie wir oben sahen, bestimmt zu unterscheiden sind, unter 'dem gemeinschaftlichen Namen $\mu\epsilon\lambda\acute{\epsilon}\tau\alpha\iota$ oder $\dot{\alpha}\gamma\tilde{\omega}\nu\epsilon\varsigma$ befasst werden. Sie entsprechen den Controversien und Suasorien der lateinischen Declamatoren. Vgl. Cresoll. Theatr. Rhet. IV, 7 p. 193.

*) Vgl. Cresoll. Theatr. Rhet. IV, 8 p. 196. Bernhardy Griech. Litt. Th. I S. 514. Diesen Sinn hat dies Wort wohl auch in der bekannten Stelle bei Quint. VIII, 3, 31, und man wird hier schwerlich mit L. Müller an Prologe zu Tragödien mit lexicalischen Excursen zu denken haben.

Zweiter Theil.

Die Lehre von der Anordnung.

§. 38.

Allgemeines.

Während man über die reiche Fülle von Vorschriften und Beobachtungen, welche die alten Rhetoren über die Auffindung des rednerischen Stoffes uns hinterlassen haben, einigermassen in Staunen geräth, und dabei vielfach Gelegenheit hat, ihren Scharfsinn und ihre Gründlichkeit zu bewundern, so fühlt man sich dagegen von der auffallenden Dürftigkeit, mit welcher sie die Lehre von der Disposition behandelt haben, nicht wenig überrascht. Und in der That würde diese Dürftigkeit nicht zu entschuldigen, ja selbst schwer zu erklären sein, wenn die traditionelle Fünfzahl der Theile die der Rhetorik ursprüngliche wäre. Wir haben jedoch bereits oben S. 32 ff. gesehen, dass dies nicht der Fall ist, sondern dass man Anfangs nur die Lehre von der Auffindung und von der Darstellung kannte, dass aber die Auffindung sich nach den alt überlieferten vier oder fünf Theilen der Rede gliederte. Mit dieser Fünfzahl der Theile war ja schon eine ein für allemal feststehende Disposition der Rede gegeben, und es konnte sich blos noch darum handeln, da ja auch der eigentliche Beweis ohne eine voraufgegangene propositio und partitio nicht gut eröffnet werden konnte und somit auch für eine specielle Disposition gesorgt war, noch einige allgemeine Vorschriften für die Anordnung und Behandlung der einzelnen in den verschiedenen Theilen der tractatio unterzubringenden Enthymeme aufzustellen. Eine durchgreifende Trennung der Disposition von der Invention ist, wie es scheint, zu keiner Zeit versucht worden, und war auch in der That nicht recht durchführbar. Daher eben kömmt die Dürftigkeit dieses zweiten Theils. Er ist ein bloser Anhang zur Invention, in den man bald mehr, bald weniger von dieser selbst mit hineinnahm. Anaximenes, der Theile der Rhetorik überhaupt noch nicht kennt, handelt allerdings zuerst von der Auffindung des Stoffes in den verschiedenen Gattungen und Arten der Beredsamkeit, dann von der sprachlichen Darstellung, zuletzt von den fünf Theilen der Rede, und der Art, wie der aufgefundene Stoff auf dieselben zu vertheilen sei, wobei von einer τάξις τοῦ λόγου mehrfach bei ihm die Rede ist, aber alles das lässt sich von der Invention im Grunde nicht trennen. Ebenso ist es bei Aristoteles. Nachdem er die Auffindung des Beweisstoffes und den sprachlichen Ausdruck abgehandelt hat, wendet er sich Rhet. III, 13 ff. zur τάξις, handelt aber in diesen Capiteln von den Theilen der Rede (s. oben S. 86) und kömmt über eine Inventionstopik auch hierbei nicht hinaus. Als eigentliche Dispositionsvorschrift lässt sich nur das ansehen, was wir c. 17 p. 158 lesen. Sowohl in der berathenden, als in der gerichtlichen Beredsamkeit, heisst es hier, muss, wer zuerst das Wort hat, zuerst seine Beweisgründe vorbringen, dann dem ihm entgegenstehenden entgegentreten, indem er es widerlegt, oder im voraus wirkungslos macht. Ist aber die Entgegnung sehr umfangreich, so bringt man sie zuerst vor und lässt darauf seine Beweisgründe folgen. Wer dagegen an zweiter oder späterer Stelle spricht, der hat immer mit der Widerlegung des Gegners zu beginnen, um dadurch seiner eigenen Rede gewissermassen erst Platz zu machen.

An die Isokrateer einerseits, wie andrerseits an Theophrast, schliesst sich, wie bereits wiederholt bemerkt ist, im technischen Dionys von Halikarnas an. Bei ihm finden wir den Ausdruck οἰκονομία, vgl. de vi dic. Dem. 51 T. VI p. 228. Sie ist ihm die Verwendung des durch die Invention zusammengebrachten Stoffes, ἡ χρῆσις τῶν παρεσκευασμένων, — παρασκευή aber ist ihm synonym mit εὕρεσις, und hängt mit dieser innig zusammen — ist also eigentlich kein besonderer Theil — und verhält sich zu ihr so, wie bei der λέξις die Lehre von der σύνθεσις zur Lehre von der ἐκλογή τῶν ὀνομάτων. Deshalb spricht er auch von einer πραγματικῇ οἰκονομία, synonym mit πραγματικὸς τόπος, welche es mit Anordnung, Vertheilung, Ausführung und kunstmässiger Behandlung des aufgefundenen Stoffes zu thun hat, so weit letztere nämlich auf etwas andrem als dem Ausdruck beruht, de Isocr. iud. 4. 12. T. V p. 280. 289. Diese οἰκονομία aber, oder das οἰκονομικόν, ist dem Dionys das τεχνικώτερον μέρος τοῦ πραγματικοῦ und behandelt die Lehre von der διαίρεσις, τάξις und ἐξεργασία, de Thuc. iud. 8 p. 70. Diese Begriffe selbst werden nicht weiter von ihm definirt. Nur sehen wir, dass er die von ihm getadelte Eintheilung des Geschichtsstoffes bei Thucydides nach Sommer und Winter unter den Gesichtspunkt der διαίρεσις gebracht hat, dass er die eingehende Behandlung der scheinbaren Veranlassung des Peloponnesischen Krieges vor der wirklichen als einen Verstoss gegen die τάξις betrachtet — er sagt: ἥ τε γὰρ φύσις ἀπῄτει τὰ πρότερα τῶν ὑστέρων ἄρχειν, καὶ τἀληθῆ πρὸ τῶν ψευδῶν λέγεσθαι, ἥ τε τῆς διηγήσεως εἰσβολὴ κρείττων ἂν ἐγίνετο μακρῷ τοιαύτης οἰκονομίας τυχοῦσα —, dahin rechnet er ferner: τὸ μὴ εἰς ἃ δεῖ κεφάλαια τετελευτηκέναι τὴν ἱστορίαν, und dass er endlich eine Nachlässigkeit hinsichtlich der ἐξεργασία τῶν κεφαλαίων bei Thucydides darin erblickt, dass er einzelne unwichtige Punkte ausführlich, andre wichtigere dagegen zu kurz und oberflächlich behandelt habe.

Diejenigen Stoiker, welche νόησις, εὕρεσις, διάθεσις als die drei ἔργα des Redners bezeichneten, theilten die letztere wieder ein in τάξις, οἰκονομία, λέξις, ὑπόκρισις, s. Sulp. Vict. p. 320, oben S. 17, und überall wo wir eine Nebeneinanderstellung von τάξις und οἰκονομία antreffen, wie bei Philo de somn. I, 35 oder Rh. Gr. VI, 585. VII, 26 dürfen wir wohl auf eine Stoische Grundlage schliessen*). Auch bei Hermagoras waren διαίρεσις und τάξις zwischen κρίσις und λέξις die Untertheile der οἰκονομία. Wir treffen diesen Ausdruck auch noch später an. So bei Aristid. T. II p. 537. Ihm ist οἰκονομία — ἡ ἁρμόζουσα τάξις καὶ ἡ προσδοκία τῶν λεγομένων καὶ τὸ ἐξηρτῆσθαι ἀλλήλων τὰ νοήματα καὶ τὰ ἐπιχειρήματα ἐχόμενα τοῦ ὑποκειμένου, ἔτι δὲ καὶ τὰ ἄλλα θεωρήματα, ὅσα τῆς ἀφελοῦς οἰκονομίας ἐστι, also zunächst die geeignete Ordnung der Rede, dann aber auch die innere Verbindung und Gliederung der Gedanken. Zu den weiteren Theoremen rechnet er die geeignete Behandlung der κεφάλαια, also

---

*) An ersterer Stelle heisst es allerdings Theodektes und Minucianus hätten τάξις und οἰκονομία als Theile der Rhetorik aufgestellt. Sollte vielleicht Theodektes, etwa so wie Eudemus (oben S. 165), als Mittelglied zwischen Aristoteles und den Stoikern zu betrachten sein?

die ἐξεργασία. Bei Longin endlich p. 302 erscheint οἰκονομία als zweiter Theil der Rhetorik, hat aber einen Umfang von blos zwei Seiten, und zerfällt nach den Theilen der Rede in vier kleine Abschnitte, über Umfang und Anwendung der Prooemien (Einleitungssätze), Umfang und Gliederung der Erzählung, Ordnung der κεφάλαια im Beweise, Umfang und Gliederung der Epiloge. Höchstens der dritte Abschnitt verdient Beachtung.

Dass jedoch andre Stoiker auch die τάξις als zweiten Theil der Rhetorik kannten, ist bereits auf S. 17 erwähnt worden. So Fortunatian. Ihm zerfällt die Disposition in zwei *modi generales*, den natürlichen und den künstlichen. Der zweite ist dann anzuwenden, *si quid oberit in causa*, also wenn unser Interesse verlangt, den ersteren zu ändern. Die natürliche Ordnung ist ihm aber eine achtfache. Man kann nämlich die ganze Rede ordnen *per tempora, per incrementa, per status, per scriptorum partes atque verba, per confirmationis ac reprehensionis discrimen, per generales ac speciales quaestiones, per principales et incidentes*. Was es mit der Ordnung *per incrementa* auf sich hat, ist mir nicht klar*). Julius Victor widmet p. 431 der Disposition gerade sieben Zeilen. Sie ist ihm die geordnete Vertheilung des aufgefundenen Stoffs unter Erwägung dessen, was der Nutzen, die Schönheit und die Nothwendigkeit verlangt. Im übrigen verweist er theils auf die bei ihm folgende elocutio, theils auf die voraufgegangene inventio. Sulpitius Victor endlich handelt von der Disposition p. 321, etwa eine Seite lang. Sie ist ihm die dritte Aufgabe des Redners und umfasst *ordo, οἰκονομία, elocutio, pronuntiatio*. Mit anderm Worten, bei ihm ist die Disposition mit zum λεκτικὸς τόπος geschlagen. Unter *ordo* versteht er die natürliche Ordnung der Rede nach ihren vier Theilen. Unter der οἰκονομία versteht er die absichtliche Abweichung von dieser natürlichen Reihenfolge, also den *ordo artificiosus: nam aliquando omittenda principia, aliquando subdividenda et interrumpenda narratio, ex parte ponenda et imperfecte argumentatio**) reddenda. nec enim sine causa Tullius pro Milone*

---
*) Der Text des Fortunatian ist auf p. 121 mehrfach lückenhaft. Die Frage *qui rerum gestarum ordo est?* wird bei ihm ganz unvermittelt eingeführt und hat im vorhergehenden keinen Halt. Auf diese Frage fehlt aber auch die Antwort, denn die aus Celsus angeführte Regel hat es mit dem rerum gestarum ordo nicht im mindesten zu thun.

**) Im Text steht *imperfecta argumentatione*.

ante narrationem argumentationis loco praeiudicia senatus et Pompei refutarit.

Den Unterschied der natürlichen und künstlichen Disposition hat auch Cornif. III, 9, 16, nur nennt er die erstere das *dispositionis genus ab institutione artis profectum*, letztere das *genus ad casum temporis accommodatum*. Für die natürliche Ordnung verweist er erstens auf die bereits abgehandelte Lehre von den Theilen der Rede, zweitens, die Disposition der argumentationes betreffend, auf seine Angaben über die Erweiterung der Epicheireme im zweiten Buche. Das wäre τάξις und ἐξεργασία. Für die *dispositio ad tempus accommodata* begnügt er sich mit wenigen Sätzen, worunter eine gleich zu erwähnende Regel über die Ordnung der einzelnen Beweisgründe im dritten und vierten Theile der Rede. Cicero berührt die Disposition nur ganz flüchtig im orat. 15, 30. Bei Quintilian endlich nimmt die Lehre von der Disposition zwar das ganze siebente Buch ein, allein dies kömmt daher, dass er einmal sein eignes Inventionsverfahren bei Behandlung der Controversien und Suasorien mittheilt, zweitens aber die ganze διαίρεσις στάσεων mit hineingezogen hat, d. h. die Angabe der Special-Topen der τόποι ἴδιοι (oben S. 159) für die einzelnen Constitutionsfälle, einen Stoff, den die übrigen Rhetoren sämmtlich mit in der Invention behandeln, oder wie Hermogenes und Sopater einer monographischen Behandlung unterzogen haben. Erinnern wir uns aber dessen, was oben über die Theile der οἰκονομία aus Dionys beigebracht wurde, so sehen wir, dass Quintilian zu diesem Verfahren vollkommen berechtigt war, und dass die Subsumtion dieses Stoffes unter die Dispositionslehre keineswegs als eine subjective Neuerung seinerseits zu betrachten ist. Nur hat er den Fehler begangen, mit der διαίρεσις manches verbunden zu haben, was früher bei der allgemeinen Behandlung der Statuslehre in der intellectio oder dem ihr entsprechenden Abschnitt der inventio hätte behandelt werden müssen, ein Umstand, der die Uebersichtlichkeit dieser Lehre bei Quintilian nicht wenig erschwert.

Die οἰκονομία also, um dies zu wiederholen, behandelt nach Dionys die Lehre von der διαίρεσις, τάξις und ἐξεργασία. Sehen wir uns nun nach positivem Material für diese Abschnitte um, so bleibt hinsichtlich der τάξις nur wenig nachzutragen. Von der sonst constanten Reihenfolge der Theile kann also der Redner unter Umständen abweichen. Er kann seine Rede ohne Prooemium gleich mit der Erzählung eröffnen, oder mit einem ganz sicheren

Beweis, oder dem Verlesen eines Schriftstückes, wie dies z. B. in der Rede des Isaeus de Hagniae hereditate der Fall ist. Ebenso kann man nach der Einleitung die confirmatio anbringen, und die Erzählung erst an dritter Stelle folgen lassen. Wann dies aber geschehen könne, und zwar mit Nutzen, muss sich der meditirende Redner selbst sagen, hier lassen sich bestimmte Regeln nicht aufstellen, vgl. Quint. VII, 10, 10 ff. Cornif. l. l. Dionys Rhet. 10, 6. Für die Ordnung der Epicheireme und sonstigen Materiallen im Beweise wurde fast allgemein die Regel empfohlen, die stärksten Beweismittel an den Anfang und ans Ende zu nehmen, die unbedeutenderen, die also nur im Verein mit anderen einigermassen von Bedeutung werden können, in die Mitte zu setzen. *Firmissimas argumentationes*, sagt Cornificius, *in primis et in postremis causae partibus collocare: mediocres et neque inutiles ad dicendum neque necessarias ad probandum, quae si separatim ac singulae dicantur, infirmae sint, cum ceteris coniunctae firmae et probabiles fiant, in medio collocari oportet.* Denn gleich nach der Erzählung erwartet der Geist des Zuhörers, wodurch wohl die Sache begründet werden könne, deshalb muss man sofort einen starken Beweisgrund anbringen, und weil das, was wir zuletzt sagen, sich am leichtesten dem Gedächtniss einprägt, so ist es nöthig, gerade am Schluss der Rede einen recht festen Beweis im Geiste des Zuhörers zurückzulassen. Vgl. Cic. or. 15, 50. de orat. II, 77, 314. Celsus bei Quint. VII, 1, 10 (vgl. V, 12, 14). Fortun. p. 121*). Theon progymn. p. 125. Longin p. 303. 325. An. Seg. p. 452. Hypoth. Dem. or. de cor. Man nannte diese Stellung den ordo Homericus nach Il. Δ 299. Bei der Widerlegung des Gegners dagegen soll man das leicht zu widerlegende vorwegnehmen und zu dem schwierigern aufsteigen. Apsin. p. 371: χρὴ δὲ τὰς μὲν ἀσθενεστέρας λύσεις προτέρας τιθέναι, τὰς δὲ ἰσχυροτέρας δευτέρας· εἰ γὰρ αἱ ἰσχυρότεραι πρότεραι τεθεῖεν, οὐκέτι χώραν ἕξουσιν αἱ ἀσθενέστεραι. Vgl. Longin. p. 303. Wichtig ist ferner das Capitel des Hermogenes über die Anordnung der Epicheireme, de inv. III, 13 p. 228. Hier werden zwei Regeln gegeben, das Gesetz der Steigerung und das Gesetz der Continuität. Er unterscheidet zunächst zwischen ἐπιχειρήματα ἀποδεικτικὰ πολιτικῆς μόνης ἑρμηνείας δεόμενα und πανηγυρικά. Das läuft doch wohl auf den Unterschied zwischen

---

*) Celsus verlangte starkes am Anfang, schwaches in der Mitte, das starkste am Schluss.

unkünstlichen und künstlichen Beweis-Epicheiremen in den einzelnen Theilen der tractatio hinaus*). Hat man nun gerade beide zur Hand, so soll man, um eine Steigerung im Eindruck der Rede hervorzubringen, die ἀποδεικτικά voraufnehmen, die πανηγυρικά folgen lassen. Zweitens aber, und dies sei wichtiger, solle man im Einzelnen immer nur dasjenige ans Ende setzen, wodurch der folgende Beweisgrund vorbereitet wird: τὸ προκλητικώτερον τοῦ ἑξῆς κεφαλαίου τελευταῖον τιθέναι, ἵνα ἐκ τῆς ἀνάγκης τοῦ ἐπιχειρήματος ἀνισταμένου τοῦ κεφαλαίου, κατὰ τὸ ἐφεξῆς ἐφ᾽ ἓν ὁ λόγος γένηται σῶμα μὴ διασπώμενος ἐν ταῖς ὑποφοραῖς, ἀλλὰ αὐτὸς αὑτοῦ δοκῶν ἔχεσθαι καὶ ἀνίστασθαι δι᾽ αὑτοῦ — analog dem Verfahren bei ἔνστασις und ἀντιπαράστασις (s. oben S. 198). Schon Isocr. Antid. 68 rühmt es von seinen Reden, mit Ausnahme der Paraenesen, sie hätten τὸ λεγόμενον ἀεὶ ὁμολογούμενον τῷ προειρημένῳ καὶ συγκεκλειμένον. Für den Ausdruck συγκλείειν vgl. Panath. 24. Die Rede mit dem grössten und stärksten abzuschliessen, stellt er Panath. 176. 199 als allgemein anerkanntes Princip auf.

Hinsichtlich der ἐξεργασία ist das betreffende Material in §. 26 mitgetheilt worden. So bleibt also blos die διαίρεσις übrig.

§. 39.
Διαίρεσις des Conjecturalstatus.

Nach Jul. Vict. p. 386 wird die *plena coniectura* (oben S. 39) in sieben Topen zertheilt: *a persona, a causa, a consiliis, a potestate, ab initio ad finem, a translatione causarum, a veri simili defensione*. Aehnlich Sulp. Vict. p. 325: Seine Topen heissen: *probationum expetitio, facultas, voluntas, a summo ad imum, ius absolutum* (aber nur bisweilen anzubringen), *derivatio, veri similis probatio*. Zehn Topen giebt Fortun. p. 106, nämlich: παραγραφή, ἀντιπαραγραφή, *non verisimilis quaestio*, ἐλέγχων ἀπαίτησις, *voluntas, facultas, ab initio ad finem, derivatio causae, verisimilis defensio, epilogica quaestio*. Zehn giebt auch Hermogenes p. 143, und zwar im Ganzen dieselben wie Fortunatian, nämlich: παραγραφικόν (aber nur bisweilen), ἐλέγχων ἀπαίτησις, βούλησις, δύναμις, ἀπ᾽ ἀρχῆς

---

*) Der unkünstliche Beweis wird bei den Rednern meist voraufgenommen. Beispiel Lys. or. VII. Umgekehrt freilich bei Antiph. Tetr. I. 1.

ἄχρι τέλους, ἀντίληψις, μετάθεσις αἰτίας, πιθανὴ ἀπολογία, ποιότης κοινή. Es ist wohl nicht zu bezweifeln, dass diese vier Rhetoren mit ihren Angaben auf eine gemeinschaftliche Stoisch-Hermagoreische Grundlage zurückgehen. Von diesen Topen kommen παραγραφικόν, ἐλέγχων ἀπαίτησις, ἀντίληψις, μετάθεσις τῆς αἰτίας, πιθανή ἀπολογία ausschliesslich dem Angeklagten, ἀντίληψις ausschliesslich dem Ankläger zu, die übrigen vier, also βούλησις, δύναμις, τὰ ἀπ᾽ ἀρχῆς ἄχρι τέλους, ποιότης κοινή sind beiden gemeinsam. Es versteht sich, dass auch der Kläger die Topen des Angeklagten behufs der Widerlegung berühren wird. So weist Aeschines Tim. 71 die ἐλέγχων ἀπαίτησις des Angeklagten im voraus zurück (vgl. Cic. pro Arch. 4, 8), desgleichen verwirft er §. 105 seine μετάθεσις αἰτίας als ungenügend. Ferner sind βούλησις, δύναμις, κοινή ποιότης Topen, welche die Person angehen, προσωπικὰ κεφάλαια, dagegen ἐλέγχων ἀπαίτησις, τὰ ἀπ᾽ ἀρχῆς ἄχρι τέλους, μετάθεσις αἰτίας, πιθανὴ ἀπολογία Topen, welche die Sache angehen, — πραγματικὰ κεφάλαια, — παραγραφικόν, μετάληψις endlich gemeinsame, κοινά. Vgl. Planud. Rh. Gr. T. V p. 270. Die Ausdrücke im einzelnen anlangend, so ist das παραγραφικόν eine *translatio* im Kleinen. Der Angeklagte sucht die Einleitung und Erhebung der Klage überhaupt zu tadeln, sei es wegen ungenügenden Thatbestandes, oder weil die That bereits verjährt sei, oder aus sonst irgend einem Grunde. Kann sich das παραγραφικόν auf kein bestimmtes ῥητόν stützen, so ist es zwar von geringer Wirksamkeit, aber deshalb nicht zu verschmähen, Hermog. p. 143. In Demosthenes Rede vom Kranze wird gegen des Aeschines Anklage als verjährt und abgethan nach einer von den Erklärern angestellten Berechnung an 72 Stellen Einspruch erhoben*). Bei der ἐλέγχων ἀπαίτησις behauptet der Angeklagte das Unzureichende der von dem Gegner vorgebrachten Beweise und verlangt stärkere, Sulp. Vict. l. l. vgl. Cic. pro Rosc. 13, 38. Βούλησις und δύναμις bedürfen keiner Erklärung. Unter τὰ ἀπ᾽ ἀρχῆς ἄχρι τέλους werden αὐτὰ τὰ πράγματα verstanden, also die Darstellung des Sachverhalts, aber natürlich nicht ψιλῶς, sondern μετὰ κατασκευῆς, also im Interesse der betreffenden Partei. Es gehören also auch die signa und unkünstlichen argumenta dazu, Jul. Vict. p. 387. Hermog. p. 145, s. Kayser zu Cornif. S. 241**).

---

*) S. A. Schäfer Dem. III, 1 S. 264 n.
**) In der Timarchea des Aeschines beginnen die ἀπ᾽ ἀρχῆς ἄχρι τέλους

Die ἀντίληψις ist gegen die Indicien des Anklägers gerichtet und sucht sie als unverfänglich darzustellen, als solche, für die man keine Rechenschaft zu geben brauche und nicht verantwortlich sei. ὠνόμασται δὲ ἡ ἀντίληψις ἀπὸ μεταφορᾶς τῶν ὑπὸ ῥεύματος παραφερομένων, ξύλου δὲ ἢ λίθου ἀντιλαμβανομένων, καὶ διὰ τούτου τὴν σωτηρίαν ποριζομένων, Planud. p. 278. Die μετάληψις ist gegen die ἀντίληψις gerichtet, was dann freilich auch umgekehrt gilt. Sie wird mit ἔνστασις und ἀντιπαράστασις durchgeführt. Die ἔνστασις sagt, es ist nicht erlaubt, die ἀντιπαράστασις sagt, wenn es auch im allgemeinen erlaubt ist, so doch nicht auf diese Weise, unter diesen Umständen. Man kann aber auch die ἀντιπαράστασις voran nehmen. Die μετάθεσις αἰτίας sucht die Vorwürfe des Gegners und seine Anschuldigungen, die er in den ἀπ' ἀρχῆς ἄχρι τέλους gegeben, durch Zurückführung auf eine unverfängliche oder sogar lobenswerthe Ursache zu entkräften. Die πιθανὴ ἀπολογία ist damit verwandt. Dieselben Indicien, aus denen der Ankläger die Schuld des Angeklagten folgert, werden von diesem zum Beweis seiner Unschuld gebraucht. Wenn also der Kläger aus dem Umstand, dass Jemand bei der Leiche eines Erschlagenen betroffen wurde, folgert, dass er der Mörder sei, so sagt der Angeklagte gerade umgekehrt, wenn ich der Mörder gewesen wäre, würde ich nicht dabei geblieben sein. Diese Art der Vertheidigung lässt sich natürlich nicht überall anwenden, aber wo sie sich anwenden lässt, ist sie von grosser Wirkung. Die κοινὴ ποιότης endlich ist der Epilog mit seinen bekannten Bestandtheilen. Max. Planud. p. 284: ἡ δὲ κοινὴ ποιότης οὗτοί εἰσιν οἱ ἐπίλογοι, τὸ τελευταῖον τοῦ λόγου μέρος. ποιότητα μὲν οὖν αὐτὴν ἐκάλεσεν ἴσως διὰ τὴν αὔξησιν, κοινὴν δὲ διὰ τὸ κοινὸν τόπον παρέχειν, ὅς οὐκ ἐπὶ προσώπου φέρεται ὁρισμένου, ἀλλὰ κοινῶς κατὰ πάντων τῶν τοῦ αὐτοῦ μετεχόντων ἐγκλήματος, ἢ διὰ τὸ κοινὸν ἀμφοτέρων τῶν μερῶν (der beiden streitenden Parteien) εἶναι κεφάλαιον.

Einfacher auf den ersten Anblick und verständlicher ist die Topik, welche Cornificius, Cicero und Quintilian von der Person des Anklägers aus für den Conjecturalstatus aufstellen. Im Grunde

---

bei §. 40. Zu ἦν μὲν Διονυσίων in §. 43 heisst es in den Scholien ἄλλο ἀπ' ἀρχῆς ἄχρι τέλους, desgleichen zu §. 53 zweimal, zu §. 55 ὑπὸ δὲ τοὺς αὐτοὺς χρόνους. Der Ausdruck selbst ist vielleicht gebildet mit Rücksicht auf Dem. de cor. p. 283.

ist sie jedoch von der obigen nicht verschieden. Nachdem Cornif. II, 2, 3 die Vorschrift aufgestellt hat, bei der causa coniecturalis müsse die Erzählung des Anklägers darauf ausgehen, überall Verdächtigungen anzubringen — man vgl. Isocr. Trapezit. 3—24. Demosth. de fals. legat. 9—101. Cic. pro Quint. 3, 11 — 8, 31 — die des Vertheidigers dagegen klar und schlicht sein mit Milderung der verdächtigen Umstände, so theilt er die *ratio* dieses status, d. h. die *tractatio* in sechs Punkte ein, *probabile, collatio, signum, argumentum, consecutio, approbatio*. Durch das *probabile* wird erwiesen, dass es dem Angeklagten genützt habe, das in Rede stehende Verbrechen zu begehen, und dass er von einer so schlechten Handlung nie fern gewesen sei. Es zerfällt demnach in das *probabile ex causa* und das *probabile ex vita*. Bei der Ursache wird gefragt, was konnte der Betreffende durch die That für Vortheile erreichen, was für Nachtheile vermeiden: beim Leben wird gefragt, ob der Angeklagte schon etwas ähnliches gethan hat, ob er bereits in ähnlichen Verdacht gekommen ist. Das probabile ex vita muss mit dem probabile ex causa möglichst in Uebereinstimmung treten. — Durch die *collatio* wird das Allgemeine der bisherigen Beweisführung beschränkt, indem sie zeigt, dass Niemand ausser dem Angeklagten aus der That Vortheil oder Gewinn zufloss, dass Niemand ausser ihm sie habe thun können, dass er also aller Wahrscheinlichkeit nach der Thäter war. — Das *signum* weist nach, dass der Angeklagte eine günstige Gelegenheit zur Ausführung seiner That gesucht habe, es betrachtet den Ort, die Zeit, die Zeitdauer, die eigentliche Gelegenheit, die Hoffnung, die That zu vollbringen oder zu verheimlichen. — Das *argumentum* giebt festere, mehr stichhaltige Beweise, verrätherische und bedenkliche Indicien vor, während und nach der That*). — Die *consecutio* führt das Benehmen des Angeklagten nach der That vor, die *approbatio* endlich giebt eine Amplification des bisherigen mittelst der loci communes, und gewisser loci proprii und zwar für den Ankläger der Beseitigung des Mitleids, für den Vertheidiger der Erregung des Mitleids und der Verdächtigung des Anklägers. Offenbar entsprechen *probabile* und *collatio* den Topen βούλησις, δύναμις und μετάληψις, *signum, argumentum* und *consecutio* geben τὰ ἀπ'

---

*) τὰ σημεῖα, ἅπερ ἐστὶ τοῦ στυγασμοῦ ἰσχυρότατον κεφάλαιον, Schol. Aesch. de falsa 56.

ἀρχῆς ἄχρι τέλους, *approbatio* endlich entspricht der κοινή ποιότης.

Ganz ähnlich Cicero. Er eröffnet seine Darstellung der bei der causa coniecturalis zur Anwendung kommenden loci de inv. II, 7, 16 zunächst mit der allgemeinen Bemerkung: *non omnes in omnem causam convenire. nam ut omne nomen ex aliquibus, non ex omnibus litteris scribitur, sic omnem in causam non omnis argumentorum copia, sed eorum necessario pars aliqua conveniet*).* Dann folgt die allgemeine Regel: *omnis igitur ex causa, ex persona, ex facto ipso coniectura capienda est.* Die causa zerfällt in *impulsio* oder *ratiocinatio*. Die Veranlassung zur That war entweder leidenschaftliche Aufregung, oder überlegte Absicht, die einen bestimmten Zweck verfolgte. Dieser Topus ist gleichsam das Fundament der constitutio coniecturalis. *Nam nihil factum esse cuiquam probatur, nisi aliquid, quare factum sit, ostenditur* (5, 19). Für den Beweis ex impulsione wie ex ratiocinatione ist die möglichste Amplification nöthig. Daher stellt es Cicero ohne weiteres als Aufgabe des Redners hin, *magno opere considerare, non quid in veritate modo, verum etiam vehementius, quid in opinione eius, quem arguat, fuerit. nihil enim refert non fuisse aut non esse aliquid commodi aut incommodi, si ostendi potest, ei visum esse, qui arguatur*. Wenn auch der Name *collatio* dem Cicero fremd ist, so doch keineswegs die Sache, denn er sagt 7, 25: *in hoc autem loco caput illud erit accusatori, si demonstrare poterit alii nemini causam fuisse faciendi: secundarium, si tantum aut tam idoneam nemini. sin fuisse aliis quoque causa faciendi videbitur, aut potestas defuisse aliis demonstranda est aut facultas aut voluntas*. Bei der Person kommen die Topen zur Anwendung, die in der Lehre vom Beweise als Personen-Topen aufgestellt worden. Der Ankläger muss das Leben des Angeklagten aus seinen früheren Thaten angreifen, und zeigen, dass er schon eines ähnlichen Vergehens überführt worden, oder in einen ähnlichen Verdacht gekommen sei. Lässt sich nichts derartiges nachweisen, so muss der Richter ermahnt werden, sich lediglich an die vorliegende Sache zu halten, *nam eum ante celasse, nunc manifesto teneri; quare non oportere hanc rem ex superiore vita spectari, sed superiorem vitam ex hac re improbari, et aut*

---

*) Fortun. p. 105: *nam ut non omne nomen omnibus litteris scribitur, ita non omnibus locis omnis materia dividitur, quod ipsum fieri etiam in ceteris statibus scire debemus.*

potestatem antea peccandi non fuisse, aut causam. Die *coniectura ex facto* umfasst nun wie bei Cornificius die signa und argumenta, 12, 39. ff. An sie schliesst sich die *consecutio.* Die *approbatio* ist wieder nicht dem Namen, aber der Sache nach vorhanden. Die hier anzuwendenden loci communes werden in c. 16 behandelt. An Cicero schliesst sich wieder Quintilian VII, 2, 27 ff. an. Bei der Conjectur sind der Reihe nach die drei Fragen zu beantworten, ob der Angeklagte die That hat thun wollen, ob er sie hat thun können, ob er sie gethan hat. Man geht also von der Vergangenheit aus, von den Personen, den Ursachen und Absichten. Vor allem ist die Person des Angeklagten ins Auge zu fassen, *intuendum ante omnia, qualis sit, de quo agitur.* Der Ankläger muss darauf sehen, dass das, was er dem Angeklagten vorwirft, nicht blos an sich schimpflich sei, sondern auch zu dem Verbrechen, über welches geurtheilt werden soll, passt. Wenn er also einen des Mordes angeklagten einen unzüchtigen Menschen, oder einen Ehebrecher nennt, so thut dies weniger zur Sache, als wenn er zeigt, dass er verwegen, frech, grausam, tollkühn ist. Der Vertheidiger muss darauf sehen, dass er das Vorgeworfene leugnet, vertheidigt oder mildert, demnächst, dass er es von der vorliegenden Frage trennt. Wird nichts vorgeworfen, so muss der Vertheidiger darauf besonders aufmerksam machen. Der Kläger muss im weiteren Fortgang seiner Rede den Eindruck zu machen suchen, als habe er nichts vorwerfen wollen, wohl aber gekonnt. Ueberhaupt ist es besser, sich aller Angriffe auf das frühere Leben zu enthalten, als nichtige, unbedeutende, oder geradezu falsche vorzubringen, mit denen man unterliegen muss, und somit nur seiner weiteren Glaubwürdigkeit schadet. Was sonst von den Personen gesagt wird, ist in der Topik der Beweismittel angegeben.

Bei dem Beweis aus den Ursachen kömmt es besonders auf die Leidenschaften, auf Zorn, Hass, Begierde, Furcht, Hoffnung, mit ihren Unterarten an. Fällt davon etwas auf den Angeklagten, so muss der Ankläger mittelst der Amplification zu zeigen suchen, dass die betreffende Ursache zum schlimmsten habe führen können. Ist dies nicht der Fall, so äussert er sich dahin, dass vielleicht verborgene Ursachen vorgelegen haben, dass es nichts weiter zur Sache thue, weshalb er es gethan hat, wenn er es nur überhaupt gethan hat, oder dass ein grundloses Verbrechen hassenswerther sei. Der Vertheidiger dagegen muss darauf bestehen, es sei unglaublich, dass etwas ohne Grund geschehen sei. Gegen die vorgebrachten Ursachen wird er sagen, sie seien falsch, unbedeutend, oder dem Angeklagten selbst unbekannt gewesen. Fehlt es ihm hier an Stoff, so wird er sagen, es komme auf die Gründe überhaupt gar nicht an. Gar mancher fürchtet, hasst, hofft, ohne sich dadurch zu einer schlechten That hinreissen zu lassen; ferner finden alle Ursachen nicht auf alle Personen Anwendung; manchen mag die Armuth zum Diebstahl veranlassen, einen Curius und Fabricius gewiss nicht. — Ob der Redner zuerst von der Person oder der Ursache zu sprechen habe, ist streitig. Cicero hat häufig mit der Ursache angefangen. So, wie wir bereits sahen, in der Miloniana. Wenn aber keine besonderen Gründe vorliegen, so wird es natürlicher sein, von der Person auszugehen. §. 35—41.

Bei den Absichten kommen mancherlei Fragen in Betracht; ist es glaublich, dass der Angeklagte hoffen konnte, es könnte dies Vergehen von ihm vollbracht werden, die That könne verborgen bleiben, er könne auf Freisprechung hoffen, auf eine unbedeutende, oder ihn erst spät treffende Strafe, eine solche, die bei der Freude über die That weniger in Betracht kommen konnte? Ob er es der Mühe für werth gehalten, sich überhaupt einer Strafe auszusetzen, dann ob er es zu einer andern Zeit, ob leichter oder sicherer habe thun können, — wie Cicero in der Miloniana, 14, 38—15, 41 mehrere Gelegenheiten aufzählt, bei denen Clodius von Milo hätte straflos getödtet werden können, — dann, warum er gerade an jenem Orte, zu jener Zeit, auf jene Weise angegriffen habe, ob er ohne weitere Veranlassung sich habe unbewusst fortreissen lassen? ob er durch die Gewohnheit zu sündigen verführt sei? §. 42—44.

Nach Beendigung dieses ersten Theils folgt der zweite, ob der Angeklagte die That habe thun können. Hier handelt es sich um Ort und Zeit der That, um Schwierigkeiten und günstige Gelegenheiten, um Mittel und Werkzeuge. Lässt sich erweisen, dass keine Möglichkeit zur Ausführung der That vorhanden war, so ist die Sache damit erledigt. War sie vorhanden, so frägt es sich drittens, ob der Angeklagte die That gethan hat? Hierbei geht man aus von der Zeit, zu welcher die That geschah, und der, die darauf folgte; Schall, Geschrei, Geseufz, die bei der That vernommen wurden; Verbergen, Flucht, Furcht des Angeklagten nach derselben; weitere Indicien, auch Worte und Handlungen, die der That vorangingen, oder auf sie folgten. Eigne Worte schaden uns mehr und nützen uns weniger als fremde, fremde nützen mehr und schaden weniger als eigene. Bei eignen Handlungen ist der Schaden immer grösser als bei fremden. Bei Worten kömmt es auch darauf an, ob sie unzweideutig oder zweideutig waren; zweideutige sind nach beiden Seiten hin von geringerem Belang, doch schaden uns eigne nicht selten; fremde zweideutige Worte können nur schaden, wenn der, der sie sprach, ungewiss oder todt ist, sonst lässt sich ja durch einfache Befragung die Zweideutigkeit entfernen. §. 46—50.

Wie schon von Spengel und Halm bemerkt worden ist, hat sich Cicero in der Miloniana, deren status qualitatis er geschickt in einen status coniecturalis gegen Clodius zu verwandeln gewusst hat, von c. 12, 32—26, 71 im Ganzen genau nach dieser Topik gerichtet. §. 32—55 giebt uns das probabile ex causa, in welchem die collatio gleich mit enthalten ist, §. 36—43 das probabile ex vita, §. 44—60 die signa und argumenta, besonders tempus, locus und facultates, §. 61—64 die consecutio, und daran anschliessend als approbatio die Widerlegung allerlei misgünstiger Beschuldigungen und Gerüchte, §. 64—71. In der Rede pro Sulla hat Cicero das *probabile ex vita* an den Schluss der Beweisführung gestellt und macht c. 24, 69 selbst darauf aufmerksam: *iam enim faciam criminibus omnibus fere dissolutis contra atque in ceteris causis fieri solet, ut nunc denique de vita hominis ac de moribus dicam.* Gewöhnlich geschieht dies auch bei den Griechischen Rednern. Nehmen wir Beispielshalber Lysias or. VII περὶ τοῦ σηκοῦ. Ein Athenischer Bürger wird von einem jungen Sykophanten angeklagt, einen auf einem seiner Grundstücke befindlichen σηκός, d. h. den Stumpf eines heiligen Oelbaums, der von Staats wegen zu schonen war, ausgegraben zu haben. Der Angeklagte leugnet die That, folglich haben wir einen status coniecturalis, und wollte den Beweis seiner Schuldlosigkeit durch βάσανοι, μαρτυρίαι und τεκμήρια führen. Der Kläger hatte die Auslieferung der Sclaven zur Folter nicht angenommen. So ist er auf μαρτυρίαι und τεκμήρια beschränkt. Der unkünstliche Beweis wird der Theorie entsprechend natürlich als der stärkere vorweggenommen. Zeugen erklärten, dass bis zu einem vom Kläger angegebenen Termin kein σηκός auf dem Grundstück gestanden, woraus folgt, dass auch zu dieser Zeit vom Beklagten keiner ausgegraben sein kann, §. 9—11. Hiermit ist die Sache eigentlich erledigt, doch es folgt noch ein künstlicher Beweis, welcher das probabile ex causa, die signa und argumenta, das probabile ex vita behandelt und mit der approbatio, einer

Verdächtigung des Anklägers, schliesst. Es sei nämlich ausserdem ganz unwahrscheinlich, dass der Angeklagte das ihm zur Last gelegte Verbrechen gethan habe, da es ihm an einer Ursache dazu fehlte; er war nicht arm; der Oelbaum, wenn er vorhanden, würde ihn nicht behindert haben; die Strafe, welche das angeschuldigte Vergehen nach sich zog, war ihm nicht unbekannt. §. 12—15. Er würde sich durch eine so verbrecherische Handlung für immer in die Gewalt seiner Sclaven begeben haben, er würde auch seine früheren Pächter gegen sich gehabt haben, deren Aussagen ihn eben jetzt entlasten, er würde es endlich nicht haben vor seinen Nachbarn verbergen können, §. 16—18. Der Ankläger kann seine Aussage durch keine Zeugen erhärten und beschönigt diesen Mangel mit der Behauptung, er könne jetzt in Folge der Macht und des Geldes des Angeklagten keine auftreiben, aber er hätte seine Anklage gleich auf frischer That anbringen sollen, dann würden ihm Zeugen nicht entgangen sein, §. 19—23. Der Angeklagte besitzt noch viele heilige Oelbäume und σηκοί auf seinen Grundstücken, die er viel sichrer hätte beseitigen können, aber er hat sie stets aufs sorgfältigste gepflegt, wie dies das Ergebniss der öffentlich angestellten Controle darthut; argumentum a minore ad maius, §. 24—26. Wenn der Angeklagte das Verbrechen hätte begehen wollen, so würde er sich dazu eine andere Zeit ausgesucht haben, die der Dreissig, wo sich manche Frevelthat ungestraft verüben liess; ferner einen andern Ort, als den, auf welchem weiter keine Bäume standen, die Entfernung des σηκός also auffallen musste, §. 27—28. Es ist ungereimt, dass die gesetzlich bestellten Aufseher dem Angeklagten nie etwas vorgeworfen haben, ihn aber Jemand angreift, der weder Nachbar, noch Aufseher, noch alt genug ist, um darüber etwas wissen zu können, §. 29. Das ganze Leben des Angeklagten, der sorgfältig allen Pflichten als Bürger genügt hat, spricht gegen die Wahrscheinlichkeit einer solchen Beschuldigung, §. 30—33. Er hat seine Sclaven zur Aussage auf der Folter angeboten, der Kläger hat sie aber nicht angenommen, und das spricht gegen ihn, §. 34—37.

§. 40.
Διαίρεσις des Definitionsstatus.

Die finitio wird nach Jul. Vict. p. 388 in sechs Topen zertheilt: *definitio, collectio, quantitas, comparatio, qualitas, coniectura*.

Ebenso nach Fortun. p. 105, nur dass hier *coniectura* vor *qualitas* genannt wird. Sulp. Vict. p. 336 nennt *finis, contraria definitio, legislatoris voluntas, voluntatis coniectura, qualitas conclusiva*. Endlich Hermog. p. 159: ὅρος, ἀνθορισμός, συλλογισμός, γνώμη νομοθέτου, πηλικότης, πρός τι, μία τῶν ἀντιθετικῶν, aber nur bisweilen (mit dem Bemerken ἥτις εἰ ἐμπέσοι, εὑρεθήσεται καὶ μετάληψις καὶ ἀντίληψις εὐθὺς ἑπόμεναι), dann ποιότης und γνώμη. Damit vgl. Hypoth. Dem. Mid. p. 513. Die προβολή ist dasselbe wie τὰ ἀπ' ἀρχῆς ἄχρι τέλους. Genauer ist sie der Schluss der κατάστασις (s. oben S. 109), welcher dem Richter das eigentliche κρινόμενον vorhält, also die propositio. Der Ausdruck ist entlehnt von der προβολή im Attischen Prozess, Max. Planud. p. 300. Ὅρος und ἀνθορισμός sind klar. Der συλλογισμός vereinigt ὅρος und ἀνθορισμός und will zeigen, dass im Grunde zwischen beiden kein Unterschied sei; man beachte, dass der ὅρος auf das Gewicht legt, was geschehen ist, der ἀνθορισμός dagegen auf das, was an der That, um ihr den fraglichen Namen beizulegen, zu ihrer Vollständigkeit fehlt; der συλλογισμός ist also dasselbe, was die älteren Rhetoren als Widerlegung der gegnerischen Definition bezeichnen; nur auf eine bestimmte Form der Widerlegung zurückgeführt. Die γνώμη νομοθέτου giebt gleichsam ein Zeugniss für die Richtigkeit der bisherigen Darlegung. Der Kläger wird zu erweisen suchen, dass nach der Ansicht des Gesetzgebers auch der vorliegende Fall mit unter das Gesetz zu subsumiren sei, der Angeklagte wird dies leugnen und vielmehr auf den grossen Unterschied der Fälle hinweisen. Die beiden folgenden Punkte geben eine Amplification der That, resp. ihre Verminderung. Und zwar fasst die πηλικότης die Qualität der That schlechthin, amplificirend ins Auge, das πρός τι dagegen im Vergleich zu dem, was an ihrer Vollständigkeit fehlt, es zeigt also, dass die That, so wie sie geschehen ist, eigentlich noch grösser, oder bewundernswerther, oder was sonst gerade sei, als wenn die vermissten Umstände sie begleitet hätten. Die ἀντιθετικαί (d. h. ἀντιθέσεις, Sopat. p. 159, genauer einer von den Punkten, um welche es sich bei den στάσεις ποιότητος handelt, welche ἀντιθέσεις heissen, constitutiones iuridiciales assumptivae, also ἀντίστασις, ἀντέγκλημα, μετάστασις und συγγνώμη, Hermog. p. 161) finden nur dann statt, wenn sich die Definition auf eine Person bezieht. Es wird dann ihrer Uebelthat eine vernünftige Ursache untergelegt. Kläger und Verklagter wechseln dabei ihre Rollen. So haben wir z. B. ἀντιθετικὴ συγγνώμης im

Definitionsstatus bei Lys. or. X. 20. Μετάληψις und ἀντίληψις sind bereits bei der constitutio coniecturalis erklärt. Die ποιότης, nicht zu verwechseln mit der κοινὴ ποιότης des Epilogs, behandelt die Person des Angeklagten nach Vergangenheit, Gegenwart und Zukunft, je nachdem seine Freisprechung oder Verurtheilung ins Auge gefasst wird. Die γνώμη endlich, welche zum Epilog überleitet, giebt die Absicht des Thäters bei seiner That zu.

Nach Cornif. II, 12, 17 hat man beim status finitivus zuerst von einer kurzen Definition des streitigen Gegenstandes oder Begriffs auszugehen. *Primum igitur vocabuli sententia breviter et ad utilitatem causae accommodate describetur: deinde factum nostrum cum verbi descriptione coniungetur: deinde contrariae descriptionis ratio refelletur, si aut falsa erit, aut inutilis, aut turpis, aut iniuriosa.* Genau damit stimmt Cic. de inv. II, 17, 52. Der Ankläger giebt zuerst eine kurze Definition des streitigen Gegenstandes oder Begriffs, und weist die Richtigkeit seiner Definition ausführlich nach. Dann überträgt er seine Definition auf die dem Angeklagten zur Last gelegte That und amplificirt diese That selbst durch einen locus communis. Demnächst wird die Definition des Gegners widerlegt durch Anwendung der τελικὰ κεφάλαια. Ist der status complicirt, so werden mehrere Definitionen gegeben; im übrigen ist die Behandlung dieselbe. Locus communis gegen die Bosheit dessen, der sich nicht blos willkürliche Handlungen, sondern auch willkürliche Benennungen anmasst. Der Vertheidiger eröffnet seine Rede gleichfalls mit einer Definition und deren Begründung und Ausführung durch Gleichnisse und Beispiele. Dann zeigt er, dass seine Definition unter diese That nicht fällt. Locus communis gegen den Ankläger, dass er, um ihn in Gefahr zu bringen, nicht blos die Thatsachen, sondern auch die Bezeichnungen zu entstellen versucht. Schon oben S. 42 ist auf Ciceros Rede pro L. Cornelio Balbo verwiesen. Für die Anwendung der τελικὰ κεφάλαια in dieser Rede genügt es auf die Recapitulation des Epilogs zu verweisen c. 28, 64: *quod ius Cn. Pompeius ignoravit — videte ne utilius vobis et honestius sit illis ducibus errare quam hoc magistro erudiri: sed si de certo, de perspicuo, de utili, de probato, de iudicato vobis iure constituendum esse videtis, nolite committere, ut in re tam inveterata quidquam novi sentiatis.* Vgl. ferner die Definitionen über *deiectio* und *vis* in der Rede pro Cael. c. 12 ff. Wenn wir aber de orat. II, 25, 108 lesen: *atque in hoc genere causarum nonnulli praecipiunt, ut verbum illud, quod causam facit, lucide breviterque definiatur.*

quod mihi quidem perquam puerile videri solet. alia est enim, cum inter doctos homines de eis ipsis rebus, quae versantur in artibus, disputatur verborum definitio, ut cum quaeritur, quid sit ars, quid sit lex, quid sit civitas. in quibus hoc praecipit ratio atque doctrina, ut eius eius rei, quam definias, sic exprimatur, ut neque absit quidquam neque supersit. — Etenim definitio primum reprehenso verbo uno aut addito aut dempto saepe extorquetur e manibus, deinde genere ipso doctrinam redolet exercitationemque paene puerilem, tum in sensum et in mentem iudicis intrare non potest, ante enim praeterlabitur, quam percepta est — so ist dies nicht buchstäblich zu verstehen. Cicero verwirft hier nicht die Anwendung der Definition beim status definitivus schlechthin, das wäre ja absurd und unausführbar, sondern blos die allzustrenge, rein wissenschaftliche Definition, als pedantisch und für den Redner unpassend; für diesen verlangt er vielmehr die Wiedergabe des Begriffs in mannichfachen Umschreibungen, wie das der ganze Zusammenhang der angeführten Stelle erweist. Uebrigens liebt es Cicero, gerade in den Büchern de oratore, in denen die Rhetorik eine mehr geistreiche, philosophische Besprechung erfährt, auf die präcisen, schlichten Vorschriften der Technik etwas vornehm herabzublicken.

Nach Quintilian endlich VII, 3, 19 ff. liegt die bei der Behandlung eines status finitivus bestimmt inne zu haltende Ordnung in den beiden Fragen, quid sit? an hoc sit? — und es ist in der Regel schwieriger, seine Definition zu begründen, als die gegebene Definition auf den bestimmten Gegenstand anzuwenden. Bei der Frage nach dem was es sei, hat man die eigene Definition zu begründen, die des Gegners zu widerlegen. Wir werden dann richtig definiren, wenn wir zuvor bei uns überlegen, was wir beweisen wollen, damit die Worte unsrer Absicht angepasst werden. Eine Definition kann man angreifen als nicht zur Sache gehörig, dies wird aber in Wirklichkeit nicht vorkommen, oder als falsch, oder als unvollständig. Hierbei kömmt es besonders auf den Unterschied und das Eigenthümliche an, wobei man mit der grössten Genauigkeit verfahren muss, auf die Etymologie wird man sich selten berufen können. Mit Erledigung dieser ersten Frage ist die zweite nach dem ob es das sei, also nach der Anwendbarkeit der Definition auf den vorliegenden Fall fast von selbst erledigt. Es handelt sich dabei um die Beschaffenheit des Falles, und es werden alle die Beweise zur Anwendung kommen, die in der allgemeinen Topik als der Definition eigenthümlich angegeben wurden, aus dem vorhergehenden, folgenden, verbundenen u. s. w.

§. 41.
Διαίρεσις des Qualitätsstatus.

Die qualitas absoluta wird nach Jul. Vict. p. 390 eingetheilt in *ab initio ad finem, a partibus iusti, a consilio*. Nach Sulp. Vict. p. 344 in *finitivum praecedens, quod vicem praescriptionis obtinet, qualitas absoluta, a summo ad imum, voluntatis coniectura, qualitas conclusiva*. Nach Fortun. p. 105 *definitione, a summo ad imum, a partibus iusti*), voluntate, epilogica quaestione: aliquando et locis scripti et voluntatis, cum scriptum recepit quaestionem*. Hermogenes endlich sagt p. 157: ἡ δὲ ἀντίληψις διαιρεῖται προβολῇ, μορίοις δικαίου, προσώπῳ, ὅρῳ καὶ τοῖς ἑπομένοις τῷ ὅρῳ μέχρι τοῦ πρός τι, αὐτῇ τῇ ἀντιλήψει, μεταλήψει, ἀντιθέσει, ἑτέρᾳ μεταλήψει, θέσει, ποιότητι καὶ γνώμῃ. Zur Erläuterung dient Sopat. T. V p. 162 ff. διαίρ. ζητ. T. VIII p. 127 ff. Max. Planud. T. V p. 314 ff. Der Gang hat grosse Verwandschaft mit dem Gange des Definitionsstatus. *Μόριον δικαίου, πρόσωπον* und *ὅρος* oder *ὁρικὸν κεφάλαιον* gehören eng zusammen und kommen dem Verklagten zu. Das μόριον δικαίου ist eine vorläufige Andeutung der ἀντίληψις, eine Art παραγραφή, man erklärt, dass man die fragliche That nicht für schuldig halte. Das *πρόσωπον*, von den späteren Rhetoren ὁρικὸν παραγραφικὸν ἐκ προσώπου genannt, zeigt, dass die Person des Angeklagten schon an sich nicht recht für die erhobene Anklage passe; es kann natürlich nur angewandt werden, wenn der Angeklagte eben keine hervorragende Persönlichkeit ist. Der ὅρος, auch ὁρικὸν παραγραφικὸν ἐκ πράγματος genannt, zeigt, dass die That nicht unter die Kategorie strafbarer Vergehen zu rechnen ist. Dies ist im einzelnen wie bei der Definition auszuführen oder vom Ankläger zu widerlegen. Die θέσις giebt eine Amplification der ausgesprochenen Berechtigung zur That durch einen locus communis.

Nach Cornif. II, 73, 19 wird bei der constitutio iuridicialis absoluta nach Mittheilung des Sachverhalts gefragt, ob die Sache mit Recht geschehen sei. Man muss wissen, aus welchen Theilen das Recht besteht: *constat igitur ex his partibus: natura, lege, con-*

---

*) Im Text steht *a partibus, in sta voluntate*.

suetudine, iudicato, aequo et bono, pacto. — his igitur partibus iniuriam demonstrari, ius confirmari convenit. Damit vergleiche man Cic. de inv. II, 22. 23, der für die constitutio iuridicialis absoluta dieselbe Behandlung wie für die constitutio negocialis verlangt, und bei dieser ähnlich wie Cornificius die Bestandtheile des Rechts angiebt. Zum Schluss sagt er: *his ergo ex partibus iuris, — quidquid aut ex ipsa re aut ex simili aut ex maiore minoreve nasci videbitur, adtendere atque elicere pertemptando unam quamque inris partem oportebit.*

Die Fälle der qualitas assumptiva werden nach Jul. Vict. p. 391 eingetheilt in *ab initio ad finem, assumptio, assumptionis destructio. destruimus autem locis sex: coniectura, qualitate, definitione, translatione, quantitate, comparatione, nunc istis omnibus nunc plerisque eorum.* Auch Hermogenes fasst p. 171 die einzelnen Fälle der constitutio assumptiva als ἀντιθετικαί zusammen, und sagt: αἱ ἀντιθετικαὶ πᾶσαι διαιροῦνται προβολῇ, ὅρῳ, ἔστιν ὅτε καὶ τοῖς ἑπομένοις τῷ ὅρῳ μέχρι τοῦ πρός τι, διανοίᾳ, αὐτῇ ἀντιθέσει, ἥ ἐστιν ὁμώνυμος τῇ στάσει αὐτῇ τοῦ ζητήματος ἀντιστατικῇ ἢ ἀντεγκληματικῇ ἢ μεταστατικῇ ἢ συγγνωμονικῇ, πάλιν διανοίᾳ, μεταλήψει, πρός τι, ὅρῳ βιαίῳ, θέσει, ἑτέρᾳ μεταλήψει, ἀντιλήψει, ποιότητι καὶ γνώμῃ. Dazu nehme man Sopat. T. V p. 173 ff. und die einschlagenden Beispiele aus der διαιρ. ζητ., Max. Planud. p. 324 ff. Die einzelnen Topen fanden schon früher ihre Erklärung. Der ὅρος βίαιος, vom Kläger, wie vom Beklagten angewendet, ist die peremptorische Behauptung, dass auf die in Rede stehende That weder die vorgebrachte Anschuldigung noch Entschuldigung Anwendung haben könne. Die ἑτέρα μετάληψις hat es nicht mit der That, sondern mit der Person des Angeklagten zu thun, er in seiner Stellung habe keinesfalls so handeln dürfen. Sulpitius Victor dagegen p. 345 ff. und Fortun. p. 105 ff. geben die Topen für jeden Fall einzeln. Es verlohnt sich nicht der Mühe, sie alle besonders aufzuzählen.

Auch von Cornif. II, 14, 21 ff. werden die Fälle der *constitutio iuridicialis assumptiva* einzeln behandelt. Bei der *comparatio* muss zuerst gefragt werden, welche von beiden Handlungsweisen die ehrenvollere, leichtere und vortheilhaftere, mit einem Worte die nützlichere gewesen sei. Dann ist zu fragen, ob es dem Angeklagten zukam, selbst zu entscheiden, welche die nützlichere war, oder ob er die Entscheidung darüber anderen überlassen musste. Demnächst sucht der Ankläger durch Conjectur zu erweisen, dass das bessere dem schlechteren nicht mit Ueberlegung vorgezogen sei, sondern dabei *dolus malus* im Spiele gewesen. Der Angeklagte hat diesen Conjectural-Beweis zu widerlegen. Zum Schluss locus communis des Anklägers gegen den, der ohne Berechtigung darüber zu entscheiden, das unnütze dem nützlichen vorzieht. Locus communis per conquestionem des Angeklagten gegen diejenigen, welche verlangen, das gefährliche dem nützlichen vorzuziehen, Frage an die Ankläger und Richter, was sie in seiner Stelle gethan haben würden, mit lebhafter Schilderung von Zeit, Ort, Sache und seiner Ueberlegung. — Bei *translatio criminis* ist zuerst zu fragen, ob die Anschuldigung der Wahrheit gemäss auf einen andern übertragen wird, zweitens, ob das auf einen andern übertragene Vergehen eben so gross sei, als das dem Angeklagten zur Last gelegte; drittens, ob er ein Vergehen habe wiederholen müssen, was ein andrer vor ihm begangen und ob über das Vergehen des andern nicht zuerst richterliche Entscheidung einzuholen war; ob, da dies nicht geschehen sei, die Sache jetzt noch zu entscheiden sei. Locus communis des Anklägers gegen den, der Gewalt vor Recht gehen lässt; der Angeklagte sucht sich durch Amplification zu helfen und zu zeigen, dass er nicht anders habe handeln können. — Bei *purgatio* ist zuerst zu fragen, ob wirklich eine Nothwendigkeit zur That vorhanden war; ob die Gewalt sich irgendwie habe vermeiden oder mindern lassen; ob der Angeklagte auch in Erwägung gezogen, was er habe dagegen thun oder ersinnen können; ob sich auf dem Wege der Conjectur erweisen lasse, dass da, wo Nothwendigkeit vorgeschützt wird, Absicht im Spiele gewesen; endlich, wenn wirklich Nothwendigkeit vorhanden gewesen, ob sie für eine zwingende zu erachten. Entschuldigt der Angeklagte sein Vergehen mit Unwissenheit, so ist zu fragen, ob er es wirklich nicht wissen konnte, oder nicht; ob er sich bemüht, sich Kunde zu verschaffen; ob er aus Zufall es nicht gewusst, oder an seinem Nichtwissen Schuld sei; dann ist durch Conjectur zu erweisen, dass er es dennoch gewusst, und endlich zu fragen, ob Nichtwissenheit als ausreichender Entschuldigungsgrund zu betrachten sei. Sucht sich der Angeklagte mit Zufall zu rechtfertigen, so tritt dieselbe Behandlung wie bei der Nothwendigkeit ein. Loci communes sind bei allen drei Arten dieselben; auf Seiten des Klägers gegen den, der die That eingesteht und doch noch Weitläufigkeiten machen will. Der Angeklagte apellirt an die Humanität und das Mitleiden, überall müsse man auf die Absicht sehen, wo diese fehle, da liege auch kein Vergehen vor. — Bei *deprecatio* wird der Angeklagte in Erwägung geben, erstens die Zahl seiner sonstigen Verdienste, guten Eigenschaften u. s. w.; dann was man im Falle seiner Freisprechung für Vortheile zu erwarten habe; dass der Bittsteller selbst in einflussreicher Stellung nachsichtig und milde gewesen; dass seinem Vergehen keine unedle Absicht zu Grunde gelegen, dass in ähnlichen Fällen bereits andre Verzeihung erlangt haben, dass aus seiner Freisprechung kein Nachtheil und keine üble Nachrede bei Mitbürgern oder einem fremden Staate erwächst. Alle diese Punkte kehrt der Ankläger um mit Amplification und Aufzählung der Vergehen (vgl. Lys. or. XIV, 16 ff). — Bei *remotio criminis* endlich wird die Schuld entweder auf eine Sache oder eine Person zurückgeschoben. Im letzteren Falle ist zu fragen, ob die Person wirklich so einflussreich auf den Angeklagten war, wie er es darstellt, und wie er ihr auf ehrenwerthe und gefahrlose Weise hätte widerstehen können; ob aber durch diese Ausflucht in der That die Schuld des Angeklagten aufgehoben wird; Conjectural-Beweis der Absichtlichkeit der That. Wird die Ursache der That auf eine Sache geschoben, so tritt dieselbe Behandlung ein wie bei purgatio mit Nothwendigkeit.

Dieselbe Theorie nur mit grösserer Ausführlichkeit wird von Cicero vorgetragen de inv. II, 24—36. Ein Anhang in c. 37—39 behandelt die Fälle, bei denen es sich um Ertheilung oder Verweigerung einer verlangten Belohnung handelt; in der Kürze werden sie auch von Quint. VII, 4, 21 ff. berührt.

Schemata zur Behandlung der vier Fälle vom genus legale geben Cornif. II, 9—11. Cic. de inv. II, 40—50. Hermog. p. 168 ff. Fortun. p. 105 ff. Sulp. Vict. p. 261. Quintilian VII, 6—9 begnügt sich mit allgemeinen Andeutungen. Da von den erhaltenen Reden des Alterthums, wie bereits gesagt, nur wenige das genus legale behandeln, so dürfte es ermüdend und überflüssig sein, auf die speciellen Einzelheiten hier weiter einzugehen. Die translatio endlich wird von Quintilian ganz übergangen. Man vgl. Cornif. II, 12, 18. Cic. de inv. II, 19. 20. Hermog. p. 166. Sulp. Vict. p. 339.

Dritter Theil.

Die Lehre vom Ausdruck oder von der Darstellung.

§. 42.

Allgemeines. Eintheilung des ganzen Gebietes.

Von nicht minderer Wichtigkeit als die beiden vorangehenden Theile der Rhetorik, ist der jetzt folgende dritte, die Lehre vom Ausdruck oder von der Darstellung, von den Griechen φράσις, meist λέξις, seltener ἀπαγγελία oder ἑρμηνεία*), von den Lateinern *elocutio* genannt. Erst an der Darstellung erkennt man, ob Jemand wirkliche Beredsamkeit besitzt oder nicht. Οὐ γὰρ ἀπόχρη τὸ ἔχειν, ἃ δεῖ λέγειν — sagt Arist. Rhet. III, 1 — ἀλλ' ἀνάγκη καὶ ταῦτα ὡς δεῖ εἰπεῖν, καὶ συμβάλλεται πολλὰ πρὸς τὸ φανῆναι ποιόν τινα τὸν λόγον. Durch die Darstellung gewinnt der sachliche Inhalt der Rede erst Licht und Leben, Anmuth und Wirksamkeit, vgl. Longin. Rh. p. 304 ff. Anon. p. 323. Die Lehre vom Ausdruck ist zugleich der populärste Theil der Rhetorik, Denn die Regeln und Vorschriften, die in ihm aufgestellt werden, gelten mehr oder weniger für alle Arten prosaischer Darstellung, ja bis auf einen gewissen Grad auch für die Dichter, daher denn auch letztere vielfach von den Rhetoren zur Veranschaulichung ihrer Lehren herangezogen werden. Auch berührt sich auf diesem Gebiete der Rhetor vielfach mit dem Grammatiker, zumal wenn man dem letzteren auch das Gebiet der allgemeinen Stilistik überweist. Wenn nun auch der Lernende auf diesen Theil der Rhetorik ganz besondern Fleiss und unablässige Uebung verwenden

---

*) Diese vier Ausdrücke werden völlig synonym gebraucht. vgl. Intpp. Demetr. de eloc. 1 p. 91 ed. Göller.

muss, so darf er desbalb die Rücksicht auf die Worte doch nicht zur Hauptsache, die auf den Inhalt dagegen zur Nebensache machen wollen. Inhalt und Darstellung müssen Hand in Hand gehen. *Curam ergo verborum rerum volo esse sollicitudinem* sagt Quint. VIII prooem. §. 20, da wo er nachdrücklich vor einer Bevorzugung der Form auf Kosten des Inhalts seine Leser warnt. Dasselbe lehrt Dionys. de Isocr. iud. c. 13, wo er am Isokrates die allzuängstliche Rücksichtnahme auf periodologische Abrundung und kleinlichen Figurenschmuck tadelt: κράτιστόν τ᾿ ἐπιτήδευμα ἐν διαλέκτῳ πολιτικῇ, καὶ ἐναγωνίῳ τὸ ὁμοιότατον τῷ κατὰ φύσιν. βούλεται δὲ ἡ φύσις τοῖς νοήμασιν ἕπεσθαι τὴν λέξιν, οὐ τῇ λέξει τὰ νοήματα.

Als bahnbrechender Führer auf dem Gebiete der λέξις ist Isokrates zu betrachten*). Den Ausbau im einzelnen dagegen, namentlich was die Lehre von den Tropen und Figuren, sowie von den Stilarten anlangt, verdankt man dem Theophrast in seiner berühmten Schrift περὶ λέξεως**), und den Späteren. Aristoteles giebt im dritten Buche seiner Rhetorik blos schätzbare Andeutungen. Auch die Stoiker hatten sich eingehend mit dem λεκτικὸς τόπος der Rhetorik beschäftigt, vgl. Dionys. de c. v. c. 4 p. 19, doch können wir nicht mehr ermitteln in welchem Umfang und mit welchem Erfolg. Indes scheint ihre Behandlung desselben ziemlich unfruchtbar gewesen zu sein, da es ihnen für die einschlagenden aesthetischen Fragen an feinerem Verständniss fehlte.

Theophrast handelte nun, wie wir aus Dionys. de Isocr. iud. c. 3 p. 278 entnehmen, in seiner Schrift erst von den Grundeigenschaften einer guten Darstellung im allgemeinen und theilte dann das ganze Gebiet in drei Theile, die Lehre von der Auswahl der Worte, die Lehre von der Composition oder Harmonie der Rede, und die Lehre von den Figuren, welche die beiden vorangehenden Theile zusammenfasste. Den Schluss machte jedenfalls die Lehre von den Stilarten. Dionys giebt uns an einer andern Stelle de Thuc. iud. c. 22 T. VI p. 90 diese Eintheilung noch specieller, ohne indes dabei den Theophrast als seinen Führer zu nennen. Er sagt: ὅτι μὲν οὖν ἅπασα λέξις εἰς δύο μέρη διαιρεῖται τὰ πρῶτα, εἴς τε τὴν ἐκλογὴν τῶν ὀνομάτων, ὑφ᾿ ὧν δηλοῦ-

---
*) Spengel Art. script. p. 149.
**) M. Schmidt commentatio de Theophrasto rhetore. Hal. 1839 p. 87 ff.

ται τὰ πράγματα, καὶ εἰς τὴν σύνθεσιν τῶν ἐλαττόνων τε καὶ μειζόνων μορίων καὶ ὅτι τούτων αὖθις ἑκάτερον εἰς ἕτερα μόρια διαιρεῖται· ἡ μὲν ἐκλογὴ τῶν στοιχειωδῶν μορίων, ὀνοματικῶν λέγω καὶ ῥηματικῶν καὶ συνδετικῶν, εἴς τε τὴν κυρίαν φράσιν, καὶ εἰς τὴν τροπικήν· ἡ δὲ σύνθεσις εἴς τε τὰ κόμματα, καὶ τὰ κῶλα, καὶ τὰς περιόδους καὶ ὅτι τούτοις ἀμφοτέροις συμβέβηκε, λέγω δὴ τοῖς τε ἁπλοῖς καὶ ἀτόμοις ὀνόμασι, καὶ τοῖς ἐκ τούτων συνθέτοις τὰ καλούμενα σχήματα· καὶ ὅτι τῶν καλουμένων ἀρετῶν αἱ μέν εἰσιν ἀναγκαῖαι, καὶ ἐν ἅπασιν ὀφείλουσι παρεῖναι τοῖς λόγοις, αἱ δ᾽ ἐπίθετοι, καὶ ὅταν ἐφεστῶσιν αἱ πρῶται, τότε τὴν ἑαυτῶν ἰσχὺν λαμβάνουσιν, εἴρηται πολλοῖς πρότερον. Zu den nothwendigsten Tugenden der Darstellung gehört, dass sie rein, deutlich, kurz sei und den Dialekt inne halte, ferner dass sie passend sei, zu den accessorischen Tugenden, an denen die Tüchtigkeit des Redners am meisten offenbar wird, der Schmuck, ὕψος, καλιρρημοσύνη, σεμνολογία, μεγαλοπρέπεια, dass sie ferner τόνον βάρος, πάθος und τὸ ἐρρωμένον καὶ ἐναγώνιον πνεῦμα habe, welches die δεινότης zu Wege bringt, ib. p. 92. 175. ep. ad Pomp. p. 39*). Schon oben S. 16 bemerkten wir, dass sich nach Dionys die Lehre von der Zusammenstellung der Wörter zur Lehre von der Auswahl derselben so verhält, wie die Lehre von der Anordnung zur Lehre von der Erfindung. Dass die Besprechung der ἀρεταί oder guten Eigenschaften der Rede bei Theophrast nicht etwa den Beschluss der ganzen Untersuchung gemacht hat, ist selbstverständlich, ergiebt sich übrigens aus der zuerst angezogenen Stelle des Dionys ausdrücklich. Aus Simplic. in Arist. categ. wissen wir, dass Theophrast seine Schrift mit einer Besprechung der Redetheile eröffnet hat. Die von ihm aufgestellte Forderung der Deutlichkeit und Angemessenheit des Ausdrucks für eine gute Darstellung, dass er nicht niedrig und nicht übertrieben sei, geht auf Arist. Rhet. III, 2 p. 123 zurück.

Theophrasts Eintheilung finden wir mit geringer Modification auch bei Cornif. IV, 12, 17 ff. Eine gute Darstellung muss nach ihm drei Eigenschaften haben, *elegantia, compositio, dignitas*. Die Eleganz bewirkt, *ut unumquidque pure et aperte dici videatur*. Sie zerfällt in *latinitas* und *explanatio*. Die *latinitas* hält die Rede frei von jeglichem Fehler, und zwar von Soloecismen, d. h. syntaktischen Verstössen, und Barbarismen, d. h. Ver-

---

*) Diese Stelle ist jedoch durch eine bedeutende Lücke entstellt.

stössen gegen die Formenlehre*), sie sorgt also für grammatische
Correctheit. Die *explanatio* macht durch *verba usitata et propria*
die Rede verständlich und deutlich. — Die Composition ist die
gleichmässig geglättete Zusammenstellung der Wörter; sie sieht
auf Vermeidung des häufigen Hiatus, allzuhäufiger Wiederholung
desselben Buchstabens, desselben Wortes, vieler gleichmässig endender Wörter, verzwickter Wortstellung, ungeschickter schleppender
Perioden. Die *dignitas* endlich schmückt die Rede durch passende
Mannichfaltigkeit, *reddit ornatam orationem varietate distinguens*; sie
zerfällt in würdevollen Schmuck der Worte, und würdevollen
Schmuck der Rede. Hier ist also die Behandlung der tropischen
Ausdrucksweise mit der Behandlung der Figuren zusammengenommen und dem dritten Theile überwiesen.

In dem Stoischen Lehrbuche des Fortunatian haben wir p. 121
die Zweitheilung der elocutio in *quantitas verborum et structurae
qualitas*. Dieselbe Theilung nur in umgekehrter Ordnung giebt
August. p. 173, 13. Die *quantitas verborum* handelt nach Fortunatian von der *copia* und *bonitas verborum*, wie nicht minder von
den Eigenschaften der guten Darstellung, darunter den Schmuck
der Rede, auch durch Figuren. Die *structurae qualitas* giebt die
Lehre von der Composition der Rede. Bei der Behandlung der
Theile im einzelnen hat Fortunatian aber die Stoische Ueberlieferung mit späteren Zusätzen vermischt, so dass sich dieselbe
in ihrer Ursprünglichkeit aus ihm nicht mehr erkennen lässt.
Wenn Quint. VIII, 1 von der elocutio sagt: *ea spectatur verbis aut
singulis aut coniunctis. in singulis intuendum est, ut sint Latina,*

---

*) Die obige Unterscheidung zwischen Soloecismus und Barbarismus ist
die gewöhnliche, Quint. I, 5, 6. 31. Prisc. XVII, 6 p. 111. Donat. p. 1768
P. Diomed. p. 455 K. August. de doctr. christ. II, 13. Sie geht aus von den
Stoikern, speciell von Zeno, Diog. Laert. VII, 40. vgl. Goettling op. acad.
p. 284. Ursprünglich ist σόλοικον dasselbe wie βάρβαρον. Die Grammatiker
unterscheiden überhaupt drei Arten Fehler im Ausdruck, den βαρβαρισμός —
περὶ μίαν λέξιν παρὰ τὴν τῶν ἑλληνιζόντων συνήθειαν — den σολοικισμός
— περὶ λόγον, die ἀκατάλληλος θέσις τῶν τοῦ λόγου μερῶν, und die ἀκυρολογία — περὶ ἐναλλαγὴν λέξεως ἐν συντάξει, oder λέξεων τῶν περὶ τὸν
αὐτὸν τρόπον ἀναστρεφομένων οὐ προσεχὴς χρῆσις, also Verstösse gegen
die Synonymik. Die beiden ersten Klassen werden wieder eingetheilt nach
den beliebten vier Kategorien ἔνδεια, πλεονασμός, μετάθεσις, ἐναλλαγή. Man
vgl. die Abhandlungen des Polybios, eines Anonymus und des Ps. Herodian in
Boissonad. Anecd. III, p. 229—269, verbessert im Anhang zu Nauck's Lex.
Vindob. p. 283 ff.

perspicua, ornata, ad id quod efficere volumus accomodata; in coniunctis, ut emendata, ut collocata, ut figurata, so haben wir es hier mit einer sowohl von der Theophrastischen als muthmasslich Stoischen ganz verschiedenen Eintheilung zu thun. Merkwürdig, dass auch hier die Figuren ganz zuletzt kommen. Noch merkwürdiger, dass er wenige Seiten weiter c. 3, 40 über die *ratio sermonis coniuncti* sich ganz anders äussert. Denn dort heisst es: *cuius ornatus in haec duo prima dividitur, quam concipiamus elocutionem, quo modo efferamus. nam primum est, ut liqueat, augere quid velimus an minuere, concitate dicere an moderate, laete an severe, abundanter an presse, aspere an leniter, magnifice an subtiliter, graviter an urbane. tum, quo translationis genere, quibus figuris, qualibus sententiis, quo modo, qua postremo collocatione id quod intendimus, efficere possimus.*

Im weiteren Verlaufe seines Werkes handelt Quintilian zuerst von der Deutlichkeit der Darstellung, dann von ihrem Schmuck, von den Sentenzen, Tropen, Figuren, von der Composition. Im zehnten Buche handelt er von der copia verborum, von der Nachahmung, verschiedenen Stilübungen, und im ersten Capitel des elften Buches von der Aufgabe passend zu sprechen. Alles das gehört bei ihm mit zur Lehre von der elocutio. Die Stilarten dagegen werden von ihm erst ganz am Schluss seines Werkes nur beiläufig berührt, und liegen ihm ausserhalb der materia artis. Dadurch wird aber unzweifelhaft zusammengehöriges auseinandergerissen. Die Betrachtung der Stilarten muss den Schluss der elocutio bilden, sie giebt ja die Regeln über die zweckmässige Anwendung des von dem Schmuck und der Composition der Rede gesagten. Andrerseits gehören Vorschriften über die copia verborum, über Nachahmung — hierbei wird bekanntlich die Kritik der Autoren auf den verschiedensten Gebieten der poetischen und prosaischen Darstellung mit eingeflochten — sowie über Stilübungen nicht mit zur materia artis. Die Rhetorik hat es lediglich mit der τέχνη zu thun, nicht aber mit φύσις und ἄσκησις. Alles daher, was sich auf letztere bezieht, ist ihr, so interessant es auch an sich sein mag, eben so fremd als etwa die Aufzählung der Anlagen und geistigen Eigenschaften, in deren Besitz ein junger Mensch sein muss, der sich mit Erfolg rhetorischen Studien widmen will, oder die Angabe der Mittel und Wege, durch die er seine Anlagen auszubilden hat, und welchen Grad allgemeiner Bildung und specieller Fachkenntnisse er sich wird aneignen

müssen. Die Rhetorik an sich als reine Kunstlehre darf mit der Encyklopaedie und Methodologie der rhetorischen Studien und Uebungen nicht verwechselt werden.*)
Nach Ausscheidung der ungehörigen Partien wird es sich wohl empfehlen bei der Darstellung dieses auch so sehr weitschichtigen Theiles der Rhetorik möglichst die Anordnung des Theophrast beizubehalten. So soll denn im folgenden zuerst von den Grunderfordernissen der Darstellung als Correctheit, Deutlichkeit, Angemessenheit und den hierbei zu vermeidenden Fehlern, zweitens von dem Schmuck der Rede im allgemeinen, wie im besondern durch Tropen, Sentenzen und Figuren, drittens von der Composition und schliesslich von den verschiedenen Stilarten gehandelt werden.

§. 43.

Die Grunderfordernisse der rednerischen Darstellung.

Das erste Erforderniss einer guten Darstellung ist grammatische Correctheit. Die Kenntniss der grammatischen Regeln wird ebenso wie die Kenntniss des Sprachschatzes von der Rhetorik einfach vorausgesetzt. Denn man verlangte zu allen Zeiten von dem Redner nicht blos eine vollkommen richtige, sondern auch eine reine klassische Diction. Schon zu Isokrates Zeiten schätzte man das καθαρὸν τῆς λέξεως, or. V, 4. Im Euag. θ f. spricht er die Forderung aus, dass der Redner durchaus nur ὀνόματα πολιτικά gebrauchen solle, während dem Dichter auch ξένα (Glossen) und κοινά sowie Metaphern gestattet seien. Auch Arist. Rhet. III, 5 sagt ἀρχὴ τῆς λέξεως τὸ ἑλληνίζειν, unter dem ἑλληνίζειν aber versteht er theils grammatische Correctheit, theils die richtige Wahl der Worte. So legten denn die späteren Rhetoren auf den reinen Atticismus einen besonderen Werth, nicht ohne darin

---

*) Auch Theophrast hatte gelehrt, dass dem Redner die Lectüre der Dichter sehr nützlich sei, Quint. X, 1, 27. Ob in der Schrift περὶ λέξεως ist nicht ersichtlich. Nachdem Fortun. p. 121 an der Spitze seines Abschnittes de elocutione die bereits angeführte Zweitheilung gegeben hat, heisst es: *copia quo modo gignitur? legendo, discendo, novando, exercendo.* Es wäre immerhin möglich, dass die ganze Lehre περὶ μιμήσεως, die von Dionys von Halikarnass selbständig bearbeitet wurde, bei älteren Technikern mit in der Einleitung zur Lehre von der Darstellung behandelt wäre.

bis zur Affectation zu gehen, vgl. Luc. rhet. praec. 16. Cresoll. Th. Rh. p. 161. Gab es doch Sophisten, welche beim Vortrage sogar die Attische Aussprache affectirten, s. Tatian. adv. gent. c. 26. Und die Lateinischen Rhetoren betonen die latinitas. Die Worte sollen möglichst wenig fremd und ausländisch sein, überhaupt die nicht näher zu definirende Farbe der Urbanität an sich haben, über welche Cic. Brut. 46, 171 zu vergleichen ist.

Ein zweites Erforderniss der guten Darstellung ist nächst der grammatischen, überhaupt sprachlichen Correctheit die Deutlichkeit des Ausdrucks. Sie beruht nach Quint. VIII, 2 vorzugsweise auf der Proprietät desselben. Doch ist der Begriff der Proprietät, wie er im weiteren auseinandersetzt, selbst ein vielfacher. Erstens nämlich versteht man unter proprietas die natürliche, eigenthümliche Bezeichnung jedes Dinges, die wir aber nicht immer anwenden, denn wir vermeiden obscönes, schmutziges und niedriges. Niedrig ist das, was unter der Würde der Dinge, wie der redenden und hörenden Personen ist. In dieser Hinsicht kann man aber durch unbegründete Vermeidung herkömmlicher Ausdrücke vielfach zu weit gehen, wie jener, der statt *spartum* zu sagen, von *Ibericae herbae* sprach, oder wie ein andrer *duratos murio pisces* statt *salsamentum* sagte. Vernachlässigt man diese Art der Proprietät, so begeht man den Fehler der Akyrologie oder Akyrie (Ernesti Lex. techn. rh. Gr. p. 12), wie Vergil Aen. IV 419 in der Wendung: *tantum sperare dolorem*, oder Dolabella, wenn er *mortem ferre* sagte, ein Ausdruck, den ihm Cicero verbesserte. Man muss aber diese Art der Improprietät des Ausdrucks immer nach dem Sinne, und nicht blos nach dem Gehör abwägen. Denn mitunter fehlt es der Sprache geradezu an einem passenden Ausdruck. Man hat im Lateinischen das Zeitwort *lapidare*, mit Steinen werfen, aber kein besonderes, um das Werfen mit Klösen und Scherben zu bezeichnen. So ist *parricida* zunächst der Vatermörder, aber man braucht das Wort auch von dem Mörder seines Bruders oder seiner Schwester, weil es dafür keinen besonderen Ausdruck giebt[*]. In manchen Fällen, sagt Quintilian, ist daher die *abusio* oder κατάχρησις durch die Sprache selbst geboten[**].

---

[*] *solarium* bezeichnet die Sonnenuhr, wurde aber auch als Bezeichnung der Wasseruhr gebraucht, bald mit bald ohne den Zusatz *ex aqua*. Censor. de die nat. 23. Intpp. Cic. de nat. deor. II, 34, 87.

[**] In anderen und zwar den meisten Fällen dagegen ist sie lediglich auf Rechnung einer allzu lebhaften Phantasie Seitens des Schriftstellers zu setzen.

So beruht ja auch alle Uebertragung, die doch besonders zum Schmuck der Rede beiträgt, auf Improprietät des Ausdrucks. — Zweitens bezeichnet proprietas die Grundbedeutung eines Wortes; so ist *rertex* eigentlich *contorta in se aqua, rel quidquid aliud similiter vertitur*, demnächst der Scheitel, und weiter der Gipfel des Berges. Drittens spricht man von proprietas, wenn eine Bezeichnung, die eigentlich mehreren Gegenständen zukömmt, überwiegend einem beigelegt wird, wie wenn *naenia* ein Leichengedicht, *augurale* das Feldherrnzelt, ähnlich *urbs* die Stadt Rom, *Corinthia* Corinthische Erz-Gefässe bezeichnen. Ueberwiegend versteht man aber unter Proprietät im rhetorischen Sinne den Ausdruck, der eine Sache am vollständigsten bezeichnet, *quo nihil inveniri potest significantius*.

Diese Art der Proprietät, also die Significanz des Ausdrucks ist es, welche Dionys von Halikarnas besonders am Lysias hervorhebt, von dem er rühmt, er habe seine Gedanken stets durch κύριά τε καὶ κοινὰ καὶ ἐν μέσῳ κείμενα ὀνόματα ausgedrückt, den tropischen Ausdruck fast ganz vermieden und es trotzdem verstanden, seinem Gegenstand den Charakter der Fülle, der Würde und Grösse und sonstigen Schmuck zu verleihen. de Lys. Iud. 3 S. 239. Weiter rühmt er an demselben gerade die Deutlichkeit des Ausdrucks, die um so bewundernswerther sei, weil sie mit der Kürze desselben Hand in Hand gehe. Man treffe bei ihm nie eine Akyrologie, noch sonstige Undeutlichkeit und sehr geistvoll giebt er als Grund dieser Erscheinung an: τούτου δὲ αἴτιον ὅτι οὐ τοῖς ὀνόμασι δουλεύει τὰ πράγματα παρ' αὐτῷ, τοῖς δὲ πράγμασιν ἀκολουθεῖ τὰ ὀνόματα. τὸν δὲ κόσμον οὐκ ἐν τῷ διαλλάττειν τὸν ἰδιώτην, ἀλλ' ἐν τῷ μιμεῖσθαι λαμβάνει. ib. 4 p. 241. Auch Aristoteles Rhet. III, 2 schärft es ein, dass zunächst die Sprache des gewöhnlichen Lebens die Grundlage der rednerischen Darstellung sein müsse, und dass man sich nicht geflissentlich von dieser entfernen dürfe.

Der Deutlichkeit gegenüber, sagt Quint. VIII, 2, 12, steht die Dunkelheit des Ausdrucks. Sie entsteht zunächst durch den affectirten Gebrauch veralteter Wörter und Ausdrücke, sowie Provin-

---

So wenn Eur. Med. 682 sagt: σὺ δ' ὡς τί χρῄζων τήνδε ναυστολεῖς χθόνα, wo er recht gut einen andern Ausdruck hätte gebrauchen können, oder wenn wir von Epicharmus bei Ath. II p. 49 C lesen τρίπους τετράπους und ὁ ἐπὶ τοῦ ἐλέφαντος ἱππεύς (bei Jacobs. ad Anth. Palat. p. 700).

cialismen. *Πεφύλαξο δὲ τοῖς λίαν ἀρχαίοις καὶ ξένοις τῶν ὀνομάτων καταμιαίνειν τὸ σῶμα τῆς λέξεως*, sagt Longin p. 306, und doch kam es bei Griechen nicht minder als bei Römern vor, dass manche im Gebrauch veralteter und entlegener Wörter etwas suchten, s. Dionys. Halic. Rhet. 10, 7 p. 202. Cresoll. Th. Rhet. III, 22 p. 158 [*]). Auch entlegene termini technici machen die Rede dunkel; man hat sie entweder zu vermeiden, oder zu interpretiren, was auch bei der Anwendung von Homonymen nöthig ist. — Grössere Dunkelheit und zwar verschiedener Art entsteht aber aus der zusammenhängenden Rede, wie durch unübersichtliche Länge, bei der man den Faden der Rede verliert, durch allzu verschränkte Wortstellung. Noch schlechter ist die mixtura verborum, die *σύγχυσις*, wie bei Verg. Aen. I, 109:

tris Notus abreptas in saxa latentia torquet,
saxa vocant Itali, mediis quae in fluctibus, aras

in welchem Verse man allgemein an dem doppelten, sehr unklarem Hyperbaton Anstoss nahm. Wir kommen darauf in §. 45 zurück. Auch zu lange Einschiebsel und Parenthesen verursachen Dunkelheit. Ebenso ist die *ἀμφιβολία*, jedwede Zweideutigkeit des Ausdrucks zu vermeiden, selbst diejenige, die zu einem rein absichtlichen Missverständniss Anlass geben könnte. Daher tadelt Quint. VIII, 2, 16 den Ausdruck *visum a se hominem librum scribentem*[**]), und die Grammatiker den Satz *certum est Antonium praecedere eloquentia Crassum*. Auch dies fällt unter den Begriff der tadelnswerthen *σύγχυσις*, vor welcher schon Anax. 25 p. 212 warnt. So ist es auch verkehrt, fährt Quintilian fort, um nicht alltäglich zu sprechen, sich in geschwätzigen weitschweifigen Umschreibungen zu ergehen, ferner jede affectirte Kürze des Ausdrucks, die selbst zum Verständniss nothwendige Worte unterdrückt, verkehrte Anwendung von Figuren. Ganz verwerflich sind die *ἀδιανόητα*, wo

---

[*]) Ueber Provincialismen sagt Fortunat. p. 123: *gentilia verba — propria sunt quarundam gentium, sicut Hispani non cubitum vocant, sed Graeco nomine ancona, et Galli facundos pro facetis, et Romani vernaculi plurima ex neutris masculino genere potius enunciant, ut hunc theatrum et hunc prodigium*. Eine merkwürdige Stelle über das Schwanken des Geschlechts und der Declination im Lateinischen findet sich bei Arnob. I, 59, 36.

[**]) Solche Unbestimmtheiten des Ausdrucks, bei denen allerdings der Zusammenhang vor einem Misverständniss schützt, finden sich bei Livius nicht selten, s. Weissenborn zu XXII, 18, 2. Beabsichtigt ist die Zweideutigkeit in Orakeln, wie: *aio te Aeacida Romanos vincere posse*.

hinter klaren Worten ein ganz andrer, versteckter Sinn liegt. So ergiebt sich also die Regel: *nobis prima sit virtus perspicuitas, propria verba, rectus ordo, non in longum dilata conclusio: nihil neque desit neque superfluat. ita sermo et doctis probabilis et planus imperitis erit.* Quint. §. 22. Unter der *in longum dilata conclusio* sind allzu lange schleppende Sätze vorstanden*). Der Redner muss nicht bloss so sprechen, dass man ihn verstehen kann, sondern er muss dafür sorgen, dass man ihn schlechterdings verstehen muss, ib. §. 24. Uebrigens wird die Deutlichkeit der Rede häufig genug durch die Deutlichkeit oder Undeutlichkeit des darzustellenden Gegenstandes bedingt. So giebt es eben auch eine πραγματικὴ σαφήνεια, welche der gute Redner gleichfalls zu beachten hat, Dionys. l. L S. 241.

Das dritte Erforderniss einer guten Darstellung endlich ist die Angemessenheit des Ausdrucks. Erst wenn auch diesem Erforderniss genügt ist, kann daran gedacht werden, die Rede zu schmücken. *Igitur ante omnia ne speremus ornatam orationem fore, quae probabilis non sit,* Quint. VIII, 3, 42. *Probabile autem genus est orationis, si non nimis est comptum atque expolitum, si est auctoritas et pondus in verbis, si sententiae vel graves vel aptae opinionibus hominum ac moribus,* sagt Cic. part. or. 6, 19. Mit Berufung auf diese Stelle versteht Quint. §. 42 also unter der *oratio probabilis* eine Rede, die nicht mehr noch weniger sei, als recht ist, kurz eine angemessene Darstellung. So stellt auch Arist. Rhet. III, 2 an die gute Darstellung nächst der Deutlichkeit die Anforderung, dass sie nicht niedrig oder übertrieben, sondern passend sei, ὡρίσϑω λέξεως ἀρετὴ σαφῆ εἶναι καὶ μήτε ταπεινὴν μήτε ὑπὲρ τὸ ἀξίωμα, ἀλλὰ πρέπουσαν. Bei der Angemessenheit des Ausdrucks handelt es sich daher vor allem um die Vermeidung gewisser Fehler. Ein solcher ganz besonders zu vermeidender Fehler ist nun zunächst das κακέμφατον oder die αἰσχρολογία, d. h. eine Form der Rede, bei welcher theils einige Wörter an sich, theils die zufällige Trennung oder Verbindung von Silben Obscoenitäten zum Vorschein kommen lässt**), wie etwa wenn man

---

*) §. 17: *est etiam in quibusdam turba inanium verborum, qui, dum communem loquendi morem reformidant, ducti specie nitoris circumeunt omnia copiosa loquacitate, quae dicere noluit: ipsam deinde illam seriem cum alia simili iungentes miscentesque, ultra quam ullus spiritus durare possit, extendunt.*

**) Unter κακέμφατον verstand man übrigens auch eine boshafte obscoene Anspielung. vgl. Schol. Aesch. Tim. 79.

sagt *cum notis hominibus loqui, "quia ultima prioris syllabae littera, quae exprimi nisi labris coeuntibus non potest, aut intersistere nos indecentissime cogit, aut continuata cum insequente in naturam eius corrumpitur"* — im letzteren Falle hört man *cunno*. Ebenso in dem Beispiel bei Charis. p. 270 *cum Numerio fui*. Man beseitigt den Fehler durch Einschiebung eines Wortes, *cum quodam Numerio fui*, oft blos durch Aenderung der Wortstellung, *cum hominibus notis loqui*. Als Beispiele der ersten Art giebt Mart. Cap. p. 475 die Worte aus Ter. Andr. 933: *arrige aures Pamphile*, und aus Verg. Aen. II, 413: *atque ereptae virginis iras*. Aus demselben Grunde beanstandet Charis. p. 270 den Ausdruck bei Sallust Cat. 17: *exercitum ductabat*, und 39, 3: *arrexit animos militum**). Oftmals wird den Worten, die an sich ganz harmlos sind, doch durch die Leser oder Hörer ein verfänglicher, anstössiger Sinn untergeschoben. Leider hat Quintilian Recht, wenn er sagt: *plerique***) *obscene intellegere, nisi caveris, cupiunt (ut apud Ovidium 'quacque latent meliora putant') et ex verbis, quae longissime ab obscenitate absunt, occasionem turpitudinis rapere. si quidem Celsus* κακέμφατον *apud Vergilium putat 'incipiunt agitata tumescere': quod si recipias, nihil loqui tutum est*. Ebenso richtig ist seine Bemerkung in §. 45: *quam culpam non scribentium quidem iudico sed legentium, tamen vitandam, quatenus verba honesta moribus perdidimus et vincentibus iam vitiis cedendum est*. Was man selbst den unschuldigsten Dichterworten für einen Sinn unterlegen kann, das zeigen des Ausonius schamlose Fescenninen im cento nuptialis zur Genüge.

Der nächste Fehler ist die ταπείνωσις***) oder *humilitas*, d. h.

---

*) Vgl. Corte z. d. St.
**) §. 47. hinter dem vorhergehenden *sensu* ist meines Erachtens mit einem Punkt zu interpungiren.
***) Die Grammatiker nennen ταπείνωσις *rei magnae humilis expositio, ut apud Horatium Flaccum* (c. I, 6, 6) '*Pelidae stomachum cedere nescii*' Charis. p. 271. Diomed. p. 460, welcher *contra dignitatem rei* hinzufügt, ohne dass es immer ein Fehler zu sein braucht. Daher auch Ausdrücke wie *gurges* statt *mare* (Hor. c. II, 1, 33. Verg. Aen. I, 118) als ταπείνωσις bezeichnet werden, oder wenn Ter. Eun. 274 sagt: *sed quid videtur hoc tibi mancipium? — statt puella* oder *virgo*. Noch stärker ist der ἐξουθενισμός, die absichtliche Wahl eines geringfügigen, nichtssagenden Wortes, um das verächtliche eines Gegenstandes auszudrücken. ib. 983: *emit quendam Phaedria eunuchum*. hier wird nicht einmal der Name genannt. Bei Anax. 9 ist ταπείνωσις das Gegen-

der Gebrauch eines Wortes, durch welches die Grösse oder Würde der zu bezeichnenden Sache beeinträchtigt wird, wie in der Wendung: *saxea est verruca in summo montis vertice.* Quint. §. 48. Gleich gross ist der entgegengesetzte Fehler, kleinen Dingen übermässig grosse Denennungen beizulegen, ausser wenn man dadurch Gelächter erregen will. Man darf also einen Mörder nicht als *nequam*, oder Jemand, der mit einer Hetäre ein Verhältniss hat, als *nefarius* bezeichnen. — Man hat ferner die μείωσις zu vermeiden, bei der es der Rede zu ihrer Vollständigkeit an etwas fehlt, obgleich dieser Fehler es mehr mit der Undeutlichkeit, als mit der Schmucklosigkeit der Rede zu thun hat. Desgleichen die ταυτολογία d. h. die Wiederholung desselben Wortes, oder gleichbedeutender Wörter, wie *egomet ipse,* oder derselben Wendung, ausser wenn sie in der beabsichtigten Figur der ἐπανάληψις auftritt. Quintilian führt ein Beispiel aus Cicero*) an: *non solum igitur illud iudicium iudicii simile, iudices, non fuit*; vgl. Aquil. Rom. p. 84. Die Griechischen Techniker, wie Phoebam. p. 46. Zon. p. 165. Anon. de fig. p. 182 verstehen unter Tautologie die Nebeneinanderstellung gleichbedeutender Wörter in demselben Satzgliede, z. B. ὀξύς ἐστι καὶ ταχύς, ἀλλ' οὐ νωθὴς καὶ βραδύς, und sie ist ihnen eine berechtigte Figur. Wenig verschieden von ihr ist die Synonymie, Alex. III, 465. Aq. Rom. II, 16, oder die Figur der *interpretatio* (ἐξήγησις oder ἐπεξήγησις?), von welcher Cornif. IV, 28, 38 spricht; d. h. die Wiederholung des eben gesagten mit anderen Ausdrücken — *rempublicam radicitus evortisti, civitatem funditus deiecisti.* Cic. pro Dei. 14, 37: *quae unquam vetustas obruet, aut quae tanta delebit oblivio?* somn. Scip. 7, 17: *sermo omnis illo obruitur hominum interitu et oblivione posteritatis extinguitur.* — Noch schlechter als die Tautologie ist die ὁμοιολογία, der Mangel jeglicher Abwechslung, die vollständige Monotonie und somit Kunstlosigkeit des Ausdrucks. Quint. §. 62. vgl. Ernesti lex. techn. Gr. v. ὁμοειδής p. 230. Zu vermeiden ist ferner die μακρολογία — nicht zu verwechseln mit der untadelhaften περίφρασις — *id est longior quam oportet sermo,* Quint. §. 53, oder nach Charis. p. 271 *oratio longa sine cultu.* Als Beispiel citiren

---

theil der αὔξησις oder Amplification, also die Verkleinerung einer Sache, wofür man später μείωσις sagte.

*) pro Cluent. 85, 96. in unsern Ausgaben lautet die Stelle: *non fuit illud igitur iudicium* rell.

Quintilian und die lateinischen Grammatiker aus Livius: *legati non impetrata pace retro domum, unde venerant, abierunt*. Charisius bemerkt dazu: *nullum enim pondus adiecit sententiae longitudo, sed magis decorem abstulit**). — Der Pleonasmus, *cum supervacuis verbis oratio oneratur*, wie in der Wendung *ego oculis meis vidi*, oder *sic ore locuta est*, ist natürlich auch zu vermeiden. Quint. §. 53. Dass es aber auch einen berechtigten Pleonasmus giebt, lehrt Dion. Halic. de adm. vi c. 58 T. VI p. 248. Eben dahin gehört die περιεργία, eine *supervacua operositas*, vgl. Ernesti l. l. p. 256. Kurz, jedes Wort, das weder den Sinn noch den Schmuck des Ausdrucks unterstützt, kann als fehlerhaft bezeichnet werden. Quint. §. 55.

Der schlimmste Fehler ist das κακόζηλον. Es ist eine verkehrte Affectation, bei der es dem Geist an Urtheil fehlt, so dass er durch einen guten Schein getäuscht, sich zu einer verkehrten Anwendung hinreissen lässt, sei es nun kleinliche Spielerei, Süsslichkeit, Ueberfluss, Gesuchtheit, oder ein ähnlicher Fehler. Das κακόζηλον zeigt sich nach Quintilian §. 56—58 lediglich im Ausdruck und zwar im Ausdruck, der gegen die Natur verstösst, der anders spricht, als nöthig und genug ist: denn der Ausdruck darf, wie schon Arist. Rhet. III, 2 lehrte, niemals als gemacht, sondern muss immer natürlich erscheinen. Das κακόζηλον entsteht aus einer übertriebenen Neigung, den Stil anmuthig und blühend zu machen, wodurch er ins manirirte verfällt, Demetr. de eloc. §. 186. Auch Isokrates ist von diesem Fehler nicht frei, denn sehr richtig bemerkt Dion. Halic. l. l. p. 176 über ihn: ἀνθηρὸν δὲ καὶ θεατρικὴν ἐκ παντὸς ἀξιῶν εἶναι τὴν διάλεκτον, ὡς τῆς ἡδονῆς ἅπαν ἐχούσης ἐν λόγοις τὸ κράτος, ἀπολείπεταί ποτε τοῦ πρέποντος. οὐχ ἅπαντα δέ γε τὰ πράγματα τὴν αὐτὴν ἀπαιτεῖ διάλεκτον· ἀλλ' ἔστιν ὥσπερ σώμασι πρέπουσά τις ἐσθής, οὕτως καὶ νοή-

---

*) Wenigstens ähnliche Stellen finden sich auch sonst bei diesem Schriftsteller, z. B. XXIV, 20, woselbst Fabri z. vgl. Der Ausdruck *retro abire* mag schon an sich als pleonastisch erscheinen, doch findet man *retro redire* Ov. Met. XV, 249, *retro pedem referre*, Phaedr. II, 1, *retro se recipere* Eutr. II, 1, 3, *rursus rererterre* Iust. 36, 1, 8, *porro pergere* Cic. in Pis. 15, 89 und ähnliches oft. Man vgl. Benecke zu Iust. l. l. Barth zu Claud. IV cons. Hon. v. 68. Kritz zu Sall. Cat. 19, 6. Fabri zu Liv. XXI, 52, 10. XXII, 6, 7. Hand Tursell. II p. 242 f. (*post deinde*). Griechische Beispiele sind unter anderen οὐκέτι Fr. Soph. Phil. 1138. Pind. Nem. 9, 47. ὕστερον εἰσοπίσω Soph. Phil. 1105. εἰσελθεῖν εἴσω O. R. 1244. αὖθις αὖ πάλιν O. C. 1418 (so die Handschriften, von Schneidewin wohl mit Recht beibehalten). εἰσαγαγεῖν ἔσω Herod. II, 144.

μασιν ἁρμόττουσά τις ὀνομασία. τὸ δ' ἐκ παντὸς ἡδύνειν τὰς ἀκοάς, εὐφώνων τε καὶ ἐκλέκτων ὀνομάτων ἐκλογῇ, καὶ πάντα ἀξιοῦν εἰς εὐρύθμους κατακλείειν περιόδων ἁρμονίας, καὶ διὰ τῶν θεατρικῶν σχημάτων καλλωπίζειν τὸν λόγον, οὐκ ἦν πανταχῇ χρήσιμον. Von Demetrius übrigens und noch mehr von Hermog. de inv. IV, 12 p. 256, wird das κακόζηλον keineswegs auf den Ausdruck allein beschränkt, sondern es fällt ihnen jedwede Uebertreibung in Inhalt und Form der Rede unter diese Bezeichnung*). Der Begriff des κακόζηλον fällt zusammen mit dem Begriff des ψυχρόν, des Frostigen, bei dem nämlich das Interesse des Hörers an der Rede erkaltet, weil er eine künstliche, absichtliche Uebertreibung herausfühlt. Schon Arist. Rhet. III, 3 handelt vom ψυχρόν. Es entsteht ihm aus dem Gebrauch auffallender, dichterischer Composita, glossematischer Ausdrücke, überflüssiger, unpassender und gehäufter Epitheta, übertriebener und zu weit hergeholter Metaphern.

Als weitere Fehler der Darstellung nennt Quint. §. 59 das ἀνοικονόμητον, alles, was schlecht disponirt ist, das ἀσχήματον, wo Figuren schlecht angewandt sind, das κακοσύνθετον, was schlecht gestellt ist (Charis. p. 271 führt an Verg. Aen. IX, 609: *versaque iuvencum terga fatigamus hasta*), richtiger, was gegen die Regeln der guten Composition verstösst, alle Redewendungen also, bei denen durch die Stellung der Worte ein Missklang hervorgebracht wird, vgl. Donat. III, 1, 4. Von den zwei letzten Arten von Fehlern wird noch weiter unten die Rede sein. Hierher gehört auch der σαρδισμός, wie jetzt bei Quint. §. 59 gelesen wird, die Vermischung der Dialekte, also Attisches unter Dorischem, Ionischem, Aeolischem. Dem stellt er die Vermischung von erhabenem mit niedrigem, altem mit neuem, poetischem mit gewöhnlichem zur Seite.

Schon aus dem bisherigen ergiebt sich, dass die Angemessenheit des Ausdrucks auch vielfach durch den zu Grunde liegenden Gedanken bedingt ist. Um angemessenes zu sprechen, muss man vor allem passendes und sich geziemendes zum Ausdruck bringen wollen. Daher sagt Cic. or. 21, 70: *est eloquentiae sicut reliquarum rerum fundamentum sapientia. ut enim in vita, sic in oratione nihil*

---
*) vgl. Donat. ad Ter. Eun. I, 2, 112. So wird denn auch bei Hor. c. saec. v. 10 der Ausdruck vom Sonnengott, *qui alius et idem nasceris*, weil eine logische Unmöglichkeit in sich schliessend, von Porphyrio als κακόζηλον getadelt.

est difficilius quam quid deceat videre. πρέπον appellant hoc Graeci, nos dicamus sane decorum. — est autem quid deceat oratori videndum non in sententiis solum, sed etiam in verbis· non enim omnis fortuna, non omnis honos, non omnis auctoritas, non omnis aetas nec vero locus aut tempus aut auditor omnis eodem aut verborum genere tractandus est aut sententiarum, semperque in omni parte orationis ut vitae quid deceat est considerandum: quod et in re, de qua agitur, positum est et in personis et eorum, qui dicunt, et eorum, qui audiunt. Vgl. de orat. III, 55, 210. Ferner Fronto p. 21: *summa illa virtus oratoris et ardua est, ut non magno detrimento rectae eloquentiae auditores oblectet, eaque delenimenta, quae mulcendis vulgi auribus comparat, ne cum multo ac magno dedecore fucata sint; potius ut in compositionis structuraeque mollitia sit delictum, quam in sententia impudenti.*

Quintilian behandelt diesen Punkt im Anfang seines elften Buchs in sehr eingehender und geistvoller Weise. Der Redner muss vor allen Dingen wissen, was geeignet ist, den Richter zu gewinnen, zu belehren, zu bewegen, und was er in jedem Theile der Rede beabsichtigt. Um passend zu sprechen, muss man ferner nicht blos auf das sehen, was nützt, sondern auch auf das, was sich geziemt. Meist geht das Hand in Hand, aber nicht immer. Sokrates verschmähte es als seiner unwürdig, durch Bitten und Thränen auf seine Richter zu wirken. So wurde er verurtheilt. Aber die würdevolle Haltung seines Auftretens ist als erhabenes Beispiel auf die Nachwelt gekommen. Wo der Nutzen und das, was sich ziemt, collidiren, ist immer dem letzteren der Vorzug zu geben.

Vor allem ist jede Prahlerei fehlerhaft, namentlich mit seiner eignen Beredsamkeit. Sie verletzt den Stolz und die Eigenliebe der Zuhörer. Ebenso ist für alle ein unverschämtes, aufgeregtes, jähzorniges Auftreten unziemlich. Man bedenke immer, dass die Rede ein Spiegel der Sitten und des Charakters ist. Οἷος ὁ λόγος, τοιοῦτος καὶ ὁ τρόπος. Es kömmt ferner darauf an, für wen und bei wem man spricht, zu welcher Zeit und an welchem Orte, vor allem aber in welcher Sache. Nie darf es scheinen, als hätten wir eine Freude an der Anklage. Alles unmässige, übertriebene ist unschön. Ebensowenig darf der Redner geflissentlich darauf ausgehen, seinen Gegner zu beleidigen. Anders hat der bejahrte Redner zu sprechen, dessen Rede das Gepräge einer gewissen Milde und Gereiftheit tragen muss, anders der junge Mann, an dem man Fülle und eine gewisse Kühnheit sich gefallen lässt, während Trockenheit und ein allzu knappes Maass der Darstellung als affectirt betrachtet wird. Militair-Personen müssen einfach und praecis sprechen. Ueberhaupt muss also die Rede dem Charakter des Redenden entsprechen, worauf besonders bei der Prosopopoele zu achten ist. Hierauf macht schon Arist. Rhet. III, 7 aufmerksam. In bewundernswerther Weise hat es namentlich Lysias verstanden, sich bei seinen Reden nach dem Charakter der Redenden zu richten, wie nicht minder nach den Zuhörern und dem Gegenstande. Dionys. de Lys. iud. 9 p. 245 hebt dies in seiner Weise hervor: καὶ γὰρ ἡλικίᾳ, καὶ γένει, καὶ παιδείᾳ καὶ ἐπιτηδεύματι καὶ βίῳ καὶ τοῖς ἄλλοις, ἐν οἷς διαφέρει προσώπων τὰ πρόσωπα, τὰς οἰκείας ἀποδίδωσι φωνάς πρός τε τὸν ἀκροατὴν συμμετρεῖται τὰ λεγόμενα οἰκείως, οὐ τὸν αὐτὸν τρόπον δικαστῇ τε καὶ ἐκκλησιαστῇ καὶ πανηγυρίζοντι διαλεγόμενος ὄχλῳ· διαφοράς τε αὐτῷ λαμβάνει κατὰ τὰς ἰδέας τῶν πραγμάτων ἡ λέξις. ἀρχομένῳ μὲν γάρ ἐστι καθεστηκυῖα καὶ ἠθική διηγουμένῳ δὲ πιθανὴ καὶ ἀπερίεργος. ἀποδεικνύντι δὲ στρογγύλη καὶ πυκνή· αὔξοντι δὲ καὶ παθαινομένῳ σεμνὴ καὶ ἀληθινή· ἀνακεφαλαιουμένῳ δὲ διαλελυμένη καὶ σύντομος*). So können denn auch manche an sich lobenswerthe Eigenschaften der Rede wegen der besonderen Beschaffenheit der gerade vorliegenden Sache als unpassend erscheinen. So ist in einem Process auf Leben und Tod eine zu grosse Sorgfalt des Stils und eine zu gekünstelte Composition verwerflich. Es ist aber klar, dass die Rhetorik für das einzelne hierhergehörige nur gewisse Winke, nicht aber bestimmte Vorschriften geben kann. Das Schickliche und Passende überall zu treffen, muss Sache eines geläuterten Urtheils und richtigen Tactes sein.

Dass die Darstellung nach den verschiedenen Arten der Beredsamkeit eine verschiedene sein muss, dass also die epideiktische und schon die berathende Beredsamkeit viel mehr Schmuck verlangt als die gerichtliche, ist klar. Doch konnte die Beobachtung dieses Umstandes selbst wieder zu unpassender Affectation und einförmiger Manier verführen. So waren nach Quintilians Bemerkung III, 8, 58 viele Declamatoren seiner Zeit in den Irrthum verfallen, als müsse bei der

---

*) Auf einem andern Gebiete hebt diese Kunst individualisirender Charakteristik Plutarch an Menander im Gegensatz zu Aristophanes hervor. comp. Men. c. 2, 2.

Suasoria die Art des Ausdrucks durchaus und in allen Stücken von dem der Gerichtsrede verschieden sein. Sie affectirten daher einen schroffen Anfang, eine eilige, hastige, aufgeregte Rede, im Ausdruck überall den sogenannten cultus effusior. Aber Quintilian verwirft dies mit Recht als fehlerhaft. Wozu die Hast und das Toben, da doch ein Rath, den man ertheilt, im Gewande ruhiger Ueberlegung am meisten wirkt? Der Pomp des Ausdrucks darf nicht gesucht werden, oftmals wird er durch die Person des Sprechenden von selbst bedingt sein. Theophrast sagt im Anschluss an Aristoteles, gerade beim genus deliberativum sei alle Aflectation gänzlich zu vermeiden, und Cic. part. orat. 27, 97 verlangt von der Suasoria, sie solle in ihrem Ausdruck einfach und nachdrücklich (*gravis*) sein, ihren Schmuck mehr in den Gedanken, als den Worten haben. Aber wie in der gerichtlichen Beredsamkeit, so muss sich auch bei der berathenden die Art des Ausdrucks immer nach dem zu behandelnden Gegenstande richten.

§. 44.
Der Schmuck der Rede.

Hat der Redner zuvörderst für die genannten Grunderfordernisse einer guten Darstellung gesorgt, so muss er im weiteren darauf bedacht sein, seine Rede zu schmücken, und gerade hieran wird sich das Talent und die Genialität des Vortragenden zeigen. Wer blos correct und deutlich spricht, sagt Quintilian, kann damit auf keinen besonderen Beifall rechnen, er hat mehr Fehler vermieden, als Vorzüge gezeigt. Dasselbe gilt von der Angemessenheit des Ausdrucks wie nicht minder des Inhalts. Denn eine vollständige Invention und eine richtige Disposition werden einfach vom Zuhörer als im Interesse der Sache begründet vorausgesetzt. Die genaue Befolgung der hierüber gültigen Regeln verschafft das beifällige Urtheil der Sachverständigen, durch den Schmuck der Rede aber empfiehlt der Redner sich persönlich und er erlangt durch ihn den Beifall der grossen Menge. Nicht blos starke, sondern auch glänzende Waffen zieren den Kämpfer. Auch liegt der Schmuck der Rede nicht minder im Interesse der Sache. Schon Isokrates war sich dessen bewusst, dass der Schmuck der Rede, εὐρυθμία und ποικιλία, sie nicht blos angenehmer, sondern auch glaubwürdiger und überzeugender mache, or. V, 27. Wer gern zuhört, fährt Quintilian fort, der passt auch mehr auf und ist leichter zum Glauben geneigt, sein Vergnügen nimmt ihn gefangen, seine Bewunderung reisst ihn hin. Und nicht mit Unrecht schreibt daher Cicero an Brutus: *nam eloquentiam, quae admirationem non habet, nullam iudico*, oder Longin. p. 306: οὐ γὲρ ψυχαγωγήσεις μὴ γοητεύων μετά τινος χάριτος καὶ ἡδονῆς. Demnach ist es keinem Redner zu verargen, wenn er besondere Sorgfalt auf den Schmuck seiner Darstellung verwendet. Aber aller Schmuck muss männlich, kräftig und würdig (*sanctus*) sein, frei von weibischer Leichtfertigkeit und falscher Schminke, frei von allem eitlen Schein[*]. Indes gerade bei diesem Theile der Beredsamkeit grenzen die Fehler hart an die Tugenden, und auch Fehler werden oft als Tugenden bezeichnet. Quint. VIII, 3, 1—7.

Wenn Quintilian an einer späteren Stelle c. 3, 61 sagt: *ornatum est, quod perspicuo ac probabili plus est*, so müssen also behufs Ausschmückung der Rede die angegebenen Grundeigenschaften einer guten Darstellung gesteigert oder auch absichtlich modificirt werden. Die grammatische Correctheit lässt sich nicht steigern, wohl aber modificiren: durch gewisse Ausdrucksweisen, die von der herkömmlichen zwar abweichen, aber weil sie nicht ohne gewisse innere Berechtigung sind, in angenehmer Weise Abwechslung und Mannichfaltigkeit in die Darstellung bringen. Dies sind die sogenannten grammatischen Figuren, auf welche wir zurückkommen werden. Die lexikalische Correctheit und Herkömmlichkeit der Darstellung lässt sich theils steigern, theils modificiren durch geschicktes Heranziehen des alterthümlichen und minder herkömmlichen, und anmuthiges Abweichen von der Proprietät des Ausdrucks, die sogenannten Tropen. Die Deutlichkeit der Rede ist durch lebhafte Färbung und Schilderung, durch Anwendung von Bildern und Gleichnissen, unter Umständen durch nachdrückliche Kürze oder geschickte Amplification des einzelnen zu steigern. Die Angemessenheit aber lässt sich steigern durch Anwendung von Sentenzen und Figuren als wirklicher Kunstmittel zur Ausschmückung der Rede.

Sehen wir vorläufig noch von den grammatischen Figuren ab, so lässt sich der Rede ein gewisser Anstrich von Würde verleihen

---
[*] Tac. dial. de orat. c. 21: *oratio, sicut corpus hominis, ea demum pulchra est, in qua non eminent venae nec ossa numerantur, sed temperatus ac bonus sanguis implet membra et exurgit toris ipsosque nervos rubore tegit et decore commendat.*

durch die Anwendung alterthümlicher Formen und Ausdrücke, ein Schmuck, auf den sich Vergil mit besonderer Meisterschaft verstanden hat, Quint. §. 24, und welchen auch Dionys in feiner Weise an Plato anerkennt, da wo er die schlichte Schreibart des Philosophen charakterisirt, in welcher er sich mehr ausgezeichnet habe als in der erhabenen, ep. ad Pomp. 2 p. 29. Doch muss der Redner mit dieser Art des Schmuckes vorsichtig Maass halten. Er darf nicht wirklich Veraltetes aus allen Winkeln zusammenlesen, muss alle Affectation vermeiden und darf nie, wie dies bereits bemerkt wurde, alterthümliche Ausdrücke auf Kosten der Deutlichkeit anwenden. Davor warnt Quintilian nicht minder als Longin, und der erstere hatte einer verkehrten Moderichtung seiner Zeit gegenüber dazu besondere Veranlassung. Denn bei den Römern fällt die Neigung zum archaistischen Ausdruck, nachdem Sallust einmal das Beispiel gegeben hatte, mit den Anfängen der Kaiserzeit zusammen, und steigerte sich im Laufe derselben fortwährend. Schon Augustus (Suet. Aug. 86) machte dem Tiberius in einem Briefe Vorwürfe *ut exoletas interdum et reconditas voces aucupanti*, und bekämpfte überhaupt die *antiquarii*. Seneca sagt von seinen Zeitgenossen, ep- 114, 13: *multi ex alieno saeculo petunt verba: duodecim tabulas loquuntur. Gracchus illis et Crassus et Curio nimis culti et recentes sunt, ad Appium usque et ad Coruncanium redeunt.* Das mag übertrieben sein, aber doch spricht auch Aper bei Tac. dial. 23 von einer gewissen Classe von Leuten, *qui Lucilium pro Horatio et Lucretium pro Vergilio legunt, quibus eloquentia Aufidii Bassi aut Servilii Noniani ex comparatione Sisennae aut Varronis sordet, qui rhetorum nostrorum commentarios fastidiunt et oderunt, Calvi mirantur, quos more prisco apud iudicem fabulantes non auditores sequantur, non populus audit, vix denique litigator perpetitur**).

Wie alterthümliche Wörter der Rede Würde verleihen, so können neugebildete ihr den Anstrich einer gewissen Originalität geben. Die Lateinischen Redner waren jedoch dem kühnen Vorgehen auf diesem Gebiete sehr abgeneigt. *Fingere*, sagt Quint. §. 30, *Graecis magis concessum est, qui sonis etiam et affectibus non*

---

*) Auch Sidon. Apoll. ep. VIII. 16 spricht von einem *loquendi tetricum genus ac perantiquum*, von *verba Sabiaria, vel Sibyllina, vel Sabinis abusque Curibus accita, quae magistris plerumque reticentibus promptius Fetialis aliquis aut flamen, aut veternosus legalium quaestionum aenigmatista patefecerit.*

dubitaverunt nomina aptare (vgl. Dionys. de c. v. 16), *non alia libertate quam qua illi primi homines rebus appellationes dederunt.* In der That waren die Griechen weniger zurückhaltend in dieser Hinsicht, ja die Sophisten gewöhnlichen Schlages suchten geradezu etwas darin, ihre Reden mit selbsterfundenen Wörtern auszuputzen. Einige solcher Schöpfungen wie εὔλεξις für ἑρμηνεῦσαι δεινός, σοφόνους für συνετός, χειρόσοφος für ὀρχηστής giebt Luc. rhet. praec. 17 zum besten. Manches wurde aber doch von den Roemern, theils in Uebertragungen aus dem Griechischen, theils in Zusammensetzungen und Ableitungen, neugeschaffen aber nur weniges davon kam in allgemeinen Gebrauch. Am meisten Glück hatte Cicero mit seinen Umschreibungen philosophischer Kunstausdrücke*). Aber auch von seinen Neuschöpfungen kam manches nicht in Aufnahme. Sein *comprehensibilis* für κατάληπτος wird von Sen. ep. 114 nicht minder getadelt als das von Maecenas gebildete *irremediabilis* für ἀνήκεστος. Neu gebildet hat Cicero unter anderem die Worte *beatitas* und *beatitudo.* Er führt sie de nat. deor. I, 34, 95 mit dem Bemerken ein *utrumque omnino durum, sed usu molliendu nobis verba sunt***). Auch das von Quintilian angeführte Zeitwort *sullaturit* und *proscripturit* hat er ep. ad Att. IX, 10, 6 selbst gebildet; ebenso *solivagus* Tusc. V, 38 und das von ihm öfter gebrauchte *perpessio.* Cato de re rust. V, 8 bildete *autumnitas*, Fortunat. p. 122. *obsequium* hielt Cic. de am. 24, 84 für eine Neubildung des Terenz, es fand sich aber schon vorher bei Plautus und Naevius (Donat. ad Ter. Andr. 68). *Ens* und *essentia* hatte Sergius Flavius nach Griechischer Analogie gebildet, doch beruft sich Sen. ep. 65, 6 wegen des zweiten Wortes auf die Auctorität von Cicero und Papirius Fabianus***). Quintilian hält diese Bildungen für zulässig, während andre sich gegen ihre Zulässigkeit sträubten. *Reatus*, was zuerst Messalla, *munerarius*, was Augustus aufgebracht hatte, waren bald in allgemeinen Gebrauch übergegangen. Am Worte *piratica* nahmen noch Quintilians Lehrer Anstoss. Cicero hielt die Worte *favor* und *urbanus* für neu†). Auch tadelte er die Form *piissimus*, welche Antonius gebraucht hatte, or. Phil. XIII, 19, 43: *tu vero ne pios quidem, sed piissimos*

---

*) vgl. Plut. v. Cic. c. 40 und C. M. Bernhardt de Cicerone Graecae philosophiae interprete, Berl. 1865.
**) s. F. A. Wolf Kl. Schr. J S. 60.
***) vgl. Voss Comm. Rhet. IV, 8 p. 18.
†) vgl. Spalding zu Quint. l. l. p. 239.

quaeris et quod verbum omnino nullum in lingua latina est, id propter tuam divinam pietatem novum inducis. In der silbernen Latinität war dieser Superlativ jedoch ganz gewöhnlich*). Das Wort *bimaritus* dagegen, welches Cic. pro Planc. 12, 30 als eine Neubildung des Laterensis bezeichnet, kam nicht zur Aufnahme. In unsern Wörterbüchern ist es bis jetzt blos noch mit einer Stelle aus Hieron. adv. Iovin. I, 49 belegt. Ebensowenig das Horazische *faustitas*, c. IV, 5, 18. *Breviarium* statt *summarium* fand erst zu Senecas Zeit Eingang in der Schriftsprache, ep. 39, 1. *Opitulari*, von Cicero gebraucht, war damals schon veraltet, ep. 17, 2. Völlig veraltet war *asilus* in der Bedeutung von οἶστρος (Verg. Georg. III, 146), oder *cernere* für *decernere*, wie es noch Verg. Aen. XII, 709 gebraucht hatte, ep. 58, 2.

Der Redner also, meint Quintilian im Gegensatz zu Celsus, der dies ganz und gar verboten hatte, könne immerhin eine Neubildung wagen, im Nothfalle könne er mit einem *ut ita dicam* und ähnlichen Wendungen das Wagniss beschönigen. Aber ebenso wie Celsus hielt späterhin Fronto die Neubildung von Wörtern für durchaus unerlaubt. p. 140: *imprimis oratori cavendum, ne quod novum verbum ut aes adulterinum percutiat.* Dafür eben wollte er, dass der Redner aus dem Sprachschatz der älteren Prosa schöpfen sollte, um dadurch seiner Rede mit dem Reiz des Alterthümlichen zugleich den der Neuheit zu geben.

Wenn der Redner, wie wir oben sahen, sich vor dem κακέμφατον zu hüten hat, so darf er natürlich auch obscoene Dinge nie mit ihrer nackten Bezeichnung belegen, sondern er hat das anstössige der Sache durch λόγου σεμνότης zu verhüllen (Hermog. p. 255), wogegen man sehr mit Unrecht einwarf, dass an sich kein Wort unanständig sei, und man doch auch durch eine andre Bezeichnung an der Sache nichts ändere. vgl. Quint. §. 38 f. und was schon bei Arist. Rhet. III p. 126 gegen den Sophist Bryson gesagt ist. Die Art der Verhüllung und die geschickte Weise, unbeschadet der Deutlichkeit um das anstössige herumzukommen, kann in vielen Fällen zum Schmuck der Rede beitragen. Ein niedliches Beispiel giebt Synes. enc. calv. 22 p. 85 D: οὐδεὶς κομίζης ἔστις οὐ — τὸ δὲ ἀκροτελεύτιον αὐτὸς σὺ πρὸς τὴν ἠχὼ τοῦ τριμέτρου συνάρμοσον οὐ γὰρ ἔγωγε φθέγξομαι τὸ δεινὸν ἐκεῖνο καὶ πρᾶγμα καὶ ὄνομα. Das Sprichwort heisst vollständig *οὐδ.*

---

*) s. Mützell zu Curt. IX, 25, 17.

κομ. ὅστ. οὐ ῥινητιᾷ oder ψινίζεται. So vermeidet es auch Aeschines im Prooemium der Timarchea, da wo es sich um Gewinnung des Wohlwollens seiner Zuhörer handelt, sehr geschickt, die unzüchtigen Handlungen des Timarch als solche mit Namen zu nennen. Da wo er sich anschickt, auf sein Leben einzugehen, bittet er ausdrücklich um Entschuldigung, wenn er durch die Sache gezwungen wird, sich anstössiger Worte zu bedienen, §. 37. Auch redet er vielfach mit Zurückhaltung. So §. 41: ἐπιτήδειον πρὸς τὸ πρᾶγμα, ὃ προῃρεῖτο ἐκεῖνος μὲν πράττειν, οὗτος δὲ πάσχειν, und §. 55. An andern Orten hielt er mit dem derben Worte allerdings nicht zurück, aber er bereitet es vor, wie §. 52: οὐκέτι δήπου φαίνεται μόνον ἡταιρηκώς, ἀλλὰ καὶ — μὰ τὸν Διόνυσον, οὐκ οἶδ' ὅπως δυνήσομαι περιπλέκειν ὅλην τὴν ἡμέραν — καὶ πεπορνευμένος.

§. 45.
Fortsetzung. Die Tropen.

Eine weitere Abweichung vom herkömmlichen Ausdruck liegt nun in der geschickten Anwendung des tropischen oder übertragenen Ausdrucks, der sich aber nicht auf einzelne Wörter zu beschränken braucht, sondern sich bereits über einen ganzen Complex von Wörtern erstrecken kann, ja dessen Schönheit und Zulässigkeit unstreitig immer durch seine weitere Umgebung bedingt ist. Daher sagt Quintilian mit Recht §. 38: *translata probari nisi in contextu sermonis non possunt*. Auch ist der tropische Ausdruck nicht blos unter den Gesichtspunkt seiner Abweichung vom herkömmlichen zu stellen, er bereitet vielmehr einen natürlichen Uebergang zur Betrachtung der Kunstmittel, durch welche die Deutlichkeit des Ausdrucks gesteigert wird.

Tropus, manche Lateiner sagten dafür *motus*[*]), wird von Quint. VIII, 6, 1 definirt als *verbi vel sermonis a propria significatione in aliam cum virtute mutatio*. Besser von Charis. p. 272 (coll. Diomed. p. 456) nach Scaurus: *tropus est dictio translata a*

---

[*]) Auch *mores* und *modi* findet sich als Bezeichnung der Tropen, Ruhnken ad Aq. Rom. p. 141. — Beiläufig bemerke ich, dass statt des handschriftlichen *illorum* bei Aq. Rom. p. 22, 7, das Halm in *usitatorum* verwandelt hat, wohl *singulorum* zu lesen ist.

propria significatione ad non propriam similitudinem necessitatis aut cultus gratia. Die Griechen sagten: τρόπος ἐστὶ λόγος κατὰ παρατροπὴν τοῦ κυρίου λεγόμενος κατά τινα δήλωσιν κοσμιωτέραν ἢ κατὰ τὸ ἀναγκαῖον, Tryph. bei Spengel Rh. Gr. T. III p. 191. Desgl. Greg. Cor. ib. p. 215: τρόπος ἐστὶ λέξεως φράσις ἐκ τῆς καθ' ἑαυτὴν ὁπωσοῦν ἰδιότητος μετατροπὴν εἰληφυῖα, διὸ καὶ τρόπος καλεῖται, παρείληπται δὲ ἤτοι χρείας ἕνεκα ἢ κόσμου περὶ τὴν φράσιν. Bei Cornificius fallen noch Tropen und Figuren als exornationes zusammen, nur werden IV, 31, 42 eine Anzahl zusammengestellt, in quibus ab usitata verborum potestate receditur atque in aliam rationem cum quadam venustate oratio confertur. Selbst Fronto lässt noch höchst auffallender Weise die Tropen und Figuren zusammenfallen, oder genauer gesagt, er rechnet die Tropen zu den Wortfiguren. Denn er schreibt p. 101: duplex autem genus est figurarum: aut enim verborum figurae sunt aut sententiarum. In figuris verborum est tropus metaphora*). Aber hier haben wir es wohl blos mit einem Irrthum des Schriftstellers zu thun. Denn schon Cicero hatte nach Griechischem Vorgange die Tropen von den Figuren unterschieden, s. Brut. 17, 6. orat. 24, 81 ff.

Mit den Regeln und Definitionen der Tropen befassten sich behufs der Dichtererklärung auch die Grammatiker. Ueber Zahl, Arten und Unterarten derselben führten sie mit den Philosophen einen erbitterten Streit. Ohne sich darauf einzulassen, bemerkt Quintilian im allgemeinen, dass die einen Tropen der deutlichen Bezeichnung, andere des Schmuckes wegen angewandt werden, dass die einen ferner im eigentlichen, die anderen im übertragenen bestehen, und dass dabei nicht blos die Formen der Wörter, sondern auch der Gedanken und der Composition verändert werden. Er selbst behandelt darauf in verschiedener Ausführlichkeit vierzehn Arten von Tropen, nämlich Metapher, Synekdoche, Metonymie, Antonomasie, Onomatopoeie, Katachresis, Metalepsis, das Epitheton, die Allegorie, das Räthsel, die Ironie mit ihren Unterarten, die Periphrasis, das Hyperbaton und die Hyperbel. Dieselben, das Epitheton als Unterart der Antonomasie und die Ironie als Unterart der Allegorie betrachtend, nennt Charis. p. 272. Dazu fügt er die Homoeosis mit ihren drei Arten εἰκών, παρα-

---

*) In der Naberschen Ausgabe sind die beiden letzten Worte verkehrterweise durch ein Komma getrennt.

δολί, παράδειγμα. Auch Trypho p. 191 nennt vierzehn, er lässt aber von den genannten die Antonomasie und das Epitheton, die Ironie und Hyperbel weg und führt dafür Anastrophe, Pleonasmus, Ellipse und Parapleroma auf. In der Schrift selbst, wie sie uns vorliegt, folgen nach Behandlung der genannten noch Hyperbel, Emphasis, Energeia, Parasiopesis, Homoeosis mit Unterarten, Charakterismus, Eikasmus, Syntomie, davon verschieden die *βραχύτης,* die Syllepsis, Epanalepsis, Proanaphonesis, Parekbasis, Amphibolie, Antiphrasis, Metatyposis, Antonomasie, Ironie nebst Sarkasmus, *Μυκτηρισμός, Χαριεντισμός,* Epikertomesis, *Ἀστεϊσμός* und *Παροιμία,* zusammen also acht und dreissig. Die Schrift des Tryphon bildet die Grundlage für die Compilationen späterer Rhetoren, die bald welche von den bereits genannten Tropen weglassen, bald neue hinzufügen. Neu hinzugefügt sind vom Anonymus bei Spengel T. III p. 207 ff. *ἐξοχή, ἀνταπόδοσις.* Gregor. Corinth. nennt 27 Tropen, darunter die Enantiosis, Epauxesis, Hysterologie und das *σχῆμα,* worunter er einen zu entschuldigenden Soloecismus versteht (p. 220). Bei einem andern Anonymus p. 227 wird das *πεποιημένον* von der Onomatopoeie unterschieden. Als Unterarten des *πεποιημένον* erscheinen bei Kokondrios p. 231 Metonomasie, Metaschematismus und Metatyposis. Er theilt die Tropen überhaupt in drei Klassen, solche, die sich auf ein Wort, solche, die sich auf die Syntax, und solche, die sich auf beides beziehen. Bei Georg. Choeroboskus endlich erscheint p. 254 auch das Paradigma unter den Tropen. In einem Anhange zu dieser Schrift werden noch Epexegese, *ἀπὸ κοινοῦ, ἑτερογενές* und *ἑτεροπρόσωπον* aufgeführt. Die Zahl ist durch Spaltung der Arten in Unterarten, dann durch Hinzunahme von mancherlei Figuren so gross geworden, da die beiderseitigen Gebiete von einander nicht scharf abzusondern sind, endlich hat man manches als Tropus aufgeführt, dem weder unter Tropen, noch Figuren eine Stelle zukommt. Eine nähere Betrachtung verdienen in der That blos die von Quintilian genannten.

Der häufigste und schönste, dabei allgemeinste Tropus, so dass sich die meisten übrigen Tropen im Grunde genommen als Unterarten derselben betrachten lassen, ist die Metapher, Quint. VIII, 6, 18, über welche einiges unbedeutende auch bei Cornif. IV, 34, 45 zu finden ist. Schon Isokrates kannte den Ausdruck *μεταφορά* in seiner technischen Bedeutung, s. Euag. 9 f. Antid. 47. fr. 12. Als lateinischen Ausdruck dafür gebrauchte zuerst Cicero *translatio.* Sie ist so naturgemäss, sagt er, dass auch Ungebildete unbewusst sich ihrer häufig bedienen, in Ausdrücken, wie *gemmantes vites* (ὁ τῆς ἀμπέλου ὑφθαλμός), *lacteae segetes, sitientes agri, luxuriosa frumenta*, und ähnlichen, orat. 24, 81. de orat. III, 38, 155. Daher sagt Demetr. de eloc. §. 86 ἡ συνήθεια καὶ μάλιστα μεταφορῶν διδάσκαλος. Sie ist ferner, nach Quintilian, so lieblich und glänzend, dass sie selbst in einer noch so schönen Rede dennoch ihr eigenthümliches Licht ausstrahlt. Denn richtig herbeigeholt, kann sie weder gewöhnlich, noch niedrig, noch unangenehm sein, auch vermehrt sie die Wortfülle, und gewährt schliesslich jedem Dinge eine eigenthümliche Bezeichnung. Man überträgt nun ein Haupt- oder Zeitwort von seinem ihm eigenthümlichen an einen solchen Ort, wo es an einem eigentlichen Ausdruck fehlt, oder wo ein übertragner Ausdruck besser als ein eigentlicher ist. Dies thut man, entweder weil es nothwendig, oder weil es bezeichnender, oder wie gesagt, weil es zierlicher ist. Wenn der übertragene Ausdruck nichts von alledem leistet, dann ist er nicht an seinem Platze. Im allgemeinen ist die Metapher ein kürzeres Gleichniss, wie man denn auch das Gleichniss als eine μεταφορὰ διαφέρουσα προθέσει, Arist. Rhet. III, 10 p. 137, oder als eine μεταφορὰ πλεονάζουσα bezeichnen kann, Demetr. de eloc. 80 — dadurch von einem solchen unterschieden, dass dieses mit der Sache, die wir ausdrücken wollen, verglichen, jene für die Sache selbst gesetzt wird. Dabei lassen sich vier Fälle unterscheiden. Erstens man setzt von zwei belebten Dingen das eine für das andre, wie wenn Livius sagt, Scipio sei von Cato gewöhnlich „angebellt" worden. Zweitens wird unbelebtes für andres unbelebtes gebraucht, z. B. Verg. Aen. VI, 1: *classi immittit habenas.* Drittens wird unbelebtes für belebtes gesetzt, wie wenn Homer Il. Δ 284 und sonst den Achill ἕρκος Ἀχαιῶν nennt. Endlich wird belebtes für unbelebtes gesetzt. Gerade dies ist eine Quelle der Erhabenheit, wenn durch eine kühne Metapher den empfindungslosen Dingen Handlung und Bewusstsein beigelegt wird, z. B. Verg. Aen. VIII, 728: *pontem indignatus Araxes.* Cic. pro Lig. c. 7: *quid enim tuus ille, Tubero, destrictus in acie Pharsalica gladius agebat? cuius latus ille mucro petebat? qui sensus erat armorum tuarum?* In dieser Art der Metapher ist Homer unübertroffenes Muster, wie schon von Arist. Rhet. III, 11 p. 141 bemerkt worden, der folgende Beispiele anführt: αὖτις ἐπὶ δαπεδόνδε κυλίνδετο λᾶας ἀναιδής Od. λ 598. ἔπτατ' ὀιστός Il. N 588. λιλαίεσθαι μενεαίνων, Δ 126.

ἐν γαίῃ ἵσταντο λιλαιόμενα χροὸς ἆσαι, Λ 574. αἰχμὴ δὲ στέρνοιο διέσσυτο μαιμώωσα, Ο 542, vgl. Demetr. de eloc. §. 91 ff. So giebt es auch doppelte Metaphern, z. D. Verg. Aen. IX, 773: *ferrumque armare veneno* — und natürlich lassen sich diese vier Arten wieder in verschiedene Unterarten zerlegen. Aristoteles stellt poet. 21 vier Arten von Metaphern auf: ἀπὸ τοῦ γένους ἐπὶ εἶδος, ἀπὸ τοῦ εἴδους ἐπὶ γένος, ἀπὸ τοῦ εἴδους ἐπὶ εἶδος, κατὰ τὸ ἀνάλογον. Eine Metapher erster Art findet er in Fällen wie Hom. Od. α 185: νηῦς δὲ μοι ἥδ' ἕστηκε — τὸ γὰρ ὁρμεῖν ἐστὶν ἱστάναι τι. Für die zweite Art, die Uebertragung der Art auf die Gattung Od. ω 308: ἦ δὴ μυρί' Ὀδυσσεὺς ἐσθλὰ ἔοργεν — τὸ γὰρ μυρίον πολύ ἐστιν, ᾧ νῦν ἀντὶ τοῦ πολλοῦ κέχρηται. Für die dritte Art, die Uebertragung der Art auf die Art, giebt er ein Beispiel, welches nicht klar ist: es besteht aus zwei Metaphern, nämlich den Wendungen χαλκῷ ἀπὸ ψυχὴν ἀρύσας und ταμών ἀτειρέι χαλκῷ, wobei doch wohl auch wieder ψυχήν als Object zu ergänzen ist, und fügt erläuternd dazu: ἐνταῦθα γὰρ τὸ μὲν ἀρύσαι ταμεῖν, τὸ δὲ ταμεῖν ἀρύσαι εἴρηκεν, ἄμφω γὰρ ἀφελεῖν τι ἐστίν. Wie hier aber die Art auf die Art soll übertragen sein, sieht man nicht ein, denn in beiden Fällen ist doch blos ein Artbegriff an die Stelle des Gattungsbegriffs getreten; und da Aristoteles schwerlich diejenige Art der Uebertragung im Sinne gehabt, welche die Späteren μετάληψις nennen, bei welcher allerdings an die Stelle eines uneigentlich genommenen Artbegriffs ein andrer Artbegriff gesetzt wird, so scheint die Stelle verdorben zu sein. Für die vierte Art, die Metapher nach Analogie oder gleichem Verhältniss, giebt Aristoteles Beispiele wie das Alter des Tages statt der Abend, oder der Abend des Lebens statt das Alter, denn das Leben verhält sich zum Tage, wie das Alter zum Abend. In der Rhetorik wird die Eintheilung der Metapher in diese vier Arten als bekannt vorausgesetzt, speciell aber nur auf die letzte, als die gefälligste eingegangen. Genau gesehen bleibt auch eigentlich keine andere übrig. Denn die dritte Art ist unklar, die erste kann man nicht als Metapher gelten lassen, da das allgemeine stets das besondere mit umfasst, man es also hier nicht mit dem Gegensatz des eigentlichen und uneigentlichen, sondern des ungenaueren und genaueren Ausdrucks zu thun hat, die zweite aber läuft auf den Unterschied der engeren und weiteren Begriffssphaere eines Wortes hinaus. Ebenso unfruchtbar wie diese Aristotelische Eintheilung der Metaphern ist eine andere, die wir bei Charis. p. 272. Diomed. p. 437 antreffen, wonach man *μεταφοραί ἀκόλουθοι* (*communes, reciprocae*) und *ἀνακόλουθοι* (*unius partis*) zu unterscheiden hat. Erstere lassen sich umkehren, letztere nicht. Wenn es also in dem Verse eines Dichters heisst *Tiphyn aurigam celeris ferire carinae*, so ist hier *auriga* für *gubernator* gesetzt; umgekehrt kann man auch *gubernator* für *auriga* sagen; dagegen kann man wohl von *vertex montis* statt *cacumen montis*, aber nicht von *vertex hominis* sprechen*).

So sehr nun aber, fährt Quintilian fort, ein mässiger und passender Gebrauch der Metapher die Rede schmückt, ebensosehr verdunkelt sie und verleidet sie uns ein häufiger; ein unausgesetzter nun gar führt zur Allegorie und zum Räthsel. Schon Aristoteles hat poet. 22 gesagt: *τοὺς πάντα μεταφέροντας αἰνίγματα γράφειν*. Es giebt auch niedrige Metaphern. So der von Quintilian wiederholt getadelte, charakteristisch genug von Voss Comment. Rhet. IV, 6, 9, p. 103 in Schutz genommene Ausdruck: *saxea est verruca in summo montis vertice*. Ferner schmutzige. Richtig sprach Cicero von *sentina rei publicae*, unschön sagte dagegen ein andrer alter Redner: *persecuisti rei publicae comicas*. Vortrefflich zeigt Cic. de orat. III, 41, dass die Metapher nicht unschön sein dürfe, und giebt selbst dafür die Beispiele *castratam morte Africani rem publicam, stercus curiae Glauciam*. Sie darf nicht zu gross, oder was häufiger ist, zu klein, nicht unähnlich, nicht hart d. h. zu weit hergeholt sein. Als solche betrachtete Quintilian den Ausdruck *capitis nives*. Er findet sich bei Hor. carm. IV, 13, 12 — woselbst Peerlkamp nachzusehen — und später bei Prudent. prooem. Cathem. v. 27. Desgleichen tadelte er den Vers des Furius Bibaculus (Schol. Hor. Sat. II, 5, 41).

Iuppiter hibernas cana nive conspuit Alpes,

in welchem die Metapher obenein schmutzig ist. Eine gute Regel giebt Arist. Rhet. III, 11 p. 142, wenn er sagt, man müsse Metaphern bilden mit nahe und doch nicht ganz offen liegenden Dingen, *δεῖ μεταφέρειν ἀπὸ οἰκείων καὶ μὴ φανερῶν*, wie es ja

---

*) Reiche Beispielsammlungen von Metaphern findet man in der interessanten Abhandlung von C. Heuse poetische Personification in griechischen Dichtungen, Parchim 1864 (später als selbständiges Werk in 2 Bdn. erschienen), und dem Aufsatz von Pott Metaphern vom Leben und von körperlichen Lebensverrichtungen hergenommen, in Kuhn's Zeitschrift B. II. Danach die Zusammenstellung bei Gerber die Sprache als Kunst I S. 370 ff.

auch in der Philosophie Sache des Scharfsinns sei, das Aehnliche selbst an weit auseinander liegenden Dingen wahrzunehmen. Sehr richtig warnt endlich Quintilian vor der Ansicht, dass alle Metaphern, die den Dichtern erlaubt sind, auch für die Prosa passen. In Prosa muss die Metapher entweder einen leer stehenden Platz einnehmen, oder mehr Gewicht haben als das, was sie vertritt. Interessant ist es zu erfahren, dass auch Aeschines dem Demosthenes den Gebrauch mehrerer falscher Metaphern vorwarf, doch vermochte Dionys von Halikarnas (T. VI p. 246) diese im Demosthenes selbst nicht nachzuweisen.

Der zweite Tropus ist die Synekdoche, Quint. VIII, 6, 19, bei Cornif. IV, 33, 44 *intellectio* genannt, *cum res tota parva de parte cognoscitur, aut de toto pars*. Charis p. 274: *synecdoche est dictio plus minusve promuntians magis quam significans. modo enim toto dicto pars intellegitur, modo parte nominata totum accipitur*. Das erstere anlangend, so heisst es bei Donat. zu Ter. Andr. 261: *in qua figura et pars pro toto ponenda est, quae aut cuinel ex toto, aut maioris pretii est ad id quod agitur: quod ipsum sic esse observatum a bonis auctoribus, si exempla συνεκδοχῆς penitus considerare studes, invenies*. Durch die Synekdoche, sagt Quintilian, kömmt Abwechslung in die Rede, indem wir aus einem mehreres, aus dem Theile das Ganze, aus der Art die Gattung, aus dem vorhergehenden das folgende oder dies alles umgekehrt verstehen. Ebenso, nach Trypho, aus dem Stoffe das daraus gefertigte. Die Griechischen Rhetoren zählten im Ganzen dreizehn Unterarten auf, s. Anon. bei Walz Rhet. Gr. T. VIII p. 691. Ihr Gebrauch, sagt Quintilian, ist natürlich freier für die Dichter als für die Redner. Die Prosa erträgt *mucro* als Schwert, *tectum* als Haus, aber nicht *puppis* als Schiff, *abies* als Brieftafel (Plaut. Pers. II, 2, 66), und andrerseits wohl *ferrum* als Schwert, aber nicht *quadrupes* als Pferd. Am meisten zulässig ist noch die freie Anwendung des Numerus. Häufig sagt Livius *Romanus* statt *Romani*, und oft spricht Cicero von sich allein im Plural. Namentlich die silberne Latinität liebt es nach dem Vorgang der Dichter *aes, aurum, argentum* für eherne, goldene und silberne Gefässe zu gebrauchen*) Verg. Georg. I, 480: *templis ebur aeraque sudant*. Hor. Ep. I, 6, 17: *i nunc argentum et marmor vetus aeraque et artes suspice*. Valer. Flacc. I, 148: *vacuo condit caput Hippasus auro*, im leeren

---
*) s. Heindorf zu Hor. Sat. I, 4, 28.

goldenen Becher. Sen. ep. 5, 2. de brev. vit. 12, 5. de vit. beat. 17, 2. de tranq. 1, 7. Mart. VII, 6, 3. 34, 1. Bei Sen. de prov. 3, 13 ist *suspensa auro nix* der in einem goldenen Gefäss geschmolzene Schnee, welches von den Händen der Diener hochgehalten wird. Ebendaselbst *gemma* für ein aus Edelstein gefertigtes Gefäss, wie de benef. VIII, 9, 3 woselbst Gronov unter anderen Luc. X, 160: *gemmaeque capaces excepere merum*, und Drepan. Paneg. c. 14, 1 anführt: *parum se lautos putabunt, nisi aestivam in gemmis capacibus glaciem Falerna fregissent*. Aber selbst für einen Dichter fast zu kühn sagt Claud. de VI. cons. Honor. v. 526 von einer Mutter, die ihre Tochter zur Ankunft des Freiers sorgfältig schmückt: *viridi angustat iaspide pectus*, wo *iaspis* eine mit Jaspis besetzte Binde oder Schnalle bezeichnet. Dies erinnert an Mart. IX, 43, 1: *hic qui dura sedens porrecto saxa leone mitigat* d. h. mit einer Löwenhaut. *Ἀλώπηξ* für Fuchspelz wird häufig gesagt (Plat. rep. II. p. 365 C. Hor. a. p. 437), ebenso *tigrides*, die Tigerfelle Valer. Flacc. II, 260*), überhaupt das Thier für das, was von dem Thiere erzeugt oder gewonnen wird, also *μέλισσα* Honig (Soph. O. C. 481. Schol. *ἀπὸ τοῦ ποιοῦντος τὸ ποιούμενον*), *χελώνη* Schildkrot, *ἐλέφας* Elfenbein, *murex* Purpur u. a. Sehr kühn ist *gena* für oculus bei Sen. Herc. fur. 633. Merkwürdig ist August. Confess. II, 4, 9: *arbor erat pirus in vicinia vineae nostrae, ad hanc excutiendam atque asportandam*, um diesen Baum zu schütteln und sein Obst wegzutragen. Man könnte zur Synekdoche auch alle die Fälle rechnen, in denen verkürzte Vergleiche vorliegen, wie bei Homer *κόμαι Χαρίτεσσιν ὁμοῖαι* gleich *Χαρίτων κόμαις*, oder bei Comparativen, wie Juv. 3, 202: *lectus Procula minor*, zu klein, als dass Procula darauf hätte sitzen können. Justin IV, 3 sagt *facinus nulli tyranno comparandum***): ferner das von Ruhnken sogenannte *genus loquendi, quo quis facere dicitur, quod factum narrat*, wie wenn Tert. adv. nat. I, 10 gegen Homer sagt: *ille opinor, qui de deis favore diversis gladiatoria quodammodo paria commisit, Venerem sauciat sagitta humana****).

Verwandt mit der Synekdoche und eigentlich nur eine beson-

---

*) s. Ruhnken ad. Tim. p. 256.
**) vgl. Rüdiger zu Dem. Ol. II, 10, 4. Wopkens. Lectt. Tull. II, 3 p. 189. Burmann zu Lucan. VIII, 747. Heinrich zu Juv. S. 136.
***) s. Heinrich zu Juv. S. 85.

dere Unterart derselben ist die Metonymie, die Setzung eines
Hauptwortes für ein anderes, auch Hypallage genannt, und zwar
ist Metonymie mehr der grammatische, Hypallage mehr der rhetorische Ausdruck, Cic. orat. 27, 93. Cornif. IV, 32, 43 nennt
diesen Tropus *denominatio*. — *Eius vis est*, sagt Quint. VIII, 6, 23
pro eo, quod dicitur, causam, propter quam dicitur, ponere. Nach
Trypho p. 195 ist Metonymie eine λέξις ἀπὸ τοῦ ὁμωνύμου τὸ
συνώνυμον δηλοῦσα. Man benennt also dabei die erfundenen
Dinge nach ihren Erfindern, die unterworfenen nach ihren Beherrschern u. s. w., also Ceres für Brod. *Neptunus* für Meer, sagt
Quintilian, *Vulcanus* für Feuer sei ganz gewöhnlich, *vario Marte
pugnare* sei gebildete Ausdrucksweise, *Venus* sei anständiger als
coitus, aber *Liber* und *Ceres* für Wein und Brod dürfe sich der
Redner nicht erlauben. Ziemlich stark ist es, wenn Stat. Theb.
XI, 238 *Nessus* schlechthin für Gift braucht. So habe man sich
eine Hypallage des enthaltenden oder des Behälters für das darin
enthaltene allgemein gefallen lassen, wie *bene moratae urbes, poculum epotum* und *saeculum felix* (Justin. IX, 10, 9: *operam oblocare ad puteos exhauriendos*. Valer. Flacc. II, 521: *totaque pharetrac nube premit*, mit einer Wolke von Pfeilen), aber das umgekehrte,
wie Verg. Aen. II, 311: *iam proximus ardet Ucalegon*, dürfe sich
nur ein Dichter erlauben. Gewöhnliche Arten der Hypallage seien
caesa sexaginta milia ab Hannibale statt *ab Hannibalis exercitu*,
der Dichter statt seiner Gedichte, Ausdrücke, wie *canit comncatus*
statt *affertur*, *sacrilegium deprehensum* statt *sacrilegus*, *armorum
scientiam habere* statt *artis armorum*. Eine ganz häufige Art endlich sei es, das bewirkende, aus dem, was bewirkt wird, zu zeigen,
also *pallida mors, pallentes morbi, tristis senectus, praeceps ira, hilaris adulescentia, segne otium, pigrum frigus*. — Eine kaum zu
rechtfertigende Hypallage ist es, wenn bei Liv. XXII, 17 die Ochsen,
zwischen deren Hörnern sich Reisbündel befanden, welche in Brand
gesteckt wurden, *accensis cornibus* die gegenüberliegenden Berge
hinaufgetrieben werden*). Auch für diesen Tropus geben die

---

*) Weitere Beispiele giebt Wopkens Lect. Tull. III, 1 p. 824, doch
sehe man dazu die einschränkende Bemerkung von Hand n. 178. Für die
von Quintilian angeführte Art der Hypallage, bei welcher Substantiva abstracta
statt der concreta gesetzt werden, z. B. *servitium* statt *servi*, geben Beispiele
in Menge die Ausleger zu Liv. III, 15, 9. Corte zu Sall. Cat. 24, 3. Graev.
zu Just. XLI, 2, 6.

Dichter manche auffällige Beispiele, z. B. Hor. c. I, 20, 10: *prelo domitam Caleno tuu bibes uvam.* Umgekehrt Plaut. Trin. II, 4, 125: *tum vinum, priusquam coctumst pendet putidum.* Eine gerade bei Lateinischen Dichtern beliebte Art der Metonymie ist es, Homerische Helden, wie besonders Helena, Paris, Menelaus als typische Repraesentanten für ihre Fertigkeiten, Eigenschaften, Tugenden und Laster zu setzen. So nennt Mart. II, 16, 5 die Aerzte Machaones, III, 85 einen bestraften Ehebrecher Deiphobus. So bedeutet Automedon bei Juv. I, 60 den Fuhrmann, Ucalegon III, 198 nach Verg. Aen. II, 311 den Nachbar, Atrides IV, 65 allgemein den Herrscher oder König*).

Auch die Antonomasie ward von einigen zur συνεκδοχή gerechnet, Tryph. p. 204. Er definirt sie als λέξις ἤ φράσις διὰ συνωνύμων ὀνομάτων τὸ κύριον παριστῶσα. Charis. p. 273: *antonomasia est dictio per accidens proprium significans.* Statt eines Eigennamen setzt man ein ihn kennzeichnendes Epitheton, wohin von Quint. VIII, 6, 29 auch die Patronymika gerechnet werden, wie Pelides, Tydides, oder eine ihn nach seinen Thaten oder besonderen Eigenschaften bezeichnende Apposition, wie *Romanae eloquentiae princeps* für Cicero, *Africani nepotes* als Bezeichnung der Gracchen, *domitor maris* für Neptun. Cic. de prov. cons. 9: *an vero in Syria diutius est illa Semiramis retinenda?* Doch ist die Antonomasie keineswegs auf die Umschreibung von Eigennamen beschränkt, wie man aus Hor. c. I, 17, 21 sehen kann: *hic innocentis pocula Lesbii duces sub umbra.* In mässigem Umfange ist auch dieser Tropus — Cornif. IV, 31, 42 nennt ihn *pronominatio* — dem Redner erlaubt. Quint. §. 30: *oratoribus etiamsi rarus eius rei, nonnullus tamen usus est.* Im weiteren führt er als Beispiel aus Cic. pro Mur. 29, 60 an: *non multa peccas, inquit ille fortissimo viro senior magister, sed peccas, te regere possum,* mit der Bemerkung: *neutrum enim nomen est positum et utrumque intellegitur.* Doch ist es damit für uns eine missliche Sache; etwa Achilles und Phönix oder Chiron?**)

Dass die Onomatopoeie d. h. das Selbstbilden eines Wortes, das bei den Griechen für eine grosse Tugend galt, den Römern kaum erlaubt sei, ist bereits im vorigen §. bemerkt worden. An

---

*) S. Friedländer Darstellungen I, 397, 2 und Königsberger Lectionscatalog 1871.
**) S. A. W. Zumpt z. d. St.

sich ist die Anwendung eines selbstgebildeten Wortes auch kein Tropus. Aber der Begriff der Onomatopoeie ist ein weiterer. Trypho versteht darunter überhaupt eine λέξις κατὰ παραγωγὴν τοῦ καθωμιλημένου ἐξενηνεγμένη, und unterscheidet sieben Arten derselben, κατὰ ἐτυμολογίαν, z. D., λίθος εὐλαβής für εὔληπτος, κατὰ ἀναλογίαν, wie das Sophokleische γεροντογωγῶ nach der Analogie von παιδαγωγῶ gebildet, κατὰ παρονομασίαν, dahin rechnet er Bildungen wie μελλώ bei Aeschylus*), κατὰ σύνθεσιν, wie ποδάρκης, νεφεληγερέτα (Quint. §. 33 führt als schlecht und hart ὀπισθενακόλουθος gegenüber dem lateinischen septentriones an), κατ' ἐναλλαγήν, wie γένανδροι bei Sophokles für ἀνδρόγυνοι (fr. 874; ähnlich τεκτόναρχος Daed. fr. 163 für ἀχιτέκτων), κατὰ διαίρεσιν, wie πόλις ἄκρη für ἀκρόπολις, endlich κατὰ πεποιημένον, Ausdrücke wie τετριγῶτας, πελαρίζει, λάψοντες γλώσσησιν. Von vielen Rhetoren wurde nun der Gattungsname der Onomatopoeie blos für diese letztere Art gebraucht. Anon. p. 210: ὀνοματοποιία ἐστὶ λέξις ἢ μέρος λόγου πεποιημένον κατὰ μίμησιν τῶν ἀποτελουμένων ἔχων, vgl. Greg. Cor. p. 220. Cocondr. p. 231. Charis. p. 274: *onomatopoeia est dictio ad imitandum sonum vocis confusae ficta, ut cum dicimus hinnire equos, balare oves, stridere vaccas et cetera his similia* — so dass der Begriff einer sprachlichen Neubildung dabei ganz wegfällt. So wird *eiulatio* bei Hor. epod. 10, 17 von Porphyrio als Onomatopoeie bezeichnet, ein Wort, dessen sich schon Plautus und Cicero bedienen.

So wenig wie die Onomatopoeie gehört eigentlich auch die Katachrese unter die Tropen. Denn wir sahen, dass sie unter Umständen nothwendig ist, indem sie eintritt, wo es der Sprache an einem bezeichnenden Ausdruck fehlt, wo ein ἀκατονόμαστον vorliegt, beim Tropus dagegen, und zwar bei der Metapher, an die man hier zuerst denken würde, wird ein Wort an Stelle eines andren gesetzt, also keine sprachliche Lücke ausgefüllt. Als Tropus kann daher die Katachrese nur in den Fällen betrachtet werden, wo zu ihrer Anwendung keine Nöthigung vorhanden war. Also etwa Aesch. Tim. 96: καὶ οὐ μόνον κατέφαγε τὰ πατρῷα, ἀλλ' εἰ οἷόν τ' ἐστὶν εἰπεῖν καὶ κατέπιεν. Dies ist die sogenannte Akyrologie, die, wo sie beabsichtigt ist, sich unter Umständen sogar mit dem Oxymoron berühren kann. Sie

---

*) Dass im vorhergehenden χρυσῷ statt χρυσῶ zu lesen sei, bemerkte schon Hermann zu Aesch. Agam. 1816. Vgl. Finckh im Philol. 1866 S. 339.

ist besonders häufig in der Vertauschung der Sinnesthätigkeiten. Beispiele dafür giebt Lobeck Rhemat. p. 383 ff. So Aesch. Sept. 99: κτύπον δέδορκα. Hom. Il. II 127: λεύσσω παρὰ νηυσὶ πυρὸς δηΐοιο ἰωήν. Prop. I 17, 6: adspice, quam suaves increpat aura minas. Stat. Theb. VI, 202: iam face subiecta primis in frondibus ignis exclamat. Soph. Aj. 785: ὅρα ὁποῖ' ἔπη θροεῖ. Etwas andrer Art sind die von demselben p. 382 angeführten Beispiele aus Hes. opp. 610: βότρυας χρὴ δεῖξαι ἠελίῳ δέκα τ' ἤματα καὶ δέκα νύκτας, oder Hom. hymn. Merc. 525: Λητοΐδης ἐπένευσε μήτινα φίλτερον ἄλλον ἐν ἀθανάτοισιν ἔσεσθαι μήτε θεὸν μήτ' ἄνδρα. Allerdings lässt sich in diesen Fällen von Katachrese sprechen. Unrichtig ist es dagegen nach Quintilians Bemerkung in den Fällen, wo vielmehr das Vertauschen eines Begriffs mit einem andern vorliegt, wie wenn man virtus statt temeritas, liberalitas statt luxuria sagt. Weniger genau ist es auch, wenn Cornif. IV, 33, 45 die abusio definirt als diejenige exornatio, quae verbo simili et propinquo pro certo abutitur, hoc modo: vires hominis breves nuit, aut parva statura, aut longum in homine consilium, aut oratio magna, aut idi pauco sermone. S. Kaysers Commentar S. 300.

Ein sehr unklarer und schwieriger Tropus ist die Metalepsis oder transsumptio, der wie es scheint wohl lediglich der falschen Interpretation einiger Homerstellen seinen Ursprung verdankt. Nach Trypho p. 195 ist Metalepsis λέξις ἐκ συνωνυμίας τὸ ὁμώνυμον δηλοῦσα, wie wenn die νῆσοι ὀξεῖαι bei Hom. Od. o 299 θοαί heissen. θοόν und ὀξύ ist synonym (nämlich κατὰ τὴν κίνησιν), homonym aber mit ὀξύ sind die νῆσοι ὀξεῖαι. Oder wenn ein uns unbekannter Dichter (wahrscheinlich Sophokles im Teucer) sagt:

Τεῦκρος δὲ τόξου χρώμενος φειδωλίᾳ
ὑπὲρ τάφρον πηδῶντας ἔστησε Φρύγας

wo φειδωλίᾳ statt ἀκριβείᾳ gesagt sein soll, was der Anon. p. 209 erklärt: τῇ γὰρ φειδωλίᾳ συνωνυμεῖ ἡ κατὰ δόσιν ἀκρίβεια, τῇ δὲ ὁμωνυμεῖ ἡ κατὰ τέχνην ἀκρίβεια, ἤγουν ἡ εὐστοχία. Ebenso, wenn auch mit andern Worten, wird die μετάληψις erklärt und mit grosser Weitschweifigkeit behandelt von Eust. zu Il. Α 198 p. 79. Eine solche findet er in der Wendung ἔρρε κακὴ γλήνη, für ἔρρε ὦ δειλὸν κοράσιον, denn κόρη Mädchen und κόρη Augapfel sind homonym, κόρη aber und γλήνη synonym. Oder wenn Homer nach seiner Ansicht λάσιος für συνετός gebraucht hat (λάσιον τὸ πυκνόν, πυκνὸν δὲ τὸ συνετόν, λάσιον ἄρα τὸ συνετόν).

Als μετάληψις erklärt er aber auch die Wendung οὐκ ἔσθ᾽ ὅπως für οὐκ ἔστιν ὅτι, durch Vermittlung von ὡς, oder den Gebrauch von ὅπως für καθάπερ. Sehr häufig sei dieser Tropus bei Theokrit angewandt. Im Index des Devarius finden wir aus diesem Dichter die Bezeichnung der Penelope als Οὐδενὸς εὐνάτειρα statt Οὔτινος, Ὀδυσσέως angeführt. Merkwürdig ist nur, dass Eustathius erklärt, die Metalepsis in der von ihm gegebenen Bedeutung sei verschieden von der Metalepsis, wie sie bei den Rednern sich finde, ἐκείνη μὲν γὰρ τοῖς ποιητικευομένοις δυσχερὴς φαίνεται, ohne anzugeben, was diese rednerische Metalepsis sei. An einer anderen Stelle ist ihm die Metonymie eine Art Metalepsis und zu H 455 p. 691 heisst es gar: ἡ διασαφητικὴ τῶν λέξεων ἑρμηνεία μετάληψις καὶ μετάφρασις καίριος λέγεται. So ziemlich mit der Definition des Trypho stimmt die der lateinischen Grammatiker Charis. p. 273 u. Diom. p. 458: *metalepsis est per transsumptionem dictionum proprietatis dilatio, dictio per gradus homonymiae ad propriam significationem descendens*, mit einem Beispiel aus Verg. Aen. I, 60: *speluncis abdidit atris. ab atris enim nigras intelleguntur et ex nigris tenebras habentes et ex hoc in praeceps profundae*. Danach würde der Ausdruck *Maeonii carminis alite* bei Hor. c. I, 6, 2 für poeta epico als Metalepsis zu betrachten sein. Ohne Anwendung von Homonymie und Synonymie wird Metalepsis von Donat zu Ter. Andr. 602 erklärt als *figura a posterioribus ad priora**) und noch allgemeiner heisst es bei demselben zu Ter. Eun. 809: *furtum μεταληπτικῶς pro omni fraude et dolo*, so dass schliesslich die Metalepsis mit der Metonymie zusammenfällt, höchstens als besondere Art derselben zu betrachten ist. Wenn nun Quint. §. 37 es als kaum zu ertragende Metalepsis bezeichnet, wenn man den Verres *sus*, den Aelius Catus *doctus* nennen wollte, so fällt auch hier im Grunde Metalepsis mit Metonymie zusammen, nur dass eben hier die Metonymie mittelst einer Homonymie zu Stande kommt. Das stimmt denn freilich nicht ganz zu seiner Erklärung derselben, *quae ex alio tropo in alium velut viam praestat*, (hier steckt wohl in der Ueberlieferung ein Fehler) oder wenn er sagt: *est enim haec in metalepsi natura, ut inter id, quod transfertur et in quod transfertur, sit medius quidam gradus, nihil ipse significans sed praebens transitum*. Wo soll wohl, wenn man *sus* für Verres

---

*) Die Worte des Dichters lauten: *quasi tu dicas, factum id consilio meo*. Dazu bemerkt Donat: *dicas pro credas. non enim dicimus, nisi quod credimus; ab eo quod sequitur id quod praecedit: figura* μετάληψις *a posterioribus ad priora*.

sagt, ein Uebergang von einem Tropus zu einem andern stattfinden, denn sus für verres ist ein Tropus, aber doch nicht verres für Verres, oder wie soll zwischen beiden Begriffen ein dritter mitten inne liegen, *nihil ipse significans sed praebens transitum*. Denn zwischen Verres und sus liegt verres, aber das ist doch nichts weniger als nihil significans. Wenn er aber fortfährt: *quem tropum magis affectamus, ut habere videamus, quam illo in loco desideramus. nam id eius frequentissimum exemplum est, cano, canto: canto, dico. ita cano, dico: interest medium illud canto. nec diutius in eo morandum, nihil enim usus admodum video nisi, ut dixi, in comoedis* (das letzte Wort ist verdorben, wahrscheinlich mit Christ zu schreiben *in homonymis*) — so sieht man, dass er sich hier mit Worten abfindet, während ihm der Begriff selbst nicht ganz klar war.

Nur uneigentlich kann das Epitheton, lateinisch *appositum*, von einigen auch *sequens* genannt, zu den Tropen gerechnet werden. Von den Griechischen Schriftstellern wird es daher auch übergangen. Es gehört eben nur in sofern zu den Tropen, weil es einmal metaphorisch sein kann, wie *cupiditas effrenata, insanae substructiones* und solche übertragenen Epitheta dienen ganz besonders zum Schmuck der Rede, dann weil manche Epitheta mit Weglassung ihres Hauptwortes an sich als Antonomasie dienen können. Quint. VIII, 6, 40 ff. Bei Charis. p. 273 wird das Epitheton geradezu als Species der Antonomasie bezeichnet, und als weiterer Unterschied angegeben, *quod antonomasia per se accidens habet, ut cum Tydides dicitur et intellegitur Diomedes, epitheton vero habet accidens, sed cum vocabulo proprio, ut 'Saturnia Iuno'*. Die Dichter, heisst es bei Quintilian weiter, bedienen sich der Epitheta in reichem Masse, ihnen ist es genug, wenn sie überhaupt nur zu ihren Hauptwörtern passen, beim Redner dürfen sie aber nur dann angewandt werden, wenn ohne dieselben etwas fehlen und wirklich weniger gesagt sein würde, also: *o scelus abominandum, o deformem libidinem*. Müssige Epitheta dagegen sind zu verwerfen. Ohne Epitheta erscheint die Rede nackt und ungeschmückt, durch viele wird sie überladen. — Die Grammatiker unterschieden die Epitheta nach der Art ihrer Anwendung. Donat. ad Ter. Eun. 325: *ἐπίθετα autem de tribus causis nominibus adduntur: discretionis, proprietatis, ornatus: discretionis, ut 'Phrygiae molimur montibus Idae'. proprietatis, ut 'terribili imperiu seta et dentibus atris'. ornatus, ut 'alma Venus Phrygii genuit Simoentis ad undam'*. Anders Charisius l. l.: *epitheton est dictio vocabulo adiecta ornandi aut destruendi* (d. h. in tadelnder Absicht) *aut indicandi causa.* Weiter sagt er: *sumuntur autem ab animo aut a corpore aut extrinsecus. extrinsecus quae sumuntur, in plures species dividuntur: descendunt enim a genere, a loco, ab acto ('Aeneia nutrix' Caieta), ab eventu.*

Die Allegorie, *inversio*, verbirgt hinter dem wörtlichen Sinn entweder einen andern, tieferen, oder auch geradezu den entgegengesetzten, *aut aliud verbis, aliud sensu ostendit, aut etiam interim contrarium.* Quint. VIII, 6, 44 cf. Charis. p. 275. Danach hat man zwei Arten zu unterscheiden. Die letztere giebt den besonderen Tropus der Ironie mit ihren Unterarten, die erstere die eigentliche Allegorie. Bei ihr haben wir es immer mit einer fortgesetzten Reihe von Uebertragungen zu thun, selbst da, wo die Worte an sich nicht tropisch sind. Zur Allegorie gehören daher alle bildlichen Redensarten z. B. Ter. Ad. 958: *suo sibi gladio hunc iugulo.* Verg. Georg. II, 542: *et iam tempus equum fumantia solvere colla,* d. h. das Gedicht zu beendigen. Ferner Wendungen wie bei Horat. c. I, 5, 6. 13 ff. II, 1, 7. 7, 15 und in grösserem Umfang II, 5. I, 14 *(o navis, referent in mare te novi fluctus).* Bei Cornif. IV, 34, 46 werden *similitudo* (Allegorie), *argumentum* (Antonomasie) und *contrarium* (Ironie) als Unterarten der *permutatio* aufgestellt, der *oratio aliud verbis aliud sententia demonstrans.* So definirt auch Trypho p. 193 die Allegorie als λόγος ἕτερον μέν τι κυρίως δηλῶν, ἑτέραν δὲ ἔννοιαν παριστάνων καθ᾽ ὁμοίωσιν ἐπὶ τὸ πλεῖστον. Gregorius p. 215 spricht von einem nothwendigen Gebrauch der Allegorie, ὅταν ἢ δι᾽ εὐλάβειαν, ἢ δι᾽ αἰσχύνην οὐ δύνανται φανερῶς ἀπαγγεῖλαι, ὃν τρόπον παρὰ Καλλιμάχῳ ἐν ἰάμβοις τὸ πῦρ ὅπερ ἀνέκαυσας, πολλὴν πρόσω κέκρικε ἡ λόγα ἴσχε δὲ δρόμον μαργοῦντος ἵππου. ταῦτα γὰρ οὐ κυρίως εἴρηται· οὔτε γὰρ περὶ πυρός, οὔτε περὶ ἱπποδρομίας ἐστὶν ὁ λόγος, ἀλλ᾽ ὥσπερ αἰδούμενος ἐκδηλοῦν ἤλεγξε τὴν ὑπερβολὴν τῆς Θρασίτητος. — Rein für sich, sagt Quint. §. 47, wird die Allegorie in der Rede selten angewandt, sondern meist mit *apertis,* d. h. mit nicht allegorischen Bestandtheilen gemischt. Rein ist die Allegorie in einem Ciceronischen Fragment: *hoc miror, hoc queror, quemquam hominem ita pessum dare velle, ut etiam navem perforet, in qua ipse naviget.* Gemischt pro Mil. 2, 5: *equidem ceteras tempestates et procellas in illis dumtaxat fluctibus contionum semper Miloni putavi esse subeundas.* Ohne den Zusatz *in illis dumtaxat fluctibus contionum* würde die Allegorie rein sein. Am schönsten wird die

Rede, wenn in ihr das Angenehme von dreien, nämlich von Gleichniss, Allegorie und Uebertragung gemischt ist, wie bei Cic. pro Mur. 17, 35: *quod enim fretum, quem Euripum tot motus, tantas, tam varias habere putatis agitationes, commutationes, fluctus, quantas perturbationes et quantos aestus habet ratio comitiorum? dies intermissus unus, aut nox interposita saepe perturbat omnia, et totam opinionem parva non nunquam commutat aura rumoris.* Hierbei muss man besonders darauf sehen, mit derselben Art der Uebertragung aufzuhören, mit der man angefangen hat, d. h. nicht aus dem Bilde zu fallen. Viele, sagt Quintilian, fangen mit Sturm an und hören mit Feuer oder Einsturz auf, was sehr hässlich ist. In manchen Redensarten, wie *pedem conferre, iugulum petere, sanguinem mittere*, war die Allegorie schon etwas alltägliches geworden. Desgleichen in manchen historischen Beispielen, die zu reinen Redensarten geworden sind, wie *Dionysium Corinthi esse.* — Eine Allegorie, die zu dunkel ist, giebt das Räthsel, αἴνιγμα. Eine räthselhafte Ausdrucksweise ist natürlich in Prosa fehlerhaft. Dichter, welche ja die Räthsel zu einer besonderen Dichtungsart ausgebildet hatten, können sich derselben auch unter der übrigen Darstellung bedienen, wie Verg. Ecl. 3, 104. Das Räthsel ist nach Trypho p. 193 eine φράσις ἐπιτετηδευμένη κακοσχόλως εἰς ἀσάφειαν ἀποκρύπτουσα τὸ νοούμενον, ἢ ἀδύνατόν τι καὶ ἀμήχανον παριστάνουσα. Bei der Allegorie ist Ausdruck oder Gedanke dunkel, beim Räthsel beides. Vom αἴνιγμα verschieden ist der γρῖφος, wenngleich viele keinen Unterschied anerkannten, und der Begriff γρῖφος ein sehr vieldeutiger war. Doch sagt Schol. Aristid. p. 508: γρῖφος δὲ ἐστιν οὐχ, ὡς ἔνιοί φασι, ταὐτὸν τῷ αἰνίγματι· διαφέρουσι γαρ, ὅτι τὸ μὲν αἴνιγμα ὁμολογεῖ τις ἀγνοεῖν, τὸν δὲ γρῖφον ἀγνοεῖ δοκῶν ἐπίστασθαι, οἷον αἴνιγμα μέν ἐστι τὸ τί δίπουν, τί τρίπουν, τί τετράπουν; ἐνταῦθα δῆλον τὸ ἐρώτημα. γρῖφος δὲ οἷον Ἕκτορα τὸν Πριάμου Διομήδης ἔκτανεν ἀνήρ. ἐνταῦθα δοκεῖ μὲν εἰδέναι τὸ ῥηθέν, ἀγνοεῖ δέ, ὅτι Διομήδης ἦν ἀνὴρ ὁ Ἀχιλλεύς. Derselbe bezeichnet an einer andern Stelle das Räthsel als ὃν καὶ μὴ ὄν, οἷον λίθος καὶ οὐ λίθος, κίσσηρις, ἀνὴρ καὶ οὐκ ἀνήρ, εὐνοῦχος, καὶ τὰ τοιαῦτα. Die Lateinischen Grammatiker geben als stehendes Beispiel des Räthsels den Vers: *mater me genuit, eadem mox gignitur ex me,* Wasser — Eis — Wasser[*]).

---

[*]) Wahrhaft ergötzliches über die Griphen ist bei Athen. X p. 448 ff. zu lesen. Vgl. Krause in Pauly's Real-Enc. T. III S. 967 ff.

Zur zweiten Art der Allegorie also, wo die Worte gerade das Gegentheil von dem besagen, was sie zu besagen scheinen, gehört die Ironie, *illusio*. Anaxim. Rhet. 21 p. 208: εἰρωνεία δέ ἐστι λέγειν τι μὴ προσποιούμενον λέγειν, ἢ τοῖς ἐναντίοις ὀνόμασι τὰ πράγματα προσαγορεύειν. Hier wird die Figur der παράλειψις mit zur Ironie gerechnet. Trypho p. 205: εἰρωνεία ἐστὶ λόγος διὰ τοῦ ἐναντίου τὸ ἐναντίον μετά τινος ἠθικῆς ὑποκρίσεως δηλῶν. Man merkt die Ironie, sagt Quintilian, an der Aussprache, an der Person selbst, oder an der Natur der Sache. Wenn etwas davon mit den Worten nicht stimmt, so ist klar, dass die Rede eine ganz andere Absicht hat. Der Gebrauch der Ironie ist dem Redner verstattet, namentlich die ironische Anwendung von Lob oder Tadel. Beispiele der Ironie Dem. Androt. 32: ὧν ὀλιγωρήσας ὁ καλὸς κἀγαθὸς οὗτος οὐ μόνον ᾤετο δεῖν λέγειν καὶ γράφειν οὐκ ἐξόν, ἀλλὰ καὶ παρὰ τοὺς νόμους ταῦτα ποιεῖν. Timocr. 106: ὅμοιός γε — οὐ γάρ; — ὦ ἄνδρες Ἀθηναῖοι, Σόλων νομοθέτης καὶ Τιμοκράτης, ferner §. 103. 113. 181. Cic. Cat. 1, 1, 2: *nos autem viri fortes, satis facere rei publicae videmur, si istius furorem ac tela vitemus.* ib. 9, 23: *recta perge in exilium: vix feram sermones hominum, si id feceris: vix molem istius invidiae, si in exilium iussu consulis ieris, sustinebo.*

Als Unterarten der Ironie führt Quintilian σαρκασμός, ἀστεϊσμός, ἀντίφρασις und παροιμία an, endlich den μυκτηρισμός als *dissimulatus quidam sed non latens derisus*. Der Sarkasmus ist bittere Ironie, *plena odio atque hostilis irrisio* (Beda p. 616) μετὰ σεσηρότος τοῦ προσώπου λεγόμενος Herod. de fig. p. 591, bei dem sich also das Gesicht zu einem grinsenden Lachen verzieht, wenn anders diese Etymologie die richtige ist. Nach Jul. Rufin. p. 40 dagegen ist es eine versteckte Obscoenität, wie in dem Verse des Vergil Ecl. 8, 8: *novimus et qui te transversa tuentibus hircis.* Als lateinische Bezeichnung finden wir bei dem angeblichen Jul. Rufin. p. 62 den Ausdruck *exacerbatio*. Beispiele des Sarkasmus, Aesch. Ctes. 150: διώμνυτο τὴν Ἀθηνᾶν, ἦν ὡς ἔοικεν Φειδίας ἐνεργολαβεῖν εἰργάσατο καὶ ἐνεπιορκεῖν Δημοσθένει. Sarkasmus mit obscöner Anspielung ib. 162: οὗτός ποτε ὁ νεανίσκος ἑτέρων τὴν ὄψιν διαφέρων γενόμενος ᾤκησε πολὺν χρόνον ἐν τῇ Δημοσθένους οἰκίᾳ ὅτι δὲ πράττων ἢ πάσχων ἀμφίβολος ἡ αἰτία καὶ τὸ πρᾶγμα οὐδαμῶς εὔσχημον ἐμοὶ λέγειν. cf. §. 212. Giftiger Hohn liegt in der sarkastischen Bemerkung des Demosthenes über Midias Geburt, or. XVI, 149: καὶ τίς οὐκ οἶδεν ὑμῶν τὰς ἀπορρήτους, ὥσπερ ἐν τραγῳδίᾳ, τὰς τούτου γονάς; ᾧ δύο ἐναντιώτατα συμβέβηκεν εἶναι ἡ μὲν γὰρ ὡς ἀληθῶς μήτηρ ἡ τεκοῦσα αὐτόν, πλεῖστον ἁπάντων ἀνθρώπων εἶχε νοῦν, ἡ δὲ τεκοῦσα καὶ ὑποβαλομένη πασῶν ἦν ἀνοητάτη γυναικῶν. σημεῖον δέ· ἡ μὲν γὰρ ἀπέδοτο εὐθὺς γενόμενον, ἡ δ' ἐξὸν αὐτῇ βελτίω πρίασθαι ταύτης τῆς τιμῆς τοῦτον ἠγόρασεν. Der Sarkasmus kann oft in einem einzigen, unerwartet auftretenden Worte bestehen, wobei dann sein Charakter als Tropus sofort deutlich wird. Dem. Ol. III, 29: ἀλλ' ὦ τᾶν, εἰ ταῦτα φαύλως, τά γ' ἐν αὑτῇ τῇ πόλει νῦν ἄμεινον ἔχει. καὶ τί ἄν εἴπεῖν τις ἔχοι; τὰς ἐπάλξεις ἅς κονιῶμεν, καὶ τὰς ὁδοὺς ἅς ἐπισκευάζομεν, καὶ κρήνας καὶ λήρους, woselbst Rehdantz einige ähnliche Stellen aus Plato angeführt hat. Als Beispiel des Sarkasmus aus Cicero mag Cat. II, 10, 23 nachgesehen werden.

Der ἀστεϊσμός ist eine witzige Selbst-Ironie, μυκτηρισμός und χλευασμός dagegen bezeichnen die auf andre gerichtete Ironie. In der Form eines leisen Spottes geben sie den χαριεντισμός. So wenn Aesch. Ctes. 90 vom wetterwendischen Kallias sagt: ἐγκαταλιπὼν δὲ κἀκείνους καὶ πλείους τραπόμενος τροπὰς τοῦ Εὐρίπου, παρ' ὃν ᾤκει, eine Stelle, die von den alten Kritikern, wie die Scholien sagen, als gelungener χαριεντισμός besonders belobt wurde, ib. 219: οὕτω σοῦ κτλ. Uebrigens wurden diese Begriffe in der hier gegebenen Unterscheidung nicht allgemein anerkannt.

Die ἀντίφρασις ist eine λέξις διὰ τοῦ ἐναντίου ἢ παρακειμένου τὸ ἐναντίον παριστῶσα χωρὶς ὑποκρίσεως. Durch diesen Zusatz wird sie von der Ironie unterschieden und zum selbständigen Tropus gemacht, Tryph. p. 204. Charis. p. 276. Hom. II. Α 330: οὐδ' ἄρα τώ γε ἰδὼν γήθησεν Ἀχιλλεύς oder Ο 11: ἐπεὶ οὔ μιν ἀφαυρότατος βάλ' Ἀχαιῶν. Zur Antiphrasis gehört auch der Euphemismus (Eust. zu Hom. Od. α 121: ἔστι τὸ σχῆμα εὐφημισμός, ἀγαθῇ κλήσει περιστέλλων τὸ φαῦλον, ὥσπερ καὶ τὰς Ἐρινύς Εὐμενίδας διὰ τὸ εὔφημον κατωνόμαζον καίτοι δυσμενεῖς οὔσας. Bei den Rhetoren kommt der Ausdruck nicht vor. Amm. Marc. XXII, 8, 33: *indidere mari nomen inhospitale et a contrario per cavillationem Pontus Euxinus appellatur, id euethen Graeci dicimus stultum et noctem euphronen et furias Eumenidas*) unter Umständen verwandt mit der ἐπιδιόρθωσις. Feines Beispiel Dem. Lept. 115: τότε μὲν γὰρ ἡ πόλις ἡμῶν καὶ γῆς εὐπόρει καὶ χρημάτων, νῦν δ' εὐπορήσει· δεῖ γὰρ οὕτω λέγειν καὶ μὴ βλασφημεῖν. Hier umgeht der Redner das Eingeständniss der gegenwärtigen schlechten Finanzlage Athens zugleich mit einem Seitenhieb auf Leptines, der gerade durch den Hinweis auf dieselbe seinem Gesetz

Eingang zu verschaffen gesucht hatte. — Ferner die Litotes und das Oxymoron. Erstere findet sich als Kunstausdruck nur bei Servius (zu Verg. Georg. I, 125: *dicitur λιτότης figurae genus, qua res magna modestiae causa extenuatur verbis.* Aen. I, 77: *litotes fit, quotienscunque minus dicimus, et plus significamus per contrarium intellegentes.* I, 387: *litotes figura per contrarium significans*) und Porphyrio und in einzelnen späteren Zusätzen der Horazscholien. Die Litotes ist, wie die obigen Beispiele zeigen, von der Antiphrasis nicht verschieden. Manche Rhetoren hatten dafür den Ausdruck ἀντεναντίωσις, Alex. Num. p. 481. Zon. p. 649. Carm. de fig. v. 163. Wenn aber der Ausdruck *amando perdere* bei Hor. c. I, 8, 2 von Acro als κατ' ἀντίφρασιν gesagt betrachtet wird, so könnte er ebensogut als Oxymoron bezeichnet werden. Aehnlich Ter. Eun. 243: *nil quom est, nil defit tamen*, was Donatus als ὀξύμωρον bezeichnet, und wozu er als weitere Beispiele anführt Verg. IX, 695: *sequiturque sequentem* und Cic. Cat. I, 8, 21: *cum tacent, clamant.* Wirkliche Oxymora d. h. die Verbindung eines Subjects mit einem sein Wesen negirenden Prädicat finden sich häufig bei Dichtern. Hom. Od. σ, 73: Ἶρος ἄιρος. Soph. Phil. 897: ὕπνος ἄυπνος. Aesch. Prom. 545: ἄχαρις χάρις ib. 904: ἀπόλεμος πόλεμος ἄπορα πόριμος. Ag. 1142: νόμος ἄνομος. Eum. 457: ἄπολις πόλις ib. 1033: παῖδες ἄπαιδες. Pers. 680: νᾶες ἄναες. In rednerischer Prosa sind sie sehr selten. Andoc. I, 67: πίστις τῶν ἐν ἀνθρώποις ἀπιστοτάτη. Cic. Phil. I, 2, 5: *qui illam insepultam sepulturam effecerunt.* Jun. Gallio bei Sen. Controv. I, 2, 12: *pro pudicitia impudice rogasti*[*]). — Die παροιμία endlich ist nach Trypho p. 206, der sie unter allen griechischen Technikern allein erwähnt, die ironische Anwendung eines Sprichworts, oder eine sprichwörtliche Redensart, vgl. Charis. l. l. Beda p. 616.

Die Periphrasis, *circumlocutio, circuitio, circuitus eloquendi*, drückt durch mehrere Worte das aus, was sich mit einem, oder doch wenigeren sagen lässt, Quint. §. 59, daher auch μακρολογία genannt, Donat. zu Ter. Ad. 241. Häufig ist sie rein grammatischer Art, denn schon Wendungen wie das Thucydideische τὰ τῶν

---

[*]) Beispiele in Menge aus Dichtern geben Rittershus. ad Opp. Cyneg. 1, 260. Voss. Comm. rhet. V, 7 p. 407 ff. Ein neuerdings mehrfach citirtes Beispiel findet sich bei August. de trin. V, 1: *deus sine qualitate bonus, sine quantitate magnus, sine indigentia creator, sine situ praesens, sine habitu omnia continens sine loco ubique totus, sine tempore sempiternus, sine ulla sui mutatione mutabilia faciens nihilque patiens.*

πόλεων für αἱ πόλεις sind periphrastischer Art, oder sie schlägt in das phraseologische Gebiet ein, wie τρόπαιον ἱστάναι bei Lysias für νικᾶν, τὸν βίον διάγειν für ζῆν. Manchmal, sagt Quintilian, ist die Periphrasis nöthig, wenn man etwas anstössiges zu bezeichnen hat, wie bei Sallust: *ad requisita naturae*. Verg. Aen. VIII, 405: *placidumque petivit coniugis infusus gremio per membra soporem*. Anderwärts dient sie rein zum Schmuck, wie besonders bei den Dichtern. Bekannt sind die Homerischen Beispiele βίη Ἡρακληείη, μένος Ἀτρείδαο, ἲς Τηλεμάχοιο und ähnliches. Verg. Aen. IV, 584: *et iam prima novo spargebat lumine terras Tithoni croceum linquens Aurora cubile*. So ist es Periphrasis, wenn Hor. c. I, 12, 49 den Juppiter bezeichnet durch die Worte: *gentis humanae pater atque custos orte Saturno*, oder wenn er IV, 6, 18 *nescios fari pueros* statt *infantes* sagt. Beispiel bei Cornif. IV, 32, 43: *Scipionis providentia Karthaginis opes fregit: uam hic, nisi ornandi ratio quaedam esset habita, Scipio potuit et Karthago simpliciter appellari*. Dass periphrastische Wendungen unter Umständen auch zur Amplification einer Sache dienen können — wie denn Trypho p. 197 dies gleich in seiner Definition dieses Tropus ausspricht, zeigt Isocr. or. IV, 110: οἱ μικρὰς μὲν ποιήσαντες εἶναι τὰς τῶν προγεγενημένων ἀδικίας statt οἱ ὑπερβαλόντες. Als περισσολογία wird die Periphrasis zum Fehler. Quint. §. 61.

Das Hyperbaton, *verbi transgressio*, ist eine freiere Wortstellung des Schmuckes halber, um der Rede Rhythmus zu verleihen, z. B. Cic. pro Cluent. 1: *animadverti iudices omnem accusatoris orationem in duas divisam esse partes* statt *in duas partes divisam esse*. Quint. §. 62. Trypho sagt einfach ὑπερβατόν ἐστι λέξις μετακεκινημένη ἀπὸ τῆς ἰδίας τάξεως. Im allgemeinen beschränkt sich seine Anwendung in der rednerischen Prosa auf die Hervorhebung eines bedeutsamen Begriffs durch seine Stellung zu Anfang oder am Schluss des Satzes. z. B. Cic. pro Mil. 4: *silent leges inter arma*. de off. III, 11: *est hominum naturae, quam sequi debemus, maxime inimica crudelitas*. Die Stellung zu Anfang ist pathetischer. Allzu oft angewendet giebt das Hyperbaton der Rede etwas geziertes und künstliches. Dies war bei Hegesias der Fall, ein Misbrauch auf welchen Dionys aufmerksam macht[*]. Trypho unterscheidet das ὑπερβατὸν ἐν λέξει, dies ist die sogenannte Tmesis, und das ὑπερβατὸν ἐν λόγῳ, wie bei Homer Il. *B* 333:

---

[*] Vgl. Blass Griech. Bereds. S. 28 f.

ὡς ἔφατ' Ἀργεῖοι δὲ μέγ' ἴαχον, ἀμφὶ δὲ νῆες
σμερδαλέον κονάβησαν ἀυσάντων ὑπ' Ἀχαιῶν
μῦθον ἀγασσάμενοι Διομήδεος ἱπποδάμοιο.

Von beiden unterscheidet er als besonderen Tropus die Anastrophe als λέξις, ἣν ἐχρῆν προηγεῖσθαι, δευτέραν ἔχουσα τάξιν. Die lateinischen Grammatiker dagegen unterscheiden zunächst vier Arten: *anastropha, diacope* oder *tmesis, dialysis* oder *parenthesis* und *synchysis*. Charis. p. 275. Diomed. p. 460. Die Anastrophe findet bei blos zwei Worten statt, und ist in der Regel die Nachstellung der Praeposition, wie *mecum, secum, quibus de rebus*. Verg. Aen. V, 663: *transtra per et remos*. Aber Donat hält es auch für Anastrophe, wenn Terenz *i prae* statt *praei* und *primum iam* sagt. In griechischer Prosa finden sich derartige Umstellungen äusserst selten; sie waren dem wirklichen Leben, wie Arist. poet. c. 22 ausdrücklich angiebt, völlig fremd. Doch lesen wir bei Andoc. de myst. 34: εἰρήνης πέρι. Diacope oder Tmesis ist die Trennung eines Compositi durch ein dazwischen geschobenes Wort, wie *septem subiecta trioni* bei Verg. Georg. III, 381. Von Tmesis sprechen die lateinischen Grammatiker auch dann, wenn *cumque* von dem dazu gehörigen Pronomen getrennt ist, z. B. Ter. Andr. 63: *cum quibus erat cumque una**). Dialysis oder Parenthesis findet statt, wenn die zusammengehörige Construction eines Satzes durch Einschaltung eines andren Satzes getrennt wird. So in der angeführten Stelle aus Homer. Ferner Verg. Aen. XI, 12: *tum socios, namque omnis cum stipata tegebat turba ducum, sic incipiens hortatur ovantis*. Merkwürdig Iuv. XII, 70:   tum gratus Iulo
   atque novercali sedes praelata Lavino
   conspicitur sublimis apex.
Die Synchysis ist ein dunkles Hyperbaton. Dafür das bereits auf S. 340 angeführte Beispiel aus Verg. Aen. I, 108:
   Iris Notus abreptas in saxa latentia torquet,
   saxa vocant Itali, mediis quae in fluctibus, Aras.
Quintilian bemerkt übrigens sehr richtig, dass das Hyperbaton genau genommen kein Tropus sei, weil durch dasselbe nichts am Sinne geändert werde, sondern eine Wortfigur, wie denn auch viele dies angenommen hätten. In der That wird es von Phöbammon mit unter den Wortfiguren aufgezählt. Einen wirklichen Tropus haben wir aber bei der von Quintilian übergangenen Hystero-

---
*) Seltnere Tmesen aus Lateinischen Dichtern und Prosaikern weist nach I. Bekker Homer. Blätter S. 309. 812.

gic, oder dem *πρωθύστερον* (*ύστερον πρότερον* Cic. ad Att. I, 16, 1. Diomed. l. 1. Serv. ad Verg. Aen. XI, 243), welches von Diomedes als fünfte Art des Hyperbaton genannt wird. Es ist dies der *suusuum ordo praepostorus*, ein Tropus, bei welchem man das, was man zuerst sagen müsste, an späterer Stelle sagt, vgl. Greg. Cor. p. 225. Choerob. p. 255. Bei Homer ist dieser Tropus sehr häufig. Das für den Gedanken wichtigere wird vorangestellt, das nebensächliche, wenngleich der Zeit nach vorhergehende, folgt nach. Vgl. Od. δ 476. ε 264. τ 535: *ἀλλ' ἄγε μοι τὸν ὄνειρον ὑπόκριναι καὶ ἄκουσον*. Il. *Α* 251: *ἅμα τράφεν ἠδ' ἐγένοντο*. Danach Soph. Oed. R. 1091: *ὦ Κιθαιρὼν — οὐκ ἔσει τὰν αὔριον πανσέληνον, μὴ οὐ σέ γε καὶ πατριώταν Οἰδίπου καὶ τροφὸν καὶ ματέρ' αὔξειν*, vgl. v. 820. Eur. El. 973. Suppl. 919. Verg. Aen. I 179: *et torrere parant flammis et frangere saxo*. II, 353: *moriamur et in media arma ruamus*). In Prosa ist die Hysterologie sehr selten, wie etwa im Anschluss an Homer *τροφήν καὶ γένεσιν* bei Xen. Mem. III, 5, 10. Plat. rep. IV p. 436 A und einiges unbedeutende bei Thucydides.

Der letzte Tropus, die Hyperbel, *ὑπερβολή*, ist eine zierliche Uebertreibung der Wahrheit, um eine Sache zu vergrössern oder zu verkleinern, Quint. VIII, 6, 67. Cornif. IV, 33**). Tryph. p. 198. In ihrer praktischen Anwendung kann sie freilich den Charakter des Zierlichen vollständig verlieren, wie bei Dem. de cor. 21: *ὁ σός, Αἰσχίνη, κοινωνός, οἐχ ὁ ἐμός, οὐδ' ἐὰν σὺ διαρραγῇς ψευδόμενος*, was Cicero nachahmt de domo 37, 90: *quare — disrumpatur licet illa furia atque audiat haec ex me, quoniam laccessivit — bis servari*. Weitere Beispiele der Hyperbel giebt dieselbe Rede des Demosthenes §. 296: *ἐπιλείψει με λέγοντα ἡ ἡμέρα τὰ τῶν προδοτῶν ὀνόματα*. Timocr. 177: *ἀλλ' ἐπὶ τούτοις γ' εἴ μηδὲν ἄλλο ἠδίκουν τὴν πόλιν, τρὶς οὐχ ἅπαξ τεθνάναι δικαίως ἄν μοι δοκοῦσι*. ib. 207. de falsa 110. Mid. 21. 118: *πῶς οὐ δεκάκις, μᾶλλον δὲ μυριάκις δίκαιός ἐστ' ἀπολωλέναι*. ib. 129: *πάντα μὲν δὴ τὰ τούτῳ πεπραγμένα οὔτ' ἂν ἐγὼ δυναίμην πρὸς ὑμᾶς εἰπεῖν, οὔτ' ἂν ὑμεῖς ὑπομείναιτ' ἀκούειν, οὐδ' εἰ τὸ παρ' ἀμφοτέρων ἡμῶν ὕδωρ ὑπάρξειε πρὸς τὸ λοιπὸν πᾶν τό τ' ἐμὸν καὶ τὸ τούτου προστεθέν, οὐκ ἂν ἐξαρκέσειεν*. Phil. III, 26: *δύο καὶ τριάκοντα πόλεις ἐπὶ Θρᾴκης ἐώ, ἃς ἁπάσας οὕτως ὠμῶς ἀνῄρηκεν*,

---

*) Vgl. Nitzsch Anmerk. zur Od. Th. 2 S. 19. Schoemann zu Plat. Cleom. S. 236. Classen Beobachtungen S. 200.

**) S. Kaysers Commentar S. 300.

ώστε μηδ' εί πώποτε ώκήϑησαν προσελϑόντ' είναι ῥᾴδιον
είπεῖν. Als Beispiel einer Hyperbel zur Verkleinerung giebt
Trypho eine Stelle aus Diphilus von einer hässlichen Frau, welche
ὁ πατὴρ ἐφίλησεν οὐδὲ πώποτε,
παρ' ἧς τόν ἄρτον ἡ κύων οὐ λαμβάνει,
μέλαινα δ' οὕτως, ὥστε καὶ ποιεῖν σκότος.
Charis. p. 275 und Diom. p. 461 geben das Epigramm: *extractam
puteo situlam qui ponit in horto alterius, standi non habet ipse locum*,
und letzterer verweist noch auf Verg. Aen. VII, 808 ff. — Die
Hyperbel entsteht nach Quintilian auf verschiedene Weise. Entweder
nun sagt mehr als geschehen ist, oder geschehen kann, im
letzteren Falle also geradezu unmögliches, z. B. Cic. Phil. II, 25:
vomens frustis esculentis gremium suum et totum tribunal implevit.
Hom. Il. Δ 443: *οὐρανῷ ἐστήριξε κάρη*. Hor. c. I, 1, 36: *sublimi
feriam sidera vertice*. Verg. Aen. I, 162: *geminique minantur in
coelum scopuli*. Oder wir heben die Dinge durch ein mehr oder
minder ausgeführtes Gleichniss, wie Verg. Aen. VIII, 691:
credas innare revulsas Cycladas, oder durch eine Vergleichung,
d. h. einen Comparativ, wie Aen. V, 319: *fulminis ocior alis* Hom.
Il. Λ 249: *τοῦ καὶ ἀπὸ γλώσσης μέλιτος γλυκίων ῥέεν αὐδή*, oder
durch eine einfache Metapher. Eine sehr schöne Hyperbel mittelst
einer Personification (σωματοποιία) am Schlusse einer Reihe unwilliger
Ausrufungen bei Ter. Ad. 760: *ipsa si cupiat Salus, servare
prorsus non potest hanc familiam*. Ueberhaupt ist es für die
Hyperbel charakteristisch, dass sie sich gern durch andre Tropen
und Figuren, wie Metapher, Metonymie, Synekdoche, Antiphrasis,
überhaupt Ironie und Ausrufungen zu stützen oder zu verstärken
sucht. Man kann auch Hyperbel auf Hyperbel häufen, z. B. Cic.
Phil. II, 27: *quae Charybdis tam vorax? Charybdin dico? quae
si fuit, fuit animal unum: Oceanus, medius fidius, vix videtur tot res,
tam dissipatas, tam distantibus in locis positas, tam cito absorbere
potuisse*. Die Hyperbel darf aber nie masslos sein, gerade dadurch
verfällt man am leichtesten in Kakozelie*). Vgl. Demetr. de

---

*) Aristid. Panath. p. 125 (T. I p. 208) sagt am Ende der Beschreibung
seiner Schlacht bei Marathon, da wo er das wirre Gedränge der Perser nach
den rettenden Schiffen berichtet: ὥστε οἱ τοῦ αἵματος ῥύακες ἦρχον ἐν νοτίῳ
ταῖς ναυσὶν εἶναι. Dazu bemerkt der Scholiast p. 185: δοκεῖ κούφον
(d. i. ψυχρόν, κακόζηλον) εἶναι τὸ λεγόμενον· πέλαγος γὰρ αἵματος ὑποτίϑεται,
ἀλλ' ὅτε, φησίν (?), ἔνδοξον τὸ πρόσωπον τὸ ἐγκωμιαζόμενον, εἴτε
βασιλεύς, εἴτε πόλις ἐπίσημος, ἔξεστι χρῆσθαι τῇ ὑπερβολῇ. Gerade bei
Aristides sind übertriebene frostige Hyperbeln nichts selteneu. or. XIV, 201

eloc. 124 ff. Auch bei Horaz streifen manche Hyperbeln an das Frostige an, wie das berüchtigte *contracta pisces aequora sentiunt* c. III, 1, 33, namentlich aber manche Wendungen in der allerdings sehr verdächtigen Ode I, 2. Sehr übertrieben Stat. Ach. I, 426 ff. Die Hyperbel ist am meisten am Platze, sagt Quintilian, wenn die Sache wirklich das natürliche Mass überschreitet. Dann können wir eben nicht sagen, wie sie ist, und es ist uns verstattet, mehr zu sagen, um nicht zu wenig zu sagen. Im Allgemeinen bemerkt Arist. Rhet. III, 11 p. 145 die Hyperbel sei von jugendlicher Art (μειρακιώδης) da sie eine gewisse Heftigkeit andeute, daher sie auch von Zornigen besonders angewandt werde. Er verweist auf Hom. Il. *A* 385. Uebrigens kann sich die Hyberbel auch auf Zukünftiges beziehen, und daher in der commiseratio ihren Platz finden. Dahin gehört es, wenn Antiph. Tetr. II, 3, 10 kurz vor dem Schluss der Rede sagt: ἐπί τε γὰρ τῇ τούτου διαφθορᾷ ἀβίωτον τὸ λειπόμενον τοῦ βίου διάξω, ἐπεί τε τῇ ἐμαυτοῦ ἀπαιδίᾳ ζῶν ἔτι κατορυχθήσομαι. Eine Hyperbel im Prooemium haben wir bei Lys. or. VII, 1: νυνὶ δὲ οὕτως ἀπροσδοκήτως αἰτίαις καὶ πονηροῖς συκοφάνταις περιπέπτωκα, ὥστ᾽ εἴ πως οἱόν τε, δοκεῖ μοι δεῖν καὶ τοῖς μὴ γεγονόσιν ἤδη δεδιέναι περὶ τῶν μελλόντων ἔσεσθαι. Ueberhaupt liebt es Lysias gerade im Prooemium sich einer Hyperbel zu bedienen, um eben die Sache, über die er spricht, als in ihrer Art ganz ausserordentlich darzustellen und dadurch die Aufmerksamkeit der Zuhörer zu erregen. So or. XII, 1: τοιαῦτα αὐτοῖς τὸ μέγεθος καὶ τοσαῦτα τὸ πλῆθος εἴργασται, ὥστε μήτ᾽ ἂν ψευδόμενον δεινότερα τῶν ὑπαρχόντων κατηγορῆσαι, μήτε τἀληθῆ βουλόμενον εἰπεῖν ἅπαντα δύνασθαι. Auf die Hyperbeln im Prooemium der Midiana machten schon die alten Techniker aufmerksam. Eine recht frostige Hyperbel haben wir in der Rede περὶ Ἁλοννήσου wo er die Menge der Fahrzeuge im Hafen von Rom hervorhebt, sagt er: ὥστε εἶναι θαυμάσαι μὴ ὅτι περὶ τοῦ λιμένος, ἀλλὰ καὶ περὶ τῆς θαλάττης, ὅτι περ ἐξαρκεῖ ὁλκάσιν. Ziemlich stark, wenn auch nicht gerade unschön, ist es, wenn er in derselben Rede p. 206 von der Schnelligkeit, mit welcher den Befehlen des Römischen Kaisers Folge geleistet wird, sagt: πάντα δὲ ἐξ ἑνὸς τάγματος καὶ νεύματος τελεῖται ῥᾷον ἢ τις ἂν χορδὴν ψήλειε, κἄν τι γινέσθαι δέῃ, ἀπόχρη δόξαι, καὶ πέπρακται. Geschmackvoller ist eine ähnliche Wendung bei Plin. Paneg. c. 30: tam velox, Caesar, potentia tua est, tumque in omnia pariter intenta bonitas et accincta, ut tristius aliquid saeculo tuo possis ad remedium salutemque sufficial, ut scias. — Beachtenswerthe Bemerkungen über Wesen und Anwendung der Hyperbel findet man in der Abhandlung von B. G. Welske de hyperbole errorum in historia Philippi commissorum genitrice, Misn. 1819.

§. 45: ὅσοι δ' Ἀθηναῖοι ὄντες μὴ τῇ πατρίδι, ἀλλὰ Φιλίππῳ εὔνοιαν ἐνδείκνυνται, προσήκει αὐτοὺς ὑφ' ὑμῶν κακοὺς κακῶς ἀπολωλέναι, εἴπερ ἡμεῖς τὸν ἐγκέφαλον ἐν τοῖς κροτάφοις καὶ μὴ ἐν ταῖς πτέρναις καταπεπατημένον φορεῖτε. Libanius hatte Recht, diese Stelle zum Beweis der Unächtheit der Rede anzuführen, indem er sagt: ὁ μὲν γὰρ Δημοσθένης εἴωθε παρρησίᾳ χρῆσθαι, τοῦτο δὲ ὕβρις ἐστὶ καὶ λοιδορία μέτρον οὐκ ἔχουσα. εὐτέλειά τε αὐτῷ δεινὴ πρόσεστι κατὰ τὴν ἑρμηνείαν. πρὸς δὲ τούτοις καὶ εὔηθες τὸ νομίζειν ἐν τοῖς κροτάφοις ἔχειν τοὺς ἀνθρώπους τὸν ἐγκέφαλον. So urtheilte Libanius sicherlich nach dem Vorgange älterer Gewährsmänner. Auch der Verfasser der Schrift περὶ ὕψους §. 39 nahm an dieser Stelle Anstoss.

§. 46.
Weitere Steigerung der Deutlichkeit und Angemessenheit des Ausdrucks.
Amplification und Sentenzen.

Eine Darstellung, welche bereits allen von Seiten der Deutlichkeit an sie zu stellenden Anforderungen genügt, wird einen weiteren Schmuck dadurch erhalten, dass sie in ihren erzählenden und beschreibenden Partien sich zu einer lebendigen Schilderung der Thatsachen erhebt. Es ist sicherlich ein grosser Vorzug, wenn der Redner die Dinge, über welche er spricht, so lebendig und anschaulich zu schildern versteht, dass der Zuhörer sie gleichsam mit eignen Augen zu sehen vermeint. Dies thut die ἐνάργεια (s. oben S. 226), welche mehr ist als die blose Deutlichkeit, Quint. VIII, 3, 61 ff. Dionysius, der auch diese Eigenschaft mit Recht als eine dem Stil des Lysias ganz besonders zukommende hervorhebt, definirt sie als δύναμις ὑπὸ τὰς αἰσθήσεις ἄγουσα τὰ λεγόμενα, und sagt von ihr, sie entstehe ἐκ τῆς τῶν παρακολουθούντων λήψεως, d. h. doch wohl aus der Gabe der lebendigen Auffassung der für die Gegenstände charakteristischen Merkmale und deren Wiedergabe durch geschickte Rede, iud. de Lys. 7 p. 243. Sie hängt denn auch mit der vielgerühmten Virtuosität dieses Redners in der Kunst der Charakterzeichnung, der ἠθολογία, zusammen. Wir haben es bei der ἐνάργεια gleichsam mit einem kunstvollen Gemälde in Worten zu thun. Als Beispiele giebt Quintilian eine Stelle aus Cic. in Verr. V, 33: *stabit soleatus praetor populi Romani cum pallio purpureo tunicaque talari muliercula nixus in litore*, und eine andre aus der Rede pro Q. Gallio:

videbar videre alios intrantes, alios vero exeuntes, quosdam ex vino vacillantes, quosdam hesterna ex potatione oscitantes. humus erat immunda, lutulenta vino, coronis languidulis et spinis cooperta piscium. Er selbst giebt ein schönes Beispiel von der Schilderung einer zerstörten Stadt: *At si aperias haec, quae verbo uno inclusa erant* (nämlich expugnatam esse civitatem), *apparebunt effusae per domus ac templa flammae et ruentium tectorum fragor et ex diversis clamoribus unus quidam sonus, aliorum fuga incerta, alii extremo complexu suorum cohaerentes et infantium feminarumque ploratus et male in illum usque diem servati fato senes; tum illa profanorum sacrorumque direptio, efferentium praedas repetentiumque discursus et acti ante suum quisque praedonem catenati et conata retinere infantem suum mater et, sicubi maius lucrum est, pugna inter victores.* Eben das Zerlegen in die Theile lässt bei der Schilderung die Sache selbst grösser erscheinen, wie Arist. Rhet. I, 7 p. 30 unter Anführung von Homer Il. I 592—94 bemerkt:

κήδε᾽ ὅσ᾽ ἀνθρώποισι πέλει, τῶν ἄστυ ἁλῴη,
ἄνδρας μὲν κτείνουσι, πόλιν δέ τε πῦρ ἀμαθύνει,
τέκνα δέ τ᾽ ἄλλοι ἄγουσι βαθυζώνους τε γυναῖκας,

einer überhaupt vielfach im Alterthum citirten Stelle[*]. Auch Hermogenes führt sie an, p. 453, als Beleg des tragischen Ausdrucks und findet ihre Paraphrase, wie schon vor ihm Theo Progymn. p. 63, bei Dem. de falsa 65. Frägt man aber nach den Mitteln und Wegen, diesen Hauptvorzug der Darstellung zu erlangen, so wird man wohl mit Quint. §. 71 antworten müssen: *huius summae virtutis facillima est via. naturam intueamur, hanc sequamur. omnis eloquentia circa opera vitae est, ad se refert quisque, quae audit, et id facillime accipiunt animi, quod agnoscunt.*

Ein ferneres, vorzügliches Mittel, um den Gegenständen unserer Darstellung Licht und Klarheit zu verschaffen, sind Bilder und Gleichnisse, *similitudines*. Die Griechischen Ausdrücke dafür sind εἰκών, εἰκασία, παραβολή. Von ihnen war bereits oben S. 189 unter den Beweismitteln die Rede. Hier handelt es sich lediglich um diejenigen, welche zur Veranschaulichung einer Sache dienen, *quae ad exprimendam rerum imaginem compositae sunt.* Als Hauptregel für ihre Anwendung stellt Quint. §. 73 die Vorschrift auf, dass das, was man der Aehnlichkeit halber herbeizieht, nie dunkel oder unbekannt sein darf; denn alles, was zur Be-

---

[*] s. Heyne zu Hom. Il. T. V. p. 667.

leuchtung einer andern Sache herangezogen wird, muss selbst heller sein, als das, was es erleuchtet, gegen welche Regel wohl ein Dichter sich Ausnahmen gestatten darf (Verg. Aen. IV, 143), nie aber ein Redner. So lange es nicht von einem wirklich entlegenen und deshalb unbekannten Gegenstande entlehnt ist, wird Quintilian Recht haben, wenn er sagt, *quo quaeque longius petita est, hoc plus affert novitatis et inexpectata magis est*. Natürlich muss es wirklich passen und darf nicht an sich falsch sein, wie in dem Beispiel, das Quintilian aus den Declamationen seiner Jugendzeit, obenein als ein vielbewundertes anführt: *magnorum fluminum navigabiles fontes sunt*, und *generosioris arboris statim planta cum fructu est*. Das Gleichniss kann nun der Sache, zu deren Erlaeuterung es dienen soll, entweder folgen, oder vorangehen, es kann ferner blos angedeutet, oder wirklich ausgeführt sein. Am besten ist es, Sache und Gleichniss in correspondirenden Gliedern gleich mit einander zu verknüpfen. Dies giebt die ἀνταπόδοσις, die *redditio contraria*[*]. Quintilian führt zwei Beispiele aus Cicero pro Murena an, nemlich 13, 29: *ut sicut in Graecis artificibus eos auloedos esse, qui citharoedi fieri non potuerint; sic nonnullos videmus, qui oratores evadere non potuerunt, eos ad iuris studium devenire*, oder c. 17, 36: *nam ut tempestates saepe aliquo certo caeli signo commoventur, saepe improviso nulla ex certa ratione, obscura aliqua ex causa concitantur: sic in hac comitiorum tempestate populari saepe intellegas, quo signo commota sit; saepe ita obscura est, ut casu excitata esse videatur*. Im Ganzen sind die Gleichnisse jedoch in den Rednern nicht allzu häufig. Isokr. or. I, 52: ὥσπερ γὰρ τὴν μέλιτταν ὁρῶμεν ἐφ' ἅπαντα μὲν τὰ βλαστήματα καθιζάνουσαν, ἀφ' ἑκάστου δὲ τὰ βέλτιστα λαμβάνουσαν, οὕτω δεῖ καὶ τοὺς παιδείας ὀρεγομένους μηδενὸς μὲν ἀπείρως ἔχειν, πανταχόθεν δὲ τὰ χρήσιμα συλλέγειν[**]. Aesch. Ctes. 199. Dem. or. I, 15. II, 10. 21. III, 38. IV, 40. V, 12. IX, 69. XVIII, 194. 243. Cic. pro Mur. 2, 4. Einkleidung eines Gleichnisses in Form einer Erzählung, so dass es also zugleich als Beispiel dient, Dem. Timocr. 212 ff.

[*] τῶν παραβολῶν αἱ μέν εἰσιν ἀποδιδόμεναι — αἱ δὲ ἀνταπόδοτοι, Schol. Arist. p. 12. — P. 23, 19 ist παραβολή statt παρεμβολή zu lesen; umgekehrt bei Dionys. ad Pomp. p. 46 in der Beurtheilung des Theopomp.: ἔστι δὲ ᾗ καὶ κατὰ τὸν πραγματικὸν τύπον ἁμαρτάνει, καὶ μάλιστα κατὰ τὰς παρεμβολάς statt παραβολάς.

[**] Vom Simonides entlehnt und sonst oft gebraucht, s. Wyttenb. Plut. Mor. T. I. p. 209.

Die Griechischen Ausdrücke εἰκών und παραβολή werden vielfach synonym gebraucht. Manche Rhetoren unterschieden aber das Bild (εἰκών) vom Gleichnis durch seine grössere Anschaulichkeit. Minuc. π. ἐπιχ. 2 p. 410: ἡ δὲ εἰκὼν ἔστι μὲν ἡ αὐτὴ τῇ παραβολῇ, ἐναργέστερον δὲ ποιεῖ τὸν λόγον, ὥστε μὴ μόνον ἀκούειν, ἀλλὰ καὶ ὁρᾶν δοκεῖν, οἷον πορεύεται διὰ τῆς ἀγορᾶς Ἀριστογείτων, ὥσπερ ὄφις ἢ σκορπίος ἠρκὼς τὸ κέντρον, ἧττον τῇδε κἀκεῖσε. τὸ μὲν γὰρ ὥσπερ ὄφις παραβολή. So wird auch die Stelle in Dem. Arist. 182: ὥσπερ γὰρ Χαλκὶς τῷ τόπῳ τῆς Εὐβοίας πρὸς τὴν Βοιωτίαν κεῖται, οὕτω Χερρονήσου κεῖται πρὸς τῆς Θρᾴκης ἡ Καρδιανῶν πόλις von Greg. Cor. VII, 2 p. 1150 als εἰκών bezeichnet. Der Grund aber für die verhältnissmässig seltene Anwendung von Bildern und Gleichnissen liegt darin, dass sie dem Ausdruck eine poetische Färbung geben, die nur unter Umständen angemessen ist. Arist. Rhet. III, 4 p. 129. Deshalb müssen sie auch kurz gehalten sein, Demetr. de el. 89**).

Nicht genug aber, sagt Quint. VIII, 3, 81, eine Sache anschaulich zu schildern, muss man dies auch bündig (*circumcise*) und schnell thun, nicht sowohl durch die Figur der Brachylogie, die eben nur das sagt, was nöthig ist, sondern durch eine Kürze, die mit wenigen Worten vieles umfasst, wie bei Sallust: *Mithridates corpore ingenti, proinde armatus*, wozu Burmann aus Flor. III, 2, 2: *atrox coelum, perinde ingenia* anführt. Freilich darf man bei dem Streben nach Kürze nicht in Dunkelheit verfallen. Ein dem verwandter, aber bedeutenderer Vorzug ist die ἔμφασις, die einen tieferen Sinn gewährt, als die Worte an sich enthalten. Die eine Art derselben deutet mehr an, als sie sagt, die andre selbst das, was sie nicht sagt. Ein Beispiel der ersteren Art giebt Homer, Od. λ 523, wo Ulysses zu Achill in der Unterwelt sagt εἰς ἵππον κατεβαίνομεν, hier zeigt der Dichter mit einem Zeitwort des Pferdes Grösse an. Plut. de vit. et poes. Hom. II, 26: ἐν τῷ κατεβαίνομεν τὸ μέγεθος τοῦ ἵππου ἐμφαίνει. Ebenso Ps. Herodian in Boissonad. Anecd. III p. 261. Offenbar ist die

---

**) Manche Techniker behandelten übrigens das Gleichnis unter dem Namen ὁμοίωσις als Tropus und unterschieden drei Arten derselben, εἰκών, παραβολή und παράδειγμα. Ihnen folgt Charis. p. 277. Ihm ist übrigens die εἰκών blos *personarum corumve quae personis accidunt comparatio, ut os humerosque deo similis*. Das παράδειγμα definirt er als *rei praeteritae relatio adhortationem dehortationemve significans*.

Emphasis mit der Allegorie verwandt, daher lautet auch die Erklärung Herodians: ἔμφασις δι' ὑπονοίας ἐπίτασιν τοῦ λεγομένου παρίστησιν. Aehnlich Eust. zu Hom. Il. E p. 576. ὑπόνοια ist ja nur ein andrer Name für Allegorie, cf. Plut. de aud. poet. c. 4. Den Homerischen Ausdruck ahmte Verg. Aen. II, 262 nach, wenn er sagt: *demissum lapsi per funem*. Die zweite Art der Emphase zeigt sich in der Unterdrückung eines Wortes, oder der absichtlichen Unterbrechung der Rede. Cic. pro Lig. 5, 15: *Si in hac tanta tua fortuna lenitas tanta non esset, quam tu per te, per te inquam, obtines: intellego, quid loquar*. Cicero verschweigt hier, aber nichts desto weniger verstehen wir, dass es nicht an Leuten fehlt, welche den Cäsar zur Grausamkeit antreiben. Emphasis zur Vermeidung von etwas ominösem Aesch. Ctes. 128: οἱ δ' ἄλλοι Ἀμφικτυόνες συνελέγησαν εἰς Πύλας πλὴν μιᾶς πόλεως, ἧς ἐγὼ οὔτ' ἂν τοὔνομα εἴποιμι, μηδ' αἱ συμφοραὶ παραπλήσιοι γένοιντο αὐτῆς μηδενὶ τῶν Ἑλλήνων. Es ist Theben gemeint. Von etwas anstössigem oder obscoenem Dem. Ol. II, 19. Mid. 79*). Das eigentliche Unterbrechen der Rede findet durch Aposiopese statt, von welcher bei den Figuren die Rede sein wird. Zum Schluss bemerkt Quint. §. 86: *est in vulgaribus quoque verbis emphasis: 'virum esse oportet'* **) *et 'homo est ille' et 'vivendum est'. adeo similis est arti plerumque natura*.

Er giebt darauf noch andere Arten an, die Rede auszuschmücken. Auch die ἀφέλεια, die natürliche Einfachheit, ist nicht ohne eigenthümlichen Reiz, wie man ja auch an Frauen die natürliche Schönheit liebt. Kraft und Nachdruck aber gewinnt die Rede auf mancherlei Art, hauptsächlich durch δείνωσις, Uebertreibung des Unwillens, im übrigen aber eine gewisse Erhabenheit, vgl. Quint. VI, 2, 24: *haec est illa, quae δείνωσις vocatur, rebus indignis, asperis, invidiosis addens vim oratio, qua virtute praeter alias plurimum Demosthenes valuit.*. Beispiel der δείνωσις Aesch. Ctes. 99: οἱ μὲν γὰρ ἄλλοι κτλ. ib. 137. Ferner durch φαντασία *in concipiendis visionibus.* Es ist dies aber nichts anderes als die

---

*) Zur Emphasis rechnete man auch dichterische Wendungen, wie den *Noricus ensis* bei Hor. e. I, 16, 9; woselbst Acro zu vergleichen.
**) vgl. Wunder zu Soph. Oed. Col. 889. *homo sum* wird emphatisch öfter zur Entschuldigung menschlicher Schwäche gebraucht, vgl. Ruhnken ad Rutil. p. 114. Petron. 75. 130. Juv. VI, 284. Aus Schriftstellern liesse sich dergleichen noch manches anführen, z. B. der Gebrauch von *ria* für *recta via*, ganz so wie ὁδός bei Eur. Med. 765, vgl. Ruhnken Dict. Terent. p. 27. *forma* die Körperschönheit, Verg. Aen. VIII, 303. Hor. e. II, 4, 6.

bereits erwähnte ἐνάργεια, wie sich aus VI, 2, 29 ergiebt. Weiter durch ἐξεργασία *in efficiendo velut opere proposito*, worunter wohl aber nichts weiter als Sorgfalt in der Ausführung zu verstehen ist — oben S. 208 war von der ἐξεργασία der Beweisgründe die Rede — und die damit verbundene ἐπεξεργασία, *repetitio probationis eiusdem et cumulus ex abundanti*. Verwandt mit diesen Mitteln ist die ἐνέργεια, der zu Folge das, was man sagt, nicht müssig, sondern eben wirksam ist. Man bedient sich ferner der Bitterkeit und Schärfe des Ausdrucks. Die eigentliche Kraft des Redners liegt aber in der Vergrösserung und Verkleinerung einer Sache. Dabei vergegenwärtige man sich, was über die sachliche Amplification bereits in §. 27 gesagt ist.

Die erste Art eine Sache zu vergrössern oder zu verkleinern, liegt nach Quintilian in der Wahl ihrer Bezeichnung. Der Eindruck wird noch dadurch vergrössert, dass man die stärkeren Ausdrücke mit den schwächeren, an deren Stelle sie treten sollen, zusammenstellt. Ein schönes Beispiel giebt Cic. in Verr. I, 3: *non enim furem sed ereptorem, non adulterum sed expugnatorem pudicitiae, non sacrilegum sed hostem sacrorum religionumque, non sicarium sed crudelissimum carnificem civium sociorumque in vestrum indicium adduximus*. Ausserdem zerfällt ihm die Amplification hauptsächlich in vier Arten, *incrementum, comparatio, ratiocinatio, congeries*.

Davon ist das incrementum, die Steigerung (sie darf nicht mit der Klimax oder *gradatio* verwechselt werden, welche eine besondere, sehr seltene Steigerungsfigur ist) am wirksamsten, durch welche auch das geringere gross erscheint. Sie findet durch eine oder mehrere Stufen statt, und man gelangt durch sie mitunter gleichsam über das höchste noch hinaus, wie Cic. in Verr. V, 66: *facinus est vincire civem Romanum, scelus verberare, prope parricidium necare: quid dicam in crucem tollere?* Aesch. Ctes. 132: οὐχ ὁ μὲν τῶν Περσῶν βασιλεύς, ὁ τὸν Ἄθω διορύξας, ὁ τὸν Ἑλλήσποντον ζεύξας, ὁ γῆν καὶ ὕδωρ τοὺς Ἕλληνας αἰτῶν, ὁ τολμῶν ἐν ταῖς ἐπιστολαῖς γράφειν, ὅτι δεσπότης ἐστὶν ἁπάντων ἀνθρώπων ἀφ' ἡλίου ἀνιόντος μέχρι δυομένου, νῦν οὐ περὶ τοῦ κύριος ἑτέρων εἶναι διαγωνίζεται, ἀλλ' ἤδη περὶ τῆς τοῦ σώματος σωτηρίας; ib. 200: ὅταν δ' ὑπερπηδήσας τὴν δικαίαν ἀπολογίαν παρακαλῇς κακοῦργον ἄνθρωπον καὶ τεχνίτην λόγων, κλέπτεις τὴν ἀκρόασιν, βλάπτεις τὴν πόλιν, καταλύεις τὴν δημοκρατίαν. Eine zweite Art der Hinzufügung über das Höchste findet Quint. VIII, 4, 6 bei Verg. Aen. VII, 649:

quo pulchrior alter
non fuit excepto Laurentis corpore Turni.
Hier wird nämlich das höchste ‚quo pulchrior alter non fuit' vorweggenommen, und dann noch etwas besonderes hinzugefügt. Eine dritte Art bezeichnet ohne Stufengang etwas nicht als über das höchste hinausliegend, sondern als dasjenige, über welches hinaus es nichts höheres giebt. Als Beispiel giebt er eine Stelle aus einem ungenannten Verfasser: *matrem tuam cecidisti. quid dicam amplius? matrem tuam cecidisti*. Eine andere nicht so hervortretende, aber darum vielleicht nur um so wirksamere Art der Steigerung lässt, ohne die Rede zu gliedern und abzusetzen, immer ein grösseres Wort auf das andere folgen. So Cic. Phil. II, 25 vom Erbrechen des Antonius: *in coetu vero populi Romani negotium publicum gerens, magister equitum*, wozu Quintilian bemerkt: *singula incrementum habent, per se deforme vel non in coetu romere, in coetu etiam non populi, populi etiam non Romani, vel si nullum negotium ageret, vel si non publicum, vel si non magister equitum*. Etwas ähnliches Hor. c. III, 6, 29: *sed iussa coram non sine conscio surgit marito*.
Die Amplification durch Vergleichung, fährt Quint. §. 9 fort, hat ihre Steigerung aus kleinerem. Durch Vergrösserung des kleineren muss nothwendig auch das darüber stehende gehoben werden. Bei Cicero geht besagten Worten vorher: *si hoc tibi inter cenam et in illis immanibus poculis tuis accidisset, quis non turpe duceret?* Ferner in Cat. I, 7: *servi mehercules mei si me isto pacto metuerent, ut te metuunt omnes cives tui, domum meam relinquendam putarem**). vgl. Isocr. or. IV, 83. Aesch. Ctes. 167. 244. Mit Heranziehung eines Deispiels ib. 231. Dass ähnlich wie beim Beweise auch bei der Amplification durch Heranziehung eines verwandten Beispiels eine Sache vergrössert werden kann, bemerkt Quint. §. 11 ausdrücklich. Auch in diesem Falle lassen sich behufs der Vergrösserung einer Sache nicht blos Ganzes mit Ganzem, sondern auch Theile mit Theilen vergleichen. Cic. Cat. I, 1: *nam vero vir amplissimus P. Scipio pontifex maximus Gracchum mediocriter labefactantem statum rei publicae privatus interfecit, Catilinam orbem terrae caede atque incendio vastare cupientem nos consules perferemus?*

Unter der dritten Art, der *amplificatio per ratiocinationem* —

---

*) vgl. Halm, a. d. St.

über die Richtigkeit dieser von ihm gewählten Bezeichnung war Quintilian selbst zweifelhaft — versteht er §. 15 ff. die Vergrösserung eines mit der Sache selbst nur äusserlich zusammenhängenden Nebenumstandes, aus welcher dann von dem Hörer ein Rückschluss — deshalb der Name *ratiocinatio* — auf die Grösse der eigentlichen Sache gemacht wird. Wenn Cic. Phil. II, 25 dem Antonius seine Völlerei vorwerfen will und zu ihm sagt: *tu istis faucibus, istis lateribus, ista gladiatoria totius corporis firmitate* — so hat das zwar zunächst mit der Trunksucht des Antonius nichts zu thun, aber wir können uns nun einen Begriff davon machen, welche colossalen Quantitäten Wein er mit dieser Körperbeschaffenheit bei einem Hochzeitsmahle wird zu sich genommen haben. So lässt sich auch eine Sache amplificiren aus der vergrössernden Darstellung dessen, was auf sie folgte, oder was ihr vorausgegangen ist. Wenn Aeolus bei Verg. Aen. I, 81 auf Bitten der Juno

cavum conversa cuspide montem
impulit in latus, ac venti velut agmine facto
qua data porta ruunt —

so sehen wir, welch ungeheurer Sturm sich erheben muss. Wie schön mag Helena gewesen sein, dass sie sogar auf die Troischen Greise in der Nähe ihres Königs und auf diesen selbst einen solchen Eindruck hervorbringen konnte, wie Homer ihn schildert. Mitunter kann die amplificirende Hervorhebung irgend eines an sich unbedeutenden Umstandes von der grössten Wirkung sein. Welchen Begriff bekommen wir von dem Luxus des Antonius wenn Cicero sagt: *conchyliatis Cn. Pompei peristromatis servorum in cellis stratos lectos videres.* Denn: *conchyliata peristromata et Cn. Pompei terunt servi et cellis: nihil dici potest ultra, et necesse est tamen infinito plus in domino cogitare.* Es tritt eine gewisse Verwandtschaft dieser Art der Amplification mit der Emphasis zu Tage; doch handelt es sich dort mehr um ein Wort, hier um die Darstellung der Sache, die allemal wirksamer ist.

So lässt sich denn auch eine Sache amplificiren durch Hervorhebung der einzelnen Umstände, unter denen sie geschehen ist, wie Dem. Mid. 74. Oder durch Aufzählung der einzelnen Theile eines Ganzen, wie Aesch. Ctes. 120: ἐγὼ μὲν ὑπὲρ τοῦ δήμου τῶν Ἀθηναίων καὶ τοῦ σώματος καὶ τῶν τέκνων καὶ οἰκίας τῆς ἐμαυτοῦ βοηθῶ κατὰ τὸν ὅρκον καὶ τῷ θεῷ καὶ τῇ γῇ τῇ ἱερᾷ καὶ χειρὶ καὶ ποδὶ καὶ φωνῇ καὶ πᾶσιν οἷς δύναμαι, καὶ τὴν πόλιν τὴν ἡμετέραν τὰ πρὸς τοῖς θεοῖς ἀφοσιῶ. Etwas anders Dem. or. XXIX, 45 durch Zerlegung einer Handlung in eine Anzahl von Theilhandlungen: ταῦτα δή, τὰ χρήματα οὐδαμοῦ παραδοὺς ἐφαίνετο, οὐδ' ἐλάττω μικροῖς ἀλλὰ τὰ μὲν ἀνηλωκέναι, τὰ δ' οἱ λαβεῖν ἔφη, τὰ δ' οὐκ εἰδέναι, τὰ δὲ τὸν δεῖν' ἔχειν, τὰ δ' ἔνδον εἶναι, τὰ δὲ πάντα μᾶλλον ἢ ὅπου παρέδωκεν εἶχε λέγειν. Mit jedem einzelnen Komma wächst hier der Eindruck von den grossen Summen, welche Aphobus veruntreut hat. Wieder anders Timocr. 119: οὐ τοίνυν τὸ παθεῖν ἀφαιρεῖς τὸν δεσμὸν ἀφιείς· καὶ ταῦτα τίσιν; τοῖς κλέπταις, τοῖς ἱεροσύλοις, τοῖς πατραλοίαις, τοῖς ἀνδροφόνοις, τοῖς ἀστρατεύτοις, τοῖς λιποῦσι τὰς τάξεις. Oder or. XXIV, 101: ἐκ δὲ τούτου τοῦ τρόπου τὴν μὲν ὑπάρχουσαν τιμωρίαν λύσας κατὰ τῶν τὰ τῆς πόλεως ἐχόντων, ἑτέραν δ' οὐ προσγράψας πάντα τὰ πράγματ' ἀναιρεῖ, δῆμον, ἱππέας, βουλήν, ἱερά, ὅσια. Höchst originell ist die Amplification durch eine wirkliche Zahlenreihe bei Dem. de cor. 310: ἔδωκεν ὁ παρελθὼν χρόνος πολλὰς ἀποδείξεις ἀνδρὶ καλῷ τε κἀγαθῷ, ἐν οἷς οὐδαμοῦ σὺ φανήσει γεγονώς, οὐ πρῶτος, οὐ δεύτερος, οὐ τρίτος, οὐ τέταρτος, οὐ πέμπτος, οὐχ ἕκτος, οὐχ ὁποστοσοῦν, οὔκουν ἐπί γ' οἷς ἡ πατρὶς ηὐξάνετο.

Einige der hier angeführten Beispiele lassen sich aber auch bereits zur letzten Art der Amplification ziehen, der *congeries*, Quint. §. 26, welche durch die Anhäufung gleichbedeutender Wörter und Gedanken erreicht wird. Cic. pro Lig. 3, 9: *quid enim tuus ille, Tubero, destrictus in acie Pharsalica gladius agebat? cuius latus ille mucro petebat? quis sensus erat armorum tuorum? quae tua mens, oculi, manus, ardor animi? quid cupiebas? quid optabas?* Es gleicht dies der Figur des συναθροισμός, nur dass man dort die Anhäufung mehrerer Dinge, hier dagegen die Vervielfältigung eines einzelnen, und damit eben Amplification hat. Dabei pflegen aber die einzelnen Wörter höher und höher zu steigen, Cic. in Verr. V, 51: *aderat ianitor carceris, carnifex praetoris, mors terrorque sociorum et civium Romanorum, lictor Sextius.* Phil. XI, 5, 10: *videtis — L. fratrem, quam facem, di immortales, quod facinus, quod scelus, quem gurgitem, quam voraginem.* in Pis. 1, 1: *hic eos, quibus erat ignotus, decepit, fefellit, induxit.* Fronto p. 5: *Babe, Caesar, vigeo, valeo, exulto, quo vis veniam, quo vis curram.* p. 8: *sine homines ambigant, disserant, disputent, coniectent, requirant, ut Nili caput, ita nostri amoris originem.* Ein schönes Beispiel giebt Ter. Eun. 193 ff.:

dies noctisque me ames, me desideres,
me somnies, me expectes, de me cogites,
me speres, me te oblectes, mecum tota sis:
meus fac sis postremo animus, quando ego sum tuos.

Es kann aber auch die Reihenfolge umgekehrt und vom stärkeren zum schwächeren herabgestiegen werden*). Ueberhaupt sind die Arten der Verkleinerung dieselben wie die der Amplification, nur eben umgekehrt; auf so viel Stufen man hinaufsteigt, auf eben so vielen steigt man hinab. Quint. §. 28 begnügt sich mit einem Beispiel aus Cic. de leg. agr. 2, 5: *panci tamen qui proximi adsteterunt, nescio quid illum de lege agraria volnisse dicere suspicabantur.* In ihm haben wir Verkleinerung und Steigerung zugleich.

Die im bisherigen besprochenen Steigerungsmittel der Deutlichkeit und Angemessenheit des Ausdrucks, die eben damit dem Schmuck der Rede dienen, sind mehr oder weniger auf das $πά\vartheta ος$ der Zuhörer berechnet. Auf ihr $ἦϑος$ dagegen, wenn auch nicht gerade ausschliesslich auf dieses, wirkt der Redner durch die Anwendung von Sentenzen, die darum ein nicht minder wichtiges Kunstmittel der Darstellung sind. Die Sentenz, *sententia*, $γνώμη$**) wird von Arist. Rhet. II, 21 definirt als $ἀπόφανσις\ οὐ\ μέντοι\ περὶ\ τῶν\ καϑ'\ ἕκαστον,\ οἷον\ ποῖός\ τις\ Ἰφικράτης,\ ἀλλὰ\ καϑόλου,\ καὶ\ οὐ\ περὶ\ πάντων,\ οἷον,\ ὅτι\ τὸ\ εὐϑὺ\ τῷ\ καμπύλῳ\ ἐναντίον,\ ἀλλὰ\ περὶ\ ὅσων\ αἱ\ πράξεις\ εἰσὶ\ καὶ\ αἱρετὰ\ ἢ\ φευκτά\ ἐστι\ πρὸς\ τὸ\ πράττειν$***). Cornif. IV, 17, 24, der die Sentenz fälschlich mit zu den Figuren rechnet, was Quint. IX, 3, 98 zurückweist, definirt sie als *oratio sumpta de vita, quae aut quid sit, aut quid esse oporteat in vita, breviter ostendit*, Quint. VIII, 5, 3 als *vox universalis, quae etiam citra complexum causae possit esse laudabilis*. Fügt man zu einer Sentenz den Grund und das warum hinzu, so ist das ganze ein Enthymem. Einer Begründung aber, und sei es auch nur in Form eines kurzen Epilogs, bedürfen nach Aristoteles

---

*) Sehr gesucht und frostig Apul. Met. IV, 27: *visa sum mihi de domo, de thalamo, de cubiculo, de toro denique ipso violenter extracta.* Uebrigens passt dies Beispiel mehr für den $ἀϑροισμός$ in herabsteigender Folge.

**) Schon zu Isokrates Zeiten war das Wort $γνώμη$ ein Kunstausdruck or. II, 44: *εἴ τις ἐκλέξειε τῶν προεχόντων ποιητῶν τὰς καλουμένας γνώμας*.

***) Danach die Definitionen der Progymnasmatiker. Hermog. p. 7. Aphth. p. 25. Dosop. Homil. p. 289.

alle diejenigen Sentenzen, welche etwas paradoxes enthalten, diejenigen, bei denen dies nicht der Fall ist, bleiben ohne Begründung. Dies hatte schon Anaxim. 11 p. 198 gelehrt*). Der Nutzen der Gnome für den Vortrag besteht nach Aristoteles in zweierlei. Einmal freuen sich die Zuhörer, in einer allgemeinen Form das ausgesprochen zu hören, was sie schon vorher als besondere Vorstellung in sich haben. Zweitens aber verleiht die Gnome der Rede Charakter, ἠθικοὺς ποιεῖ τοὺς λόγους, weil sie die Gesinnung des Redenden bekundet. Drücken also Gnomen eine gute Gesinnung aus, so stellen sie auch den Sprechenden als Mann von guter Gesinnung dar.

Für die Anwendung der Sentenzen ist zu beherzigen, was Arist. p. 101 sagt: ἁρμόττει δὲ γνωμολογεῖν ἡλικίᾳ μὲν πρεσβυτέρῳ, περὶ δὲ τούτων ὧν ἔμπειρός τις ἐστίν, ὡς τὸ μὲν μὴ τηλικοῦτον ὄντα γνωμολογεῖν ἀπρεπές, ὥσπερ καὶ τὸ μυθολογεῖν, περὶ δ' ὧν ἄπειρος, ἠλίθιον καὶ ἀπαίδευτον. Sehr richtig sagt auch Cornificius: sententias rare interponi conuenit, ut rei actores, non vivendi praeceptores esse videamur: cum ita interponuntur, multum afferent ornamenti et necesse est animo comprobet tacitus auditor, cum ad causam videat accomodari rem certam ex ritu et moribus sumptam. In der That sind auch die Sentenzen bei den classischen Rednern selten genug, und sie werden nur da angewandt, wo es sich um die Entwicklung eines besonderen ἦθος und πάθος handelt, wobei sie sich aus dem ganzen Zusammenhang wie von selbst ergeben. Als Beispiel möge die Sentenz im Epilog von Lys. or. XIX, 60 dienen: ἐνθυμεῖσθε δὲ ὅτι ὀλίγον χρόνον δύναιτ' ἄν τις πλάσασθαι τὸν τρόπον τὸν ἑαυτοῦ, ἐν ἑβδομήκοντα δ' ἔτεσιν οὐδ' ἂν εἰς λάθοι πονηρὸς ὤν, die nun im weiteren auf den vorliegenden Fall angewandt und zu einem Enthymem zu Gunsten des Angeklagten benutzt wird. vgl. or. XXI, 19. Ferner Aesch. de falsa 146 ff., in der schönen Stelle, wo er sich unter Berufung auf seine anwesenden greisen Eltern, seine Brüder und Kinder gegen den Vorwurf der Verrätherei schützt. In §. 149 haben wir die Sentenz: τὸ γὰρ ψευδὲς ὄνειδος οὐ περαιτέρω τῆς ἀκοῆς ἀφικνεῖται, und der ganze Passus schliesst mit dem würdigen Epiphonem: οὐ γὰρ ἡ Μακεδονία κακοὺς ἢ χρηστοὺς ποιεῖ, ἀλλ' ἡ φύσις· οὐδ' ἐσμὲν ἕτεροί τινες ἥκοντες ἀπὸ τῆς πρεσβείας, ἀλλ' οἵους ἐξεπέμψατε. Vgl. in Ctes. 88. Ferner Dem. I, 23.

---

*) statt οὐδὲν δεῖ τὰς αἰτίας φέρειν, ist ἐπιφέρειν zu lesen.

II, 9. 22. III, 15. 32 u. f. — gerade diese Rede ist verhältnissmässig an Sentenzen reich — VI, 24. VIII, 51. Eine Verwendung der Sentenz lediglich zum Schmucke der Rede ist dem Demosthenes völlig fremd. Wo er sie aber anbringt, sind sie meist von gewaltiger durchschlagender Wirkung. So inmitten von Beispielen aus der Athenischen Geschichte de cor. 97. Von wie wundervollem Ethos ist die längere Sentenz ebendaselbst §. 269. Ebenso effectvoll de falsa 208.

In Menge kamen die Sentenzen erst durch die Asianische Beredsamkeit zur Anwendung, Cic. Brut. 95, 325. Cicero ist in ihrem Gebrauch sehr sparsam. Dass man ihm dies neuerdings zum Vorwurf gemacht hat, muss billig Wunder nehmen. Nach Ciceros Tode kamen die Sentenzen bei den Römern sehr in Aufnahme, so dass manche zu Quintilians Zeiten die Sentenzen, wo nicht für den einzigen, so doch für den Hauptschmuck der Rede hielten. Daneben fehlte es freilich auch nicht an solchen, welche alle Sentenzen schlechthin verwarfen, weil sie der alten, ursprünglichen Beredsamkeit fremd gewesen. Quintilian, auch hier seiner Richtung getreu, schlägt einen Mittelweg ein, und empfiehlt gute Sentenzen in mässiger Zahl und an passender Stelle als würdigen Schmuck der Rede. Man nannte sie ja eben auch *lumina orationis*. Natürlich ist alles frostige, gesuchte, so wie übertriebene an ihnen zu vermeiden. Daher sagt Cic. de opt. gen. 3, 7: *est enim vitiosum in sententia, si quid absurdum, aut alienum, aut non acutum, aut subinsulsum est*. Sen. ep. 114, 16: *non tantum in genere sententiarum vitium est, si aut pusillae sunt et pueriles aut improbae et plus ausae, quam pudore salvo licet: sed si floridae sunt et nimis dulces, si in vanum exeunt et sine effectu nihil amplius quam sonant*. Dunkelheit der Sentenzen in seinen Reden macht Cicero orat. 9, 30 dem Thucydides zum Vorwurf. Uebrigens ist zu bemerken, dass sich bei Quintilian im weiteren Verlauf des angezogenen Capitels der Ausdruck *sententia* mit γνώμη nicht völlig deckt, sondern dass er darunter jedes Enthymem, ja jede Redewendung versteht, die nicht dem eigentlichen Beweise, sondern nur dem Schmucke der Rede dient, dem κατακοικίλαι τὸν λόγον, wie Isokrates sagt, adv. Soph. 16 coll. Euag. 9 f. Dies ist der Fall, wenn er §. 20 als ganz fehlerhaft eine Sentenz bezeichnet, die von einem Worte ausgeht, z. B. *patres conscripti, sic enim incipiendum est mihi, ut memineritis patrum*.

Eine *sententia ex contrariis* wurde, gleichsam κατ' ἐξοχήν, ἐν-

ϑύμημα genannt, wie der Satz aus Cic. pro Lig. 4, 10: *quorum igitur impunitas, Caesar, tuae clementiae laus est, eorum te ipsorum ad crudelitatem acuet oratio?* S. oben S. 91. — Eine Sentenz am Schlusse einer längeren Auseinandersetzung, gleichsam der letzte Strich, der das Ganze vollendet, oder wie Quintilian mit einem anderen Bilde sagt: *non tam probatio, quam extrema quasi insultatio*, heisst ἐπιφώνημα. Z. B. Verg. Aen. I, 33:
   tantae molis erat, Romanam condere gentem!
oder Cic. pro Mil. 4, 9: *facere enim probus adulescens periculose, quam perpeti turpiter maluit.* Sehr schön ist das Epiphonem am Schlusse von or. Phil. VI: *aliae nationes servitutem pati possunt, populi Romani est propria libertas.* vgl. de har. resp. 8, 17. Desgleichen bei Aesch. Tim. 48: οὕτω γὰρ καθαρὸν χρὴ τὸν βίον εἶναι τοῦ σώφρονος ἀνδρός, ὥστε μὴ ἐπιδέχεσθαι δόξαν αἰτίας πονηρᾶς. Weiter in Ctes. 16. Dem. Lept. 162. or. VI, 27. XV, 21. XVIII, 215*). — Bemerkenswerth ist, dass der Anon. de fig. T. III p. 173 am Epiphonem als charakteristisch die Abwesenheit der Conjunction hervorhebt. Eine Sentenz zu Anfang einer Erzählung heisst προμύθιον, Donat. ad Ter. Eun. 232, im specielleren Sinne die einer Fabel voraufgeschickte moralische Lehre (so bei den Progymnasmatikern); ihr Gegentheil ist das ἐπιμύθιον, allgemein wohl auch die schliessliche Nutzanwendung eines Beispiels, oder einer Erzählung, vgl. Luc. Dionys. 8 (ἐπάγειν τὸ ἐπιμύθιον).

§. 47.

Die Figuren. Ihr Unterschied von den Tropen und ihre Eintheilung.

Das letzte Kunstmittel, um die Darstellung zu schmücken, sind die Figuren. Ihre technische Behandlung ist mit manchen Schwierigkeiten behaftet, ein Umstand, auf welchen bereits Quint. IX, 1 und Alex p. 9 gebürend hingewiesen haben. Einmal ist ihre grosse Zahl lästig; manche Rhetoren behaupteten geradezu, es gebe deren unzählige, und rechneten in der That auch alles mögliche dazu; andere sprachen wenigstens von einer grossen, schwer zu übersehenden Anzahl derselben. Zweitens ist es nicht leicht, das Gebiet der Tropen von dem der Figuren scharf und bestimmt

---
*) vgl. Hermog. p. 252. Ernesti lex. techn. Gr. p. 132. Voss. Comm. Rhet. V, 4 p. 419 ff.

abzusondern. Drittens ist es schwierig, ja eigentlich unmöglich von den allgemeinen grammatischen Figuren (s. oben S. 349) die specifisch rhetorischen abzusondern, und bei letzteren wieder eine Vertheilung über die zwei Hauptgattungen der Wort- und Sinnfiguren durchzuführen. Endlich frägt es sich, nach welchen Gesichtspunkten sollen die Figuren innerhalb dieser beiden Hauptgattungen im einzelnen gruppirt werden.

Die rhetorische Behandlung der Figuren geht selbstverständlich bis auf Theophrast und Aristoteles zurück. Die angedeuteten Schwierigkeiten traten aber erst hervor, als sie einer monographischen Behandlung unterzogen wurden, und dies ist, so viel wir wissen, zuerst durch den jüngeren Gorgias, den Lehrer von Ciceros Sohn, geschehen. Er verfasste eine umfangreiche Schrift περὶ σχημάτων in vier Büchern, welche uns in der Lateinischen Bearbeitung des Rutilius Lupus zum Theil erhalten ist. Quint. IX, 3, 102 sagt: *Rutilius Gorgian secutus, non illum Leontinum sed alium sui temporis, cuius quattuor libros in unum suum transtulit.* Der uns erhaltene Rutilius ist zwar in den Handschriften in zwei Bücher getheilt, aber da in diesen im bunten Durcheinander fast nur Wortfiguren behandelt werden, so ist es wahrscheinlich, dass von der ursprünglichen Schrift nur ein unvollständiger Auszug auf uns gekommen ist*). Im sophistischen Zeitalter wurden die Figuren auf Grund der über sie vorhandenen älteren Litteratur von Alexander Numenios Sohn bearbeitet. Auch dessen Werk hat sich nicht erhalten, denn die Griechische Schrift, die seinen Namen trägt, ist nur ein Auszug aus dem Original, wie die Vergleichung mit der Lateinischen Bearbeitung des Aquila Romanus ergiebt**). Weiterhin beschränkten sich die Rhetoren auf die Betrachtung der bei Demosthenes vorkommenden Figuren. So Tiberius und Hermogenes in der Schrift περὶ μεθόδου δεινότητος. Was sich ausserdem noch über Figuren in der Walzschen Sammlung und bei den Lateinischen Rhetoren vorfindet, ist nichts als dürftige, unselbständige Compilation meist im Anschluss an den Auszug aus Alexander und mit Ausnahme des noch zu erwähnenden Phoebammon, der wohl den ächten Alexander benutzt hat, ziemlich werthlos. Quintilian giebt natürlich nur die schulmässige Tra-

---

*) vgl. G. Dalalas quaestiones Rutilianae. Bresl. 1860.
**) vgl. B. Stensloff quibus de canis Alexandri Numenii liber — pandus sit spurius. rell. Bresl. 1861.

dition seiner Zeit über diesen Punkt, selbstverständlich mit Benutzung des ächten Rutilius, aber er giebt sie ziemlich übersichtlich und mit verständiger Auswahl, und was er giebt, ist von Einzelheiten abgesehen gut. Er und der Auszug aus Alexander sollen daher auch im folgenden vornemlich berücksichtigt werden. Den Namen anlangend, so finden wir bei den Griechischen Technikern nur den Ausdruck σχῆμα in Gebrauch, den wir bis auf Theophrast zurückführen können. *Figura* ist feststehender Ausdruck bei den Lateinischen Rhetoren nach Cicero. Dieser selbst schwankt und sagt *figurae* de opt. gen. 14. *formae* Brut. 17, 69. *lumina* orat. 25, 83. Brut. 79, 275. *formae et lumina* orat. 181. ib. 25, 83: *luminibus, quae Graeci quasi aliquos gestus orationis σχήματα vocant.* — Was ist aber eine Figur? Quint. IX, 1, 4 definirt sie als *conformatio quaedam orationis remota a communi et primum se offerente ratione*, noch kürzer §. 14: *figura sit arte aliqua novata forma dicendi*. Darüber gehen auch die Definitionen der Griechischen Rhetoren nicht hinaus. Alex. T. III p. 11: σχῆμά ἐστιν ἐξάλλαξις λόγου ἐπὶ τὸ κρεῖττον κατὰ λέξιν ἢ κατὰ διάνοιαν ἄνευ τρόπου. Der Zusatz ἐπὶ τὸ κρεῖττον ist gemacht, weil eine ἐξάλλαξις λόγου ἐπὶ τὸ χεῖρον den Soloecismus giebt. Tiber. p. 59: ἔστι σχῆμα τὸ μὴ κατὰ φύσιν τὸν νοῦν ἐκφέρειν μηδὲ ἐπ᾽ εὐθείας, ἀλλ᾽ ἐκτρέπειν καὶ ἐξαλλάσσειν τὴν διάνοιαν κόσμου τινὸς τῇ πλάσει ἢ χρείας ἕνεκα. Figur ist also eine kunstmässig geänderte Form des Ausdrucks, eine bestimmte und von der gewöhnlichen und zuerst sich darbietenden Art entfernte Gestaltung der Rede. Wenn nun auch die Figuren viel mit den Tropen gemein haben, denn auch sie sind eigenthümliche Wendungen, durch welche die Rede geändert wird, auch sie verleihen ihr Nachdruck und Anmuth, so ist doch zwischen beiden ein bestimmter Unterschied. Denn der Tropus ist ein zum Schmuck der Rede von seiner ursprünglichen, natürlichen Bedeutung auf eine andre übertragener Ausdruck, oder, wie die Grammatiker meist definiren, eine von der Stelle, wo sie eigentlich ist, auf eine andre, wo sie uneigentlich ist, übertragene Redeweise. So werden denn bei den Tropen Wörter statt anderer Wörter gesetzt, wie bei der Metapher, Metonymie, Antonomasie, Metalepsis, Synekdoche, Katachrese, Allegorie, meist auch bei der Hyperbel. Auch die Onomatopoeie gehört dahin, hätten wir kein neues Wort gebildet, so würden wir ein andres gebraucht haben — und die Periphrasis. Eben so kann das Epitheton als eine Art Antonomusie zum Tropus gerechnet werden, selbst das Hyperbaton, insofern es ein Wort, unter Umständen bei der Tmesis einen Theil desselben von seinem Ort an einen fremden überträgt, sicherlich die Hysterologie. Von einer Uebertragung findet sich aber bei den Figuren gar nichts, es sei denn zufällig, dass eine tropische Ausdrucksweise noch besonders figurirt würde, *tam enim translatis verbis quam propriis figuratur oratio*, Quint. §. 9. Nach Alexander verhält sich der Tropus zur Figur, wie der Barbarismus zum Soloecismus. Der Tropus hat es also mit dem einzelnen Worte zu thun, an dessen Stelle ein andres gesetzt wird, die Figur dagegen mit der inneren Verbindung der Wörter unter einander, welche verändert wird, ohne dass die ursprüngliche Bedeutung der Wörter verändert würde.

Bei den meisten Rhetoren zerfallen die Figuren in zwei Hauptgattungen, σχήματα διανοίας und σχήματα λέξεως oder λόγου, *figurae sententiarum* und *figurae verborum*. Schon dem Cicero war diese Eintheilung bekannt, und es ist nicht zu bezweifeln, dass sie bis auf Theophrast zurückgeht. Den Unterschied beider Guttungen giebt Alex. p. 10 so an: τὸ δὲ τῆς λέξεως σχῆμα τοῦ τῆς διανοίας διαφέρει, ὅτι τὸ μὲν*) κινηθείσης τῆς λέξεως τῆς συσχούσης τὸ σχῆμα ἀπόλλυται — τοῦ δὲ τῆς διανοίας σχήματος, κἂν τὰ ὀνόματα κινῇ τις, κἂν ἑτέροις ὀνόμασιν ἐξενέγκῃ, τὸ αὐτὸ πρᾶγμα μένει, ὁμοίως δὲ κἂν ἡ σύνταξις κινηθῇ ἢ προστεθῇ καὶ ἀφαιρεθῇ τι, λύεται τὸ σχῆμα τῆς λέξεως. Danach Aq. Rom. p. 28: *sententiae figura immutato verborum ordine vel translato manet nihilominus, elocutionis autem si distraxeris vel immutaveris verba, vel ordinem eorum non servaveris, manere non poterit*.

Bei den Wortfiguren unterscheidet aber Quintilian wieder zwei Klassen, eine grammatische und eine rhetorische. Die erstere begreift alle grammatischen, theils pathologische, theils syntaktische und phraseologische Eigenthümlichkeiten auch wohl Neuerungen der Autoren. Würden sie nicht durch Autorität, Alter, Gewohnheit, oft auch durch eine gewisse ratio vertheidigt, wären sie ferner nicht beabsichtigt, so würden es Fehler, nämlich Soloecismen sein. So finden wir zu den Worten des Aesch. in Ctes. 133: Θῆραι — ἀνήρπασται in den Scholien die Bemerkung: τὸ δὲ τοιοῦτον οὐκ ἔστι σολοικισμός, ἀλλὰ σχῆμα, ja die Latei-

---

*) Die nach τὸ μὲν auch noch bei Spengel folgenden Worte τῆς λέξεως sind als eine durch Nachlässigkeit entstandene Wiederholung zu streichen.

nischen Grammatiker Charis. p. 265, Diom. p. 451 sagen ganz einfach: *barbarismus apud poetas metaplasmus vocatur, soloecismus autem schema.* Auch Gregor. Cor. p. 226 und Choerob. p. 255 verstehen unter σχῆμα einen zu entschuldigenden Soloecismus. In diesem Sinne spricht die Grammatik von einem σχῆμα καθ' ὅλον καὶ μέρος, einem σχῆμα Πινδαρικόν, Ἀλκμανικόν, einer Enallage casuum, personarum, numeri, modorum, einer constructio κατὰ σύνεσιν, oder der πραγματικὴ σύνταξις (Long. fr. 22 p. 327), einer ἀποστροφὴ πρὸς τὸ σημαῖνον ἀπὸ τοῦ σημαινομένου und umgekehrt, von ἓν διὰ δυοῖν, Hypallage, Prolepsis, Attraction, Anakoluth, Ellipse, Pleonasmus u. s. w.*). Für die Rhetorik sind auch diese rein grammatischen Figuren insofern zu beachten, als sie mässig und gehörigen Ortes angewandt, die Rede gleichsam pikant machen und eine angenehme Abwechslung in das herkömmliche Einerlei der Ausdrucksweise bringen, und somit in der That zum Schmuck derselben beitragen. Quint. §. 27. Anon. T. I. p. 322, 27 ff. Quintilian führt unter anderen als solche schematische Wendungen an: *gladio pugnacissima gens Romani. Cui non risere parentes, nec deus hunc mensa, dea nec dignata cubili est. Magnum dat ferre talentum. Virtus est vitium fugere. Neque ea res falsum me habuit. Saucius pectus. Tyrrhenum navigat aequor. Plus satis* statt *plus quam satis* u. s. w. *Haec schemata,* sagt er, *aut his similia, quae erunt per mutationem, adiectionem, detractionem, ordinem, et convertunt in se auditorem, nec languere patiuntur subinde aliqua notabili figura excitatum, et habent quandam ex illa vitii similitudine gratiam, ut in cibis interim acor ipse incundus est. Quod continget, si neque supra modum multae fuerint nec eiusdem generis aut iunctae aut frequentes, quia satietatem ut varietas earum, ita raritas effugit.*

Bei den eigentlich rhetorischen Wortfiguren handelt es sich nicht mehr blos um die ratio loquendi, sondern um eine behufs des Sinnes absichtlich gewählte Gestaltung des Ausdrucks,

---

*) Ueber die grammatischen Figuren handeln mit mehr oder minderer Ausführlichkeit die grammatischen Lehrbücher alter und neuer Zeit. Für die lateinischen Schriftsteller ist noch immer werthvoll die Zusammenstellung von Th. Linacre de emendata structura liber VI, sive de constructionis figuris, Lips. 1559 p. 880 ff. — Der häufige Gebrauch gerade dieser Figuren und andrer, welche das Gebiet der anomalen Syntax berühren, giebt dem Stil des Thucydides sein eigenthümliches Gepräge. Dionys. ad Amm. II, 2 p. 49 vgl. Blass Att. Bereds. S. 207 ff.

der aber allemal an die Worte gebunden ist. Quint. §. 28: *illud est acrius genus, quod non tantum in ratione positum est loquendi, sed ipsis sensibus cum gratiam tum etiam vires accomodat.* Damit ist freilich keine scharfe Grenze zwischen beiden Klassen gegeben, und es scheint, als hätten die Rhetoren von vorn herein auf Bestimmung einer solchen verzichtet. Die meisten grammatischen Wortfiguren wurden von ihnen einfach ignorirt, andre mit unter den rhetorischen aufgezählt. Fortun. p. 126 stellt die drei Klassen neben einander auf. Er lässt die Figuren in σχήματα λέξεως, λόγου und διανοίας zerfallen und sagt über deren Unterschied: σχήματα λέξεως in *singulis verbis fiunt, ut 'nuda genu', quas uno verbo ἐξηλλαγμένας possumus dicere: λόγου vero in elocutionis compositionibus, quae pluribus modis fiunt, ut* πολύπτωτον, ἐπαναφορά, ἀντιστροφή, παρονομασία*: διανοίας autem in sensibus, ut* προθεράπευσις, ἠθοποιία, ἀποστροφή*: quibus etiam, sive elocutionem mutaveris, aut verborum ordinem inverteris, eaedem tamen figurae permaneant, verum utraque λέξεως et λόγου non ita.* Hier sind also die σχήματα λέξεως die grammatischen, σχήματα λόγου wie bei Hermogenes, und wohl auch bei Dionys von Halikarnas*), die rhetorischen Wortfiguren. Wenn wir nun bei Quint. IX, 1, 18 lesen: *Cornelius Celsus adicit verbis et sententiis figuras colorum, nimia profecto cupiditate ductus: nam quis ignorasse eruditum alioqui virum credat, colores et sententias sensus esse?* — so ist das wohl dahin zu verstehen, dass Celsus auch die Sinnfiguren in zwei Classen zerfallen liess, in eigentliche und uneigentliche. Hierin folgte er wohl aber irgend einem Griechischen Vorgänger, wie denn noch späterhin Longin. p. 310, 10, offenbar auch nach älterem Vorgange, die σχήματα τῶν ἐννοιῶν, eine Bezeichnung, die ich sonst bei den Rhetoren nicht nachweisen kann, als Prodiorthosis, Epidiorthosis, Aposiopesis, Paraleipsis, Ironie und Ethopoeie gar nicht als Figuren betrachtet haben will, sondern als ἔννοιαι καὶ ἐνθυμήματα καὶ λογισμοὶ τοῦ πιθανοῦ χάριν καὶ πίστεων εἴδη. Derartige ἔννοιαι καὶ ἐνθυμήματα sind aber *colores*. Jedenfalls hat Celsus an die σχήματα ὑποθέσεων und den sermo figuratus, von welchem oben S. 77 ff. die Rede war, nicht gedacht.

Innerhalb der beiden Hauptgattungen werden nun die ver-

---

*) Dieser nahm 82 σχήματα λόγου an. Dies steht in dem mir übrigens unverständlichen Schol. Arist. p. 278, wo von einem σχῆμα δρόμου die Rede ist.

schiedenen Figuren von den meisten Rhetoren ganz empirisch ohne eine weitere Eintheilung aufgezählt. Einen Gesichtspunkt der Eintheilung könnte man indes bei Fortun. p. 127 finden, wo es heisst: *opera figurarum sunt quinque, ut augeas, ut abicias, ut probus existimeris, ut inparatus, ut ornes elocutionem*. Man könnte also eintheilen in Figuren, die lediglich zum Schmuck der Rede dienen, also Wortfiguren, und Figuren, durch welche der Sinn der Rede geändert wird und sie den Anstrich des πάθος oder ἦθος gewinnt. Pathetisch wären die Figuren, die zur Amplification oder Verkleinerung dienen, ethisch diejenigen, durch deren Anwendung wir in der Meinung der Zuhörer gewinnen, oder unsre Rede einfach und unstudirt erscheint. Dass eine derartige Eintheilung der Sinnfiguren auch in der That ihrer Behandlung bei Quintilian zu Grunde liegt, oder wenigstens als deren Grundlage durchschimmert, ist unverkennbar. Aber wie sollen die Wortfiguren eingetheilt werden? Phoebammon T. III. p. 43 ff. vertheilt innerhalb der beiden Hauptgattungen alle Figuren unter die vier Kategorien der ἔνδεια, des πλεονασμός, der μετάθεσις und ἐναλλαγή und erhält auf diese Weise 18 σχήματα διανοίας und 26 σχήματα λέξεως. Er übertrug also auf sämmtliche Figuren diejenige Art der Eintheilung, welche Quint. IX, 3, 27 in der bereits angeführten Stelle als herkömmliche Eintheilung der blos grammatischen Wortfiguren *per mutationem, adiectionem, detractionem, ordinem* kannte, dieselben Kategorien, nach denen die Grammatiker auch die Barbarismen und Soloecismen eintheilten (S. 335 Anm.). Ob Phoebammon von selbst auf diese Art der Eintheilung gekommen ist, oder ob er sie in der Originalschrift des Alexander Numenius vorfand, aus dem er im übrigen seine Weisheit entlehnt hat, wird sich schwerlich mit Bestimmtheit entscheiden lassen, doch ist mir das letztere wahrscheinlich. Empfehlenswerth ist diese Eintheilung sämmtlicher Figuren aber keineswegs, und Phoebammons Vertheilung der Sinnfiguren unter diese grammatische Schablone ist geradezu komisch. Weniger anstössig ist sie, von der Durchführung im einzelnen abgesehen, für die Wortfiguren. Auch Quintilian wendet bei diesen zunächst die Kategorien der ἔνδεια (*detractio*) und des πλεονασμός (*adiectio*) an; eine dritte Klasse ist bei ihm diejenige *quae aut similitudine aliqua vocum aut paribus aut contrariis convertit in se aures*, das könnte man unter die Rubrik der μετάθεσις bringen aber für die ἐναλλαγή ist bei ihm kein Platz. Aber auch bei Phoebammon wird diese Rubrik fast nur mit grammatischen Wortfiguren ausgefüllt, welche Quintilian von der rhetorischen Betrachtung ausgeschlossen hat. Andre thaten es nicht, und somit ergiebt sich als ziemlich sicher, dass schon zu seiner Zeit das ganze Gebiet der Wortfiguren von einzelnen Rhetoren nach den vier grammatischen Kategorien eingetheilt worden ist, dass also Alexander diese Eintheilung auf diesem Gebiete als alt überliefert bereits vorfand. Dadurch aber wird es eben wahrscheinlich, dass er und nicht erst der spätere Phoebammon den weiteren Schritt gethan hat, sie auch auf das Gebiet der Sinnfiguren zu übertragen.

§. 48.

Die Wortfiguren.

Wir eröffnen die Darlegung des einzelnen mit der Behandlung der Wortfiguren, und lassen die Sinnfiguren auf diese folgen. Allerdings haben die alten Rhetoren meist die umgekehrte Reihenfolge eingeschlagen, einmal weil man sie als die natürlichere ansah, zweitens aber weil man die Sinnfiguren für wichtiger und rhetorisch wirksamer hielt als die Wortfiguren. Quint. IX, 1, 19 sagt: *ut vero natura prius est concipere animo res quam enuntiare: ita de iis figuris ante est loquendum, quae ad mentem pertinent; quarum quidem utilitas cum magna tum multiplex in nullo non orationis opere vel clarissime lucet.* Auch Alexander sagt, wo er sich zur Besprechung der Wortfiguren wendet: τὰ μὲν τῆς διανοίας σχήματα προείρηται κατὰ λόγον ἡμῖν· παντὸς γὰρ λόγου προάγει ἡ τοῦ διανοήματος εὕρεσις, ἕπεται δὲ λέξις τῷ διανοήματι, δι' αὑτῆς ποιοῦσα φανερὸν αὐτό. cf. Aq. Rom. p. 23. Ferner Tiber. p. 69: πρῶτον οὖν τὰ τῆς διανοίας σχήματα δεικτέον, ἐπεὶ δεῖ τὸν νοῦν πάντως τοῦ λόγου προηγεῖσθαι. Allein thatsächlich ist die theoretische wie praktische Behandlung der Wortfiguren die ältere gewesen. Sie wurden bekanntlich durch den Sophisten Gorgias in die Rhetorik eingeführt, der in seinen eignen Ausarbeitungen einen übermässigen Gebrauch von ihnen machte, Cic. orat. 52, 175. Diod. Sic. XII, 53. Dion. Halic. de Thuc. 24. vgl. Cresoll. Theatr. Rhet. III, 24 p. 163. Erst Isokrates liess auch hier eine besonnene Mässigung eintreten. Die Sinnfiguren kamen dagegen viel später auf, und man kann sagen, dass sie der ganzen älteren Beredsamkeit, Lysias und Isokrates mit eingerechnet, fremd sind*). Beachtenswerth ist hierfür Longin fr. 3: ὅτι τροπὴ ἐκ τοῦ πανούργου καὶ ἐξάλλαξις οὐδεμία ἦν ἐν τοῖς ἀρχαίοις, ἀλλὰ καὶ (l. καὶ τὰ) τοῦ νοῦ σχήματα ὀψέ ποτε εἰς τοὺς δικανικοὺς λόγους παρεισῆλθεν· ἡ πλείων γὰρ αὐτοῖς σπουδὴ περὶ τὴν λέξιν καὶ τὸν ταύτης κόσμον ἦν καὶ τὴν συνθήκην καὶ τὴν ἁρμονίαν. So wurde besonders in den Reden des Antiphon die Abwesenheit der Sinnfiguren hervorgehoben, soweit sich nämlich dieselben nicht ungezwungen und wie von selbst der Rede aufdrängen, a. Caecilius bei Phot. p. 485**). Auch von Thucydides wurde bemerkt, dass er zwar die Wortfiguren nach dem Vorgange des Gorgias vielfach angewandt, dagegen der Sinnfiguren sich enthalten habe, Marcell. v. Thuc. 56***). Die Rücksicht auf die historische Entwicklung der Redekunst verlangt es also mit den Wortfiguren den Anfang zu machen †).

Die erste Klasse der rhetorischen Wortfiguren entsteht also durch adiectio, Hinzufügung, Wiederholung, und zwar zunächst desselben Wortes. Es wird ein Wort verdoppelt, theils um zu vergrössern, wie Cic. pro Mil. 27: *occidi, occidi Sp. Maelium*, theils um zu bemitleiden, wie Verg. Ecl. 2, 69: *ah Corydon, Corydon*. πάθος ποιοῦσιν οἱ διπλασιασμοί, sagt allgemein Aps. p. 406, daher diese Figur auch ironisch verwandt werden kann. Sie heisst παλιλλογία, auch ἀναδίπλωσις oder ἐπανάληψις, von welcher letzteren man jedoch gewöhnlich nur dann spricht, wenn mehr als ein Wort wiederholt wird (Hom. Il. Υ 372. Χ 128), von Cornificius *conduplicatio* genannt, der IV, 28, 34 von ihr sagt: *vehementer auditorem commovet eiusdem redintegratio verbi et voluus maius efficit in contrario causae, quasi aliquod telum saepius perveniat in eandem partem corporis*. Manche recht wirksame Beispiele dieser Figur lassen sich aus Dichtern anführen. So Sappho fr. 109: παρθενία, παρθενία, ποῖ με λιποῖσ᾽ ἀποίχῃ; vgl. Demetr. de eloc. 140. Eur. Hippol. 830: αἰαῖ, αἰαῖ, μέλεα μέλεα τάδε πάθη. Hel. 650. Horat. c. II, 14, 1: *eheu fugaces Postume, Postume, labuntur anni*. Vortreflich das *occidit, occidit* vom Han-

---

*) vgl. Blass Att. Beredt. S. 686.
**) vgl. Spengel art. script. p. 12. Blass S. 106 f. 154. Von Gaius Harpocratio gab es eine besondere Schrift περὶ τῶν Ἀντιφῶντος σχημάτων. Suid. s. v.
***) Blass S. 214.
†) Ueber sie das sorgfältige Programm von G. Dzialas rhetorum antiquorum de figuris doctrina pars prior. Bresl. 1869.

nihal IV, 4, 70. Genial und eigenthümlich bei Ovid. Met. VI, 376 von den in Frösche verwandelten Bauern *sub aqua, sub aqua maledicere temptant*. Beispiele aus Rednern Dem. or. III, 33. IV, 18. VIII, 109. IX, 36. XVIII, 141. 242. XIX, 123. 224. XXII, 31. XXVIII, 20. XLV, 80. ironisch gebraucht Mid. 174. Sehr tragisch ist das doppelte Θῆ,θαι in der brillanten Stelle bei Aesch. Ctes. 133*). Aus Cicero Cat. I, 1, 3: *fuit, fuit ista quondam in hac re publica virtus* und gleich darauf *nos, nos, dico aperte, consules desumus*. Phil. II, 15, 37: *dolebam, dolebam, patres conscripti, rem publicam vestris quondam meisque consiliis conservatam, brevi tempore esse perituram.* XII, 2, 3: *decepti, decepti inquam sumus, patres conscripti.* Ferner pro Mur. 37, 78. pro domo 11, 27. 40, 105. Weitere Beispiele giebt Kayser zu Cornif. p. 296. — Sehr selten ist die dreimalige Wiederholung eines Wortes. So im höchsten Affect bei Soph. Aj. 396. 867. Oed. Col. 2.0. viermal Aj. 694**). — Noch nachdrücklicher aber als die unmittelbare Wiederholung, sagt Quint. §. 29, ist die Wiederkehr desselben Wortes nach einer Einschaltung, wie bei Cic. Phil. II, 26, 64: *bona, miserum me, consumptis enim lacrimis tamen infixus animo haeret dolor, bona inquam Cn. Pompei acerbissimae voci subiecta praeconis.* pro Sulla 6, 20: *suscepi causam, Torquate, suscepi et feci libenter.* de har. resp. 18, 37: *non ignorat, mihi crede, non.* pro Mur. 38, 83. Cat. I, 2, 4.

Heftig und mit Nachdruck fangen mehrere Glieder der Rede nach einander mit denselben Worten an, z. B. Cic. Cat. I, 1: *nihilne te nocturnum praesidium palatii, nihil urbis vigiliae, nihil timor populi, nihil consensus bonorum omnium, nihil hic munitissimus habendi senatus locus, nihil horum ora vultusque moverunt?* Dem. de cor. p. 268: τί οὖν, ὦ ταλαίπωρε, συκοφαντεῖς; τί λόγους πλάττεις; τί σαυτὸν οὐκ ἐλλεβορίζεις ἐπὶ τούτοις; Es ist dies die Eparaphora, auch wohl Anaphora, von Cornif. IV, 13, 19 *repetitio* genannt, *cum continenter ab uno eodemque verbo in rebus similibus et diversis* (d. h. entgegengesetzten) *principia sumuntur.*

---

*) sie wird von Herod. p. 99 als Beispiel der ἐπίζευξις angeführt, ὅταν τὰ προκείμενα ὀνόματα διαλαμβάνοντες τὴν ἐπιφορὰν ἐκφαντικωτέραν ποιησώμεθα. Hierher gehört auch die bei Demosthenes sehr häufige Formel οὐ γάρ ἐστιν, οὐκ ἔστιν, über welche Weber Dem. Arist. p. 388 zu vergleichen.

**) s. Göttling opusc. acad. p. 228. Etwas andrer Art die Aufeinanderfolge dreier mit ἐν anfangender Wörter bei Soph. Oed. Col. 711.

Diesem Schmuck wird nicht blos Anmuth, sondern auch *gravitas* und *acrimonia* beigelegt, er sei daher anzuwenden *et ad ornandam et ad augendam orationem*. Beispiele Lys. or. XII, 21. Dem. XVIII, 48. 75. 310. XXIX, 45. Ausserordentlich häufig ist diese Figur von Cicero angewandt, z. B. Cat. I, 13, 32. II, 4, 7. 5, 11. 11, 25. 12, 27. de leg. agr. I, 8, 24. pro Mur. 41, 90. pro Flacc. 8, 19. 39, 99. or. p. red. 14, 34. de dom. 56, 142. Sehr schön Phil. XII, 12, 29: *sed credunt improbis, credunt turbulentis, credunt suis*. In der Rede pro Sull. 9, 25 wird *si* vierzehnmal, de har. resp. 18, 39 *cum* mit folgendem *tum* elfmal wiederholt. Auch findet sich die Verdoppelung dieser Figur bei Dem. Mid. 72: πολλὰ γὰρ ἂν ποιήσειεν ὁ τύπτων, ὦ ἄνδρες Ἀθηναῖοι, ὧν ὁ παθὼν ἔνια οὐδ' ἂν ἀπαγγεῖλαι δύναιθ' ἑτέρῳ, τῷ σχήματι, τῷ βλέμματι, τῇ φωνῇ, ὅταν ὡς ὑβρίζων, ὅταν ὡς ἐχθρὸς ὑπάρχων, ὅταν κονδύλοις, ὅταν ἐπὶ κόρρης. ταῦτα κινεῖ, ταῦτ' ἐξίστησιν ἀνθρώποις αὐτῶν ἀήθεις ὄντας τοῦ προπηλακίζεσθαι. Cic. pro Sull. 5, 14: *multa, cum essem consul, de summis rei publicae periculis audivi, multa quaesivi, multa cognovi: nullus tamquam de Sulla nuntius ad me, nullum indicium, nullae litterae pervenerant, nulla suspicio*. Ganz eigenthümlich finden wir diese Figur in Verbindung mit dem schema per suggestionem von Cic. pro Quint. 16, 52 angewandt, so dass dreimal derselbe Satz wiederholt wird: *ad vadimonium non venit quis? propinquus — ad vadimonium non venit quis? socius — ad vadimonium non venit quis? is qui tibi praesto semper fuit*. Bei Dichtern ist die Wiederholung desselben Wortes am Anfange zweier auf einander folgender Verse oft von grosser Wirkung z. B. Hor. c. III, 11, 30: *impiae nam quid potuere maius? impiae sponsos potuere duro perdere ferro*, was von Porphyrio als *bona ἐπανάληψις per quam impensior affectio dicentis exprimitur* bezeichnet wird. vgl. Stat. Ach. II, 266 ff. Zu Anfang und in der Mitte aufeinander folgender Verse Soph. Phil. 663 ff.

Das Gegentheil der Epanaphora ist die Antistrophe, bei Cic. de or. III, 53, 205 und Cornif. l. l. *conversio* genannt. *Conversio est, per quam non primum repetimus verbum, sed ad postremum continenter revertimur hoc modo: Poenos populus Romanus iustitia vicit, armis vicit, liberalitate vicit*. Aesch. Ctes. 198: ὅστις δ' ἐν τῷ πρώτῳ λόγῳ τὴν ψῆφον αἰτεῖ, ὅρκον αἰτεῖ, νόμον αἰτεῖ, δημοκρατίαν αἰτεῖ, ὧν οὔτε αἰτῆσαι οὐδὲν ὅσιον οὐδενὶ οὔτ' αἰτηθέντα ἑτέρῳ δοῦναι. Cic. Phil. I, 10, 24: *de exilio reducti a mortuo, civitas data — a mortuo, — sublata vectigalia a mortuo*. II, 22,

55: *doletis tres exercitus populi Romani interfectos: interfecit Antonius: desideratis clarissimos cives: eos quoque verbis eripuit Antonius: auctoritas huius ordinis adflicta est: adflixit Antonius: omnia denique, quae postea ridimus — quid autem mali non vidimus?* —, *si recte ratiocinabimur, uni accepta referemus Antonio.* Ferner pro Tull. 14, 34. pro Rabir. 9, 24. Beispiele aus Demosthenes weist Kayser nach zu Cornif. S. 288, or. I, 11. II, 29. III, 19. VIII, 66. XVIII, 198. Bei Rut. Lup. p. 6 heisst diese Figur **Epiphora**, bei Demetr. de eloc. 268 **Anaphora**, bei anderen Griechischen Technikern auch **Epanastrophe**. — Die Wiederholung derselben Anfangs- und Schlussworte, also die Vereinigung von Epanaphora und Antistrophe giebt die Symploke oder *complexio*. Alex. p. 30. Cornif. IV, 14, 20. Quintilian §. 31 giebt diese Figur auch an, nennt aber ihren Namen nicht. Beispiel aus Aesch. Ctes. 202 bei Alexander und Demetrius: *ἐπὶ σαυτὸν καλεῖς, ἐπὶ τοὺς νόμους καλεῖς, ἐπὶ τὴν δημοκρατίαν καλεῖς.* Schönes Beispiel Antiph. VI, 17: *καὶ εἰ φασὶν ἀδικεῖν εἴ τις ἐκέλευσεν, ἐγὼ οὐκ ἀδικῶ. οὐ γὰρ ἐκέλευσα. καὶ εἰ φασὶν ἀδικεῖν εἴ τις ἠνάγκασεν, ἐγὼ οὐκ ἀδικῶ. οὐ γὰρ ἠνάγκασα. καὶ εἰ τὸν δόντα τὸ φάρμακον φασὶν αἴτιον εἶναι, ἐγὼ οὐκ αἴτιος· οὐ γὰρ ἔδωκα.* Cic. pro Mil. 22, 29: *quis eos postulavit? Appius. quis produxit? Appius.* noch deutlicher de leg. agr. II, 9, 22. Bei Rut. Lup. heisst diese Figur *κοινότης*. — Die *ἐπάνοδος* oder *regressio* ist nach Quint. §. 35 diejenige Art der Wiederholung, welche einmal ausgesprochenes wiederholt und theilt, z. B. Verg. Aen. II, 435:

Iphitus et Pelias mecum, quorum Iphitus aevo
iam gravior, Pelias et volnere tardus Ulixi.

ähnlich Ov. Met. III, 206 f. vgl. Ernesti lex. techn. Gr. p. 117. Drückt sich die Wiederholung in verschiedenen casus desselben Wortes aus, meist, aber nicht immer, bei Eigennamen, so giebt dies das *πολύπτωτον*, von Cornif. IV, 22, 30 mit bei der Paronomasie behandelt. vgl. Rut. Lup. p. 7. Alex. p. 34. Aq. Rom. p. 33. Beispiele Isocr. or. XVI, 41: *τοὺς αὐτοὺς ἐχθροὺς καὶ φίλους ὑμῖν νομίζων, ἐκ παντὸς τρόπου κινδυνεύων τὰ μὲν ἐφ' ὑμῶν, τὰ δὲ μεθ' ὑμῶν, τὰ δὲ δι' ὑμᾶς, τὰ δ' ὑπὲρ ὑμῶν.* Dem. or. XVIII, 298. Cic. pro Quint. 30, 94. pro Mur. 5, 12. Polyptoton zugleich als Epanaphora Cic. de har. resp. 18, 38: *homines te in re foedissima rell.* — Eine eigenthümliche Figur ist die von Quint. §. 40 f. erwähnte *πλοκή*, bei welcher die Vermischung verschiedener Figuren das wesentliche ist. Quintilian sagt: *illa vero apud*

Ciceronem miru figurarum mixtura deprehenditur in qua et primum verbum*) longo post intervallo redditum est ultimum, et media primis et mediis ultima congruunt, mit dem Beispiele: *vestrum iam hic factum reprehenditur, patres conscripti, non meum, ac pulcherrimum quidem factum, verum, ut dixi, non meum sed vestrum*. Ausserdem, dass *meum* am Anfang und Ende der Periode wiederkehrt, haben wir hier noch das zweimalige *medium* zu bemerken, aber es wird dies durch Quintilians *et media primis et mediis ultima congruunt* nicht richtig bezeichnet. Wahrscheinlich sind seine Worte verdorben. Sonst wird das blose Wiederkehren des Anfangswortes eines Satzes oder einer Periode als Schlusswort, und zwar ohne Veränderung in Casus und Numerus, von Hermog. p. 252 κύκλος genannt, vgl. Eust. zu Hom. Il. K, 466 p. 818. Charis. p. 281 spricht in diesem Falle von Epanalepsis, ebenso Donat. p. 398, Jul. Rufin. p. 50, 19 von ἐπαναδίπλωσις, *inclusio* (er giebt auch ein Beispiel aus Verg. Georg. III, 47, wo dasselbe Wort im Casus verändert ist), Aq. Rom. p. 32 von προσαπόδοσις, *redditio*, und Quint. §. 34 spricht auch von dieser Figur, ohne jedoch ihren besonderen Namen anzugeben. — Endlich kann auch das Schlusswort eines Satzes als Anfangswort des nächsten dienen, wie Verg. Ecl. 10, 72:

Pierides, vos haec facietis maxima Gallo,
Gallo, cuius amor tantum mihi crescit in horas —

oder Aen. X, 180. Cic. Cat. I, 1: *hic tamen vivit. vivit? immo vero etiam in senatum venit*, oder in der ironischen Stelle de har. resp. 5, 8: *de religionibus sacris et caerimoniis est contionatus patres conscripti P. Clodius: P. inquam Clodius sacra et religiones neglegi, violari, pollui questus est*. Hermog. p. 286 nennt diese Figur ἐπαναστροφή, bei Tiber. p. 552 heisst sie ἀναστροφή, aber auch hier wurde von παλιλλογία oder *regressio* gesprochen, Ps. Rufin. p. 50, wie nicht minder von ἀναδίπλωσις, Charis. p. 281.

Durch Hinzufügung lassen sich aber auch Wortfiguren in der Weise bilden, dass verwandte Begriffe aneinander gereiht, oder auch verschiedene Begriffe, die aber natürlich alle in sachlicher Beziehung zu dem gerade vorliegenden Gegenstande stehen müssen, angehäuft werden. Es ist jedoch nicht leicht die hierhergehörigen Figuren von den schon oben bei der Amplification besprochenen Formen der Steigerung, des *incrementum* und

---

*) So Halm. Die Handschriften haben *primo verbo*.

der *congeries* zu unterscheiden, wenn man nicht etwa sagen will, dass es sich dort im Grunde nur um die Steigerung eines Begriffs durch verschiedene, immer stärker werdende Ausdrücke handelte, während hier die Darstellung einer Sache oder einer Begebenheit durch verwandte, oder auch verschiedene, sie immer mehr veranschaulichende Begriffe verstanden wird, z. B. Cic. Cat. II, 1: *abiit, excessit, evasit, erupit.* Phil. I, 10, 24: *eas leges, quas ipse nobis inspectantibus recitarit, promuntiavit, tulit.* II, 32, 79: *nihil queror de Dolabella, qui tum est impulsus, inductus, elusus.* Aesch. Tim. 105: ἀλλὰ τούτῳ ἀντὶ τῶν πατρῴων περίεστι βδελυρία, συκοφαντία, θράσος, τρυφή, δειλία, ἀναίδεια, τὸ μὴ ἐπίστασθαι ἐρυθριᾶν ἐπὶ τοῖς αἰσχροῖς. in Ctes. 94: τὰ δίκα τάλαντα δρώντων, ᾳρονούντων, βλεπόντων ἔλαϑον ἡμῶν ἐςελήμενοι. Dem. or. IX, 73: ἃ χρὴ ποιοῦντας τότε καὶ τοὺς ἄλλους Ἕλληνας συγκαλεῖν, συνάγειν, διδάσκειν, νουϑετεῖν. de cor. 80: ἐξ ὧν ὑμῖν μὲν τὰ κάλλιστα ἔπαινοι, δόξαι, τιμαί, στέφανοι, χάριτες παρὰ τῶν πεπονθότων ὑπῆρχον*). Lehrreich Tac. Annal. I, 42: *hostium quoque ius et sacra legationis et fas gentium rupistis.* Hier wird dieselbe That auf verschiedene Weise bezeichnet und so der Schein erweckt, als seien es verschiedene Dinge. Quintilian bezeichnete solche Fälle als συναϑροισμός, wie sich unzweifelhaft aus VIII, 4, 27 ergiebt. Andre dagegen sprachen von πλεονασμός, oder von συνωνυμία (*disiunctio*, Quint. IX, 3, 45), μεταβολή, auch wohl διαλλαγή**). Schon die Vieldeutigkeit der Bezeichnung lässt eine gewisse Unklarheit der bezeichneten Sache vermuthen. Man hat es eben hier mit keiner eigentlichen Figur, am allerwenigsten einer blosen Wortfigur zu thun. Fasste man in diesen Fällen die Abwesenheit der Conjunctionen ins Auge, was doch aber genau genommen ein mehr grammatischer als rhetorischer Gesichtspunkt ist, so konnte man auch von der Figur des ἀσύνδετον, διάλυτον, *dissolutum* (Cornif. IV, 30, 41. Kayser S. 297), oder der διάλυσις, *dissolutio* reden, Tiber. p. 77. Alex. p. 32. Herod. p. 99. Quint. §. 50. Ihr Gegentheil ist das πολυσύνδετον, wie bei Verg. Georg. III, 344: *tectumque larcmque, armaque, Amyclaeumque canem, Thressamque pharetram.* vgl. Aen. II, 262. Das Asyndeton dient besonders zum Schmuck des Briefstils (Philostr. v. soph. p. 607). Das bekannteste Beispiel ist Caesars *veni, vidi, vici.* Weniger bekannt ist der witzige Ausspruch Julians, nachdem ihm eine Schrift des Apollinaris überreicht war —

---
*) vgl. Dissen z. d. St. Weber zur Arist. p. 400.
**) Das weitere über diese Ausdrücke bei Dzialas p. 12 ff.

ἔγνων, ἀνέγνων, κατέγνων. Dass schon die blose Form des Asyndeton, namentlich wenn sie durch den Vortrag unterstützt wird, amplificirend wirkt, weil dabei in gleicher Zeit vieles gesagt zu werden scheint, ist eine feine Bemerkung des Aristoteles, Rhet. III, 12 p. 146. Ebenso bemerkt derselbe, dass das Asyndeton für die blos zum Lesen bestimmte sophistische Darstellung, für die γραφική λέξις ungeeignet sei, wohl aber für die ἀγωνιστική λέξις der praktischen Beredsamkeit passe, die es durch die einzelnen Kola kräftig und eindringlich mache. Es verleiht der Rede überhaupt ἦθος und πάθος, daher es auch seine Stelle hauptsächlich im Epilog derselben hat. Meisterhaft von Lysias angewandt am Schluss der Rede gegen Eratosthenes: παύσομαι κατηγορῶν. ἀκηκόατε, ἑωράκατε, πεπόνθατε, ἔχετε, δικάζετε*). Sein Gegentheil, das Polysyndeton, von Demetr. de eloc. 63 συνάφεια im Gegensatz zu λύσις genannt, macht durch die ausgedrückte Häufung die Rede würdevoll und grossartig. Lys. or. XII, 78: καὶ τοσούτων καὶ ἑτέρων κακῶν καὶ αἰσχρῶν καὶ πάλαι καὶ νεωστὶ καὶ μικρῶν καὶ μεγάλων αἰτίου γεγενημένον κτλ. vgl. Verg. Georg. III, 344. Aen. II, 262. Terent. Ad. 301. — Zur wirklichen Wortfigur wird das *incrementum* oder die *congeries* erst in der künstlichen und deshalb auch selten angewendeten Form der κλῖμαξ oder *gradatio*, auch *gradatus*, *ascensus* genannt. Das gesagte wird, bevor man zu etwas anderem übergeht, wiederholt, meist so, dass das Schlusswort eines Komma oder Kolon das Anfangswort des nächsten bildet. Ein berühmtes, viel citirtes Beispiel (s. Dissens Comment. S. 348) steht bei Demosth. pro cor. p. 288: οὐκ εἶπον μὲν ταῦτα, οὐκ ἔγραψα δέ, οὐδ' ἔγραψα μέν, οὐκ ἐπρέσβευσα δέ, οὐδ' ἐπρέσβευσα μέν, οὐκ ἔπεισα δὲ Θηβαίους, ἀλλ' ἀπὸ τῆς ἀρχῆς διὰ πάντων ἄχρι τῆς τελευτῆς διεξῆλθον. Cic. pro Mil. 23, 61: *neque vero se populo solum, sed etiam senatui commisit, neque senatui modo, sed etiam publicis praesidiis et armis, neque his tantum, verum etiam eius potestati, cui senatus totam rem publicam, omnem Italiae pubem, cuncta populi Romani arma commiserat.* pro Rosc. Am. 27, 75: *in urbe luxuries creatur; ex luxuria existat avaritia necesse est; ex avaritia erumpat audacia; inde omnia scelera ac*

---

*) Beispiele aus Demosthenes giebt Weber zur Arist. 363, darunter de falsa 76: πέντε γὰρ ἡμέραι γεγόνασι μόναι, ἐν αἷς οὗτος ἀπήγγειλε τὰ ψευδῆ, ὑμεῖς ἐπιστεύσατε, οἱ Φωκεῖς ἐπύθοντο, ἐνέδωκαν ἑαυτούς, ἀπώλοντο. vgl. ferner Lept. 158. or. XXXIX, 34.

maleficia gignuntur. pro Quint. 12, 40: *si debuisset, Sexte, petisses et petisses statim; si non statim, paullo quidem post; si non paullo, at aliquanto* rell. Apul. Florid. 8: *nam ex innumeris hominibus pauci senatores, ex senatoribus pauci nobiles genere et ex iis consularibus pauci boni et adhuc ex bonis pauci eruditi.* Arist. XLV, 102: ὃ μὲν γὰρ χρήμασι νικῶν ἕνα καὶ δύο ἴσως νικᾷ, τριῶν δὲ ὁμοῦ καὶ τεττάρων ἀναμιξάντων τὰς οὐσίας οὐκ ἂν εἴη πλουσιώτερος. εἰ δὲ καὶ τεττάρων, ἀλλ' οὐ δὶς τοσούτων· εἰ δέ τοι καὶ πολλαπλασίων, ἀλλ' οὐ πάντων τῶν ἐν τῇ πόλει· εἰ δὲ καὶ πάντων τῶν ἐν τῇ ἑαυτοῦ, ἀλλ' οὐ δήπου καὶ τῶν ἀστυγειτόνων· εἰ δὲ κἀκείνων, ἀλλ' οὐκ ἀμφοῖν γε ὁμοῦ, πολὺ δὲ οἶμαι καὶ μᾶλλον οὐ τῶν κατὰ πᾶσάν γε ὁμοῦ τὴν Ἑλλάδα, παντάπασι δὲ ἀμήχανον τῶν κατὰ πᾶσαν τὴν ἤπειρον*). In diesem letzteren Beispiele ist die Wiederholung nicht streng durchgeführt. Doch ist dies auch nicht nöthig, wie denn auch die Griechischen Techniker als Beispiel die Genealogie des Scepters aus Hom. Il. B 101 ff. anführen, wo in Κρονίων und Ζεύς, Ἀργειφόντης und Ἑρμῆς Synonyma eintreten. Man vgl. über diese Figur (Hermog. π. ἰδ. p. 286 nennt sie τὸ κλιμακωτὸν σχῆμα) Cornif. IV, 25, 34. Quint. IX, 3, 55 ff. Alex. p. 31. Tiber. p. 72. Herod. p. 99. Aq. Rom. p. 34. Rut. Lup. p. 8 nennt sie ἐπιπλοκή, und giebt zwei beachtenswerthe Beispiele derselben aus Lysias und Lykurg. Fälschlicherweise wurde, wie Tiberius berichtet, die κλῖμαξ von einigen für identisch mit der ἀναδίπλωσις gehalten**).

Die zweite Klasse der rhetorischen Wortfiguren entsteht durch Weglassung, *detractio,* ἔνδεια. Bei ihnen ist also in der Rede etwas zu ergänzen. Quint. §. 58—65. Manches der Art ist rein grammatisch, wie die sogenannten Ellipsen. Andres greift in das Gebiet der Synekdoche zurück. Vom Asyndeton war soeben die Rede. Und so ist schliesslich blos noch eine Figur hier zu er-

---

*) Auch Hermogenes hat sich π. μεθ. δειν. im zweiten Satze des ersten Capitels seltsamerweise der Klimax bedient: οὐ μόνον ἰδίαν, ἀλλὰ καὶ διάφορον, καὶ οὐ μόνον διάφορον, ἀλλὰ καὶ διαφόρους, καὶ οὐ μόνον διαφόρους, ἀλλὰ καὶ ἐναντίας. Mehrfach wird diese Figur bekanntlich im N. T. angewandt.

**) Neuere begnügen sich nicht blos damit, fast regelmässig die Klimax mit dem incrementum schlechthin zu verwechseln, sie sprechen auch mit einem selbsterfundenen Worte von einer Antiklimax. Dafür hat man zu sagen αὔξησις *a maioribus ad minora.* So Donat. zu Ter. Andr. 139: *quid feci, quid commerui aut peccavi, pater?*

wähnen, nämlich das συνεζευγμένον oder ζεῦγμα, bei dem sich wieder verschiedene Arten unterscheiden lassen. Quint. §. 62 sagt: *tertia (figura), quae dicitur ἐπεζευγμένον, in qua unum ad verbum plures sententiae referuntur, quarum unaquaeque desideraret illud, si sola poneretur. id accidit aut praeposito verbo, ad quod reliqua respiciant: 'vicit pudorem libido, timorem audacia, rationem amentia', aut inlato, quo plura clauduntur: 'neque enim is es, Catilina, ut te aut pudor umquam a turpitudine aut metus a periculo aut ratio a furore revocaverit.' medium quoque potest esse; quod et prioribus et sequentibus sufficiut: iungit autem et diversos sexus, ut cum marem feminamque 'filios' dicimus, et singularia pluralibus miscet. sed haec adeo sunt vulgaria, ut sibi artem figurarum adserere non possint. illud plane figura est, quo diversa sermonis forma coniungitur: 'sociis hunc arma capessant edico, et dira bellum cum gente gerendum'. quamvis enim pars bello posterior participio insistat, utrique convenit illud edico.* Man sieht jedoch aus diesen Worten, dass es auch bei dieser Figur fast unmöglich ist, das grammatische Zeugma von dem rhetorischen zu sondern. Die Grammatiker aber verstehen unter Zeugma erstens die einmalige Setzung eines Wortes (nicht blos Zeitwortes, auf welches es allerdings bei Charis. p. 280 Diom. p. 444 und Donat. III, 5 beschränkt wird; wir reden in diesem Falle von zusammengezogenen Sätzen), welches bei mehreren auf einander folgenden Kommatis oder Kolis wiederholt sein müsste, z. B. Hor. c. II, 9, 1, wo die Negation des ersten Verses auch für den zweiten zu wiederholen ist, oder III, 1, 5: *regum timendorum in proprios greges, reges in ipsos imperium st Iovis* wo *imperium* auch zum ersten Gliede gehört*). Zweitens aber die einmalige Setzung eines Verbalbegriffs, der genau genommen nur zu einem dabeistehenden Wort oder Satztheil passt, aus welchem dann für die übrigen Wörter oder Satztheile verwandte oder modificirte Begriffe zu ergänzen sind. Für Zeugma in diesem Sinne

---

*) Missbräuchlich sprach man auch von Zeugma, wo sich die Beziehung eines Wortes über mehrere Sätze erstreckt. Von einem solchen wird z. B. geredet bei Ter. Eun. 610: *metuo fratrem ne intus sit, porro autem puter ne rure redierit iam*. Es ist aber zu bemerken, dass in den angeblichen Donat-Scholien zu Terenz in Widerspruch zu der angegebenen Definition Donats in der Grammatik der Begriff Zeugma ganz willkürlich auch auf solche Fälle übertragen wird, in denen von einer Ellipse, oder einer constructio κατὰ σύνεσιν hätte geredet werden sollen. vgl. die Abhandlung von W. Hahn zur Entstehungsgeschichte der Scholien des Donat zum Terenz, Halberst. 1870.

wurde auch σύλληψις, *conceptio* gesagt, Herod. p. 100. Anon. p. 158. Tryph. p. 202. Donat. l. l. Diomed. p. 440. Charis. IV, 6, 5. Ps. Rufin. p. 48. Immerhin könnte man ein derartiges Zeugma auch als rhetorische Figur gelten lassen, doch dürfte man diejenigen, die auf einem homonymen Gebrauch des betreffenden Verbums beruhen, wohl nur mit dichterischen Beispielen belegen können, wie etwa Eur. Iph. Taur. 279: ἔδοξε δ' ἡμῶν εἰ λέγειν τοῖς πλείοσι, θηρᾶν τε τῇ θεῷ σφάγια τἀπιχώρια „er schien uns — und wir beschlossen". Solche Fälle dagegen, wie der von Quintilian zuletzt angeführte, wo von einem Verbum verschiedene grammatische Constructionen abhängen, sind rein grammatischer Art. Merkwürdig Tac. Annal. I, 64: *deliguntur legiones quinta dextro lateri, unetvicesima in laevum, primani ducendum ad agmen, vicesimanus adversum secuturos.* — Statt συνεζευγμένον hat der Anon. Seg. p. 437 den Ausdruck ἐπεζευγμένον (ἐπέζευκται in diesem Sinn, wenn auch nicht als Figur, schon bei Arist. Rhet. III p. 137). Cornif. IV, 27, 38 versteht unter *adiunctio* diejenige Figur, wo ein zu mehreren gehöriges Verbum zuerst, oder zuletzt steht. Wenn es in der Mitte steht, z. B. *formae dignitas aut morbo deflorescit aut vetustate,* im Gegensatz zu *defl. form. dign.* rell. oder *form. dign.* rell. *deflorescit,* so heisst sie *coniunctio.* Das Gegentheil des συνεζευγμένον ist das διεζευγμένον, die *disiunctio, cum eorum, de quibus dicimus, aut utrumque, aut unum quodque certo concluditur verbo, sic: populus Romanus Numantiam delevit, Karthaginem sustulit, Corinthum disiecit, Fregellas evertit. nihil Numantinis vires corporis auxiliatae sunt, nihil Karthaginiensibus scientia rei militaris adiumento fuit, nihil Corinthiis erudita calliditas praesidii tulit, nihil Fregellanis morum et sermonis societas opitulata est.* Vgl. Aq. Rom. p. 36. Als Beispiel führt Kayser zu Cornif. S. 295 Cic. in Pis. 40, 96 an: *Achaia exhausta, Thessalia vexata* rell. Andere Beispiele sind Cic. Cat. I, 10, 25: *ad hanc te amentiam natura peperit, voluntas exercuit, fortuna servavit.* p. red. 15, 39: *quare cum me vestra auctoritas accesserit, populus Romanus revocarit, res publica implorarit, Italia cuncta paene suis humeris reportarit.* de har. resp. 8, 16: *de mea domo, quam senatus unam post hanc urbem constitutam ex aerario aedificandam, a pontificibus liberandam, a magistratibus defendendam, a iudicibus puniendam putavit.* Bei den Lateinischen Grammatikern heisst diese Figur ὑπόζευξις, *ubi diversa verba singulis quibusque clausulis proprie subiunguntur,* während sie ὑπόζευγμα dasjenige grammatische

Zeugma nannten, bei welchem ein Verbum am Schlusse mehrerer zusammengezogener Sätze steht, wie in dem aus Cic. Cat. 1, 22 bereits von Quintilian angeführten Beispiele.

Die dritte Klasse der Wortfiguren entsteht durch eine kunstvolle Gegenüberstellung theils gleicher, theils ähnlicher, theils auch entgegengesetzter Wörter. Quintilian sagt: *quae aut similitudine aliqua vocum aut paribus aut contrariis convertit in se aures*, und in der That handelt es sich hier meistentheils um gewisse bestimmt hervortretende Klanggebilde, und alle möglichen Arten von Wortspielen, bei denen wie noch heutzutage, so schon im Alterthum manches frostige mitunterlief, z. B. Dem. or. XVIII, 11: κατοήθης δ' ὦν, Ἀισχίνη, τοῖτο παντελῶς εὐήθες ᾠήθης. XXIII, 202: ἀνθρώπους οὐδ' ἐλευθέρους ἀλλ' ὑλίθρους. Lollian. bei Philostr. v. s. 527: ταὐτὸν δύναται Λύσανδρος ναυμαχιῶν καὶ Λεκτίνης νομομαχιῶν. Ter. Andr. 218: *inceptiost amentium, haud amantium*. Cic. Verr. I, 1, 2: *est idem Verres, qui fuit semper ut ad audendum proiectus, sic paratus ad audiendum*. 14, 40: *o scelus, o portentum in ultimas terras exportandum*. IV, 5, 9: *quod putabant ereptionem esse non emptionem*. Phil. I, 11, 28: *nec erit iustior, patres conscripti, in senatum non veniendi morbi causa quam mortis**).

Hierhin gehört also zunächst die Paronomasie oder *annominatio* mit ihren Unterarten, über welche zu vgl. Cornif. IV, 21, 29. Rut. Lup. p. 4. Quint. IX, 3, 66. Alex. p. 36. Aq. Rom. p. 31. Tiber. p. 71. Dem Aristoteles war dieser Ausdruck noch unbekannt, vgl. Rhet. III, 6. Zu seiner Zeit befasste man die Paronomasie und verwandte Figuren unter dem Begriff der ἴσα σχήματα, vgl. Plat. Symp. p. 185 C: *Παυσανίου δὲ παυσαμένου, διδάσκουσι γάρ με ἴσα λέγειν οὕτωσὶ οἱ σοφισταί* — ein Ausdruck, der sich noch bei Hermog. π. δειν. p. 28 wiederfindet**). Die einfachste Art der Paronomasie, allerdings rein grammatisch, ist das sogenannte

---

*) Die letzten Beispiele giebt Klotz ad Ter. Andr. l. l.
**) Nach Donat. zu Ter. Andr. 218. 242 versteht man unter παρόμοιον ein Wortspiel mit Verbalformen, unter παρονομασία ein Wortspiel mit Nominalformen. Aber diese Unterscheidung ist dem ächten Donat in der Grammatik fremd und wohl nur der müssige Einfall eines unwissenden Grammatikers. Die Unhaltbarkeit dieser Unterscheidung liegt auf der Hand, weil es ja dann noch eines besonderen Kunstausdrucks für die Fälle bedürfen würde, wo der Gleichklang aus Nomen und Verbum gebildet ist, s. Hahn l. l. S. 13.

σχῆμα ἐτυμολογικόν, cum praecedenti nomini aut verbum aut nomen adnectitur ex eodem figuratu, ut fugam fugit, facinora facit, grates gratias, Creta decreta est, pugna pugnata est, Diom. p. 446. Im Grunde eben so einfach, aber der Natur der Sache nach seltner zu gebrauchen, ist die Wiederholung desselben Wortes mit verschiedener Bedeutung, eiusdem verbi contraria significatio. Sie wird von Quintilian ἀντανάκλασις genannt. Bei Alex. p. 37 heisst sie ἀντιμετάθεσις, σύγκρισις oder πλοκή. Den letzteren Ausdruck haben auch Phoeb. p. 56. Aq. Rom. p. 31. Mart. Cap. p. 481 Donat. ad Ter. Eun. 27. 41. Bei Ps. Rufinianus heisst sie ἀντίστασις. Bei Rut. Lup. διαφορά und ist von der ἀνάκλασις, cum id, quod ab altero dictum est, non in eam mentem qua intellegitur, sed in aliam aut contrarium accipitur, zu der also zwei Personen erforderlich sind, verschieden*). Sie ist bei Cornif. IV, 14, 20 eine Art der traductio, worunter er überhaupt die absichtliche Wiederholung desselben Wortes auch bei gleicher Bedeutung versteht. Kayser giebt ein Beispiel aus Isocr. VIII, 101: πολὺ ἂν τις ἀληθέστερα τυγχάνοι λέγων, εἰ φαίη τότε τὴν ἀρχὴν αὐτοῖς γεγενῆσθαι τῶν συμφορῶν, ὅτε τὴν ἀρχὴν τῆς θαλάττης παρελάμβανον. Fast wörtlich wiederholt V, 61 und ganz ähnlich IV, 119: ἅμα γὰρ ἡμεῖς τε τῆς ἀρχῆς ἀπεστερούμεθα καὶ τοῖς Ἕλλησιν ἀρχὴ τῶν κακῶν ἐγίγνετο, woselbst Baiter zu vgl. Schon Arist. Rhet. III p. 143 citirt das erstere Beispiel. Beispiele aus Demosthenes finden sich or. IX, 17. 18. XVIII, 280, angeführt von Hermog. π. ἰδ. p. 326, aus Cicero Verr. II, 3, 105. 2, 155. pro Mur. 8. Phil. III, 27. V, 20. Andoc. or. III, 27: πατρίαν εἰρήνην ὀνομάζοντες ἢ χρῶνται, τοῖς Ἕλλησιν οὐκ ἐῶσι πατρίαν γενέσθαι τὴν εἰρήνην. Arist. Panath. 139: συμβάντος γὰρ τοῦ περὶ τὰς Πύλας πάθους — οἱ μὲν ὥσπερ πύλας τείχους ῥήξαντες εἰσεχέοντο. Philostr. v. s. 571: Ἀριστείδην δὲ τὸν εἴτε Εὐδαίμονος εἴτε εὐδαίμονα Ἁδριανοὶ μὲν ἤνεγκαν. Reich an derartigen Beispielen ist namentlich Plautus. Man vgl. ferner die Wortspiele mit causa Ter. Heaut. pr. 41. Hec. pr. 55. Cic. Rosc. Am. 2, 5. 51, 149. ad Att. VII, 3, 5; mit locus Cic. Verr. V, 68, 174; mit res Verr. II, 14, 36. Liv. II, 18, 2. Quintilian bezeichnet diese Figur als fehlerhafte Spielerei, wenn ihre Pointe auf eine Verschiedenheit der Quantität hinausläuft, wofür er zwei von Cornificius gebrauchte Beispiele anführt: amari iucundum est, si curatur, ne quid insit

---

*) vgl. Dzialas S. 11.

amari, und *avium dulcedo ad avium ducit*. — Eleganter sind die Figuren mit Wechsel der Praepositionen in Compositis, z. B. Dem. Ol. I, 19: εἰ δὲ μὴ προσδεῖ, μᾶλλον δ' ἅπαντος ἐνδεῖ τοῦ πόρου. Cic. Cat. I, 11, 27: *ut abs te non emissus ex urbe, sed immissus in urbem esse videatur*. In Pis. 5, 11: *omnibus consiliis — non interfuisti solum, verum etiam crudelissime praefuisti*, de leg. agr. I, 6, 18: *illuc opes suas deferre et imperii nomen transferre cogitant*, de prov. cons. 8, 19: *bellum adfectum videmus et, vere ut dicam, paene confectum*. ib. 12, 29. pro Fontej. 18, 40. pro dom. 9, 21. Auch bei Substantiven, Cic. Cat. I, 10, 27: *ut exul potius temptare quam consul vexare rem publicam posses*. Sen. ep. 28, 7: *stultorum divitum adrosor, et quod sequitur adrisor, et quod duobus his adiunctum est derisor*. Ferner mit Einführung eines Compositi nach seinem Simplex, Aesch. Ctes. 83: ὁ δ' ἀπηγόρευε μὴ λαμβάνειν, εἰ διδῶσιν, ἀλλὰ μὴ ἀποδιδῶσι, περὶ συλλαβῶν διαφερόμενος*). Die Figur, welche durch den Wechsel von Activ und Passiv entsteht, wird von den Technikern nicht mit berücksichtigt, sie lässt sich aber vielleicht auch mit hierher ziehen. Merkwürdiges Beispiel Dem. or. XLV, 37: ὁ γὰρ ἐπιτροπεῦσαι κατὰ διαθήκας μαρτυρῶν δῆλον ὅτι καθ' ὁποίας ἂν εἰδείη, καὶ ὁ ἐπιτροπευθῆναι κατὰ διαθήκας μαρτυρῶν δῆλον ὅτι καθ' ὁποίας ἂν εἰδείη. Nicht blos Seneca, sondern auch Apulejus und Augustinus, und zwar dieser im Uebermass, haben sich gerade in diesen drei letzteren Formen der Paronomasie gefallen.

Eine weitere Gruppe bilden diejenigen Figuren, bei denen ein Gleichklang oder wenigstens eine äussere Conformität ganzer Satzglieder beabsichtigt wird. Hierher gehören das παρόμοιον, πάρισον, ὁμοιοτέλευτον und ὁμοιόπτωτον, ἰσόκωλον und Ähnliches. Das ἰσόκωλον (*compar* Cornif. IV, 20, 27) ist eine Periode, deren Glieder im Ganzen und Grossen aus gleich vielen Silben bestehen, Rut. Lup. p. 19. Aq. Rom. p. 30 mit dem Beispiel: *classem speciosissimam instruxit, exercitum pulcherrimum et fortissimum elegit*. Besonders häufig findet sich diese Figur bei Isokrates im Panegyrikus, überhaupt seinen älteren Reden, vgl. Philostr. v. s. 214, 20.

---

*) Nach Plutarch v. Dem. 9 hatte Demosthenes in der Rede über Halonnesus den Athenern gerathen, dasselbe μὴ λαμβάνειν, ἀλλ' ἀπολαμβάνειν παρὰ Φιλίππου, und Plutarch meint, vielleicht habe der Komiker Antiphanes auf diese Wendung angespielt, wenn er schrieb: ἀπέλαβεν, ὥσπερ ἔλαβεν. B. ἠγάπησεν ἂν τὸ ῥῆμα τοῦτο παραλαβὼν Δημοσθένης.

Dionys. de Isocr. iud. c. 14*). Diejenigen Rhetoren, welche im *ἰσόκωλον* in den correspondirenden Gliedern wirklich gleich viel Silben verlangten (Beispiele aus Thucydides bei Demetr. de eloc. 25), unterschieden noch besonders das *πάρισον, prope aequantim*, d. h. diejenige Form, bei welcher eins der Glieder, meist das letzte, die übrigen mehr oder weniger an Länge übertrifft, Aq. Rom. p. 30. Alex. p. 40**). Schon Anax. 27 p. 213 sagt: *παρίσωσις δέ ἐστι μέν, ὅταν δύο ἴσα λέγηται κῶλα. εἴη δ' ἂν ἴσα καὶ πολλὰ μικρὰ ὀλίγοις μεγάλοις, καὶ ἴσα τὸ μέγεθος ἴσοις τὸν ἀριθμόν.* Danach hat man von Parisosis überall da zu sprechen, wo sich ein ungefähres Ebenmass der Glieder bemerkbar macht. Die *παρομοίωσις* ist ihm eine gesteigerte *παρίσωσις*, bei welcher zu den gleichen Gliedern auch noch ähnliche Wörter kommen, wie in dem Beispiel *πλήθει μὲν ἐνδεῶς, δυνάμει δὲ ἐντελῶς*. Bei Arist. III, 9 p. 137 verlangt die *παρίσωσις* gleiche *κῶλα*, die *παρομοίωσις* ähnlichen Anfang oder ähnliches Ende der Kola. Aehnlich Demetr. de eloc. 25. Beispiele Isocr. Hel. 17: *καὶ τοῦ μὲν ἐπίπονον καὶ ἐπικίνδυνον τὸν βίον ἐποίησε, τῆς δὲ περίβλεπτον καὶ περιμάχητον τὴν φύσιν κατέστησεν****). Lys. or. XII, 7: *ἀποκτιννύναι μὲν γὰρ ἀνθρώπους περὶ οὐδενὸς ἡγοῦντο, λαμβάνειν δὲ χρήματα περὶ πολλοῦ ἐποιοῦντο*. Auch Demosthenes hat die *παρίσωσις* unter Umständen nicht verschmäht, z. B. Ol. III, 19: *ἀλλὰ θαυμάζω εἴ τῳ ποτε ἀνθρώπων ἢ γέγονεν ἢ γενήσεται, ἂν τὰ παρόντα ἀναλώσῃ, πρὸς ἃ μὴ δεῖ, τῶν ἀπόντων εὐπορῆσαι πρὸς ἃ δεῖ*. Beispiele aus Plato bei Dionys. T. VI p. 191, 192. Bei Isokrates tritt das *ἰσόκωλον* häufig in Verbindung mit dem *παρόμοιον* auf, z. B. or. IV, 45: *ἔτι δ' ἀγῶνας ἰδεῖν μὴ μόνον τάχους καὶ ῥώμης ἀλλὰ καὶ λόγων καὶ γνώμης*. Paromoiosis am Anfang und Schluss ib. 89: *ὥστε τῷ στρατοπέδῳ | πλεῦσαι μὲν διὰ τῆς ἠπείρου | πεζεῦσαι δὲ διὰ τῆς θαλάττης | τὸν μὲν Ἑλλήσποντον ζεῦξας | τὸν δ' Ἄθω διορύξας*. Auch Cicero hat Parisa z. B. de prov. cons. 8, 19: *ut ii non modo illum inimicum ex Gallia sententiis suis non detraherent, sed et propter rationem Gallici belli provinciam extra ordinem decernerent*. Ausserordentlich concinn und kunstvoll pro Mil. 4, 20: *est enim, iudices, haec non scripta, sed nata lex, quam non didicimus accepimus legimus, verum ex natura ipsa arripuimus*

---

*) Vgl. Kayser zu Cornif. S. 292. Breml zu Isocr. Exc. VI.
**) Vgl. Dzialas S. 18 f.
***) Vgl. Heindorf zu Plat. Phaedr. 114 p. 818.

hausimus expressimus; ad quam non ducti, sed facti, non instituti, sed imbuti sumus — von ihm selbst angeführt orat. 49, 165.

Das ὁμοιόπτωτον, similiter cadens Cornif. IV, 20, 28 besteht in der mehrfachen Wiederholung desselben Casus innerhalb einer Periode, auch wohl unmittelbar hintereinander, wofür Diom. p. 447 ein Beispiel aus Sallust anführt: *maximis ducibus, fortibus strenuisque ministris.* Nach Aq. Rom. p. 30 hat der gleiche Casus am Ende der κῶλα zu stehen, und ist demnach nur eine Art des ὁμοιοτέλευτον, *similiter desinens*, des Reims, bei welchem überhaupt entsprechende Wortformen an das Ende der Kola treten. Ebenso Alex. p. 36, Tiber. p. 74, welcher in dem bereits angeführten Beispiele aus Isocr. Hel. 17 noch besonders hervorhebt, dass ἐποίησε und κατίστησι gleichviel Silben und gleichen Accent haben. Parisosis mit Homoeoteleuton Cic. pro Quint. 23, 75: *cogitent ita se graves esse, ut, si veritatem valent retinere, gravitatem possint obtinere.* Homoeoptoton und Homoeoteleuton fasst Tiberius zusammen unter dem genus der παρίσωσις, ebenso wie Anax. 28 p. 213 und Arist. Rhet. III, 9 p. 137 unter dem der παρομοίωσις. Ein artiges Homoeoteleuton führt Demetr. de eloc. 29 aus Aristoteles an: ἐγὼ ἐκ μὲν Ἀθηνῶν εἰς Στάγειρα ἦλθον διὰ τὸν βασιλέα τὸν μέγαν, ἐκ δὲ Σταγείρων εἰς Ἀθήνας διὰ τὸν χειμῶνα τὸν μέγαν. Bei Dichtern finden sich Homoeoteleuta natürlich häufig[*], während sie bei Prosaikern im Ganzen sehr selten sind. Sen. dial. III, 11, 8: *illa certissima est virtus, quae se diu multumque circumspexit et rexit et ex lento ac destinato provexit.*

Aber alle diese als Unterarten der Paronomasie und Parisosis aufgezählten Figuren bilden das unentbehrliche Rüstzeug im Stil des Apulejus, der dadurch nur zu oft etwas widerlich geziertes und ermüdend weichliches erhält. Bei ihm finden sich wirkliche Reime z. B. Flor. 21: *camporum rivos et collium clivos — et ferre validam et ire rapidum.* Dieselbe stilistische Verkehrtheit macht auch die Declamationen des Maximus Tyrius, trotz einzelner leidlicher Gedanken, so widerwärtig. Denn es sind goldene Worte, welche Cornif. IV, 22, 32 über die Anwendung aller dieser Figuren sagt: *perraro sumenda sunt, cum in veritate dicimus, propterea quod non haec videntur reperiri posse sine elaboratione et sumptione operae;*

---

[*] Vgl. ausser Voss Comm. Rhet. V, 5 p. 328, Schrader zu Mus. S. 139 ff., sowie die Ausleger zu Hor. Sat. II, 6, 1. Ep. 1, 2, 17, insbesondere Obbarius S. 34.

eiusmodi autem studia ad delectationem quam ad veritatem videntur
accommodatiora: qua re fides et gravitas et severitas oratoria minui-
tur his exornationibus frequenter collocatis et non modo tollitur auctoritas dicendi, sed offenditur quoque in eiusmodi oratione, propterea
quod est in his lepos et festivitas, non dignitas neque pulchritudo.
qua re quae sunt ampla et pulcra, diu placere possunt; quae lepida
et concinna, cito satietate afficiunt aurium sensum fastidiosissimum.
quomodo igitur, si crebro his generibus utemur, puerili videbimur
elocutione delectari, item, si raro intersereremus has exornationes et in
causa tota varie dispergemus, commode luminibus distinctis illustra-
bimus orationem. So nennt auch Dionys. Halic. T. VI p. 59 die
ἀντίθετα, von denen gleich die Rede sein wird, die παρόμοια und
παρισώσεις, in denen sich besonders Polus, Licymnius, Gorgias
und seine Schüler aber auch noch Isokrates in seiner ersten Periode im Unmass gefielen — man lese die Parodie bei Plat.
Symp. p. 197 D. E. im Schluss von Agathons Rede — nach Theophrasts Vorgange kindische Figuren (μειρακιώδη de Is. iud. 12. 14.
ep. II ad Amm. 17. θεατρικά T. VI p. 94) und macht ihren Gebrauch dem Thucydides, als zu seiner ganzen Art nicht passend,
zum Vorwurf. Ebenso verwirft Demetr. de eloc. 27 den Gebrauch
des Homoeoteleuton als bedenklich und der δεινότης hinderlich,
auch hält er sie für ungeeignet im ἦθος und πάθος[*].

Die letzte Gruppe bilden diejenigen Figuren, welche durch
die kunstvolle Gegenüberstellung entgegengesetzter Wörter gebildet
werden, die sogenannten Antithesen (ἀντίθετον, ἀντίθεσις), über
welche zu vgl. Anax. 26 p. 212. Cornif. IV, 45, 58. Quint. IX, 3, 81.
Cornificius nennt diese Figur *contentio*, Quintilian scheint dem Ausdruck *contrapositum* den Vorzug zu geben. Die Rhetoren unterschieden verschiedene Arten von Antithesen, doch gehen sie in
der Angabe der Arten sehr auseinander. Nach Anaximenes besteht
die Antithese entweder in Worten, oder in Gedanken, oder in
beidem; die letztere Art des Gegensatzes ist die schönste. Beispiel
einer Antithese blos den Worten nach: διδότω γὰρ ὁ πλούσιος
καὶ εὐδαίμων τῷ πένητι καὶ ἐνδεεῖ. Blos dem Gedanken nach:
ἐγὼ μὲν τοῦτον νοσοῦντα ἐθεράπευσα, οὗτος δ' ἐμοὶ μεγίστων
κακῶν αἴτιος γέγονεν. Antithese nach Worten und Gedanken:
οὐ γὰρ δίκαιον τοῦτον μὲν τὰ ἐμὰ ἔχοντα πλουτεῖν, ἐμὲ δὲ τὰ

---

[*] Vgl. Dionys. l. l. χαριεντισμὸς γάρ πᾶς ἐν σπουδῇ καὶ καλῶς γινό-
μενος ἄωρον πρᾶγμα καὶ πολεμιώτατον ἐλέῳ.

ὄντα προιέμενον οὕτω πτωχεύειν. Danach wäre also die Antithese sowohl zu den Wort- als Sinnfiguren zu rechnen, und könnte auch beides sein. Wortfigur ist sie bei Hermog. de inv. p. 147, Sinnfigur π. μεθ. δειν. p. 420. Auch bei Tiber. p. 545. 569 ist sie beides. Arist. Rhet. III, 9 spricht von den Gegensätzen (ἀντικείμενα) da wo er die periodologische Schreibart berührt, und unterscheidet, ohne diesen Ausdruck zu gebrauchen, Antithesen, bei denen ἑκατέρῳ τῷ κώλῳ ἢ πρὸς ἐναντίῳ ἐναντίον σύγκειται ἢ ταυτὰ ἐπέζευκται τοῖς ἐναντίοις. Aber was soll das heissen? Soll damit blos zwischen Antithesen unterschieden werden, deren Glieder als parallele selbständige Sätze auftreten und solchen, deren zwei Glieder nur einen zusammengezogenen Satz bilden, bei denen sich also der Gegensatz erst auf Grund eines voraufgeschickten gemeinsamen Bestandtheils entfaltet, oder in einem nachfolgenden gemeinsamen Bestandtheile zusammengefasst wird? Das letztere wäre der Fall in dem von ihm angezogenen Beispiel aus Isocr. Paneg. 35: ἀμφοτέρους δὲ καὶ τοὺς ἀκολουθήσαντας, καὶ τοὺς ὑπομείναντας ἔσωσαν· τοῖς μὲν γὰρ ἱκανὴν τὴν οἰκοι χώραν κατέλιπον, τοῖς δὲ πλείω τῆς ὑπαρχούσης ἐπόρισαν. Das erstere in einem der folgenden Beispiele aus derselben Rede §. 48: ὥστε πολλάκις ἐν αὐταῖς καὶ τοὺς φρονίμους ἀτυχεῖν καὶ τοὺς ἀνοήτους κατορθοῦν. War dies wirklich die Meinung des Aristoteles[*]), so liegt es auf der Hand, dass er zu dieser Unterscheidung nur durch die Berücksichtigung des Periodenbaues gekommen ist, an sich wird das Wesen der Antithesen durch dieselbe nicht berührt. Noch übler sind wir mit der Eintheilung des Theophrast daran, die uns Dionys. de Lys. iud. 14 p. 240 aufbewahrt hat. Danach kömmt die Antithese auf dreifache Weise zu Stande, ὅταν τῷ αὐτῷ τὰ ἐναντία, ἢ τῷ ἐναντίῳ τὰ αὐτά, ἢ τοῖς ἐναντίοις ἐναντία προκατηγορηθείη. τοσαυταχῶς γὰρ ἐγχωρεῖ συζευχθῆναι. Also ein Subject mit entgegengesetzten Prädicaten, entgegengesetzte Subjecte mit einem Prädicate, entgegengesetzte Subjecte mit entgegengesetzten Prädicaten. Ob aber Theophrasts Worte so zu verstehen sind, erscheint fraglich, da Dionys fortfährt: τούτων δὲ τὸ μὲν ἴσον καὶ τὸ ὅμοιον παιδιῶδες, καθαπερεὶ ποίημα· διὸ καὶ ἧττον ἁρμόττει τῇ σπουδῇ. φαίνεται γὰρ ἀπρεπὲς σπουδάζοντα τοῖς πράγμασι τοῖς ὀνόμασι παίζειν καὶ τὸ πάθος τῇ λέξει περι-

---

[*]) Spengel z. d. Bl. S. 896: aut duo sunt contraria in utroque colo, aut contrariis idem verbum est commune.

αιρεῖν. ἐκλύει γὰρ τὸν ἀκροατήν· οἷον ὡς ὁ Λυσίας ἐν τῇ τοῦ Νικίου ἀπολογίᾳ*) βουλόμενος ἔλεον ποιεῖν· κλαίω τὸν ἀμάχητον καὶ ἀναυμάχητον ὄλεθρον. ἱκέται μὲν αὐτοὶ τῶν θεῶν καθέζοντες, προδότας δὲ τῶν ὁρκίων ἡμᾶς ἀποφαίνοντες, ἀνακαλοῦντες συγγένειαν, εὐμένειαν. Dies läuft doch aber wohl auf den Gegensatz von falschen, scheinbaren und wirklichen Antithesen hinaus. Auch Rutil. Lup. II, 16 unterscheidet drei Arten von Antithesen. unum est, cum contrariae res inter se conferuntur, — aliud est genus, cum in eadem sententia priori verbo contrarium quod est infertur et coniungi solet**) — aliud est, item quod superiori infertur, sed consequenter, aber diese Unterscheidung ist mir völlig unverständlich. Wieder anders Alex. p. 36. Er unterscheidet erstens Antithesen, die aus conträren Worten bestehen, wie: μᾶλλον γὰρ τιμῶσιν αἱ πόλεις τῶν ἀδίκως πλουτούντων τοὺς δικαίως πενομένους, dann contradictorische Antithesen, wie: σὺ μὲν γὰρ ἔλαβες, ὦ Δημάδη, δῶρα παρὰ Φιλίππου, ἐγὼ δὲ οὐκ ἔλαβον, καὶ προέπινες αὐτῷ κατὰ τῆς πόλεως εὐωχούμενος, ἐγὼ δὲ οὐ συνέπινον, endlich Antithesen in denen ohne conträre Worte entgegengesetzte oder verschiedene Dinge einander gegenübergestellt werden, wie Dem. de cor. 265: ἐδίδασκες γράμματα, ἐγὼ δὲ ἐφοίτων· ἐτέλεις, ἐγὼ δὲ ἐτελούμην· ἐτριταγωνίστεις, ἐγὼ δὲ ἐθεώρουν· ἐγραμμάτευες, ἐγὼ δὲ ἐκκλησίαζον· ἐξέπιπτες, ἐγὼ δὲ ἐσύριττον. Das lässt sich wenigstens verstehen***). Ebenso wenn Quint. §. 81 sagt: contrapositum non uno fit modo. nam et singula singulis opponuntur, ut in eo quod modo dixi 'vicit pudorem libido, timorem audacia': et bina binis 'non nostri ingenii, vestri auxilii est': et sententiae sententiis 'dominetur in contionibus, iaceat in iudiciis.' Daran schliesst er eine vierte Art, die er distinctio nennt in dem Beispiel: odit populus Romanus privatam luxuriam, publicam magnificentiam diligit.

Als wirkliche rhetorische Figur wird man nur diejenige Antithese betrachten können, wo mit den einander entgegengesetzten Wörtern auch ein Gegensatz im Gedanken verbunden ist. Bei ihr tritt die beabsichtigte Kunst des Redners klar zu Tage, und es ist, wie schon Anaximenes bemerkt hat, die schönste Art. Ein

---

*) Diese Rede war unächt.
**) So nach Halms wahrscheinlicher Verbesserung.
***) Wenn Dzialas p. 21 sagt: Rutilius quoque Lupus II, 16 et Alex. Num. VIII p. 477, eadem fere ratione distinguunt — nämlich wie Anaximenes, so ist dies ein merkwürdiger Irrthum. Allerdings scheint die dritte Klasse des Rutilius mit der dritten des Alexander dieselbe zu sein, vgl. noch Quint. §. 84.

vortrefliches Beispiel giebt Cornificius: *in otio tumultuaris, in tumultu es otiosus; in re frigidissima cales, in ferventissima friges; tacitorum opus est, clamas, cum tibi loqui convenit, obmutescis; ades, abesse vis, abes, reverti cupis; in pace bellum quaeritas, in bello pacem desideras; in contione de virtute loqueris, in proelio prae ignavia tubae sonitum perferre non potes*. Isocr. or. VIII, 108: οὐχ ἡ μὲν τῶν ἀττικιζόντων πολυπραγμοσύνη λακωνίζειν τὰς πόλεις ἐποίησεν, ἡ δὲ τῶν λακωνιζόντων ὕβρις ἀττικίζειν τὰς αὐτὰς ταύτας ἠνάγκασεν; X, 5: πολὺ κρεῖττόν ἐστι περὶ τῶν χρησίμων ἐπιεικῶς δοξάζειν ἢ περὶ τῶν ἀχρήστων ἀκριβῶς ἐπίστασθαι, καὶ μικρὸν προέχειν ἐν τοῖς μεγάλοις μᾶλλον ἢ πολὺ διαφέρειν ἐν τοῖς μικροῖς. Antiph. III, 3, 3: τοῖς μὲν γὰρ ὅ τε φόβος ἥ τε ἀδικία ἱκανὴ ἦν παῦσαι τὸ δεδιὸς τῆς προμηθίας, τοῖς δὲ ὅ τε κίνδυνος ἥ τε αἰσχύνη ἀρκοῦσα ἦν σωφρονίσαι τὸ θυμούμενον τῆς γνώμης*). Dem. Ol. II 26: δι' ὧν ἐκ χρηστῶν φαῦλα τὰ πράγματα τῆς πόλεως γέγονε, διὰ τούτων ἐλπίζετε τῶν αὐτῶν πράξεων ἐκ φαύλων αὐτὰ χρηστὰ γενήσεσθαι; Cicero führt orat. 50, 167 ein Beispiel aus Verr. IV, 52, 115 an: *conferte hanc pacem cum illo bello, huius praetoris adventum cum illius imperatoris victoria, huius cohortem impuram cum illius exercitu invicto, huius libidines cum illius continentia: ab illo, qui cepit, conditas, ab hoc, qui constitutas accepit, captas dicetis Syracusas*. Vgl. Cat. II, 11, 25. pro Flacc. 35, 87. pro Cluent. 15, 4. 5. Längere Antithesen sind fast immer auch in der Form des Parison durchgeführt. Dies zeigen schon mehrere der bereits angeführten Beispiele. Ferner Lys. or. XXIV, 7: μὴ τοίνυν, ἐπειδή γ' ἔστιν ᾧ βουλὴ σῶσαί με δικαίως, ἀπολέσητε ἀδίκως· μηδὲ ἃ νεωτέρῳ καὶ μᾶλλον ἐρρωμένῳ ὄντι ἔδοτε, πρεσβύτερον καὶ ἀσθενέσερον γιγνόμενον ἀφέλησθε, μηδὲ πρότερον καὶ περὶ τοὺς οὐδὲν ἔχοντας κακὸν ἐλεημονέστατοι δοκοῦντες εἶναι νυνὶ διὰ τοῦτον τοῖς καὶ τοῖς ἐχθροῖς ἐλεεινοὺς ὄντας ἀγρίως ἀποδέξησθε. — Antithese mit traductio Cic. de amic. 1, 5: *sed ut tum ad senem senex de senectute, sic hoc libro ad amicum amicissimus scripsi de amicitia*. Eine Antithese mit Conjunctionen, ein ziemlich frostiges Kunststück, haben wir bei Apul. Flor. 18: *non illam (mercedem) quam Protagoras sophista pepigit nec accepit, sed quam Thales sapiens nec pepigit et accepit*.
— Diejenige Art des Gegensatzes, welche durch Umkehrung des Gedankens gebildet wird, z. B. *non ut edam vivo, sed ut vivam edo*,

---

*) So nach Kaysers Verbesserung.

oder *homo ornat locum, non hominem locus* heisst ἀντιμεταβολή, *commutatio, conversio*, bei Ps. Rufin. p. 60 μετάθεσις, vgl. Cornif. IV, 28, 39 (dazu Kayser S. 296), Alex. p. 37. Cic. pro Cluent. 2: *ut et sine invidia culpa plectatur, et sine culpa invidia ponatur.* pro Cael. 32, 80: *conservate parenti filium, parentem filio.* Sen. cons. ad. Helv. 9, 10: *comunt, ut edant: edunt, ut comant.* Apul. Flor. 16: *vir omnium inter optimos clarissime, inter clarissimos optime.*

§. 49.
Die Sinn-Figuren.

Wir haben schon oben S. 395 gesehen, dass sich die Sinnfiguren in pathetische und ethische eintheilen lassen, und zugleich bemerkt, dass eine derartige Eintheilung derselben auch ihrer Behandlung bei Quintilian zu Grunde liegt. Indes lässt sie sich nicht streng genug durchführen, weil manche Figuren beiden Zwecken dienen können, und dies weniger im Wesen der betreffenden Figur, als im Belieben des von ihr Gebrauch machenden Schriftstellers liegt. Die Sinnfiguren sind für den Redner von ausserordentlichem Nutzen und, wie auch Cicero im Brutus widerholt hervorhebt, die bei weitem wirksameren. In ihrer Handhabung zeigte sich Demosthenes als der mit Recht von allen bewunderte Meister, s. Cic. or. 39, 136 ff. Die Techniker zählten freilich manches unter den Sinnfiguren mit auf, was im Grunde genommen keine Figur, sondern eine gewisse Form der Darstellung ist, zu welcher der Redner durch seinen ganzen Gedankengang und den Inhalt des von ihm behandelten Gegenstandes mit Nothwendigkeit veranlasst wurde, wobei es ihm überlassen blieb, ob er den einzelnen Gedanken ausserdem mehr oder minderen Schmuck verleihen wollte. Als Kriterium der Unterscheidung wird man festhalten müssen, dass nur das als Sinnfigur betrachtet werden darf, was den Umfang eines Satzes nicht zu überschreiten braucht.

Daher wird man Bedenken tragen müssen, die προσωποποιία oder *fictio personarum* als Sinnfigur zu betrachten, d. h. diejenige Form der Darstellung, bei welcher der Redner einer andern, sei es wirklich vorhandenen oder blos fingirten Person, eine kürzere oder längere Rede in den Mund legt. Von ihr war schon in §. 32 S. 260 die Rede. Sie verleiht nach Quintilian der Rede grosse

Abwechslung und Spannung. Durch sie bringen wir die Gedanken unsrer Gegner wie im Selbstgespräch ans Licht (Cic. in Pis. c. 25; natürlich müssen die Worte, die wir ihnen leihen, den Gedanken, die sie muthmasslich gehabt haben, entsprechen), ebenso tragen wir Unterredungen zwischen uns und anderen, oder anderen unter sich mittelst der Prosopopoeie auf glaubwürdige Weise vor. Auch Götter und Unterwelt lassen sich dabei in Scene setzen, Städte und Völker können personificirt werden und reden. Vgl. Quint. IX, 2, 29 ff. Rut. Lup. p. 15. Alex. p. 19*). Ausser den bereits angeführten Beispielen ist zu vergleichen die Rede des alten Appius Claudius bei Cic. pro Cael. 14, 33. Die Prosopopoeie des Volkes in einer Anrede an M. Laterensis, pro Planc. 5, 12. Fingirtes Verhör, wie es Charikles zur Zeit der Dreissig mit ihm angestellt haben könnte, bei Andoc. or. I, 101. Aus Aeschines vgl. in Ctes. 153 (Eidolopoeie), aus Demosthenes or. VIII, 36 ff. XXXI, 14**). — Von der Prosopopoeie unterschied man die Ethopoeie oder μίμησις, *imitatio morum alienorum (figuratio, expressio* Ps. Ruf. p. 62). Aq. Rom. p. 24: *certis quibusdam personis verba accommodate adfingimus, vel ad improbitatem earum demonstrandam vel ad dignitatem*. Wenn Quintilian §. 58 von ihr sagt: *iam inter leniores affectus numerari potest*, so beweist schon diese Bemerkung, dass sie nicht zu den Sinnfiguren gehört***). — Ebensowenig ist dies mit der S. 123 erwähnten ὑποτύπωσις der Fall, welche genau und deutlich den Hergang einer Sache schildert, so dass man sie mehr zu sehen als zu hören glaubt, und zwar nicht blos vergangenes und gegenwärtiges, sondern auch zukünftiges, und was zukünftig hätte sein können. In letzterer Weise ist sie mit grosser Kunst von Cicero in der Miloniana behandelt, wo er schildert, was Clodius würde

---

*) Weitere Stellen in der Dissertation von H. Monso veterum rhetorum de sententiarum figuris doctrina. pars prior. Dresl. 1869 S. 16 ff. Manche Rhetoren behandelten verkehrterweise die Prosopopoeie auch unter den Tropen.
**) Weitere Beispiele giebt Weber zur Aristocr. p. 344.
***) Die Ausdrücke προσωποποιία und ἠθοποιία waren ursprünglich völlig synonym. Bei den späteren Progymnasmatikern ist Ethopoeie der Gattungsname, welcher die eigentliche Ethopoeie, d. h. die Rede einer bekannten Person, deren Ethos zu erfinden ist, die Eidolopoeie, die Rede einer bekannten Person, die aber bereits zu den Verstorbenen gehört, und die Prosopopoeie umfasst, bei der nicht nur das Ethos, sondern auch die Person erfunden wird, auch leblose Gegenstände als redend eingeführt werden können. Doch war auch hier der Sprachgebrauch sehr schwankend. *ethopoeiacus sermo* der Sonne bei Jul. Firm. de err. p. 18 ed. Dursian.

gethan haben, wenn er zur Prätur gelangt wäre, vgl. Quint. §. 40 ff. Noch verkehrter ist es, die anschauliche Beschreibung von Oertlichkeiten zu den Sinnfiguren zu rechnen, wofür einige den Namen τοπογραφία (τοποθεσία Cic. Att. I, 13. 16. ib. I, 16, 18 ist es dagegen die schöne Lage eines Ortes selbst) aufstellten. Quint. §. 44. Empor. p. 569, vgl. Voss. Comm. rhet. V, 9, 2 p. 377 ff.

Wenden wir uns nach Ausscheidung des offenbar ungehörigen zu den eigentlichen Sinnfiguren, so ist hier zunächst als die häufigste und dabei doch sehr wirksame Figur die **rhetorische Frage** zu nennen, d. h. diejenige Frage, bei der wir nicht fragen um eine Antwort zu erhalten, sondern um den Gegner zu drängen, um unsern Unwillen und unsre Verwunderung auszudrücken, um Gehässigkeit oder Mitleid zu erregen. Beispiele Cic. pro Lig. 3, 9: *quid enim tuus ille, Tubero, destrictus in acie Pharsalica gladius agebat,* ferner im Eingang der ersten Catilinarischen Rede, oder de leg. agr. I, 6, 16. Meisterhaft bedient sich Lysias der Frageform or. XII, 25 f. Sehr pathetisch Dem. XXIII, 214, oder XXVII, 38: *ταῦτ᾽ οὐ μεγάλη καὶ περιφανὴς ἀναισχυντία; ταῦτ᾽ οὐχ ὑπερβολὴ δεινῆς αἰσχροκερδίας; τί οὖν ποτ᾽ ἐστὶ τὸ δεινόν, εἰ μὴ ταῦτα δόξει τηλικαύτας ὑπερβολὰς ἔχοντα.* Aber wohl nirgends ist die Figur der drängenden Frage mit solcher Kraft in Anwendung gebracht, als von Demosthenes in der Rede vom Kranze, in der er nach einem treffenden Ausdruck des Hermog. π. ἰδ. I, 11 p. 267 durch seine Fragereihen den Gegner gar nicht zu Athem kommen lässt*). Eine Reihe hinter einander folgender Fragen kann zur Amplification eines Gedankens dienen. So bei Isocr. or. IV, 121. 183 f. XII, 121 f., vgl. ferner Dem. Ol. III, 16. XXIV, 98 f**). — Für besonders wirksam hält Cornif. IV, 15, 22 diejenige Frage *quae, cum enumerata sunt ea, quae obsunt causae adversariorum, confirmat superiorem orationem, hoc pacto: quom igitur haec omnia faceres, diceres, administrares, utrum animos sociorum ab re publica removebas, et abalienabas an non? et utrum aliquem exornari oportuit, qui ista prohiberet ac fieri non sineret an non?* Vgl. Kayser

---

*) Nach Donat. zu Ter. Adelph. 670. Eun. 604 führte eine Reihe drängender oder drohender Fragen hintereinander den besonderen Namen ἐπιτροχασμός. Er giebt das Beispiel aus Aen. XI, 376: *state viri: quae causa rixae? quire estis in armis? quore tenetis iter?* Andre freilich, wie Aq. Rom. p. 24 und der Verfasser de fig. sent. p. 72 verstanden unter ἐπιτροχασμός nur eine besonders drängende Art der *congeries* oder *concerratio* auch ohne Frage.

**) Auch bei Dichtern. Verg. Georg. IV, 504.

S. 289. Mit einer Frage schliesst auch das von Alex. p. 17 aus Dem. de cor. 71 angeführte Beispiel des συναθροισμός. — Gewöhnlich wird eine Frage auch bei der sogenannten Aetiologie angewandt, worunter im Grunde nichts weiter als die einer voraufgehenden Behauptung nachfolgende Begründung zu verstehen ist, Quint. IX, 3, 93. Zon. p. 162. Anon. p. 175. Rut. Lup. p. 21 mit Beispiel aus Isokr. de pace 10. Auch Alex. p. 17 definirt: αἰτιολογία δέ ἐστιν, ὅταν προθέντες τι πρὸς τὸ γενέσθαι σαφέστερον αὐτὸ τὴν αἰτίαν προσαποδιδῶμεν. Aber in dem von ihm angeführten Beispiele aus Dem. Arist. 54: ἄν τις ἐν ἄθλοις ἀποκτείνῃ τινά, τοῦτον (ὁ νομοθέτης) ὥρισεν οὐκ ἀδικεῖν. διὰ τί; οὐ τὸ συμβὰν ἐσκέψατο, ἀλλὰ τὴν τοῦ δεδρακότος διάνοιαν. ἔστι δὲ αὕτη τίς; ζῶντα νικῆσαι καὶ οὐκ ἀποκτεῖναι — sind doch gerade die eingestreuten Fragen das wirksamste. Man sehe in derselben Rede §. 30 ff. 38 ff. Cornif. IV, 16, 23 nennt diese Figur *ratiocinatio, per quam ipsi a nobis rationem poscimus, qua re quidque dicamus et crebro nosmet a nobis petimus unius cuiusque propositionis explanationem*, und bemerkt von ihr: *haec exornatio ad sermonem vehementer accomodata est et animum auditoris retinet attentum cum venustate sermonis, tum rationum expectatione*. Weitere Beispiele Dem. or. Phil. III, 36. Aesch. Timarch. 28 f. Cic. in Pis. 65. Es kann bei der Aetiologie auch die Antwort wieder in Form einer Frage gegeben werden. Aesch. de falsa 165: τὸν δὲ ἀγαθὸν σύμβουλον τί χρὴ ποιεῖν; οὐ τῇ πόλει πρὸς τὸ παρὸν τὰ βέλτιστα συμβουλεύειν; τὸν δὲ πονηρὸν κατήγορον τί χρὴ λέγειν; οὐ τοῖς καιροῖς ἀποκρυπτόμενον τῆς πράξεως κατηγορεῖν; τὸν δὲ ἐκ φύσεως προδότην πῶς χρὴ θεωρεῖν; ἆρά γε οὐχ ὡς σὺ τοῖς ἐντυγχάνουσι καὶ πιστεύσασι κέχρησαι, λόγους εἰς δικαστήρια γράφοντα μισθοῦ τούτους ἐκφέρειν τοῖς ἀντιδίκοις; die Wirksamkeit der Figur wird hier durch das Parison in den Vorfragen und durch die periodische Rundung des Ganzen erhöht, indem das dritte Antwortskolon die beiden vorhergehenden an Länge übertrifft.

Es kann eben auch die Antwort zur Figur werden, durch welche der Frager auf einen andern Punkt hingelenkt wird, theils um ein Vergehen zu vergrössern, theils, und das ist das häufigere, um es zu mildern. Quint. IX, 2, 12. Eine Verbindung von Frage und Antwort giebt die Figur des διαλεκτικόν, Tib. p. 67, oder den διαλογισμός, wofür Charis. p. 283 als Beispiel auf den Anfang des Terenzischen Eunuch verweist. Bei dieser Figur lassen sich wieder mehrere Unterarten unterscheiden. Bisweilen richtet man an sich selbst eine Frage und giebt sich auch die Antwort, z. B. Cic. pro Lig. 3, 7: *apud quem igitur hoc dico? nempe apud eum, qui, cum hoc sciret, tamen me antequam vidit, rei publicae reddidit.* Oder man richtet an Jemand eine Frage, und ohne die Antwort abzuwarten, schiebt man ihm seine eigne unter. Cic. orat 67, 223: *domus tibi deerat? at habebas. pecunia superabat? at egebas.* Einige nannten dies das *schema per suggestionem.* Quint. §. 15. So können, um die Rede besonders drängend zu machen, ganze Reihen von Fragen mit Antworten aufgeführt werden, z. B. Cic. pro Quint. 13, 42 ff. 18, 66. Beide Arten beantworteter Fragen bezeichnet Cornif. IV, 23, 33 als *subiectio, cum interrogamus adversarios aut quaerimus ipsi a nobis, quid ab illis, aut quid contra nos dici possit, deinde subicimus id, quod oportet dici, quod aut nobis adiumento futurum sit, aut illis obfuturum e contrario.* Die Griechen nennen diese Figur ὑποφορά oder ἀνθυποφορά, Tiber. p. 77, worunter, wie schon oben S. 211 bemerkt wurde, im allgemeinen die Beseitigung von selbstgemachten oder gegnerischen Einwürfen verstanden wird. Die Einkleidung der Rede in die Form von Frage und Antwort bietet sich hier wie von selbst dar, daher eben manche Techniker unter ὑποφορά lediglich die in eine Reihe rhetorischer Fragen eingekleidete Art derselben verstanden. Ein schönes Beispiel der Hypophora, welches obenein durch Anaphora verstärkt wird und der Rede grosse Lebendigkeit verleiht, bei Andoc. or. I, 148: τίνα γὰρ καὶ ἀναβιβάσομαι δεησόμενον ὑπὲρ ἐμαυτοῦ; τὸν πατέρα; ἀλλὰ τέθνηκεν. ἀλλὰ τοὺς ἀδελφούς; ἀλλ᾽ οὐκ εἰσίν. ἀλλὰ τοὺς παῖδας; ἀλλ᾽ οὔπω γεγένηνται. ὑμεῖς τοίνυν καὶ ἀντὶ πατρὸς ἐμοὶ καὶ ἀντ᾽ ἀδελφῶν καὶ ἀντὶ παίδων γένεσθε· εἰς ὑμᾶς καταφεύγω καὶ ἀντιβολῶ καὶ ἱκετεύω· ὑμεῖς με παρ᾽ ὑμῶν αὐτῶν αἰτησάμενοι σώσατε. Hier erinnert der Schluss auch noch an die bekannte Homerstelle Il. Z, 429. Sehr häufig ist die Hypophora bei Lysias, z. B. or. XII, 39 f. 82 ff., vgl. Blass Att. Bereds. S. 407. Ein anderes Beispiel giebt Aesch. Ctes. 20: οὐκ ἄρα στεφανωθήσεται ἡ βουλή, ἡ ἐξ Ἀρείου πάγου; οὐδὲ γὰρ πάτριον αὐτοῖς ἐστιν. οὐκ ἄρα φιλοτιμοῦνται; πάνυ γε, ἀλλ᾽ οὐκ ἀγαπῶσιν, ἐάν τις παρ᾽ αὐτοῖς μὴ ἀδικῇ, ἀλλ᾽ ἐάν τις ἐξαμαρτάνῃ, κολάζουσι. Dazu heisst es in den Scholien: τὸ τοιοῦτο σχῆμα ἐπερώτησις φαίνεται, ὅταν τις αὐτὸς ἐπερωτᾷ ἑαυτὸν καὶ ἀποκρίνηται. τοῦτο δὲ ἐπὶ μὲν γίγνεται διηγηματικόν, ἐπὲ δὲ μιμητικόν. διηγηματικὸν μὲν οὕτως. ἴσως (l. ἴσως) δή, τις ὑπολαβὼν φησιν· οὐκ ἄρα στεφανωθήσεται; μιμητικὸν δέ, ὅταν μηδὲν προειπὼν ἀπ᾽ αὐτοῦ τοῦ ἐρωτήματος εἰσβάλῃ, ὡς νῦν πρὸς τὸ ἐρώτημα ἀπεφήνατο. Was den hier gebrauchten Ausdruck ἐπερώτησις anlangt, so versteht Jul. Vict. p. 433 darunter die Figur, *ut orator interrogando urgeat*, also die wiederholte Frage und unterscheidet sie von dem Falle, *ut rursus quasi ad interrogata sibi respondeat*, für welchen er keine Griechische Bezeichnung angiebt.

Der Redner hat aber nicht blos gegnerische Einwürfe, welche vorgebracht sind, oder in seinem Namen vorgebracht werden, zu beseitigen, er muss auch im voraus darauf Bedacht nehmen, dass sie gar nicht aufkommen können, er muss sie dem Gegner gleichsam vorwegnehmen. Dies giebt die Figur der Prolepsis oder Prokatalepsis, *praesumptio*, von welcher, da sie in den Gerichtsreden, namentlich im Prooemium, aber auch an andern Stellen wie in der tractatio und im Epilog, eine grosse Rolle spielt, schon mehrfach oben die Rede war (S. 191)*). Vgl. Anax. 41, 22. Quint. IV, 1, 49. IX, 2, 16. Man unterschied mehrere Arten derselben. Erstens die *praemunitio*, προπεργασία, auch προδιόρθωσις, προθεραπεία genannt, Alex. p. 14. Tiber. p. 62, die bei längerem Umfange auch *praeparatio, praestructio*, προκατασκευή und προπαρασκευή genannt wurde. Ps. Rufin. p. 46: προϋπεργασία vel προπαρασκευή, *praemunitio, qua ante utimur, ut confirmetur id, quod subiecturi sumus. ut si testem producturi sumus, ante necesse est ei fidem habendam esse doceamus. quare velut generalis locus et tractatus communis est.* Cicero pro Milone ante praemunit, *licere hominem occidere, et tum subicit occisum P. Clodium iure et sine invidia cum ita dicit: negant intueri lucem esse fas ei, qui a se esse hominem occisum fateatur. in qua tandem civitate hoc homines stultissimi disputant?* Anon. p. 60: προκατάληψις *est schema dianoeas, cum id, quod adversarius arrepturus est atque obiecturus, praesumimus ac praecipimus ut illud* 'neque me Argolica de gente negabo: hoc primum' et 'scio me Danais e classibus unum et bello Iliacus fateor petiisse penates'. *Latine haec figura dicitur praeceptio vel anticipatio.* προκατασκευή *est procatalepsi proxima, cum rei, de qua acturi sumus, colorem praeparamus atque praetendimus, ut in illo* 'Anna soror, quae me suspensam insomnia terrent?' usque 'quae bella

---

*) Ein glänzendes Beispiel giebt bei Lys. or. XII, 62 ff. die Egression über Theramenes, angebracht, um dem Eratosthenes im voraus die Möglichkeit abzuschneiden, sich zu seiner Vertheidigung auf seine Freundschaft mit ihm zu berufen.

exhausta canebat!" nam primo de insomniis questa est, dein admirari se virtutem hospitis dixit et veram fidem esse, a deis illum genus ducere: misereri etiam casus et errores, ut verecundius postea de amore fateretur, quasi in affectum hospitis vel insomniis vel admiratione virtutis vel miseratione calamitatis inducta sit. haec figura dicitur Latine *praeparatio.* Beispiel der προδιόρθωσις Aesch. Tim. 37: δέομαι δ᾽ ὑμῶν, ὦ Ἀθηναῖοι, συγγνώμην μοι ἔχειν ἐὰν ἀναγκαζόμενος λέγειν περὶ ἐπιτηδευμάτων φύσει μὲν μὴ καλῶν, τούτῳ δὲ πεπραγμένων ἐξαχθῶ τι ῥῆμα εἰπεῖν, ὅ ἐστιν ὅμοιον τοῖς ἔργοις τοῖς Τιμάρχου. Dazu die Scholien: τὸ σχῆμα προδιόρθωσις· εἰώθασι δὲ χρῆσθαι αὐτῷ, ὅταν μέλλωσιν ἀπαγγέλλειν τι, πρὸς ὃ δυσκόλως διάκεινται οἱ ἀκούοντες. τὸ δ᾽ αὐτὸ καὶ μετὰ τὰ πράγματα λεχθὲν ἐπιδιόρθωσις καλεῖται. Ferner Aesch. Ctes. 59. Dem. Eubul. 50. 59. Lept. 74. 102. Timocr. 104. Mid. 58. de pace 15. de cor. 199. Weitere Beispiele bei Dissen zu Dem. de cor. p. 182. Weber zur Arist. p. 429. Der Name προθεραπεία erklärt sich daraus, dass man die προδιόρθωσις gewöhnlich in dem Falle anwendet, wenn man einem etwaigen misliebigen Eindruck seiner Worte vorbeugen will, ὅταν θεραπεύωμεν τὸ ῥηθήσεσθαι μέλλον ὡς δυσπαράδεκτον τοῖς ἀκροαταῖς, Zon. p. 161. Häufig fällt daher diese Figur mit der παρρησία zusammen, wie bei Dem. de falsa 227. — Zweitens die *confessio,* συγχώρησις z. B. Ter. Adelph. 188: *leno sum, pernicies communis, fateor, adulescentium, periurus, pestis: tamen tibi a me nullast orta iniuria.* So gesteht es Cicero selbst ein, den Rabirius tadeln zu müssen, dass er dem Könige Geld geliehen, oder or. Phil. XII, 1, 1 seinen eignen Irrthum, ähnlich wie Sino in dem bereits angezogenen Vergilverse: *scio me Danais e classibus unum, et bello Iliacos fateor petiise penates,* wodurch die eigne Rede an Glaubwürdigkeit gewinnt, daher man in solchen Fällen auch von der Figur der ἀξιοπιστία sprach, s. Donat. Ter. Ad. 260. — Das Gegentheil der προδιόρθωσις ist, wie schon gesagt, die ἐπιδιόρθωσις, *correctio, emendatio,* die nachträgliche Verbesserung einer voraufgegangenen Behauptung, oft blos eines einzelnen Wortes, Cornif. IV, 26, 36. Quint. IX, 1, 30. Tib. p. 62. Beispiel Cic. pro Lig. 3, 8: *atque haec propterea de me dixi, ut mihi Tubero, cum de se eadem dicerem, ignosceret.* Hier haben wir die *correctio superioris rei,* vgl. Auon. p. 72. Lediglich um den Ausdruck dagegen handelt es sich in Fällen, wie bei Dem. de cor. 297: ταύτης τοίνυν τῆς οὕτω αἰσχρᾶς καὶ περιβοήτου συστάσεως καὶ κακίας, μᾶλλον δὲ προδοσίας· ib. 130: ὀψὲ γάρ ποτε· ὀψὲ λέγω; χθὲς μὲν οὖν καὶ πρώην ἅμα Ἀθηναῖος καὶ ῥήτωρ γέγονε, vgl. Ulpian. Dem. Aristocr. 158. Cic. Cat. I, 1, 2: *senatus haec intellegit, consul videt. hic tamen vivit. vivit? immo vero etiam in senatum venit.* Phil. II, 27, 67: *quae Charybdis tam vorax? Charybdin dico? quae si fuit, fuit animal unum: Oceanus, medius fidius, vix videtur tot res — tam cito absorbere potuisse.* Natürlich kann die correctio auch so vorgenommen werden, dass man einen voraufgegangenen hyperbolischen Ausdruck etwas mildert, wofür Kayser zu Cornif. S. 295 die maliliöse Stelle aus Cic. pro Cael. 32 anführt: *nisi intercederent mihi inimicitiae cum istius mulieris viro: fratre volui dicere, semper hic erro,* — oder überhaupt blos die Berechtigung zu einer gebrauchten Wendung giebt oder andeutet, daher denn auch die Stelle bei Aesch. Tim. 180: ἀλλ᾽ οὐ Λακεδαιμόνιοι· καλὸν δ᾽ ἐστὶ καὶ τὰς ξενικὰς ἀρετὰς μιμεῖσθαι in den Scholien als ἐπιδιόρθωσις bezeichnet wird. Die nachträgliche Verbesserung eines vielleicht unpassend scheinenden Vergleichs durch einen richtigeren bei Isocr. or. XII, 227. Statt ἐπιδιόρθωσις sagte man übrigens auch ἐπανόρθωσις, Ps. Ruf. p. 52, μετάνοια Rut. Lup. p. 10, ἐπιτίμησις und ὑπαλλαγή, Alex. p. 40. Den Einwurf aber, den man gegen die Berechtigung dieser Figur vorbringen könnte, es wäre doch besser gleich das richtige zu sagen, weist Cornif. l. l. zurück.

Zur Vermehrung der Glaubwürdigkeit dient die Figur des Zweifels, *dubitatio*, διαπόρησις oder ἀπορία, bei welcher wir scheinbar in Ungewissheit sind, von wo wir anfangen, wo wir aufhören, was wir hauptsächlich sagen, ob wir überhaupt sprechen sollen. Quint. IX, 2, 19. 3, 88. Cornif. IV, 29, 40. Kayser S. 297. Ihre Anwendung in der pathetischen Erzählung Apsin. p. 358. Als Beispiele mögen Dem. de cor. 129, sowie Cicero im Anfang der Rede pro Cluentio dienen. Ferner in Verr. IV, 35. pro dom. 22. Von dieser Figur sprach man übrigens schon in Fällen, wie bei Dem. Arist. 156: εἶδεν, εἴτε δή τινος εἰπόντος εἴτ᾽ αὐτὸς συνείς, ὅτι σωτηρία μόνη γένοιτ᾽ ἂν αὐτῷ, ἥπερ ἅπαντας ἀνθρώπους σῴζει, s. Weber p. 447. — Verwandt mit dieser Figur ist die sogenannte *communicatio*, ἀνακοίνωσις oder κοινωνία, Quint. §. 20. Jul. Rufin. p. 41. Cic. de or. III, 53, (von den Griechischen Technikern übergangen), welche entweder die Gegner selbst um Rath frägt, oder bei der wir, was das häufigste ist, mit den Richtern gleichsam berathen. Beispiele Cicero in Caecil. 12. 37. pro Quint. 12. 53. Dahin gehört es also auch, wenn der Redner die Richter auffordert, falls sie glauben, dass er etwas nicht ausreichend auseinandergesetzt oder übergangen habe, es ihm zu sagen, da er bereit sei, auch darüber sich zu vertheidigen, wie Andoc. de myst. 70, oder wenn der Redner die Richter scheinbar frägt, in welcher Reihenfolge er gewisse Punkte vornehmen solle, welche Punkte sie hören wollen, u. dgl. natürlich aber, ohne in Wirklichkeit ihre Antwort abzuwarten, alsbald dasjenige thut, was seinen Absichten am meisten entspricht. Vgl. Dem. Mid. 130. Arist. 19. An letzterer Stelle weiss Demosthenes durch diese Figur seinem Prooémium sehr geschickt den Anstrich des unvorbereiteten zu geben, wie Weber p. 163 sehr richtig bemerkt. Von besonderer Wirkung ist diese Figur de cor. 52, wo sich Demosthenes mit einer Frage an die Zuhörer wendet, ob sie den Aeschines für einen Miethling oder Gastfreund Alexanders halten, und als hätte er eine bestimmte Antwort erhalten, fortfährt: ἀκούεις, ἃ λέγουσιν. Nach der eigentlichen *communicatio* nämlich, sagt Quintilian, fügt man wohl noch etwas unerwartetes hinzu, sei dieses nun etwas unerwartet grosses oder kleines. Dies nannte Celsus als besonderes Schema *sustentatio*. Von dieser Figur aber sprachen andere, auch wenn keine *communicatio* vorherging. Cic. pro Lig. 9, 27: *hinc prohibitus non ad Caesarem, ne iratus, non domum, ne iners, non aliquam in regionem, ne condemnare causam illam, quam secutus erat, videretur: in Macedoniam ad Cn. Pompei castra venit, in eam ipsam causam, a qua erat reiectus iniuria.* Es ist dies das παράδοξον oder die ὑπομονή, Jul. Rufin. p. 46, von den Griechischen Technikern gleichfalls übergangen. Hierher gehört ferner die *permissio*, ἐπιτροπή, bei der man eine Sache völlig dem Ermessen der Richter anheimstellt, sehr geeignet um Mitleid zu erregen. Quint. §. 25. Cornif. IV, 29, 39. Rut. Lup. p. 20. Beispiele giebt Kayser zu Cornif. p. 297. Oder man überlässt es dem Gegner, welche Bezeichnung er einer streitigen Sache beilegen will, wodurch man den Schein erweckt, als handle es sich hierbei überhaupt nur um einen Wortstreit, Charis. p. 287. Es ist dies aber auch die Figur, *qua invitos nos permittere ostendimus, quod nolumus fieri*, wie Ter. Adelph. 991: *refundite, emite, facite quod vobis lubet*, woselbst Donat zu vergleichen. Diejenige Figur, bei welcher man dem Gegner etwas einräumt, von dem man weiss, dass er es doch nicht gebrauchen kann, heisst ἀπολογισμός, Charis p. 285.

Die Figuren, sagt Quintilian, welche geeignet sind, die Affecte zu vergrössern, beruhen grösstentheils auf *simulatio*. Wir thun, als ob wir zürnten, uns freuten, fürchteten, wunderten, Schmerz empfänden, unwillig wären, wünschten u. dgl. m. Dahin gehört auch die Ausrufung oder Betheuerung, *exclamatio*, ἐκφώνησις, σχετλιασμός, auch ἀνακλητικὸν σχῆμα, von Quint. §. 97 gegen Cic. de orat. III, 54, 207 für eine Sinnfigur erklärt. Cornif. IV, 15, 22 sagt von ihr, sie bewirke *significationem doloris aut indignationis alicuius per hominis aut urbis aut loci aut rei cuiuspiam compellationem*. Man solle diese Figur selten gebrauchen, und nur, wo es die Grösse der Sache verlange, dann werde sie von grossem Einfluss auf den Zuhörer sein. Beispiele Aesch. Ctes. 137: ὦ γῆ καὶ θεοὶ καὶ δαίμονες καὶ ἄνθρωποι. Ausruf der Entrüstung ib. 152. ferner 260: ἐγὼ μὲν οὖν, ὦ γῆ καὶ ἥλιε καὶ ἀρετὴ καὶ σύνεσις καὶ παιδεία ᾗ διαγιγνώσκομεν τὰ καλὰ καὶ αἰσχρά, βεβοήθηκα καὶ εἴρηκα. Dem. Arist. 61: εἶτ᾽ οὐ δεινόν, ὦ γῆ καὶ θεοί, καὶ φανερῶς παράνομον. Von grosser Wirkung ist eine Ausrufung am Schluss einer längeren Amplification in derselben Rede §. 210: καίτοι πηλίκον τί ποτ᾽ ἂν στενάξειαν οἱ ἄνδρες ἐκεῖνοι — εἰ ἄρα αἴσθοιντο, ὅτι νῦν ἡ πόλις εἰς ὑπηρέτου σχῆμα καὶ τάξιν προελήλυθε, καὶ Χαρίδημον εἰ χρὴ φρουρεῖν βουλεύεται. Χαρίδημον; οἴμοι. Ganz ähnlich Androt. 78 (Timocr. 186). Auf beide Stellen macht schon Hermog. π. ἰδ. III p. 341 aufmerksam. Von nicht mindrer Wirkung, obenein durch significanten Rhythmus unterstützt, die Betheuerung in der Leptinea, am Schluss von §. 167: οὐ δήπου γ᾽ ὦ Ζεῦ καὶ θεοί. Aus Cicero ist bekannt sein *o tempora, o mores* Cat. 1, 1, 2. de domo 53, 137. Häufung der Ausrufungen pro Quint. 25, 80. Einigermassen verwandt mit den Ausrufungen und Betheuerungen sind auch die Schwüre, deren sich namentlich Demosthenes nicht selten bedient. z. B. or. XXIII, 5, vgl. Hermog. T. II p. 442*) — Hierher gehört ferner die freimüthige Rede, *licentia* παρρησία, Quint. §. 27. Cornif. IV, 36, 48. Jul. Rufin. p. 40. Wenn Cic. pro Lig. 3, 7 sagt: *suscepto bello, Caesar, gesto iam etiam ex parte magna, nulla vi coactus consilio ac voluntate mea ad ea arma profectus sum, quae erant sumpta contra te*, so sorgt er nicht blos für dasjenige, was dem Ligarius nützt, sondern er konnte auch die Milde des Siegers nicht mehr loben. Ein andres Beispiel freimüthiger Rede haben wir pro Rabir. 6, 18, ferner pro Sull. 11, 33. Solche Stellen nahmen freilich bei Cicero leicht den Schein prahlerischer Selbstgefälligkeit an, und waren von jeher Misdeutungen ausgesetzt. Durch durchgängige παρρησία zeichnen

---

*) Von einer ἐπιμονή per ἐκφώνησιν facta spricht Donat. zn Ter. Eun. 924: *quodsi astu rem tractavit, di, vestram fidem!* Hier ist wohl ὑπομονή zu lesen.

sich unter Ciceros Reden die erste Catilinarische, unter den Demosthenischen die Philippischen aus, namentlich die dritte Olynthische, die erste Philippische und die Rede über die Verhältnisse im Chersones. — Im engeren Sinn verstand man unter παρρησία das Gegentheil der ἐπιτροπή, einen an den Richter freimüthig gewendeten Tadel, Rut. Lup. p. 20. Hierfür mag als Beispiel Dem. de falsa 227 f. dienen.

Von grosser Kraft ist die ἀποστροφή, der aversus a iudice sermo, mögen wir die Gegner angreifen — quid enim tuus ille, Tubero, in acie Pharsalica gladius —, oder irgend wen anrufen. Quint. §. 38. Aq. Rom. p. 25: acutissimum exemplum in Philippicis Demosthenes (II, 19), ubi quibus verbis populum Atheniensem monitum vult, ea se dicit apud Argivos et Arcadas et Messenios contionatum. Invidiose et M. Tullius cum saepe alias, tum pro Roscio convertit orationem ad Chrysogonum. Schöne Apostrophe an Nerva und Trajan den Vater in Plin. Paneg. c. 89. Auch leblose Gegenstände können apostrophirt werden. So apostrophirt Cic. pro Balb. 5, 13 nächst den Völkern und Fürsten auch die Gegenden, welche Zeugen vom Ruhm und der Trefflichkeit des Pompejus gewesen seien. — Aversio (conversio Ps. Rufin. p. 54) nannte man überhaupt auch alles das, wodurch der Zuhörer von der vorliegenden Frage abgezogen wird, was auf verschiedene Weise geschehen kann, cum aut aliud expectasse nos aut maius aliquid timuisse simulamus aut plus videri posse ignorantibus, quale est prooemium pro Caelio. Die ἀποστροφή ist verschieden von der μετάστασις, quod metastasis personarum multiplicata variatio est et ab alia ad aliam, deinde rursus ad aliam et deinceps gradatione transitur: at in apostrophe commutatio est personae fere unius. Alex. p. 26 versteht unter μετάστασις diejenige Figur, bei welcher der Redner die Verantwortung für irgend eine Sache von sich auf einen andern überträgt, wie bei Dem. de fals. leg. p. 230. 232. Vgl. Zon. p. 164. Anon. p. 180.

Zu den Sinnfiguren rechnet Quintilian auch die Ironie. Die Ironie als Figur soll sich von der Ironie als Tropus zunächst durch ihre Länge unterscheiden — sie sei eine fortgesetzte Reihe ironischer Tropen (wie etwa bei Cic. de prov. cons. 12, 29. pro Quint. 11. 39) — dann durch die grössere Verstecktheit des eigentlichen Sinnes, endlich dadurch, dass die Ironie als Figur auch ohne alle Tropen zu Stande kommen kann, z. B. in der Art der ἀντίφρασις oder omissio, cum quaedam negamus nos dicere et tamen dicimus, Ps. Rufin. p. 62, wie bei Verg. Georg. II, 161:

quid memorem portus Lucrinoque addita claustra,
oder bei Cic. Verr. V, 2: *non agam summo iure tecum: non dicam id, quod debeam forsitan obtinere.* Vgl. pro Cluent. c. 60. — oder wenn wir scheinbar etwas befehlen oder erlauben — Verg. Aen. IV, 381: *i, sequere Italiam ventis* — auch wohl loben. Quint. §. 44—53. Aber mit dieser Unterscheidung zwischen der Ironie als Tropus und Figur sieht es doch sehr misslich aus. Was eine Figur sein soll, muss schliesslich innerhalb eines einzigen Satzes zu Stande kommen können. Aus einer über mehrere Sätze sich erstreckenden Reihe von Tropen kann daher unter keinen Umständen eine Figur werden; die grössere Verstecktheit des eigentlichen Sinnes ist ein willkürliches und darum unbrauchbares Kriterium. Das scheinbare befehlen, erlauben, oder loben gehört unter die Figur der ἐπιτροπή, wie denn in der That Donat. zu Ter. Adelph. 134 bei Erwähnung dieser Figur denselben Vergilvers heranzieht. So bleibt denn als eine an den Tropus der Ironie erinnernde, aber von ihm merklich verschiedene Figur blos die παράλειψις oder *occultatio, omissio* übrig, diejenige Figur, bei welcher man unter dem Schein etwas zu verschweigen, es nichts desto weniger nennt, Tiber. p. 60. Aq. Rom. p. 24. Rut. Lup. nennt sie παρασιώπησις. Nach Phoebamm. p. 51 wurde sie auch ὑποσιώπησις genannt. Vgl. Schol. Aesch. Ctes. 51 p. 323. Schon Anax. 47, 3 erwähnt diese Figur, betrachtet sie aber als eine besondere Art der Ironie. Cornif. IV, 27, 37 sagt von ihr: *haec utilis est exornatio, si aut ad rem non pertinet planius ostendere, quod occulte admonuisse prodest, aut si longum est, aut ignobile, aut planum non potest fieri, aut facile potest reprehendi, ut utilius sit occulte fecisse suspitionem, quam eiusmodi intendisse orationem, quae redarguatur.* Beispiele Aesch. Tim. 39. Dem. Timocr. 127. IX, 21. XVIII, 100. 110. 136. 264. Cic. de leg. agr. I, 7, 21. Cat. I, 6, 14. Weitere bei Kayser zu Cornif. S. 295. Weber zur Arist. p. 384. 434. Natürlich ist diese Figur in den einzelnen Fällen, in denen sie zur Anwendung kommt, von sehr verschiedenem Umfang und danach auch von verschiedener Wirkung. Ein interessantes Beispiel aus einer Rede des alten M. Cato de sumptu suo giebt Fronto p. 99 ff.: *iussi codicem proferri, ubi mea oratio scripta erat de ea re quod sponsionem feceram cum M. Cornelio: tabulae prolatae: maiorum bene facta perlecta: deinde quae ego pro re publica fecissem leguntur. Ubi id utrumque perlectum est, deinde scriptum erat in oratione: 'nunquam ego pecuniam neque meam neque sociorum per ambitionem dilargitus sum'.*

attat, noli noli scribere inquam istud: nolunt audire. deinde recitavit: 'nunquam ego praefectos per sociorum castrorum oppida imposui, qui eorum bona, liberos diriperent.' Istud quoque dele, nolunt audire. recita porro: 'nunquam ego praedam neque quod de hostibus captum esset neque manubias inter pauculos amicos meos divisi, ut illis eriperem, qui cepissent'. istud quoque dele, nihil minus volunt dici, non opus est recitato: 'nunquam ego evectionem dataci, quo amici mei per symbolos pecunias magnas caperent'. perge istuc quoque uti cum maxime delere. 'nunquam ego argentum pro vino congiario inter apparitores atque amicos meos disdidi, neque eos malo publico divites feci'. enimvero usque istuc ad lignum dele. videsis quo loco res publica sict, ubi quod rei publicae bono fecissem, unde gratiam capiebam, nunc idem illud memorare non audeo, ne invidiae siet. ita inductum est male facere, inpoene; bene facere, non inpoene licere. — haec forma παραλείψεως nota nec ab ullo alio, quod ego sciam, usurpata est. iubet enim legi tabulas et quod lectum sit, iubet praeteriri. Die παράλειψις in solcher Ausdehnung gehört natürlich zu den *figurae colorum*, wenn man anders diesen Begriff zulassen will. Man kann auf diese Weise einen ganzen Theil der Beweisführung behandeln, wie Aesch. Ctes. 51 ff. das Privatleben des Demosthenes in dieser Weise behandelt, und dennoch daraus ein sehr wirksames Enthymem gegen die Zulässigkeit von Ktesiphons Antrag entnimmt. Sehr gewöhnlich sind paraleiptische Wendungen in Verbindung mit einer Hyperbel des Ausdrucks, wie Isocr. or. VIII, 56: *ἐπιλίποι δ' ἄν με τὸ λοιπὸν μέρος τῆς ἡμέρας, εἰ πάσας τὰς πλημμελείας τὰς ἐν τοῖς πράγμασιν ἐγγεγενημένας ἐξετάζειν ἐπιχειροίην.*

Wenn man bei der Figur der παράλειψις unter dem Schein etwas zu verschweigen, es nichts desto weniger nennt, so giebt es auch Fälle, wo man wirklich etwas verschweigt, und ausdrücklich angiebt, dass man dies thut, etwa besonders anstössige Fälle, wodurch dann das, was man als minder anstössig nennt, bedeutend amplificirt wird. Vgl. Isocr. or. VIII, 81. Dem. Ol. III, 27 — oder Dinge, die man nur andeutet, ohne genauer auf sie einzugehen, weil man daran verzweifelt, dies in gebürender Weise thun zu können, eine der wirksamsten Amplificationsfiguren, die es überhaupt geben kann. Beispiel Dem. or. VI, 11, zu welcher Stelle übrigens die Scholien eine sehr richtige rhetorische Bemerkung geben. Die Umkehr dieser Figur haben wir bei Dem. de falsa 225: *οὐκ οἴεσθε δεινὸν εἶναι καὶ ὑπερφυές; καὶ γὰρ εἴ τι σιωπᾶν ἐγνώκειν, λέγειν ἐξάγομαι,* eine Art ἐπιδιόρθωσις.

Die Aposiopese (*reticentia* sagte Cicero, *obticentia* Celsus, einige *interruptio*, *praecisio* Cornif. IV, 30, 41. s. Kayser S. 297), ist das plötzliche Abbrechen der Rede, theils im Pathos, wo sie Zorn oder einen andern Affect anzeigt, z. B. Verg. Aen. I, 135: *quos ego — sed motos praestat componere fluctus*, Ter. Andr. 164 und daselbst Donat, theils im Ethos, wie Valer. Flacc. I, 202. Bei den Rednern wird sie am häufigsten angewandt, um Besorgniss und Scheu auszudrücken, wofür Quintilian als Beispiel eine Stelle aus Cicero anführt: *an huius ille legis, quam Clodius a se inventam gloriatur, mentionem facere ausus esset vivo Milone, non dicam consule? de nostrum enim omnium — non audeo totum dicere.* Aehnlich im Prooemium der Rede des Demosthenes für Ktesiphon: ἀλλ᾿ ἐμοὶ μέν — οὐ βούλομαι δὲ δυσχερὲς εἰπεῖν οὐδέν. Vgl. Cic. Phil. XII, 2, 4. Aber auch zum Ausdruck des Unwillens oder der Entrüstung. Ebendaselbst §. 22: εἶι ὦ — τί ἄν εἰπὼν σέ τις ὀρθῶς προσείποι; §. 195: τότε δ — οὐκ ἄξιον εἰπεῖν, ὅγε μηδὲ πεῖραν ἔδωκε θεῶν τινὸς εὐνοίᾳ καὶ τῷ προβαλίσθαι τὴν πόλιν ταύτην τὴν συμμαχίαν, ἧς σὺ κατηγορεῖς. Man kann sie auch brauchen, um auf etwas anderes überzugehen, wie Cicero in einem Fragment der Corneliana: *Cominius autem — tametsi ignoscite mihi iudices.* Quint. §. 54—57. Aq. Rom. p. 24. Alex. p. 22. Eine mildere Form der Aposiopese ist diejenige, bei der keine eigentliche Unterbrechung der Rede stattfindet, sondern man blos erklärt, dass man Anstand nimmt, das zu sagen, was ein andrer gesagt oder gethan hat, wie Dem. Arist. 202: ἀνθρώπους ὀλέθρους καὶ τοιαῦτα πεποιηκότας, οἷα λέγειν ἄν τις ὀκνήσειεν εὖ φρονῶν, wo selbst Weber p. 516 weitere Beispiele aus Demosthenes nachweist. Hier berührt sich die Aposiopese mit der Paraleipsis und der Emphasis. Eine derartige Aposiopese lässt sich in der Erzählung anwenden, um ihren pathetischen Eindruck zu erhöhen, Apsin. p. 358. So kann man auch von Aposiopese reden, wo etwas anstössiges durch λόγου σεμνότης verhüllt wird, z. B. Dem. in Steph. I, 3: ὃν δὲ τρόπον, οὐκ ἴσως καλὸν υἱεῖ περὶ μητρὸς ἀκριβῶς εἰπεῖν, und ähnliche Beispiele bei Weber l. l. p. 538. Zu demselben Zwecke wird auch von Dichtern die wirkliche Aposiopese angewandt, z. B. Soph. Oed. Tyr. 1287: βοᾷ διοίγειν κλῇθρα καὶ δηλοῦν τινὰ τοῖς πᾶσι Καδμείοισι τὸν πατροκτόνον, τὸν μητρὸς — αὐδῶν ἀνόσι᾿ οὐδὲ ῥητά μοι. Scherzhaft Arist. Vesp. 1178: ὡς ὁ Καρδοπίων τὴν μητέρα — nämlich ἐτύπτησεν.

Die eigentliche Emphasis aber (s. oben S. 380) gehört wohl

so wenig zu den Figuren als Prosopopoeie und Hypotyposis oder Ironie und Antiphrasis. Doch wird sie von Quint. §. 64, vgl. VIII, 2, 11, sowie von Griechischen Technikern, wie Tib. 65, zu ihnen gerechnet, als diejenige Figur, bei welcher aus einem Ausspruche etwas verborgenes herausgeholt wird. Wie aus dem Ausspruche der Dido bei Verg. Aen. IV, 550:

 non licuit thalami expertem sine crimine vitam
  degere more ferae? —

Obgleich sich hier Dido über die Ehe beklagt, so bricht doch ihre Leidenschaft dahin aus, dass sie ohne Ehegemach das Leben nicht für ein Leben von Menschen, sondern von Thieren hält. Aehnlich wenn Smyrna bei Ovid. Met. X, 422 ihrer Amme die Liebe zu ihrem Vater mit den Worten gesteht:

 — o dixit, felicem coniuge amtrem.

Man vgl. was bei Cornif. IV, 53, 67 über *significatio* gesagt ist. Der Redner sagt das, was er sagen will, nicht geradezu, sondern deutet es durch etwas anderes blos an. Danach ist aber die Emphasis offenbar mehr Tropus als Figur.

§. 50.

Composition und Rhythmus der Rede.

Nach der musikalischen Theorie der Alten wird die der prosaischen Rede eigene fortlaufende (συνεχής) Bewegung der Stimme von der in Intervallen sich bewegenden (διαστηματική) des Gesanges unterschieden*). Wie nun aber die letztere erst dann eine angenehme Wirkung auf das Ohr ausübt und auf Schönheit Anspruch machen kann, wenn sie sich an bestimmte, theils rhythmische, theils harmonische Gesetze bindet, so kann auch die erstere erst dann befriedigen, wenn sie durch eine geschickte Gliederung, durch äussere Abrundung und Regelmässigkeit ihres Baues bis auf einen gewissen Grad kunstvoll gestaltet ist, und durch die damit verbundene Benutzung des aller Rede innewohnenden musikalischen Elements lässt sich die Wirkung einer

---

*) Aristox. El. harm. I p. 8. Nicom. harm. man. I p. 3 ed. Meib. vgl. die Abhandlung von C. Steiner de vocis motu oratorio sonorumque consonantiis a Graecis in dicendo adhibitis, Posen, 1864.

bereits durch kunstmässige Darstellung geschmückten oratorischen Leistung noch bedeutend erhöhen. Die Alten haben für diesen Umstand ein sehr feines Verständniss gehabt, frühzeitig hat die rhetorische Technik denselben in den Kreis ihrer theoretischen Betrachtung gezogen und dabei Gelegenheit gehabt, manche interessanten Beobachtungen und Regeln aufzustellen, deren Darlegung den weiteren Gegenstand unsrer Darstellung ausmachen soll.

Man ging dabei von der Ansicht aus, dass die Rede als allseitig überlegtes Kunstwerk einen fortlaufenden Zusammenhang, eine kunstmässige Verbindung der Worte untereinander verlangt, in ganz anderem Grade als das gewöhnliche Gespräch oder der Brief, in denen die Verbindung zwar auch nothwendig ist, aber doch viel freier und einfacher sein kann. Die Rede dagegen muss stets in innerlich verbundenen, dabei aber äusserlich gesonderten Reihen sich ergehen. Diese Reihen haben drei Formen: κόμματα incisa, κῶλα membra, und περίοδοι, wofür es an einem eigentlichen lateinischen Ausdruck fehlt. Quint. IX, 4, 19 ff. Kommata und Kola sind Theile der Periode, wie sich aber beide von einander unterscheiden, was insbesondere ein Komma sei, ist schwer zu definiren. Es ist ein kleines Kolon, oder das, was kleiner ist als ein Kolon, Demetr. de eloc. §. 9. Cornif. IV, 19, 26 übersetzt *κόμμα* durch *articulus, cum singula verba intervallis distinguuntur caesa oratione hoc modo: acrimonia voce vultu adversarios perterruisti*. Wir sprechen in diesem Falle von zusammengezogenen Sätzen. Das Komma kann aus einem (Quint. IX, 4, 122. Cic. orat. 67, 225), aber auch aus mehreren Wörtern bestehen, giebt aber für sich keinen abgeschlossenen Sinn, und unterscheidet sich hierdurch vom Kolon, welches grösser ist und einen in sich abgeschlossenen Sinn hat. Aq. Rom. p. 27: *membrum est pars orationis ex pluribus verbis absolute aliquid significans. caesum autem est pars orationis nondum ex duobus aut pluribus verbis quidquam absolute significans. nonnumquam tamen caesam dicimus orationem, quotiens non efficiuntur membra ex conexione verborum, sed singula quodvis significantia proferuntur.* — Suidas giebt die Definition κῶλον ὁ ἀπηρτισμένην ἔννοιαν ἔχων στίχος Alex. p. 27: κῶλον δ' ἐστὶ περιόδου μέρος, ὃ λέγεται μὲν καθ' ἑαυτό, ἀντικείμενον δὲ πληροῖ περίοδον. Nach Cornificius ist κῶλον oder *membrum orationis — res breviter absoluta sine totius sententiae demonstratione, quae demuo alio membro orationis excipitur, hoc pacto: et inimico proderas — id est unum, quod appellamus membrum; deinde hoc excipiatur oportet altero: et amicum laedebas.* Cornificius betrachtet eine solche zweigliedrige Gestaltung der Rede als Figur, hält jedoch die dreigliedrige für besser und vollendeter, also: *et inimico proderas et amicum laedebas et tibi non consuluisti,* oder: *nec rei publicae consuluisti nec amicis profuisti nec inimicis restitisti.*

Bei näherer Betrachtung erweist sich aber die Unterscheidung des Komma vom Kolon nach Abgeschlossenheit oder Nicht-Abgeschlossenheit des Sinnes als keineswegs stichhaltig. Denn man nannte auch Sätze wie γνῶϑι σαυτόν, μέτρον ἄριστον, ἕπου ϑεῷ Kommata, umgekehrt Wortverbindungen wie ἐν γὰρ ἰδιώτης ein Kolon. Ja Quint. §. 123 sagt: *membrum est sensus numeris conclusus, sed a toto corpore abruptus et per se nihil efficiens.* Richtiger sagt daher Demetr. §. 3 das κῶλον füllt bald einen Gedanken vollständig aus, z. B. Ἑκαταῖος Μιλήσιος ὧδε μυϑεῖται, bald aber nur einen vollständigen Theil eines Gedankens. Die Kola entsprechen in der prosaischen Darstellung den Versen in der Poesie; durch sie gewinnen der Sprecher und das von ihm gesprochene Pausen, die Rede Gliederung. Sie dürfen nicht zu lang sein, wie ja auch die Poesie nur selten das hexametrische Mass überschreitet, aber auch nicht zu kurz, denn die Rede darf nicht zerhackt sein, was die fehlerhafte ξηρὰ σύνϑεσις giebt. Als Beispiel eines langen Kolons, bei welchem mit der äusseren Grösse die Grösse des Gedankens harmonirt, wird von Demetrius Plat. Polit. p. 269 angeführt: τὸ γὰρ δὴ πᾶν τόδε ποτὲ μὲν αὐτὸς ὁ ϑεὸς ξυμποδηγεῖ πορευόμενον καὶ συγκυκλεῖ, als Beispiel eines Kolons von wirksamer Kürze Xen. Anab. IV, 4, 3, wo es vom Flusse Teleboas heisst: οὗτος δὲ ἦν μέγας μὲν οὔ, καλὸς δέ. Durch die Kleinheit und den Abschnitt des Rhythmus, meint Demetrius, wird zugleich die Kleinheit und Anmuth des Flusses veranschaulicht. Auch um der Rede δεινότης, überhaupt Nachdruck zu verleihen, sind solche kurzen Kola, Kommata genannt, am Platze. Hermog. p. 234 legt die κόμματα der σφοδρότης bei, eine kommatische Rede hat natürlich den Charakter des heftigen, ungestümen. Ein übermässiger Gebrauch von kleineren Einschnitten lässt die Rede unstät und springend, in Folge dessen kleinlich und kraftlos erscheinen. Dies wurde besonders an Hegesias, dem Begründer der Asianischen Beredsamkeit ausgesetzt, Cic. l. l. 226. 230, dessen Composition überhaupt von Dion. Halic. de comp. verb. 4. 18 heftig getadelt wird.

Aus der Verbindung von Kola und Kommata erhält man Perioden. Demetr. §. 10: ἔστι γὰρ περίοδος σύστημα ἐκ κώλων ἢ κομμάτων εἰκαταστρόφων πρὸς τὴν διάνοιαν τὴν ὑποκειμένην ἀπηρτισμένον. Cicero drückt Periode durch *comprehensio et ambitus verborum* aus, aber nicht, ohne diesen Ausdruck zu entschuldigen. Brut. 44, 162. orat. 61. 204. 208. de orat. III, 48, 186. Im orator meist blos durch *comprehensio*, O. Jahn zu 44, 149. In den part. orat. 19 sagt er *circumscriptio*. Quintilian giebt uns noch ausserdem die Ausdrücke *ambitus, circumductum, continuatio, conclusio*. *Continuatio* wird sie von Cornificius genannt und bezeichnet als *densa frequentatio verborum cum absolutione sententiarum*. Sie könne die Form einer Sentenz, eines Gegensatzes und eines Schlusses haben.

Nach Aristoteles wird der Zusammenhang der Rede entweder blos durch die Conjuction zu Wege gebracht, so dass sie keinen Ruhepunkt hat, wenn nicht die Sache selbst, über die geredet wird, zu Ende kommt. Dies giebt die λέξις εἰρομένη (spätere wie Demetr. §. 12. Dion. Halic. Rhet. 5, 7 sagten διῃρημένη, auch wohl διαλελυμένη), deren sich die Alten und noch Herodot bedienten. Durch ihren Mangel an Begrenzung ist sie unangenehm. Oder aber die Rede ist in sich abgerundet und periodisch, λέξις κατεστραμμένη, ἡ ἐν περιόδοις. Arist. Rhet. III, 9 vergleicht erstere mit den ἀναβολαί der Dithyramben (s. zu Plut. de Mus. p. 122), letztere mit der antistrophischen Composition der alten Dichter. Er definirt die Periode als λέξις ἔχουσα ἀρχὴν καὶ τελευτὴν αὐτὴν καθ᾽ ἑαυτὴν καὶ μέγεθος εὐσύνοπτον, eine Definition, die von Demetr. §. 11 sehr gelobt wird. In Folge ihrer Begrenztheit ist die periodische Sprache angenehm, in Folge ihres Rhythmus ist sie leicht zu behalten, ist sie auch leicht aufzufassen. Natürlich muss sie auch ihrem Sinne nach geschlossen sein und darf nicht durchschnitten werden. Sie ist nun theils gegliedert (ἐν κώλοις) theils einfach (ἀφελής). Die einfache hat nur ein Glied, sie ist also μονόκωλος. Auch auf sie wird aber die angegebene Definition der Periode noch passen, auch sie wird eine gewisse Länge und eine Abrundung zum Schlusse haben, und somit wird ein Unterschied von der λέξις εἰρομένη vorhanden sein. Man braucht also die Aristotelische Stelle nicht so zu erklären, wie Schneider zu Demetr. S. 100 der Göllerschen Ausgabe, wonach auch die μονόκωλος eine solche sei, die aus zwei, mit einander verbundenen Theilen, also aus dem Rumpfe und noch einem Gliede bestehe. Statt περίοδος μονόκωλος sagte man auch περίοδος ἁπλῆ. Doch sträubten sich manche Rhetoren gegen die Zulässigkeit einer eingliedrigen Periode. So Aq. Rom. p. 28. Nach Demetrius muss in derselben das Kolon einmal lang sein, zweitens am Schlusse eine Abrundung (καμπή) haben. Glieder wie Perioden dürfen weder zu lang, noch zu kurz sein. Ueber vier Kola darf die Rede nicht hinausgehen. Nach Martianus Capella, und demnach auch wohl Aquila Romanus, fanden sich jedoch mitunter auch sechsgliedrige Perioden. Bei einer zusammengesetzten Periode muss das letzte Glied länger sein als die andern, und sie gleichsam umschliessen. Es gilt dies selbst schon von der zweigliedrigen Periode, wie in dem von Demetr. §. 18 angeführten Beispiele: οὐ γὰρ τὸ εἰπεῖν καλῶς καλόν, ἀλλὰ τὸ εἰπόντα δρᾶσαι τὰ εἰρημένα.

Zu einer eingehenden, auch nur einigermassen erschöpfenden Behandlung der Lehre von dem Satz- und Periodenbau hat es die alte Rhetorik indes nicht gebracht. So sind denn auch die Versuche zu einer anderweitigen Eintheilung der Perioden als blos nach der Zahl der Glieder, und zur Aufstellung verschiedener Arten derselben nicht gerade tief und werthvoll. So unterscheidet Demetrius drei Arten von Perioden, die historische, dialogische und rednerische. Die letztere hat am meisten eine feste, in sich abgeschlossene Rundung. Als Beispiel dient ihm der erste Satz der Leptinea: μάλιστα μὲν ἕνεκα τοῦ νομίζειν συμφέρειν τῇ πόλει λελύσθαι τὸν νόμον, εἶτα καὶ τοῦ παιδὸς ἕνεκα τοῦ Χαβρίου ὡμολόγησα τούτοις, ὡς ἂν οἷός τε ὦ, συνερεῖν. Die dialogische kömmt der λέξις εἰρομένη am nächsten, hat die Kola nur locker aneinandergefügt, man erkennt sie kaum als Periode. So im Anfang von Plato's Republik: κατέβην χθὲς εἰς Πειραιᾶ μετὰ Γλαύκωνος τοῦ Ἀρίστωνος προσευξόμενός τε τῇ θεῷ καὶ ἅμα τὴν ἑορτὴν βουλόμενος θεάσασθαι τίνα τρόπον ποιήσουσιν, ἅτε νῦν πρῶτον ἄγοντες. Die historische steht zwischen beiden in der Mitte. So im Anfange der Anabasis: Δαρείου καὶ Παρυσάτιδος παῖδες γίγνονται δύο, πρεσβύτερος μὲν Ἀρταξέρξης, νεώτερος δὲ Κῦρος. Die uns Neueren geläufige Eintheilung der Perioden in steigende und sinkende war den Alten fremd. Wenn Cic. de or. I, 61, 261 von Demosthenes berichtet: *cum spiritus eius esset angustior, tantum continendis animis in dicendo est assecutus, ut una continuatione verborum, id quod eius scripta declarant, binae ei contentiones vocis et remissiones continerentur*, so will er damit wohl blos sagen, dass des Demosthenes Organ so geschmeidig geworden sei, dass seine Stimme innerhalb derselben Periode, wie aus deren Anlage ersichtlich, zweimal steigen und eben so oft sinken konnte, nicht aber dass die Demosthenischen Perioden je zwei Hebungen in der aufsteigenden und dem entsprechend je zwei Senkungen in der sinkenden Hälfte enthalten hätten. — Eine weitere Eintheilung der Perioden in διῃρημέναι getheilte, und ἀντικείμεναι antithetische, sich in Gegensätzen bewegende, giebt Aristoteles. Jedenfalls bezieht sich diese Eintheilung auf den Inhalt, je nachdem in der Periode entgegengesetzte Dinge unter einem Gesichtspunkt zusammengestellt werden, oder ein ganzes als getheilt nach verschiedenen neben einander stehenden Rücksichten betrachtet wird*). Von den späteren Rhetoren ist diese Eintheilung auffallender Weise fast gar nicht beachtet. Indes spricht Demetr. §. 22 ff. von Perioden, die aus ἀντικείμενα κῶλα enstanden sind. Er versteht darunter Kola, die einen Gegensatz, eine Antithese enthalten, die sich entweder in den Worten, oder im Inhalt, oder in beiden zugleich kund giebt (s. oben S. 412). In den Worten, wie in dem Satze aus Isokrates Helena: τῷ μὲν ἐπίπονον καὶ πολυκίνδυνον τὸν βίον ἐποίησεν, τῆς δὲ περίβλεπτον καὶ περιμάχητον τὴν φύσιν κατέστησε. Hier tritt uns ein vollständiger Parallelismus der Wörter in den beiden Gliedern entgegen. Habe ich dagegen die Antithese πλέων μὲν διὰ τῆς ἠπείρου, πεζεύων δὲ διὰ τῆς θαλάσσης, so liegt dieselbe im Inhalt, das πλεῖν ist dem πεζεύειν, das Festland dem Meere entgegengesetzt, und da hier noch Parallelismus der Worte dazukommt, so kann dieses Beispiel für die zweite und dritte Art der Antithese gelten. Zum Schluss bemerkt Demetrius, es gebe auch blos scheinbare Antithesen, die so aussehen, aber im Grunde zweimal dasselbe sagen, wie in einer zur Verspottung der Rhetoren gebildeten Antithese des Epicharmus: τόκα μὲν ἐν τήνοις ἐγών ἦν, τόκα δὲ παρὰ τήνοις ἐγών**).

Die Rede darf nun weder durchweg periodisch sein, wie bei Gorgias, noch durchweg εἰρομένη, sondern aus beiden gemischt, um kunstvoll und doch auch einfach, weder kunstlos, noch gekünstelt zu sein, Demetr. §. 15. Eine Redeweise mit überwiegend künstlichem Periodenbau eignet sich, wie das Isokrates richtig erkannt und in seinen eigenen Reden mit unermüdlicher Consequenz

---

*) S. K. L. Roth zur Uebersetzung der Aristotelischen Rhetorik S. 251.
**) Sehr lehrreiche Beobachtungen über den Periodenbau der alten Redner geben Dissen de structura periodorum oratoria, vor seiner Ausgabe von Dem. de corona, und E. Bernhardt Begriff und Grundform der Griechischen Periode, Wiesbaden 1851 (vgl. L. Kayser in Jahns Jahrb. 1854 S. 271 ff.)

praktisch dargethan hat, besonders für die epideiktische Beredsamkeit, Cic. orat. 61, 207. In der gerichtlichen und berathenden Rede ist sie am Platz, wenn etwas besonders gelobt wird (Lob Siciliens bei Cic. Verr. II, 1, 2), bei einer längeren Erzählung „die mehr Würde als Schmerz verlangt" (Erzählung von der Ceres in Henna, Verr. IV, 48, 106 ff. der Diana in Segesta, ib. 33, 72 ff. Lage von Syrakus, ib. 52, 115 ff.), ferner bei Amplificationen. In der gewöhnlichen Erzählung dagegen, die nach Klarheit und Deutlichkeit strebt, ist λέξις εἰρομένη am Platze, und daher auch meistens in diesem Falle von Lysias angewandt. So in or. XII. vgl. §. 8: ἐγὼ δὲ Πείσωνα μὲν ἐρωτῶν εἰ βούλοιτό με σῶσαι χρήματα λαβών· ὁ δ' ἔφασκε, εἰ πολλὰ εἴη. εἶπον οὖν, ὅτι τάλαντον ἀργυρίου ἕτοιμος εἴην δοῦναι· ὁ δ' ὡμολόγησε ταῦτα ποιήσειν. Hierfür mag die Art des Herodot als Muster dienen. Aus der Lateinischen Litteratur vergleiche man Frontos nach Herodot wiedergegebene Erzählung von Arion p. 237 ff.

Innerhalb der periodischen Reihen und Glieder sind nun die Wörter kunstmässig zusammenzustellen, und zu dem Ende ist für die Composition dreierlei zu beachten, die Ordnung der Wörter, ihre Verbindung und der Rhythmus. Quint. IX, 4, 22 ff. Die Ordnung anlangend, so muss hinsichtlich der einzelnen Wörter, namentlich wenn sie asyndetisch auf einander folgen, überall das Gesetz der Steigerung beachtet werden. Die Rede darf nicht abnehmen, sie darf auf ein stärkeres Wort kein schwächeres folgen lassen, sondern sie muss immer zunehmen und anschwellen. Auf das weniger deutliche muss das deutlichere, auf das kleinere das grössere folgen, Demetr. de eloc. 50. Cic. Phil. II, 52: *tu istis faucibus, istis lateribus, ista gladiatoria totius corporis firmitate.* Ferner giebt es eine gewisse natürliche Ordnung, die ein für allemal inne zu halten ist, also Mann und Frau, Tag und Nacht, Aufgang und Untergang. Einige Wörter werden bei veränderter Ordnung überflüssig. *Fratres gemini* ist richtig, *gemini fratres* ist pleonastisch. Iu einzelnen Fällen änderte der Sprachgebrauch die herkömmliche Ordnung. So sagte man in der Kaiserzeit gewöhnlich *via sacra*, früher *sacra via*. Auch wurde es späterhin üblich bei Eigennamen das cognomen vor das nomen gentile zu setzen. Diejenigen aber, sagt Quintilian, gehen zu weit, welche verlangen, dass man die Hauptwörter stets vor die Zeitwörter, diese wieder vor die Adverbien, die Nomina vor die Adjectiva und Pronomina setzen solle. Vgl. Dionys. de comp. verb. c. 5. Ebenso ist es ein engherziges

Verlangen, alles, was der Zeit nach das frühere ist, auch zuerst zu stellen. So weit es irgend angeht, muss man den Satz immer mit einem Verbum schliessen, denn in den Verben liegt die Kraft der Rede. Zu Gunsten des Rhythmus kann man indes von dieser Regel abweichen und sich ein Hyperbaton erlauben. Hat aber sonst ein Wort irgend einen besonderen Nachdruck oder Werth, der bei einer Stellung desselben in der Mitte des Satzes verdunkelt werden und unbeachtet bleiben könnte, so setzt man dieses ans Ende, um den Hörer darauf aufmerksam zu machen, z. B. Cic. Phil. II, 26: *ut tibi necesse esset in conspectu populi Romani vomere postridie.*

Die Verbindung der Worte anlangend, so dürfen erstens die Schlusssilben eines Wortes mit den Anfangssilben des darauf folgenden nie ein unschickliches, obscönes Wort bilden. Davon war bereits oben S. 341 die Rede. — Zweitens ist der Hiat zu beachten, das Zusammentreffen von Vocalen am Ausgange und Anfange eines darauf folgenden Wortes. Es entsteht hierbei für die Sprache eine Unbequemlichkeit, indem man genötigt wird, eine Pause eintreten zu lassen, wo eine solche sinnstörend wirkt, vgl. Dion. Halic. de adm. vi Dem. T. VI, p. 213. 217. Am schlechtesten klingen dieselben langen Vocale hintereinander, namentlich wenn sie mit hohlem oder offenem Munde hervorgebracht werden, also a, o, u, weniger e und i. Weniger fehlerhaft ist es, auf lange Vocale kurze, oder auf kurze lange folgen zu lassen. Am wenigsten nimmt man Anstoss am Zusammentritt zweier kurzen Vocale. Allemal aber wird beim Hiat der Anstoss grösser sein, wenn die zusammenstossenden Vocale mit verschiedener Stellung des Mundes hervorgebracht werden. Doch darf man es mit dem Vermeiden des Hiats nicht bis zur pedantischen Aengstlichkeit treiben, wie dies Isokrates (Longin. p. 306, 9. Demetr. de eloc. §. 68. Cic. ornat. 44, 151), Theopomp (Dionys. ep. ad Pomp. 6) und deren Nachahmer gethan. Des Isokrates Vorschrift ist uns noch mit seinen eigenen Worten erhalten von Iohannes Siciliota bei Walz Rh. Gr. T. VI p. 156: δεῖ τῇ μὲν λέξει τὰ φωνήεντα μὴ συμπίπτειν, χωλὴν γὰρ τοιόνδε. Demosthenes und Cicero, sagt Quintilian, haben es mit dem Hiat nicht zu genau genommen, wenn sie ihn auch im ganzen und grossen vermieden. Ja der Hiat kann sogar einzelnen Wörtern grösseren Nachdruck verleihen, eben weil man gezwungen wird, eine gewisse Pause zu machen, z. B. *publica oratione acta.* Daher sagt Demetr. de eloc. §. 72: ἐν δὲ τῷ μεγαλοπρεπεῖ χαρακτῆρι σύγκρουσις παραλαμβάνοιτ᾽ ἂν πρέπουσα — ὡσαύτως καὶ τὸ 'μὴ ἤπειρος εἶναι' τὸ Θουκυδίδειον, und bemerkt dasselbe §. 299 von der δεινότης. Von einem andern Gesichtspunkt aus sagt Cic. orat. 23, 77: *habet ille tamquam hiatus et concursus vocalium molle quiddam, et quod indicet non ingratam neglegentiam de re hominis magis quam de verbis laborantis*).

Auch auf den Zusammenstoss härterer Consonanten, lehrt Quintilian ferner, hat man bei zwei aufeinander folgenden Wörtern zu achten, also des s mit x, oder nochmals mit s, wie in *ars studiorum*. Isid. p. 516 fügt noch den Buchstaben r hinzu. Wichtig ist, was wir bei Mart. Cap. p. 474 lesen: *compositionis vitium maximum est, hiulcas et asperas, frenos etiam, iotacismos, mytacismos, labdacismos, homoeoprophora, dysprophora et polysigma non vitare, vel cuiuslibet litterae assiduitatem in odium repetitam*. Die nimia assiduitas eiusdem litterae wie in dem Verse *o Tite, tute Tati, tibi tanta tyranne tulisti* verwirft auch Cornif. IV, 12, 18. Denselben Vers des Ennius führt Martianus als Beispiel des homoeoprophoron, Charis p. 282 und Donat p. 398 als Beispiel des παρόμοιον an (*parhomocon est, cum ab isdem litteris diversa verba sumuntur**). Die Freni entstehen durch den Zusammenstoss ganz harter Buchstaben, wie in den Anfangsversen der Hecyra des Terenz:

per pol quam paucos reperias meretricibus
fidelis evenire amatores, Syra —

oder wenn Wörter hintereinander mit denselben Buchstaben anfangen, wie Cic. pro Cluent. 35, 96: *non fuit istud igitur iudicium iudicii simile iudices*. Dies ist zugleich ein Beispiel des Iotacismus, der häufigen Wiederholung des i — Hor. c. I, 2, 1: *iam satis terris nivis atque dirae grandinis misit pater*. Verg. Aen. I, 90: *intonuere poli et crebris micat ignibus aether* — wie Labdacismus — Hor.

---

*) Für die Frage nach dem Hiat ist die bahnbrechende Schrift von Fr. Benseler de hiatu in scriptoribus Graecis p. I, Freiberg 1841, noch immer maassgebend. Nicht blos Isokrates, sondern auch spätere Schriftsteller, wie Polybius, Plutarch und andere, haben den Hiat bis auf gewisse Fälle grundsätzlich vermieden und die Bemerkung dieses Umstandes ist für die Textkritik derselben von grosser Wichtigkeit gewesen.

**) Diomed. p. 447 giebt dafür den Vers *machina multa minax minatur maxima muris*. Eine ähnliche Spielerei haben wir in dem angeblichen Epigramm des Empedokles auf Akron, den Sohn des Akros, der auf der Akropolis von Akragas begraben wurde: Ἄκρον ἰατρὸν Ἄκρων᾽ Ἀκραγαντῖνον πατρὸς Ἄκρου κρύπτει κρημνὸς ἄκρης πατρίδος ἀκροτάτης, Rh. Gr. III p. 641, wo natürlich statt παροίχησις — παρήχησις zu lesen ist.

c. III, 13, 15: *unde loquaces lymphae desiliunt tuae.* ep. 16, 48: *montibus altis leris crepante lympha desilit pede* — Mytacismus — Publ. Syr. bei Petron. c. 55: *luxuriae rictu Martis marcent moenia* vgl. die Anekdote bei Cic. de or. II, 59, 240 — und Polysigma — Verg. Aen. V, 866: *tum rauca assiduo longe sale saxa sonabant* — Bezeichnungen für die häufige Wiederholung des l, m und s sind. Ueber diese freni vgl. Consent. de barb. et metapl. p. 393 sqq. (ed. Keil). Ueber das s sagt Dionys. de comp. verb. p. 44 ἄχαρι δὲ καὶ ἀηδὲς τὸ σ, καὶ εἰ πλεονάσειε, σφόδρα λυπεῖ· θηριώδους γὰρ καὶ ἀλόγου μᾶλλον ἢ λογικῆς ἐφάπτεσθαι δοκεῖ φωνῆς ὁ συριγμός· τῶν γοῦν παλαιῶν σπανίως ἐχρῶντό τινες αὐτῷ καὶ πεφυλαγμένως. εἰσὶ δὲ οἱ ἀσίγμους ᾠδὰς ὅλας ἐποίουν. So sollte auch Perikles zuerst σσ mit ττ vertauscht haben, weil zu seiner Hervorbringung eine unschöne Gestaltung des Mundes erforderlich sei, Ael. Dionys. bei Eust. zu Hom. Il. Ν, 385*). So tadelt auch Longin. de subl. 43 in den Worten Herodots ζεσάσης δὲ τῆς θαλάσσης das erste διὰ τὸ κακόστομον. — Solche Parechesen, welche durch eine Art Alliteration, also durch die Wiederkehr desselben Buchstabens zu Anfang mehrer aufeinander folgender Wörter entstehen, sind bei Dichtern nicht selten und bisweilen von gefälliger Wirkung. Hom. Il. Δ 526: χύντο χαμαὶ χολάδες vgl. Bekker Hom. Blätter S. 185. Aesch. Pers. 998: δόσιν κακὰν κακῶν κακοῖς. Soph. Aj. 866: *πόνος πόνῳ πόνον φέρει.* 1112 ὥσπερ οἱ πόνον πολλοῦ πλέῳ, wo Schneidewin darauf aufmerksam macht, dass durch die Alliteration des Teukros Geringschätzung derartiger Abenteuer gesteigert wird. Oed. Rex. 1250: *εἰ τέκν' ἐκ τέκνων τέκοι.* Besonders häufig bei πᾶς, ἕτερος, ὅσος, οἷος, πολύς. Eur. Bacch. 893: ἕτερα δ' ἕτερος ἕτερον ὀλίῳ παρῆλθεν, vgl. Bekker l. l. S. 194. Plautus in Colace bei Front. p. 33: *qui data fide firmata fidentem fefellerit***). Die Prosa, namentlich die rednerische, hat sie vermieden, doch finden sich merkwürdige Ausnahmen. Wie es die Dichter lieben, mehrere Worte nacheinander mit dem α privativum anzufangen, z. B. Eur. I. T. 212: ἄγαμος ἄτεκνος, ἄπολις, ἄφιλος, Orest. 310. Soph. Ant. 843, so werden

---

*) Bei Antiphon sind die Formen auf σσ noch die vorherrschenden, Blass Att. Beredss. S. 114 f.
**) Sehr unschön die Häufung der Relative in einem Verse des Ennius bei Cornif. IV, 12: *quidquam quisquam quoiquam quod conveniat, neget?* Plaut Pseud. I, 2, 2: *nunquam quidquam cuiquam.*

in Prosa nicht selten die Negationen gehäuft z. B. Plat. Phaed. p. 78 D: *οὐδέποτε οὐδαμῇ οὐδαμῶς ἀλλοίωσιν οὐδεμίαν ἐνδέχεται*. Parm. 160 B: *οὐδενὶ οὐδαμῇ οὐδαμῶς οὐδεμίαν κοινωνίαν ἔχει*. Doch giebt es auch Beispiele andrer Art. Plat. Phaedr. p. 249 C: *τελέους ἀεὶ τελετὰς τελούμενος τέλεος ὄντως μόνος γίγνεται*. Menex. p. 249 C: *πᾶσαν πάντων παρὰ πάντα ἐπιμέλειαν ποιουμένη*. Theaet. p. 147 B: *τίς τι συνίησί τινος ὄνομα, ὃ μὴ οἶδε τί ἐστιν*; Gorg. Hel. 95 R: *ὅσοι ὅσους περὶ ὅσων πείθουσιν*. 100: *πολλὰ πολλοῖς πολλῶν ἔρωτα ἐργάζεται*. Lys. or. XII, 37: *οἱ οὐδὲ — δὶς ἀποθανόντες δίκην δοῦναι δύναιντ' ἄν*. Dem. or. XXI, 35: *ὁ τοιοῦτος πότερα μὴ δῷ διὰ τοῦτο δίκην ἢ κἂν μείζω δοίη δικαίως*; XVIII, 133: *τὸ δικήν δοῦναι διαδύς*, ib. 136: *ἐν μὲν τοίνυν τοῦτο τοιοῦτο πολίτευμα τοῦ νεανίου τούτου*. XXV, 101: *ἅπαντες ἅπεισι πάντα τἀγαθὰ εὔχεσθαι*. Sen. ep. 90, 18: *nos omnia nobis difficilia facilium fastidio fecimus*.

Zu den Freni gehört auch die Verbindung vieler Wörter mit gleichen Flexionsendungen, namentlich die Häufung pluralischer Genetive*) also die Homoioptota, Fortun. p. 127. Das sind eben *δυσπρόσφορα*, wie in dem Beispiele *flentes plorantes lacrimantes obtestantes* bei Cornificius, oder *merentes flentes lacrimantes ac miserantes*, was Charis. p. 282, Donat. p. 398 als Beispiel des *ὁμοιόπτωτον* anführt, oder *persuasitrices praestigiatrices atque inductrices strigae* bei Martianus. Aber schon minder auffällige Beispiele machen einen schlechten Eindruck auf das Ohr, z. B. Curt. IV, 4, 3: *pudicitiae earum, quae supersunt, curam haud secus quam parens agens*. Auffallend ist Dem. Ol. I, 1: *ὅτε τοίνυν τοῦθ' οὕτως ἔχει, προσήκει προθύμως ἐθέλειν ἀκούειν τῶν βουλομένων συμβουλεύειν*. Was der Redner mit dieser jedenfalls absichtlich gewählten Composition hat bezwecken wollen, ist schwer zu sagen. Dass sie einem leichten Spotte dienen soll, wie man vermuthet hat — zu einem solchen lag nicht die mindeste Veranlassung vor, ist kaum glaublich. Merkt man bei einer derartigen Composition, dass sie beabsichtigt war, so schwindet auch das Anstössige derselben z. B. Luc. Icarom. 15: *ὅμοια δὲ τούτοις — ἐν τοῖς βασιλείοις ἐν ὁρᾶν, μοιχεύοντας, φονεύοντας, ἐπιβουλεύοντας, ἁρπάζοντας, ἐπιορ-*

---

*) Auffallende Beispiele giebt Lobeck Paralip. p. 53, darunter Isae. de her. Cir. p. 224: *ἀδελφῶν τριῶν ὁμομητρίαν ἐπικλήρων καταλειφθεισῶν*. Antiph. de caed. Herod. p. 728: *ἐκ τοῖν λόγοιν τοῖν ἀνδροῖν ἑκατέροιν τοῖν βασανισθέντοιν*. Lys. Epit. 193, 24: *τῶν μὲν ἀπόντων ἐπακουόντων, τῶν δὲ ἐκόντων προδιδόντων*.

κοίτας, δεδιότας, ὑπὸ τῶν οἰκειοτάτων προδιδομένους. Merkwürdig ist es, dass bei Isidor. p. 516 auch m im Auslaut vor folgendem Vocal, wie in *rerum enim*, als fehlerhaft bezeichnet wird.

Als fehlerhaft gilt ferner die Wiederholung ein und desselben Wortes rasch hintereinander, z.B. *nam cuius rationis ratio non extat, ei rationi ratio non est fidem habere*, ausser wenn eine bestimmte Wortfigur dadurch beabsichtigt wird, wie etwa bei Dem. Timocr. 121: ὥσπερ οἱ τὰ ἀκρωτήρια τῆς Νίκης περικόψαντες ἀπώλοντο αὐτοὶ ὑφ' αὐτῶν, οὕτω καὶ οὗτοι αὐτοὶ αὑτοῖς δικαζόμενοι ἀπόλοιντο, oder Soph. Ant. 469: σοὶ δ' εἰ δοκῶ νῦν μῶρα δρῶσα τυγχάνειν σχεδόν τι μώρῳ μωρίαν ὀφλισκάνω. Sehr hässlich Lucr. I, 814: *multimodis communia multis multarum rerum in rebus primordia multa*, oder Caes. b. G. I, 49: *ultra eum locum, quo in loco consederant — castris idoneum locum delegit acieque triplici instructa ad eum locum venit*. Minder auffallende Beispiele finden sich indes bei Römischen Autoren nicht selten*). Noch weniger dürfen die Schlusssilben eines Wortes zugleich die Anfangssilben des nächsten sein, und doch hat Cicero in einem Briefe geschrieben: *res mihi invisae visae sunt Brute*, anderswo *pleniore ore*, in der Planciana 1, 3 *de re reoque*, und in einem auch von Quintilian angeführten Verse *o fortunatam natam me consule Romam*. Freilich konnte sich hier Cicero auf Homer berufen, Il. Β 758: τῶν μὲν Πρόθοος θοὸς ἡγεμόνευε, was von Herod. p. 95 als Beispiel der Paronomasie angeführt wird**). Sicherlich klingt es nicht schön, was Cic. orat. 3, 11 geschrieben hat: *ea quae quaerimus*, und es ist sehr auffallend, wenn wir bei einem so feinen Stilisten wie Isokrates, or. XVIII, 14 lesen: οὐ τούτῳ τοῦτο τεκμήριόν ἐστιν.

Endlich ist es entschieden fehlerhaft, und daher von allen Autoren sorgfältig vermieden, eine Reihe einsilbiger Wörter hintereinander folgen zu lassen, *quia necesse est compositio multis*

---

*) s. Drakenb. zu Liv. 1, 3, 9. Wopkens Lectt. Tull. II, 11 p. 107. Bremi zu Corn. Nep. Epam. 6, 4. Kritz Prolegg. Vellej. p. LXVII.

**) So sagt Pers. 3, 92: *de maiore domo modice sitiente ingena*, und die Ausleger bemerken dazu, dass die Römer solche παρηχήματα (παρηχήσεις Hermog. p. 251) nicht vermieden, sondern oft absichtlich gesucht haben. vgl. ausser O. Jahn z. d. St. noch Drakenb. zu Liv. XXVI, 46, 6. Benecke zu Cic. Cat. I, 1 p. 12. Kühner zu Cic. Tusc. IV, 17, 88. Seiffert Palaestr. Cic. S. 78.

clausulis concisa subsultet, Quint. IX, 4, 42. Wenn Oedipus bei Soph. Oed. Rex v. 370 sagt:

ἀλλ ἔστι, πλὴν σοί. σοὶ δὲ τοῦτ' οὐκ ἔστ' ἐπεὶ
τυφλὸς τά τ' ὦτα τόν τε νοῦν τά τ' ὄμματ' εἶ,

so ist dies eben eine *τραχεῖα σύνθεσις*, welche zu der rauhen Stimmung, in welcher Oedipus die Töne aus der zornerregten Brust gleichsam einzeln hervorstösst, vortrefflich passt. Dabei dürfen wir auch nicht übersehen, dass nach der Regel ὅτι ἡ ἀπόστροφος ἐνοῖ die Wörter τοῦτ' und ἔστ' nicht recht als einsilbige zu betrachten sind. vgl. auch v. 1184. Aber selbst Cicero hat sich in dieser Hinsicht einige Nachlässigkeiten zu Schulden kommen lassen. Schon die Stelle pro Mur. 36, 76: *istuc me rogari oportet abs te, an te potius a me, ut pro mea salute laborem periculumque suscipias*, nimmt sich nicht gut aus. Noch weniger Stellen, wie pro Sull. 12, 35: *idcirco te a se et a re publica — deficere patientur*. Phil. I, 3, 6: *leges — et de te et a te latas*, oder gar pro Sull. 15, 43: *postremo ne quid iam a me, ne quid ex meis commentariis quaereretur*. Wie widerwärtig die Composition durch Häufung einsilbiger Wörter unter Umständen werden kann, zeigt Onos. Strateg. ἡ 1: ἐν δὲ δὴ τῇ τῶν ἐχθρῶν καταστρατοπεδεύων. Aus einem ähnlichen Grunde, sagt Quintilian, hat man auch eine fortgesetzte Reihe kurzer Haupt- und Zeitwörter und umgekehrt langer zu vermeiden, wodurch die Rede schleppend wird. Dahin gehört auch die bereits erwähnte Verbindung vieler Wörter mit gleichen Flexions-Endungen.

Alles aber, was im obigen über die Verbindung der Wörter mit einander gesagt ist, gilt natürlich auch für die Verbindung der Kommata und Kola zu Perioden. Ganz besonders kömmt es hier darauf an, was man voranstellt, und was man nachfolgen lässt. Dies führt uns auf die Betrachtung des Rhythmus.

§. 51.

Fortsetzung.

Omnis structura ac dimensio et copulatio vocum, sagt Quint. IX, 4, 45, *constat aut numeris (numeros ῥυθμούς accipi volo) aut μέτροις id est dimensione quadam*. Die Metra sind ausschliesslich der Poesie eigen. Rhythmisch aber muss bis auf einen gewissen Grad auch die Prosa sein. Dies lehrte, nachdem Thrasymachus aus Chalcedon darauf hingewiesen (Cic. or. 52, 175), zuerst Isokrates mit Nachdruck. Cic. Brut. 8, 32: *Isocrates primus intellexit, etiam in soluta oratione, dum versum effugeres, modum tamen et numerum quendam oportere servari.* vgl. de orat. III, 44, 173. orat. 52, 174. Seine eignen Worte giebt uns auch hier Johannes Siciliota bei Walz T. VI p. 165: ὅλως δὲ ὁ λόγος μὴ λόγος ἔστω, ξηρὸν γάρ, μηδὲ ἔμμετρος, καταφανὲς γάρ, ἀλλὰ μεμίχθω παντὶ ῥυθμῷ. Er verlangt für die Rede ῥυθμός und εὐρυθμία, d. h. die Beachtung eines gewissen musikalischen Elements in der Aufeinanderfolge langer und kurzer Silben und das Hervortreten einzelner Versfüsse, vgl. Euag. 10. Phil. 27. Soph. 16. Auch Arist. Rhet. III, 8 lehrt: ῥυθμὸν δεῖ ἔχειν τὸν λόγον μέτρον δὲ μή· ποίημα γὰρ ἔσται. ῥυθμὸν δὲ μὴ ἀκριβῶς· τοῦτο δὲ ἔσται, ἐὰν μέχρι του ᾖ. Dasselbe hatten Theodektes und Theophrast gelehrt, Cic. orat. 51, 172. Die Nothwendigkeit des Rhythmus ist zuletzt in der Natur unsres Gehörs selbst begründet. Cic. Brut. 8, 34: *ipsa enim natura circumscriptione quadam verborum comprehendit concluditque sententiam: quae cum aptis constricta verbis est, cadit etiam plerumque numerose. nam et aures ipsae, quid plenum, quid inane sit, indicant, et spiritu quasi necessitate aliqua verborum comprehensio terminatur, in quo non modo defici, sed etiam laborare turpe est.* vgl. orat. 58, 177 f. Eben durch den Rhythmus tritt die Prosa in eine gewisse Verwandtschaft mit der Poesie, wie dies sehr schön Dion. Halic. de comp. verb. T. V p. 94 und de adm. vi in Dem. T. VI p. 236 auseinander gesetzt hat. Die Poesie ist an bestimmte in den einzelnen Versen und Strophen sich gleichmässig wiederholende Metra gebunden, die Prosa dagegen περιπεπλανημένα μέτρα καὶ ῥυθμοὺς ἀτάκτους ἐμπεριλαμβάνουσα, καὶ μήτ' ἀκολουθίαν αὐτῶν φυλάττουσα, μήτε ὁμοζυγίαν, μήτ' ἄλλην ὁμοιότητα τεταγμένην μηδεμίαν, εὔρυθμος μέν ἐστι καὶ εὔμετρος, ἐπειδὴ διαπεποίκιλται μέτροις τε καὶ ῥυθμοῖς τισιν, οὐ μὴν ἔρρυθμός γ' οὐδ' ἔμμετρος, ἐπειδὴ οὐχὶ τοῖς αὐτοῖς, οὐδὲ κατὰ ταὐτά ἔχουσι. τοιαύτην δέ φημι πᾶσαν εἶναι λέξιν πολιτικήν, ἐν ᾗ τὸ ποιητικὸν ἐμφαίνεται κάλλος, ᾗ καὶ τὸν Δημοσθένη κεχρημένον ὁρῶ. Da es sich hierbei nicht um Rhythmus im technischen Sinne, sondern nur um ein ungefähres Ebenmass, ein gewisses rhythmisches etwas handelt, so darf man ein genaueres Eingehen auf Begriff und Wesen des Rhythmus selbst von den Rhetoren nicht erwarten. Cicero begnügt sich damit zu sagen: *quidquid est, quod sub aurium mensuram aliquam cadit, etiamsi abest a versu (nam id quidem orationis est ritium), numerus vocatur, qui Graece ῥυθμός dicitur*, orat. 20, 67; und für seine Zwecke genügt dies in der That vollkommen.

Am meisten wird der Rhythmus am Schlusse der Periode verlangt, wo ein Ruhepunkt eintritt: eben das unrhythmische ist ohne Ruhepunkte, Arist. Rhet. III, 8: hier tritt er auch am meisten hervor, indem der Hörer am Schlusse Zeit gewinnt auf denselben zu achten, Quint. §. 61. Daher ist hier jede Härte und Schroffheit des Klanges zu vermeiden. Demnächst erfordert der Anfang der Periode Sorgfalt, denn auch hier ist der Zuhörer gespannt. Doch muss auch die Mitte in gewisser Beziehung zu Anfang und Schluss stehen, sie darf nicht träge und schleppend sein, ebensowenig aber allzuviel Kürzen häufen. Es muss eben jede Periode eine in sich zusammenhängende rhythmische Reihe bilden, die mit dem Schluss der Periode selbst zum Abschluss kommt. Darauf macht Cic. orat. 59, 199 aufmerksam: *solet autem quaeri, totone in ambitu verborum numeri tenendi sint, an in primis partibus atque in extremis. Plerique enim censent cadere tantum numerose oportere terminarique sententiam. Est autem, ut id maxime deceat, non id solum; ponendus est enim ille ambitus, non abiciendus. Quare cum aures extremum semper expectent in eoque adquiescant, id vacare numero non oportet, sed ad hunc exitum tamen a principio ferri debet verborum illa comprehensio et tota a capite ita fluere, ut ad extremum veniens ipsa consistat.*

So angenehm der Rhythmus, so fehlerhaft ist das Metrum in der Prosa. Daher sind ganze Verse, selbst blos Theile von Versen, namentlich Versanfang am Anfang und Versschluss am Schlusse einer Periode durchaus zu vermeiden, während umgekehrt, Versschluss am Anfang, und Versanfang am Schlusse einer Periode sehr angenehm sein kann, Quint. IX, 4, 72. Verstösse gegen diese Regel kommen indes sehr leicht vor. Cic. orat. 56, 189: *versus saepe in oratione per imprudentiam dicimus, quod vehementer est vitiosum, sed non attendimus, neque exaudimus nosmet ipsos: senarios vero et Hipponacteos effugere vix possumus, magnam enim partem ex iambis constat nostra oratio* rell. Deshalb fällt denn auch der Schluss eines Trimeters weniger auf, als der Schluss eines Hexameters, wie bei Brutus in einem Briefe: *neque illi malunt habere tutores aut defensores, quamquam sciunt placuisse Catoni*, und es war tadelnswerthe Affectation, wenn der Sophist Philagrus bei Philostr. v. s. 580 sich folgenden Schluss einer Periode erlaubte: *ἐφ' ὑμᾶς πέμψομεν, εἴ ποτε δήπου.* Sonst aber finden sich zahlreiche Stellen, in denen grössere Verstheile oder auch ganze Verse Prosaikern unvermerkt entschlüpft sind. Bei Thucydides finden wir I, 80, 2 einen Skazon *εἰ σωφρόνως τις αὐτὸν ἐκλογίζοιτο,* einen Trimeter III, 40, 6: *τοῖς ὑμετέροις αὐτῶν μαχεῖσθε ξυμμάχοις,* mit welchem Kleon vielleicht absichtlich seine geharnischte Rede gegen die Mytilenäer beschliesst, Hexameter II, 49, 3. VI, 36, 1*). Auch bei Isocr. Paneg. 104 haben wir einen Hexameter: *ἀλλ' οὐ δεσποτικῶς βουλευόμενοι περὶ αὐτῶν.* Einen jambischen Trimeter, allerdings mit Spondeus im zweiten Fusse, am Schlusse eines Specialprooemiums giebt Aesch. Ctes. 50: *ὑμεῖς δ' ἡμῖν ἔσεσθε τῶν λόγων κριταί.* Es fragt sich, ob hier nicht eine wirkliche poetische Reminiscenz vorliegt. Unbeabsichtigt ist dagegen der jambische Trimeter bei Dem. or. I, 5: *δῆλον γάρ ἐστι τοῖς Ὀλυνθίοις ὅτι.* ein andrer XXI, 165. Hexameter, allerdings manche von etwas zweifelhafter Beschaffenheit, hat man bei ihm nachgewiesen IV, 6. XVIII, 143. XIX, 75. XXIII, 14. 50. 134. 145. Demetrius der Phalereer erzählte, Demosthenes habe einst vor dem Volke in förmlicher Extase sich eines metrischen Schwurs bedient: *μὰ γῆν, μὰ κρήνας, μὰ ποταμούς, μὰ νάματα,* Plut. v. Dem. 9. Interessant ist, was Theon prog. p. 71 berichtet, dass Ephorus in der Schrift *περὶ λέξεως* gerade an der Stelle, wo er es untersagte *μὴ τῇ, εἰρύθμῳ* (l. *ἐνρύθμῳ*) *χρῆσθαι διαλέκτῳ,* sich den Vers zu Schulden kommen liess: *πάλιν δὲ περὶ τῆς ἐνρύθμου διέξειμι.* Auch Cicero hat in dieser Hinsicht gefehlt. *abesse videtur* lesen wir am Schlusse eines Satzes pro Rosc. Am. 11, 30, *cui peccare licebat* Verr. IV, 110, *deplorare solebant* de sen. 3, 7, und ähnliches mehr**). Ja so wenig wie andere Schriftsteller hat er ganze Verse zu vermeiden gewusst. Mart. Cap. p. 474 führt aus Cat. I, 2 an: *senatus haec intellegit, consul videt,* einen Senar, aus Verr. IV, 110: *cum loquerer tanti fletus gemitusque fiebant,* einen Hexameter, aus Verr. III, 43: *succrescit tibi Lucius Metellus,* einen muthwilligen Hendecasyllabus***), ferner den Schluss eines Pentameters *oderat ille bonos.* Quintilian führt uns die Anfangsworte der Rede gegen Piso vor: *pro dii immortales, quis hic illuxit*

---

*) s. A. Meineke im Hermes III, 3. S. 247.
**) s. Zumpt zu Cic. Verr. p. 60. 259.
***) In einem Briefe an Fronto lesen wir p. 80: *nos istic vehementer aestuamus, habes en hendecasyllabum ingenuum.*

dies. Acad. II, 39 lesen wir: *latent ista omnia Varro, crassis occultata et circumfusa tenebris*, möglicherweise ein Citat*). Aber wir finden die zweite Hälfte eines Hexameters *terram fumare calentem* de nat. deor. II, 9, 25; die zweite Hälfte eines trochäischen Tetrameters *veras penitus abditas*, ib. 60, 151. Da hier aber auch die vorhergehenden Worte *aeris, argenti, auri* trochäischen Rhythmus haben, so ist es wahrscheinlich, dass wir es hier in der That mit einem dichterischen Citat zu thun haben, vgl. de off. II, 3, 13. Bekanntlich beginnt Livius sein Werk mit den hexametrischen Worten: *facturusne operae pretium sim.* Es lassen sich aus ihm auch vollständige Hexameter nachweisen, XXI, 9, 3: *arma: nec Hannibali in tanto discrimine rerum.* IV, 57, 7: *moenia compulsis nec defendentibus agros.* Noch auffälliger XXII, 50, 10: *haec ubi dicta dedit, stringit gladium cuneoque facto per medios radit***). Ebenso beginnt Tacitus seine Annalen mit dem Hexameter: *urbem Romam a principio reges habuere*, wozu Nipperdey noch Ann. XV, 9: *subiectis campis magna specie volitabant* und Germ. 39: *auguriis patrum et prisca formidine sacrum* anführt***). Quintilian erwähnt noch §. 77 als ἐνρυϑμον, welches hätte vermieden werden sollen, aus Sallust: *falso queritur de natura sua*, dass ferner Plato, der sonst in der Composition sehr sorgfältig sei, dergleichen in den Anfangsworten seines Timaeus nicht habe vermeiden können. Die Worte lauten: εἷς, δυό, τρεῖς· ὁ δὲ δὴ τέταρτος ἡμῖν ὦ φίλε. Hier bilden die Worte εἷς bis δή den Anfang eines Hexameters, ὁ δὲ δὴ τέταρτος ἡμῖν giebt ein Anacreonteum, δυό bis φίλε endlich einen Trimeter. Erwägt man aber, was Dionys. de comp. verb. p. 100 über den Anfang der Platonischen Republik berichtet, so liegt die Vermuthung nahe, dass Plato auch hier absichtlich so componirt hat. Endlich erwähnt er aus Thucyd. I, 7: ὑπὲρ ἥμισυ Κᾶρες ἐφάνησαν, eine Stelle im weichlichsten Ionischen Rhythmus.

Demnächst gingen die Rhetoren auf eine Besprechung der einzelnen Füsse ein. Die volleren aus langen Silben bestehenden

---

*) So muss es auch fraglich erscheinen, ob der Senar bei Apul. Met. II, 23: *ineptias mihi narras et nugas meras*, zufällig ist, oder auf einer poetischen Reminiscenz beruht (allerdings ist im Text vor *mihi* noch *inquit* eingeschoben).

**) s. Weissenborn zu praef. l. Fabri zu der zuletzt angeführten Stelle.

***) Selbst im Nepos hat Grassberger auf das Vorkommen von Versen aufmerksam gemacht. Weiteres geben Schaefer appar. in Dem. V p. 528 f. A. Nauck Fragm. Trag. praef. p. XIII. O. Schneider Nicandrea p. 23.

machen die Rede nachdrucksvoll, die kurzen rasch und beweglich.
Nimmt man also langsame Füsse, wo die Rede den Charakter der
Schnelligkeit verlangt, oder umgekehrt, so ist dies fehlerhaft.
Merkwürdigerweise haben einige Techniker gewisse Füsse ganz
verworfen, andre bevorzugt. So liebte Ephorus den Päon und
Dactylus (diese beiden Füsse werden gleichfalls empfohlen von
Long. fr. 7) verwarf aber den Molossus, Spondeus und Trochaeus,
Cic. orat. 57, 191. Aehnliches lehrten Theodektes, Theophrast,
Dionys von Halikarnass. Es wird sich aber dies, meint Quintilian,
nie consequent durchführen lassen, wenn auch eine richtige Stellung der Wörter hier manches wird erreichen und vermeiden
können. Arist. Rhet. III, 8 verwirft den Dactylus als zu feierlich,
den Iambus, und das ist auffallend — als zu gewöhnlich (vgl. Cic.
or. 57, 192. Demetr. de eloc. 43. Er ist das der gewöhnlichen
Sprechweise am meisten verwandte Metrum. Arist. Poet. c. 4:
μάλιστα γὰρ λεκτικὸν τῶν μέτρων τὸ ἰαμβεῖόν ἐστιν. σημεῖον δὲ
τούτου· πλεῖστα γὰρ ἰαμβεῖα λέγομεν ἐν τῇ διαλέκτῳ τῇ πρὸς
ἀλλήλους), den Trochaeus als zu hüpfend, bevorzugt jedoch, wie
dies zu seiner Zeit allgemein Sitte gewesen zu sein scheint, den
Päon und zwar empfiehlt er für den Anfang den Paeon primus;
— —, für den Schluss den Paeon quartus, — —. Eine kurze
Silbe lasse als unvollständig den Schluss verstümmelt erscheinen.
Er müsse rhythmisch durch eine lange Silbe bezeichnet werden,
nicht aber durch den Schreiber im Interpunctionszeichen, vgl. Cic.
de or. III, 44, 173. Cicero freilich meinte, es sei gleichgültig,
ob am Schlusse eine lange oder eine kurze Silbe stünde. Quint.
IX, 4, 93 war jedoch nicht dieser Ansicht und stimmte vielmehr
dem Aristoteles bei. Auch hinsichtlich des Paeon quartus als geeignetsten Schlussfusses war Cicero anderer Meinung als Aristoteles. Er gab am Schlusse dem Creticus den Vorzug, vgl. orat.
63, 214, 218. Sonst hielt auch er den von Demetr. §. 39 nachdrücklich empfohlenen Paeon für Anfang und Mitte am geeignetsten.

Lange Silben also — als solche betrachteten manche Techniker bei der rhetorischen Berücksichtigung der Rhythmen nur
Naturlängen, nicht auch Positionslängen, Diom. p. 468, doch war
dies, wie die von anderen angeführten Beispiele beweisen, keineswegs allgemein der Fall, — sind nachdrücklich und gewichtig,
kurze sind rasch; mit langen vermischt laufen sie, hintereinandergesetzt hüpfen sie. Scharf ist ein Aufsteigen von kurzen zu langen
Silben, sanfter ein Absteigen von langen zu kurzen. Zum Schluss

muss man lange Silben nehmen. — Ausser dem eigentlichen Schlussfuss hat man aber auch den vorhergehenden Fuss zu beachten. Es genügt ein Dichoreus an sich. Er wurde häufig von den Asianern verwandt. Vgl. Quint. IX, 4, 103. Cic. orat. 63, 212 ff.*). Der Volkstribun C. Papirius Carbo schloss einst in einer Rede eine Periode mit den Worten: *patris dictum sapiens temeritas fili comprobavit*, und Cicero erzählt: *hoc dichoreo tantus clamor contionis excitatus est, ut admirabile esset*. Ferner genügen der erste und vierte Paeon an sich. Dann ist der Dochmius zum Schlusse sehr geeignet, von welchem Cic. orat. 64, 218 bemerkt: *dochmius quovis loco aptus est, dum semel ponatur, iteratus aut continuatus numerum apertum et nimis insignem facit*. Natürlich ist auch ein Molossus mit voraufgehender Kürze geeignet. Desgleichen schliesst der Baccheus. Er kann verdoppelt werden, *venenum timeres*, oder vielmehr, er hat gern Trochaeus und Spondeus vor sich, *ut venenum timeres*. Auch der Palimbaccheus schliesst, am besten mit Molossus oder Baccheus vor sich. Einem Dactylus am Schluss können Creticus und Iambus vorhergehen, nicht aber Spondeus, noch weniger Trochaeus (doch wird beides von Dion. p. 469 gestattet). Einem Creticus geht am besten ein Anapaest oder Paeon quartus vorauf; auch kann er verdoppelt werden. Philagrus bei Philostr. vit. soph. 580: καὶ μετὰ ξίφους μοι λαλεῖς. So ist auch ein doppelter Anapaest am Schlusse gut, noch besser, wenn ein Spondeus oder Baccheus vorhergeht. Auch ein Amphibrachys schliesst; meist geht ihm Spondeus oder Trochaeus vorauf (*recte locutus, iustam querellam*). Im ganzen sind diejenigen Füsse, die auf mehrere Kürzen ausgehen, für den Versschluss minder geeignet, wenn auch manche Theoretiker jede kurze Silbe am Schluss als eine lange betrachteten. — Hinsichtlich der zweisilbigen Füsse ist zu merken, dass ein Spondeus allein zum Schlusse genügt, wie häufig bei Demosthenes. Am besten geht ihm ein Creticus vorher. Dabei kömmt es viel darauf an, ob die beiden Füsse ein Wort bilden, oder nicht. Im ersteren Falle (*archipiratae, parricidarum,*) ist der Schluss weicher, als im letzteren (*criminis causa*). Noch weicher ist Spondeus mit voraufgegangenem Tribrachys in einem Worte, wie '*facilitates, temeritates*'. Weniger gut ist es, vor den Spondeus einen Anapäst zu setzen. Dagegen ist es richtig, einen Jambus davor zu setzen, wie umgekehrt. Auch der

---

*) vgl. die Bemerkungen über Hegesias bei Blass Gr. Bereds. S. 29 ff. 64.

Pyrrichius macht sich vor einem Spondeus nicht gut, wie *iudicii Iuniani*, noch schlechter ein vorhergehender Päon, *Brute dubitavi*. Zwei Spondeen hintereinander sind anstössig, sie müssten denn auf drei Worte vertheilt sein, z. B. *cur de perfugis nostris copias comparat is contra nos*. So mit voraufgegangenem Creticus bei Dem. Ol. I, 15: περὶ τῶν ἐν αὐτῇ τῇ χώρᾳ, am Schluss einer langen Periode von gewaltigem Ethos. Zwei Spondeen mit voraufgegangenem Epitritus secundus, also drei Spondeen hintereinander, an der bereits angezogenen Stelle de falsa 336. Von ergreifender Wirkung ist der spondeische Schlussrhythmus, mit voraufgehendem Antispast, gleichsam eine pathetische Klage in langsamster Agoge, Ol. III, 29: τοσούτῳ τὰ τούτων ηὔξηται. Auch ein Dactylus vor einem Spondeus ist schlecht, weil das einen Versschluss giebt. Vor einem Trochaeus dagegen ist der Pyrrichius gestattet. Desgleichen der Tribrachys, wie *refero causam, facile rota*, aber auch hier nicht so, dass beide Füsse ein Wort bilden, wie *facilitatis, temeritatis*, was gleichfalls zu weichlich wäre, denn sehr richtig bemerkt Diomed. p. 469: *quamvis enim idem pedes cademque sint tempora, tamen ubi duae sunt partes orationis nescio quomodo in utriusque confinio retentus spiritus ac restitutus adfert quandam compositioni firmitatem; at in una parte orationis properare verba et continua spiritus celeritate labi videntur.*

Recht praktische Angaben über den Schlussrhythmus je nach der Silbenzahl des schliessenden Wortes finden wir bei Mart. Cap. p. 476, nur dass seine Darstellung am Schlusse lückenhaft ist. Zur Ergänzung kann die Zusammenstellung *de compositionibus* dienen, welche angeblich von Caesius Bassus herrühren soll, bei Keil Gramm. Lat. VI, 1 p. 308 ff. Vor einer langen Schlusssilbe, d. h. vor einem einsilbigen Worte am Ende des Satzes soll danach ein Trochaeus vorhergehen (*nata lex, prima vox*), ein passender Schluss für Kola und Kommata. Vor einer kurzen Schlusssilbe ein Iambus oder Anapäst. Eine Kürze dagegen vor einer kurzen, oder eine Länge vor einer langen Endsilbe ist fehlerhaft. Wohl absichtlich sagte Cic. pro Lig. 4, 11: *non tu eum patria privare, qua caret, sed vita vis*. 3, 6: *ad ea arma profectus sum, quae erant suscepta contra te.*

Bildet ein zweisilbiges Wort den Schluss, so darf bei iambischer oder pyrrichischer Messung desselben nicht Iambus, Spondeus oder gar Trochaeus vorhergehen, wodurch die clausula pentametri entsteht. Nie dürfen zwei Iamben, noch weniger zwei

Pyrrichien, also vier kurze Silben, den Schluss einer Periode bilden (ersteres wird allerdings von Diomed. p. 469 verstattet). Gut ist dagegen ein Iambus vor Schluss-Spondeus oder Trochaeus, ferner zwei Trochaeen, oder Trochaeus und Spondeus.
Also:

    erlaubt   fehlerhaft

    – – –   – – ◡ –
    ◡ – – ◡   – – ◡ –
    – – – –   – – ◡ –
    – – – –   – ◡ ◡ –

Bildet ein dreisilbiges Wort den Schluss, und zwar als Molossus oder Palimbaccheus, so geht gut ein Trochaeus vorher *(dolore compulsum)*, ganz schlecht ein Spondeus oder Pyrrichius. Indes hat Tacitus Ann. I, 65: *nox per diversa inquies, cum barbari festis epulis, laeto cantu aut truci sonore subiecta vallium ac resultantis saltus complerent* — gerade von dieser Composition einen sehr malerischen Gebrauch gemacht, durch den man gewissermassen das langgezogene Echo der Berge zu hören bekommt. Einen Tribrachys von ganz guter Wirkung vor Molossus haben wir bei Dem. Ol. III, 32: γέγονε ϑαυμάζω. Vor einem Schlussbaccheus, sagt Martianus ferner, darf kein Trochaeus vorhergehen (wohl aber Spondeus und Anapäst). Vor Ionicus a maiore, a minore oder Choriambus ist ein Trochaeus oder Tribrachys von guter *(regina superorum, astra caelestia, indigna perpetior, incredibilia tolerando, rapior in turbines, varia concupiens)*, ein Spondeus dagegen von schlechter Wirkung. Also:

    zu empfehlen   zu vermeiden

An der Zulässigkeit eines Spondeus vor Baccheus scheinen einige Techniker mit Unrecht Anstoss genommen zu haben. Gegen sie Ps. Ascon. in divin. p. 108: *cuius ego causa laboro: inepti sunt homines, qui hanc clausulam notant ut malam, cum sit ex spondeo et baccheo de industria durior ad exprimendam sententiam posita more Ciceronis; ut alibi idem: non tu eum patria privare, qua caret, sed vita vis* (pro Lig. 4, 11). Ausserordentlich häufig ist dieser Schluss bei Apulejus, z. B. Met. I, 3: *noctem teneri*. I, 6: *adsurgat enitor*. XI, 16: *pompae decori*. 29: *clemens imago*. 30: *gaudens olibam*.

Es muss der Detail-Forschung überlassen bleiben, nachzuweisen, welche rhythmischen Regeln die bedeutendsten Griechischen und Lateinischen Prosaiker beim Bau ihrer Perioden, namentlich zu Anfang und am Schluss derselben befolgt haben. Bis jetzt fehlt es für diesen Punkt, dessen sorgfältige Beachtung sicherlich auch für die Texteskritik nicht ganz ohne Belang sein dürfte, noch so gut wie ganz an Vorarbeiten*). Lehrreiche Beispiele rhythmischer Composition (auch aus Thucydides) giebt Dionys. de comp. verb. c. 18. 25. Mit welcher Kunst sich gerade Demosthenes bisweilen der gehäuften Rhythmen in seinen Reden bedient hat, beweist unter anderen die Stelle de falsa 340, wo er die Partie, in welcher er die Richter auffordert, sich nicht durch Aeschines wohltönende Stimme berücken zu lassen, mit den Worten schliesst: οὕτως οὖν ἀκούετε τούτου ὡς πονηροῦ καὶ δωροδόκου καὶ οὐδ' ὁτιοῦν ἐροῦντος ἀληθές, in denen man ungezwungen drei rhythmische Reihen unterscheidet:

⏑ – | ⏑ – | ⏑ – – | ⏑ – –
⏑ – | – – | ⏑ –
⏑ ⏑ – | – – | ⏑ ⏑ – | – ⏑ | ⏑ – – | ⏑ ⏑

Bittrer Hohn liegt in dem langgezogenen Rhythmus am Schluss von §. 336: ἂν οὕτω φυλάττητε αὐτόν, οὐχ ἕξει τί λέγῃ, ἀλλὰ τὴν ἄλλως ἐνταῦθ' ἐπαρεῖ τὴν φωνὴν καὶ πεφωνασκηκὼς ἔσται. Sehr wirksam ist die Composition von Phil. I, 34: τὰ τελευταῖ' εἰς Μαραθῶν' ἀπέβη καὶ τὴν ἱερὰν ἀπὸ τῆς χώρας ᾤχετ' ἔχων τριήρη. Schon Isokrates verstand es von der rhythmischen Composition einen malerischen Gebrauch zu machen. So am Schluss des Panegyrikus: καὶ τοῖς ἄλλοις μεγάλων ἀγαθῶν αἴτιοι δόξουσιν εἶναι. Doch macht Dionys. de comp. verb. 19 auf eine gewisse Einförmigkeit in der Anwendung der Rhythmen bei Isokrates und seiner Schule aufmerksam. Auch im sophistischen Zeitalter wurde natürlich auf rhythmische Composition sorgfältig geachtet, nicht ohne vielfach ins Manirirte und den Fehler des ἔμμετρον zu verfallen. Eine rhythmisch nicht gerade fehlerhafte, aber doch überaus gekünstelte Stelle des Athenischen Sophisten Apollonius giebt Philostr. v. s. 602 aus einer Rede, in welcher den Athenern untersagt

---

*) Zu beachten das Programm von G. Wichert de clausula rhetorica latina p. I, Königsb. 1857. Die hier zu Grunde gelegte Unterscheidung zwischen einer clausula grammatica, euphonica, rhetorica zeigt jedoch von geringer Einsicht.

wurde, ihre Todten zu verbrennen: ὑψηλὴν ἆρον, ἄνθρωπε, τὴν δᾷδα. εἰ βιάζῃ καὶ κατάγεις κάτω καὶ βασανίζεις τὸ πῦρ; οὐράνιόν ἐστιν, αἰθέριόν ἐστιν, πρὸς τὸ ξυγγενὲς ἔρχεται τὸ πῦρ. οὐ κατάγει νεκροὺς, ἀλλ᾽ ἀνάγει θεούς. Ἰὼ Προμηθεῦ δᾳδοῦχε καὶ πύρφορε οἷά σου τὸ δῶρον ὑβρίζεται· νεκροῖς ἀναισθήτοις ἀναμίγνυται. ἐπάρηξον βοήθησον κλέψον, εἰ δυνατόν, κἀκεῖθεν τὸ πῦρ.

Die letzte Entscheidung über den Numerus sagt Quintilian fällt immer dem Ohre zu. Auch Cicero macht wiederholt hierauf aufmerksam und zeigt an einzelnen Beispielen, ohne sich dabei auf theoretische Regeln einzulassen, wie eine Aenderung der Wortstellung oft den ganzen rhetorischen Eindruck einer Periode vernichtet. Besonders lehrreich ist in dieser Hinsicht orat. 70, 232: *quantum autem sit apte dicere, experiri licet, si aut compositi oratoris bene structam collocationem dissolvas permutatione verborum; corrumpatur enim tota res, ut et haec nostra in Corneliana et deinceps omnia: neque me divitiae movent, quibus omnes Africanos et Laelios multi venalitii mercatoresque superarunt*'; — *immuta paullulum, ut sit ,multi superarunt mercatores venalitiique', perierit tota res; — et quae sequuntur: ,neque vestis aut caelatum aurum et argentum, quo nostros veteres Marcellos Maximosque multi eunuchi e Syria Aegyptoque vicerunt*'; — *verba permuta sic, ut sit ,vicerunt eunuchi e Syria Argyptoque'; — adde tertium: neque vero ornamenta ista villarum, quibus L. Paullum et L. Mummium, qui rebus his urbem Italiamque omnem referserunt, ab aliquo video perfacile Deliaco aut Syro potuisse superari'; — fac ita ,potuisse superari ab aliquo Syro aut Deliaco': videsne, ut ordine verborum paullulum commutato, eisdem verbis, stante sententia, ad nihilum omnia recidant, cum sint ex aptis dissoluta?* Der Satz aus der von C. Gracchus vor den Censoren gehaltenen Rede: *abesse non potest, quin eiusdem hominis sit, probos improbare, qui improbos probet*, würde sich viel besser so ausnehmen: *quin eiusdem hominis sit, qui improbos probet, probos improbare.*

Der Redner muss aber wissen, wo er jede Art der Composition anzuwenden hat, und zwar hinsichtlich der Füsse, wie der aus Füssen bestehenden Reihen *(comprehensiones)* d. h. der Kommata, Kola und Perioden. Wo man nun heftig, drängend, kämpfend zu sprechen hat, also *maxime in locis, cum aut arguas aut refellas*, Cic. orat. 67, 225, da bedarf es vieler Einschnitte und Glieder und zwar bei rauhen Dingen mit rauhen Rhythmen. Auch die Erzählung verlangt Glieder, oder Auflösung der Perioden in grössere Zwischenräume. Eine Periode passt für die Prooemien grösserer Fälle, wo die Sache der Besorgniss, der Empfehlung, des Mitleids bedarf, ferner für loci communes und jegliche Amplification, eine rauhe Periode, wenn man anklagt, eine fliessende, wenn man lobt. Auch beim Schlusse ist sie von grosser Kraft. Je nach dem Charakter dessen, was man zu sagen hat, muss man auch die Rhythmen wählen. Für ernstes, erhabenes, geschmücktes passen mehr lange Silben; dagegen Beweise, Eintheilungen, Scherze und alles, was dem Gespräche gleicht, verlangt mehr kurze Silben. Das Prooemium muss in der Composition gemischt und je nach Bedürfniss verschieden sein. Die Erzählung will langsamere und so zu sagen bescheidenere Füsse und vor allem sehr gemischte haben. Sie besteht überhaupt aus grösseren Gliedern und kürzeren Perioden. Die scharfen und schlagenden Beweise müssen auch dem entsprechende Füsse haben, nur nicht Trochäen, die rasch aber kraftlos sind, sondern solche, die aus langen und kurzen Silben gemischt sind, aber nicht mehr Längen als Kürzen haben. Das Erhabene liebt die Fülle des Dactylus und Päon*). Das Rauhe tritt am meisten durch die Iamben hervor. Langsame, aber weniger auffällige Füsse verlangt der Schluss. Ueberhaupt muss die Composition der natürlichen Art des Vortrags entsprechen. Im ganzen ist eine harte und rauhe Composition immer einer weibischen und kraftlosen vorzuziehen. Und keine ist so gut, dass sie ausschliesslich anzuwenden wäre. Daraus entsteht Manier und Ueberdruss. Daher sagt Cic. orat. 63, 215 von der Anwendung des an sich so wirksamen Dichoreus: *sed id crebrius fieri non oportet. primum enim numerus agnoscitur, deinde satiat, postea cognita facilitate contemnitur.* Allen Anstrich des gemachten muss man sorgfältig vermeiden. Auch darf man nicht zu Gunsten der Composition allzulange Hyperbata sich erlauben, noch passende und bezeichnende Worte ihr opfern. Ein anderer Fehler ist es, zur Erreichung eines gewissen Rhythmus die Rede mit unnützen Flickwörtern zu überladen, Cic. orat. 69, 231. Fortunat. p. 128: *ne cessantem numerum verbis inanibus compleamus.* — Gerade weil

---

*) Mit grosser Kunst finden wir den Ditrochaeus mit Dactylus, Spondeen, Anapäst und Paeonen angewandt von Antiphon Tetr. 1, β, 1: ἐμοὶ δὲ ζῶν τε ἄνθρωπος ἀνατροπεὺς τοῦ οἴκου ἐγένετο, ἀποθανών τε κἂν ἀποφύγω, ἱκανὰς λύπας καὶ φροντίδας ἐμβέβληκεν.

die Lateiner weniger Mannichfaltigkeit und Anmuth in den Worten haben als die Griechen, haben sie auch grössere Sorgfalt auf die Composition verwandt als die Attiker. So wenigstens urtheilt Quintilian.

§. 52.

Ueber die Stilarten.

Wir beschliessen diesen dritten Theil der Rhetorik mit einer Mittheilung dessen, was die alten Techniker über die verschiedenen Arten des Stils innerhalb der rednerischen Darstellungsweise gelehrt haben. Es ist dies einer der für uns werthvollsten und interessantesten Abschnitte der gesammten Rhetorik, reich an feinen aesthetischen Bemerkungen über die Individualität der berühmtesten Redner, wie er denn auch mehr den Charakter litterarischer Beobachtung der vorhandenen mustergültigen Litteratur, als eigentlich rhetorischer Theorie an sich trägt. Dabei wird es uns aber nicht auf die Angabe der Unterschiede zwischen dem genus Atticum, Asianum und Rhodium ankommen (Cic. or. 8, 25. Brut. 13, 51. Quint. XII, 10, 16 ff.), deren Betrachtung mehr einer Geschichte der Beredsamkeit im Alterthum als einer übersichtlichen Darstellung der rhetorischen Technik angehört, von denen ausserdem das sogenannte genus Rhodium eine sehr zweifelhafte Berechtigung hat*): sondern auf die Eintheilung der Darstellungsweise in die verschiedenen *genera dicendi*, die sogenannten χαρακτῆρες φραστικοὶ τοῦ λόγου (Marcellin. v. Thuc. c. 39).

Man stellte deren gewöhnlich drei auf und sprach bei schwankender Terminologie im einzelnen von einer erhabenen, mittleren und niedrigen Stilart. Diese Eintheilung geht, wie sich aus Dionys von Halikarnas mit ziemlicher Sicherheit entnehmen lässt**) auf Theophrast in seiner Schrift περὶ λέξεως zurück. Höchst wahrscheinlich aber ist sie von den Isokrateern aufgestellt und von Theophrast bereits erweitert worden. Denn genau besehen passt sie nur auf die ältere Entwicklung der Attischen Beredsamkeit von Gorgias bis Isokrates und ist aus einer reflectirenden Betrachtung der rednerischen Eigenthümlich-

---

*) Blass die Griech. Beredsamkeit S. 4. 89.
**) Blass a. a. O. S. 81.

keit des Thucydides, Lysias und Isokrates hervorgegangen. Da
man nun unmöglich annehmen kann, dass Theophrast sich hiermit begnügt hat und seinem Lehrer Aristoteles auch in der
grundsätzlichen Nichtbeachtung des Demosthenes gefolgt sein
wird, so wird man wohl nicht umhin können, auch schon auf ihn
die Aufstellung des Begriffs der δεινότης als der jedesmaligen
richtigen Benutzung der drei Stilarten und ihrer meisterhaften
Behandlung durch Demosthenes zurückzuführen, und so finden wir
denn auch in der That theils den Begriff der δεινότης, theils den
Hinweis auf Demosthenes bei Cornificius und Cicero, die für uns
die ältesten Zeugen sind, bei denen wir eine Erwähnung der drei
Stilarten antreffen. Es wird aber diese Annahme um so wahrscheinlicher, weil wir bei Dionys. de Isocr. iud. c. 3 T. V p. 278
ein bestimmtes Zeugniss dafür haben, dass bereits Theophrast die
Charaktere der Stilarten durch die Wahl der Worte, durch ihre
Composition und die dabei ersichtliche Anwendung der Figuren
bedingt sein liess. Diese Ansicht aber hängt mit dem Begriff der
δεινότης aufs innigste zusammen.

Nach Cornif. IV, 8, 11 giebt es nun drei *genera verborum —
figurae* genannt — *in quibus omnis oratio non vitiosa consumitur:
unam gravem, alteram mediocrem, tertiam extenuatam vocamus. gravis est, quae constat ex verborum gravium levi et ornata
constructione; mediocris est, quae constat ex humiliore neque tamen
ex infima et pervulgatissima verborum dignitate; attenuata est, quae
demissa est usque ad usitatissimam puri consuetudinem sermonis.*
Für alle drei Arten lässt er längere Beispiele folgen, ebenso wie
für die drei fehlerhaften Ausartungen des Stils, in welche man
durch Uebertreibung geräth. Durch sie wird nämlich die *gravis
figura* zur *sufflata*, das *mediocre genus orationis* zum *dissolutum, quod est sine nervis et articulis*, das *extenuatum* endlich zum
exile, aridum et exangue genus orationis. In jeder Rede müssen
die drei Stilarten miteinander abwechseln. Nach der Beschaffenheit der Theile zunächst. Dies erhellt aus Cic. orat. 21, 69, wo
sich dieselbe Dreitheilung nur mit anderen Namen und zugleich
mit der Angabe ihrer Bestimmung findet: *quot officia oratoris* (s.
oben S. 19), *tot sunt genera dicendi: subtile in probando, modicum
in delectando, vehemens in flectendo, in quo uno vis omnis oratoris
est: magni igitur iudicii, summae etiam facultatis esse debebit moderator ille et quasi temperator huius tripertitae varietatis: nam et
iudicabit, quid cuique opus sit, et poterit, quocunque modo postulabit*

causa, dicere. Vgl. 5, 20. de orat. III, 52, 199. 55, 212, wo auch der Ausdruck *figura* vorkömmt, der sicherlich auch hier dem Griechischen σχῆμα entsprechen soll. Die richtige Vereinigung dieser drei Stilarten und eine gleichmässige Meisterschaft in ihrer Behandlung bewunderte Cicero am Demosthenes. Bei Quint. XII, 10, 58 finden wir das *genus subtile*, ἰσχνόν, das *genus grande atque robustum*, ἁδρόν, das *medium* oder *floridum*, ἀνθηρόν. Das erste sei mehr zum belehren, das zweite zum bewegen, das dritte zum ergetzen oder zum gewinnen der Zuhörer geeignet. Beim lehren komme es auf Scharfsinn, beim gewinnen auf Milde *(lenitas)*, beim bewegen auf Nachdruck und Kraft an. Allein es lassen sich zwischen diesen drei Hauptarten der Darstellung auch noch gewisse Spielarten unterscheiden. Von allen hat der Redner Gebrauch zu machen, je nach der Sache, die er behandelt, und in ihren Theilen, und immer mit dem nöthigen Maass, um nicht in Uebertreibungen zu verfallen. Genauere Kennzeichen zur Unterscheidung der Arten oder gar der Spielarten von einander werden von Quintilian nicht angegeben.

Der geläufigen Dreitheilung begegnen wir unter den lateinischen Rhetoren auch noch bei Fortunatian und Julius Victor. Nach ersterem p. 125 giebt es drei *genera orationis* hinsichtlich der ποσότης*), nämlich ἁδρόν, *amplum, sublime*, ἰσχνόν *tenue, subtile*, μέσον, *mediocre, moderatum*. Das ἁδρόν zerfällt wieder in αὐστηρόν und ἀνθηρόν (bei Quintilian war das ἀνθηρόν identisch mit dem μέσον). Ihm gegenüber steht das *tumidum* und *inflatum*, dem ἰσχνόν gegenüber das *aridum* und *siccum*, dem μέσον das *tepidum ac dissolutum ac velut enerve*. Das ἰσχνόν ist auch nicht *uniforme*, sondern *aut severius aut floridius*, ebenso das μέσον *aut severum aut laetum*. Jul. Vict. p. 438, der seine Weisheit im einzelnen aus Ciceros Orator schöpfte, nennt als drei *genera elocutionis, vehemens quod Graeci* βαρύ, *tenue quod Graeci* ἰσχνόν, *medium quod Graeci* μέσον *vocant*. Als Beispiele für das *genus tenue* wird angeführt Ciceros Rede pro Ligario, für das *medium* — de imperio Cn. Pompei, für das *vehemens* die Reden pro Cornelio maiestatis, in Verrem und pro Cluentio. Der Vollständigkeit wegen sei gleich hier bemerkt, dass bei den Griechen

---

*) ebenso drei genera ποιότητος: δραματικόν, διηγηματικόν, μικτόν — und drei genera πηλικότητος: μακρόν, βραχύ, μέσον. Wegen des letzteren vgl. man Aristid. p. 502, 20.

die drei Stilarten als χαρακτῆρες τῶν λόγων, τὰ καλούμενα πλάσματα erwähnt werden von Ps. Plut. de vit. Hom. c. 72, als εἴδη συνθέσεως von Plutarch im Darmstädter Scholion zur Epit. Dion. de comp. verb. §. 21*), als χαρακτῆρες φραστικοί von dem bereits erwähnten Marcellinus, der auch statt ἁδρόν die Bezeichnung ὑψηλόν giebt**).

Von dem, was er das *genus subtile*, also das ἰσχνόν nennt, giebt nun Cicero orat. 23, 76 eine sehr ausführliche und anschauliche Schilderung. Er versteht darunter im allgemeinen eine künstlerische Nachahmung der gewöhnlichen Umgangssprache, so dass der gewöhnliche Zuhörer glaubt, er könne erforderlichenfalls ebenso sprechen, worin er sich freilich sehr täuscht. Deshalb hat sich der orator subtilis frei zu halten von der strengeren Rücksichtnahme auf den Rhythmus, sowie eine künstliche Wort- und Satzfügung; er braucht den Hiat nicht zu vermeiden und sein Periodenbau braucht nicht nach rhythmischen Gesetzen geregelt zu sein, womit nicht gesagt ist, dass er den Rhythmus gänzlich zu vernachlässigen hätte. Der Ausdruck muss rein, deutlich und angemessen sein, die verschiedenen Arten des Redeschmuckes dürfen nur vorsichtig angewendet werden, der orator subtilis hat sich also aller Neuerungen in Bezug auf Bildung und Gebrauch der Wörter zu enthalten. Von den Tropen darf er also nur die Metapher, doch auch von dieser nur das einfachste und bereits im Munde des Volkes befindliche gebrauchen. Von den Figuren hat er das ganze Gebiet der Paronomasie, sowie die nachdrucksvolleren Arten der Anaphora, desgleichen die Prosopopoeie und die Figur des συναθροισμός zu vermeiden. Dafür ist für diese Art der Rede eine häufige Anwendung kurzer und bündiger Sentenzen, so-

---
*) S. Leben des Plutarch Vorr. p. XIV.

**) Allgemein bezeichneten die Griechen als Vertreter der drei Stilarten unter den Historikern den Thucydides als Vertreter des χαρακτήρ ὑψηλός, den Herodot als Vertreter des χ. μέσος, den Xenophon als Vertreter des χ. ἰσχνός, s. Marcell. c. 41, wo es von der Compositionsweise des Thucydides im weiteren heisst: διά γ' οὖν τὸ ὑψηλὸν ὁ Θουκυδίδης καὶ ποιητικαῖς πολλάκις ἐχρήσατο λέξεσι καὶ μεταφοραῖς τισιν. ferner c. 50: ἔχει δὲ χαρακτῆρα ὑπέρσεμνον καὶ μέγαν. τὸ δὲ τῆς συνθέσεως τραχύτητος ὂν μεστὸν καὶ ἐμβριθὲς καὶ ὑπερβατικόν, ἐνίοτε δὲ καὶ ἀσαφές κτλ. — Eigenthümlich Macrob. Sat. V, 1: *quattuor sunt genera dicendi: copiosum, in quo Cicero dominatur: breve in quo Sallustius regnat: siccum, quod Frontoni adscribitur: pingue et floridum, in quo Plinius Secundus quondam, et nunc nullo veterum minor noster Symmachus luxuriatur.*

wie eine gewisse humoristische Färbung des Ausdrucks charakteristisch, auch eine sorgfältig gewählte, weder scurrile noch beissende und stets decente Art des Wortwitzes. Ausserdem muss der Vortrag des orator subtilis, seine actio, durchaus natürlich und massvoll sein. Alle diese von der Darstellung des orator subtilis gegebenen Kennzeichen passen nun vollständig auf die Darstellung des Lysias, der ja auch einstimmig im Alterthum als der klassische Vertreter des γένος μέσον betrachtet wurde*), nur dass er die Figur des συναθροισμός, ferner die ἰσόκωλα, ὁμοιοτέλευτα und antithetische Paronomasien im ganzen noch häufig genug hat, freilich ohne seiner Rede je den Eindruck des absichtlich gekünstelten oder affectirten zu geben, und es kann daher keinem Zweifel unterliegen, dass die Charakteristik des genus subtile, wie sie Cicero giebt, in ihrer ursprünglichen, Griechischen Quelle von Lysias abstrahirt war.

Der älteste Griechische Gewährsmann für die Lehre von den drei Stilarten ist gegenwärtig für uns Dionys von Halikarnass. Derselbe unterscheidet in der Schrift de adm. vi dic. in Demosthene als γενικώτατοι χαρακτῆρες oder τρία πλάσματα τῆς λέξεως (p. 207) den χαρακτὴρ ὑψηλός, ἰσχνός und μέσος. Der letztere gilt ihm als der beste. Der Vertreter des ersteren ist Thucydides mit einer λέξις ἐξηλλαγμένη, καὶ περιττὴ καὶ ἐγκατάσκευος καὶ τοῖς ἐπιθέτοις κόσμοις ἅπασι συμπεπληρωμένη (p. 146). Der Vertreter des zweiten ist Lysias. Er hat die λέξις λιτὴ καὶ ἀφελὴς καὶ δοκοῦσα κατασκευήν τε καὶ ἰσχὺν τὴν πρὸς ἰδιώτην ἔχειν λόγον καὶ ὁμοιότητα. Die Darstellung beider Autoren verhält sich zu einander wie der Grundton zu einer Octave, und dieser Vergleich wird näher dahin erklärt, dass Dionys sagt: ἡ μὲν γὰρ καταπλήξασθαι δύναται τὴν διάνοιαν· ἡ δὲ ἀνεῖναι καὶ μαλάξαι· καὶ εἰς πάθος ἐκείνη προαγαγεῖν, εἰς δ' ἦθος αὕτη καταστῆσαι κτλ. Als kunstmässigen Begründer des χαρακτὴρ μέσος bezeichnet Theophrast den Thrasymachus von Chalcedon. Als seine Hauptvertreter sind unter den Rednern Isokrates, unter den Philosophen Plato zu betrachten, nur dass letzterer mehr da zu bewundern ist, wo er seiner Darstellung den χαρακτὴρ ἰσχνός verleiht, während ihm die Durchführung der Erhabenheit der Rede

---

*) Man vgl. hierüber die lesenswerthe Abhandlung von Fr. Berbig, über das genus tenue des Redners Lysias, Progr. Cüstrin 1871, und dazu B. in Leutsch Philol. Anzeiger 1871 S. 252.

nach Dionys' Meinung weniger geglückt ist, und an dem Fehler dithyrambischer Ueberschwenglichkeit leidet. Demosthenes hat nun das eigenthümliche aller drei Stilarten vermischt und sich zu eigen gemacht. In ihrer bunten Mannichfaltigkeit vergleicht er seine Darstellung dem Proteus. Seine δεινότης besteht eben darin, dass er sich der verschiedenen Stilarten jedesmal dann bedient, wenn sie am Platze sind und der vorliegenden Sache entsprechen. Thucydideischen Charakter der Rede findet Dionys im Prooemium der dritten Philippischen Rede: den Charakter des Lysias in der Erzählung der Rede gegen Konon: den des Isokrates endlich, aber freilich in höherer Vollendung, mit grösserer Kraft und Gedrungenheit und frei von dem pedantischen Streben nach Wohlklang und gefälliger Rundung, in der Rede vom Kranze. Diese mittlere Schreibart wird übrigens von Dionys als die für die praktische Beredsamkeit in der Volksversammlung und vor Gericht geeignetste gehalten. Sie stösst die Ungebildeten unter den gemischten Zuhörern nicht durch fremdartige ungewohnte Schwierigkeit ab, ebensowenig ermüdet sie die Gebildeten durch scheinbare Trivialität und Alltäglichkeit.

Entsprechend den drei Stilarten unterscheidet nun Dionys im weiteren auch eine dreifache Art der Composition, die ἁρμονία αὐστηρὰ καὶ φιλάρχαια καὶ σεμνὴ καὶ φεύγουσα ἅπαν τὸ κομψόν — zweitens die ἁρμονία γλαφυρὰ καὶ λιγυρὰ καὶ θεατρική, καὶ πολὺ τὸ κομψὸν καὶ αἱμύλον ἐπιφαίνουσα, ἣ πανηγύρεις τε κηλοῦνται καὶ ὁ συμφορητὸς ὄχλος, und drittens die aus dem besten beider gemischte. Auch dies sind die συνθέσεως σπουδαίας χαρακτῆρες γενικώτατοι, neben denen noch vielerlei Spielarten im einzelnen möglich sind (p. 211).

Die αὐστηρὰ ἁρμονία verlangt grosse Wörter mit langen Silben, die schwer und gemessen uns entgegentreten, daher liebt sie auch den Hiat, durch welchen wir bei der Aussprache unwillkürlich genöthigt werden eine kleine Pause zu machen, ferner harte Consonantverbindungen; dem entsprechend beim Bau der Kola kräftige und männliche Rhythmen, würdevolle Figuren. Die Perioden selbst müssen einfach und kunstlos sein. Ferner verschmäht diese Harmonie den häufigen Gebrauch der Conjunctionen und Artikelformen, vermeidet die öftere Wiederholung desselben Casus, neigt zur Anakoluthie im Satzgefüge und liebt es, die einzelnen Glieder in ungewöhnlicher Weise zu verbinden. Als Vertreter dieser rauhen Harmonie gelten dem Dionys Aeschylus und

Pindar — etwa mit Ausnahme seiner Parthenien — unter den Prosaschriftstellern Thucydides (c. 38. 39 p. 212 ff.)

Die weiche, liebliche Harmonie dagegen verlangt glatte, weiche Wörter und strebt bei ihrer Verbindung und Anwendung vor allem nach gefälligem Wortklang. Sie vermeidet den Hiat mit äusserster Sorgfalt, desgleichen die Häufung rauher, harter Consonanten und verlangt eine sorgfältige Abrundung der Perioden — wie sie denn überhaupt nur in Perioden spricht — mit gefälligen Rhythmen und wählt unter den Figuren solche, die leicht ins Ohr fallen, also Parisosis, Paromoiosis, Antithesen, Paronomasien und ähnliches. Als Vertreter dieser Harmonie werden unter den Dichtern Hesiod, Sappho und Anakreon genannt, unter den Prosaikern Isokrates und seine Schüler (c. 40 p. 216 ff.)

Die dritte Harmonie, welche die Vorzüge der beiden genannten, also Anmuth und Erhabenheit, zu verbinden und zu vermischen weiss durch ihre rechtzeitige Anwendung am geeigneten Ort, hat daher keine charakteristische Eigenthümlichkeit. Ihr Hauptvertreter unter den Dichtern ist Homer, unter den Geschichtschreibern Herodot, unter den Philosophen Plato, unter den Rednern Demosthenes, der sich in der Anwendung der Composition in geschickter Weise nach den jedesmaligen Anforderungen des Gegenstandes gerichtet hat, wiederum auch bei den Theilen der Rede verschieden verfährt, indem er in den Prooemien und der Erzählung dem lieblichen vor dem erhabenen den Vorrang gewährt, in den Beweisen und Epilogen dagegen die rauhe Composition überwiegen lässt. So lässt sich auch ein Unterschied zwischen seinen berathenden und gerichtlichen Reden, und bei letzteren wieder zwischen den öffentlichen und privaten nicht verkennen. Ja selbst die Composition von Sentenzen, Enthymemen und Beispielen zeigt in dieser Hinsicht charakteristische Unterschiede.

Es ist auffallend, dass die von Dionys entwickelten Ansichten über die dreifache Art der Composition zu der von ihm vorgetragenen Lehre über die Stilarten nicht recht passen. Warum soll denn nicht auch der $\chi\alpha\varrho\alpha\kappa\tau\acute{\eta}\varrho$ $\mathit{l}\sigma\chi\nu\acute{o}\varsigma$ seine eigne Composition haben, oder sollen sich etwa der $\chi\alpha\varrho\alpha\kappa\tau\acute{\eta}\varrho$ $\mu\acute{e}\sigma o\varsigma$ und $\mathit{l}\sigma\chi\nu\acute{o}\varsigma$ beide in die $\dot{\alpha}\varrho\mu o\nu\acute{\iota}\alpha$ $\gamma\lambda\alpha\varphi\nu\varrho\acute{\alpha}$ theilen? Theophrast hatte ja doch gelehrt, dass der Charakter jeder Stilart durch die verschiedene Art der Worte, Composition und Figuren bedingt sei. Und warum soll sich andrerseits die $\delta\varepsilon\iota\nu\acute{o}\tau\eta\varsigma$ nicht auch nach dieser Seite in der richtigen Anwendung der eigenthümlichen Compositionsart aller drei χαρακτῆρες zeigen? Aber auf diese Fragen bekommen wir weder in der Schrift über die rednerische Kraft des Demosthenes, noch in der Schrift über die Composition Antwort. Denn auch hier werden in c. 21 drei Hauptarten der Composition unterschieden, die αὐστηρά, γλαφυρὰ ἢ ἀνθηρά und die κοινή d. h. die aus beiden gemischte und zwischen ihnen in der Mitte stehende (c. 21. 24). Ihre Charakteristik wird dann im einzelnen viel ausführlicher gegeben, läuft aber in der Hauptsache auf das oben mitgetheilte hinaus. Als Hauptvertreter der αὐστηρὰ ἁρμονία werden unter den Dichtern Antimachus, Empedokles, Pindar, Aeschylus, unter den Historikern Thucydides, unter den Rednern Antiphon genannt. Als Vertreter der γλαφυρὰ καὶ ἀνθηρὰ σύνθεσις gelten Hesiod, Sappho, Anakreon, Simonides, Euripides, unter den Geschichtschreibern ist kein recht passender Vertreter zu finden, am meisten noch Ephoros und Theopomp, unter den Rednern Isokrates. Die κοινὴ ἁρμονία endlich hat ihre Hauptvertreter an Homer, Stesichoros, Alcaeos, Sophokles, Herodot, Demosthenes, unter den Philosophen an Demokrit, Plato und Aristoteles. Von den drei χαρακτῆρες τῆς λέξεως und der δεινότης ist in dieser Schrift gar nicht die Rede. Es tritt eben in der Lehre des Dionys ein von ihm selbst nicht bemerkter innerer Widerspruch zu Tage, der vielleicht darin seinen Grund hat, dass die Charakteristik der Stilarten und der Harmonien verschiedenen Quellen entlehnt ist. Wenn aber anzunehmen ist, dass Theophrast die drei Stilarten bereits vorfand, und sie durch Aufstellung des Begriffs der δεινότης erweiterte, so möchte wohl auch die Lehre von den drei Harmonien als über ihn hinausgehend anzusehen sein. Sie lässt sich mit der Lehre von den drei Stilarten dann vereinigen, wenn man die ἁρμονία μέση dem χαρακτῆρι ἰσχνός beilegt, für die δεινότης aber eine ἁρμονία κοινή aufstellt, als die durch die Umstände bedingte Benutzung aller drei Harmonien. Ob aber eine derartige Vermuthung das richtige trifft, erscheint bei der mangelhaften Ueberlieferung über diesen Punkt fraglich, um so mehr als Dionys den Ausdruck ἁρμονία κοινή selbst gebildet haben will.

Uebrigens sehen wir deutlich, dass die Umbildung der vermuthlich Isokrateischen Stillehre eine sachgemässe und nothwendige war. Passte die ursprüngliche Dreitheilung schon nicht mehr, seitdem Demosthenes seine Vorgänger als Redner überflügelt hatte und musste sie demgemäss durch Aufstellung des Begriffs der *δεινότης* erweitert werden, so zeigte sich weiter, je mehr man die klassische Litteratur studirte, und sich beim Herannahen der Alexandrinischen Periode in der eignen Production von ihr entfernte, dass ein bloses Beschränken auf die rednerische Prosa einseitig sei, und ein tieferes, gründlicheres Erfassen der Stilverschiedenheit selbst auf diesem Gebiet erschwere. Auch andre Prosaiker, wie die Historiker und Philosophen, wollten berücksichtigt sein, und wesbalb sollte man die Dichter von der Betrachtung ausschliessen, deren Kunst sich doch vielfach mit der prosaischen berührte, mindestens zahlreiche Analogien zu ihr darbot? Man war hier überhaupt auf einem Punkte angelangt, der mit der eigentlichen rhetorischen Technik nur noch lose zusammenhing. So haben wir denn einen solchen ästhetisch reicheren Standpunkt der Betrachtung auch bei Demetrius, dessen Schrift *περὶ ἑρμηνείας* aller Wahrscheinlichkeit nach in der Zeit zwischen Dionys und Hermogenes verfasst ist. Obgleich dieser Rhetor vielfach und sehr sorgfältig den Theophrast berücksichtigt hat, so giebt er doch eine sehr bemerkenswerthe, selbständige Umbildung und Erweiterung von dessen Stillehre, womit übrigens keineswegs gesagt sein soll, dass das neue, was seine Schrift enthält, auch von ihm selbst herrühren müsste.

Nach Demetrius §. 36 ff. giebt es nicht drei, sondern vier *χαρακτῆρες* der Darstellung, den *ἰσχνός*, *μεγαλοπρεπής*, *γλαφυρός*, *δεινός*. Die *δεινότης* ist also hier nicht die rechtzeitige Verwendung der drei andern Stilarten, sondern eine besondere Stilart für sich. Diese vier *χαρακτῆρες* können auch mit einander vermischt werden, der *γλαφυρός* mit dem *ἰσχνός* und *μεγαλοπρεπής*, ebenso der *δεινός* mit beiden, nie aber der *μεγαλοπρεπής* mit dem *ἰσχνός*. Hierin sowohl, als in dem, was über die verschiedenen Charaktere im einzelnen gesagt wird, lassen sich unschwer die Keime der späteren Ideenlehre des Hermogenes erkennen. Gegen die Ansicht einiger Rhetoren, welche blos den *μεγαλοπρεπής* und *ἰσχνός* als Charaktere aufstellten, die beiden anderen aber als Mischarten betrachteten, von denen der *γλαφυρός* sich mehr mit dem *ἰσχνός*, der *δεινός* mit dem *μεγαλοπρεπής* berührt, wird ausdrücklich polemisirt. Vielmehr finde man mit Ausnahme des *μεγαλοπρεπής* und *ἰσχνός* alle Charaktere unter einander gemischt. Die Homerischen Gedichte, Platos Dialoge, die Schriften Xenophons, Herodots und vieler andrer, zeigten ebenso gut *μεγαλοπρέπεια*, als *δεινότης* und *χάρις* mit einander vereint. — Der *χαρακτὴρ μεγαλοπρεπής* hiess später (d. h. im Zeitalter der Antonine) auch λόγιος*). Er besteht in dreierlei, dem Gedanken oder dem Inhalt, der schon an sich durch den Gegenstand, den er behandelt, erhaben sein kann, dem Ausdruck und der Composition. Zur σύνθεσις μεγαλοπρεπής gehört paeonischer Rhythmus zu Ende und Anfang der Kola. An den Anfangspaeon muss sich das andere entsprechend anschliessen. Beispiel aus Thucyd. II, 48: ἤρξατο δὲ τὸ κακὸν ἐξ Αἰθιοπίας. Lassen sich nicht reine Paeonen anbringen, dann wenigstens Paeonen-ähnliches. Auch die Länge der Kola und die ausgedehnte Rundung der Perioden, die περιαγωγή, z. B. Thuc. II, 102, 2 ὁ γὰρ Ἀχελῷος κτλ., bewirkt μεγαλοπρέπεια. Vor Dysphonie (den sogenannten freni oder δυσπρόφορα), vor Hiat und harten Worten hat sie sich nicht zu scheuen, ja der Hiat ist ihr sogar zu empfehlen (s. oben S. 437), namentlich der Zusammenstoss derselben langen Vocale und Diphthongen. Ferner wird die Rede μεγαλοπρεπής durch den häufigen Gebrauch der Conjunctionen, durch gewisse Figuren, wie die grammatische Anthypallage**), die rhetorische Epanaphora, Anadiplosis, die aber nicht allzu sehr gehäuft werden dürfen. Den Ausdruck anlangend, muss man Metaphern brauchen, auch kurze Gleichnisse, kräftige aber nicht auffallende Composita, ὀνόματα πεποιημένα, überhaupt ihm eine mässig poetische Färbung geben, die Allegorie anwenden, doch nicht zu viel, damit die Rede nicht dunkel und räthselhaft wird, desgleichen Epiphoneme. §. 38—114. Als Muster dieses erhabenen, grandiosen Stils wird Thucydides betrachtet. — Dem χαρακτὴρ μεγαλοπρεπής steht gegenüber der χαρακτὴρ ψυχρός. Das ψυχρόν wird nach Theophrast definirt als τὸ ὑπερβάλλον τὴν οἰκείαν ἀπαγγελίαν, οἷον 'ἀπενδάκωτος οὐ τραπεζοῦσαν κύλιξ' ἀντὶ τοῦ ἀπύθμενος ἐπὶ τραπέζης κύλιξ οὐ τίθεται. τὸ γὰρ πρᾶγμα σμικρὸν ὂν οὐ δέχεται ὄγκον τοσοῦτον λέξεως. Man vergleiche dazu die Schrift de sublimitate c. 4. 5. und was daselbst an der Darstellungsweise des Timaeus getadelt wird. Besonders ist es ein Haschen nach geistreichen Einfällen, das zu unpassenden Vergleichen und spielendem Tändeln verführt, (überhaupt das Herausputzen des Unbedeutenden mit

---

*) Nach Phrynichus p. 198 ist λόγιος Vulgärausdruck ἐπὶ τοῦ δεινοῦ εἰπεῖν καὶ ὑψηλοῦ. Hier haben wir gleich eine Annäherung von δεινότης und ὕψος d. i. μεγαλοπρέπεια.

**) Hom. Od. μ 73: οἱ δὲ δύω σκόπελοι ὁ μὲν οὐρανὸν εὐρὺν ἱκάνει. Das berührt schon das Gebiet des σολοικοφανές, als sogenannter Nom. absolutus. Ähnlich Eur. Iph. Taur. 680. 919.

ungehörigem, prahlerischem Flitter, Dem. §. 119) was den Vorwurf der ψυχρότης verdient. So wenn Timaeus zum Lobe Alexander des Grossen sagte, er habe zur Eroberung von ganz Asien nicht so viel Jahre gebraucht, als Isokrates um seinen Panegyrikos über den Perserkrieg zu schreiben; oder wenn er die Schilderung der unglücklichen Sicilischen Expedition mit dem seltsamen Epiphonem beschloss, die Athener hätten ihren Frevel an Hermes zu büssen gehabt, namentlich wegen eines Mannes, der väterlicherseits von dem beleidigten Gotte abstammte, Hermokrates Hermons Sohn. Aber selbst Xenophon, der hier als Verfasser der Schrift über die Staatsverfassung der Lacedaemonier gilt, schreibt c. 3, 5: *ἐκείνων γοῦν ἧττον μὲν ἂν φωνὴν ἀκούσαις ἢ τῶν λιθίνων, ἧττον δ' ἂν ὄμματα στρέψαις ἢ τῶν χαλκῶν, αἰδημονεστέρους δ' ἂν αὐτοὺς ἡγήσαιο καὶ αὐτῶν τῶν ἐν τοῖς ὀφθαλμοῖς παρθένων**). Das übertreibt Timaeus noch, wenn er von Agathokles sagt: *τὴν ἀνεψιὰν ἑτέρῳ δεδομένην ἐκ τῶν ἀνακαλυπτηρίων ἁρπάσαντα ἀπελθεῖν ὁ τίς ἂν ἐποίησεν ἐν ὀφθαλμοῖς κόρας, μὴ πόρνας ἔχων.* Auch der göttliche Plato sagt einmal de legg. V, p. 741 C, wo er von Schreibtafeln spricht: *ἐν τοῖς ἱεροῖς θήσουσι κυπαριττίνας μνήμας* und an einer andern Stelle VI p. 778 D: *περὶ δὲ τειχῶν, ὦ Μέγιλλε, ἐγὼ ξυμφεροίμην ἂν τῇ Σπάρτῃ τὸ καθεύδειν ἐᾶν ἐν τῇ γῇ κατακείμενα τὰ τείχη, καὶ μὴ ἐπανίστασθαι.* Etwas ähnliches ist es, wenn Herodot V, 18 schöne Frauen *ἀλγηδόνας ὀφθαλμῶν* nennt. Allerdings wird dies gewissermassen dadurch entschuldigt, dass es trunkene Barbaren sind, welche dies sagen, aber *οὐδ' ἐκ τοιούτων προσώπων διὰ μικροψυχίαν καλὸν ἀσχημονεῖν πρὸς τὸν αἰῶνα.* — Auch das ψυχρόν zeigt sich nach Demetrius in den Gedanken, im Ausdruck und in der Composition. Bei Gedanken in übertriebenen, unmöglichen Hyperbeln, wie bei jenem, der vom Cyklopen sagte, als er den Stein auf das Schiff des Odysseus schleuderte: *φερομένου τοῦ λίθου αἶγες ἐνέμοντο ἐν* (l. *ἐπ'*) *αὐτῷ.* Beim Ausdruck im Gebrauch überflüssiger, nichtssagender Epitheta, glossematischer, unverständlicher Ausdrücke, auffallender schwülstiger Composita, fehlerhafter Metaphern. Hier schöpfte Demetrius aus Arist. Rhet. III, 3 p. 127. Bei der Composition im unrhythmischen, wie etwa wenn lauter lange Silben hintereinander gesetzt sind, oder wenn Verse vorkommen. §. 114—127.

---

*) In unseren Ausgaben steht gegenwärtig *τῶν ἐν τοῖς θαλάμοις παρθένων.*

Der χαρακτὴρ γλαφυρός ist anmuthig und lieblich. Anmuthig kann schon der Inhalt an sich sein. Aber sein Reiz kann noch erhöht werden durch die Anmuth des Ausdrucks. Man erreicht ihn durch leichten, harmlosen Witz, eine' gewisse Kürze, durch überraschende Stellung bedeutsamer Wörter am Ende der Sätze, durch Anwendung der Anadiplosis, Anaphora und ähnlicher Figuren, durch Anwendung von Sprichwörtern, Fabeln, Gleichnissen, Hyperbeln, durch absichtliche Auswahl schöner Wörter (Theophrast in §. 173: κάλλος ὀνόματός ἐστι τὸ πρὸς τὴν ἀκοὴν ἢ πρὸς τὴν ὄψιν ἡδύ, ἢ τὸ τῇ διανοίᾳ ἔντιμον), der sogenannten λεῖα ὀνόματα, die entweder ganz oder überwiegend aus Vokalen bestehen. In der Composition ist ein leichter Anklang an das metrische am Platze. §. 128—185. Als Muster des anmuthigen Stils wird von Demetrius namentlich Sappho betrachtet. Unter den Prosaikern wird besonders Xenophon zum Beleg der Theorie herangezogen. Da, wo er von der Composition spricht, verweist er auf die Peripatetiker, auf Plato, Xenophon und Herodot, auch auf Demosthenes in manchen Partien. Ein durchgängiges Streben nach dem γλαφυρόν, wenigstens im rhythmischen Bau der Perioden, sowie im Gebrauch der Figuren tritt deutlich bei Isokrates hervor, vgl. Dionys. de Isocr. iud. c. 13. — Dem χαρακτὴρ γλαφυρός liegt gegenüber das κακόζηλον, das manirirte, schwülstige und alberne, s. oben S. 344. In der Composition ist besonders fehlerhaft das Hervortreten des anapästischen Rhythmus, §. 186—189.

Der ἰσχνός χαρακτὴρ beruht weniger auf dem Inhalt als auf dem Ausdruck. Immerhin kann ein Gegenstand von geringer Bedeutung der Ausprägung dieses Charakters förderlich sein, wie etwa in der Erzählung von Lysias or. I §. 9: οἰκίδιον ἔστι μοι διπλοῦν ἴσα ἔχον τὰ ἄνω τοῖς κάτω κτλ. Beim Ausdruck ist es ihm vor allem um Deutlichkeit und Einfachheit zu thun. Deshalb nimmt er sich die gewöhnliche Umgangssprache zur Richtschnur. Er vermeidet daher auffallende Composita, die sogenannten διπλᾶ ὀνόματα (Arist. Rhet. III, 3), ferner die ὀνόματα πεποιημένα, den Mangel an Verbindung, alles zweideutige; er liebt die Epanalepsis der Partikeln bei längeren Satzgefügen, sagt gern eine Sache, um sie deutlicher zu machen, zweimal, vermeidet abhängige Constructionen, bedient sich der natürlichen Ordnung der Wörter, einfacher, nicht zu langer Perioden, vermeidet lange Kola, den Zusammenstoss langer Vocale und Diphthongen, die σχήματα σημειώδη, d. h. die auffallenden und seltnern Figuren. Es kommt diesem Charakter auf ἐνάργεια und πιθανότης an, also auf Deutlichkeit und Genauigkeit des Ausdrucks einerseits, der nichts zu viel sagt und nichts weglässt, auf Einfachheit des Ausdrucks andrerseits, jedoch mit Vermeidung aller umständlichen Breite, so dass die Rede überzeugt und den Ausdruck der Glaubwürdigkeit hervorbringt*). Dem ἰσχνὸς χαρακτήρ liegt als fehlerhaftes Gegenstück der ξηρός gegenüber, der sich gleichfalls im Gedanken, im Ausdruck und der Composition kund giebt. Im Gedanken, wie als Jemand vom Xerxes sagte, er zog nach Griechenland mit allen seinen Begleitern, μετὰ πάντων τῶν ἑαυτοῦ, statt zu sagen mit ganz Asien. Hier bleibt der kleinliche Gedanke hinter der Grösse des zu schildernden Gegenstandes zurück. Noch mehr wird sich dieser Fehler natürlich im Ausdruck selbst zeigen (vgl. das oben S. 242 über die ταπείνωσις gesagte). In der Composition zeigt sich das ξηρόν in der Häufung allzukleiner Kommata (bekanntlich machte Gaius Caesar dem rednerischen Stil des Seneca zum Vorwurf, er sei *arena sine calce*, ein Urtheil das vielfach verkehrterweise auf die uns erhaltenen Schriften des Philosophen bezogen wird), oder wenn zur Darstellung eines grossen Gegenstandes, abgebrochne, gleichsam verstümmelte Kola gebraucht werden. Das κακόζηλον im Gedanken und das ξηρόν in der Composition giebt die ξηροκοζηλία. §. 190—239.

Die δεινότης endlich liebt in der Composition Kommata statt der Kola, überhaupt nachdrückliche Kürze. Die Perioden müssen am Schlusse kräftig zusammengedrängt sein, mit kräftig markirtem Rhythmus, wie etwa am Schluss des ersten Satzes der Leptinea:

---

*) Demetrius berührt an dieser Stelle §. 223 auch den ἐπιστολικὸς χαρακτήρ, den Briefstil, der aus dem χαρακτὴρ ἰσχνός und χαρίεις gemischt sein muss. Der Briefstil hat mit dem Charakter des Dialogs vieles gemein, so das ethische, jeder Briefsteller will ja in einem Briefe gewissermassen ein Bild seiner Seele geben, aber er verlangt doch mehr Kunst, denn er soll ja für den Empfänger eine werthvolle Gabe sein. Lange Perioden sind für den Briefstil ebenso ungehörig, als ein abstruser, schwieriger Inhalt. — Man vergleiche damit ein Bruchstück aus den διαλέξεις des Philostratus, das früher mit unter seinen Briefen einen Platz hatte (p. 364 ed. Kays.), sowie den Brief des Gregor von Nazianz an Nikobulus (p. 51 Migne). Unbedeutend Isid. Pelus. V ep. 188 und Phot. ep. 207. Völlig werthlos sind die fälschlich dem Libanius oder gar dem Neuplatoniker Proklus beigelegten ἐπιστολιμαῖοι χαρακτῆρες, die aber möglicherweise einen Byzantinischen Grammatiker, Namens Proklus, zum Verfasser haben können. Kritische Recension derselben von H. Hinck in Jahns Jahrb. 1869 S. 537 ff.

ὡμολόγησα τούτοις, ὡς ἂν οἷός τε ὦ, συνερεῖν. Sie liebt in der Composition das gewaltige, vermeidet daher keineswegs immer das δύσφθεγγον, dagegen verschmäht sie Antithesen und Paromoia in den Perioden. Daher tadelt Demetrius die Demosthenische Stelle ἐτέλεις, ἐγὼ δ' ἐτελούμην· ἐδίδασκες, ἐγὼ δ' ἐφοίτων· ἐφριταγωνίστεις, ἐγὼ δ' ἐθεώμην· ἐξέπιπτες, ἐγὼ δὲ ἐσύριττον. Die hier zu Tage tretende Künstelei, meint er, lasse die Rede nicht zürnend, sondern spielend erscheinen. Ihre Perioden sind gedrängt, mit gewichtigem Schluss, dabei kurz, meist zweigliedrig. Diese Vorliebe für Kürze lässt die Figur der Aposiopese erwünscht erscheinen. Ja es kann mitunter Undeutlichkeit (Demetrius meint wohl den emphatischen Ausdruck, der mehr andeutet und zu errathen giebt, als er direct ausspricht), selbst Kakophonie zur δεινότης beitragen. Die Kola können mit Conjunctionen wie τέ und δέ schliessen, was sonst nicht für erlaubt gilt. Ein derber, schlagfertiger Witz steht dieser Stilart meist gut an. Unter den Figuren trägt nächst der Aposiopese die Paraleipsis zur δεινότης bei, die Prosopopoeie, deren Gebrauch dem Ausdruck dramatische Lebendigkeit verleiht, von den Wortfiguren die Anadiplosis, die Anaphora und deren Umkehr, besonders aber die διάλυσις d. h. die Weglassung der Conjunctionen, also das Asyndeton, endlich die Klimax. Was hinsichtlich der Wahl der Worte der Rede μεγαλοπρέπεια verleiht, das verleiht ihr auch δεινότης, also Metaphern, kurze Vergleiche (εἰκασίαι, wie bei Dem. de cor. 188: τοῦτο τὸ ψήφισμα τὸν τότε τῇ πόλει περιστάντα κίνδυνον παρελθεῖν ἐποίησεν ὥσπερ νέφος), aber nicht ausgeführte Gleichnisse (παραβολαί), die zu lang sein würden, bedeutungsvolle Composita, ein schlagender Ausdruck, d. h. möglichste Uebereinstimmung des gewählten Wortes mit der zu bezeichnenden Sache, hyperbolische Wendungen, Anwendung der Frageform mit ja oder nein, ohne darauf die Antwort folgen zu lassen (Dem. de cor. 71), der sogenannten ἐπιμονή, des Euphemismus, der Emphase, der Allegorie und Hyperbel, des λόγος ἐσχηματισμένος, ohne indes mit dieser Form des Ausdrucks, wie mit den genannten Tropen Misbrauch zu treiben. Der Hiat endlich wird nicht vermieden. — Das fehlerhafte Seitenstück zum χαρακτὴρ δεινός ist der χ. ἄχαρις, mit dem ψυχρός nahe verwandt. Er entsteht durch einen gewissen Cynismus des Ausdrucks, wenn schmutzige und hässliche Dinge in unverhüllter Nacktheit gesagt werden, durch gänzliche Vernachlässigung der Composition, völligen Mangel an Verbindung zwischen den Kolis, andrerseits durch das

Ermüden des Hörers durch lange, in monotoner Gleichmässigkeit gebaute Perioden, endlich durch das Fehlgreifen im Ausdruck. Für letzteres giebt Demetrius ein Beispiel aus Klitarch, der von einer Wespenart gesagt hat, κατανέμεται μὲν τὴν ὀρεινήν, εἰσπίπται δὲ εἰς τὰς κοιλὰς δρῦς, als ob er von einem wilden Ochsen oder dem Erymanthischen Eber reden wollte, und nicht von einer Art Biene.

§. 53.

Von den Ideen oder Grundformen des rednerischen Stils nach Hermogenes.

Eine eigenthümliche und zwar, wie wir dies von ihm wiederholt zu hören bekommen, selbständige Ausbildung erhielt die Lehre von den Stilarten durch Hermogenes. Seine Ansicht ist aber genau besehen nur die consequente Entwicklung dreier Gedanken, denen wir schon bei den früheren Rhetoren begegneten. Erstens, dass die Stilarten in der besagten Drei- oder Viertheilung keineswegs erschöpft sind, dass es mindestens noch mancherlei Nebenarten giebt, allerlei Uebergänge in mannichfaltiger Abstufung von einer Art zur anderen. Zweitens, dass dem vollendeten Redner die vollkommene Herrschaft über sämmtliche Stilarten zukommen müsse. Drittens, dass die einzelne Stilart in ihrer Eigenthümlichkeit gleichmässig durch Inhalt und Form, dann durch einen bestimmten Gebrauch von Figuren und eine besondere Composition bedingt werde. Den zweiten und dritten Gedanken haben wir bereits aus Theophrast nachgewiesen, den ersten aus Quintilian, der ihn natürlich auch aus älteren Quellen entlehnt hatte. Aus ihnen entwickelt nun Hermogenes seine Theorie von den Ideen und der δεινότης, die er uns mit ermüdender Weitschweifigkeit, aber nicht ohne Klarheit und Scharfsinn vorträgt. Seine Lehre läuft in der Hauptsache etwa auf folgendes hinaus.

Als vollendetes Muster rhetorischer Darstellung wird von Hermogenes die des Demosthenes betrachtet. In ihr sind alle Grundformen oder Ideen der Darstellung mit gleicher Meisterschaft und in der buntesten Mannichfaltigkeit behandelt, so dass jede zu rechter Zeit und am gehörigen Ort zu ihrem Rechte gelangt. Solcher Grundformen giebt es sieben: σαφήνεια, μέγεθος, κάλλος, γοργότης, ἦθος, ἀλήθεια, δεινότης (Hermog. p. 268. 274).

Dies also sind die Ideen der Darstellung*), die theils für sich bestehen, theils in Unterarten zerfallen, theils mit einander in Verbindung treten. Die Rede selbst aber, abgesehen von der Form, in welcher sie dargestellt wird, kömmt durch acht bestimmte Elemente zu Stande, denen allen die jedesmalige Idee ihr bestimmtes Gepräge aufdrückt, die aber auch umgekehrt zur Ausprägung der Idee von Wichtigkeit sind. Es besteht nämlich die Rede erstens aus einem oder mehreren Gedanken, zweitens aus der Methode, d. h. der Ausführung des Gedankens (μέθοδός ἐστι τρόπος ἐπιστημονικὸς τοῦ πῶς δεῖ τὰ νοήματα ἐξάγειν), drittens dem an beides sich anschliessenden Ausdruck, der λέξις. An den Ausdruck schliesst sich ferner an die Figur, die Gestaltung der Kola, die Composition und der Schluss (ἀνάπαυσις, clausula), welche beide zusammen den Rhythmus geben, der aber noch ausserdem etwas für sich bestehendes ist. Je nach den verschiedenen Ideen sind diese Elemente von verschiedener Wichtigkeit. Im Ganzen kömmt es zunächst auf den Gedanken, dann auf den Ausdruck, demnächst auf die Wortfigur, dann erst auf die Sinnfigur, welche die Methode ausmacht, an. Bei der δεινότης freilich ist gerade die Sinnfigur von entschiedenster Wichtigkeit. Zuletzt kömmt Composition und Schluss (p. 272).

Die erste Idee ist die σαφήνεια d. h. die Deutlichkeit der Darstellung. Sie kömmt zu Stande durch εὐκρίνεια, Klarheit (Uebersichtlichkeit) und καθαρότης, Reinheit. Rein ist der Gedanke, wenn er an sich allgemein verständlich ist. Die Methode besteht in der einfachen Mittheilung des thatsächlichen ohne Herbeiziehung von Beiwerk. Die περιστατικά (S. 140.) sind ausgeschlossen. Der Ausdruck verlangt gemeinverständliche Wörter mit Vermeidung der Tropen und der Wörter, die an sich hart sind. Die Figur ist die ὀρθότης, d. h. man erzählt im Nominativ und

---

*) Von ἰδέαι τοῦ λόγου hatte schon Isokrates gesprochen. Er versteht darunter die Art der rednerischen Darstellung oder Behandlung eines Gegenstandes, die eine verschiedene sein kann. or. IV, 7: εἰ μὲν μηδαμῶς ἄλλως οἷόν τ' ἦν δηλοῦν τὰς αὐτὰς πράξεις ἀλλ' ἢ διὰ μιᾶς ἰδέας, εἶχεν ἄν τις ὑπολαβεῖν, ὡς περίεργόν ἐστι τὸν αὐτὸν τρόπον ἐκείνοις λέγοντα πάλιν ἐνοχλεῖν τοῖς ἀκούουσιν. Aehnlich X, 11. XIII, 16. Im Panath. §. 2 ist ἰδέα soviel als σχῆμα. — Auch Dionys spricht von ἰδέαι τῶν λόγων, de Lys. iud. 1 p. 238, sowie in der Schrift über Demosthenes, und zwar sind sie ihm hier identisch mit dem was er χαρακτῆρες τοῦ λόγου nennt. So ziemlich dasselbe wie Hermogenes hat schon Plutarch unter den Ideen der Rede verstanden, vgl. Cat. mai. c. 7.

nicht in abhängiger Participialconstruction. Das Hyperbaton ist durchaus unzulässig. Die Kola müssen klein, kommatisch und in sich abgeschlossenen Sinnes sein. Die Composition ist einfach, ohne sich um Vermeidung des Hiats zu kümmern. Der Rhythmus muss iambisch oder trochaeisch sein — diese Rhythmen haben am meisten Verwandtschaft mit der gewöhnlichen Rede — zunächst am Anfange der Kola, im weiteren Verlaufe müssen sie zahlreicher vorhanden sein als Daktylen und Anapästen, am Schluss müssen sie wieder hervortreten, mit oder ohne Katalexis. — Der $καθαρότης$ kömmt die $εὐκρίνεια$ zu Hülfe. Sie besteht überwiegend in der Methode, die Dinge in der natürlichen Reihenfolge mitzutheilen, daher auch die Einwürfe eher zu bringen als deren Lösung. Klar sind alle Gedanken, welche einen Uebergang zum folgenden bilden und dasselbe gleichsam einleiten (Partitionen, Propositionen, Transitionen, für welche letztere Hermog. p. 283 und Arist. p. 484 den Ausdruck $συμπλήρωσις$ haben), daher auch Eintheilung und Aufzählung als Figuren der Uebersichtlichkeit bezeichnet werden. Zu ihnen gehören ferner Fragen, die der Redende an sich selbst richtet und dann beantwortet, auch kurze Recapitulationen und Zurückbeziehungen auf das gesagte ($ἐπαναλήψεις$ vgl. Ernesti Lex. tech. Gr. p. 117). Das Gegentheil der $σαφήνεια$ ist $ἀσάφεια$, ihre fehlerhafte Ausführung führt zum $εὐτελές$ (oben S. 105) und $ταπεινόν$. Das Gegentheil der $εὐκρίνεια$ ist die $σύγχυσις$ (oben S. 340).

Um die fehlerhafte Ausartung zu vermeiden, muss eine gewisse Grösse und Würde dazukommen. So schreitet denn Hermogenes zur Betrachtung der zweiten Idee, des $μέγεθος$, synonym mit $ὄγκος$*) und $ἀξίωμα$. Es zerfällt ihm in die Unterarten der $σεμνότης, περιβολή, τραχύτης, λαμπρότης, ἀκμή$ und $σφοδρότης$, die mit der $τραχύτης$ nicht durchaus identisch sind. Davon können die beiden zuerst genannten für sich bestehen, die übrigen berühren sich mehr oder minder gegenseitig. Zuerst also $σεμνότης$, die Würde. Würdevolle Gedanken sind die Gedanken von den Göttern ohne anthropopathischen Beisatz, überhaupt religiöse Gedanken, Gedanken über das Weltall und was in ihm ist, über

---

*) Das Wort $ὄγκος$ bezeichnet bei den Rhetoren, keineswegs wie unser Schwulst, etwas schlechtes, sondern das *os magnum*, die *sublimitas*, s. Göller zu Demetr. S. 119. Chrysost. de sacerd. IV p. 805, 50: εἰ μὲν τὴν λειότητα Ἰσοκράτους ἀπῄτουν καὶ τὸν Δημοσθένους ὄγκον καὶ τὴν Θουκυδίδου σεμνότητα καὶ τὸ Πλάτωνος ὕψος. Vom ὄγκος des Aeschylus sprach ja schon Sophokles nach Plut. de prof. in virt. 7 p. 79 B.

Naturerscheinungen, dann ethische Gedanken, über die Seele und ihre Unsterblichkeit, über Tugend, Gesetz u. dgl., Gedanken über wichtige Vorfälle der Geschichte und des Menschenlebens. Die würdevolle Methode ergeht sich in bestimmten Aeusserungen ohne Zweifel, aber sie liebt das allegorische und symbolische. Der würdevolle Ausdruck verlangt eine gewisse Breite und Fülle bei der Aussprache, namentlich also die Vokale $α$ und $ω$ besonders in den Endsilben, überhaupt Worte mit vielen langen Vokalen und Diphthongen — mit Ausnahme des $ει$ — und entsprechender Schlusssilbe, auch Worte mit langer Schlusssilbe und dem Vokal o in der vorhergehenden. Er verlangt ferner Tropen, aber nur mässig. In der Rede muss der Gebrauch der Nomina und nominalen Wörter als Participien und Pronominen vorherrschen, so wenig als möglich Zeitwörter. Von den Figuren tragen alle diejenigen zur Würde bei, welche die Rede rein machen, dann die Epikrise, d. h. die ausdrückliche Bestätigung eines vorangegangenen Gedankens in allgemein gültiger, nicht blos subjectiver oder limitirender Form, während es sonst würdevoll ist $εἰς τὴν αὐτοῦ γνώμην ἀναφέρειν τι τῶν ῥηθησομένων$. Apostrophen und Hypostrophen, d. h. parenthetische Einschaltungen (Hermog. p. 294. Ernesti p. 368) sind zu vermeiden. Die Kola müssen wie bei der Reinheit möglichst kurz sein. Die Composition nimmt es nicht zu ängstlich mit dem Hiat. Sie liebt daktylischen, anapästischen, päonischen, bisweilen iambischen, noch mehr spondeischen Rhythmus, auch Epitriten, vermeidet dagegen Trochaeen und Ionici. Einer dieser Rhythmen muss nun auch den Schluss bilden, aber ohne Katalexis, um die Trochaeen zu vermeiden, möglichst mit einem drei- oder mehrsilbigen Hauptwort mit überwiegenden Längen und womöglich volltönenden Vocalen.

Zweitens die $τραχύτης$ d. h. die Herbigkeit oder Schroffheit der Darstellung (p. 297 ff.). Herbe sind alle Gedanken, in denen eine niedriger stehende Person einer höher stehenden, oder den Richtern, der anwesenden Versammlung, Vorwürfe macht und zwar in nackter unverhüllter Form. Der Ausdruk wird herbe durch an sich harte Worte und derbe Metaphern. Als Figur passt die Form des Befehls oder der vorwurfsvollen Frage. Der Satzbau liebt das kommatische. In der Composition wird der Hiat geflissentlich gesucht, alles rhythmische vermieden. Der Schluss muss bald durch diesen, bald durch jenen Fuss gebildet werden. Verwandt mit der $τραχύτης$ ist die $σφοδρότης$, die Heftigkeit des Ausdrucks (p. 301 ff.). Bei ihr sind Tadel und Vorwürfe nicht gegen höher stehende, sondern geringere Personen gerichtet, gegen die Gegner, oder gegen solche, deren Tadel auch den Anwesenden recht ist. Sie ergeht sich in Schmähungen (Demosthenes gegen Aristogiton). Die Methode ist dieselbe wie bei der Schroffheit, man spricht unverhohlen. Ebenso der Ausdruck. Hier kann der Redner harte Worte selbst bilden. Von den Figuren ist die Apostrophe am Platz, nebst der an den Gegner gerichteten Frage, wenn man ferner gleichsam mit Fingern auf ihn weist. Die Kommata werden so klein wie möglich gemacht. Auch die Composition ist dieselbe wie bei der Schroffheit.

Die $\lambda\alpha\mu\pi\varrho\acute{o}\tau\eta\varsigma$, der Glanz der Darstellung (p. 304 ff.) mildert in etwas die Schroffheit und Heftigkeit, dass sie nicht zur Rauheit wird. Glänzend sind die Gedanken, welche der Redner mit einer gewissen Zuversicht aussprechen kann, indem er weiss, dass sie auf den Beifall der Hörer rechnen dürfen; Gedanken, die eine gewisse sittliche Grösse und einen berechtigten Stolz verrathen (Demosthenes vom Kranze), und die zuversichtlich ohne Zweifel und Schwanken vorgetragen werden, auch wohl Betheuerungen zu Hülfe nehmen. Der würdevolle Ausdruck ist auch glänzend. Von den Figuren wendet man Negationen an, $\dot{\alpha}\nu\alpha\iota\varrho\acute{\epsilon}\sigma\epsilon\iota\varsigma$ „nicht mit Steinen und Ziegeln habe ich die Stadt ummauert", und $\dot{\upsilon}\pi o\sigma\tau\acute{\alpha}\sigma\epsilon\iota\varsigma$ (vgl. Arist. p. 462, Ernesti p. 39) d. h. man trennt die Gedanken von einander und bildet aus ihnen einzelne Sätze. Die Kola müssen etwas lang sein und werden asyndetisch an einander gefügt, die $\dot{o}\varrho\vartheta\acute{o}\tau\eta\varsigma$ wird durch $\pi\lambda\alpha\gamma\iota\alpha\sigma\mu\acute{o}\varsigma$ d. h. durch Anwendung abhängiger Participial-Constructionen in den *casibus obliquis* unterbrochen. Die glänzende Darstellung liebt die Amplificationen. Die Composition ist dieselbe wie bei der $\sigma\epsilon\mu\nu\acute{o}$-$\tau\eta\varsigma$. Bei einem würdevollen Schluss kann hier aber auch trochäischer Rhythmus vorausgehen. Die $\dot{\alpha}\kappa\mu\acute{\eta}$ oder Kraft der Darstellung (p. 308 ff.) besteht in einer Vereinigung des schroffen und heftigen mit dem glänzenden, und zwar sind Gedanken und Methoden dieselben wie bei dem schroffen und heftigen. Der Ausdruck ist aus ihnen und dem glänzenden gemischt, desgleichen die Figuren, alles andre ist wie bei dem glänzenden.

Die letzte Unterart der Grösse und Würde ist die $\pi\epsilon\varrho\iota\beta o\lambda\acute{\eta}$, die Ausführlichkeit der Darstellung (p. 315 ff.). Gerade von ihr hat Demosthenes den meisten Gebrauch gemacht. Ihr Gegentheil ist die zuerst besprochene Reinheit. Im Gedanken zeigt sich die Ausführlichkeit, wenn zu dem, wovon die Rede ist, noch von ausserhalb etwas dazu genommen wird, wie das Genus zur Species, das unbestimmte zum bestimmten, das Ganze zum Theil. Solche Zuthaten können auch zur Klarheit beitragen, so entgegengesetzt diese auch sonst der Ausführlichkeit ist. Ferner wenn man die Dinge nicht schlicht berichtet, sondern mit der gehörigen Berücksichtigung der περιστατικά und unter Heranziehung von allerhand amplificirenden Zuthaten, wenn man auch das berichtet, was geschehen sein würde, wenn das betreffende nicht geschehen wäre, sowie das, was nicht geschehen ist. Bei der Methode wird die natürliche Reihenfolge der Begebenheiten invertirt, das spätere zuerst gesagt, dann auf das bereits gesagte wieder Bezug genommen, die Begründungen und Amplificationen werden den Sätzen selbst vorausgestellt. Einen besonderen Ausdruck giebt es für diese Art der Darstellung nicht, wenn man nicht die Häufung von Synonymen hierher rechnen will, welche im Grunde mit der besagten Methode zusammenfällt, ebenso wie die ἐπιμονή, das längere Verweilen, oder auch die Wiederholung ein und derselben Figur. Von den Figuren eignen sich alle diejenigen für die Ausführlichkeit, durch welche an einen Gedanken andre herangezogen werden, also Aufzählungen, Eintheilungen, Gliederungen und alles was dem gleicht, Wiederaufnahme des durch eine Einschiebung unterbrochenen Fadens, hypothetische Eintheilungen, abhängige Participial-Constructionen, das σχῆμα κατ' ἄρσιν καὶ θέσιν d. h. ein sondern nach voraufgegangener Negation, Parenthesen. Ueber Kola, Schluss und Rhythmus ist nichts besonderes zu bemerken. Jedwede Composition ist erlaubt, mit Ausnahme etwa derjenigen, welche für die καθαρότης charakteristisch ist. Eine sehr ausführliche περιβολή hat den besonderen Namen μεστότης, Fülle der Darstellung.

Zur Deutlichkeit und Grösse der Darstellung muss nun eine gewisse Schönheit, κάλλος kommen (p. 330 ff.). Dies ist die dritte Idee. Die Darstellung muss ein bestimmtes Colorit haben χρῶμα, (s. oben S. 78). Ihre Schönheit zeigt sich in der Symmetrie der Glieder und Theile in Verbindung mit einer gefälligen Färbung, die wie ein gleichmässiges ἦθος über das ganze ausgebreitet ist. Dies meint Plato, wenn er im Phädros sagt, eine schöne Rede müsse einem lebendigen, gegliederten Organismus gleichen. Die Schönheit der Darstellung, übrigens nahe verwandt mit dem Glänzenden und Kräftigen, besteht aber lediglich im Ausdruck und der an ihn sich anschliessenden Composition (p. 332), nicht aber in der Besonderheit des Gedankens und der Methode.

Schön ist der Ausdruck, wenn er rein ist. Daher denn auch Isokrates, dem es besonders um Schönheit des Ausdrucks zu thun war, nur einen mässigen Gebrauch von den Tropen gemacht hat. Ganz besondere Schönheit und den Charakter des Sorgfältigen haben kleine Wörter und solche, die aus wenig Silben bestehen. Von den Figuren gehört hierher das Gebiet der Parisosis, das bei Isokrates in reichem Masse, bei Demosthenes dagegen, dem es mehr auf δεινότης als gerade Schönheit der Darstellung ankam, in seiner Reinheit wenigstens nur spärlich vertreten ist. Dann die Epanaphora an der Spitze der Kola, die Antistrophe am Ende, Epanastrophe u. dgl., die Klimax, aber in seltener Anwendung, das Hyperbaton, die Figuren κατ' ἀντίφρασιν, doppelte Negationen, die sich aufheben, das Polyptoton. Die Kola verlangen eine mässige Länge und sorgfältige Vermeidung des Hiats. Wenn mehrere Kola zu einer Periode verbunden sind, so muss das letzte die vorhergehenden an Länge übertreffen. Die Composition muss durchaus rhythmisch sein und nahe Verwandtschaft mit dem Vers haben, ohne wirklich Vers zu sein (p. 340). Zu dem Ende müssen die Füsse, aus denen die rhythmischen Reihen bestehen, unter sich verwandt sein und zu einander passen, die Redetheile, aus denen der Rhythmus besteht, dürfen nicht gleich viel Silben, gleiche Quantität und gleichen Accent haben. Der Schluss verlangt eine lange Endsilbe mit zwei oder drei vorhergehenden Kürzen. Ein einsilbiges langes Schlusswort ist von grosser Wirkung.

§. 54.

Fortsetzung.

Die vierte Idee ist die γοργότης (p. 343 ff.), die Lebhaftigkeit der Darstellung. Sie muss zu den besagten drei hinzukommen, damit diese allein angewandt nicht ermüden. Gedanken an sich können nicht als lebhaft bezeichnet werden, man müsste denn scharfsinnige, witzige Gedanken als solche hierher rechnen. Die Lebhaftigkeit liegt vielmehr in der Methode und im Ausdruck. Erstere besteht hier darin, überall möglichst viele Einschnitte anzubringen. Dazu dienen kurze Einwürfe und deren eben so kurze Abfertigung, die Apostrophe. Der Ermüdung der Rede beugt man vor durch ὑποστροφή (p. 345 auch καταπλοκή genannt), d. h. durch kurze Einschaltungen. Figuren, durch welche die Rede Einschnitte

gewinnt, sind besonders das kommatische Asyndeton, kommatische Aufzählung von Namen, kommatische Epanaphora, kurze Symploken, die sich aber nicht über eine ganze Periode erstrecken dürfen. Lebhaftigkeit gewinnt der Ausdruck ferner durch den bereits erwähnten πλαγιασμός und durch συστροφή, d. h. durch Abrundung der Sätze. Die Worte müssen möglichst kurz sein. Die Composition verlangt sorgfältige Vermeidung des Hiat und trochäischen Rhythmus. Ein trochäisches Wort muss den Schluss bilden.
Die fünfte Idee ist das ἦθος (p. 350 fl.), man könnte sagen das Charakteristische der Darstellung. Es kann über eine ganze Rede gleichmässig vertheilt sein, kann aber auch unter die andern Ideen gemischt auftreten. Es wird hervorgebracht durch ἐπιείκεια, ἀφέλεια und das in ihnen erscheinende wahrhaftige und innige (ἐνδιάθετον). Auch die βαρύτης gehört gewissermassen hierher, die aber nur in Verbindung mit anderen Arten der ethischen Darstellung auftreten kann. Die ἀφέλεια ist das, was wir mit Naivetät bezeichnen. Die Gedanken sind schlicht und einfach, kindlich, ja sie können sogar an das triviale grenzen. Naiv sind Beispiele, die der Thierwelt, überhaupt der Natur entnommen werden. Alles andre fällt mit der καθαρότης zusammen. Vereinigung von Naivetät und Schönheit führt zur γλυκύτης, zur Lieblichkeit der Darstellung, nicht verschieden von der ἁδρότης und dem λόγος ὡραῖος (p. 368). Lieblich sind alle mythischen Erzählungen (Demosth. Aristocr. 65 ff., dazu Weber p. 257), nur muss der Redner, wenn er von ihnen Gebrauch machen will, etwas lebhaft vortragen, sie also mit γοργότης versetzen, ferner Erzählungen aus der Heroenzeit, die an das rein mythische anstreifen, demnächst alles, was unsre Phantasie anspricht, wie Beschreibungen von schönen Gegenden, nicht minder aber auch das, was unsrer Eigenliebe schmeichelt. Auch sind Gedanken lieblich, in denen leb- und willenloses als beseelt und wollend behandelt wird, wie der naive Ausspruch des Sokrates im Platonischen Phaedrus p. 230 D: τὰ μὲν οὖν χωρία καὶ τὰ δένδρα οὐδέν μ' ἐθέλει διδάσκειν, οἱ δ' ἐν τῷ ἄστει ἄνθρωποι, oder die Anrede, die Herodot den Xerxes an das von ihm gezüchtigte Meer halten lässt, wenn ferner den Thieren menschliche Empfindungen und Gefühle beigelegt werden. Lieblich ist der naive und der poetische Ausdruck. Daher macht das Verflechten von Dichterworten in die Prosa einen lieblichen Eindruck, während dies von dem ausdrücklichen citiren einer Dichterstelle — Hermog. p. 364 nennt dies

ἐκ διαστάσεως παραπλέκεσθαι τῷ λόγῳ τὰ ποιήματα — noch nicht gilt. Auch poetische Epitheta machen die Rede lieblich. Figuren und Composition sind wie bei der Schönheit; überwiegen müssen die würdevollen Rhythmen. An das Naive schliessen sich δριμύτης und ὀξύτης, Witz und Scharfsinn an, also die Gedanken, wie Hermogenes sagt, bei denen sich auf der Oberfläche eine gewisse Tiefe offenbart. Sie liegen aber mehr in der Methode und im Ausdruck als im Gedanken, wie etwa im doppelsinnigen Spiel mit den verschiedenen Bedeutungen eines Wortes, der Paronomasie, dem Ueberbieten einer einfachen Metapher durch eine kühnere. Die ἐπιείκεια, die wohlmeinende, bescheidene Billigkeit zeigt sich, wenn Jemand, statt sein strenges Recht zu verfolgen, sich unter Berücksichtigung mildernder Umstände mit billigen Forderungen begnügt, wenn der Redner sich auf gleiche Stufe mit den Zuhörern stellt, wenn er zeigt, dass diese gerade ebenso handeln würden, wie er selbst, wenn er hervorhebt, dass er zu seinem gerichtlichen Auftreten gewissermassen von dem Gegner gezwungen ist. Umgekehrt kann auch der Verklagte sagen, dass er nur, weil er sich zu härterem Auftreten nicht habe entschliessen können, in diese Lage gekommen sei. Die Methode besteht darin, von sich mit einer gewissen Bescheidenheit zu sprechen, freiwillig seine guten Eigenschaften, und das, was man gegen den Gegner heftiges sagen könnte, zu verkleinern, mit Ausschluss jedoch der Ironie. Der Redner spricht vorsichtig, mit Zweifel und Einschränkung. Figur der Paraleipsis. Im übrigen stimmt die ἐπιείκεια mit der καθαρότης und ἀφέλεια überein.

Das Gepräge der Wahrheit und Innigkeit, d. h. der innerlichen Betheiligung des Redners an dem, was er sagt, — die ἀλήθεια wurde von Hermogenes am Anfang seiner Entwicklung als sechste Idee aufgestellt, im zweiten Buche jedoch p. 375 erscheint der λόγος ἀληθής oder ἀληθινός als Unterart des ἠθικός; — erhält die Darstellung, die Naivetät und Billigkeit des Gedankens vorausgesetzt, überwiegend durch Methode, Figur, Ausdruck u. s. w., denn auch die Ausrufungen, die hier am Platze sind, gleichsam unwillkürliche Betheuerungen und Anrufungen der Götter, Bezeugungen des Erstaunens und der Verwunderung, Schmähungen gegen den Gegner gehören dem Gebiet der Methode an. Hierbei muss man sich sorgfältig hüten, die bevorstehende Aeusserung eines Affects vorher anzukündigen, wodurch der ganze Effect verschwinden würde. Es muss alles wie von selbst kommen. So müssen auch, um der Darstellung das Gepräge des wahrhaften zu verleihen, die Beseitigungen von Einwürfen asyndetisch eingeführt werden. Eine andere Methode besteht in der absichtlichen Anakoluthie als Folge des zu starken Affectes. Auch das nachholen von etwas, als habe man es beinah vergessen, oder als falle es einem zur rechten Zeit noch ein, gehört hierher. Der Ausdruck muss rauh, heftig sein, darf selbstgebildete Wörter haben. Auch alle Figuren der σφοδρότης können hier angewendet werden, ferner Aposiopese, Epikrisis, Epidiorthosis. Die Composition ist wie bei der σφοδρότης. Will jedoch der Redner durch den λόγος ἐνδιάθετος Mitleid erregen, so muss die Darstellung den Charakter der ἀφέλεια annehmen. Die βαρύτης beschwert sich über erlittenen Undank, ergeht sich überhaupt oft in Vorwürfen, oft mit einer ironischen ἐπιείκεια, die Ironie ist ja ihre hauptsächlichste Methode.

In der richtigen und rechtzeitigen Verwendung aller im bisherigen aufgeführten Ideen, zugleich mit Benutzung aller sonstigen rhetorischen Regeln, besteht nun die letzte Idee, die δεινότης (p. 368), die wahre Beredsamkeit, wohl zu unterscheiden von der nur scheinbaren δεινότης alter und neuer Sophisten, die bei fehlendem innern Gehalt, überwiegend durch die Kunst des Ausdrucks den Schein der Beredsamkeit zu erwecken suchen. Die echte δεινότης giebt den λόγος πολιτικός, die vollkommen kunstmässige Darstellung, wie wir ihn bei den klassischen Rednern, vor allen bei Demosthenes finden*). Hermogenes charakterisirt

---

*) Auch schon vor Hermogenes hat der Ausdruck λόγος πολιτικός mehr oder weniger den Sinn einer vollendeten Beredsamkeit, wie sie dem Staatsmann d. h. dem wirklichen Redner zukommt. Wichtig ist Plut. praec. reip. ger. c. 6. Darum eben ist es durchaus verkehrt, den Begriff schlechterdings durch das Deutsche Staatsrede wiederzugeben. Vielmehr ist es die wirkliche Beredsamkeit in ihrer klassischen Form, gleichviel in welchem der drei genera sie angewandt wird, im Gegensatz zur Schulberedsamkeit der Declamatoren. Es ist ein starkes Stück, wenn Rehdantz in seiner Einleitung zu Demosthenes Reden behauptet, die Schrift des Aristides περὶ πολιτικοῦ λόγου sei eine Abhandlung „über den Charakter der Staatsrede", und in der neuen Auflage diesen seinen Irrthum sogar vertheidigt. Noch stärker freilich ist es, wenn er den Hermogenes Schrift περὶ μεθόδου δεινότητος „von der Gewalt der Methode" handeln lässt. Hier heisst es risum teneatis, amici. — Zu den Eingangsworten der Ctesiphontea des Aeschines lesen wir in den Scholien: δοκεῖ δὲ τραγικώτερον κεχρῆσθαι εὐθὺς ἐν ἀρχῇ τῇ μεταφορῇ, πολιτικώτερον δὲ ὑπὸ Δημοσθένους εἰρῆσθαι τὸ αὐτὸ νόημα ἐν τῷ τῆς παραπρεσβείας εὐθὺς ἐν ἀρχῇ ἔχον οὕτως· ὅση μὲν ὦ ἄνδρες Ἀθηναῖοι σπουδὴ καὶ παραγγελία γέγονε κτλ. Von Himerius heisst es bei Eunap. v. s. p. 494: κρότον δὲ ἔχει καὶ ἦχον ἡ συνθήκη πολιτικόν. Damit will er sagen seine Diction gelte für klassisch.

p. 398 die Mischung der Ideen in ihm folgendermassen: φημὶ δεῖν ἐν τῷ τοιούτῳ λόγῳ πλεονάζειν μὲν ἀεὶ τόν τε τὴν σαφήνειαν ποιοῦντα τύπον καὶ τὸν ἠθικόν τε καὶ ἀληθῆ, καὶ μετὰ τούτους τὸν γοργόν, τῶν δ' αὖ τὸ μέγεθος ποιουσῶν ἰδεῶν τὴν μὲν περιβολὴν διόλου πλεονάζειν, καὶ οὐχ ἧττόν γε ἢ τὴν καθαρότητά τε καὶ εὐκρίνειαν, τὴν μέντοι τραχύτητα καὶ σφοδρότητα παρισοῦσθαι μέν πως τοῖς εἰρημένοις, κατὰ δεύτερον δὲ καὶ τρίτον λόγον. ἀκμὴ δὲ καὶ σεμνότης ἀπ' αὐτῶν καὶ ἔτι λαμπρότης εἶναι μὲν ὀφείλει, οὐ μὴν οὕτως οὐδὲ ἐπὶ τοσοῦτον, ἐφ' ὅσον καὶ αἱ προειρημέναι τῶν ἰδεῶν, ἀλλ' ἐπ' ἔλαττον, ὅπου γε τὴν σεμνότητα καὶ διακόπτειν ἐν τῷ πολιτικῷ χρὴ λόγῳ καὶ καθαιρεῖν ἀπὸ τοῦ μεγέθους κτλ. Er zerfällt in die drei Arten der gerichtlichen, berathenden und panegyrischen Rede. Bei der berathenden überwiegt die Idee der Grösse, das Ethos tritt zurück. In der eigentlichen Gerichtsrede überwiegt das Ethos, ἀφέλεια und ἐπιείκεια; die βαρύτης tritt zurück; die Grösse liegt in der Ausführlichkeit der Gedanken. Im eigentlichen Panegyricus tritt die Grösse mit Ausschluss der Schroffheit und Heftigkeit in den Vordergrund, überall durchwebt von Naivetät und Lieblichkeit. Er ist fast ganz Erzählung, daher fällt die Lebhaftigkeit der Darstellung fast ganz weg.

Die Theorie des Hermogenes im einzelnen einer Kritik zu unterwerfen, kann nur Aufgabe einer monographischen Arbeit sein. An dieser Stelle geübt, würde sie die Grenzen, innerhalb deren vorliegendes Buch sich zu bewegen hat, überschreiten. Soviel ist jedoch klar, dass sie durch Berücksichtigung auch der nicht oratorischen Arten prosaischer Darstellung an Klarheit würde gewonnen haben, ferner, was wichtiger ist, dass die δεινότης, gleichsam das Substrat des λόγος πολιτικός, als aus der richtigen Vermischung sämmtlicher Ideen hervorgegangen, nicht selbst wieder Idee sein kann. Beiden Uebelständen ist einigermassen abgeholfen in der Umbildung, oder richtiger Vereinfachung, welche die Lehre des Hermogenes in den beiden τέχναι ῥητορικαὶ περὶ πολιτικοῖ καὶ ἀφελοῦς λόγου erfahren hat. In dieser Schrift, welche den Namen des Aelius Aristides[*]) an der Spitze trägt, wird der λόγος

---

[*]) Dass hierbei nicht an den berühmten Aelius Aristides zu denken ist, muss als ausgemachte Thatsache betrachtet werden. Denn die Schrift setzt in der Terminologie und der ganzen Anlage die Bücher des Hermogenes περὶ ἰδεῶν als bekannt und anerkannt voraus, ja sie polemisirt gegen den von Hermogenes aufgestellten Begriff der δεινότης, vgl. Spengel Rh. Gr. T. II

πολιτικός des Demosthenes dem λόγος ἀφελής des Xenophon als bewusste Kunstmässigkeit der Darstellung der bewussten Einfachheit und Naivetät gegenübergestellt. Beide Arten prosaischer Darstellungsweisen gewinnen ihre Mannichfaltigkeit aus dem richtigen Gebrauch der Ideen. Der Ideen des πολιτικός λόγος giebt es zwölf: σεμνότης, βαρύτης, περιβολή, ἀξιοπιστία, σφοδρότης, ἔμφασις, δεινότης, ἐπιμέλεια, γλυκύτης, σαφήνεια καὶ καθαρότης, βραχύτης καὶ συντομία, κόλασις. Sie kommen zu Stande κατὰ γνώμην, κατὰ σχῆμα, κατὰ ἀπαγγελίαν. Das σχῆμα verleiht der Rede das eigentliche Leben. Von der Methode ist weiter keine Rede; dass der Verfasser jedoch ihren Begriff kannte, bezeugt der Ausdruck μεταχείρισις, der beiläufig p. 513 vorkömmt. Auch die Composition, über welche Hermogenes so bedeutendes zu sagen weiss, wird durchweg ignorirt (wunderlich unklar p. 460, 29), höchstens beiläufig als παρεπόμενον der λέξις erwähnt, wie p. 502. 521. Die dem Verfasser eigenthümliche ἔμφασις (p. 495) ist von der σφοδρότης nicht recht klar zu unterscheiden. Die τραχύτης, als Nebenart der σφοδρότης, wird vom Verfasser gekannt, aber nicht besonders behandelt. Die δεινότης besteht nur im Gedanken, sie tritt hervor in der klugen und sorgfältigen Vorbereitung dessen, was der Redner zu zeigen sich vorgenommen hat (p. 497), ebenso in der vorhergängigen Vermeidung dessen, was man ihm etwa als Einwand entgegen halten könnte, also in der προκατασκευή und προκατάληψις. Die ἐπιμέλεια (p. 499) ist schon bei Hermog. p. 330 synonym mit κάλλος. Die κόλασις ist im Grunde das, was Hermogenes εὐκρίνεια nennt.

---

praef. p. XIX. Hermogenes kann aber höchstens als jüngerer Zeitgenosse des Aristides betrachtet werden. Dieser stand unter Marc Aurel bereits in hohem Alter, als Hermogenes ein Jüngling war. Dazu kömmt, dass Hermogenes p. 375 und zweimal in den Progymnasmen (von denen wir freilich aller Wahrscheinlichkeit nach blos einen interpolirten Auszug haben) p. 15 Reden des Aristides citirt.

Vierter und fünfter Theil.

Das Gedächtniss und der Vortrag.

§. 55.

Ueber das Memoriren der Rede.

Mit der Lehre von der Darstellung, dem λεκτικὸς τόπος, ist das eigentlich technische der Rhetorik beendet. Die beiden noch übrigen Theile vom Gedächtniss und dem Vortrag bilden nicht viel mehr als einen praktischen Anhang und mögen deshalb auch im folgenden gleich zusammen ihre Erledigung finden.

Da die Reden im Alterthume, soweit sie nicht blos für das Lesen bestimmte Kunsterzeugnisse waren, wenn auch nicht ausnahmslos — so las z. B. Cicero die erste Rede nach seiner Rückkehr, weil sie zu lang war, im Senate vor, vgl. pro Planc. 30, 74 — so doch überwiegend frei gehalten wurden, so musste ein sorgfältiges Memoriren der vorher ausgearbeiteten Rede stattfinden. Denn die Ansicht, welche F. A. Wolf in der Vorrede zu Cic. pro Marc. (Kl. Schrift. I S. 397) ausspricht: „itaque quod apud nos fere faciunt ii, qui se ad habendam orationem parant, ut calamo accurate meditentur, quod in actu rerum dicturi sint, apud Romanos illis temporibus moris non fuit; nec dubitabant oratores, iuvenili doctrina et forensi exercitatione freti, extemporali facultati se committere, aut, si quid antea formaverant et in commentarios retulerant, id sibi, non aliis notatum, excidere et pervulgari non patiebantur" — ist in ihrer Allgemeinheit als unbedingt falsch zu verwerfen. Sie widerspricht vollständig dem, was Cicero und Quintilian als Techniker lehren. Dass ab und zu im Senat oder vor dem Volke ein Redner aus dem Stegreif sprach, ist nicht zu leugnen. Die Reden vom genus iudiciale dagegen wurden wohl alle vorher ausgearbeitet, genau memorirt und so gehalten. Fanden sie grossen Beifall, dann wurden sie nachträglich für die Veröffentlichung nochmals überarbeitet und ausgefeilt. Auch die Sophisten, so sehr sie sich anderweitig wegen ihrer Fähigkeit ex tempore zu sprechen bewundern liessen, so wenig vernachlässigten sie doch bei wirklichen Kunstleistungen ein sorgfältiges Memoriren. Polemo hielt das auswendiglernen geradezu für den mühseligsten Theil der rhetorischen Uebung (Philostr. v. s. 541). — Aus diesem Grunde war es also auch abgesehen von allem sonstigen Nutzen, den dies für den Redner haben mochte (Quint. XI, 2, 1—3), schon deshalb wichtig, die Gedächtnisskraft zu stärken und in fortwährender Uebung zu erhalten, und es wäre wunderbar, wenn nicht auch die Rhetoren ihren Schülern nebst praktischen Rathschlägen allerlei künstliche Regeln zu diesem Zwecke mitgetheilt hätten. Das Alterthum hatte ja so gut seine Gedächtnisskunst wie die Gegenwart, und wenn auch, soviel mir bekannt, kein Beispiel einer Anwendung dieser Kunst auf das memoriren von Zahlen aus demselben überliefert ist, so setzten doch auch damals schon einzelne Mnemoniker durch wunderbare Leistungen ihr Publicum in Erstaunen. Bekannt ist, was der Rhetor Seneca praef. controv. §. 2. in dieser Hinsicht von sich selbst erzählt. Er hatte noch im höchsten Alter eine bedeutende Gedächtnisskraft, von welcher seine, wie er selbst sagt, meist aus der Erinnerung niedergeschriebenen Bücher Zeugniss ablegen, in jüngeren Jahren aber hatte er darin ausserordentliches geleistet: *Memoriam aliquando in me floruisse, ut non tantum ad usum sufficeret, sed in miraculum usque procederet, non nego. Nam duo millia nominum recitata, quo ordine erant dicta, referebam: et ab iis qui ad audiendum praeceptorem nostrum convenerant, singulos versus a singulis datos, cum plures quam ducenti efficerentur, ab ultimo incipiens usque ad primum recitabam. Nec ad complectenda tantum quae vellem, velox erat mihi memoria, sed etiam ad continenda, quae acceperat.* Vgl. Muret. Var. Lect. III, 1. Auch der Sophist Proclus von Naukratis erfreute sich noch als neunzigjähriger Greis einer staunenswerthen Gedächtnisskraft, τὸ δὲ μνημονικὸν καὶ ἐνενηκοντούτης ἤδη γεράσκων καὶ ὑπὲρ τὸν Σιμωνίδην ἔρρωτο, Philostr.

v. s. p. 604. Als Erfinder der Gedächtnisskunst wird von einer unbestimmten Tradition des Alterthums der Dichter Simonides von Ceos bezeichnet, Cic. de orat. II, 86, 351. 357 *(sive Simonides, sive alius quis invenit)* Quint. XI, 2, 11. Marm. Par. ep. 55, vielleicht blos weil er in einem Distichon (Bergk Poet. Lyr. p. 917) von sich gesagt hatte:

μνήμη δ' οὔτινά φημι Σιμωνίδῃ ἰσοφαρίζειν
ὀγδωκονταέτει παιδὶ Λεωπρέπεος.

Denn die Anknüpfung dieser Erfindung an das bekannte Ereigniss beim Gastmahl des Skopas in Krannon gehört wie dieses selbst in das Reich der Fabeln. Ziemlich anekdotenhaft klingt es auch, wenn derselbe Cic. de or. II, 74, 299 erzählt, ein *quidam doctus homo atque inprimis eruditus* habe dem Themistokles versprochen, ihn die damals neu erfundene Gedächtnisskunst zu lehren, mit Hülfe deren man alles behalten könne, Themistokles aber habe geantwortet, eine Kunst beliebig zu vergessen würde ihm lieber sein. Erst im Zeitalter der Sophistik finden wir sichere Spuren der Mnemonik. So rühmt der Sophist Hippias im gleichnamigen Dialog des Plato p. 97 E es als einen besonderen Vorzug an sich, dass er funfzig Worte, die er blos einmal gehört habe, wieder aufsagen könne*).

Auffallender Weise haben die Rhetoren von der Mnemonik lange Zeit keine Notiz genommen. Anaximenes berührt sie so wenig wie Aristoteles. Indes hatte Antiphon wenigstens über das Gedächtniss gesprochen. Longin. p. 318: Ἀντιφῶν ἐν ταῖς ῥητορικαῖς τέχναις τὸ μὲν τὰ παρόντα ἔφη καὶ ὑπάρχοντα καὶ παρακείμενα αἰσθάνεσθαι κατὰ φύσιν εἶναι ἡμῖν, παρὰ φύσιν δὲ τὸ φυλάττειν αὐτῶν ἐκποδὼν γενομένων ἐναργῆ τὸν τύπον. ὅθεν ἐπειδὴ παρὰ φύσιν ἐστὶν τὸ μνημονεύειν, ἡ φροντὶς καὶ ἡ ἄσκησις κράτιστον. Von der τέχνη scheint er nichts gewusst, wenigstens nichts gesagt zu haben. Des Aristoteles Freund Theodektes war selbst ein grosser Mnemoniker, *semel auditos quamlibet multos versus protinus dicitur reddidisse*, Quint. §. 51. vgl. Cic. Tusc. I, 24, 59. Ael. V. H. VI, 10. Poll. VI, 108. Ob er es war, der die Mnemonik in der rhetorischen Technik ein-

---

*) Die Abhandlung von Morgenstern Comment. de arte veterum mnemonica, Dorp. 1835 kenne ich nur aus Pauly's Realenc. T. VI S. 1202.

bürgerte, wird uns nicht gesagt. So viel aber wissen wir, dass Cornificius über diesen Punkt allerlei zum Theil detaillirte Schriften vorfand.

Was die Mnemonik übrigens dem Redner an die Hand geben kann, ist der Natur der Sache nach sehr wenig und beschränkt sich im Grunde auf zwei Regeln, die, um wirklich zu nützen, eine unablässige Uebung erfordern. Zunächst hat der lernende für Gedächtnissörter zu sorgen. Er merkt sich also Beispiels halber ein Haus mit den darin befindlichen Zimmern und Räumen, oder einen Saal mit den einzelnen darin befindlichen Gegenständen, oder eine Strasse mit allerlei hervorragenden Häusern, auch wohl die verschiedenen Gegenden und Oertlichkeiten, die er auf einer Reise berührt. Er kann sich das alles auch blos erdenken, muss es aber seinem Vorstellungsvermögen so fest einprägen, dass er über Lage, Gestalt und Reihenfolge der Theile keinen Augenblick im Zweifel ist, und ihr vollkommen treues Bild sich zu jeder beliebigen Zeit vergegenwärtigen kann. Es ist gut, wenn die einzelnen Theile in gleichmässigen, oder doch nicht allzu verschiedenen Entfernungen von einander abliegen; wenn sie ferner selbst von einander deutlich zu unterscheiden sind (nicht lauter Säulen oder Bäume). Auf diese Oerter wird nun der zu memorirende Stoff vertheilt und zwar so, dass er durch irgend ein mit dem Stoffe selbst in Verbindung stehendes Gedächtnissbild mit dem Orte verbunden wird. Dann wird memorirt, den geistigen Blick dabei fest auf den Ort und das Bild gerichtet. Beim Hersagen des Gelernten giebt nun die Reihenfolge der Oerter mit unfehlbarer Sicherheit die Reihenfolge des gelernten Stoffes an die Hand. Die Erfahrung lehrt, dass je öfter man sich ein und derselben Gedächtnissörter bedient, man sich um so sicherer auf ihre mnemonische Hülfe verlassen kann. Die Gedächtnissbilder sind gleichsam hieroglyphische Zeichen. Ein Anker bezeichnet eine Stelle, die von der Schifffahrt handelt, ein Schwert eine andere, in welcher von einem Kampf die Rede ist. Man kann aber auch das Bild als Zeichen für das Anfangswort (erste Haupt- oder Zeitwort) eines Satzes anwenden, die Sonne also für einen Satz, der mit *solet* anfängt. Wie viel Stoff aber man den einzelnen Gedächtnisswörtern anvertrauen will, wie viel Worte oder Sätze ferner durch ein Gedächtnissbild symbolisirt werden sollen, muss im Belieben des Einzelnen je nach Bedürfniss seines natürlichen Gedächtnisses stehen. Ein gutes natürliches Gedächtniss wird auch wohl ohne alle mnemonischen Hülfsmittel fertig, will es dennoch welche anwenden, so wird es sich häufig mit den blosen Gedächtnissörtern begnügen können. Indessen auch für ein noch so gutes Gedächtniss haben die Hülfsmittel immer den Vortheil, dass sie ihm das Gefühl unbedingter Sicherheit verleihen. Auch ohne Gedächtnissörter kann man blos mittelst der Gedächtnissbilder memoriren, die aber in diesem Falle durch irgend welche Ideen- oder Vorstellungs-Association zu einer zusammenhängenden Kette verbunden werden müssen. Die Belege für das gesagte geben Cornif. III, 16—24, in der Kürze Quint. XI, 2, 17—22. Cic. de or II, 86 sagt: *Locis est utendum multis, illustribus, explicatis, modicis intervallis: imaginibus autem agentibus, acribus, insignitis, quae occurrere celeriterque animum percutere possint.* Metrodor der Skepsier freilich hatte es fertig bekommen, sich 360 Oerter im Thierkreise zu merken. Das psychologische Princip, auf welchem die Mnemonik beruht, giebt Longin. p. 316 an.

Manche Rhetoren wollten übrigens von einer besonderen Gedächtnisskunst nichts wissen. So schreibt Philostr. v. s. p. 523: τέχναι μνήμης οὔτε εἰσὶν οὔτ' ἂν γένοιντο, μνήμη μὲν γὰρ δίδωσι τέχνας, αὐτὴ δὲ ἀδίδακτος καὶ οὐδεμιᾷ τέχνῃ ἁλωτός, ἔστι γὰρ πλεονέκτημα φύσεως ἢ τῆς ἀθανάτου ψυχῆς μοῖρα. Auch für solche nun, die von der eigentlichen Mnemonik als einem zu umständlichen Verfahren, beim memoriren keinen Gebrauch machen wollen, giebt Quintilian allerlei beachtenswerthe praktische Rathschläge. Eine längere Rede muss zunächst nach kleineren Theilen gelernt werden. Dabei kann man immerhin einzelne besonders schwierig zu behaltende Stellen am Rande mit mnemonischen Zeichen versehen, oder sich ihr Behalten durch concrete Gegenstände erleichtern, an die man dabei denkt. Man wird gut thun nach dem Concept zu lernen; sich Seiten und Zeilen zu merken, auf denen das einzelne steht, um dann beim Hersagen das Ganze gleichsam abzulesen. Stellen, an denen etwas eingeschaltet oder ausgestrichen ist, werden sich nur um so fester dem Gedächtniss einprägen. Man muss mit halblauter Stimme auswendig lernen. Eine Hauptsache ist, dass das, was memorirt werden soll, gut disponirt, und in der Composition sorgfältig ausgearbeitet sei. vgl. Arist. Rhet. III p. 135. Denn wie man . Verse leichter lernt als Prosa, so auch componirte Prosa leichter als Compositions-lose. Durch angestrengte Uebung wird das natürliche Gedächtniss am meisten vervollkommnet. Man muss möglichst viel auswendig lernen, erst Stücke von mässigem Umfang, allmälich immer grössere, zuerst poetisches, dann rednerische Prosa, weiterhin auch kunstlosere und von der gewöhnlichen Ausdrucksweise abweichende, wie etwa juristische Prosa. Je schwerer das ist, was man zur Uebung erlernt, desto leichter wird das, wozu die Uebung verwandt wird. Dem frischen Gedächtniss muss man nicht allzuviel trauen. Viel fester sitzt das, was man Abends zuvor, als erst im Laufe des Tages gelernt hat. Was man vortragen will, muss man, soweit es die Zeit erlaubt, vollkommen wörtlich auswendig lernen, nicht blos nach ungefährem Sinn und Ordnung. Namentlich bei Kindern muss streng darauf gehalten werden, dass sie nicht gegen sich selbst zu nachsichtig werden. Sich einhelfen lassen und ins Concept blicken ist unstatthaft. Je besser man memorirt hat, desto eher wird man im Stande sein, seiner Rede den Anstrich des unstudirten zu geben. Wer aber von Hause aus ein schweres Gedächtniss hat, oder wem es zum vollständigen Memoriren an Zeit gebricht, der kann sich mit einem allgemeinen Ueberblick begnügen und sich die Freiheit vorbehalten, im Augenblick der Verwendung den Ausdruck des einzelnen frei zu gestalten, vorausgesetzt natürlich, dass er eine gewisse Fertigkeit besitzt, aus dem Stegreif zu sprechen. Quint. XI, 2, 27—49.

Was sich sonst bei den Rhetoren über das Gedächtniss findet ist von keinem Belang. Longin giebt nur unbrauchbare Gemeinplätze. Fortunat. p. 128 ff. und Mart. Cap. p. 483 schöpften aus Quintilian. Was Jul. Victor p. 440 schreibt: *exercenda est memoria ediscendis ad verbum quam plurimis et tuis scriptis et alienis, licet Quintiliano rehementer displiceat exercitationis causa sua scripta ediscere, qui scribere quidem plurimum praecipit, ediscere autem lectos ex orationibus vel historiis aliove quo genere dignorum locos* — bezieht sich auf Quint. II, 7.

§. 56.

Der Vortrag.

Der Vortrag heisst bei den Griechen offenbar von seiner Aehnlichkeit oder doch Verwandschaft mit der Darstellungsweise der Schauspieler ὑπόκρισις und wird von Longin. p. 310 definirt als μίμησις τῶν κατ' ἀλήθειαν ἑκάστῳ παρισταμένων ἠθῶν καὶ παθῶν καὶ διάθεσις σώματός τε καὶ τόνου φωνῆς πρόσφορος τοῖς ὑποκειμένοις πράγμασι (es ist wohl zu lesen κατὰ διάθεσιν — πρόσφορον; die Handschriften haben καὶ διαθέσεων — προσφόρου). Damit stimmt die von Ernesti Lex. techn. rhet. Gr. p. 365 angeführte Stelle aus Eustathius zur Od. δ p. 1496: ἔστι κατὰ τοὺς παλαιοὺς ὑπόκρισις διάθεσις φωνῆς καὶ σχήματος πιθανή, πρέπουσα τῷ ὑποκειμένῳ προσώπῳ ἢ πράγματι. So lässt auch Dionys von Halikarnas de adm. vi dic. in Dem. 53 T. VI p. 241 die ὑπόκρισις doppelter Natur sein und in zwei Theile zerfallen, in πάθη τῆς φωνῆς und σχήματα τοῦ σώματος. Dass noch zu Aristoteles Zeiten die ὑπόκρισις kein Gegenstand der rhetorischen Technik war, ist bereits auf S. 17 bemerkt worden. Von den Römern wurde der Vortrag ursprünglich *actio*, daneben aber schon frühzeitig und späterhin allgemein (Mart. Cap. p. 484) *pronuntiatio* genannt. Sie ist nach Cic. orat. 17, 55 gleichsam eine gewisse Beredsamkeit des Körpers und besteht aus *vox* und *motus*, oder wie Cornificius sich ausdrückt, sie wird eingetheilt in *vocis figura* und *corporis motus*, *motus* aber definirt er III, 15, 26 als *corporis gestus et vultus moderatio quaedam, quae pronuntianti convenit et probabiliora reddit ea, quae pronuntiantur*. Für motus sagt Quintilian, aber auch schon Cic. Brut. 38, 141, *gestus*. Ganz unerheblich ist es, wenn andre wie Fortunat. p. 130, Mart. Cap. p. 484, die pronuntiatio in drei Theile zerfallen liessen, nämlich *vox, cultus, gestus* und dann, wie auch Quintilian, anhangsweise noch den *cultus* oder *habitus*, also die äussere Haltung des Redenden betrachteten. Wenn wir aber bei Mart. Capella noch immer lesen: *(actionis) partes sunt tres: vox, vultus, gestus: his, id plerique putant, cultus vel habitus oris accedit*, so muss es offenbar *habitus corporis* heissen, denn *habitus oris* ist dasselbe wie *vultus*. Der Vortrag ist also die äussere Beredsamkeit, die auf Ohr und Auge der Zuhörer wirkt, die nicht minder wie die innere, durch kunstmässige Gestaltung den Zuhörer gewinnen, überzeugen und bewegen will. Sie ist deshalb auch von der grössten Wichtigkeit, *nam ita quisque, ut audit, movetur*, sagt Quint. XI, 3, 2. Vermag doch auf dem verwandten Gebiete der scenischen Darstellung ein guter Vortrag selbst höchst mittelmässigen Theaterstücken, die man sonst wohl schwerlich lesen würde, eine gewisse Anziehungskraft zu verleihen, und es lässt sich behaupten, dass selbst eine mittelmässige Rede, wenn sie durch einen kräftigen Vortrag empfohlen wird, mehr Gewicht ausübt, als die beste ohne diese Hülfe.

Daher hatte Demosthenes Recht, wenn er nach einer im Alterthum vielfach bezeugten Anekdote (s. die Stellen bei Spalding zu Quint. T. IV S. 333. Meyer zu Cic. Brut. 38, 142. A. Schäfer Dem. I S. 298. dazu Philodem. rhet. 16, 3.) auf die Frage, was bei der ganzen Aufgabe des Redners die Hauptsache sei, antwortete „der Vortrag", und auf weitere Fragen nach dem zweiten und dritten dieselbe Antwort wiederholte. Auch Cicero sagt de or. III, 56, 213: *actio in dicendo una dominatur. sine hac summus orator esse in numero nullo potest, mediocris hac instructus summos saepe superare* und Sulp. Victor p. 321: *pronuntiatio artis quidem quodammodo non est, verum tamen magnam ac nimirum maximam vim obtinet. nam cum omnia fecerimus, nisi illa, quae recte disposita sunt, apte et cum decore fuerint pronuntiata, omnis labor prorsus peribit. itaque etsi magnam istius partem vel negat natura vel tribuit, danda tamen opera est, ut in pronuntiando et vox et vultus et gestus et cetera adhibeantur eiusmodi, quare labor in commentanda oratione adhibitus non pereat.* Vgl. Dion. Halic. l. l. Dass die gesprochene Rede viel überzeugender wirke als die blos geschriebene und zum Lesen bestimmte, bemerkt bereits Isocr. or. V, 25 ff.

Das Einzelne anlangend — nur Cornificius und noch mehr Quintilian behandeln die Lehre vom Vortrag mit eingehender Sorgfalt —, so kömmt es bei der Stimme zuerst auf ihre natürliche Beschaffenheit, dann auf die Art ihrer Anwendung an. Nach der natürlichen Beschaffenheit unterscheidet man bei der Stimme ihre Quantität und Qualität, d. h. ihren Umfang, den Grad ihrer Stärke und Ausdauer, dann ihre Biegsamkeit und Klangfarbe, die eine ausserordentlich verschiedene sein kann. Die natürlichen Vorzüge einer Stimme werden durch sorgfältige Uebung gesteigert, durch Nachlässigkeit vermindert. Man übe die Stimme durch häufiges, lautes, womöglich tägliches Vortragen von memorirten Stücken. Auch muss man die Stimme schonen, ganz besonders in der Periode der Mutation, *in illo a pueritia in adulescentiam transitu*. Vor allem ist die Aussprache zu beachten. Sie muss fehlerfrei sein, besonders deutlich. Die Worte müssen in ihrem vollen Umfange hervorkommen, ohne irgendwelche Beeinträchtigung der Endsilben. Doch darf man darin auch wieder nicht übertreiben, so dass man dem Hörer gleichsam die einzelnen Buchstaben zuzählt. Die Elision der Vocale und gewisser Endconsonanten, sowie die Assimilation der Consonanten bei der Aussprache zusammengesetzter Wörter muss beachtet werden. Zweitens muss die Aussprache, um deutlich zu sein, innerlich nach der Interpunction gegliedert werden, mit grösseren Pausen und einem Sinken der Stimme am Schluss der Perioden.

Die gute Aussprache muss unterstützt werden durch eine gute Stimme, d. h. ein klangreiches Organ, das gleichweit entfernt von zu grosser Höhe und zu grosser Tiefe über die Mitteltöne gebietet und gleichmässig ertönt, ohne überzuspringen aus der Höhe in die Tiefe und umgekehrt. In die Gleichmässigkeit des Klanges ist nun eben durch die Art der Aussprache die nöthige Abwechslung zu bringen, um den Fehler der Monotonie zu vermeiden. Man darf die Stimme beim Sprechen nicht über Gebühr anstrengen, damit sie nicht bald heiser werde, oder dem unreifen Krähen der Hähne gleiche. Besonders ist beim Anfang der Rede darauf zu achten, dass man mit der Stimme nicht zu laut einsetzt (Cornif. III, 12, 21. Cic. de or. III, 61, 227), ferner muss ihr durch längere oder kürzere Pausen im Verlauf der Rede Gelegenheit gegeben werden, sich immer wieder etwas zu erholen. Derartige Pausen machen auch die Rede selbst verständlicher, indem sie dem Zuhörer einigermassen Zeit zum Nachdenken gewähren. Auch darf man weder zu rasch sprechen, hierunter leidet die Deutlichkeit der Aussprache am meisten, noch auch zu langsam, wodurch die Zuhörer ermüdet werden, der Redner selbst aber unnöthige Zeit verliert. *Promptum sit os, non praeceps: moderatum non lentum*).* Von Wichtigkeit ist ferner die richtige Vertheilung des Athems. Man sorge durch Uebung dafür, dass er möglichst lange ausreicht. Namentlich am Schlusse der Rede muss man fortlaufend in einem Athem viel sagen können, Cornif. l. l. Alles reuspern, husten, keuchen muss vermieden werden. Nie darf die Stimme einen singenden Ton annehmen, in welchen Fehler jedoch die affectirte Manier wie der Asianer, so der Redner zu Quintilians Zeit fast allgemein verfallen war. Noch schlimmer wurde dieses Unwesen bei den Griechen im sophistischen Zeitalter, in welchem ein weichlich schmelzender Redeton förmlich Mode wurde, s. Cresoll. Theatr. Rhet. III, 18 p. 129 fl. Besonders arg trieb es in dieser Hinsicht der Sophist Varus, der dafür von Philostr. v. s p. 620 ausdrücklich getadelt wird. Höchstens im Epilog, wo es gilt durch Klagen Mitleid zu erwecken, kann die Stimme *flebilis*

---

*) Gegen die allzu rasche Aussprache Sen. ep. 40, 8.

werden, d. h. eine gewisse Mitte zwischen Rede und Gesang einnehmen, Longin. p. 312, 14. Einfach und naturgemäss muss sich der Vortrag den jedesmaligen Affecten der Rede anpassen, was man am besten erreicht, wenn man sich lebendig in das, was man sagt, vertieft. Auch Cornif. III, 15, 27 sagt: *scire oportet pronuntiationem bonam id perficere, ut res ex animo agi videatur* und Dionys von Halikarnass giebt a. a. O. die goldene Regel: πάνυ γὰρ εὔηθες ἄλλο τι ζητεῖν ὑποκρίσεως διδασκάλιον ἀφέντας τὴν ἀλήθειαν.

Der Vortrag muss durch passende Gesten und eine richtige Körperhaltung unterstützt werden. Zunächst ist eine ungezwungene, aufrechte Haltung des Kopfes erforderlich. *Decoris illa sunt, ut sit primo rectum caput et secundum naturam nam et deiecto humilitas et supino arrogantia et in latus inclinato languor et praeduro ac rigente barbaria quaedam mentis ostenditur.* Quint. XI, 3, 69. Seine Richtung, insbesondere die Richtung des Auges muss zu den Gesten und der übrigen Haltung des Körpers stimmen. Beim Beweis wird Kopf und Oberkörper etwas vorgebeugt und den Zuhörern näher gebracht, Cornif. III, 15, 26. Eine weitere Grundregel ist es, dass Gesten nie zu Pantomimen werden dürfen, d. h. dass man das, was man sagt, nicht auch in lebendiger Plastik veranschaulichen wolle. Es ist natürlich eine missliche Sache, die einzelnen Gesten und deren Verwendung, die sich am besten und mit Leichtigkeit aus dem Anschauen guter Vorbilder erlernen lässt, genau in Worten beschreiben zu wollen. Quintilian, obwohl dieser Schwierigkeit sich wohl bewusst, hat es im dritten Capitel des elften Buchs von §. 92 an in einer Weise gethan, die für seine ursprünglichen Leser ausreichend klar und bestimmt sein mochte, die aber für unser Verständniss von nicht unerheblichen Uebelständen begleitet ist. Versuchen wir es, wenigstens das hauptsächlichste seiner Auseinandersetzung wiederzugeben, so wird als der gewöhnliche Gestus von ihm derjenige bezeichnet, bei welchem der Mittelfinger der rechten Hand an den Daumen geschlossen wird, während die drei andern Finger frei bleiben. Denn dies dürfte doch wohl der Sinn von Quintilians Worten sein: *est autem gestus ille maxime communis, quo medius digitus in pollicem contrahitur explicitis tribus*[*]).

---

[*]) Spalding will die Worte allerdings anders verstanden haben und zwar von dem eckig krümmten Mittelfinger, so dass der Daumen auf

Mit einer sanften Bewegung nach beiden Seiten (doch wohl im Bogen von links nach rechts) mässig vorgebracht, indem zugleich Kopf und Schultern sich allmälich der Richtung der Hand anschliessen, ist dieser Gestus für das Prooemium geeignet. Bestimmter ausgeführt, indem die Hand einen etwas grösseren Bogen beschreibt, eignet er sich für die Erzählung, heftig und drängend für Vorwürfe und Ueberführungen. Fehlerhaft ist es, ihn seitwärts auszuführen, nach der linken Schulter zu, noch schlechter ist es, den Arm quer vorzustrecken, und mit dem Ellenbogen zu sprechen. Der Gestus, bei welchem die beiden Mittelfinger unter den Daumen kommen, ist noch drängender als der vorige und daher für das Prooemium und die Erzählung nicht geeignet. Bei Vorwürfen und Hindeutungen auf etwas wird der Zeigefinger ausgestreckt, während der Daumen sich an die übrigen drei geschlossenen Finger andrückt. Auch hier ist es nicht nöthig, an eckig gekrümmte Finger zu denken. Bei erhobener nach der Schulter zu gekehrter Hand ein wenig nach vorn gebeugt bejaht der Zeigefinger, nach der Erde gesenkt drängt er, bisweilen kann er auch die Angabe einer Zahl begleiten. Sanft an das oberste Glied des Daumens und Mittelfingers gelegt, während die beiden andern mässig gekrümmt sind, und zwar der kleine Finger weniger als der vierte, giebt er einen für Beweisführung und Auseinandersetzungen geeigneten Gestus. Nachdrücklicher wird der Gestus bei der Beweisführung, wenn der Zeigefinger das Mittelglied der beiden genannten Finger hält, während die Krümmung der beiden anderen Finger in entsprechendem Masse zunimmt. Für eine bescheidene Rede passt am besten der Gestus, bei welchem die Spitzen der vier ersten Finger sanft aneinander gelegt, die Hand nicht weit von Gesicht oder Brust nach uns zu bewegt wird, und dann gesenkt und allmälig vorgestreckt sich öffnet. Dieses Gestus, meint Quintilian, möge sich Demosthenes beim schüchternen Eingang der Rede für Ktesiphon, oder Cicero beim Beginn der Rede pro Archia poeta bedient haben. Doch waren für diesen Zweck auch

---

die äussere Seite vom oberen Gliede des Mittelfingers zu liegen käme. Allein dies ist schwerlich richtig. vgl. P. Francius Eloq. exter. spec. ad orat. Cic. pro Archia accommod. (ed. Levezow, Berl. 1825) p. 79, die einzige, und zwar sehr sorgfältige und empfehlenswerthe Arbeit eines Neueren über diesen Gegenstand, die mir bekannt geworden ist.

noch andre Gesten üblich. Eine mässig zurückgebogene Hand mit aneinander geschlossenen Fingern, die sich dann wieder nach vorn bewegt, sich dabei ausbreitet und umkehrt, giebt einen passenden Gestus für Verwunderung. Die Frage wird meistentheils von einer beliebigen Umkehrung der Hand begleitet. Bei Reue und Zorn wird die zusammengedrückte Hand an die Brust gelegt; dabei kann die Stimme etwas zwischen den Zähnen hervorgepresst werden. Mit abgewandtem Daumen auf etwas hinzuzeigen, hält Quintilian für unschön. Kein Gestus darf nach hintenzu gerichtet sein, wenn auch die Hand sich ab und zu etwas zurückziehen lässt. Am besten fängt die Hand ihre Bewegung an der linken Seite an und kömmt auf der rechten zur Ruhe, ohne dass ihr Sinken ein gewaltsames sein dürfte. Die Handbewegung erstreckt sich allemal über den ganzen Satz, den sie begleitet. Nie darf der Gestus auf der linken Seite schliessen. Ferner darf die Hand nicht über die Augen hinaus erhoben, und nicht unter die Brust herabgesenkt werden. Bei einer Bewegung nach links darf die Hand nicht über die Schulter hinausgehen. Wenn wir, um unsern Abscheu, oder auch blos unsre Abneigung auszudrücken, die Hand rasch nach der linken Seite vorstrecken, so muss die linke Schulter vortreten, um mit dem nach rechts sich neigenden Kopfe zu stimmen. Die linke Hand darf nie allein einen Gestus machen, sie hat lediglich den Gestus der rechten Hand zu unterstützen. Bei der affectvollen Rede wird der Gestus in der Regel mit beiden Händen ausgeführt. Im übrigen sind alle auffallenden, heftigen, eckigen Bewegungen der Arme fehlerhaft. Die seitliche Biegung des Oberkörpers muss mit den Gesten in gewisser Uebereinstimmung stehen. Sich auf die Hüfte schlagen, zum Zeichen des Unwillens und um die Aufmerksamkeit des Zuhörers zu erregen, hält Quintilian für erlaubt*). Weniger will er vom Schlagen vor die Stirn wissen, einem Gestus, den Cicero nicht minder als das Aufstampfen mit dem Fusse bei leidenschaftlich erregter Rede zuliess, ja verlangte, Brut. 80, 278. de or. III, 59, 220 *(supplosio pedis in contentionibus aut incipiendis aut finiendis).* Cornif. III, 15, 27: *si utemur amplificatione per conquestionem, feminis plangore et capitis ictu nonnunquam sedato et constanti, gestu maesto et conturbato voltu uti oportebit.*

---

*) Späterhin war dieser Gestus häufig. Philostr. v. s. p. 519.

Eine weitere Aufmerksamkeit erforderte die Stellung und Bewegung der Füsse, da die alten Redner beim Sprechen vor ihren Zuhörern ganz frei dastanden. Es ist unschön, den rechten Fuss zugleich mit der rechten Hand vorzustrecken. Steht man auf dem linken Fusse, so darf man den rechten nicht aufheben, oder auf die Fussspitze stellen. Unschön ist es, die Füsse zu spreizen. Nur selten darf man gegen die Zuhörer vortreten, oder auf der Rednerbühne auf- und abgehen (Cic. orat. 18, 59), letzteres etwa, wenn der Redner durch anhaltendes Beifallrufen der Zuhörer unterbrochen wird. Mitunter darf man etwas zurücktreten, aber nie zurückspringen. Das ist lächerlich. Unschön ist ein Schwanken des Körpers nach rechts oder links, indem man abwechselnd auf dem einen, oder dem anderen Fusse steht, oder ein häufiges und heftiges Neigen des Körpers nach beiden Seiten. Hässlich ist es, mit den Schultern zu zucken, und es ist bekannt, wie Demosthenes sich diesen Fehler abgewöhnt hat. Während der Rede auf und ab zu gehen ist nur etwa dann erlaubt, wenn man bei Staatsprocessen zu mehreren Richtern spricht und gleichsam jedem einzelnen, das, was man sagt, einschärfen will. Auch von dem Anzug des Redners spricht Quintilian (§. 137 ff.) und von der Art, wie er die Toga zu tragen habe. Zuletzt bemerkt er, dass der Vortrag ein verschiedener sein müsse, je nach der Person des Redners, den Zuhörern und der Sache, und zwar bei letzterer hinsichtlich des genus causae, der einzelnen Theile der Rede, des Inhalts der einzelnen Sätze, endlich der einzelnen Worte, die einen verschiedenen Ausdruck verlangen. Auch habe jeder Redner genau zuzusehen, welcher Vortrag für seine Individualität der passende sei, denn was sich bei einem gut ausnehme, sei oft bei einem andern minder gut, ja geradezu unschön und verkehrt.

Quintilians Andeutungen zeigen uns auch bei diesem Punkte der rhetorischen Technik nicht blos den kenntnissreichen Theoretiker, sondern auch den vielerfahrenen, geschmackvollen Praktiker, eine glückliche Vereinigung, welche uns die Lectüre seiner institutio oratoria trotz mancher Mängel im Einzelnen, wohin namentlich die flüchtige Benutzung der Quellen und eine ungenaue Wiedergabe der Ansichten seiner Vorgänger gehören, zu einer so angenehmen machen. Sie geben uns ferner den klaren Beweis, bis zu welchem Grade die Alten von dem Bewusstsein durchdrungen waren, dass die Beredsamkeit eine Kunst, der Redner ein Künstler, jede gute Rede endlich ein Kunstwerk sei, und als solches von uns müsse betrachtet und gewürdigt werden. Diesen Umstand auch in weiteren Kreisen der Freunde des Alterthums zu erneuerter Geltung zu bringen, ist der Zweck meines Buches.

Wort- und Sach-Register*).

Abschiedsrede 299.
abstract logische Topen 161. 175.
abusio 898.
actio 480.
adiunctio 406.
adiunctum negotio 170.
admirabile 74.
Aesopische Fabeln 189.
Aetiologia 419.
Affecte 221.
afirmatio 24.
Akyrologie 363.
Allegorie 367.
Allitteration 489.
altercatio 140.
alterthümlicher Ausdruck 350.
ambiguitas 61.
amplificatio 214. 216. 382.
Anakoluthie, absichtliche 477.
Anaphora 398. 400.
Anastrophe 378.
Anfang der Erzählung 124.
Angemessenheit des Ausdrucks 341.
annominatio 407.
Anordnung 310.
anteoccupatio 229.
anticipatio 421.
Antiklimax 404.
Antistrophe 399.
Antonomasie 362.
Antwort als Figur 419.

Anwendung u. Ausführung der Beweismittel 207.
„ der Sentenzen 382.
„ der τελικὰ κεφάλαια 255.
Anzug des Redners 492.
Aposiopese 423.
appositum 366.
approbatio 319.
argumenta a fictione 184.
argumentatio 135. 150.
argumentum 150. 319.
Aristides' Rede auf Rom 238.
„ τέχνη ῥητ. 478.
Arten der Beredsamkeit 2.
Arten der Erzählung 111.
ascensus 403.
assumptio 153.
Asystaton 63.
Attribute der Personen 167.
Aufgabe des Redners 19.
Aufmerksamkeit der Richter 96.
Ausdruck 882.
Ausführlichkeit der Darstellung 472.
Ausrufung 424.
Aussprache 467.
Autoritäten 190.
aversio 426.

Barbarismus 334.
Beispiele 185.
berathende Beredsamkeit 243.

---

*) Was im Deutsch-Lateinischen Theile des Registers nicht zu finden ist, suche man im Griechischen, und umgekehrt. Unter Umständen finden sich einzelne Artikel in beiden Theilen.

495

Bescheidenheit der Darstellung 476.
Betheuerung 424.
Beweis 185.
Bilder 373.
Billigkeit der Darstellung 476.
Brachylogie 390.
Briefstil 466.

causa 22.
causativum litis 64.
charakteristische der Darstellung 475.
Chrie 209.
Cicero 27.
   „ de imp. Cn. Pomp. 244.
   „ pro Milone 51. 328.
   „ pro Sestio 52.
   „ pro Sulla 329.
circuitio, circuitus loquendi 371.
circumlocutio 371.
circumstantia 22.
clausula 469.
collatio 319.
collationes 169.
color 78.
commentum, commentatio
commiseratio 214.
commoratio 208.
commune 105.
communicatio 429.
commutabile 105.
commutatio 416.
compar 409.
comparatio 48. 329.
compensatio 48.
complexio 153. 400.
Composition 430.
comprehensiones 452.
concessio 20.
conclusio 213.
concrete Topen 161. 166.
conduplicatio 397.
confessio 422.
confirmatio 124.
congeries 385.
conlectura perfecta, imperfecta 82.
coniugatio 176.
coniunctio 406.
consecutio 319.

consequentium frequentatio 228.
constitutio causae 23.
   „ generalis 47.
   „ iuridicialis 48.
   „ negotialis 54.
   „ ratiocinativa 61.
   „ scripti et voluntatis 60.
consultatio 243.
contentio 412.
continens 73.
contio 244.
contrapositum 412.
contrarium 153.
controversia de facto 34.
   „ nominis 41.
Controversien 809.
conversio, convorsio 399. 416. 426.
correctio 422.
cultus 486.
cultus effusior 348.
cumulus 213.

Darstellung 332.
   „ der Suasoria 348.
Definition 176.
   „ der Rhetorik L
Definitionsstatus 41.
deductio ad absurdum 199.
deliberatio 243.
demonstratio 218.
Demosthenes de falsa 35.
   „ Midiana 43.
denominatio 361.
deprecatio 50. 381.
descriptio 228.
Deutlichkeit des Ausdrucks 338.
   „ der Darstellung 469.
   „ der Erzählung 114.
Diakope 378.
Dialysis 378.
Dichtercitate 190. 475.
dignitas 395.
Dilemma 180.
directe Widerlegung 194.
disiunctio 402. 406.
Disposition 310.
dissolutio, dissolutum 402.
distinctio 411.

distributio 183.
divisio 132. 178. 180.
doppelte Suasorien 248.
Drohungen gegen die Richter 95.
dubitatio 423.
dubium vel anceps 74.
ductus causae 77.
Dunkelheit des Ausdrucks 339.

Egression 124.
Eidolopoeie 417.
Eidschwüre 144.
Eigenschaften der Erzählung 113.
einfache Suasorien 248.
Einfachheit des Ausdrucks 331.
Einladungsrede 293.
Einleitung 89.
   ,,   der Lobrede 267.
einsilbige Wörter 441.
Eintheilung der Beredsamkeit 9.
   ,,   des Conjecturalstatus 39.
   ,,   des Definitionsstatus 42.
   ,,   der Demegorie 249.
   ,,   der Figuren 392. 395.
   ,,   der Perioden 434.
   ,,   des Qualitätsstatus 48.
   ,,   der Rede 128.
   ,,   der Rhetorik 14.
   ,,   der Suasorien 248.
elegantia 334.
Ellipse 404.
elocutio 332.
emendatio 422.
Enthymem 151.
enumeratio 129. 133.
Epanaphora 398.
Epanastrophe 400. 401.
Epicheirem 152.
epideiktische Beredsamkeit 262.
   ,,   Gelegenheitsreden 284.
Epiphonem 369.
Epiphora 400.
Epitheton 366.
erdichtete Auseinandersetzungen 119.
Ermahnungsreden 284.
Erweiterung des Epicheirems 153.
Erzählung 109.
Ethologie 123.

Ethopoeie 231. 417.
Eudemus 168.
Euphemismus 370.
evidentia 226.
exacerbatio 369.
exclamatio 424.
Excurs 121.
exordium 90.
expeditio 179.
explanatio 335.
expolitio 208.
expositio 133.
expressio 417.

Fabeln 189.
facultates 170. 174.
Fehler des Procemiums 105.
   ,,   im Ausdruck 335.
fertige Procemien im voraus 89.
fictio personarum 418.
figurae causarum 77.
   ,,   colorum 394. 423.
   ,,   concertativae 75.
   ,,   verborum 455.
figuratio 417.
Figuren 389.
firmamentum 64.
Foltergeständnisse 141.
Frage 418.
freimüthige Rede 425.
freni 438.
frequentatio 216.
Fülle der Darstellung 173.

Geburtstagsrede 304.
Gedächtniss 480.
Gedächtnissbilder 483.
Gedächtnisswörter 483.
Gegenschluss 192.
Gegenstand der Berathung 244.
Gegenstände des Lobes 264.
Gelegenheitsreden 284.
Gelehrigkeit der Richter und Zuhörer 07.
genera causarum 9. 74.
   ,,   verborum 455.
genus deliberativum 10.
   ,,   demonstrativum 10.

genus grande 456.
" indiciale 10.
" legale 59.
" medium 456.
" rationale 33.
" sublime 456.
" subtile 457.
gerichtliche Beredsamkeit 20.
Gerüchte 141.
Gesandschaftsreden 291.
Gesetz der Continuität 315.
" " Steigerung 315.
Gesetze 138.
gestio negotii 170.
gestus 486. 489.
Glanz der Darstellung 472.
Glaubwürdigkeit 91.
Gleichnisse 189. 378. 380.
gradatio, gradatus 409.
grammatische Figuren 392.
gratiarum actiones 291.
Grunderfordernisse der rednerischen Darstellung 337.
Grundformen des rednerischen Stils 468.

habitus 486.
Heftigkeit des Ausdrucks 471.
Herbigkeit der Darstellung 471.
Hermagoras 5. 17. 21. 26. 29. 59. 71. 162.
Hiat 437.
Hochzeitsrede 300.
honestum 74.
humile 74.
humilitas 342.
Hymnen 260.
Hypallage 361. 423.
Hyperbaton 372.
Hyperbel 374.
Hypostrophe 471. 474.
hypothetische Topen 161. 166.
Hysterologie 374.

Ideen der Rede 463.
illusio 360.
illustratio 226.
impulsio 320.

incisa 131.
inclusio 401.
incrementum 382.
Indicien 150.
indirecte Widerlegung 194.
Induction 150. 185.
Innigkeit der Darstellung 476.
insinnatio 99. 189.
Instanzen 193.
intellectio 20.
interpretatio 343.
interrogatio 148.
interruptio 420.
inversio 367.
Iotacismus 438.
Ironie 369. 426.
Isaeus or. I. 45.
" " X. 55.
Isokrates 84. 285. 393. 437. 443.
" Archid. 255.
" Euagoras 275.
" Helena 276.
iudicatio 64.
iugata 178.

Klag- und Trauerreden 307.
Klanggebilde 402.
Klarheit der Darstellung 469.
Körperhaltung 489.
Kraft der Darstellung 472.
Künstlicher Beweis 150.
Kürze der Erzählung 115.

Labdacismus 438.
Lachen, das Lächerliche 237.
lange Silben 447.
latinitas 334. 398.
Lebhaftigkeit der Darstellung 474.
leges contrariae 62.
licentia 425.
Lieblichkeit der Darstellung 475.
Litotes 371.
Lob eines Landes 281.
Lob- und Tadelreden 264.
Lobrede auf Götter 279.
" " den Kaiser 286.
" " Künste, Gewerbe u. s. w. 284.

Lobrede auf Menschen 271.
" " Städte 282.
" " Thiere u. Pflanzen 283.
locus communis 216.
locus ex effectis 228.
loci ante rem 166.
" in re 175.
" circa rem 180.
" post rem 163.
lumina orationis 888.
Lykurg 48.
Lysias or. I. 54.
" " VII. 323.
" " XII. 58.
" " XIII. 82.
" " XXII. 53.
" " XXIII. 57.

membra 431.
memoriren der Rede 480.
Metapher 855.
Metonymie 861.
Metrum in der Prosa 444.
mixtura verborum 840.
Mnemonik 453.
modus 78.
motus 853. 456.
Mytacismus 439.

Nachdruck der Rede 381.
Naivetät der Darstellung 475.
narratio 109.
negatio 24.
neugebildete Worte 850.
nothwendige und nicht nothwendige Indicien 138.
numerus 442.

obscurum 74.
obticentia 429.
occultatio 427.
omissio 426. 427.
Onomatopoeie 862.
oratio compellatoria 294.
" funebris 304.
" natalitia 304.
Ordnung der Wörter 430.
ordo 813.

ordo Homericus 315.
Oxymoron 372.

Panegyricus 292.
Parechesen 439.
Parenthesis 373.
Paronomasie 407.
partitio 126. 132. 178.
Perioden 432.
permissio 424.
permutatio 867.
peroratio 213.
Pleonasmus 844. 402.
Plinius' Panegyricus 289.
poetische Fabeln 189.
Polysigma 439.
possibile 250.
praeceptio 421.
praecisio 420.
praefatio 308.
Praejudicien 140.
praemonitio 421.
praeparatio 421.
praestructio 421.
praesumptio 421.
praktische Thesen 21.
principium 90.
probabile 819.
probatio 185.
Prokatalepsis 421.
Prolepsis 421.
pronominatio 862.
pronuntiatio 486.
propositio 127. 182.
Proprietät des Ausdrucks 838.
Prosopopoeie 231. 260. 416.
Provincialismen 840.
Provocationen 138.
purgatio 50. 350.

quaestio 21.
Qualitätsstatus 47.
qualitas absoluta 828
" assumptiva 329.

Räthsel 368.
rathende Person 200.
ratio 67.
ratio tuta u. honesta 250.

ratiocinatio 320. 419.
redditio 401.
redditio contraria 370.
Redefähigkeit 18.
refutatio 191.
regressio 400. 401.
Reim 411.
Reinheit der Darstellung 469.
relatio criminis 49.
remotio criminis 50. 331.
repetitio 393.
reprehensio 191.
reticentia 429.
rhetorische Frage 418.
„ Wortfiguren 393.
Rhythmus der Rede 443.

sachliche Topen 170.
Sachwitz 238.
Sarkasmus 868.
Sätze (vier) des Prooemiums 103.
Sätze (vier) der Widerlegung 211.
schema per suggestionem 420.
Schilderung 128.
Schluss der Einleitung 107.
„ der Rede 213.
Schlussformel 214.
Schlussrhythmus 449.
Schmuck der Rede 343.
Schönheit der Darstellung 473.
Schroffheit der Darstellung 471.
Schwüre 425.
sententia 344.
Sentenz 380.
Sepulcralreden 305.
sequens 306.
sermo figuratus 77.
Significanz des Ausdrucks 339.
significatio 430.
signum 319.
similitudo 378.
Simonides 482.
simulatio 424.
Sinnfiguren 418.
singender Ton der Stimme 488.
Soloecismus 334.
Sprichwort als Tropus 371.
Sprichwörter 190.

Staatsrede 477.
status 24.
„ coniecturalis 33.
„ definitivus, finitivus 41.
„ negotialis 247.
„ qualitatis, iuridicialis 47.
Steigerung 342.
Stellung der Füsse 492.
Stilarten 454.
Stimme 487.
suasoria 243. 300.
subiectio 420.
sustentatio 434.
Syllogismus 150.
Symploke 400.
Synekdoche 859.
Synonymie 343.

Tadelrede 271.
Tautologie 343.
testimonia divina 190.
Theile der Demegorie 245.
„ des Epilogs 213.
„ der Gerichtsrede 85.
„ der Lobrede 267.
Theodektes 482.
Theophrast 333. 337. 454.
theoretische Thesen 21.
thetische Topen 161. 175.
Tmesis 873.
Topen für commiseratio 230.
„ des lächerlichen 242.
Topik 158.
„ der Demegorie 249.
„ der epideiktischen Rede 271.
tractatio der epideiktischen Rede 269.
traductio 408.
transitio 128.
translatio 56.
„ criminis 330.
transsumptio 364.
Trauerrede 304.
Tropen 353.
Trostrede 305.
turpe 74.

übertragene Wörter 353.
Umfang des Prooemium 102.

32*

unkünstlicher Beweis 137.
Unterschied zw. Tropen u. Figuren 391.
Urkunden 143.
Ursachen 170.
utile 250.

verbi transgressio 672.
Verbindung der Wörter 437.
verflochtene Hypothesen 82.
Vergleiche 120.
Verkleinerung 866.
verkürzte Induction 185.
„   Vergleiche 860.
Verse in Prosa 445.
Vertheilung des Athems 488.
Verträge 143.
vestigium 150.
Vortrag 485.
vox 468.
vulgare 105.
vultus 486.

wahre Beredsamkeit 477.
Wahrheit der Darstellung 476.
Wahrscheinlichkeit der Erzählung 117.
Wiederholung ein und desselben Wortes 441.
Widerlegung 191.
Widerlegung der Beispiele 200.
Witz 235. 241.
Witz u. Scharfsinn der Darstellung 476.
Wohlwollen der Richter 90.
Wortfiguren 393.
Wortspiele 407.
Wortwitz 238.
Würde des Ausdrucks 470.

Zeit, Zeitumstände 172.
Zeitdauer 174.
Zeugenaussagen 146.
Zusammenstoss härterer Consonanten 438.
Zweideutigkeit des Ausdrucks 340.
Zweifel als Figur 423.
Zweitheilung der Rhetorik 16.

ἁβρότης 475.
ἀγῶνες 196. 309.
ἀδιανόητα 340.
ἄδοξον 74.
αἴνιγμα 368.
αἰσχρολογία 341.
αἴτιον 64.
αἴτιον αἰτίου 78.
ἀκμή 472.
ἀλήθεια 476.
ἄλυτα σημεῖα 156.
ἀμφιβολία 61. 340.
ἀμφίδοξον 74.
ἀναγκαῖον 67.
ἀναδίπλωσις 397. 401. 404.
ἀναίρεσις 196. 472.
ἀνακεφαλαίωσις 216.
ἀνάκλασις 408.
ἀνακλητικὸν σχῆμα 425.
ἀνακοίνωσις 429.
ἀνάμνησις 215.
ἀνανέωσις 87. 97.
ἀνάπαυσις 469.
ἀνασκευή 86.
ἀναστροφή 401.
ἀνατροπή 191.
ἄνοδος 120.
ἀνοικονόμητον 345.
ἀφορισμός 325.
ἀνθυποφορά 211. 420.
ἀντανάκλασις 408.
ἀνταπόδοσις 379.
ἀντέγκλημα 49.
ἀντιγραφή 264.
ἀντιδιήγησις 111.
ἀντιθέσεις ἄλυτοι 201.
ἀντίθεσις 48.
ἀντίθετα 192. 412.
ἀντιθετικαί 325.
ἀντικατηγορία 75.
ἀντίληψις 48. 318.
ἀντιμεταβολή 416.
ἀντιμετάθεσις 408.
ἀντινομία 62.
ἀντιπαράστασις 197.
ἀντιπρότασις 211.
ἀντίρρησις 264.
ἀντίστασις 48. 408.

άντιστρέφον 66.
άντισυλλογισμός 191.
άντίφρασις 370. 426.
άξιοπιστία 422.
άπαγγελία 332.
άπαγωγή εἰς ἄτοπον 199.
άπ' άρχῆς ἄχρι τέλους 210. 817.
άπόδειξις 135. 150.
άπόδοσις 109.
άπολογισμός 424.
άπορία 429.
άπόστασις 172.
άποστροφή 128.
άπόφασις 24.
άπροσδόκητον 239.
άρμονία αὐστηρά 459.
  „ κοινή 461.
άστεϊσμός 370.
άσύνδετον 402.
άσύστατον 63.
άσχήματον 345.
αὔξησις a maiore ad minus 404.
άφέλεια 881. 176.
άφοδος 126.
άχρώματον άναπολόγητον 78.

βαρύτης 475. 477.
βασιλικός λόγος 286.
βάσις 109.
βίαιον 194.

γαμικός λόγος 300.
γενεθλιακός λόγος 304.
γένη ὑποθέσεων 9.
γένος δικανικόν 10.
  „ ἐπιδεικτικόν 10. 262.
  „ ἱστορικόν 12.
  „ λογικόν 29.
  „ νομικόν 29.
  „ συμβουλευτικόν 10. 243.
γλαφυρόν 465.
γλυκύτης 475.
γνώμη 217. 326. 396.
  „ νομοθέτου 320.
γοργότης 474.
γραφαί παρανόμων 252.
γρῖφος 868.

δεινότης 455. 462. 466. 477.
δείνωσις 381.
δευτερολογία 104.
δημηγορία 243.
διαίρεσις 314.
  „ ὅρου 324.
  „ ποιότητος 328.
  „ πραγματικῆς 249.
  „ στοχασμοῦ 316.
διαλεκτικόν 419.
διαλλαγή 402.
διαλογισμός 419.
διάλυσις, διάλυτον 402.
διαπόρησις 429.
διατύπωσις 129. 217.
διαφορά 408.
διεξευγμένον 406.
διήγημα 111.
διήγησις 109.
δικαιολογία 29.
διλήμματον σχῆμα 180.
διπλασιασμός 397.
δριμύτης 170.
δυσπαρακολούθητον 74.
δυσπρόσφορα 440.

εἰκασία 370.
εἰκός 150.
εἰκών 379. 880.
ἐκδρομή 125.
ἔκθεσις 217.
ἐκφώνησις 424.
ἐλέγχων ἀπαίτησις 317.
ἐλέου εἰσβολή, ἐκβολή 232. 229. 234.
ἑλληνίζειν, ἑλληνισμός 337.
ἔμφασις 381. 429.
ἐναντιότης, ἐναντίωσις 153.
ἐνάργεια 226. 877. 962.
ἔνδειξις 110.
ἐνδιάθετον 476.
ἔνδοξον 74.
ἐνέργεια 382.
ἐνθύμημα 161.
ἔνστασις 193.
ἐξεργασία 208. 314. 852.
ἐξέτασις διανοίας 112.

εξουθενισμός 842.
επαναδίπλωσις 401.
επανάληψις 897.
επάνοδος 215.
επανόρθωσις 423.
επεζειγμένον 405, 406.
επεξεργασία 882.
επιβατήριος λόγος 296.
επίδειξις 808.
επιδιήγησις 111.
επιδιόρθωσις 422, 428.
επιείκεια 470.
επιθαλάμιος λόγος 300.
επίλογος 213.
επιμέλεια 479.
επιμονή, 208, 473.
επιμύθιον 980.
επιπλοκή 404.
επιτάφιος λόγος 804.
επιτίμησις 423.
επιτροπή 427.
επιτροχασμός 416.
επιχείρημα 154.
εργασία 209, 210.
ερμηνεία 882.
ετέρα μετάληψις 829.
ευθυδικία 57.
ευκρίνεια 469.
ευτελές 105.
έφοδος 98.

ζεύγμα 405.
ζήτημα 21.

ήθος 223, 225, 475.

θέσις 21, 328.

ιδιότης 41.
ισόκωλον 409.
ισχνόν 458.

καθαρότης 469.
παχύμετρον 841.
πακέζηλον 844.
κακοσύνθετον 845.
κάλλος 473.

καταδιήγησις 111, 122.
κατασκοπή 474.
κατασκευή 86, 104.
„ κεφαλαίων 195.
κατάστασις 109.
κατάφασις 24.
κατάχρησις 838, 869.
κατευναστικός λόγος 803.
κλητικός λόγος 293.
κλίμαξ 408.
κοινή ποιότης 318.
κοινός τόπος 216.
κοινότης 400.
κοινωνία 425.
κόλασις 478.
κόμματα 431.
κρινόμενον 64.
κύκλος 401.
κώλα 431.

λαλιά 808.
λαμπρότης 472.
λεία ονόματα 465.
λέξις 852.
„ ειρομένη, κατεστραμμένη 433.
λόγος αφελής 470.
„ βασιλικός 280.
„ γαμικός 800.
„ γενεθλιακός 804.
„ εντευκτικός 12, 264.
„ επιβατήριος 296.
„ επιθαλάμιος 800.
„ επιτάφιος 804.
„ κατευναστικός 803.
„ πανηγυρικός 282.
„ παραμυθητικός 805.
„ πολιτικός 477.
„ πρεσβευτικός 291.
„ προσκεμπτικός 298.
„ προσφωνητικός 294.
„ προτρεπτικός 284.
„ Σμινθιακός 281.
„ στεφανωτικός 201.
„ συντακτικός 299.
„ χαριστήριος 291.
„ ωραίος 475.
λόγου σεμνότης 852.
λύσις 191, 193.

μακρολογία 343, 371.
μεγαλοπρέπεια 458, 462.
μέγεθος 470.
μέθοδος 169.
μείωσις 198, 343.
μιλέται 809.
μερικαί ἀνακεφαλαιώσεις 218.
μερικοί ἐπίλογοι 294.
μερισμός 97.
μεστότης 478.
μετάβασις 128.
μεταβολή 402.
μετάθεσις 416.
μετάθεσις αἰτίας 318.
μετάληψις 56, 318, 364.
μετάνοια 428.
μετάστασις 50, 420.
μεταχείρισις 178.
μίμησις 337, 417.
μονῳδία 307.
μόριον δικαίου 328.
μυκτηρισμός 370.

νόησις 20.
νόμιμον 249.

ξηρὰ σύνθεσις 432.
ξηρόν 468.
ξηροκακοζηλία 486.

ὄγκος 470.
οἰκονομία 311.
ὁμοιολογία 343.
ὁμοιοπρόφορον 438.
ὁμοιόπτωτον 411, 440.
ὁμοιοτέλευτον 411.
ὀξύτης 170.
ὀρθόπτωσις 114.
ὀρθότης 109.
ὁρισμός, ὅρος 41, 325, 328.
ὅρος δίκαιος 329.
  ρος διπλοῦς κατὰ σύλληψιν 49.
οὐσία 34.

πάθος 228, 225.
παλιλλογία 218, 397, 402.
πανηγυρικὸς λόγος 292.

παραβολαί 169, 379, 380.
παραγραφή 54, 128.
παραγραφικόν 317.
παραγωγή 282.
παράδειγμα 161, 185.
παραδιήγησις 111.
παράδοξον 424.
παράκλησις 282.
παράλειψις 213, 427.
παραμυθητικὸς λόγος 305.
παρασιώπησις 127.
παρασκευή 311.
παρέκβασις 112, 124, 217.
παρεμβολαί 125.
παρενθῆκαι 125.
παρηχήματα, παρηχήσεις 441.
πάρισον, παρίσωσις 410.
παροιμία 371.
παρόμοιον 410, 438.
παρομοίωσις 410.
παρρησία 425.
περιβολή 172.
περιεργία 344.
περιοχή 217.
περισσολογία 372.
περίστασις 22.
περιστατικά 114.
περιτροπή 194.
περίφασις 343, 371.
πηλικότης 325.
πιθανὴ ἀκολογία 318.
πιθανότης 106.
πίστεις ἄτεχνοι 137.
πίστις 135, 150.
πλαγιασμός 172.
πλάσματα, πλάγματα ἄλογα 60.
πλαστὰ ἐπιχειρήματα 184, 211.
πλοκή 400, 408.
ποιότης 17, 320.
πολεμαρχικὸς λόγος 305.
πολιτικὸν ζήτημα 21.
πολιτικὸς λόγος 477.
πολύπτωτον 400.
πολυσύνδετον 402, 408.
πρεσβευτικὸς λόγος 291.
πρίων 65.
πρόβλημα ἐσχηματισμένον 78.
προβολή 325.

προδιήγησις 111. 112.
προδιόρθωσις 421.
προέκθεσις 87. 97. 129.
προηγούμενα 87.
προθεραπεία 421.
πρόθεσις 127.
προκατάληψις 229.
προκατασκευή 87. 128. 134. 421.
προκατάστασις 111.
προσκλήσεις 138.
προλαλιά 808.
πρόληψις 229.
προμύθιον 389.
προοίμιον 89.
προοίμιον έκ διαβολής 93.
προοίμια τοπικά, περιστατικά 95.
προπαρασκευή 87. 421.
προπεμπτικός λόγος 298.
πρόρρησις 110.
προσαπόδοσις 401.
πρός τι 325.
προσφώνησις, προσφωνητικός λόγος 294.
πρόσωπον 328.
πρότασις 104. 211. 229.
προϋπεργασία 421.
πρωθύστερον 374.

ῥητόν καὶ διάνοια 26. 60.

σαρδισμός 345.
σαφήνεια 469.
σεμνότης 470.
σημεῖον 156.
στάσις 23.
" ἄχρωμος 79.
" κατὰ ῥητὸν καὶ ὑπεξαίρεσιν 60.
" ποσότητος 51.
" πραγματική 55. 247.
στεφανωτικὸς λόγος 291.
στοχασμός 84.
" ἐμπίπτων 40.
" τέλειος, ἀτελής u. s. w. 40.
συγγνώμη 50.
σύγκρισις 217. 408.
σύγκρουσις 185.
σύγχυσις 340. 373.

συγχώρησις 122.
συζυγία 176.
συλλογή 216.
συλλογισμός 61. 325.
συμπέρασμα 104.
συμπλήρωσις 470.
συμπλοκή 400.
συμφέρον 249.
συναθροισμός 385. 402.
συνάφεια 403.
συνεζευγμένον 405.
συνεστῶσα ὑπόθεσις 64.
συνέχον 64.
σύνθεσις μεγαλοπρεπής 163.
συντακτικὸς λόγος 299.
συντομία 114.
συνωνυμία 102.
σύστασις ἐκ τοῦ ἐναντίου 217.
συστροφή 476.
σφοδρότης 471.
σχετλιασμός 125.
σχῆμα 891.
" ἐναντίον 80.
" ἐτυμολογικόν 408.
" πλάγιον 81.
" κατ' ἄρσιν καὶ θέσιν 173.
" κατ' ἔμφασιν 83.
· σχήματα σημειώδη 465.
σχηματισμός 79.

τάξις 312. 314.
ταπείνωσις 342.
ταυτολογία 343.
τεκμήρια 165.
τελικὰ κεφάλαια 197. 217. 249. 328.
τοπογραφία, τοποθεσία 418.
τόποι ἴδιοι 159.
" παρὰ τὴν ἀξίαν 230.
τόπος ἀπὸ τοῦ ὀνόματος 169.
" ἐκ διαιρέσεως 179.
" ἐκ τοῦ μᾶλλον καὶ ἧττον 181.
" ἐκ τῶν ὁμοίων πτώσεων 177.
τραχύτης 471.

ὕμνοι 280.
ὑπεξαίρεσις 87.
ὑποδιαίρεσις 210.
ὑποδιήγησις 111.

ὑπόζευγμα 406.
ὑπόζευξις 406.
ὑπόθεσις 22.
,, ἄπορος 85.
,, ἐλλείπουσα 64.
,, ἰσάζουσα 65.
,, μονομερής 65.
ὑπόκρισις 485.
ὑπομονή 424.
ὑποσιώπησις 427.
ὑποστροφή 174.
ὑπόσχεσις 128.
ὑποτύπωσις 123. 217. 417.
ὑποφορά 211. 420.
ὕστερον πρότερον 874.

φαντασία 381.
φράσις 332.

χαρακτὴρ ἄχαρις 467.
,, γλαφυρός 485.
,, ἰσχνός 458. 465.
,, μεγαλοπρεπής 458. 462.
,, μέσος 458.
,, ξηρός 466.
,, ψυχρός 463.
χαριεντισμός 370.
χλευασμός 370.
χρῶμα 78.

ψυχρόν 345. 463.
ψυχρότης 484.

Verzeichniss

der kritisch behandelten Stellen.

Alex. Num. 392.
Anaxim. 387.
Anon. Seg. 185.
Apsines 105. 197. 198. 199. 200. 212.
Aquila Rom. 352.
Dionys. Halic. 379.
Donat zu Terenz 425.
Fortunat. 102. 161. 313. 328.
Fronto 364.
Himerius 802.
Longin. 171. 217. 496.
Mart. Capella 486.
Menander 265. 280. 282. 295.

Quintilian. 73. 126. 170. 175. 216. 342.
Rhetores Lat. 68. 102. 161. 313. 328. 363. 486.
Rhetores Gr. 12. 24. 105. 165. 171. 197. 198. 199. 200. 212. 217. 265. 280. 282. 295. 387. 392. 496.
Rufus 12.
Schol. Aeschin. 233.
Schol. Aristid. 379.
Sopater 24.

Berichtigungen und Zusätze.

S. 12 Z. 14. 15: vgl. Spengel Münchn. gel. Anz. 1840 n. 131. — Z. 22: Dass einige die *imitatio* als viertes Erforderniss auf die *exercitatio* folgen liessen, berichtet indes auch Quint. III, 5, 1. Er selbst befasst die imitatio mit unter der ars.

S. 22 Z. 24: l. γίνεσθαι. — Z. 34: Valgius, der Schüler des Apollodor, drückte περίστασις durch *negotium* aus, Quint. III, 5, 17. Die περίστασις zerfiel dem Hermagoras n. s. w.

S. 28 Z. 24: Anm.: Bei ihm sind wohl *casus, instrumenta, sermones, scripta et non scripta* die einzelnen Arten der ἀφορμαί. *factorum* aber scheint an unrechter Stelle zu stehen und ist vielleicht zwischen *personarum* und *locorum* einzuschieben.

S. 31 Z. 12: Auch Porphyrius hatte gelehrt, dass τὸ πανηγυρικὸν οὐχ ὑποπίπτει τῷ περὶ τῶν στάσεων λόγῳ. ἐπειδὴ αἱ μὲν στάσεις ἀμφιβολίαν ἔχουσιν ἀμφισβητουμένων πραγμάτων, τὰ δ᾽ ἐγκώμια ὁμολογουμένων αὔξησιν ἀγαθῶν, Rh. Gr. IV. 35.

S. 41 Z. 22 ist nach dem Citat aus Sopater fortzufahren: Während also bei der Coniectur der Verklagte die ganze Anschuldigung leugnet, so wird bei der Definition nur ein kleines etwas derselben geleugnet. Immerhin findet zwischen beiden status in Folge dessen eine gewisse Verwandtschaft statt, Ulp. Dem. Mid. 25 p. 40. Der Kläger betont natürlich bei seiner Definition das πεπραγμένον, der Verklagte das λεῖπον, ib. p. 44.

S. 52 Z. 26: l. possit.

S. 58 Z. 12: l. Berechtigung.

S. 65 Z. 20: Die drei letzteren sind keine reinen ἀσύστατα, sie kommen ihnen bloss nahe, lassen aber eine wenn auch mangelhafte rhetorische Behandlung noch zu.

S. 67 Z. 12: l. συνεστῶτα. — Am Schlusse der Anmerkung: und denselben im Gubener Programm 1874.

S. 75 Z. 3: Bei Minucianus finden wir für diese genera causarum den Ausdruck τρόποι τῶν προβλημάτων. Als solche werden aber nur vier angegeben, nämlich ἔνδοξος, ἄδοξος, παράδοξος, ἀμφίδοξος, Rh. Gr. IV p. 183.

S. 76 Z. 30: statt 'halten wir den Ausdruck species fest' ist zu lesen: Minncianus nannte diese genera causarum εἴδη προβλημάτων und unterschied das εἶδος ἠθικόν, καθηγικόν, δικανικόν und μικτόν. Das δικανικόν wird definirt als dasjenige ἐν ᾧ ψιλὴ μάχη ὑπάρχει, περὶ διαθήκης ἢ ψηφισμάτων ἢ νόμων· ἐν γὰρ τοῖς τοιούτοις οὔτε ἐγκωμιάζομεν, οὔτε ψέγομεν, ἀλλ᾽ ἀποδείξεως μόνης χρῄζομεν, Rh. Gr. IV p. 183. Daraus ergiebt sich denn, dass die *species iudicialis* des Sulp. Victor vom *genus apodicticum* des Fortunatian nicht verschieden ist. Was die Terminologie anbetrifft, so muss u. s. w.

S. 84 Z. 6: l. oligarchischem.

S. 87 Z. 28: Man sieht aber nicht ein, wie das Verschweigen einer Sache ein Theil der Rede sein soll.

S. 107 Z. 14: von Griechischen Technikern auch wohl als προεπαγγελία bezeichnet, Ulp. Dem. Mid. 57 p. 84.

S. 110 Z. 9 hinter dem Citat aus Apsines: Daher wird sie auch als μήτηρ τῶν ἀγώνων bezeichnet, Ulp. Dem. Mid. 19 p. 38.
S. 112 Z. 32 hinter παρέκβασις: Ulp. Dem. Mid. 77 p. 97.
S. 128 Z. 14: μετάβασις ist zu streichen.
S. 130 Z. 32: XXI, 131.
S. 130 Z. 9: Lyr. fr. 132.
S. 214 Z. 29: Desgleichen Planud. Vp. 285 mit der wichtigen Bemerkung: τὸ μὲν οὖν καθητικὸν τῷ δικανικῷ εἴδει μόνῳ προσήκει, τὸ δὲ πραγματικὸν πᾶσι τοῖς εἴδεσι τῆς ῥητορικῆς.
S. 218 Z. 26: Ein andres Beispiel von διατύπωσις, wenn auch nicht im Epilog, sondern in der πηλικότης eines Definitionsstatus, Dem. Mid. 72, woselbst Ulpian zu vergleichen.
S. 231 Z. 1: l. ψev.
S. 238 Z. 21: Dergleichen werden von den Grammatikern παραγράμματα (Cic. ad fam. VII, 32, 2) oder παραγραμματισμοί genannt, Schol. Arist. Eqq. 49. Rh. Gr. III, 661. Die Verba παραγραμματεύειν und παραγραμματίζειν finden sich Schol. Ran. 429. Eqq. 78. Auch Schol. Pac. 667 ist παραγραμματίσαι für παραγραμμίσαι zu lesen. Schon Arist. Rhet. III, 11 p. 1412 erwähnt τὰ παρὰ γράμμα σκώμματα.
S. 260 Z. 32: s. O. Kohl über Zweck und Bedeutung der Livianischen Reden, Barmen 1872.
S. 275 Anm. Z. 2: l. vor st. nach.
S. 280 Z. 24: l. genauer.
S. 304 Z. 34: zu 'hatte' füge hinzu als Anmerkung: Ueber diese Reden und ihre Topik, die mit der des Dionys völlig übereinstimmt, s. das Programm von Rahts zur Charakteristik der Att. Standreden an den Gräbern der gefallenen Krieger. Rastenburg 1871.
S. 305 Z. 12: so bildet dies auch den Ausgang, gleichsam den ersten Theil derselben und man wendet nach Dionys u. s. w. — Z. 14 füge hinter 'Thaten' hinzu: s. ob. S. 272.
S. 307 Anm. Z. 1: l. auch seit Crantor ein.
S. 308 Z. 31: l. in dem kleinen Aufsatz.
S. 314 Z. 14: l. orat. 15, 50, etwas ausführlicher aber doch immer sehr skizzenhaft de orat. II, 76 ff.
S. 317 Z. 1: l. ἀντίληψις, μετάληψις, μετάθεσις αἰτίας κτλ. — Z. 6: l. μετάληψις st. ἀντίληψις.
S. 319 Anm. Z. 1: l. στοχασμοῦ.
S. 325 Z. 4: l. προβολή, ὅρος. — Z. 9: Sie vertritt beim Definitionsstatus die Stelle der διήγησις oder κατάστασις, s. Ulp. Dem. Mid. 13 p. 26. — Z. 27: Es sind also τόποι πραγματικοί, Ulp. p. 78. — Z. 32: Ulp. Dem. Mid. 51 p. 85 giebt als die vier Amplificationstopen des πρός τι an ἀπὸ τοῦ μείζονος καὶ τοῦ ἐλάττονος καὶ τοῦ ἐναντίου καὶ τοῦ ἴσου. — Z. 38: l. ihrer.
S. 335 Anm. Z. 5: Lateinische Ausdrücke für Solöcismus sind imparilitas und stribiligo Gell. V, 20, 1.
S. 340 Z. 21: So tadelte man aber auch den Satz des Demosthenes Mid. 71 extr. als ἀσαφῶς ἀπηγγελμένον, obschon die Zweideutigkeit einige Sätze weiter verschwindet.
S. 358 Anm.: für die Tragiker Hoppe de tragicorum Graecorum translationibus Berol. 1859 und G. Radtke de tropis apud tragicos Graecos Berol. 1865.
S. 398 Z. 16: Sehr malerisch von der Tanne, deren Wipfel Dionysos mit gewaltiger Kraft allmählich zur Erde biegt, Eurip. Bacch. 1065: κατῆγεν, ἦγεν, ἦγεν εἰς μέλαν πέδον.
S. 399 Z. 20: Liv. VII, 40, 8. — Z. 30: Bekannt Hom. Il. B 671 ff. Als Polyptoton, drei auf einander folgende Casus in drei auf einander folgenden Versen bei Anacr. fr. 3.
S. 400 Z. 9: 'bei Demetr. — Epanastrophe' zu streichen.
S. 401 Z. 5 l.: Ausserdem, dass vestrum am Anfang und Ende der Periode wiederkehrt, haben wir hier noch das zweimalige factum am Anfang und

in der Mitte und das zweimalige *non meum* in der Mitte und am Ende zu bemerken. Sonst u. s. w. (die Worte 'aber — verdorben' sind zu streichen). — Z. 13 ist hinter dem Citat aus Eustathius einzuschieben: s. Welcker Ep. Cycl. I S. 42 Anm. 55. — Z. 20: Hom. Il. T 371. X 126.

S. 403 Z. 13: Plut. Quaest. Platon. X, 4: λόγος συνδέσμων ἐξαιρεθέντων πολλάκις ἐμπαθεστέραν καὶ κινητικωτέραν ἔχει δύναμιν. — διὸ καὶ σφόδρα τὸ ἀσύνδετον σχῆμα παρὰ ταῖς τέχναις γράφουσιν εὐδοκιμεῖ· τοὺς δ' ἄγαν νομίμους (ἐκείνους καὶ μηδένα σύνδεσμον ἐκ τῆς συνηθείας ἀφιέντας ὡς ἀργὴν καὶ ἀπαθῆ καὶ κοπώδη τῷ ἀμεταβλήτῳ τὴν φράσιν ποιοῦντας αἰτιῶνται.

S. 407 Z. 30: l. p. 430 sq.

S. 408 Z. 35: Beachtenswerth Sen. contr. VII, 18 p. 200: *auctorem huius vitii quod ex captione unius verbi plura significantis nascitur aiebat Pomponium Atellanarum scriptorem fuisse, a quo primum ad Laberium transisse hoc studium (hoc vitium studio?) imitandi, deinde ad Ciceronem, qui illud ad virtutem transtulisset.* Auch Quintilian bezeichnet die Wiederholung desselben Wortes mit verschiedener Bedeutung bei gleicher oder verschiedener Quantität als fehlerhafte frostige Spielerei, wofür er u. s. w.

S. 416 Z. 2: Liv. I, 27: *ut prius in bello pacem, sic in pace bellum quaerens.* — Z. 17: l. Gebrauch.

S. 418 Z. 23: l. p. 822.

S. 425 Z. 20: l. p. 878.

S. 427 Z. 31: Ausführliches über diese Figur in der vortrefflichen Abhandlung von G. Gebauer de praeteritionis formis apud oratores Atticos, Zwickauer Gratulationsschrift 1874.

S. 430 Z. 14: l. matrem.

S. 434 Z. 1: und Mart. Cap. p. 480. Andre, wie Alexander Numenius und Herodian, übergingen sie wenigstens mit Stillschweigen.

S. 435 Anm. 2 Z. 4: über das technische Th. Heick: veterum dicendi magistrorum de ambitu, membris, incisis praecepta P.·I, Köln 1873.

S. 438 Z. 20: l. Die *freni* (χαλινοί Quint. I, 1, 37) entstehen u. s. w.

S. 446 Z. 14: l. *vadit hostis*, möglicherweise eine directe Entlehnung aus Ennius (s. H. Hagen in Jahns Jahrb. 1874 S. 271). Ebenso u. s. w.

S. 458 Z. 8: l. ἰσχνόν st. μῖσον.

S. 463 Z. 28: l. τραχέσουσαι.

S. 466 Anm. Am Schluss hinzuzufügen: jetzt alles zusammen in den Prolegomenen zu R. Herchers Epistolographi Graeci, Par. 1873.

S. 482 Z. 24: Dass letzterer sie aber kannte, zeigen Stellen wie Top. VIII, 12, 8. de an. III, 3. de mem. 2. — Am Schluss der Anmerkung ist zu lesen: nur aus der Recension in den Berl. Jahrb. f. wissensch. Kritik 1836 S. 430 ff.

www.ingramcontent.com/pod-product-compliance
Lightning Source LLC
Chambersburg PA
CBHW051158300426
44116CB00006B/355